성 정치학

성 정치학

케이트 밀렛 지음 | 김유경 옮김

KATE MILLETT SEXUAL POLITICS

쌤앤파커스

후시오 요시무라에게

◈ 차례

첫 책인《성 정치학》이 거의 7년의 공백 후에 새로운 판본으로 다시 출간되어 무척 기쁘다. 이 책이 절판되자 나는 마치 그것이 한 번도 출간된 적이 없었던 것 같은 상실감을, 마치 사랑하는 자식이 '실종된' 것 같은 커다란 상실감을 느꼈다. 이 책이 절판된 것은 우연에 가까웠지만, 새로운 판본을 찍는 일은 쉬운 문제가 아니었다. 나는 사이먼앤슈스터 출판사에서 판권을 사서 새로운 출판사인 노튼 출판사의 편집자 메리 큐네인에게 주었다. 사이먼앤슈스터 출판사는 이 책을 비롯해 내 저서들에 거의 신경을 쓰지 않았기 때문이다. 반면 노튼 출판사는 좋은 학술서를 많이 내는 출판사였으므로《성 정치학》을 계속해서 찍을 수 있을 것이라고 확신했다. 그런데 노튼 출판사에서 이 책을 출간한 지 20년이 지난 어느 날, 출판사 부사장이 갑작스럽게 메리 큐네인을 해고했다. 다른 편집자들은 내 책에 별 관심이 없었다. 순식간에 편집자도 없고 출판사도 없는 상황이 된 것이다. 이 책이 고아 상태를 벗어나기는 쉽지 않았다. 페미니즘이라는 새로운 '학문 분과'의 교수들은 무수한 에세이 선집들을 펴내고 있었고, 그 선집들이 페미니즘 텍스트 시장을 장악하고 있었다. 그리고 그 교수들은 서로의 책을 대학 강의의 부교재로 선정해주고 있었다. 《성 정치학》과 같은 주교재는 이제 한물간 텍스트처럼 보였다.

《성 정치학》은 처음에 더블데이 출판사에서 출판되었다. 더블데이 출판사 영업 사원은 이 책이 자신의 출판사에서 지난 100년간 출간된 책 중 열 손가락 안에 드는 중요한 책이며, 이 열 권의 책들을 기념하는 자리에 《성 정치학》도 발췌본으로 나와 있는 걸 보니 참으로 영광스럽더라는 얘기를 내게 해주었다. 현실이 아닌 것 같은 느낌이었다. 하지만 더블데이 출판사의 보급판 편집부에서는 나쁜 소식을 전해왔다. 《성 정치학》은 "현재 여성학 출판 시장에 전혀 적절하지 않기" 때문에 이 책의 재쇄를 고려하고 있지 않다고 했다. 저작권 기한이 만료된 텍스트만 전문으로 출판하는 한 페미니스트 출판사가 《성 정치학》 재판을 찍겠다고 나섰다. 하지만 정작 재판이 나온 것은 그로부터 몇 년이 지나, 《성 정치학》의 중요성을 보증해주는 수많은 '저명한 여성학자들'의 서론과 서문을 모은 뒤였다. 이 권위자들은 충분한 보수를 받았을 것이다. 하지만 내가 처음 제안받은 돈이라고는 고작 500달러뿐이었다.

나의 '페미니즘 고전'은 어느새 의심스럽고 '과격하며' 위험한 주장을 담은 급진적 텍스트가 되어 있었다. 이 때문에 상업 출판사나 대학 출판사는 《성 정치학》을 다시 출판하려다 하나둘씩 철회했다. 이는 흥미롭지만 짜증스러운 상황이었다. 그리고 이 책

의 일부는 저자의 허락 없이 수업 교재로 공공연히 도용되기도
했다. 그러고 나서 출판에 대한 규칙이 새롭게 정해지고 이 책의
일부를 허가받아 재출간했지만, 여전히 이 책 전부를 구할 수는
없었다. 그러는 사이《성 정치학》이 절판되었다는 사실을 믿지 못
했던 독자들이 이 책을 더 이상 시장에서 구할 수 없다는 것을 깨
닫고 서서히 분노하기 시작했다.

　어떤 이는 이러한 유형의 조용한 검열(분명 나만 해당하는 것은
아니다)을 '출판 시장'의 잘못된 논리나 '반발'로 설명하려 할 것이
다. 미국 출판 시장을 좌지우지하는 거대한 출판 기업들은 사람
들의 사유를 자극하는 책들을 체계적으로 대중의 관심에서 제거
하고 있기 때문이다. 그 오랜 기억 상실은 내게 참으로 쓰라렸다.
나는 내 책의 저작권을 대부분 회복했고, 다른 저서들 또한 재출
간되기를 원했다.《잔인성의 정치학The Politics of Cruelty》을 제외하
고 내가 이제까지 썼던 책들은 모두 세상에서 사라졌다. 동시대
너머를 사는 유령 같은 기이한 경험을 한 나날들이었다. 앞서 썼
던 책이 이미 죽어버렸는데 새 책을 쓴다는 것이 무슨 의미가 있
겠는가? 계속해서 글을 쓴다는 것은 예전보다 더 힘들고 불확실
한 일이 되었다.

　책을 재출간하는 일은 지루하고 굴욕적이며 소모적일 뿐만
아니라, 새 글을 쓰는 데 써야 할 에너지까지도 낭비하는 일이었
다. 편집자에게서 전화가 없는 동안 내 인생은 몇 달이고 몇 년이
고 계속 유예되었다. 박사 학위 논문이자 첫 번째 책인《성 정치
학》뿐만 아니라 평생 써온 몇 권의 책에 대해서도 출간 연락이 오
기를 기다렸다. 그러던 어느 날, 킴 그로스만의 이야기를 들은 일
리노이 대학 출판부의 윌 레지에가 갑자기 전화로《성 정치학》과

《시타Sita》,《비행Flying》,《정신 병원 여행The Loony Bin Trip》을 시리즈로 재출간하자고 제안했다. 새로운 길이 열린 것이다.

《성 정치학》을 쓴 후 30년 동안, 그리고 절판된 후 7년 동안, 나는 이 책의 새로운 판본이 나온다면 서문에 무슨 이야기를 해야 할지 충분히 생각할 시간을 가질 수 있었다. 30년간 많은 변화가 있었고 미국뿐만 아니라 서구 전역에 두 번째로 페미니즘 저항의 거대한 물결이 휘몰아쳤다. 유엔UN이 국제적 페미니즘 물결에 대응하여 꾸준히 가부장제의 개혁을 추진해왔음에도, 페미니즘을 향한 반동적 반발도 만만치 않았다. 이에 대해서도 족히 책한 권 분량의 이야기를 할 수 있다. 실로 페미니즘에 대한 무수한 반발이 있었고, 앞으로도 계속 그러할 것이다. 하지만 1970년대에 내 주요한 관심사는 우리 세대를 위해 '역사적 가부장제'를 현대적 용어로 다시 말하고 재정립하는 것이었다. 나는 '가부장제'를 기질과 성 역할, 지위에 근거한 지배적인 정치 제도로, 그리고 사회적으로 조건 지어진 믿음 체계로 간주하려 했다. 이 체계는 스스로를 자연적이고 필연적인 것으로 제시한다. 내가 30년 동안 지속해서 이 문제에 초점을 맞추었음에도 여전히 가부장제는 그다지 크게 변하지 않았다.

물론 뒤늦게 깨달은 것들도 있다. 1986년에 출간된 거다 러너Gerda Lerner의 대작 《가부장제의 창조Creation of Patriarchy》를 읽으면서 내가 처음 가부장제를 다루었을 때 이 훌륭한 문장과 자신감 넘치는 학식을 참조했더라면 얼마나 좋았을까 하는 아쉬움을 느꼈다. 그러나 러너와는 다르게 나는 엘리자베스 피셔Elizabeth Fischer와 같이 초기 풍요 문화와의 싸움에서 가부장제가 승리하게 된 토대를 형성한 결정적 요인은 바로 '부권제'의 발견이었다는 사실을 더 강조하려 했다. 나는 친구들과 토론하며 이 위대한 초기 과학적 발견에 더욱 깊이 공감하게 되었지만, 다른 이론가들은 여전히 별로 중요하게 생각하지 않는 것 같았다. 하지만 이 발견은 시간이 흐를수록 내게 더욱 강하게 와닿았고, 특히 프리드리히 엥겔스가 "여성의 거대한 역사적 패배"라고 불렀던 '가부장제 창조'의 1차 원인으로 보였다. 그러나 엥겔스는 가부장제 창조의 원인을 '일부일처제의 도입'이라고 생각했다. 물론 일부일처제와 여성을 소유하고 격리하는 과정이 없었다면 부권제는 확립될 수 없었을 것이다. 하지만 자유로운 성 문화에서는 오직 '모권제'만이 있을 뿐이다. 산도產道로 나오는 갓난아이의 머리는 물론 '부모됨'을 보여주는 가시적 증거다. 그러나 자유로운 성 문화에서는 아이가 잉태되었던 9개월 전에 우연한 만남이 있었을 것이므로 아버지가 누구인지는 확정되지 않을뿐더러 '아버지됨'이 수반하는 관계(여성, 아이, 노예)에 대한 소유권과 사유 재산, 국가도 확립되지 않을 것이다. 그 자체로 가부장제의 여성 착취적 성 관습의 산물인 빅토리아 시대 상상력을 가진 엥겔스는 여성이 섹슈얼리티를 너무 혐오스러운 것으로 받아들이기 때문에 어느 공동체의 무리에 '이용'되는 것보다는 한 남성에게만 소유되는 것을 선호했다고 추론했다. 이는 섹슈얼리티를 자유로운 것이 아니라 성가시고 억압적인 것으로 본다는 의미다. 이것이 바로 가부장제다. 하지만 부권제가 발견되고 가부장제가 확립되기 이전의 사회에서 섹스는 아주 다른 의미가 있었을 것이며, 그것은 결과에 전혀 개의치 않는 쾌락이었을 것이다.

인간의 부권제는 새끼를 치기 위해 우리를 만들고 그 속에 암컷을 격리하는 가축의 사례에서 유추해 발견되었다. 이러한 발견 전에는 남성이 인간의 출산을 경제적·사회적으로 통제하는 것이 불가능했다. 즉 부권제를 알기 시작한 것이 핵심이다. 이러한 사실이 발견될 때까지는 '남근'과 '씨'의 종교적·금전적 사용 또한 가능하지 않았다. 일단 부권제가 발견되자 가부장제는 여성이 정신적 창조의 영역에 참여하는 것을 무효화할 수 있었고, 여성을 '마법의 씨'를 키우는 단순한 도구로만 간주했으며 혼자서 아담이나 아테나를 출산하는 남신男神을 발명했다. 그럼으로써 인간의 경험과 문명, 심지어 문명의 상징 곳곳에서 여성의 기나긴 예속이 시작되었다. '난자'의 존재는 19세기에 와서야 발견되었으며 그 역시도 커다란 사회적·정치적 중요성을 가지고 있지 않은 듯 보였다.

가부장제 초기에 부권제라는 생물학적 발견은 인간의 사회 조직에 기념비적 결과를 가져왔다. 반면 가부장제가 공격받으며 쇄신되어 사라지려고 하는 오늘날 (아마도 우연이겠지만) 또 다른 생물학적 발견들이 등장했다. 본질적으로 남성 과학의 산물이라 할 수 있는 체외 수정, 복제, 대리모 등의 발견은 그 어느 때보다도 인간이 스스로 생식을 조작할 수 있게 하고 있다. 권력이 작동하는 곳은 바로 과학 지식을 해석하는 영역이다. 이러한 발견들의 사회적 파장은 아직 명확하지 않으나, 그 발견들에 대한 통제력은 남성 과학 제도의 손아귀에 있다. 그리고 갈수록 기업의 이윤과 서구의 이해관계, 계급적 이해관계가 이 제도를 쥐락펴락하고 있다. 가난한 사람들은 당연히 부유한 사람들을 위해 자궁을 빌려주게 될 것이다. 양수 감별로 남자아이를 선택할 수 있게 되자 많은 사람이 이를 이용하고 있다. 권력으로서의 지식이 가져오는 결과는 어마어마하다. 부권제의 발견이 사회적·정치적 영향력을 가질 필요는 없었지만 그럼에도 그것은 전 인류의 역사를 통틀어 견고한 인간 사회의 형태를 구체화했다. 이제 새로운 생물학은 과연 누구에 의해 무슨 목적으로 어떻게 활용될 것인가?

또 다른 뒤늦은 깨달음은 가부장제에서 '폭력'의 역할에 관한 것이다. 1970년에 내가《성 정치학》의 집필을 마쳤을 때도 페미니스트들은 여전히 평등한 시민권을 얻으려고 열심이었다. 따라서 가정 폭력이나 강간까지 깊숙이 들여다보는 일을 지나치게 '신랄'한 것으로 간주했고 그러한 범죄는 늘 '비정상적' 행위인 것처럼 생각했다. 그러나 우리는 곧 가부장제의 폭력에도 규범적 요소가 있다는 사실을 인식하게 되었고 전 세계적으로 여성의 빈곤이 얼마나 심각한지, 여자아이들의 영양 상태가 얼마나 열악한지도 깨닫게 되었다. 내가《지하실The Basement》에서 연구한 사춘기 소녀들에게 가해진 잔학 행위는 도무지 글로 써 내려갈 수 없을 정도로 너무나 충격적이었다. 이 연구에서 나온 실비아 라이큰스Sylvia Likens의 이야기는 전부터 알고 있었지만, 내가 그 이야기를 종이에 써 내려갈 수 있었던 것은 14년이 지난 뒤였다. 그리고《잔인성의 정치학》에서 탐구했던 가부장제 내부의 국가 폭력을 제대로 이해하는 데도 10년이라는 세월이 걸렸다.

가부장제는 전 세계적으로 '곤경에 빠져' 있다. 곤경에 빠진 제도는 갈수록 거칠어지고 악랄해진다. 가부장제 권력은 여전히 군사적·재정적 수단을 소유하고 있다. 가부장제는 여성에 대한 남성의 지배일뿐만 아니라, 남성들 사이의 군사적 위계질서이기도 하다. 20세기에 와서 강제 수용소가 만들어지고 대규모 고문과 집단 학살이 다시 자행되고 강간과 기아飢餓가 정책적으로 활용되면서 가부장제가 현대에 양보했던 많은 것들(평등한 선거권과 대의 민주주의, 전쟁 규칙이나 국제법, 헌법상의 권리와 시민권, 개인의 권리, 인권)이 다시 무효화되었다. 진화론의 적자생존 원칙이 '세계 시장'을 통하여 전 세계의 노동과 무역, 수공업, 심지어 의학까지도 잠식하면서 실로 탐욕의 쟁탈전이 눈앞에 펼쳐지고 있다. 인간의 장기가 매매되고 있으며, 중국은 장기를 서구 병원들에 신선한 상태로 급송하기 위해 처형 시간을 조정하기도 한다.

기독교 근본주의는 끊임없이 페미니즘을 훼방하고, 이슬람 근본주의는 정치적 프로그램 전체를 여성의 새로운 예속 위에 건설하고 있다. 독재 정권도 더욱 지독한 가부장제로 끝없이 회귀한다. 가부장제의 오랜 역사는 가부장제의 거대한 동력이며 허울뿐인 영속성을 보증해준다. 가부장제가 신적이거나 자연적인 토대를 가지고 있다는 주장은 종교와 사이비 과학, 혹은 국가의 야망에 의해 끊임없이 공급되고 있다. 가부장제의 위험과 억압은 쉽게 사라지지 않을 것이다. 하지만 자유의 미래는 가부장제를 다시 볼 것을 요구한다. 여성을 위해서만이 아니라 인류 전체를 위해서 말이다.

2000년 뉴욕에서
케이트 밀렛

모든 건 내가 해고되었기 때문이었다. 물론 나는 그전부터 이 논문을 구상하고 있었고, 1968년에 컬럼비아 대학이 파업하기 직전에 학교 측에 계획서를 제출하기까지 했다. 몇 년 동안 논문을 준비하면서 공부하고 있었고, 어느 해 여름은 내내 로렌스의 작품을 읽으며 보내기도 했다. 하지만 《성 정치학》이 책으로 나올 수 있었던 계기는 다른 박사 논문을 쓰느니 차라리 '될 대로 되라'는 심정으로 1장을 쓰기 시작하면서부터였다. 그때가 바너드 대학에서 해고당한 뒤 매달 308달러를 받고 영어를 가르치던 1968년 말이었다. 나는 여생을 기꺼이 바너드 대학에서 일하려고 마음먹고 있었다. 그 일은 내 삶에서 최소한 3분의 1을 차지하고 있었다. 나머지 3분의 2는 후미오 요시무라와 뉴욕 시내에서 활동하는 조각가로서의 삶이었다. 예술과 학위를 왔다 갔다 하는 불안정한 삶이었던 것이다. 나는 컬럼비아 대학의 문학 박사 학위 취득 희망자로서 이중생활을 하고 있었던 셈이다. 학위 취득 예비 시험을 치르는 와중에 내 조각 작품 두 점이 《라이프》에 실렸고, 그 일은 내가 진지한 학자로 살지 않을 것이라는 암시처럼 여겨졌다.

옥스퍼드 대학에서 공부할 때 나는 꽤 진지했다. 우등생이었고 공부에 열정을 쏟았다. 그러다가 어느 날 조각에 심취하게 되었고, 그래서 처음으로 얻게 된 강사 자리를 포기하면서 동기들의 표현대로 '공부를 때려치웠다.' 대신 뉴욕으로 와서 바우워리에 있는 추운 스튜디오에서 1년을 보냈고, 일본에 가서 또 2년이라는 시간을 보냈다. 아무런 돈벌이도 하지 않고 조각만 하면서 보낸 시간이었다. 다시 뉴욕으로 돌아왔을 때 할 수 있는 일이란 서류 정리(얼마간은 이 일을 하기도 했다)나 영어를 가르치는 일이었다. 영어를 가르치려면 박사 학위가 있어야 했다. 당시 나는 일본 조각가 후미오 요시무라와 살았다. 그는 시간당 1.5달러를 받는 노동 착취를 당하면서 상품을 진열하는 일을 하고 있었다. 우리 중 누군가는 더 벌어야 했다. 이는 바너드 대학에서 계속 학생들을 가르치는 데 헌신하려면 컬럼비아 대학의 영문학 및 비교문학 대학원에서 박사 학위를 받아야 한다는 뜻이었다. 나는 수업도 이미 들었고 외국어 시험과 종합시험에도 합격했으며 논문 개요도 다 잡아놓은 상태였다. 그런데 컬럼비아 대학이 파업에 돌입했던 것이다. 나는 학생이자 강사였으며 동시에 헌신적 페미니스트이자 베트남 전쟁을 반대하는 평화주의자였다. (파업은 컬럼비아 대학에 대한 정부의 비밀 조사를 둘러싸고 시작되었다.) 그래서 나는 학생 입장에서 파업 주동자들이 학교에서 쫓겨나지 않도록 그들의 사면을 요구했다. 파업은 컬럼비아 대학을 바꾸어놓았고 잠깐은 멋진 광경이 펼쳐졌다. 아이디어가 살아 있었고 교직원들의 논쟁은 한 편의 드라마와 같았으며 원칙들은 모두 쟁점이 되었다. 학교는 정부와 사업에서 물러나 스스로의 권리를 주장하면서 잠깐이나마 자신만을 위해 존재했다. 옥스퍼드 대학에서처럼 이곳에서도 지적 가치가 현실이 되었다. 아니, 그 이상으로 마치 영화 시나리오처럼 혁명적 변화가 시작되었다. 모든 것이 함께 갔다. 학생 운동, 신좌파와 민권 운동, 우리가 학교 밖에서 구상하고 있던 새롭고 급진적인 페미니즘 정치학이 모두 함께 급진적 의제를 내놓았다. 모두가 대학 학장과 이사들에 맞섰고 군대의 학교 탐문을 거액의 돈으로 무마한 학교 당국의 타협에 맞섰다. 그러나 권력의 실체는 마침내 그 끔찍했던 밤, 경찰이 캠퍼스에 난입해 학부생들을 구타하고 연행하는 것을 허용하면서 백일하에 드러났다.

그날 밤 나도 그곳 있었다. 그리고 경찰 기동대가 커다란 철문 안에 우리를 가두고 학생들에게 위해를 가하는 것을 전부 지켜보았다. 그 자리에 교직원은 거의 없었을뿐더러 그나마 함께 있던 몇 안 되는 교직원들은 모두 젊고 나약했다. 게다가 학교에 종신 고용된 사람들도 아니었다. 파업은 5월에 일어났다. 11월에 닉슨이 대통령에 당선되었다. 바너드 대학은 크리스마스 직전에 나를 해고했다. 이런 소용돌이 속에서 컬럼비아 대학 출신의 다른 젊은 강사들도 함께 해고되었다는 이야기를 들었다.

삶이 일순간 정지되어버렸다. 나는 대낮부터 마티니를 마시고 흐느꼈다. 우리는 굶어 죽을 수밖에 없었다. 후미오는 격분한 내 고함 소리를 미소를 지으며 묵묵히 들어주었다. 컬럼비아 대학의 정문은 이제 잠겼다. 나는 영원히 아카데미의 성벽 바깥에 있어야 할 것이다. 직업을 잃었으니 말이다. 하지만 여전히 그 망할 논문은 쓸 수 있었다. 그래서 나는 썼다. 온 세상이 내 앞에 있었지만 그것을 알지 못했다. 크리스마스 연휴와 새해로 이어지는 사막 같은 시간 속에서 2장이 될 '성 정치학의 이론'에 매달렸다. 그리고 내용 일부를 코넬 대학의 연설에 활용했다. 나는 내가 가진 가장 좋은 점퍼와 실크 블라우스를 입었고, 수고비로 75달러를 받았다. 조지 워싱턴 다리를 건너 뉴욕 시내로 들어오면서 다시 공황 상태가 되어 동료들에게 해고당했다는 사실을 고백했다.

나는 혼자였다. 후미오는 시간제 보수를 받고 페르시안 미니어처를 그리러 갔다. 온종일 할 일이 없었다. 그래서 조각하듯이 글을 쓰기로, 재미 삼아 한번 놀아 보기로 했다. 그리고 주말이 가까워져올 즈음에 전형적인 성교 장면을 인용하고 해설을 붙인 1장 초고를 완성했다. 나는 금요일 밤에 술이나 한잔하자고 들른 젊은 작가 짐 웨이건보드에게 초고를 읽어주었다. 짐은 포복절도했다. 후미오도 그랬다. 이러한 격려 속에 더블데이 출판사의 베티 프래쉬커에게 전화했다. 예전에 베티는 전국 여성 협회 NOW(National Organization for Women) 교육 위원회에서 쓴 작은 자료집을 출판하자는 내 제안을 정중히 거절했다. 그러면서 내가 다음에 쓸 글은 읽어보겠노라고 약속했다. 베티는 약속을 지켰다. 그녀는 1장을 마음에 들어했고 선불로 4000달러를 지급하겠다고 제안했다.

이제 논문을 지도해줄 누군가를 컬럼비아 대학에서 찾아야 했다. 옛 지도 교수는 하버드 대학으로 옮겨간 후였다. 스티븐 마커스 교수를 찾아갔다. 가부장제를 향한 나의 무례한 공격이 학제적으로도 존중할 만한 것이라는 내 이야기를 들어주기를 간절히 바라며 복도에서 기다렸다. 마커스는 내 이야기를 들어주었다. 이 책이 그나마 이론적으로 타당하다면 이는 마커스의 지적인 격려와 '증거, 더 많은 증거 그리고 철저한 독서와 연구, 분석'에 대한 끈질긴 요구 덕분이다. 마커스는 내 주장을 페미니즘 수사修辭에서부터 끌어올려 주장이 목표로 하고 창출하려 한 문화 비평의 수준에 이르도록 이끌어주었다. 베티 프래쉬커는 진실로 텍스트에 헌신하는 편집자였다. 나는 할 말을 잔뜩 가지고 있는 질풍노도의 여성이었고, 학자가 되고 싶어하는 대학원생이었으며 글 쓰는 법을 배우고 싶은 조각가였다. 그들은 혹독함과 인내심과 엄격함으로 나를 가르쳤다. 이 책은 그들에게 커다란 빚을 지고 있다.

　나는 이 책을 매일 밤 마티니를 마시며, 그날 하루 내가 쓴 분량의 글을 듣고, 웃고, 환호하고, 비판하고, 격려했던 후미오에게 바쳤다. 《성 정치학》은 또한 '뉴욕 시내의 급진 여성들Downtown Radical Women'이라는 오래전에 없어진 논쟁 단체에 빚지고 있다. 그곳에서 우리는 가부장제와 관련한 이론 하나하나를 끊임없이 기획하고 이야기하고 다듬었다. 가부장제의 기원과 부권제의 발견, 노예제와 사유 재산과 도시국가가 발흥하면서 부권제의 발견이 가져온 인구 폭발에 대해 밤새 함께 고민했던 뉴헤이븐의 예일 대학 대학원생 친구들에게도 감사한다. '성 정치학'이라는 아이디어는 내가 이 책을 쓰는 동안에 다른 수많은 뛰어난 여성들도 추진 중이던 프로젝트였다. 나는 그들과 교제하면서 많은 도움을 받았다. 그들의 지적 에너지는 너무나 생생하게 나를 관통했다. 그래서 이 책은 우리 모두를 위해 썼다고, 나는 그저 많은 사람의 필사자일 뿐이라고 생각했다. 루신다 시슬러의 놀라운 참고문헌 목록이 없었다면 그 수많은 출전을 제대로 밝힐 수 없었을 것이다. 다른 책들도 비슷한 시기에 동시에 출간되었다. 로빈 모건의 《자매애는 강하다Sisterhood is Powerful》, 슐라미스 파이어스톤의 《성의 변증법Dialectic of Sex》, 팸플릿을 모아놓은 《첫해 동안의 노트Notes from the First Year》 등이다. 우리는 모두 함께했고 서로를 잘 알고 있었으며 다양한 인식을 창조하기 위해 협력했다.

대학원과 교직원 친구들이 만든 '컬럼비아 대학 여성 해방 Columbia Women's Liberation'이라는 단체도 있었다. 우리는 학제적 훈련을 공격 무기로 삼아 컬럼비아 대학의 부당한 급료 지불 계획을 고발하는 서류를 작성하는 데 많은 시간을 쏟았다. 모두 연구에 열정과 애착을 뒀으며 학문을 신뢰하며 소리 높여 학문을 꿈꾸었다. 그리고 변두리에 있는 누군가의 집 카펫에 드러누워 성차별 없는 교과 과정을, 역사와 문학, 경제학, 심리학, 정치적 사건을 바라보는 완전히 새로운 관점을 궁리했다. 우리는 여성학을 창조하기 시작한 것이며, 새로운 배움을 발견하면서 기존의 지식을 재해석한 것이다.

황금 같은 나날들이었다. 《성 정치학》이 모양을 갖춰나감에 따라 외부 사건들도 구체화되기 시작했다. 《성 정치학》이 출간될 무렵 우리의 행동과 시위, 회합, 쟁점들도 국내외로 퍼져나가면서 여성들을 집결시키기 시작했다. 이 텍스트가 출간된 1970년 여름 즈음에 페미니즘을 확고히 세우려는 거대한 물결이 일었다. 그해는 여성 참정권을 쟁취한 지 50주년이 되는 해였으므로 뉴욕을 비롯한 미국 전역에서 여성들의 행진과 파업이 이어졌다. 참으로 적절한 순간이었다. 나머지는 역사가 된, 누구나 아는 이야기다.

압제적 체제를 종식하려는 길고도 험난한 모든 이야기가 그러하듯, 여성 해방의 역사 또한 순환적이다. 조금 앞으로 갔다가 훨씬 더 뒤로 물러서고 그다음 교착 상태에 빠지고 반동과 억압이 다시 득세하고 그러면 또 다른 격동이 몰아친다. 우리는 남녀평등 헌법 수정안이 거의 통과될 뻔하다가 다시 유예되는 것을 보았고, 아이를 낳을지 말지를 선택하는 여성만의 권리인 낙태가 승리하려 하다가 다시 패배하면서 남성들의 트집 대상이 되는 것을 지켜보았다. 그래서 우리는 여성 해방이 장기간에 걸친 가장 오래된 투쟁이라는 것을 안다. 페미니스트로서 우리는 과거와 미래에 걸쳐 있는 시간의 연쇄 속에서 여전히 중대하고 결정적인 순간에 서 있다는 것도 잘 안다. 실패란 있을 수 없다고 수전 앤서니가 우리를 위해 말했다. 이 투쟁은 쉽지는 않아도 늘 흥미롭다. 그리고 인간의 자유 영역을 넓히는 일은 너무나 멋진 작업이어서 여기에 함께한다는 것은 참으로 행운이다.

1990년 뉴욕에서
케이트 밀렛

상대적으로 미지의 영역이며 때로는 가설적이기까지 한 이 영역으로 독자를 안내하기 전에 몇 가지 일반적 생각을 제시하는 것이 옳을 듯하다. 이 책의 첫 부분은 '성sex'이 정치적 측면을 지니며 성의 정치적 성격이 지금까지 소홀하게 다루어졌다는 주장에 할애했다. 우선 성행위를 다룬 현대의 몇몇 문학적 묘사에서 권력과 지배의 개념이 작동하고 있다는 사실에 주목하면서 이 주장을 예증하려 했다. 무작위로 선택된 사례들이 제시된 다음에는 양성 간의 사회적 관계를 이론적 관점에서 분석하는 장章이 뒤따른다. 이 두 번째 장은 내가 보기에 이 책을 통틀어 가장 중요하면서도 단연코 가장 쓰기 어려웠다. 여기에서는 가부장제를 정치 제도로서 체계적으로 개괄해보려 했다. 특히 이 부분은 가설적이며, 일관된 주장을 펴려는 의도 때문에 우리 사회 조직의 익숙한 모호함과 모순은 (굳이 배제할 필요는 없었지만) 가급적 생략했다.

3장과 4장으로 이루어진 2부는 주로 역사 서술인데, 19세기와 20세기 초에 발생한 전통적 양성 관계의 변화를 개괄하고 다음에는 그 이후에 시작된 반동적 분위기를 설명했다. 가부장제 생활 방식은 반동적 분위기에서 수정된 형태로 계속되었고 그리하여 이 영역에서 30년 동안에 시도한 혁명적 사회 변화의 가능성 또한 좌절되고 말았다. 이 책의 마지막 부분에서는 특히 이 시기를 대표한다고 생각하는 세 작가의 작품에 초점을 맞추어 그들이 성 정치학의 급진적 변화 가능성에 어떻게 반응했는지, 또한 그러한 변화의 충동에 대항하는 반동적 분위기에 어떻게 참여했는지를 검토했다. 장 주네에 할애한 마지막 장에서는 앞의 작가들과 대조적 사례를 제시하려 했다. 첫째로 장 주네는 소설에서 동성애적 지배 질서를 묘사하고 드러내 동성애라는 비스듬한 각도에서 성적 위계질서라는 문제에 접근한다. 둘째로 장 주네는 희곡에서 성적 억압이라는 주제를 강조함으로써, 급진적 변혁을 추구하는 기획이라면 반드시 성적 억압부터 일소해야만 한다는 것을 보여준다.

문학 비평이라는 모험적 작업에 대한 나의 신념은 이러하다. 비평은 작품에 충실하게 아첨하는 데에 그칠 것이 아니라, 문학이 묘사하고 해석하며 심지어 왜곡하기까지 하는 '삶'에 대한 폭넓은 통찰을 포착할 수 있어야 한다. 이 책은 문학 비평과 문화 비평을 동시에 수행하고 있는데, 아마도 이는 일종의 변종이고 잡종이자 아주 새로운 돌연변이일 것이다. 나의 가정은 문학이 구상되고 생산되는 더 큰 문화적 맥락을 비평이 고찰할 여지가 있다는 것이었다. 문학사에서 시작되는 비평은 이러한 고찰을 하기에 너무 한정된 시야를 지니고 있다. 미학적 고찰에서 시작되는 '신비평'은 아예 이러한 작업을 시도하려 들지도 않는다.

여기에서 논의되는 소설가들이 자기 작품을 진지하게 받아들이기를 원하든 원치 않든 간에 그들의 생각을 진지하게 받아들여야 한다고 생각했다. 저자의 생각과 사실상 이견을 보일 때도 바로 이런 근거에서 논쟁하는 것을 선호한다. 의견의 차이를 '공감하는 독서'라고 말하면서 상업적 술책으로 덮어버린다든가, 작가가 '기술이 부족하다'거나 '기술이 서투르다'는 식으로 부정직한 가식을 보이는 태도보다 낫다. 예를 들어 특정 쟁점에 로렌스와 다른 의견을 가진 비평가들은 곧잘 로렌스의 산문이 서투르다고 말하고는 하는데, 이는 순전히 주관적인 판단일 뿐이다. 내가 보기에 오히려 비평은 로렌스의 상황 분석이 왜 부적절하거나 치우쳐 있는지 혹은 그의 영향력이 왜 해로운지에 대해 철저히 탐구해야 한다. 로렌스는 위대하고 독창적인 예술가에 미치지는 못한다든지, 많은 면에서 뛰어난 도덕적·지적 고결함을 지닌 인물이라든지 하는 의견은 불필요하다.

이 연구는 진행되어 갈수록 야심적으로 변해갔으며 때로는 오히려 불가항력적으로 느껴지기도 했다. 수많은 사람들의 지도와 지지, 적절한 비판이 없었다면 결코 완성될 수 없었을 것이다. 조지 스테이드와 테오도어 솔라타로프, 베티 프래쉬커, 아네트 백스터, 메리 마더실, 릴라 카프, 수전 셰드 소머스, 캐서린 스팀슨, 리처드 구스타프슨, 로리 스톤, 프랜시스 캄, 실비아 알렉산더의 도움에 감사한다. 특히 초고를 주의 깊게 읽어주고, 수사修辭는 논리에 굴복해야 한다는 점을 늘 참을성 있게 강조해준 스티븐 마커스에게 감사드린다.

1970년 뉴욕에서
케이트 밀렛

일러두기

* 옮긴이 주는 모두 본문의 해당 내용 옆에 방주 처리하고 '옮긴이'로 표시했다.

1부

성 정치학

01 ✺—

성 정치학의
사례들

1

나는 아이다에게 목욕 준비를 해달라고 부탁하곤 했다. 아이다
는 거절하는 척했지만 매번 그렇게 해주었다. 어느 날 나는 욕조
에 앉아 비누칠하다가 그녀가 수건 갖다놓는 것을 잊어버렸음을
알았다. "아이다, 수건 좀 갖다줘요!" 하고 나는 소리쳤다. 아이다
는 욕실 안으로 들어와 수건을 건넸다. 아이다는 실크 가운에 실
크 스타킹을 신고 있었다. 아이다가 수건을 걸이에 걸려고 욕조
위에 몸을 구부리자 가운이 살짝 벌어졌다. 나는 무릎으로 미끄
러지듯 기어가 음부에 머리를 파묻었다. 너무 재빠르게 행동했기
에 아이다는 저항할 틈도, 심지어 저항하는 척할 틈도 없었다. 순
식간에 스타킹과 가운을 입고 있는 아이다를 욕조 안으로 끌어
들였다. 나는 가운을 벗겨 바닥에 던졌다. 스타킹은 그대로 두었

다. 그녀는 스타킹 때문에 더 음탕해 보였고, 마치 크라나흐 그림에 나오는 여자처럼 보였다. 나는 누워서 아이다를 내 위로 끌어당겼다. 아이다는 흥분한 창녀처럼 헐떡거리면서 내 온몸을 물어뜯었고 갈고리에 걸린 지렁이처럼 꿈틀거렸다. 몸을 말릴 때 그녀는 엎드리더니 내 남근을 깨물기 시작했다. 나는 욕조 가장자리에 앉았고 아이다는 내 발밑에 꿇어앉아 남근을 게걸스럽게 빨아댔다. 잠시 후에 나는 그녀를 일으켜 세워 앞으로 구부리게 했다. 그리고 그것을 뒤로 넣었다. 아이다는 장갑처럼 꼭 끼는 작고 촉촉한 성기를 가지고 있었다. 나는 그녀의 목덜미와 귓불, 어깨의 성감대를 깨물었다. 그리고 물러나면서 그녀의 아름다운 하얀 엉덩이에 이빨 자국을 남겨놓았다. 한마디 말도 오가지 않았다.[1]

이 현란한 묘사는 헨리 밀러의 유명한 소설《섹서스》에서 발췌한 것이다. 이 책은 1940년대에 파리에서 첫 출간되었으나 그의 청결한 고국 미국에서는 출판 금지되었고 1965년에야 그로브 출판사에서 출간되었다. '밸'이라는 가명을 쓰는 밀러는 친구 빌 우드러프의 아내 아이다 베를렌을 유혹한 이야기를 하고 있다. 성교를 묘사하는 이 인용에는 화자가 '성교fucking'라고 부르는 단순한 생물학적 행위 이상의 의미가 있다. 바로 이처럼 '다른' 내용이 실제로 이 사건의 재현에 가치와 특징을 부여한다.

　　우선 이 장면의 상황과 맥락을 고려해보자. 밸은 방금 아이다 베를렌이 공연하는 벌레스크 극장 밖에서 빌 우드러프를 만난

<hr />

1　Henry Miller, *Sexus*(New York: Grove Press, 1965), p.180.

참이다. 헨리 밀러의 산만한 내러티브 구성에서 빌과의 만남은 10년 전 아이다와 주인공이 한바탕 성교를 했던 기억을 불러일으킨다. 이 회상은 무려 열한 페이지에 걸쳐 생생하게 이어진다. 먼저 아이다에 관한 이야기가 나온다.

> 그녀는 '아이다'라는 이름이 내는 소리처럼 예쁘고, 허영심이 많고 연극적이며 불성실하고, 버릇없고, 제멋대로인 응석받이였다. 드레스덴산 인형처럼 아름다운 아이다는 칠흑 같은 머리와 자바섬 사람 같은 영혼을 가지고 있었다. 아이다에게 영혼이라는 것이 있다고 한다면 말이다! 완전히 육체와 감각, 욕망 속에서만 사는 아이다는 불쌍한 우드러프가 '위대한 성격의 힘'이라고 표현한 폭군 같은 의지로 일종의 쇼를, 육체의 쇼를 연출했다. (…) 아이다는 마녀처럼 모든 것을 삼켜버렸다. 그녀는 무자비하고도 탐욕스러웠다.[2]

우드러프는 아내를 극진히 위하는 바보로 묘사된다. "빌이 아이다를 더 많이 위할수록 아이다는 남편에게 신경을 쓰지 않았다. 아이다는 머리끝부터 발끝까지 괴물 같았다."[3] 화자는 그런 아이다의 힘에 전혀 영향을 받지 않는다고 주장하고 있지만 냉정한 이론적 호기심을 느낀다.

> 나는 이를테면 아이다가 섹스 상대로 어떨까 하고 가끔 생각해

---

2   같은 책, p.178.
3   같은 곳.

본 적은 있지만 아이다가 인간적으로 어떤 사람일지에는 일말의 관심도 없었다. 나는 초연하게 그런 생각을 하고 있었는데, 아이다는 그걸 눈치채고 화가 났던 것이다.[4]

우드러프 부부의 친구인 밸은 그의 집에서 하룻밤을 보내게 되고, 우드러프가 출근한 뒤에 침대에서 아침 식사를 한다. 아이다에게서 처음 서비스를 받아내는 밸의 수법은 뒤에 이어질 사건에 중요한 역할을 한다.

아이다는 침대에 있는 나에게 식사 시중을 들어야 하는 걸 싫어했다. 남편에게도 그렇게 하지 않는데 왜 나에게 그래야 하는지 이해할 수 없었던 것이다. 나 또한 침대에서 하는 아침 식사는 우드러프의 집에서가 처음이었다. 나는 아이다를 화나게 하고 굴욕스럽게 하려고 일부러 그랬다.[5]

우리는 헨리 밀러의 자전적 소설에 나오는 핵심적 신화 하나를 여기에서 발견할 수 있다. 즉 늘 저자의 특정 분신이기도 한 주인공은 신비한 성적 매력을 가지고 있으며 뛰어난 성적 능력의 소유자다. 그러므로 아이다가 그의 수중에 떨어지는 것은 독자에게 그다지 놀라운 일이 아니다. 그리고 나서 밸이 아이다에게 덤벼드는 장면으로 돌아가 앞에서 길게 인용한 단락이 나오는 것이다. 그 장면 전체는 일련의 술책으로 읽히는데 여기에서 주인공

---

4 같은 책, p.179.
5 같은 곳.

은 공격적이며, 관습에 따라 여주인공으로 지정된 여성은 순종적이다. 예를 들어 주인공의 처음 행동은 수건을 갖다달라는 요청의 형태로 여성에게 계속 서비스를 하도록 만드는 것이다. 이러한 행동은 아이다를 안주인이자 하녀의 역할로 축소시킨다. 쉽게 벗겨지는 목욕 가운을 입고 실크 스타킹을 신은 아이다의 복장은 다루기 쉬울 뿐만 아니라 심지어 낭만적이기까지 하다. 여성 독자라면 거들이나 고무 밴드 없이 스타킹을 신지 않는다는 것을 알고 있다. 하지만 남성의 고전적 환상에서 여성의 알몸을 가리는 가장 적절한 소재(스타킹이든 속옷이든)는 실크처럼 얇은 천으로 된 것이다.

벨은 이제 첫 번째 행동을 개시한다. "나는 무릎으로 미끄러지듯 기어가 음부에 머리를 파묻었다." '음부muff'라는 용어는 의미심장하다. 음부는 벨의 비굴한 태도와 애원하는 자세를 액면 그대로 받아들여서는 안 된다는 사실을 독자에게 보여주는 실마리이기 때문이다. 음부라는 표현은 한 남성이 자신의 위업을 다른 남성에게 남성적 어휘와 시선으로 이야기하는 어조를 띠고 있다. 그다음에 이어지는 언급은 그 행위의 실질적 특징을 더욱 잘 드러내준다. "너무 재빠르게 행동했기에 아이다는 저항할 틈도, 심지어 저항하는 척할 틈도 없었다." 이 장면 전체는 성교 자체가 아니라 오히려 권력 행사에 의한 성교를 묘사하여, 여기에서 '저항'이라는 말에는 굉장한 무게가 실려 있다. 벨은 이미 독자에게 "그녀는 우드러프나 다른 구애자들에게 해왔듯이 나를 자신의 마력으로 꼼짝 못 하게 하여 줄타기를 하고 싶어했다"라고 알려준 바 있다. 물론 여기에서 문제는 둘 중 누가 줄타기를 하며 누가 주인이 되느냐 하는 것이다.

아이다를 순식간에 지배한 밸은 그녀가 반항하지 못하게 재빨리 행동에 착수한다. 이 때문에 그다음에 놀랄 만한 사건이 일어난다. 밸은 아이다를 자신의 영역으로 끌어들여 옷을 입은 채로 욕조에 들어가 있는 아주 우스꽝스러운 처지로 만든다. 여기에서 밸의 표현은 다시 권력이라는 숨은 문제를 가리키고 있다. "아이다를 욕조 안으로 끌어들였다." 독자 또한 화자의 민첩한 속도를 인정하라는 권고를 받게 된다. 다시 말해 아이다는 순식간에 욕조 안으로 끌려들어가는 것이다. 모든 주도권을 획득한 밸은 포로에게 필요 없는 가운을 벗겨 바닥에 던진다.

스타킹과 나체는 미적 쾌락을 위해 과시된다. 그 때문에 아이다는 "더 음탕해 보였고, 마치 크라나흐 그림에 나오는 여자처럼 보였다." 밸은 이미 크라나흐Cranach의 나체화에 나오는 날씬하고 완벽한 몸매가 아이다의 몸매와 비슷하다고 말한 적이 있었다. 크라나흐의 그림에 나오는 순수하고 진귀한 여인을 실크 스타킹을 신은 전통적으로 '요염한 여자'와 나란히 놓는 것은 실로 탁월한 술책이라 할 만하다. '음탕한'이라는 단어는 의도적으로 음란해 보이려 한다는 의미를 지니며, 특히 천박한 성행위를 좋아하는 호색한의 구미를 당기는 단어다. 이는 또한 섹슈얼리티가 실로 더럽고 어느 정도는 어리석은 것이라는 청교도적 신념에 근거한다. 《웹스터 사전》에 따르면 '음탕한lascivious'은 '외설적인, 음란한, 호색적인' 혹은 '음란한 감정을 유발시키는 성향'이라고 정의되어 있다. 문제의 크라나흐 그림에 그려진 여성은 창세기에 등장하는 우아하면서도 약간 음울해 보이는 이브인데 소설에서는 이 이브가 마치 달력에 나오는 여자처럼 격하되어 있다.

밸은 행위를 계속한다. 밸의 태도에는 냉정한 자신감과 편안함이 나타나 있다. "나는 누워서 아이다를 내 위로 끌어당겼다."
다음에는 순전히 주관적인 묘사가 이어진다. 주인공은 이제 자화
자찬을 그만두고 자신이 창출해낸 결과에 스스로 도취되기 시작
한다. 이제 흥분하는 사람은 아이다이기 때문이다. 비록 이 흥분
이 파블로프 조건 반사 때문이기는 하지만 말이다. 아이다는 유
명한 파블로프의 개처럼, 사실 "흥분한 창녀처럼" 주인공의 능숙
한 조작에 반응한다. "헐떡거리면서 내 온몸을 물어뜯었고 갈고
리에 걸린 지렁이처럼 꿈틀거렸다." 하지만 밸이 이처럼 자제하
지 못하는 동물 같은 모습을 보인다는 징표는 독자에게 전혀 제
시되지 않는다. 바로 그가 갈고리이고 그녀가 지렁이이기 때문이
다. 여기에 함축된 의미는 분명 연인다운 굴종과 애벌레 같은 연
약함과 반대되는 냉혹한 침착함이다. 아이다는 이중적인 의미에
서 (하지만 서로 다르지 않은 의미에서) '끌려든' 것이다.

　이런 식의 성적 내러티브를 보여주는 장르의 관습적 순서에
따르면 한 체위의 성교는 비정상적이어서 더욱 흥미로운 다른 체
위로 신속하게 옮겨가기 마련이다. 밀러는 독자에게 구강성교라
는 막간극을 짤막하게 보여준 다음 곧이어 등 뒤에서 하는 성교
를 보여준다. 그러나 여기에서 더 큰 문제는 이제 '갈고리에 걸린'
아이다가 스스로 행동을 개시한다는 것이다. "그녀는 엎드리더니
내 남근을 깨물기 시작했다." 무대 중심을 차지한 주인공의 '남근'
은 아직 갈고리에 머물러 있지만 이제 아이다는 미끼에 쉽게 속
아 넘어가는 물고기로 변신한다. (이러한 물의 이미지는 욕조 때문에
활성화된 것 같다.)

　더욱이 둘의 체위는 의미심장하게 역전된다. "나는 욕조 가
장자리에 앉았고 아이다는 내 발밑에 꿇어앉아 남근을 게걸스럽

게 빨아댔다." 이제 권력관계의 윤곽이 명백해졌다. 주인공은 마지막 오만한 동작으로 자신의 승리를 단언하기만 하면 된다. "잠시 후에 나는 그녀를 일으켜 세워 앞으로 구부리게 했다. 그리고 그것을 뒤로 넣었다."

이 시점에서 독자는 거의 초자연적이라 할 힘을 느끼게 된다. 물론 이때의 독자는 남성일 것이다. 그 단락은 성교의 흥분을 유발하고자 상황과 상세한 묘사, 문맥을 생생하고도 풍부한 상상력으로 사용하고 있을 뿐만 아니라, 연약하고 고분고분하며 우둔한 여성에 대한 남성의 지배력을 확인하고 있다. 따라서 이는 섹스라는 본질적 층위에서 성 정치학이 작동하는 사례가 된다. 주인공과 독자가 함께 느끼게 되는 만족감은 틀림없이 이러한 남성적 자아의 승리로부터 비롯된다. 가장 생생한 만족감은 다음 문장에서 전달되고 있다. "아이다는 장갑처럼 꼭 끼는 작고 촉촉한 성기를 가지고 있었다."

그러고 나서 주인공은 자신의 대상을 어떻게 사육했는지 이야기하면서 독자의 욕망을 채워준다. "나는 그녀의 목덜미와 귓불, 어깨의 성감대를 깨물었다. 그리고 물러나면서 그녀의 아름다운 하얀 엉덩이에 이빨 자국을 남겨놓았다." 마지막 물어뜯기는 그녀를 소유했고 사용했음을 알리는 표시에 가깝다. 그뿐만 아니라 자신의 태도를 보여주는 표시이기도 하다. 밸은 이미 빌 우드러프가 너무 어리석은 인간이라, 아내의 그 부위에 키스하려고 비굴하게 기는 자세를 취했다는 사실을 앞서 이야기한 바 있다. 우리의 주인공은 자신이 생각하기에 더욱 '표준적인' 자세로 양성 간의 관계를 재조정한 것이다.

이 내러티브에서 가장 인상적인 말은 분명 마지막 문장이다.

"한마디 말도 오가지 않았다." 결코 모자를 벗어 자신을 낮추는 일이 없는 설화 속 영웅처럼, 밸은 인간적 의사소통 한마디 없이 자신의 전투를 **최후의 일격까지** 포함하여 완수해냈다. 그때의 정사를 회상하는 내용은 몇 페이지 더 계속되는데, 주인공은 이제 자신의 권력 위치를 공고히 하기 위해 그때의 다양한 흥분을 바탕으로 더욱 나아가게 된다. 이는 육체적이고 감정적으로 치욕을 주는 것을 통해서다. "당신, 정말 날 좋아하는 건 아니죠, 그렇죠?"라는 아이다의 물음에 그는 일부러 오만하게 대답한다. "'난 **이게 좋아**' 하고 말하며 쿡 찔러주었다."[6] 주인공의 남근은 이제 징벌의 도구가 된 반면, 아이다의 성기는 굴욕의 수단에 지나지 않는다. "난 당신의 음부가 좋아, 아이다. (…) 당신의 최고 매력은 바로 이거야."[7]

이어지는 모든 재현은 독자에게 밸의 우월한 지성과 통제력을 확신시키는 동시에 아이다의 바보 같은 굴종과 억누를 수 없는 음탕함을 보여준다. 매 순간 밸은 더욱 고양되고 아이다는 더욱 비천하게 타락한다. 이러한 성적 기준의 이중성을 보여주는 현란한 사례는 다음과 같다.

"당신은 속옷 같은 거 안 입지? 당신은 화냥년이야, 알고 있어?"
나는 아이다의 옷을 끌어올리고 내가 커피를 마실 때까지 그대로 앉아 있게 했다.
"커피를 다 마실 때까지 그걸 좀 가지고 놀고 있어."

6   같은 책, p.181.
7   같은 곳.

"더러운 인간!"

아이다는 이렇게 외쳤지만 내가 시키는 대로 했다.

"손가락 두 개로 거길 열어봐. 난 그 색깔이 좋아."

(…) 그리고 옆에 있는 화장대 위의 양초를 집어 그녀에게 건넸다.

"이게 다 들어가는지 좀 보자고." (…)

"별 걸 다 시키는군요. 이 더러운 악마!"

"좋으면서 뭘 그래?"[8]

밸의 거만한 태도는 이어 발생하는 극적 사건의 분위기를 설정해 준다. 이제 밀러의 글은 스티븐 마커스가 '포르노 테마pornotopic'라고 부른 환상의 일종, 즉 오르가슴의 소나기로 솟구쳐 오른다.

아이다를 조그만 테이블 위에 눕히고 그녀가 폭발하려는 찰나에 그녀를 일으켜 방 안을 걸어다녔다. 그리고 나는 그것을 빼내 아이다의 넓적다리를 잡고 그녀에게 손으로 걸어다니게 하면서 그것을 넣었다 뺐다 하여 더욱 흥분시켰다.[9]

앞서 인용한 두 인용문 중에서 가장 효과적인 어구는 다음과 같다. "아이다를 조그만 테이블 위에 눕히고"(그 자체가 말장난이다), "그녀에게 손으로 걸어다니게 하면서", "내가 시키는 대로 했다" 또한 "나는 아이다의 옷을 끌어올리고 (…) 그대로 앉아 있게 했다." 아이다는 진흙보다 무른 접착제나 혼나고 있는 아이와도 같

---

8 같은 책, pp.181~182.
9 같은 책, p.183.

아서 주인공이 그녀를 격하시키면서 자신의 힘을 강화하는 온갖 행동을 끊임없이 시키는 대로 한다.

한편 주인공의 성적 능력은 너무나 훌륭하고 압도적이기에 그는 자신의 능력에 감탄하느라 넋이 나가 있다. "이렇게 계속하다가 마침내 나는 끝내주게 발기했는데, 그녀 안에 사정하고 난 후에도 그것은 쇠망치처럼 서 있었다. 아이다는 지독하게 흥분했다."[10] 굉장한 자신감과 만족감으로 섹스를 끝낸 밸은 자신의 재산을 살펴본다. "내 남근은 상처 난 고무호스처럼 보였다. 그것은 평상시보다 한 5센티미터쯤 늘어나 알아볼 수 없게 부풀어서 다리 사이에 늘어져 있었다."[11]

주인공과 독자의 관심을 끌지 못한 아이다는 밸이 자신만의 멋진 방식으로 축배를 들 때 금방 사라지고 만다. "나는 드러그스토어에 가서 맥아당이 든 우유를 두어 컵 들이켰다."[12] 모험에 대한 밸의 마지막 발언은 자신의 명예를 드높인다. "굉장한 섹스였다고 혼자 생각하면서 우드러프를 다시 만나면 어떻게 행동할지 궁리했다."[13] 참 굉장하기도 하다.

이 에피소드로 밸은 우드러프 부부의 결혼이 기묘한 육체적 불균형을 보여주며 어울리지 않는 결합임을 독자에게 영리하게 인식시킨다. 우드러프는 '진짜 말의 그것'과 같은 굉장히 큰 성기를 가지고 있다. "나는 그것을 처음 보았을 때를 기억한다. 두 눈

---

10 같은 책, pp.182~183.
11 같은 책, p.183.
12 같은 곳.
13 같은 곳.

을 의심할 정도였다."[14] 반면 우드러프 부인의 그것의 크기는 이미 "작고 촉촉한 성기"라는 표현으로 언급했다. 그러나 이러한 불운이 아이다가 다른 곳에서 만족을 추구할 정당한 구실이 되어서는 안 되므로 소설은 처음부터 끝까지 그녀를 뻔뻔스러운 여자라고 되풀이해서 강조한다. 이로 인해 아이다를 단순한 계집의 지위로 끌어내리는 주인공의 전형적 행동이 정당화된다. 게다가 우리는 아이다가 만족할 줄 모르는 병적인 색정증 환자라고 생각하게 된다. 따라서 아이다를 발견하고 이용하는 것은 주인공의 재주이자 행운이다.

밀러의 상상력은 늘 아이다 베를렌 같은 인물에 사로잡혔던 것으로 보인다. 밀러가 주인공에게 아이다의 '창녀' 기질을 발견하여 그녀를 관능적 항복이라는 발작적 흥분 상태에 놓이게 하고, 아내에게 목매는 남편을 배신하게 했다고 자축하게 하는 것만으로는 충분하지 않다. 초기작 《어두운 봄Black Spring》에서 아이다는 매춘하다 들켜서 호된 벌을 받는 여인으로 나온다. 여기에는 가르치기 좋아하는 밀러의 성격이 두드러지게 나타나 있다. 독자는 그의 심오한 도덕적 상상력을 타당하다고 인정할 수밖에 없게 된다.

아내가 바람을 피운다는 소식을 다른 친구에게서 들은 빌 우드러프의 멋진 반응은 길게 그리고 아주 재미있다는 듯이 서술된다. 여기서도 밀러의 분신인 화자는 이 일화를 '깜찍하다'고 생각한다.

<hr>

14   같은 책, p.184.

하지만 우드러프는 오늘 밤 자지 않고 아내가 돌아오기를 기다리고 있다가 아내가 약간 상기되어 활기차고 씩씩하게 그러나 여느 때와 같이 냉담한 태도로 미끄러지듯 들어왔을 때, "오늘 밤 어디 있었지?" 하고 짧게 힐책했다. 아이다는 물론 늘 하던 거짓말로 둘러대려 했다. "집어치워!" 하고 우드러프가 말했다. "옷 벗고 침대로 뛰어들어와." 그 말은 아내를 화나게 했다. 아이다는 그런 행동은 조금도 하고 싶지 않다고 완곡하게 말했다. "기분이 안 난다 이 말이지?" 우드러프는 이렇게 말하고는 덧붙였다. "괜찮아. 이제 내가 좀 뜨겁게 해줄 테니까." 그는 일어나 아내를 침대 다리에 묶어놓고 재갈을 물리고는 면도날을 가는 가죽숫돌을 가지러 갔다. 욕실로 가는 도중 그는 부엌에서 겨자 병을 집었다. 우드러프는 가죽숫돌을 가지고 돌아와 아이다가 오줌을 지릴 때까지 후려쳤다. 그러고 나서 그는 채찍 자국에 겨자를 문질렀다. "밤새도록 화끈거릴 거야." 그는 이렇게 말하면서 아내를 엎드리게 한 뒤 다리를 활짝 벌리게 했다. "자, 언제나 그렇듯 돈을 내야지." 그는 주머니에서 지폐 한 장을 꺼내 구기더니, 음부에 밀어넣었다.[15]

밀러는 아이다와 우드러프의 이야기를 간통한 여자가 남편에게 하는 조롱으로 끝맺는다. 우드러프는 바람난 여자의 남편이기 때문이다. 또한 밀러는 독자를 위해 대문자로 된 격언으로 끝맺는다. "이 모든 것의 목적은" 단순히 **"위대한 예술가란 자신 안에 있**

---

15   Henry Miller, *Black Spring*(1938)(New York: Grove Press, 1963), pp. 227~278.

는 낭만성을 정복한 사람임을 증명하기 위한 것"이라고 한다.[16]

이 인용에 나타난 밀러의 교육적 의도는 아주 명백하다. 불감증이 있는 여성들, 즉 성적으로 고분고분하지 못한 여성들은 얻어맞아야 한다는 것이다. 결혼의 정절이라는 법칙을 어긴 여성들도 얻어맞아야 한다. 섹스와 안전을 교환하는 결혼이라는 물물 교환 체제는 그 바깥의 거래 때문에 파기되어서는 안 되기 때문이다. 이러한 냉정한 원칙보다 더 유익한 것은 이 원칙이 밀러의 성적·문학적 모티프와 그 모티프에 명백하게 함축된 사디즘에 대한 통찰을 제공한다는 사실이다. 밀러의 모티프는 여성 침실의 정치학이기보다는 투계장鬪鷄場의 정치학에 더 가깝다. 하지만 때로 후자는 전자를 해명하는 데 상당한 빛을 던져준다.

2

"나, 안에 아무것도 없는데요." 그녀가 말했다. "그래도 계속해요?"

"몰라." 나는 말했다. "조용히 해."

그러자 그녀가 오기 시작하는 것을 느낄 수 있었다. 내 마음속의 의혹이 그녀를 자극했고, 조용히 하라는 명령이 빗장을 벗겨버렸다. 그녀는 순간 멈추었지만 오고 있었고 그녀의 교활한 손가락 하나가 내 몸속에 스위치를 켠 듯 나는 박쥐처럼 날뛰면서 다시 한번 악마와 악수를 했다. 그녀의 눈빛은 희귀한 탐욕으로 불타고 있었고 입술에는 쾌락이 피어올랐으며, 그녀는 행복해했다.

---

16 같은 책, p.228.

나는 추적할 준비가 되어 있었고 첫 사정을 할 만큼 꽉 차 있었으며, 선택을 앞두고 들떠 있었고 마치 두 전깃줄 사이에 갇힌 고양이처럼 일격을 가하기 위해 앞뒤로 펄쩍펄쩍 뛰어다녔으며, 전리품과 비밀을 붉은 공장에서 하나님께 가져갔고 저 슬픈 자궁에서 온 패배의 메시지를 다시 갖다주었다. 그러고 나서 나는 선택했다. (아, 하지만 바꿀 시간은 있었다.) 나는 그녀의 음부를 선택한 것이다. 그것은 이제 묘지도 아니고, 창고도 아니고, 아니, 이제 교회에 가깝고, 수수하고 품위 있는 곳이었으며, 그 벽은 아늑하고 냄새는 신선했으며, 그 교회에는 감미로움이 있었다. 그 돌벽 속에는 조용하고 경건한 감미로움이 있었던 것이다. "네게 감옥이란 이런 것이다" 하고 내면의 혓바닥이 발악하며 말했다. "여기 있어라!" 내 안에서 명령이 떨어졌다. 그러나 나는 아래에서 악마가 식사하고 있음을 느꼈다. 악마의 불길은 바닥을 통과하여 올라오고 있었다. 그 따뜻함이 내면에 닿기를, 아래쪽 지하실로부터 올라오기를, 술과 열기와 핥을 혀를 가져다주기를 기다렸다. 나는 어느 쪽 바람을 탈지 선택해야 했다. 나는 자신을 바쳐야 했다. 억제할 수가 없었다. 발뒤꿈치가 코를 따라잡을 정도로 급히 내달리는 빙판 회전 경기처럼 격렬하고 뜨거운, 배반 같은 폭발이 일어났다. 감각이 날아가버리는 1초에서 깨어져 나온 찰나를 경험했고, 그 순간 근질근질한 욕망이 내부에 도달하여 나를 이끌어냈다. 나는 그녀의 엉덩이로 밀고 들어가 방 저편에 내던져진 것처럼 절정에 도달했다. 그녀는 격노의 울부짖음을 토했다.[17]

17   Norman Mailer, *An American Dream*(New York: Dial, 1964), pp.45~46.

이 인용문은 노먼 메일러의 《미국의 꿈》에 나오는 이성애 항문 성교를 묘사한 부분이다. 이 행위는 이 책에서 가장 흥미를 끌뿐만 아니라 전체 플롯이 여기에 근거해 있다고 말할 수 있을 만큼 중심이 된다. 주인공 스티븐 로잭은 방금 아내를 살해한 뒤, 하녀와 항문 성교를 하면서 기분을 풀고 있다.

명백히 메일러는 자신을 주인공과 동일시한다. 살해라는 수단으로 아내를 '지배'하겠다는 동기를 제외하고는 주인공이 아내를 살해한 어떤 동기도 찾기 힘들다. 메일러는 이러한 지배욕을 완벽하게 이해하며 심지어 공감하기조차 한다. 놀랄 만큼 시대에 뒤떨어진 '격분한 남편' 로잭의 입장 또한 마찬가지다. 로잭의 간통 사실을 아주 잘 알고 있던 부인은, 그들이 별거한 후에 자신도 다른 남자들과 실컷 즐겼다고 분별없이 이야기해버린다. 게다가 그녀는 새로운 애인들과 항문 성교를 즐긴다고 고백하는데, 이 장면에서 항문 성교가 이 소설 전체에서 강력한 역할을 하고 있음을 알 수 있다. 항문 성교는 주인공이 개인적 자부심을 가지고 있는 특기다. 그는 애인들이 아내보다 항문 성교를 훨씬 더 잘한다고 아내의 면전에서 자랑한다. 하지만 아내가 항문 성교를 하면서 간통하고 있다는 생각은 분명 로잭에게 견디기 어려운 시련이다. 말하자면 그것은 자신의 특기와 허영심에, 더 중요하게는 여성보다 우월하다는 남성의 생득권에 결정적 타격을 가한다. 그래서 그는 무례한 아내를 즉시 목 졸라 죽임으로써 복수한다. 로잭 부인은 운동을 좋아하는 켈트족 여성이었으므로 목 졸라 죽이는 일이 쉽지는 않았다. 로잭은 아내를 죽이고 나서 기진맥진하기는 했지만 더욱더 의기양양해졌다. "나는 명예로운 피로로 지쳐 있었지만 육신은 새로워진 것 같았다. 열두 살 이후로 이렇게 기분 좋은 적이 없었다. 이 순간, 인생에서 그 어떤 것이라도 즐길 수 있을 것 같았다."[18]

하녀 이야기로 돌아가자. 하녀의 방에 들어갔을 때 로잭은 자위에 열중한 그녀를 본다. 확실히 운 좋은 상황이다. 나머지는 수월하다. 로잭은 하녀의 손을 성기에서 조용히 떼고 그곳에 자신의 맨발을 갖다 대어, "그 순간 그녀에게서 세상을 살기 위한 모든 기술을 알려주는 촉촉하고 짜릿한 지혜를 끌어냈다."[19] 이 말은 곧 자신의 성적 위업으로 얻게 될 진지한 자기 발견적 가치를 의미한다. 잠시 로잭은 하녀를 죽일 생각에 즐거워한다. "나는 그녀를 아주 쉽게 죽일 수 있었다. 그 순간, 그 누구라도 죽일 수 있다는 생각을 하면서 상쾌한 균형 감각을 느꼈다."[20] 대신 로잭은 하녀를 가지고 놀기로 한다. 그러고는 말 한마디 오가지 않는 성행위가 세 페이지에 걸쳐 묘사된다. 주인공은 자랑한다. "그 하녀에게 키스를 해주기로 결정하기까지 족히 5분은 걸렸을 것이다. 그러나 나는 드디어 그녀의 입술을 빼앗았다."[21] 로잭은 그렇게 하면서 독일 출신의 프롤레타리아인 하녀의 영혼을 삼키려 든다. 로잭의 피고용인인 하녀에게서는 지독한 냄새가 난 듯하다. 하버드 대학 출신이며 대학교수이자 미국 하원 의원, 텔레비전 탤런트 그리고 방금 부유한 아내를 잃은 홀아비인 로잭은 하녀의 악취 때문에 다음과 같은 깨달음을 얻는다.

---

18 같은 책, p.32.
19 같은 책, p.42.
20 같은 곳.
21 같은 책, pp.42~43.

그러나 그때 마치 누군가 나를 체포하듯 불시에 엷으나 강한, 변비에 걸린 것처럼 꽉 막힌 냄새(가난한 유럽 골목길에 뒹구는 돌덩이와 기름때 절은 하수도 돌멩이를 떠올리게 하는)가 참기 힘들 정도로 지독하게 그녀에게서 풍겨왔다. 그녀는 굶주리고 있었다. 말라빠진 쥐처럼 굶주리고 있었다. 몹시 강렬하고 완고하며 몹시 은밀하고 코를 찌를 듯한 그 냄새 속에는 나를 도취시키는 그 무엇이 있었다. 그것마저 없었다면 재미를 잡칠 뻔했다. 그것은 모피와 보석을 선물해야만 부드러워질 냄새였다.[22]

로잭은 하녀의 주인인데도 거의 행위를 계속할 수 없는 상태가 된다. "재미를 잡칠 뻔했다." 하지만 그는 이 가치 없는 생물도 어떤 면에서는 쓸모가 있을 것이라고 마음먹는다. "나는 갑자기 바다를 뛰어넘고 땅에 광도를 파고 싶은 욕망, 예리한 갈퀴와 같은 항문 성교에 대한 욕망을 느꼈다. 저 엉덩이에는 악이 빈틈없이 꽉 차 있다는 것을 알고 있었다."[23]

둘은 바로 이 지점에서 처음으로 말한다. 하녀가 주인의 의지에 저항한 것이다. 그러나 하녀 루타의 **"안 돼요"**라는 말은 로잭에게 그다지 영향을 주지 못한다. 하녀의 정수는 직장直腸에 있으며, 그것이 그에게는 여러모로 편리한 속성임을 로잭은 확신한다. 로잭은 막 살인을 저지른 살인자이므로 루타가 가지고 있다고 생각되는 하층 계급의 약삭빠른 자기방어가 필요하다. 다른 건 몰라도 그녀는 그 귀하다는 '도시 쥐의 지혜'를 가지고 있기

---

22 같은 책, p.43.
23 같은 책, p.44.

때문이다. 더욱이 로잭은 자신을 지혜를 추구하는 도덕주의자로 보며, 루타의 항문이 그에게 사악함에 대해 가르칠 수 있다고 생각한다.

루타의 창자에 어떻게 악이 살고 있다는 것인지 혹은 루타가 어떻게 주인보다 악을 더 많이 소유하고 있다는 것인지는 설명하기 어렵다. 하지만 우리의 작가 메일러에게는 여러 가지 기괴한 것들이 가능하다. 메일러의 소설에서 섹슈얼리티는 대부분 신비주의적이고 형이상학적인 의미가 있으므로 단순한 성기genitals는 한정된 성격만을 가지고 있다. 로잭의 표현에 따르면, 루타의 "성기box"는 별로 제공해주는 것이 없다. 거기에는 "자궁에서 나오는 차가운 가스와 실망의 창고"[24] 외에는 아무것도 없다.《미국의 꿈》에서 여성의 섹슈얼리티는 계급 문제나 자연 문제로 비인격화되어 있다. 루타는 최하층민처럼 행동하고 로잭의 부인이었던 데보라는 잔인한 귀족 부인처럼 행동한다. 반면 로잭이 나중에 사귀게 되는 애인 체리는 '자연의 덕목들'을 소유하고 있다. 가난한 루타에게는 불가능했던 덕목이자, 위험스러울 정도로 반항적이어서 그냥 살려두지 못한 특권층 여성(데보라)을 뛰어넘는 덕목이다. 물론 남성인 주인공 로잭은 그러한 종류의 유형을 뛰어넘는 인물이다.

루타의 진정한 유용성이 어디에 있는지 발견한 주인공은 루타의 성기를 무시하고 아랫구멍을 파헤치기 시작한다. (그녀의 이름은 그 구멍에 대한 영어의 잔인한 말장난인 듯하다. 'Ruta'와 거의 비슷하게 발음되는 독일어 'Rute'는 채찍이나 회초리를 의미할 뿐만 아니

24　같은 책, p.44.

라 남근을 의미하기도 한다. 이는 아마도 단순한 언어학적 일치 이상일 것이다.) 루타가 저항해 삽입이 힘들어지자 로젝은 루타의 머리가 빨갛게 물들어 있다고 괴팍한 정당화를 하면서 루타의 머리칼을 잡아당기는 방법을 생각해낸다. "머리 가죽에서 느끼는 고통 때문에 그녀의 몸 전체가 쇠막대처럼 뻣뻣하게 긴장되어 그 덫을 한껏 치켜올리는 게 느껴졌다. 마침내 나는 루타에게 들어갔고 6밀리미터쯤 더 들어갔다. 나머지는 쉬웠다."[25] 루타에 대한 탐구를 정당화하기 위해 그는 다시 그녀의 지독했으나 지금은 매력적인 냄새를 언급한다.

> 그때 루타에게서 아주 미묘한 냄새가 났다. 이 세상에서 살아가기 위한 야심과 옹고집, 집념 어린 결심 같은 것들의 배후에 있는 무엇이었다. 그것은 살처럼 부드럽지만 더럽고 비열하며 두려움에 차 있는 무엇인가로 대체되었다.[26]

살인이 로젝에게 영예로운 피로감을 자아냈듯, 그는 하녀와 강제로 하는 항문 성교가 사실상 애국 행위라는 생각을 해낸다. 루타는 '나치'이기 때문이다. 독자는 이를 받아들이기 조금 어려울 것이다. 이제 루타는 스물세 살이니 전쟁 중에는 어린아이에 불과했다. 그런 그녀가 로젝의 나치 즉결 심판에 알맞은 인물일 리는 없다. 하지만 주인공은 인종적 복수라는 기이한 만족감을 느낀다. "나치를 공격하는 데에는 고도의 은밀한 즐거움과 무

---

25 같은 곳.
26 같은 곳.

1부 성 정치학

엇보다도 뭔가 청결함 있었다. 나는 '루터의 변소' 위 깨끗한 공기 속을 미끄러져가는 듯이 느꼈다."[27] 그리고 윤리를 마음대로 조작하는 마술사 로잭은 이를 통해 위업을 쌓는 도덕적 판관의 위치에 도달한다.

로잭에게 항문 성교는 많은 의미가 있다. 그것은 동성애(로잭은 자신의 이성애 소질이 약간은 의심스럽다고 체리에게 고백한다)와 그 자신이 전문가이자 독점하고 있기도 한 금지된 종류의 섹슈얼리티를 의미하기도 한다. 혹은 그가 모욕적인 지배력을 표현하는 방식인 항문 강간을 의미하기도 한다. 이 마지막 태도가 루타에게 적용된다.

이 단락의 나머지에서 로잭은 루타의 직장直腸이 "환락의 은행"인 반면, 루타의 성기는 "버림받은 창고, 텅 빈 무덤"이라고 대조적으로 표현해 독자를 즐겁게 한다. 그러나 이러한 기교는 어떤 불안감으로 완성된다. 우리가 예상할 수 있듯이 이는 여태껏 한 번도 문제된 적 없었던 루타의 쾌락과는 하등 관계가 없고 단지 성적 특권에 관한 로잭의 특이한 생각과 관련이 있다. 애초에 루타의 자궁은 "갤러리에 핀 가련한 꽃 한 송이"를 가지고 있을지도 모른다고 그는 생각한다. 자신이 경건한 경외심을 가지고 있는 물질인 자신의 씨앗을 잉태할 기회를 그녀에게서 빼앗았기 때문에, 그는 자신을 "큰 도둑"[28]이라고 여기지 않을 수 없다. 후에 그는 "저 텅 빈 자궁", 저 "한 송이 꽃에 도박을 했다가 잃고 만 무덤"의 불행에 관해, 수많은 "어쩌면 일어났을지도 모르는 일"에

---

27   같은 곳.
28   같은 책, p.45.

대한 생각에 빠질 것이다.[29] 그 소중한 정액이 루타의 자궁 경부가 아닌 직장에 배출되었다는 사실은 그를 여러 가지 생각에 잠기게 하는 원천이 된다. 그렇다고 해서 불편한 죄의식은 아니다. 단지 로잭은 고귀한 권력자의 아이를 임신하는 영광스러운 기회를 놓친 루타를 불쌍히 여길 뿐이다. "나는 그때 그녀 속에 남겨진 것을 생각했다. 그것은 악마의 부엌에서 사라지고 있었다." 그리고 로잭은 의아해한다. "그 저주가 내게 닥칠까? (…) 그것은 어둠 속에서 내게 엄습했던 자욱한 압박감일까? 내 씨가 잘못된 밭에서 죽어가고 있다는?"[30] 아마도 로잭의 성적 배출에 대한 편집증이 스스로를 실존주의적 불안의 대가로 만들었을 것이다.

루타로 돌아가자면, 그녀는 남성의 환상이 지시하는 대로 마술에 걸린 듯 반응한다. 항문 강간을 당한 것에 감사하는 그녀의 마음은 실로 깜짝 놀랄 만하다. "당신이 어째서 부인하고 문제가 있는지 모르겠네요. 당신은 정말로 천재예요, 로잭 씨."[31] 따라서 이 남자가 하녀를 좌지우지하는 최종 단계는 가장 이상적인 상황에서 일어난다. 루타는 이제 남성 이기주의가 지시하는 그대로 반응한다. "그녀는 이제까지 그 어떤 여인보다도 내 것이 되어가고 있었고 내 의지의 일부가 되고자 했다."[32] 그녀에게 이보다 더 나은 상황은 없어 보인다. 그리고 즉시 루타의 "여성적인" 혹은 다시 나오는 표현인 "진정한 여성"의 본능이 나타나, 주인의 말에 따르면 "그녀의 눈과 입은 권력의 맛을 느끼며 세상이 모두 제 것

---

29 같은 책, p.49.
30 같은 곳.
31 같은 책, p.46.
32 같은 책, p.45.

이라는 그런 여자의 표정"[33]을 짓는다. 물론 이런 성공했다는 착각은 주인의 목적에 가장 부합하는 것이기도 하다.

메일러의 소설에 나오는 성교는 항상 산을 오르듯 격렬하게 힘을 써야 하는 행위다. 성취한 후에도 늘 긴장을 늦추지 말아야 하는 작업인 것이다. 많은 면에서도 그렇지만, 특히 이러한 측면에서 볼 때 메일러는 진정한 미국인이라 할 수 있다. 로잭은 절벽에 잘 오르고 있지만 루타는 다소 흔들리기 시작한다. 루타는 실패할 수 있다는 죄의식에 찬 인정을 하면서 돌아선다. "약간 슬픈 표정이 얼굴에 나타났다. 처벌이 두려워 착해지려고 결심한, 두려움에 얼굴을 찌푸린 아홉 살짜리 어린아이 같았다."[34] 로잭은 아주 침착하게 그녀에게 "조용히 해"라고 명령한다. 로잭은 오르가슴 상태를 루타보다 더 잘 알고 있을 뿐만 아니라 그녀가 '착하지' 않을 때 어떤 '처벌'을 내릴지 흐뭇한 가학적 의식을 즐기고 있다.

이후 이어지는 내용이 처음에 인용한 단락으로, 이는 전적으로 로잭의 행위를 보여주는 묘사다(그럴 만도 하다). 여기에서 성교는 단지 루타를 상대로 한 로잭의 위업일 뿐이며, 따라서 오직 로잭에게만 가치가 있을 따름이다. 행위 대부분이 로잭의 단독 비행이므로 여기에서 비행기 조종사 비유는 아주 어울린다. "나는 박쥐처럼 날뛰면서" 등의 비유 말이다. 이는 또한 로잭의 주요 관심사를 잘 요약해서 보여주는 것이기도 하다. 즉 스포츠

---

33 같은 곳.
34 같은 곳.

에 비유한 "나는 추적할 준비가 되어 있었고", "일격을 가하기 위해 앞뒤로 펄쩍펄쩍 뛰어다녔으며", "급히 내달리는 빙판 회전 경기"가 있고, 술에 대한 관심을 보여주는 "술과 열기와 핥을 혀를 가져다주기를"이라는 표현이 있다. 그의 또 다른 관심사는 종교다.

이쯤 되면 로잭의 오르가슴이 "어느 쪽 바람을 탈지 선택", "감각이 날아가버리는 1초에서 깨어져 나온 찰나" 등의 표현에서 볼 수 있듯이 우주적이고 형이상학적인 함의를 띠게 되는 것도 그다지 놀랍지 않다. 그리고 그의 오르가슴은 "어느 사막에 있는 거대한 도시(달에 있는 장소인가?)"라는 환영을 일으킨다. 더욱 주목해야 할 것은 여기에 하나님과 악마의 행위를 절묘하게 배치하고 있다는 점이다. 악마는 분명 항문의 힘이다. 천한 자를 비옥하게 하는 하나님의 섭리를 위하여 이 천한 여성의 '슬픈 자궁'에 정액이라는 '전리품과 비밀'을 전해주는 로잭의 위대한 전도 활동에 하나님은 기꺼이 미소를 지어준다. 실로 루타의 '성기'는 로잭과 관계하면서 번영하고 고상해졌다. "그것은 이제 무덤도, 창고도 아니고, 아니, 이제 교회에 가깝다." 하지만 이 구절은 윌리엄 블레이크에게서 훔쳐왔음에도 그다지 전율을 주지 않는다. 단지 "수수하고 품위 있는 곳이며, 그 벽은 아늑할" 뿐이다. 그리고 적절하게도 루타의 성기는 산발적이기는 하지만 로잭이 머무는 데에 의기양양한 명예를 느낀다. 로잭은 황송하게도 루타의 성기 안에서 "조용하고 경건한 감미로움"을 느낀다. 그러나 로잭은 문제가 되고 있는 루타의 기관器官을 공공건물을 가리키는 용어로 정의하며 마침내 거기에서 '돌벽'으로 된 감옥을 감지하기에 이른다.

이러한 발견의 결과로 로잭은 마지막 순간에 항문 성교라는 자유분방한 악마에게 도망간다. 이 단락은 로잭에게 두 번째 상징적 살인을 저지르는 방법을 제공하는 주요한 기능을 한다. 종종 악마(항문 성교)와 하나님(출산) 사이 혹은 죽음과 삶 사이의 선택을 강조하는 로잭은 다시 한번 죽음을 선택한다. 자신의 마법 같은 정액(분명 임신시킬 힘을 가지고 있는)으로 루타의 자궁을 달콤하게 할 경이로운 실존적 기회(독자는 이렇게 믿으라고 요구받는다)를 거부하듯, 로잭은 자신의 범죄를 인정하고 응당한 책임을 지면서 감옥으로 가는 것을 거부한다. 루타의 성기는 그에게 감옥을 미리 맛보게 한다. "네게 감옥이란 이런 것이다" 하고 내면의 혓바닥이 발악하며 말했다. "'여기 있어라!' 내 안에서 명령이 떨어졌다." 그러나 악마는 더 색다르고 역동적인 매력을 가지고 있다. 로잭은 어쩔 수 없이 이런 결정을 내리게 되었다고 주장하며 이를 (오직 자신에게만 적용될) 관대함이라는 말로 설명한다. "나는 자신을 바쳐야 했다. 억제할 수가 없었다." 루타와 감옥은 주인공의 신성한 현존 없이 지내야만 한다. 그래서 로잭은 최종 만족을 얻는다. "나는 그녀의 엉덩이로 밀고 들어가, 방 저편에 내던져진 듯한 절정에 도달했다. 그녀는 격노의 울부짖음을 토했다." 메일러는 낭만적인 마니교도이자 낭만적인 악마 숭배자인 것 같다.

　　로잭은 자신의 현란한 행위에 대해 하녀에게 치하를 받은 뒤 차분하게 위층으로 올라가 아내의 시체를 창밖으로 던진다. 그는 악마와 함께 살기로 한 것이다. 루타는 꽤 쓸모 있는 도구였다. 주인공은 루타를 통해, 아니 루타의 '엉덩이'를 통해 살인을 사고사로 위장하려는 대단한 결심을 하게 된다. 그리고 루타가 놀랄 만큼 고분고분했으니 나머지 세상 또한 그러할 것이라 믿는다. 로잭은 가로막고 있던 모든 장애물이 일거에 사라지자 장차 경이롭고 억센 살인자가 된다. 한때는 거의 '패배자'에 다름없었던 그가 이제 살인 행위로 다시 회춘한 것이다. 로잭은 자신 앞에서 움츠러드는 흑인 깡패와 싸워서 이기며 라스베이거스 도박장에서 큰돈을 따고, 그의 부인이 되고 싶어 안달하는 나이트클럽 여가수의 사랑도 쟁취한다(이에 대한 세밀한 묘사는 차라리 침묵하고 지나가는 게 좋을 정도로 멍청하기 짝이 없다). 심지어 경찰까지도 동지애를 느끼며 로잭을 감탄의 눈길로 바라보며, 같은 이유로 로잭은 멕시코 유카탄으로 도주할 수 있게 된다. 사실상 메일러의 《미국의 꿈》은 아내를 죽이고도 영원히 행복하게 살 수 있는 방법을 연습하는 이야기다. 독자는 로잭이 한 여성을 살해하고 다른 여성을 항문 강간함으로써 진정한 '남자'가 되었다고 이해하게 된다.

《죄와 벌》(살인이 어떤 것인지를 다룬 가장 독창적이면서도 위대한 연구)의 근저에 있는 휴머니즘적 확신도 여기에서는 완전히 무시된다. 도스토옙스키나 《미국의 비극An American Tragedy》의 시어도어 드라이저Theodore Dreiser나 모두 자신들이 저지른 일로 생명이 침해당한 결과에 기꺼이 책임지는 인물을 창조했다. 둘은 모두 속죄를 통해 죄를 초월한다. 하지만 로잭은 살인을 하고도 처벌받지 않고 살아가는 최초의 문학적 인물이라는 점에서 특이성을 지닌다. 확실히 로잭은 범죄를 저지르면서 기쁨을 느끼는 최초의 살인자이자 자신을 창조한 작가의 든든한 지지를 받는 인물이다. 리처드 라이트Richard Wright는 《미국의 아들Native Son》에서 주인공 비거 토머스의 범죄를 용서하지 않으면서도 그 범죄가 인종 차별적 사회가 가진 분노의 논리를 보여주는 원형적 우화임을 강조했다. 메일러 또한 미국 사회가 처한 상황을 징후적으로 보여주는 상징적 인물로서 로잭을 설정한 듯하다. 그러나 그 상황이란 단지 양성 간의 적개심을 보여줄 뿐이다. 그 적개심이 너무나 강렬한 나머지, 살해와 항문 성교라는 이름하에 치러지는 전쟁에까지 이른 듯하다. (로잭은 "모든 여자는 살인자"이므로 "우리"가 "힘을 합쳐" 그들을 정복하지 않는다면 여자들이 우리를 "죽이고야 말 것"[35]이라고 한다.) 그리고 메일러는 이기는 편에 속하려 하고, 이기기 위해 남성 우월주의라는 이상한 대의에 마지막까지 몸 바쳐 싸우는 로잭이라는 인물을 만들어냈다. 로잭은 시카고 슬럼가 출신인 라이트의 주인공과는 천지 차이다. 라이트의 주인공은 자포자기해 행동하는 패배자일 따름이며, 그의 소설은 인종적 정의를 요구하는 탄원인 동시에 그 희망이 좌절될 때 어떤 일이 닥칠 수 있는지를 보여주는 위협적인 통찰이다. 반면 로잭은 세계에서 가장 오래된 지배 계급에 속하는 인물이다. 그리고 포크너[William Faulkner]의 소설에 등장하는 상실한 낡은 대의를 간직하면서 살고 있는 사람들처럼 로잭 또한 소멸의 위협을 받는다고 생각하는 사회적 위계질서를 수호하려는 입장에 서 있다. 유대계 혈통이 섞였음에도 '자유주의적' 관점을 지닌 로잭은 최후까지 살아남은 정복자형 백인 주인공이다. 메일러의 《미국의 꿈》은 성 정치학의 지배 계급이 외치는 구호와도 같은 작품이다. 이 지배 계급은 자신의 입지가 치명적인 위험 선까지 도달했다고 느끼고 있으며 협상은 실패했다고 느낀다. 그래서 전쟁이야말로 최후의 정치적 수단이라고 생각한다.

35 같은 책, p.82, 100.

3

며칠 후 부둣가에서 아르망과 만나자 그는 내게 따라오라고 명령했다. 아르망은 거의 아무런 말도 없이 나를 자기 방으로 데리고 갔다. 그리고 다분히 경멸하는 태도로 나를 자신의 쾌락에 굴복시켰다.

나는 아르망의 힘과 나이에 압도되어 정성을 다하여 그 일을 했다. 최소한의 영혼도 느껴지지 않는 그 거대한 살덩이에 짓눌리면서 나의 행복 같은 것에는 무관심한 완벽한 짐승을 마침내 만났다는 어지러움을 느꼈다. 가슴과 배, 허벅지에 난 짙은 털에 담긴 감미로움을 발견했고 그 감미로움이 전달하는 강한 힘을 느꼈다. 나는 결국 그 폭풍우가 치는 밤에 스스로를 묻었다. 고마운 마음 혹은 공포심에서 나는 아르망의 털투성이 팔에 입을 맞추었다.

"무슨 짓이지? 너 미친 거 아냐?"

"해를 끼치려는 건 아니에요."

나는 밤의 쾌락에 봉사하기 위해 아르망의 곁에 머물렀다. 우리가 잠자리에 들 때면 아르망은 바지에서 가죽 벨트를 홱 잡아당겨 철썩 하는 소리를 냈다. 벨트는 보이지 않는 희생물을, 투명한 육신을 가진 형상을 매질하고 있었다. 공기가 피를 흘렸다. 그때 내가 아르망에게서 두려움을 느낀 것은 눈에 보이는 그의 육중하고 비열한 모습과는 대조적인 무력감 때문이었다. 채찍질은 그와 함께했고 그를 버티게 했다. 그런 **그가** 될 수 없다는 데에서 오는 분노와 절망은 그를 어둠에 압도당한 한 마리 말처럼 부들부들 떨게 했다. 그는 갈수록 몸을 떨었다. 하지만 아르망은 내가 빈둥거리면서 지내는 것을 참을 수 없어 했다. 그는 내게 기차역이나 동물원에서 서성거리다 손님을 낚아 오라고 충고했다. 그의 사람됨이 불러일으키는 공포를 그 자신도 잘 알고 있는 터라 굳이 나를 감시하려 하지 않았다. 나는 번 돈을 고스란히 아르망에게 갖다주었다.[36]

장 주네의 자전적 소설《도둑 일기》에서 인용한 이 단락은 저자가 자신을 '여성적 인물'과 동일시하는 첫 번째 대목이다. 장 주네는 남성인 동시에 여성이다. 젊고, 가난하고, 범죄자이자 거지인 장 주네는 또한 처음부터 천대받던 남창男娼, 즉 '**호모자식**maricone'이다. 주네가 천대받는 이유는 동성애 성행위에서 여자 역할을 하기 때문이다. 주네는 나이가 들고 명성과 부를 얻어 안정되면서 남자가 된다. 하지만 포주(혹은 초超남성)에까지 오르지는 못한다.

주네의 동성애 인물들은 이성애 사회의 '남성성'과 '여성성'을 완벽하게 흉내 내고 있을 뿐만 아니라 과장되게 표현하고 있으므로, 그들은 오히려 이성애 사회의 구조와 믿음을 가장 현대적으로 잘 통찰하고 있다고 할 수 있다. 그들에 대한 풍자는 기괴하며, 심지어 주네 자신도 이러한 병적 특성을 잘 인식하고 있지만 그럼에도 이 동성애자들은 이성애 사회가 '남성적' 특징과 '여성적' 특징이라고 생각하는 본질을 정확하게 꿰뚫어 보고 있다. 이성애 사회는 그러한 특징들을 남녀의 '본성'이라고 잘못 생각하며, 그럼으로써 양성 간의 전통적 관계를 보존하려 한다. 주네에 대한 사르트르의 뛰어난 정신 분석 전기는 이러한 특징과 위신의 구별을 잘 드러내는 표현으로 포주와 남창(남성 인물과 여성

---

36 Jean Genet, *The Thief's Journal*, trans. Bernard Frechtman(New York: Grove Press, 1964), p.134.

인물인)의 성생활을 묘사한다.

이것은 살인이다. 시체만큼 굴종적이고, 무시당하고, 주목받지 못하고, 없는 사람처럼 보이며 뒤에서 조종당하는 여자 역할 남창은 멸시당해도 싼 암컷으로 바뀐다. 그녀는 사디스트가 희생자에게 인정하는 만큼의 가치조차도 포주에게 인정받지 못한다. 사디스트의 희생물은 비록 고문당하고 굴욕당하지만 최소한 자신을 고문하는 사람에게만큼은 관심의 초점이 된다. 실상 사디스트가 잡으려 하는 것은 바로 그녀이며, 그녀의 특이함과 의식의 심층부다. 그러나 여자 역할 남창은 한 번 쓰고 나면 더 이상 생각되지 않으며 사용했다는 이유로 곧바로 내다 버리는 그릇, 꽃병, 타구唾具에 불과하다. 포주는 그녀 안에서 자위한다. 저항할 수 없는 힘이 그녀를 쓰러뜨리고 몸을 돌려 꿰뚫는 순간 아찔한 한마디가 그녀를 덮친다. 그녀가 마치 훈장이라도 되는 양 망치처럼 그녀를 내리치는 말은 이러하다. "이 호모자식faggot아!"[37]

이는 동성애 사회의 거울 속에 비친 여성이란 무엇인지를 잘 보여주는 서술이다. 하지만 이는 남성이란 무엇인지를 함축하고 있기도 하다. 남성이란 주인, 영웅, 짐승, 포주가 되는 것을 말한다. 이는 또한 구제할 수 없을 정도로 어리석고 비겁해지는 것을 말하기도 한다. 남성과 여성, 포주와 여성 역할 남창이라는 봉

---

37 Jean-Paul Sartre, *Saint Genet, Actor and Martyr*, trans. Bernard Frechtman (New York: Braziller, 1963), Mentor reprint, p.125. 각주에서 영역자 버나드 프레츠먼은 '호모자식enculé'을 항문 성교를 당하는 자라고 해석한다. 그러나 영어에는 그런 표현이 없으므로 그는 이에 가장 가까운 말로 'cock-sucker'라는 표현을 든다.

건적 관계 속에서 보호받기 위해서는 노예 상태에 처해야 한다는 예상을 할 수 있다. 그러나 전형적 포주는 결코 노예를 보호하는 법이 없다. 그리고 그/그녀가 매 맞고 배신당하며 심지어 살해당할 때까지도 모호한 흥미를 느끼며 내버려둔다. 그렇다면 여성역할 남창은 대신 무엇을 받는지 궁금해진다. 그것은 바로 자신을 경멸하는 사람들의 정체성을 구성해주는 강렬한 굴욕감이다. 그들이 왜 그렇게 자포자기하는지 우리가 궁금해하는 까닭이 여기에 있다.

주네에게는 그 이유가 꽤 명백하다. 사르트르는 별 어려움 없이 대략적인 까닭을 일러준다. 사생아로 태어난 주네는 태어나자마자 고아원에 버려진다. 즉 처음부터 실수였다고 묘사될 수밖에 없는 이중 거부를 당한 것이다. 이후 그는 프랑스 중부 모르방에 있는 어느 좁은 농가에 입양되지만 도둑질하다 들켜 소년원에서 성장하게 된다. 소년원에서 주네는 나이 많고 힘센 남자아이들에게 강간당하게 되고, 결국 완전히 배척되는 경험을 한다. 주네는 세상에서 최하층의 지위를 갖게 되었다. 범죄자이자 동성애자, 게다가 여자가 되어 그는 가장 치욕적인 상태에 처한 것이다. 장 주네는 이제 자신의 역할을 갈고 닦을 일만 남았다. 그러면서 주네는 자기혐오에 빠지게 된다. 이러한 자기혐오를 사르트르와 주네 모두 수동적 동성애자의 '여성성'이라고 부른다. 주네는 남자에게 강간당하고 예속당했으므로 여성적이다. 따라서 주인을 기쁘게 해주려고 비굴한 '여성적' 자세를 연구해야 한다. 그는 범죄자로서 절도 생활(물질적)뿐만 아니라 배반자 생활(도덕적)에서도 소유 계급의 모든 품위를 부정해야 한다. 또한 주네는 추방자로서 그 경계 밖에서 살게 된 세상의 모든 관념을 모방하는 동시에 반박하려는 계획을 꾸미게 된다.

하지만 이렇게 멀리 간 동시에 이렇게 밑바닥으로 추락해버린 주네는 자신보다 높은 자들을 모독하기 위해 그자들의 가치를 탐구한다. 그 과정에서 그는 극도로 비천한 자의 자부심을 얻게 된다. 이는 실상 성자聖者와 아주 가까운 상태다. 바르셀로나 차이나타운에서 거지이자 창녀로 살아가던 주네는 더 이상 잃을 것이 없는 자의 신성함과 흔들림 없는 자존심을 갖게 된다. 그리고 여기에서 살아남고자 하는 교활한 욕망이 솟아나온다. 철저하게 굴욕당하며 사는 사람에게 살려는 의지는 곧 승리하려는 의지가 될 수 있다. 순교를 종교적 상상력에서 가장 고귀한 은총으로 간주하는 프랑스 전통은 이러한 주네의 사유를 관대하게 지지한다. 가톨릭교 전통을 가지고 있는 유럽에서 성자라는 지위는 심지어 배교자들 사이에서도 가장 고귀한 신의 은총으로 남아 있다. 그 때문에 《꽃의 성모 마리아》의 주인공/여주인공이자 주네 자신이기도 한 '디빈느'는 달링, 고르기, 아르망, 스틸타노와 같은 다른 포주들보다 더 위대한 영혼의 소유자인 것이다. 디빈느는 자신이 굴복하는 남성 억압자들보다 더 큰 용기와 유머, 상상력, 감수성을 지녔을 뿐만 아니라 오직 그녀만이 영혼을 가지고 있다. 그들은 고통을 느끼지 않지만 그녀는 고통을 느낀다. 그들은 고통에 필요한 자의식을 가지고 있지 않기 때문이다. 또한 디빈느의 육체적이고 정신적인 고행 속에는 성자의 승리가 있다.

따라서 주네의 위대한 두 편의 소설 《꽃의 성모 마리아》와 《도둑 일기》는 곧 증오가 숭고로 바뀌는 이야기다. 그러나 주네의 다른 소설들이 그러하듯 이 소설 역시 성적 질서의 야만적 예속 상태를 공들여 해명하고 있다. 즉 부르주아 이성애 사회를 모방하는 동성애적이고 범죄적인 세상이 보여주는 '남성'과 '여성'의 권력 구조를 잔인할 정도로 솔직하게 드러내고 있는 것이다.

이러한 방식으로 하는 동성애 코드 분석은 이성애 코드에 대한 풍자가 된다. 주네가 그리는 포주와 여성 역할 남창의 공동체는 그들이 열렬히 흉내 내는 이성애적 행동이 얼마나 우스꽝스러운지를 진지하게 보여준다.

> 다른 여자 친구들처럼 디빈느도 속어 같은 것은 쓰지 않았다. (⋯)
> 속어는 남자들을 위한 것이었다. 그것은 남자의 언어였다. 소小앤틸리스 열도의 남성 언어처럼 속어는 부차적인 성적 특성이 되었다. 그것은 수새들의 다채로운 깃털과 같았고 부족 용사의 특권인 다채로운 비단옷과도 같았다. 그것은 투구이면서 박차拍車였다. 누구나 속어를 이해할 수는 있었지만 그 말을 쓸 수 있는 사람은 날 때부터 그 자세와 엉덩이, 다리, 팔, 가슴, 눈의 생김새를 천부적으로 타고난 남자들이다. 어느 날 우리가 자주 가던 술집에서 이야기를 나누던 중, 미모사가 이런 표현을 했다. "그 남자의 또라이 같은 이야기를 (⋯)" 그러자 남자들이 인상을 찌푸렸다. 누군가가 위협적인 목소리로 말했다. "버릇없이 강한 척하는군."[38]

포주의 남자다움은 힘센 척하는 뻔한 자만이다. 그의 '남성성'이란 사실상 허울은 좋지만 치졸하기 그지없는 자기 부풀리기일 뿐이며 그것은 이 모험기의 진정한 주인공이라 할 수 있는 여성 역

---

[38] Jean Genet, *Our Lady of the Flowers*, trans. Bernard Frechtman(New York: Grove Press, 1963), p.90.

할 남창의 손에 체계적으로 훼손된다. 위대한 낭만주의자 주네는 디빈느를 프랑스 전통에서 그토록 매력적이라고 받아들여지는 마음씨 넓은 창녀의 전형으로 가장 뛰어나게 묘사한다. 그러나 주네는 분명 냉정한 합리주의자이기도 하다. 주네의 강인한 분석력은 사회의 자의적인 어리석음 중에서도 가장 근본적인, 즉 '성'은 자연이 정당화해주는 계급 구조라는 어리석은 관점에 초점을 맞추고 있다.

소설에서 성적 태도를 상세하게 분석하기 시작한 주네는 희곡을 통해 기생적인 동성애 공동체의 근원이 되는 세계를 개괄하는 데까지 나아간다. 그 세계란 우리 대부분이 익숙하다고 느끼는 더 큰 사회를 말한다. 주네는 《사형수 감시인》과 《하녀들》에서 여전히 관심을 표하고 있는 동성애 범죄라는 작은 세계로부터 시작하여, 결국 그 세계에서 배웠던 진실이 '정상적' 세계의 자기 반추에 위협을 가하도록 만든다. 그 '정상적' 세계는 오랫동안 주네를 경멸하고 추방해왔다. 성 정치학을 향한 주네의 통렬한 비판은 최근 출간된 희곡 작품인 《흑인들》, 《발코니》, 《병풍》 등에서 볼 수 있다.

이러한 아늑하고 경건한 고립 지역인 '정상'세계에 대한 주네의 이야기는 노먼 메일러나 헨리 밀러와 같은 낡은 가치를 신봉하는 사람들에게 위안을 주는 진부한 이야기를 제공하지 않는다. 주네는 '남성성'과 '여성성'이라는 사회적 코드 전체를 냉정하게 탐색하고는 그것이 혐오스러운 것이라는 결론을 내린다.

주네가 보여주듯이 아르망이 짐승이고 바보일 뿐이라 해도 놀라울 게 없다. 아르망은 평생 그렇게 되도록 교육받았고 이러한 특성들이 남성으로서의 본성을 실현하는 것에 불과함을 확신하게 되었을 뿐이다. 아르망은 '남성적인 것'을 힘과 잔인함, 무관심, 이기주의, 재산 등과 동일시하도록 배웠다. 아르망이 남근을 부적으로 여기는 것도 당연하다. 그것은 억압의 수단인 동시에 자신의 지위를 보여주는 상징이자 현실 자체다. 그는 한때 "나의 남근은 황금만큼 가치가 있다"[39]고 말했다. 또 그는 다른 곳에서 자기 남근으로 육중한 남자를 들어올릴 수도 있다고 자랑한다. 아르망은 섹슈얼리티를 권력과 자신만의 쾌락 그리고 상대의 고통과 굴욕감에 자동으로 연결하고 있다. 아르망의 파트너는 글자 그대로 그에게 하나의 대상일 뿐이다. 성교는 지배력을 확인하는 작업이고 자신의 높은 계급을 알려주며, 항복하고 봉사하고 만족할 것으로 생각되는 희생자를 통해 자신의 계급을 증명하는 작업이다.

아르망은 비열하지만 '신사'보다는 더 원초적이며 동시에 더 논리적이다. 그리고 고상한 부르주아보다 더 정직하고 직설적이다. 부르주아가 진정 확신하고 있는 것을 아르망은 단지 실행에 옮겼을 뿐이다. 부르주아는 자신을 대신하여 지배력을 행사하는 그러한 부분을 분명 즐겁게 읽을 것이다.

《발코니》는 혁명과 반(反)혁명에 대한 주네의 이론이라 할 수 있는 작품이다. 배경은 어느 유곽으로 설정되어 있으며 실패로 끝난 혁명을 이야기하고 있다. 여기에서 유곽의 단골손님과 주인이 이전 정부의 역할을 하도록 설득된다. 포주와 여성 역할 남창 세계의 인간적 관계를 탐구한 주네는 어떻게 성적 계급이 인종적·정치적·경제적 불평등주의의 모든 형태들을 대체하는지를

---

39   Genet, *The Thief's Journal*, p.135.

알게 되었다.《발코니》는 남성과 여성 혹은 이를 대체하는 것들 사이에 존재하는 근본적 착취와 억압을 건드리지 않는 혁명이란 아무 쓸모가 없음을 보여준다. 주네는 섹슈얼리티라는 근원적 인간관계를 그로부터 생겨난 모든 정교한 사회적 구성물의 핵심 모델로 간주함으로써, 그것이 그 자체로 가망 없이 타락했을 뿐만 아니라 제도화된 불평등의 원형 그 자체임을 깨닫는다. 인간을 두 집단으로 나누고 생득권에 따라 그중 한 집단에 지배권을 주면서 사회 질서는 이미 억압 체제를 확립한 동시에 정당화했다고 주네는 확신한다. 이러한 억압 체제는 인간의 사유와 경험의 영역뿐만 아니라 모든 다른 인간관계의 형태에 잠재하여 타락하게 한다.

창녀와 주교 사이에서 시작되는 1장은 작품 전체와 이 작품이 묘사하는 사회를 압축해서 보여준다. 주교는 종교라는 신화로 권력을 잡고 있으며, 종교는 원죄라는 허위에 근거하고 있다. 이러한 허위는 여성은 섹슈얼리티 그 자체이므로 주교의 처벌을 받아 마땅하다는 기만에도 근거한다. 그러한 부정한 방법을 통하여 권력은 가망 없는 혼란 상태인 섹슈얼리티를 끝없이 에워싼다. 여기에는 또한 돈의 역할이 있다. 여성을 바로 돈으로 얻기 때문이다. 여성의 경제적 의존성은 현실적이면서도 신화적이기도 한 (종교라는) 강압적 대리인을 가지고 있는 체제에 여성이 예속되어 있음을 보여주는 또 다른 표식이다. 성에 관한 망상은 권력에 대한 망상을 조장하며, 이 둘은 모두 여성을 물화物化하는 데 근거한다.

사실상 이 주교는 교회 권력을 대신 할당받으려고 유곽의 '환상의 침실'을 방문한 가스 검침원일 뿐이다. 이는 성 계급 체제에 대한 주네의 풍자를 더욱 명쾌하게 한다. 가스를 검침하는 사소한 일을 하는 남자조차도 아무 남자나 살 수 있는 한 명의 인간(창녀인 여성)을 지배하는 기쁨에 참여한다. 그렇다면 창녀에게 득이 되는 건 무엇인지 의아할 것이다. 실제로 아무것도 없다. 성·정치·사회 제도가 절묘하게 결합된 이 종교 의식 같은 연극에서 여성의 '역할'은 단지 자신에게 정기적으로 수입을 주는 사람들 각각의 지배욕을 만족시켜주는 것뿐이다.

2장에서 창녀는 도둑이자 범죄자(주네의 분신)이며, 여기에 등장하는 은행원은 정의와 도덕성으로 창녀를 희롱한다. 판사는 건장한 집행인에게 창녀를 채찍질하라고 명령할 수도 있고, 다른 운 좋은 남성들이 권력 행사를 할 수 있게 자신은 초연한 권력자인 양 자비를 베풀 수도 있다. 3장에 등장하는 장군은 자신이 생각하는 '남성적 위풍당당함에 따라 창녀에게 말馬 역할을 시켜 영웅 놀이를 한다. 하지만 재갈 물린 창녀의 입에서는 피가 흐른다. 창녀에게 죄인, 악인, 동물의 역할 중에서 어떤 것을 흉내 내도록 하든지 간에 여성의 존재는 남자 고객이 가진 위풍당당함의 망상을 실현하기 위해 전적으로 필수적이다. 여성은 가장무도회를 하는 남성 하나하나를 비춰주는 거울인 것이다. 그리고 돈을 주고 살 수 있는 권력이라는 환각과 다름없는 환상이 마무리되는 순간은 주교든 판사든 장군이든 창녀를 여자로, 노예로, 소유물로 '성교하는' 순간이다.

이 희곡에서 주네가 함축하고 있는 정치적 지혜는 이러하다. 실제 남성성 혹은 환상화된 남성성에 대한 이데올로기가 폐기되지 않는 한, 그리고 생득권으로서 남성의 우월성에 대한 집착이 끝내 사라지지 않는 한 모든 억압 체제는 계속 기능할 것이다. 억압 체제가 원초적 인간 상황에서조차도 논리적이고 정서적으로 당연하게 여겨지기 때문이다.

그렇다면 유곽의 주인 마담은 어떠한가?《발코니》의 유능하고 헌신적인 주인 마담 이르마는 다른 여자들을 팔아서 돈을 벌며, 이는 어떤 제도도 협력자와 감독자 없이 지배력을 유지할 수 없음을 보여준다. 반反혁명하에 여왕으로 선출된 이르마는 사실상 아무것도 하지 않는다. 여왕은 통치하지 않기 때문이다. 실상 그 여성들은 혼자 힘으로 제대로 살아가지도 못한다. 사절단이 정중하게 설명하듯 그러한 여성들은 여왕의 직무를 받아들이면서 개인으로서는 죽어간다. 그들의 역할이란 명목상 우두머리이자 추상화된 남자로서 기능하는 것이다. 이는 샹탈 또한 마찬가지였다. 샹탈은 유능한 전직 창녀로서 잠시 혁명을 꿈꾸며 인간적 실현을 향해 나아갔던 여성이다. 하지만 샹탈은 흔들렸다. 혁명이 부패하고 편의라는 통상적 구실하에 급진적 이상이 배신당하면서 샹탈은 다시 팔려 가서 명목상 성적 우두머리로 바뀐다. '승리하기 위하여' 혁명은 적들의 광기 어린 생각을 받아들이고, 그리하여 한때 반대했던 모든 것을 새롭고도 부패한 형태로 재확립한다. 곧바로 혁명군은 반란을 자살 축제로 바꾸며 '총질하고 성교하라'는 오래된 남근 숭배 환상과 같은 피의 축제를 벌인다. 이러한 남근 숭배주의는 트로이 전쟁 이래 모든 군대의 아름다운 여왕에게 제공되는 의식적 희생제의다. 남자들이 서로 쥐어뜯으려 하는 원시적 관례와 포획의 세계로 샹탈이 들어서자 혁명은 돌이킬 수 없는 반혁명으로 변해버린다.

《발코니》를 통틀어 주네는 남자다움의 병리학과 인간이 인간을 지배하는 권력의 패러다임인 키메라 같은 성교를 탐색하고 있다. 살아 있는 남성 작가 가운데 주네(1910~1986,《성 정치학》은

1969년에 쓰었다.-옮긴이)는 최고의 문학적 재능으로 우리 시대의 성 신화를 초월한 유일한 사람으로 보인다. 이성애 정치학에 대한 그의 비판은 진정한 성 혁명으로 향하는 길을 보여주고 있으며, 이러한 길은 급진적 사회 변화를 시도한다면 반드시 탐구해야 할 길이다. 주네의 분석에서는 인간성personality을 바꾸지 않고는 사회를 근본적으로 바꿀 수 없음과 일반적이라고 생각되는 성적 인간성이야말로 가장 근본적으로 변화를 겪어야 함이 드러난다.

우리가 마침내 자유로워지기를 원한다면 주네가 이 희곡의 마지막 장면에서 제안하듯이 상식을 맹목적으로 수용하면서 우리 스스로에게 채워놓은 사슬을 우선 끊어야만 한다. 우리를 가두고 있는 세 개의 거대한 감옥이 해체되어야 할 것이다. 첫째는 '위대한 인물들'(성직자, 판사, 군인)이 가진 잠재적 권력이라는 감옥이다. 이들의 신화적 영역은 인간의 의식을 인간이 자발적으로 부과한 불합리에 예속시켜왔다. 둘째는 전지전능한 '경찰국가'라는 감옥이다. 대부분의 강압적 형식들이 대체로 심리적인 것에 반해, 경찰국가는 부패한 사회를 지배하는 유일한 실질적 권력이다. 마지막으로 부서져야 할 가장 기만적인 감옥은 바로 '성性'이다. 이 감옥 안에 다른 모든 것이 갇혀 있다. 경찰서장 조르주가 토템으로 모시는 1.8미터짜리 고무 남근은 '엄청나게 큰 남근'이다. 죄악과 미덕에 대한 오랜 신화, 유죄와 무죄에 대한 신화, 위대한 인물들이 의지하고 있는 영웅주의와 비겁함에 대한 신화, 낡고 타락한 구조물의 오래된 기둥들은 모두 성의 허위에 기초하여 지어진 것이다. (말장난을 하고 싶을 수도 있다. '허위fallacy'는 곧 '남근의 허위phallacy'다.) 이러한 부패하고 흔들리는 구조물의 토대를 그대로 유지하면서 나머지만 바꾸겠다고 한다면 사회 변혁을 이루겠다는 혁명 운동은 실패할 수밖에 없다. 그리고 새로운 사이비 정부政府를 위해 의상과 배우를 제공하는 거대한 발코니라는 최고급 유곽처럼, 혁명은 반혁명으로 바뀔 수 있다.

　주네의 희곡은 시작했던 곳에서 끝난다. 이르마는 불을 끄고 우리에게 집으로 돌아가도 좋다고 말한다. 우리의 집은 연극 무대 위 의식儀式보다 더 허위로 차 있는 곳이다. 유곽은 내일 다시 문을 열고 똑같은 의식을 행할 것이다. 혁명이 일어나는 소리가 무대 밖에서 들리기 시작할 것이다. 하지만 경찰서장이 영원히 무덤에 묻히지 않는 이상, 새로운 반역자들이 낡은 성 정치학의 어리석은 관습을 끊어내지 못하는 이상, 혁명은 불가능할 것이다. 주네는 성이 우리 문제의 핵심에 깊이 뿌리내리고 있다고 경고한다. 가장 치명적인 억압 체제를 폐기하지 못한다면, 즉 권력과 폭력의 병든 광란 상태인 성 정치학의 중심부로 돌진하지 않는다면 해방을 위한 우리의 노력은 우리를 변함없는 원시적 유곽 지대로 다시 한번 향하게 할 것이다.

02

성 정치학의
이론

이제까지 살펴본 성적 묘사의 세 가지 사례는 대부분 그 안에 지배와 권력의 개념이 작동하고 있다는 점에서 주목할 만하다. 성교는 진공 상태에서 행해진다고 볼 수 없다. 성교는 그 자체로 생물학적이고 육체적인 행위처럼 보이지만 인간의 행위가 위치한 더 큰 맥락 속에 깊이 관계하고 있다. 그러므로 성교는 문화가 규정하는 다양한 태도와 가치를 보여주는 하나의 응축된 소우주라고 할 수 있다. 그래서 그 무엇보다도 개인적 혹은 인간적 차원에서 작동하는 성 정치학의 모델로 기능한다.

물론 그러한 친밀함의 장면에서부터 정치적 참조라는 넓은 맥락으로 옮겨가는 것은 실로 하나의 도약이다. '성 정치학'이라는 용어를 도입하면서 우리는 우선 '양성 간의 관계를 과연 정치적인 관점에서 고찰할 수 있는가?'라는 불가피한 질문을 던져야 한다. 이에 대한 대답은 '정치(학)'를 어떻게 정의하느냐에 달려 있다.[1] 이 책은 '정치적인 것the political'을 회합과 의장과 정당들로 이루어진 협소하고 배타적인 세계로 정의하지 않는다. '정치'라는 용어는 일군의 사람들이 다른 사람들에게 지배를 받는 권력으로 구조화된 관계와 배치를 지칭한다. 덧붙이자면 누군가는 이상적인 정치는 단지 합리적이며 기분 좋은 원칙에 근거해 인간의 삶을 배치하므로 다른 사람에게 권력을 **행사한다는** 관념을 배제해야 한다고 주장할 수 있겠지만, 실상 정치적인 것이란 그렇게 구성되지 않는다. 따라서 우리는 정치적인 것의 바로 이 지점을 고심해야 한다.

앞으로의 논의는 '가부장제 이론을 위한 노트'라고 할 수 있으며, 여기에서 우리는 성性이 정치적 함의를 지닌 지위 범주임을 논증하고자 한다. 성 정치학을 개척하려는 시도는 부득이하게 잠정적이고 불완전할 수밖에 없다. 이 책은 성 정치학에 관한 전반적 서술이므로 진술은 일반화되고, 예외는 배제되었으며, 부제副題는 중복될 수밖에 없어 어느 정도는 자의적일 수 있기 때문이다. 여기에서 '정치'라는 단어는 주로 양성을 이야기할 때 사용되는데, 일차적으로 양성의 상대적 지위가 보여주는 진정한 본질을 역사와 현재의 시점에서 개괄하는 데 아주 유용한 용어이기 때문이다. 전통적이고 형식적인 정치학이 제공하는 프레임을 넘어서 권력관계에 대한 더욱 타당한 심리학과 철학을 발전시키는 연

---

1 《아메리칸 헤리티지 사전》의 네 번째 정의가 이에 근접한다. "국가나 정부를 운영하는 데 관계되는 방법 혹은 책략." *American Heritage Dictionary*(New York: American Heritage and Houghton Mifflin, 1969). 이를 특정 체제를 유지하기 위한 일련의 전략으로 확장해 이해할 수 있다. 가부장제가 그러한 지배 기술로 영속화된 제도라고 이해한다면 이 책에서 정치가 어떻게 사고되는지를 실질적으로 정의 내릴 수 있을 것이다.

1부 성 정치학

구야말로 오늘날 적절한 일인 동시에 반드시 필요한 일이기도 하다. 낯설고 비관습적인 근거에서 권력관계를 다루는 정치학 이론을 정립하는 일은 실로 긴요하다.[2] 따라서 나는 인종, 신분, 계급, 성처럼 분명하게 정의되어 있는 일련의 집단들 사이의 개인적 접촉과 상호작용에 근거해 정치학을 정의하는 것이 타당하다고 생각한다. 특정 집단은 기존의 수많은 정치 구조들 속에서 재현되지 않으므로 그들의 지위는 매우 안정된 듯 보이지만 실제로 억압은 여전히 지속되고 있기 때문이다.

미국에서 최근에 벌어진 사건들을 보면 인종 간의 관계가 하나의 정치적 관계, 즉 출생에 의해 정의되는 하나의 생득적 집단성이 또 다른 생득적 집단성을 지배하는 정치적 관계라는 사실을 결국 인식할 수밖에 없다. 생득권만으로 지배력을 행사하는 집단은 급속하게 사라지는 추세나 그 유서 깊고 보편적인 지배 구조는 여전히 남아 있다. 그것은 바로 성의 영역을 지배하는 구조다. 인종 차별주의에 대한 연구를 통해 우리는 일련의 억압적 상황을 영속화하기 위해 인종 간에 진정으로 정치적인 상황이 작동하고 있다고 확신하게 되었다. 기존의 정치 제도로는 종속된 집단이 상황을 변화시키기란 역부족이므로 관습적인 정치 투쟁과 저항을 조직하기란 불가능하다.

이와 마찬가지로 양성 간의 관계 체제를 편견 없이 검토해보면, 현재뿐만 아니라 전체 역사를 통틀어 양성 간의 관계가

---

2 여기에서는 로널드 샘슨Ronald V. Samson의 《권력의 심리학The Psychology of Power》(New York: Random House, 1968)에 빚졌다. 그는 권력의 형식적 구조와 가족 사이의 관계를 명민하게 탐구하면서 권력이 어떻게 기초적인 인간관계를 타락시키는지를 분석한다.

보여주는 상황은 막스 베버가 지배와 종속 관계라 불렀던 **지배** herrschaft의 현상을 잘 드러내고 있다.[3] 우리 사회 질서 안에서 거의 검토되지 않을뿐더러 인식되지 않았음에도 남성이 여성을 지배하는 생득적 우월성은 제도화되어 있다. 이러한 양성 간의 체제를 통하여 가장 교묘한 형태의 '내면의 식민화'가 이루어졌다. 이는 그 어떤 형태의 인종 차별보다 강고하고, 그 어떤 형태의 계급 차별보다 완강하며 더욱 획일적이고 분명 더 영속적인 경향을 지니고 있다. 지금 성차별이 해소된 것처럼 보일지라도, 성의 지배는 우리 문화에 가장 널리 만연해 있는 이데올로기이며 가장 근본적인 권력 개념을 제공한다.

이는 다른 모든 역사 문명이 그러했듯 우리 사회 또한 가부장제 사회이기 때문이다.[4] 군사, 산업, 기술, 대학, 과학, 행정 관청, 재정 분야 등 간단히 말해 경찰의 강압적 권력을 포함하여 사회 내에 권력이 있는 모든 분야가 전적으로 남성의 손에 있다는 것을 떠올려본다면 이는 즉각 명확해진다. 정치의 본질은 권력이

---

3 "매우 일반적 의미의 권력 지배, 다시 말해 한 사람의 의지를 다른 사람의 행동에 강요하는 가능성은 아주 다양한 형태로 나타날 수 있다."《경제 사회론Wirtschaft und Gesellschaft》에서 베버는 특히 두 가지 지배 형식에 주목한다. 하나는 사회적 권위를 통한 지배('가부장적 권위, 행정적 권위, 왕의 권위')이며, 다른 하나는 경제력을 통한 지배다. 다른 형태의 지배와 마찬가지로 가부장제에서도 "경제적 재화에 대한 지배, 즉 경제력에 대한 지배는 빈번하고도 의도적으로 가장 중요한 지배 도구인 동시에 지배의 결과이기도 하다." 영역본으로는 *Max Weber on Law in Economy and Society*(New York: Simon and Schuster, 1967)라는 제목이 붙은, 막스 라인슈타인Max Rheinstein과 에드워드 쉴Edward Shil이 번역한 *Wirtschaft und Gesellschaft*, pp.323~324에서 인용.

4 현재로서는 모권제 사회가 존재했는지는 아직 알려진 바가 없다. 몇몇 인류학자가 주장했듯이 모권제의 잔재이거나 이행 단계일 수 있는 '가모장제'는 실상 가부장제 규칙의 일부다. 가모장제는 '진외가제'처럼 남성이 지닌 권력이 여성 혈통으로 승계될 뿐이다.

1부 성 정치학

므로 그러한 깨달음은 반드시 파급력이 있기 마련이다. T. S. 엘리엇의 말처럼 아직도 남아 있는 초자연적 권위, 신, '하나님'의 목회 등은 남성의 작품이며 이는 윤리와 가치, 문화의 철학과 예술(즉 문명 그 자체)에서도 마찬가지다.

가부장제 지배를 인구의 절반인 남성이 인구의 나머지 절반인 여성을 지배하는 제도라고 한다면 가부장제의 원칙 또한 이중적으로 보인다. 즉 남성이 여성을 지배하고 나이가 많은 남성이 어린 남성을 지배한다. 그러나 인간이 만든 모든 제도가 그러하듯 현실과 이상 사이에는 거리가 존재한다. 다시 말해 모순과 예외가 체제 안에 늘 공존하는 것이다. 제도로서의 가부장제는 신분이든 계급이든, 봉건제든 관료제든 주요 종교들까지 포함한 모든 정치·사회·경제 제도를 관통할 만큼 깊이 뿌리내린 사회적 상수常數인 동시에 역사와 장소에 따라 아주 다양한 모습을 보여준다. 예를 들어 민주주의 국가[5]라 해도 여성은 요직에 오르지 못했고 간혹 있다 하더라도 그 숫자가 너무 적어서 상징적 대표성조차 획득하지 못하고 있다. 이에 반해 귀족 사회는 마법적이고도 왕족적인 혈통을 강조하기 때문에 때로 여성이 권력을 잡는 것을 허용한다. 나이 많은 남성이 지배한다는 원칙은 더 자주 위반된다. 사우디아라비아의 가부장제와 스웨덴의 가부장제 사이의 차이, 인도네시아의 가부장제와 중국의 가부장제 사이의 차이에서 보이는 가부장제의 다양성과 정도를 염두에 둔다면, 이 책의 2부에서 서술한 개혁으로 미국과 유럽의 가부장제의 형태도 많이 변

---

5 물론 급진적 민주주의는 가부장제를 배제할 것이다. 현대 '민주주의'에서 여성이 거의 권력을 쥐고 있지 못하다는 점은 불완전한 민주주의에 사람들이 대체로 만족하고 있다는 증거다.

화되고 약화되었음을 알게 될 것이다.

1 이데올로기적 측면

한나 아렌트는 정부란 합의에 의해서 승인되거나 폭력에 의해서 강요된 권력으로 유지된다고 주장했다.[6] 이데올로기적 조건화는 여기에서 전자에 해당한다. 성 정치학은 양성이 기질이나 역할, 지위에 관하여 가부장제적 형태로 '사회화'되는 과정을 통해 합의를 얻는다. 지위에 대해서 말하자면 남성이 우월하다는 편견을 승인하는 것은 남성에게 우월한 지위를, 여성에게 열등한 지위를 부여한다. 첫 번째 요소인 기질은 고정 관념이 된 성 범주('남성적', '여성적' 등)에 따라 형성되는 인간의 성격과 관계된다. 이는 지배 집단의 필요와 가치에 근거하며 지배 집단의 구성원들이 종속 집단을 자기들이 편리한 대로 생각하는 측면들에 따라 규정된다. 즉 남성은 공격성, 지성, 힘, 효율성을 가지고 있으며, 여성은 수동성, 무지, 온순함, '미덕', 비효율성을 가지고 있다는 식이다. 이를 두 번째 요소인 성 역할이 보완해준다. 성 역할은 성별에 따라 적절한 행위와 몸짓, 태도에 대한 조화롭고도 정교한 코드를 할당해준다. 행위에 대해서 살펴보자면 성 역할은 여성에게 가사와 육아를, 남성에게는 이를 제외한 모든 인간적 성취, 이해관계, 야망을 할당한다. 여성은 생물학적 경험 수준에 머물러 있는 제

---

6   Hannah Arendt, "Speculations on Violence," *The New York Review of Books*, Vol.XII, No.4, February 27, 1969, p.24.

한된 역할을 부여받는다. 그러므로 동물의 활동(동물도 나름의 방식으로 출산으로 하고 새끼를 양육한다)과 비교해볼 때 확실히 인간적 활동이라 할 수 있는 대부분의 행위는 모두 남성에게 귀속된다. 물론 지위는 다시 그러한 성 역할의 할당에서 비롯한다. 이 세 가지 범주를 분석해보면 지위는 정치적 요소, 성 역할은 사회적 요소, 기질은 심리적 요소라고 칭할 수도 있다. 그러나 이 범주들 간의 상호 의존성은 의문의 여지없이 명백하다. 이 범주들은 하나의 연쇄 고리를 이룬다. 더 높은 지위를 획득한 사람들은 지배자 역할을 하게 되는데, 우선 그들은 지배하는 기질을 발달시키도록 장려되기 때문이다. 이는 신분과 계급에도 그대로 적용된다는 점은 말할 필요도 없다.

2 생물학적 측면

가부장제 종교와 대중적 태도, 심지어 과학[7]도 이러한 심리적이고 사회적인 구별이 양성 간의 생물학적 차이에 근거하고 있다고 전제한다. 그러므로 문화가 행동 양식을 구성한다고 인식하는 곳에서조차 양성 간의 차이는 자연에 부합하는 것으로 생각된다. 그러나 가부장제에서 만들어지는 기질적 구별('남성적'이거나 '여성적'인 성격의 특징)은 인간의 본성에서 유래하지 않으며 하물며 성 역할과 지위는 말할 것도 없다.

---

7   여기서 말하는 '과학'은 자연 과학이 아니라 사회 과학이다. 전통적 의학은 가부장제적 믿음을 승인했으나 오늘날에는 더 이상 적용되지 않는다. 훌륭한 의학 연구는 성적 고정 관념이 생물학과는 관계없다는 점을 잘 보여주기 때문이다.

남성의 튼튼한 근육은 부차적인 성적 특성이자 포유동물에게서 흔하게 발견되므로 그 기원은 생물학적일지 모르나 훈련과 식이 요법, 운동을 통해 문화적으로도 장려되는 것이다. 그러나 그것만으로는 **문명 내부**의 정치적 관계를 근거 짓기에는 불충분하다.[8] 다른 정치적 신념과 마찬가지로 남성 우월주의는 궁극적으로 육체적 힘이 아니라 생물학적인 것과는 관계없는 특정한 가치 체계를 받아들이는 데서 근거한다. 육체적으로 우월한 힘은 정치적 관계에서 주요한 요인이 되지 못한다. 인종이나 계급의 경우를 보아도 그러하다. 문명은 늘 육체적 힘을 다른 방법(기술, 무기, 지식)으로 대체할 수 있으며, 더욱이 현재의 문명은 더 이상 육체적 힘이 필요하지도 않다. 과거에도 그러했듯이 현재도 육체 노동은 일반적으로 계급적 요인이며 실상은 힘이 센지 약한지에 관계없이 아주 고된 일을 수행하는 문제다.

가부장제는 인간의 사회생활에 고유한 것이고, 인간의 생리에 근거하여 설명될 수 있으며, 심지어 불가피하다고까지 가정되

---

8 "로마법 역사학자들은 출생이나 애정이 로마 가족 제도의 기초가 아니었다고 매우 정당하게 언급하면서도 이러한 기초는 아버지나 남편의 권력 안에서 발견되어야 한다고 결론지었다. 역사학자들은 이러한 권력을 일종의 원초적 제도로 삼았다. 그러나 그들은 아내에 대한 남편의 힘의 우월성, 자식에 대한 아버지의 힘의 우월성이 아니고서야 어떻게 이러한 권력이 확립될 수 있었는지에 대해서는 설명하지 않는다. 따라서 우리는 폭력을 법의 기원으로 두게 되면서 슬프게도 자신을 기만하게 된다. 이제 우리는 아버지나 남편의 권위가 첫 번째 원인인 것은 고사하고 그 자체로 하나의 결과였음을 보게 될 것이다. 그것은 종교에서 나왔으며 종교에 의해 확립되었다. 그러므로 우월한 힘이란 가족을 성립시킨 원칙이 아니었던 것이다." Numa Denis Fustel de Coulanges, *The Ancient City*(1864). 윌러드 스몰Willard Small의 번역(New York: Doubleday Anchor, 1873) 판본 pp.41~42에서 인용. 불행하게도 쿨랑주는 종교가 어떻게 가부장적 권위를 뒷받침하게 되었는지에 대해서는 설명을 소홀히 한다. 가부장제 종교 또한 원초적 원인이라기보다는 하나의 결과라고 할 수 있다.

어왔다. 그러한 이론은 가부장제를 역사적일 뿐만 아니라 논리적으로 필연적인 기원이라고 간주한다. 그러나 몇몇 인류학자들이 말하듯 가부장제가 인간 사회의 원초적 기원이 아니고 전前가부장제라 부를 수 있는 다른 사회적 형태가 선행했다면, 육체적 힘을 가부장제의 **기원**이라고 주장하는 이론은 충분한 근거가 되지 못한다. 신체적으로 우월한 남성의 힘이 새로운 가치나 지식을 통한 방향 설정의 변화와 함께 등장한 것이 아니라면 말이다. 기원에 대한 추측은 증거 부족으로 늘 실패할 수밖에 없다. 선사 시대에 대한 사변적 이론(반드시 그래야만 한다는 이론)은 사변일 뿐이다. 거기에 몰두하려 한다면 가부장제에 선행하는 특정한 시대가 있었을 거라고 가설적으로 주장할 수 있다.⁹ 이렇게 전제하는 이론은 풍요성 혹은 생기론적 과정을 첫 번째 원칙으로 간주한다. 문명으로 발전하거나 기술적 발전을 이루기 이전의 원시적 상황에서는 인간성의 생생한 증거란 아이를 낳는 것과 같은 창조력일 것이다. 그것은 일종의 기적적 사건으로 생각되었을 것이며, 대지에서 식물이 성장하는 것과 비슷하게 생각되었을 것이다.

그러한 태도를 근본적으로 바꾸어놓은 것이 바로 부권제의 발견이었을 가능성이 있다. 고대 사회에서 풍요 숭배가 어느 시점에서 가부장제로 전환되었음을 확인시켜주는 몇몇 증거가 있다. 이로써 여성의 기능은 출산으로 대체, 폄하되었으며 생명의

---

9   가부장제와의 의미론적 유추로 '가모장제'라는 용어를 통해 하나의 성이 다른 성을 지배하는 상황을 추론할 수 있는데, 가부장제 이전의 사회 질서는 성에 의한 지배를 함축할 필요가 없다는 주장도 덧붙일 수 있다. 과거에는 삶의 범위가 좀 더 작았고 여성 중심의 풍요 신앙이 남성의 육체적 힘으로 보완되었다는 점을 생각할 때, 전가부장제 사회는 아마도 아주 평등했을 것이라고 가정할 수 있다.

권력은 남근에만 속한다고 간주되었다. 가부장제 종교는 남성신 (들)을 만들어내면서 남성의 위치를 공고히 했으며, 여신을 끌어 내리고 불신하게 하거나 아예 없애버렸다. 그럼으로써 남성 우월 주의를 기본 원리로 하여 가부장제적 구조를 뒷받침하고 유효하 게 하는 신학을 구축했다.[10]

기원에 대한 유희가 주는 덧없는 기쁨은 이만하면 충분하다. 가부장제가 원래부터 남성의 우월한 힘에서 나온 것인지, 아니면 이후 특정한 상황하에서 그 힘을 동원한 것인지 하는 가부장제의 역사적 기원에 대한 물음은 지금으로서는 답변이 불가능해 보인 다. 또한 이는 성 정치학의 현실 상황을 여전히 자연에 근거한 것 으로 생각하는 현재의 가부장제와도 별 관련이 없다. 불행하게도 현재의 정치적 관계를 정당화하는 양성 사이의 심리적이고 사회 적인 구별은 자연 과학의 구별처럼 뚜렷하고 명확하며 측정 가능 한 중립적 구별이 아니다. 오히려 이와 반대로 애매하고 형태가 없으며 심지어 그 표현이 유사 종교적이기까지 한 완전히 다른 성격을 가진 구별이다. 따라서 지위뿐만 아니라 성 역할과 기질 등 중대한 영역에서 양성에 대한 일반적 구별은 사실상 많은 부 분에서 생물학적이라기보다는 본질적으로 문화적 기반을 가지고 있다. 남성의 지배는 기질적으로 타고난 것이라는 주장을 증명하 려는 시도(이는 그 옹호자에게는 역할과 지위에 관련한 가부장제적 상

---

10 도시가 등장하고 신석기 시대 농경 문화가 문명 문화와 가부장제에 굴복하면서 이
러한 일이 발생했던 것으로 보인다. Louis Mumford, *The City in History*(New
York: Harcourt, Brace, 1961), 1장 참조. 부권제의 발견과 '과학적' 지식의 습득이
인구와 잉여 노동, 계급 계층화를 확장했다고 가정할 수 있다. 사냥이 전쟁으로 변형된
것 또한 일정 역할을 했다고 생각할 만한 타당한 이유도 존재한다.

황을 역사적으로 유효한 동시에 논리적으로 타당한 것으로 만들려는 시도다)는 명백히 실패해왔다. 이 분야의 자료를 보면 성차의 본성에 관한 엄청난 의견 차이를 발견할 수 있다. 하지만 이 중 가장 합리적인 자료들은 기질과 생물학적 본성을 동일시하려는 열망을 오히려 좌절시키고 있다. 남성과 여성 사이에 생물학적이고 생식기적인 차이를 넘어서는 고유하고도 중대한 차이가 존재하는지에 대해서는 당분간 명확히 알 수 없을 듯하다. 내분비학과 유전학 또한 정신적이고 정서적인 차이를 결정하는 명확한 증거를 제공하지 못하고 있다.[11]

현재 가부장제에서 (기질, 역할, 지위에 있어서) 남녀 간의 사회적 구별이 근본적으로 육체적인 것에 근거한다는 주장은 그 증거가 불충분할 뿐만 아니라 현재의 차별을 평가할 상황도 아니다. 현재로서는 문화적으로 유발된 것으로 보이는 구별이 차별보다 더 중요하기 때문이다. 양성 사이에 '진정한' 차이가 무엇이든 간에 양성을 지금과는 다르게 다루어야만, 즉 동등하게 다루어야만 그 진정한 차이를 알 수 있을 것이다. 그러나 이는 지금으로서는 불가능한 이야기다. 최근의 중요한 연구는 선천적 기질 차이란 존재하지 않는다고 시사할 뿐만 아니라, 심지어 심리적이고 성적인 정체성의 타당성과 불변성에 대해서도 의문을 제기하고 있다. 그리고 그 과정에서 젠더가 압도적으로 **문화적** 특성이라는 사실

---

11 이 분야에서는 아직 유력한 증거가 나오지 않았다. 호르몬과 동물 행동 사이의 연관 관계를 실험한 결과는 아주 상반될 뿐만 아니라 인간 행동에 유추하여 추론하는 위험을 낳기도 한다. 이 논쟁을 요약한 David C. Glass(editor), *Biology and Behavior*(New York: Rockefeller University and the Russell Sage Foundation, 1968) 참조.

(예를 들면 인격 구조는 성 범주의 측면에서 구성된다는 식으로)을 구체적이고도 적극적으로 증명하고 있다.

스톨러를 비롯한 전문가들이 말하는 '핵심적 젠더 정체성'은 생후 18개월까지의 유아에게 형성된다. 다음이 스톨러가 성sex과 젠더gender를 구별하는 방식이다.

> 사전을 찾아보면 성의 주된 의미는 **성적 관계나 남성**이라는 어구에서 볼 수 있듯이 생물학적인 것이라는 사실이 강조된다. 이에 따라 우리는 이 책에서 **성**이라는 단어를 남성 혹은 여성을 지칭하거나, 특정 생물학적 부분이 남성이냐 여성이냐를 결정하는 데 사용할 것이다. 그리고 **성적인**이라는 단어는 해부학과 생리학의 의미를 함축하게 될 것이다. 이는 양성에 관계되어 있지만 생물학적 의미는 없는 행위와 감정, 사고와 환상 등과 같은 많은 영역을 생략하게 된다. 이러한 생물학적이지 않은 심리적 현상을 지칭하는 데에는 젠더라는 용어를 사용할 것이다. 우리는 남성과 여성을 이야기할 수 있지만, 해부학이나 생리학의 의미를 포함하지 않고서 남성성이나 여성성을 이야기할 수도 있다. 따라서 이 연구의 목적은 **성**과 **젠더**는 서로 밀접하게 얽혀 있는 듯하지만, 두 영역이 일대일 대응처럼 불가피하게 결합한 것이 아니라 각각 매우 독립적인 방식으로 발전할 수 있다는 것을 확인하는 데에 있다.[12]

캘리포니아 젠더 정체성 연구소에서 연구한 바에 따르면 성기 기

---

[12] Robert J. Stoller, *Sex and Gender*(New York: Science House, 1968), 서문 pp.viii~ix에서 인용.

형으로 태어날 때부터 잘못된 젠더를 할당받고 태어난 사례에서 볼 때, 생물학적 정체성이 자신의 젠더 할당과 조건에 반대되는 것으로 판명된 성인 남성의 '성'을 (수술로) 바꾸기는 쉽지만, 수년간 교육으로 만들어진 몸짓이나 자의식, 인격, 관심사를 바꾸기는 어렵다고 한다. 스톨러의 지휘 아래 행해진 캘리포니아 연구소의 연구는 젠더 정체성(나는 여자아이다, 나는 남자아이다)이 인간이 처음으로 갖게 되는 원초적 정체성일 뿐만 아니라 가장 영속적이고도 중대한 정체성이라는 사실에 증거를 제공한다. 이후 스톨러는 성은 생물학적이고, 젠더는 심리적이며 따라서 문화적이라는 구별을 강조했다. "**젠더**는 생물학적 의미보다는 심리적이거나 문화적 의미가 있는 용어다. 성에 관련된 적절한 용어가 '남성'과 '여성'이라면, 젠더에 대응하는 용어는 '남성적'과 '여성적'이다. 후자의 용어는 (생물학적) 성과는 별개라 할 수 있다."[13] 실로 젠더란 매우 자의적이며 생리학과는 반대일 수도 있다. "외부 성기(음경, 고환, 음낭)가 남성됨이라는 의미에 기여하기는 하지만 그중 어느 하나도, 아니 전부를 합친다 해도 남성됨의 본질은 아니다. 완벽한 증거가 부재하므로 성 역할은 외부 성기의 해부학이나 생리학과 관계없이 출생 후 힘 관계에 의해 결정된다는 것을 간성間性 환자들을 통해 보여준 머니Money와 햄슨 부부the Hampsons의 연구에 나는 대체로 동의한다."[14]

인간의 태아는 원래 여성인데 안드로겐 남성 호르몬이 임신 중 특정 단계에서 y 염색체를 가진 태아를 남성으로 발달하게 한

---

13 같은 책, p.9.
14 같은 책, p.48.

다는 주장이 현재 설득력을 얻고 있다.[15] 성 심리학적으로(즉 '남성', '여성'이 아닌 '남성적', '여성적'이라는 용어에서 볼 때) 양성은 태어날 때 그 어떤 구별도 없다. 따라서 성 심리적 인격은 출생 후에 습득되는 것이다.

> 출생 시 조건과 생후 몇 개월 동안의 상태는 성 심리적으로 미분화되어 있다. 태아 때와 마찬가지로 형태론적인 성적 분화는 조형 가능한 단계에서부터 고정된 불변의 단계로 이행한다. 성 심리적 구별도 이처럼 고정된 불변의 상태가 된다. 그러므로 개인의 성 정체성과 같은 감정은 너무나 강하게 고정되어 있어서 선천적이고 본능적이며 출생 후의 경험이나 학습과는 상관없다고 전통적으로 가정해온 것이다. 이러한 전통적 가정은 학습의 힘과 영속성을 과소평가한다는 오류를 가지고 있다. 심리적 각인 과정에 대한 동물 비교 행동학자들의 실험은 이러한 오해를 수정해주었다.[16]

위의 인용에 이어서 존 머니는 "모국어의 습득이 인간의 각인 과정에 해당한다"라고 생각하며, 젠더는 "모국어의 습득과 함께" 우선적으로 확립된다고 주장한다.[17] 젠더가 확립되는 시기는 생후 18개월 정도다. 말하기 전 유아를 성 정체성 측면에서 어떻게

---

15 Mary Jane Sherfey, "The Evolution and Nature of Female Sexuality in Relation to Psychoanalytic Theory," *Journal of the American Psychoanalytic Association*, Vol.14, January 1966, No.1(New York: International Universities Press Inc.) 참조. John Money, "Psychosexual Differentiation," *Sex Research, New Developments*(New York: Holt, 1965)도 참조.

16 Money, 앞의 책, p.12.

17 같은 책, p.13.

다루고 달래며 어떤 이야기를 해주었는지('남자아이예요, 여자아이예요?', '안녕, 꼬마 신사', '너무 예쁘지?' 등)를 연구한 제롬 케이건은 말하기 전에도 단순한 촉감에 의한 학습이 아이의 자아감 형성에 중요한 역할을 한다고 강조했다.[18]

우리의 사회적 상황 때문에 여성과 남성은 실제로 상이한 두 문화를 형성하고 있으며 삶의 경험도 완전히 상이하다. 그리고 이는 매우 중요한 지점이다. 유년기에 이루어지는 젠더 정체성의 발달은 기질이나 성격, 관심사, 지위, 가치, 몸짓, 표정 등을 통하여 각 젠더에 적절한 것이 무엇인지를 아이에게 전달하는 부모나 또래 친구, 나아가 문화적 관념을 합한 총체다. 아이의 삶의 매 순간은 젠더가 아이에게 부여한 요구를 만족시키기 위해 어떻게 생각하고 행동해야 하는지를 일러주는 실마리이다. 순응해야 한다는 무자비한 임무는 사춘기에 이르면 위태로워지다가 성년에 이르러 대체로 안정되고 정리된다.

가부장제의 생물학적 기반이 아주 불안정해 보이므로 '믿음만으로' 혹은 후천적으로 습득한 가치 체계만으로 보편적 상태를 지속시키는 이 '사회화'의 힘에 대해 누구나 감탄할 것이다. 양성의 기질적 차이를 유지하는 데는 초기 유년기의 조건화가 결정적인 것처럼 보인다. 이러한 조건화는 자기 영속화와 자기실현적 예언의 원환 속에서 작동한다. 간단한 예를 들어보자. 문화가 성정체성에 거는 기대는 젊은 남성에게는 공격적 충동을 발달시키도록 북돋우고, 여성에게는 충동을 좌절시키거나 내면으로 향하

---

18 Jerome Kagan, "The Acquisition and Significance of Sex-Typing," *Review of Child Development Research*, ed. M. Hoffman(New York: Russell Sage Foundation, 1964).

게 권장한다. 그 결과 남성은 행동을 통해 공격성을 강화하려는 경향이 있으며 이는 종종 중대한 반사회적 기능을 수반하기도 한다. 따라서 문화는 남성의 표식인 음경과 고환, 음낭을 소유한 것 자체가 공격적 충동을 특징짓는다고 믿는 데 동의하며, 더 나아가 '저 녀석은 배짱이 있어That guy has balls'라는 식으로 속되게 찬양하기까지 한다. 이러한 강화 과정은 '여성적' 미덕인 수동성을 생산하는 데서도 명백하게 드러난다.

현대 용어에서 기질적 특징을 나누는 말은 '공격성은 남성', '수동성은 여성'이라는 식으로 정리된다. 다른 기질적 특징들도 이 배치에 아주 교묘하고 능란하게 상응한다. 공격성이 지배 계급의 특징이라면 온순함은 종속 집단의 특징이 되어야 한다는 식이다. 이러한 사고방식은 '본성'이 (어떤 불가능한 외적 우연에 의하여) 가부장제 체제를 여전히 합리화해줄 것이라는 일상적 희망을 품게 한다. 여기에서 기억해야 할 중요한 지점은 가부장제에서 규범의 기능이 남성에게만 위임되어 있다는 사실이다. 그렇지 않다면 우리는 '여성적' 행동을 적극적인 행동이라고, '남성적' 행동을 지나치게 활동적이거나 지나치게 공격적인 행동이라고 그럴듯하게 말할 것이다.

여기에서 마지막으로 덧붙여야 할 것은 최근에 자연 과학의 자료가 사회학적 주장을 지지하는 데 다시 동원되고 있다는 사실이다. 예를 들어 라이오넬 타이거와 같은 학자는 남성에게 인간 사회의 정치적이고 사회적인 지배를 보증해주는 '결속 본능'이 있다고 주장해 가부장제를 다시 유전적으로 정당화하려 한다.[19] 이러

---

19 Lionel Tiger, *Men in Groups*(New York: Random House, 1968).

한 전제를 지배 집단에 적용해보면 그 이론이 가지고 있는 함의가 드러난다. 타이거의 주장은 콘라트 로렌츠Konrad Lorenz와 제자들의 동물 행동 연구를 잘못 적용한 사례로 보인다. 타이거가 타고난 특징이라고 제시하는 증거들은 가부장제 역사와 조직이므로 자연 과학적 증거라는 그의 주장하는 허울 좋은 순환 논법에 불과하다. (역사적 증거가 아니라) 유전적 증거를 내놓아야 유전적 증거로 인정받을 수 있을 것이다. 많은 권위자들이 인간에게 (복잡한 선천적 행동 양식인) 본능이 있다는 가능성을 일축하면서 (훨씬 더 단순한 신경 반응인) 반사와 충동[20]만을 인정하고 있으므로 '결속 본능'에 대한 전망은 더욱더 어두워 보인다.

성을 충동으로 간주한다 하더라도 유년기의 '사회화'나 '성적 행동'이라는 이름이 붙은 성인의 경험 혹은 우리 삶의 거대한 영역은 거의 전적으로 학습의 산물이라는 점을 지적해야 한다. 그러므로 성행위 자체도 오랜 시간에 걸쳐 학습된 반응 양식이자 일정한 패턴과 태도의 반응 양식의 산물이며, 성적 대상의 선택 또한 우리의 사회 환경이 조성해놓은 것이라고 할 수 있다.

가부장제가 정해놓은 기질과 성 역할은 자의적인 특성을 보이지만 그러한 자의성은 우리에게 미치는 가부장제 권력에 영향을 끼치지 않는다. 인간의 인격에 부과된 '남성적'과 '여성적'이라는 서로를 배제하는 모순적이고 상이한 특질들 또한 우리에게 충분히 진지한 문제를 제기하지는 않는다. 이러한 가부장제 범주의 비호 아래에서 각자의 인격은 인간 잠재력의 절반 이상도 채 발

---

20 인간보다 하위의 종은 본능적으로 복잡한 둥지나 벌집을 만드는 반면, 인간은 단순한 반사 혹은 충동으로 눈을 깜박거리거나 배고픔을 느끼는 것 같다.

휘되지 못한다. 정치적으로 보면, 각 집단이 상호 보완적인 제한된 인격과 행동 범주를 보인다는 사실은, 각 집단이 사회적 지위혹은 권력 분화를 보여준다는 사실에 비하면 부차적 중요성만을가질 뿐이다. 순응이라는 문제에 가부장제는 비길 데 없이 뛰어난 지배 이데올로기이다. 가부장제가 아닌 다른 어떤 체계도 그렇게 완벽하게 피지배자를 지배하지는 못했을 것이다.

3 사회학적 측면

가부장제의 주요 제도는 가족이다. 가족은 사회의 거울이자 사회와 긴밀하게 연관되어 있다. 즉 전체 가부장제 내부에 있는 최소단위인 것이다. 가족은 개인과 사회 구조를 매개하면서 정치적 권위 등이 결여된 곳에서 지배와 순응을 행사한다.[21] 가부장제 사회의 근본 도구이자 기초 단위인 가족이 하는 역할은 원형적原形的이다. 가족은 사회의 동인動因으로 기능하면서 구성원에게 사회에 적응과 순응을 권장하는 동시에 가장家長을 통해 국민을 지배하는 가부장제 국가 정부의 단위로 작동한다. 여성에게 법적 시민권을 허용한 가부장제 사회에서조차 여성은 가족을 통해서만 지배를 받으며 국가와는 그 어떤 형식적 관계도 맺지 못하는 경향이 있다.[22]

---

21 가족에 대한 나의 논점은 구드의 짧고도 간결한 분석에 힘입었다. William J. Goode, *The Family*(Englewood Cliffs, New Jersey: Prentice Hall, 1964) 참조.

22 가족과 사회, 국가는 세 개의 분리된, 그러나 서로 연관된 실체다. 여성은 가족에서 국가로 갈수록 중요성을 잃는다. 각각은 가부장제의 영향을 받는다. 그러므로 나는 셋을 구별하기보다는 셋의 일반적 유사성을 지적하려 했다.

가족과 사회의 협력은 본질적이며, 그렇지 않다면 둘은 모두 붕괴할 것이다. 가부장제 제도인 가족과 사회, 국가의 운명은 밀접하게 관련되어 있다. 대부분의 가부장제 형태에서 이러한 제도들은 종교의 지지를 받는다. '아버지는 가족의 지도자'라는 가톨릭의 계율이나 아버지에게 거의 성직자와 같은 권위를 부여하는 유대교를 보면 알 수 있다. 오늘날 세속적 정부 또한 남성을 가족과 과세, 여권旅券 등의 대표자로 지정하는 호구 조사 관행을 통해 가부장제를 지지하고 있다. 여성이 가장이 되는 것은 바람직하지 못한 일로 생각된다. 즉 빈곤이나 불운의 특징으로 간주된다. 군신 관계를 부자 관계와 나란히 놓는 유교 또한 가부장제 가족이 본질적으로 봉건적 특성이 있음을 (그리고 역으로 봉건제가 가족적 특성이 있음을) 보여준다. 이는 현대 민주주의 사회에서도 마찬가지다.[23]

전통적으로 가부장제는 아버지에게 아내(들)과 자식에 대한 거의 전적인 소유권을 허용한다. 여기에는 신체를 학대할 수 있는 권한과 심지어 살인과 매매 권한까지 포함된다. 고전적으로 혈연이 재산이 되는 체제에서 가장인 아버지는 자식을 낳는 사람인 동시에 소유권자다.[24] 엄격한 가부장제에서 혈연관계는 오직 남성의 가계에만 인정된다. 친족 관계는 여성 가계의 자손에게는 소유권을 허락하지 않으며 심지어 친족 관계조차 인정하지 않는

23 폴섬은 민주주의 사회 안에서 가부장제 가족 체계가 보여주는 기형적 성격에 대해 설득력 있는 주장을 펴고 있다. Joseph K. Folsom, *The Family and Democratic Society*(New York: John Wiley, 1934, 1943) 참조.

24 혈연관계뿐만 아니라 부부 관계 또한 가부장의 재산이 된다.

다.[25] 가부장제 가족을 최초로 이론화한 사람은 고대법을 연구한 19세기 역사학자 헨리 메인 경이다. 메인은 혈연관계의 가부장적 기초가 혈연보다는 지배에서 기인한 것이라고 주장했다. 아내는 외부인임에도 가계로 편입되지만 자매의 아들은 가계에서 제외된다. 로마의 가족을 **아버지의 권한**에 기초한 것으로 정의하는 메인은 이렇게 말한다. "연장자 아버지는 가족에서 절대적 우위를 차지한다. 아버지의 지배는 생사 문제까지 확장되며 노예에게 그러하듯 자식과 가정에도 무한한 힘을 행사한다."[26] 고대 가부장제 가정에서 "가족 집단은 생물과 무생물을 포함한 재산, 즉 아내와 자식, 노예, 토지, 재화로 구성되었으며 연장자 남성의 전제적 권위에 복종함으로써 결속되었다."[27]

존 맥레넌은 메인을 반박하면서 로마의 **아버지의 권한**은 가부장제의 극단적 형태였을 뿐 메인의 생각처럼 보편적이지 않았다고 주장한다.[28] 모계 사회(아프리카를 비롯한 여러 지역의 문자 이전 사회들)가 있었다는 증거 때문에 부계의 보편성에 대한 메인의 전제는 반박된다. 분명 가부장제를 원시적 자연 상태의 특성으로 보는 메인의 핵심 주장은 그가 찬양하려 했던 제도에 대한 다소 소박한[29] 합리화에 불과했다. **아버지의 권한**과도 같은 완전한 가부장제 권위는 나중에 발전했으며, 여성 지위의 완전한 박탈도

---

25 엄격한 가부장제에서 자손은 여자 형제의 자식이 아니라 남성 상속자와의 관계를 통해서만 인정된다. 그래서 몇 세대가 지나가면 여성 자손들과 접촉이 끊긴다. 남성의 가계에서 태어나 아버지의 '성姓을 가지고 있는 사람'만이 친족이나 상속 관계로 인정받는다.

26 Sir Henry Maine, *Ancient Law*(London: Murray, 1861), p.122.

27 Sir Henry Maine, *The Early History of Institutions*(London), pp.310~311.

28 John McLennon, *The Patriarchal Theory*(London: Macmillan, 1885).

여성 지위의 회복만큼이나 서서히 이루어졌으리라는 결론을 내리게 하는 증거들이 많다. 이는 가부장제가 자연적이라는 메인의 가정과 모순된다.

현대 가부장제가 이혼[30]을 통한 여성의 보호, 여성의 시민권 및 재산권 등을 인정하면서 최근 남성의 **법적** 우선권은 바뀌고 있다. 그러나 여성은 결혼하면 남편의 성과 주소를 따라야 한다는 사실, 결혼이란 남성의 재정적 지원과 여성의 가사 노동, 성적 배우자 역할을 교환하는 것이라는 법적 전제 등은 여성의 노예적 지위가 여전히 계속되고 있음을 보여주는 단면이다.[31]

가부장제에서 가족의 주된 기능은 가부장제 이데올로기가 기질과 성 역할, 지위의 범주를 규정한 태도를 어린아이가 따라 할 수 있게 (주로 부모의 훈계와 전범을 통해) 아이를 사회화하는 것이다. 비록 부모가 문화적 가치를 이해하는 방식에 따라 미묘한 차이는 있겠지만, 어쨌든 이를 통해 일반적 동일화의 효과가 나타나며 또래 친구들이나 학교, 언론 매체 등 여타의 공식적이고

---

29 메인은 사회가 씨족과 하위 부족, 부족, 국가로 진화하는 출발이 되는 세포 조직으로서 가부장제 가족을 바라본다. 이는 이스라엘의 12부족이 야곱의 후손이라는 다소 단순한 방식을 통해서다. 메인 또한 가부장제의 기원을 원초적 상태가 아니라 부권제의 발견으로 소급하므로 가부장제 사회의 영구적 성격을 부정한다고 할 수 있다.

30 가부장제는 주로 남성에게만 이혼을 허용한다. 어떤 범위에서든 여성이 이혼할 수 있게 된 것은 20세기 들어서다. 구드는 1880년대 일본의 이혼율이 오늘날 미국의 이혼율만큼 높았다고 한다. Goode, 앞의 책, p.3.

31 아내가 가사와 성적 배우자 노릇을 제대로 하지 못하면 남편은 이혼할 수 있었다. 그러나 아내가 남편에게 재정 지원을 하지 못하면 남편은 이혼할 수 없다. 남편이 아내를 재정적으로 지원해주지 못하면 여성에게도 이혼이 허용되었다. 그러나 남편이 가사나 성적 배우자 노릇을 못 했다고 하여 이혼할 수는 없었다. 그러나 Karczewski versus Baltimore and Ohio Railroad, 274 F. Supp. 169.175 N. D. Illinois, 1967의 소송에서는 배우자의 성적 능력 상실에 대해서 아내가 고소할 수 없다는 관습법을 뒤집는 판례가 나왔다.

비공식적인 학습 원천을 통해 이 동일화는 더욱 강화된다. 다양한 가족 구성원들의 인격 사이에서 실제로 권위가 잘 균형 잡혔는지에 대해 흠잡을 수 있겠지만, 문화 전체가 삶의 모든 영역에서 남성의 권위를 지지하고 (가정 바깥에서) 여성의 권위는 전혀 인정하지 않는다는 점은 기억해야 할 것이다.

어린아이를 재생산하고 사회화하는 핵심적 기능이 가족이라는 울타리에서 이루어져야 한다는 것을 보장하기 위해 가부장제 가족은 스스로가 합법적이라고 주장한다. 말리노프스키는 이를 '합법성의 원칙'이라고 부르면서 "어떤 아이도 사회학적 아버지의 역할을 하는 남성(그것도 단 한 명의 남성) 없이는 세상에 나올 수 없다"는 주장으로 정식화한다.[32] 이러한 일관되고 보편적인 금기를 통해(이 금기를 어길 때 받는 처벌은 계급에 따라 다를 수 있고, 가부장제와 계급이라는 이중 잣대에 맞게 적용된다), 가부장제는 아이와 어머니의 지위를 일차적 혹은 궁극적으로 남성에 의존하도록 명령한다. 가족 구성원들은 일반적으로 가장의 사회적 지위뿐만 아니라 경제력에 의존하므로 가족 안에서 (그리고 밖에서도) 남성적 인물의 입지는 물질적일 뿐만 아니라 이데올로기적으로도 지극히 강력하다.

사회화와 생식이라는 가족의 두 중심 기능이 왜 가족과 분리될 수 없으며, 왜 가족 안에서만 일어나야 하는지에 대한 생물학

---

32 Bronislaw Malinowski, *Sex, Culture and Myth*(New York: Harcourt, 1962), p.63. 그러나 이전 저서에 나오는 문장은 좀 더 포괄적이었다. "모든 인간 사회에서 도덕적 전통화 법률은 여성과 자녀만으로 구성된 집단이 사회적으로 완결된 단위가 아니라고 판정한다." *Sex and Regression in Savage Society*(London: Humanities, 1927), p.213.

1부 성 정치학

적 근거는 없다. 그럼에도 가족의 이러한 기능을 폐지하려는 혁명적이고 이상적인 노력은 번번이 난관에 부딪혀 좌절되었다. 그래서 이제까지의 실험은 대부분 전통으로의 점진적 복귀를 초래했던 것이다. 이는 가부장제가 모든 사회에서 얼마나 근본적인 형태인지, 가부장제가 가족 구성원에게 미치는 영향이 얼마나 광범위한지를 보여주는 유력한 증거다. 이는 바꾸고자 하는 사회 정치 제도를 우선 완벽하게 이해하지 않고서 시도되는 모든 변화는 비생산적일 수밖에 없다는 교훈이기도 하다. 동시에 사회의 근본적 변화는 가부장제에 영향을 미치지 않고서는 결코 일어날 수 없다. 이는 단지 가부장제가 그토록 상당 부분의 인구(여성과 어린이)를 지배하는 정치적 형식이라서가 아니라 재산권과 전통적 이해관계를 수호하는 요새이기 때문이다. 결혼은 재정적 결합이기도 하며 각 가구는 회사와도 같은 경제적 실체로 기능한다. 가족을 연구하는 어느 학생이 말한 것처럼 "가족은 계층 체제의 중추이며, 그 체제가 유지될 수 있게 하는 사회적 메커니즘이다."[33]

4 계급적 측면

가부장제에서 여성의 신분 계급caste 같은 지위가 가장 혼동될 수 있는 것이 계급class의 영역이다. 성적 지위는 다양한 계급 안에서 혼란스러운 방식으로 작동하고 있기 때문이다. 지위가 경제적·사회적·교육적 환경에 의존하는 사회에서는 몇몇 여성이 일부 남

33 Goode, 앞의 책, p.80.

성보다 더 높은 지위를 가지고 있는 것처럼 보이기도 한다. 그러나 자세히 들여다보면 그렇지 않다. 이를 인종적 사례와 대비시켜 보면 더 쉽게 알 수 있다. 흑인 의사나 흑인 변호사는 가난한 백인 소작농보다 더 높은 사회적 지위를 가지고 있다. 그러나 계급을 포함한 신분 체계라고 할 수 있는 '인종'은 가난한 백인 소작농에게조차 자신이 전문직 흑인보다 더 높은 서열에 속해 있다고 믿게 한다. '인종'이 물질적 성공을 거둔 전문직 흑인에게도 정신적 억압을 주듯이 말이다. 이와 같은 방식으로 트럭 운전사나 도살업자도 늘 자신의 '남자다움'에 기대려 한다. 이 최후의 자존심이 상처받는다면 아마 더 폭력적인 방법을 생각할 것이다. 지난 30년간의 문학 작품들을 보면 남자다움을 자랑하는 한 남성이 부유하거나 교육받은 여성의 사회적 지위에 대항해 승리를 거두는 수많은 사례를 찾아볼 수 있다. 이는 문학적 맥락에서 남성의 소원 성취를 다룬 것이라고 볼 수도 있다. 일상적 사건들(여성을 괴롭히거나, 음담패설 혹은 욕설을 내뱉는 것)은 지배하고자 하는 심리적 몸짓의 일종이다. 계급 구분은 대체로 개인의 적개심에 영향받지 않으므로 그러한 문학적 표현이나 심리적 표현은 모두 현실이라기 보다는 자신의 희망을 담은 것이라고 볼 수 있다. 계급 구분의 존재는 그러한 종류의 적대적 표현에 그다지 심각하게 위협받지 않는 데 반해, 성적 위계질서의 존재는 여성을 효과적으로 '처벌하기' 위해 재확인되고 동원된다.

가부장제에서 계급적 관습이나 인종적 관습의 기능은 남성 우월주의의 일반 윤리가 얼마나 노골적으로 드러나는가 혹은 얼마나 공공연하게 발화되는가의 문제와 관계된다. 여기에서 우리는 역설적으로 보이는 현상과 마주치게 된다. 즉 하층 계급의 남성은 자신의 성적 우위만으로도 여성에 권위를 주장하지만, 실제로 같은 계층의 여성 중 자신보다 더 경제적 능력이 있는 여성과는 그 권력을 공유한다. 반면 중산 계급과 상류 계급은 모든 경우에서 그러한 지위를 누리는 남성이 더 많은 권력을 가지고 있으므로 여성에 대한 가부장적 지배를 굳이 노골적으로 드러내지는 않는 경향이 있다.[34]

일반적으로 서구 가부장제는 궁정풍 연애와 낭만적 사랑이라는 관념으로 인해 많이 약화되었다고 생각되곤 한다. 물론 어느 정도는 사실이다. 하지만 그 영향은 지나치게 과대평가되었다. 동양의 풍습이나 '남자다움'에 대한 노골적 주장과 비교해보면 전통적 기사도 행동이 얼마나 여성에게 많이 양보하고 있는지를 알 수 있다. 즉 그것은 종속된 여성에게 어느 정도 체면을 세워주는 일종의 유희적 보상이다. 기사도는 또한 여성의 사회적 지위의 부당함을 일시적으로 완화해주는 동시에 그 부당함을 위장하는 기술이기도 하다. 기사도는 지배 집단이 종속 집단을 어느 정도 높여주는 척하는 일종의 놀이임을 인식해야 한다. 궁정풍 연애를 연구하는 역사가들이 강조하는 바에 따르면, 여성에 대한 음유시인의 도취는 정작 여성의 법적·경제적 지위에 하등 영향을 미치지 않았으며 여성의 사회적 지위에도 전혀 기여한 바가 없다.[35] 사회학자 휴고 베이젤의 관찰처럼 궁정풍 연애나 낭만적

---

34 같은 책, p.74.

35 이것이 궁정풍 연애를 완전히 이례적이라고 말하면서 음유시인이 등장하기 이전의 상황을 요약하는 발렌시의 논지다. "사회적 배경에 관한 한 우리가 확실하게 말할 수 있는 것은, 음유시인의 연애시를 자극했을 법한 중세 시대의 남녀 관계에 대해 우리가 객관적으로 알 수 있는 게 전혀 없다는 것이다." Maurice Valency, *In Praise of Love*(New York: Macmillan, 1958), p.5.

사랑은 남성이 자신의 전권을 양보하여 '하사해준 것'에 불과하다.[36] 둘은 모두 서구 문화의 가부장제적 성격을 모호하게 하는 효과를 가져왔다. 그뿐만 아니라 둘은 여성에게 성취 불가능한 덕목을 부여하여 여성을 놀랄 만큼 협소하고 제한적인 행동 영역 속에 가두는 것으로 끝날 뿐이었다. 예를 들어 빅토리아 시대의 사고 습관에 따르면 여성은 남성의 양심이라고 주장되며, 지겹지만 누군가는 해야 하는 선한 삶을 사는 역할을 여성이 떠맡았다고 한다.

사랑은 여성의 성행위가 (이데올로기적으로) 용인되는 유일한 상황이어서 낭만적 사랑이라는 관념은 남성이 자유롭게 활용 가능한 정서적 조작 수단이 된다. 또한 낭만적 사랑에 대한 신념은 성적 금기로 여성이 받아온 훨씬 더 강력한 조건화를 극복할 수 있는 유일한 상황이므로 실상 양쪽 모두에게 편리한 구실이 되어주었던 셈이었다. 낭만적 사랑은 여성의 현실적 지위와 경제적 의존이라는 부담을 모호하게도 만든다. 아직도 중산층에 잔존한 '기사도'와 같은 여성에 정중한 태도는 이제 지루한 관행으로 격하되어 현재 양성 지위를 은폐하는 데 그리 도움이 되지 않는다.

가부장제에서 우리는 단순히 계급적 행동 양식에 불과한 모순적 상황에도 대처해야 한다. 데이비드 리스먼David Riesman은 노동 계급이 중산층에 동화됨에 따라 그들의 성적 관례와 태도도 함께 동화되었다는 사실을 지적한 바 있다. 하류 계층이나 남성 이민자의 영역이었던 노골적인 남성 우월주의는 수많은 현대

---

36   Hugo Beigel, "Romantic Love," *The American Sociological Review*, Vol.16, 1951, p.331.

유명 인사들을 통해 흡수되고 있으며 일종의 매력으로까지 생각되고 있다. 이는 수많은 다른 노동 계급 남성들의 태도와 함께 현재 유행하는 새로운 생활 양식이 되었다. 이들 노동 계급의 야수적 남성성이라는 이상(혹은 더 정확하게 말하자면 이에 대한 문학적이고 따라서 중산 계급적인 생각)은 과거의 신중하고도 '신사적인' 태도를 대체할 만큼 우리 시대에 강력한 영향력을 미치고 있다.[37]

가부장제에서 계급이 끼치는 주요 영향 중 하나는 여성들을 서로 대립하게 한다는 것이다. 이는 과거에는 창녀와 조신한 유부녀 사이에, 현재에는 직장 여성과 전업주부 사이에 강한 적대감을 만들어냈다. 한쪽은 다른 쪽의 '안전'과 위신을 시샘하지만 질투를 받는 쪽은 위신이라는 제약을 넘어선 상대방의 자유와 모험, 넓은 세상과의 접촉을 동경한다. 남성은 이중 잣대의 다양한 이점을 사용해 자신의 사회적·경제적 원천을 가지고 두 세계 모두에 개입해 고립된 여성이 서로 경쟁자로 여기도록 조장한다. 우리는 여성들 사이에도 하위 지위의 범주가 있음을 알 수 있다. 즉 미덕이라는 계급뿐만 아니라 아름다움과 연령이라는 계급도 있는 것이다.

아마도 최종 분석에서는 여성이 가부장제의 일상적 계층화를 초월하는 경향이 있다고 주장할 수 있을지도 모른다. 출신 계

---

37 이러한 연관 관계를 생각할 때 떠오르는 작가는 D. H. 로렌스뿐만 아니라 노먼 메일러와 헨리 밀러다. 또한 허구적 인물인 로쟉은 남성성의 상징인 잭 런던의 주인공 어니스트 에버하드나 테네시 윌리엄스의 주인공 스탠리 코월스키까지 거슬러 올라갈 수 있다. 로쟉이라는 인물이 교육을 받았다는 사실은 '남성성'이라는 가구에 우아한 마무리칠을 한 것에 불과하다. 여기에서 그의 남성성이란 자신이 때리고 강간할 수 있는 자신보다 못한 모든 '창녀'에 확고한 지배력을 행사할 수 있다는 사실에 근거한다.

층과 교육 수준이 어떠하든 간에 여성은 남성만큼 영구적인 계급적 유대감을 가지지는 않기 때문이다. 여성은 경제적 의존성으로 인해 다른 계급과 접촉이 적고, 접촉한다 해도 간접적이고 일시적인 관계만 맺을 수 있다. 아리스토텔레스는 평민이 권리를 주장할 수 있는 유일한 노예는 자신의 아내라고 말한 바 있고, 무보수 가사 노동은 여전히 노동 계급의 남성에게 계급 구조에서 오는 고통을 덜어주는 일종의 '완충제' 역할을 하고 있다. 이 완충제는 유한계급이 누리는 정신적 사치와 유사한 것을 제공한다. 이러한 조건에서 개인적 위신에서나 경제력에서나 자신만의 능력을 통해 노동 계급을 넘어선 여성은 거의 드물며, 여성이라는 집단 또한 계급이 남성 구성원들에게 제공해주는 이익과 혜택을 누리지 못하고 있다. 그러므로 여성은 계급 구조에서 투자 대상이 되지 못한다. 그러나 지배자에게 생존을 기생하는 집단이 그러하듯, 여성 역시 잉여에 의존하여 살아가는 의존 계급이라는 사실을 이해해야 한다. 그리고 종종 여성은 주변적 삶을 살고 있으므로 보수적이 된다. 같은 상황의 모든 사람들(노예는 고전적 사례라고 할 수 있겠다)처럼 여성도 자신을 먹여 살리는 사람들의 부와 자신의 생존을 동일시하기 때문이다. 자신을 해방시킬 근원적 해답을 찾을 수 있으리라는 희망은 멀기만 해서, 여성 대부분은 감히 해답을 생각해보지도 못한다. 그러므로 그 문제에 대한 의식이 고양되기 전까지는 여전히 그렇게 머물러 있을 것이다.

인종 문제가 성 정치학에서 최종 변수로 떠오르고 있으므로, 특히 현대 문학을 논의할 때 인종 문제에 대해 몇 마디 언급하고 넘어가는 게 적절할 것이다. 전통적으로 백인 남성은 흑인 남성보다 백인 여성에게 높은 지위를 부여하는 데 익숙한데, 백인 여성은 '백인 남성의 여자'라는 자격을 가지고 있기 때문이다.[38] 그러나 백인의 인종 차별주의 이데올로기가 폭로되고 침식되기 시작하면서 (백인) 여성을 보호하려는 인종 차별주의의 오랜 태도도 무너져갔다. 이제는 남성의 우월성을 주장하는 것이 백인의 우월성을 주장하는 것보다 더 중요한 듯 보인다. 즉 우리 사회에서 성차별주의는 인종 차별주의보다 더 고유한 것이다. 예를 들면 열등한 혈통이라고 생각되는 사람들을 노골적으로 경멸하는 D. H. 로렌스와 같은 작가들을 우리는 공공연한 인종 차별주의자라고 부를 수 있을 텐데, 이러한 작가들의 작품에서도 낮은 신분의 남성이 고분고분하지 않은 백인 남성의 부인을 지배하려 들거나 욕보이려 하는 사례를 발견할 수 있다. 그리고 백인이 아닌 여성은 이야기에 거의 등장하지도 않으며, 등장한다 하더라도 잘 훈련되지 못한 여성들이 모방할 만한 '진정한' 여성적 굴종의 본보기로 언급될 뿐이다. 현대의 백인 사회학도 이와 유사한 가부장제적 편견하에서 작동한다. 그들은 흑인 사회의 '가모장적'(즉 어머니 중심적) 측면과 흑인 남성의 '거세'를 백인 인종 차별주의 사회에서 흑인이 억압받는 가장 개탄할 만한 증상이라고 주장하면서, 남성

---

38 '백인 여성성이라는 순결한 꽃'은 최소한 백인 인종 차별주의자인 주인에게 때로 실망스럽게 보였을 수도 있다. 낙태 폐지론과 여성 운동의 역사적 제휴가 이에 대한 증거다. 백인 남성과 흑인 여성의 결혼에 비해 백인 여성과 흑인 남성의 결혼 발생 비율이 더 높다는 사실도 이에 대한 증거다. 인종 혼합의 수치는 파악하기 매우 어렵다. 구드(앞의 책, p.37)의 추산에 따르면 백인 여성이 흑인 남성과 결혼하는 비율은 백인 남성이 흑인 여성과 결혼하는 비율에 비해 세 배에서 열 배 정도 더 높을 것이라 한다. 로버트 K. 머튼은 "대부분의 (결혼이 아닌) 신분 간 성관계는 백인 남성과 흑인 여성 사이에 일어난다"라고 말한다. Robert K. Merton, "Intermarriage and the Social Structure," *Psychiatry*, Vol.4, August 1941, p.374. 백인 남성과 흑인 여성 간의 성 접촉은 대부분 혼외정사일 뿐만 아니라 (백인 남성의 입장에서는) 굉장히 착취적이라는 사실을 강조할 필요도 없을 것이다. 그것은 노예제에서의 강간이나 다름없었다.

의 권위를 복원함으로써 인종적 불평등도 해소할 수 있다는 암시를 던지고 있다. 사실의 진위와 상관없이 이러한 종류의 분석은 가부장제의 가치를 의문시하지 않고 그냥 받아들이면서 흑인 남녀의 인간성에 대한 인종 차별적 부당함의 진정한 특성과 책임을 모호하게 하는 경향이 있다.

5 경제적·교육적 측면

가부장적 통치에서 가장 효과적인 분야 중 하나는 여성에 대하여 경제적 지배권을 행사하는 것이다. 전통적 가부장제에서 법적 지위가 없는 비인간으로서의 여성은 경제적 실존을 인정받지 못했기 때문에 재산을 소유할 수도 없었고 스스로 돈을 벌 수도 없었다. 여성은 늘 가부장적 사회에서 노동해왔으며, 대부분 틀에 박힌 일이나 고된 임무를 수행했으므로 여기서 문제가 되는 것은 노동이 아니라 경제적 보상이다. 현대의 개선된 가부장제에서 여성은 어느 정도 경제권을 가지고 있다. 그러나 대부분의 선진국에서조차 여성 인구의 3분의 2가 종사하고 있는 '가사 노동'은 여전히 무보수 노동이다.[39] 자율성과 위신이 돈에 달려 있는 화폐 경제 체계에서 이러한 사실은 매우 중대하다. 일반적으로 가부장제에서 여성의 위치는 경제적으로 남성에게 의존하고 있다. 여성의 사회적 지위가 (일시적이거나 주변적으로) 남성을 통해서 획득되

---

39 이혼 소송 등에서 가사를 물질적 서비스로 간주해 돈으로 계산하는 스웨덴은 예외다. 서구 국가에서 여성 인구의 33퍼센트에서 40퍼센트가 시장에 고용되어 있다. 이는 여성 노동력 중 3분의 2가 남겨져 있다는 말이다. 스웨덴과 소련에서 이 수치는 더 낮다.

는 대리적 양상을 띠듯이, 여성과 경제의 관계 또한 전형적으로 대리적이거나 주변적인 성격을 띤다.

고용된 나머지 3분의 1에 해당하는 여성들 또한 평균 임금이 남성 평균 임금의 절반 정도밖에 안 된다. 이는 미국 노동부가 발표한 평균 연봉에 관한 통계 수치에 근거한 것이다. 이 수치에 따르면 백인 남성의 연봉은 6704달러이며, 백인이 아닌 남성은 4277달러, 백인 여성은 3991달러, 백인이 아닌 여성은 2816달러라고 한다.⁴⁰ 동일한 소득 계층에서 여성의 교육 수준이 남성보다 훨씬 높다는 점을 고려해볼 때 이러한 불균형은 더욱더 놀랍다.⁴¹ 게다가 현대 가부장제에서 여성에게 개방된 직종은 몇 가지 예외를 제외하고는 하잘것없고 저임금에다 지위도 낮다.⁴²

현대 자본주의 국가에서 여성은 전시와 호황기에 고용되었다가 평시와 불경기에는 해고되는 예비 노동력으로 기능하기도 한다. 이제 미국 여성들은 이러한 역할에서 이민 노동자들을 대신하고 있을 뿐만 아니라 소수 인종과도 경쟁하고 있다. 사회주

---

40 1966년 미국 노동부의 통계에 따르면(이는 가장 최근에 조사된 수치다) 매년 만 달러 이상 버는 여성의 비율은 0.7퍼센트라고 한다. Mary Dublin Keyserling, "Realities of Women's Current Position in the Labor Force," *Sex Discrimination in Employment Practices* 참조. 이는 1968년 9월 19일 UCLA 공개강좌와 여성국에서 나온 보고서(팸플릿)에서 가져왔다.

41 *The 1965 Handbook on Women Workers*, United States Department of Labor, Women's Bureau 참조. "주요 직업군에서 여성의 평균 수입은 남성보다 적었다. 이는 학력 수준별로 조사해보아도 마찬가지였다." 똑같은 학력을 가진 여성과 남성이 버는 수입을 비교해보면 4년제 대학을 졸업한 여성은 동일한 학력의 남성이 받는 수입의 47퍼센트에 해당하는 봉급만 받는다. 고졸 여성의 봉급은 고졸 남성의 38퍼센트, 초졸 여성의 봉급은 초졸 남성의 33퍼센트에 지나지 않는다.

42 낮은 수입과 지위의 여성 분포를 보려면 *Background Facts on Working Women* (pamphlet), U.S. Department of Labor, Women's Bureau 참조.

의 국가에서도 의학 분야와 같은 특정 분야에서는 여성 고용 비율이 높음에도 대체로 여성 노동력은 낮은 위치를 차지하고 있다. 의학 분야 등의 직업은 여성이 진출하면서 그 지위와 보수가 더 낮아졌다. 의학 분야 등이 여성의 진출을 허용한 이유는 그러한 활동이 여성에게 도움이 된다기보다는 사회나 국가에 도움이 된다는 근거에서였다(사회주의 국가 또한 가부장적이기는 마찬가지다).

가부장제 사회에서 여성의 경제적 독립이라는 문제는 늘 의혹에 찬 시선의 대상이었기 때문에, 종교, 심리학, 광고 등과 같은 종류의 규범적 분야는 계속해서 중산 계급의 여성, 특히 어머니의 고용을 반대할 뿐만 아니라 심하게 매도하기까지 한다. 반면 노동 계급 여성들의 고된 노동은 (노동 계급 자체는 아니지만) 최소한 중산 계급에게는 늘 '필요한 것'으로 쉽게 받아들여진다. 확실히 이 때문에 공장이나 하급 서비스 직종, 경리직은 값싼 노동력을 사용할 수 있게 된다. 그러한 직종은 보수가 아주 적어서 여성이 고급 직종에 고용되는 것보다는 재정적·심리적으로 그다지 가부장제에 위협이 되지 못한다. 직장을 가진 여성들은 보육 시설을 비롯한 사회 시설의 도움이나 남편의 협조를 받지 못하므로 가사와 양육이라는 두 가지 짐을 동시에 져야 한다. 노동력을 덜어주는 도구들이 발명되고는 있지만, 그것은 고된 일을 어느 정도 경감시켜주는 효과만 있을 뿐 장기적으로 볼 때 그다지 뚜렷한 효과는 없다.[43] 고용과 출산, 임금, 노동 시간에서의 차별은 극심하

---

43 "자녀가 없는 기혼 여성의 최소 필요 노동 시간은 일주일에 15시간에서 20시간 사이이며, 어린 자녀가 있는 여성은 70시간에서 80시간이 될 것이다." Margaret Benston, "The Political Economy of Women's Liberation," *Monthly Review*, Vol.XXI, September 1969.

다.[44] 미국에서는 여성 참정권 획득 이래 최초로 유일하게 연방 정부가 제정한 권리 보증이라 할 수 있는 고용 차별 금지법이 최근 입안되었으나 법안이 통과된 뒤에도 아직 시행되지 않고 있으며, 심지어 시행을 위해 법규화되지도 않고 있다.[45]

산업과 생산이라는 측면에서 볼 때 여성의 상황은 많은 면에서 식민지 사회와 산업 혁명 이전의 사회에 비유될 수 있다. 여성은 산업 혁명을 통해 처음으로 경제적 자율성을 획득했으며, 지금도 저임금을 받는 공장 노동력의 많은 부분을 차지하고 있음에도 기술이나 생산 분야에는 직접 참여하지 않는다. 여성이 일반적으로 생산하는 것(가사 서비스와 대인 서비스)은 시장 가치가 전혀 없을 뿐만 아니라 그 자체로 전前자본주의적이다. 고용을 통해 재화 생산에 참여한다고 하더라도 여성들은 자신이 참여하고 있는 전체 공정을 소유하거나 통제할 수 없고, 심지어 제대로 파악하지도 못한다. 실제 사례를 들어보면 이 점이 더욱 명확해질 것이다. 냉장고는 모든 여성이 사용하는 기계이며 어떤 여성들은 공장에서 냉장고를 직접 조립하기도 하지만, 과학 교육을 받은 아주 극소수의 여성만이 그 작동 원리를 이해하고 있다. 강철을 굴리고 부품을 만드는 중공업은 남성의 손에 있다. 이는 타자기나 자동차 등에도 적용된다. 오늘날 지식은 남성 인구 사이에도 분산되어 있기는 하나 최소한 남성들이 모이면 기술 장비를

44 미국 노동부 산하 여성국에서 나온 출판물, 특히 *Sex Discrimination in Employment Practices*와 Carolyn Bird, *Born Female*(New York: McKay, 1968) 등을 참조할 것.

45 1964년의 민권법 제7조. 서부 하원 의원들이 고용 차별로부터 자유 시민권을 지키는 법에 '성性'을 포함시켰는데, 이는 북부의 공업 주들이 법안 통과를 포기하도록 강요하기 위해 장난 반 진심 반으로 시도한 것이었다.

재구성할 수 있다. 하지만 오늘날 여성과 과학 기술 사이의 거리는 너무나 멀기 때문에 남성이 없다면 여성이 대신 그러한 기계를 대규모로 만들거나 수리할 수 있을지 의문이다. 고급 기술과 여성의 거리는 더욱 멀다. 큰 건물의 신축, 컴퓨터 개발, 달로 가는 로켓 발사 등과 같은 예는 수도 없이 많다. 지식이 권력이라면, 권력은 또한 지식이기도 하다. 그리고 가부장제가 여성에게 부과한 체계적 무지는 여성이 종속적 위치를 갖게 된 중대한 요인이다.

선진국에서는 교육과 경제가 서로 밀접하게 연관되어 있어 여전히 남아 있는 많은 성차별적 제도하에서 여성 고등 교육의 일반적 수준과 양식은 (20세기 중반의 과학 기술 사회가 필요로 하는 기술이라기보다는) 르네상스 시대의 인문주의 교육에 더 가깝다. 전통적으로 가부장제는 여성에게 고등 교육의 기회를 막았고, 읽고 쓰는 정도의 최소한의 교육만을 허용했다. 현대 가부장제 사회는 최근에야 여성들에게 모든 교육 수준을 개방했지만[46] 교육의 질과 종류는 남성과 동등하지 않다. 물론 이러한 차이는 초기의 사회화 과정에서도 명백하게 드러나지만 고등 교육에서도 여

---

[46] 우리는 여성 고등 교육이 얼마나 최근에 이루어진 일인지를 종종 잊곤 한다. 미국에서는 겨우 100년이 된 일이고 많은 서구 국가들에서는 이제 50년밖에 되지 않았다. 옥스퍼드 대학은 1920년까지도 남성과 똑같은 학기 동안 공부한 여성에게 학위를 수여하지 않았다. 일본을 비롯한 많은 국가에서 여성은 제2차 세계 대전 이후에야 대학에 들어갈 수 있었다. 그리고 여전히 여성 고등 교육이 거의 존재하지 않는 곳도 있다. 여성은 남성과 똑같은 교육 기회를 얻지 못한다. 프린스턴 대학 보고서는 "고등학교에서는 소녀들이 소년들보다 'A' 학점을 더 많이 받지만 소녀들보다 소년들이 50퍼센트 더 많이 대학에 진학한다" 말했다. *The Princeton Report to the Alumni on Co-Education*(pamphlet), Princeton, N. J. 1968, p.10. 대부분 기관은 대학생 가운데 남학생과 여학생의 비율이 2대 1이라고 본다. 다른 국가들에서는 남학생 비율이 훨씬 높다.

전히 존재하고 있는 것이다. 소수 전문인을 교육해 학위를 주는 곳이었던 대학은 이제 과학 기술 관료들을 배출하는 장소가 되었다. 그러나 이는 여성에게 적용되지 않는다. 여자 대학은 학자도, 전문가도, 과학 기술자도 배출하지 않는다. 남자 대학이나, 주로 남성을 교육하는 남녀 공학 대학처럼 정부나 기업의 후원도 받지 못한다.

가부장제는 양성의 인격적 특징에 기질적 불균형을 강요하기 때문에, 가부장제의 교육 제도 또한 (남녀 공학이든 남녀가 구분된 곳이든) '남성적인' 교과와 '여성적인' 교과 사이의 일반적 구분을 지향하는 문화적 프로그램 편성을 받아들인다. 그리하여 인문학과 특정 사회 과학(사회 과학의 하위 분야이거나 주변 분야)은 여성에게, 과학과 기술, 전문직, 경영학, 공학은 남성에게 할당된다. 고용과 위신, 경제적 보상에서의 지배력 또한 물론 남성이 쥐고 있다. 이러한 분야에 대한 통제는 분명 정치적 권력의 문제이다. 명성과 관계된 분야를 남성이 독점하여 지배하는 것은 곧 산업과 정부, 군사 분야에서 가부장제 권력의 이해관계에 직접 이바지하는 것이라는 점도 지적해야 한다. 가부장제는 양성의 기질적 불균형을 조장하므로 학문 분야에서 양성의 구분(과학과 인문학) 또한 이러한 불균형을 반영한다. 인문학은 남성만 독점한 게 아니라서 명성이라는 측면에서는 열등하다. 반면 과학과 기술, 경영학 등은 거의 남성이 독점하고 있어서 '남성적' 성격의 기형이라 할 수 있는 공격적이고 약탈적인 성격을 반영하고 있다.

가부장제하의 여성은 열등한 문화 영역에서 활동하도록 제한되어왔고 이에 맞추어 인문학을 공부하여 '예술적' 관심을 갖도록 권장된다. 이는 한때 결혼 시장에 나설 준비를 위해 갈고

닦아야 한다고 생각되었던 여성의 '교양' 수업을 연장한 것에 불과하다. 이제 예술과 인문학에서의 성취는 역사적으로 그러했듯 남성을 위한 것이다. 수전 손택Susan Sontag이나 무라사키 부인Lady Murasaki과 같은 상징적 인물이 있다고 해서 이 원칙이 무효가 되지는 않는다.

6 폭력적 측면

우리는 가부장제를 폭력과 연결시키는 데 그다지 익숙하지 않다. 가부장제는 완벽한 사회화 체제를 가지고 있으며 이를 통해 그 가치에 대해 완벽한 보편적 동의를 이끌어냈을 뿐만 아니라, 너무나 오랫동안 보편적으로 인간 사회를 지배해왔으므로 굳이 폭력적 수단이 필요하지 않을 것 같기 때문이다. 우리는 습관적으로 과거 가부장제의 잔학성을 이국적이며 '원시적인' 관습으로 생각한다. 그리고 현재 가부장제의 잔혹함은 별다른 의미 없이 병리적이거나 예외적 행동을 보여주는 개인적 일탈의 산물이라고 생각한다. 그러나 다른 이데올로기들(인종 차별주의나 식민주의는 이러한 측면에서 유사하다)이 그러하듯이 가부장적 사회의 지배 또한 폭력이라는 규칙에 의존하지 않고는 불완전하며 심지어 작동 불가능하기까지 하다. 이러한 폭력은 긴급 상황에서 사용될 뿐만 아니라 늘 여성을 위협하는 도구이기도 하다.

역사적으로 볼 때 대부분의 가부장제 사회는 법체계를 통해 폭력을 제도화했다. 예를 들면 이슬람과 같은 엄격한 가부장제 사회는 사생아를 낳거나 성적으로 자유분방한 여성에게 사형 선고를 내린다. 아프가니스탄과 사우디아라비아에서는 율법학자의 입회하에 간통한 여성을 돌로 쳐서 죽인다. 서아시아에서는 돌로 쳐서 죽이는 방법이 일반적 관행이기도 했다. 시칠리아섬에서는 여전히 이 관행을 묵인하고 있다. 간통한 남성에게는 그러한 처벌이 과거에도 없었으며 지금도 없다는 사실은 말할 필요도 없다. 오늘날이나 예외적인 경우를 제외하고, 간통이란 한 남성이 다른 남성의 재산에 관심을 갖는 범법 행위로서만 인식되어왔다. 예를 들어 에도 막부 시대 일본에서는 계급적 지위에 따라 일련의 정밀한 법적 구분이 있었다. 사무라이 계급은 간통한 아내를 처형할 권리가 있었으며, 심지어 만인이 보는 앞에서 처형해야만 했다. 반면 일반인이나 농민은 자신이 원하는 대로 처리할 수 있었다. 계급 간에 발생한 간통에서 주인의 아내와 정을 통한 하층 계급의 남성은 계급과 재산상의 금기를 범했기 때문에 주인의 아내와 함께 참수당했다. 물론 상류 계급의 남성은 서구 사회에서도 흔히 볼 수 있듯 하층 계급의 여성을 유혹할 수 있었다.

'사형'의 특정 형태는 오늘날 미국에서 여전히 간접적 방식으로 유지되고 있다. 가부장적 법체계는 여성들이 자신의 육체를 통제할 권리를 박탈하므로 여성들은 불법으로 낙태를 할 수밖에 없다. 이러한 불법 낙태 때문에 해마다 2000명에서 5000명 사이의 여성이 사망하는 것으로 추정된다.[47]

특정 계급과 인종 집단에 대한 육체적 학대가 허용된 사회 외에도 현대 가부장제 사회에서 폭력은 널리 퍼져 일반화되어 있

---

47 낙태는 법 영역 밖에서 행해져서 그 수치를 확보하기 힘들다. 이 수치는 낙태 의사들과 관련 기관의 추정에 기초한 것이다. 임신으로 인한 자살 역시 공식적으로 보고되지 않는다.

다. 심리적으로나 기술적으로나 육체적 폭력을 자행할 수 있는 유일한 성[性]인 남성에게만 폭력 행사가 한정되어 있다는 사실은 매우 의미심장하다.[48] 무기 사용으로 육체적 힘의 차이는 그다지 중요하지 않게 되었으나 여성은 사회화 과정을 통해 무력한 존재로 길들여진다. 그래서 여성은 육체적이고 정서적인 훈련의 결과로 폭력을 당하기 전에 거의 무방비 상태에 놓여 있다. 이러한 측면은 당연히 양성의 사회적·심리적 행위에 아주 광범위한 영향을 미친다.

가부장제 폭력은 특히 성폭력이라는 형태에 의존하며, 이는 강간 행위로 구현된다. 보도된 강간 사건의 건수는 실제 일어난 사건에 비해 지극히 일부분에 지나지 않는데,[49] 강간당했다는 '수치심' 때문에 공개 재판을 통해 기소하기를 꺼려해서다. 전통적으로 강간은 남성이 다른 남성에게 저지르는 범죄로 간주되었다. 즉 '다른 남자의 여자'를 욕보이는 일이라고 생각된 것이다. 미국 남부에서 발생하는 '복수'는 남성적 만족감을 얻기 위해서, 인종적 증오감으로 인한 흥분 때문에, 그리고 재산과 허영심(명예)에 대한 이해관계 때문에 저질러지곤 한다. 공격적 감정, 증오심, 경멸, 인간성을 파괴하거나 침범하고 싶은 욕망 등으로 인해 강간은 성 정치학에 가장 고유한 폭력 형태가 된다. 서두에서 분석한 문학 작품에도 그러한 감정들이 적나라하게 존재하고 있음을 볼 수 있었으며, 그 감정들은 단어 사용과 어조에 깔린 저자의 태도

---

48 베트남이나 중국 등지에서 벌어진 해방 전쟁은 예외라 할 수 있다. 그러나 대부분 역사에서 여성은 무장을 갖추지 못했으며 스스로 방어하는 것을 금지당했다.

49 이 건수는 여전히 높다. 1967년 뉴욕주에서 보고된 강간 사건은 2432건이었다. 이는 경찰청에서 제공한 자료다.

를 설명하는 데 핵심 요인이었다.[50]

가부장제 사회는 잔인성의 느낌을 섹슈얼리티와 연계시키며, 섹슈얼리티는 종종 힘과 악행 모두와 동일시되었다. 이러한 사실은 정신 분석학과 포르노그래피가 보여주는 성적 환상에서 명백하게 드러난다. 여기에서 남성은 사디즘과 연결되며('남성적 역할'), 여성은 희생자가 되는('여성적 역할') 것이 상례다.[51] 가부장제에서 여성에 대한 폭력에 감정적으로 반응하는 방식은 기이하게도 양면적이다. 예를 들어 아내를 구타하는 모습은 항상 웃음과 당황스러움을 동시에 낳는다. 리처드 스펙Richard Speck(1966년 미국의 간호 견습생 기숙사에서 간호사 8명을 살해한 살인범.-옮긴이)과 같은 극악무도한 연쇄 살인범의 사례는 한편으로는 위선적 분노를 낳지만, 다른 한편으로는 종종 대중의 호기심을 자극하는 반응을 유도하기도 한다. 이때 남성들은 대체로 시샘이나 흥미를 보인다. 포르노그래피나 그와 유사한 매체가 남성 시청자에게 제공하는 공공연한 사디즘적 환상을 생각해본다면 대중의 일반적 반응에는 일종의 자기 동일시 요소가 있다는 것을 알 수 있다. 아마도 인종 차별주의 사회에서 다소 '합리적'이라고 생각되는 사람이 린치를 저지른다면 집단적 **흥분이** 그 사회를 휩쓸 것이다. 무의식적 층위에서 그러한 범죄는 대다수 사람들에게 하나의 종교 의식과 같은 행위로 기능하며 카타르시스에 가까운 효과를 낳는다.

---

50 남성에게 강간당한 남성 희생자가 이중적 중압감을 느낀다는 사실은 흥미롭다. 그들은 고통스러운 성교를 강요당했을 뿐만 아니라 여성의 지위로 격하되는 학대를 당했다. 이는 주네의 작품에 잘 드러나며, 동성애 집단이 '수동적' 혹은 '여성적' 파트너를 경멸한다는 사실에서도 잘 드러난다.

51 남성의 마조히즘은 예외로 간주하며 잠재적으로 동성애적이라거나 '여성적 역할'(즉 희생자의 역할)을 하려는 주체의 문제로 설명되곤 한다.

적대감은 다양한 방식으로 표현된다. 그중 하나가 웃음이다. 여성에 대한 적개심을 표현하는 주요 수단인 여성 혐오주의 문학은 주로 교훈적 장르에 속하는 동시에 희극적 장르에도 속한다. 이는 가부장제의 예술 형태들 중에서도 가장 노골적 선전 선동 장르다. 그 목적은 양성의 지위에 대한 성적 구분을 강화하려는 것이다. 서구의 고대·중세·르네상스 시대 문학에는 대부분 여성 혐오적 요소가 있었다.[52] 동양 또한 그러한 전통이 강력하며, 특히 유교의 영향력은 중국뿐만 아니라 일본에서도 지대하다. 서구의 여성 혐오 전통은 궁정풍 연애의 도입으로 말미암아 사실 어느 정도 약화되었다. 그러나 여성에 대한 새로운 이상화는 여성에 대한 오랜 비난이나 공격과 동떨어진 게 아니다. 페트라르카Petrarch와 보카치오Boccaccio를 비롯한 몇몇 작가의 작품에 이러한 양면적 태도가 잘 표현되어 있다. 이는 다른 분위기가 존재했다는 증거로, 모국어로 덧없는 욕망을 이야기할 때에는 여성에게 궁정풍의 정중한 태도를 취하고, 엄숙하고 영속적인 라틴어로 이야기할 때에는 여성에게 적대적 태도를 취하는 데서 보인다.[53] 궁정풍 연애가 낭만적 사랑으로 바뀌면서 문학의 여성 혐오주의는 다소 식상해진다. 18세기에 여성 혐오주의는 조롱과 교훈적 풍자 수준으로 쇠퇴했다. 19세기에 들어서 영어권에서는 신랄한 여

---

52 여성 혐오주의 문학은 너무 방대하여 적절하게 요약하기가 불가능하다. 이에 대한 훌륭한 참고문헌은 Katherine M. Rogers, *The Troublesome Helpmate, A History of Misogyny in Literature*(Seattle: University of Washington Press, 1966)이다.

53 페트라르카는 사랑에 대한 아름다운 소네트뿐만 아니라 〈각자의 운명 극복에 관하여 De Remediis utriusque Fortunae〉나 《노사서老事書, Epistolae Seniles》처럼 여성을 풍자하는 글을 쓰기도 했다. 보카치오 역시 기사도적 인물들(필로스트라토, 아메토, 피아메타)을 폭력성에서 중세보다 더 심하게 여성을 공격하는 코르바치오의 독설로 상쇄하고 있다.

1부 성 정치학

성 혐오 형식들이 거의 사라졌다. 그러나 20세기에 들어와 이러한 형태들이 다시 득세하게 되는데 이는 가부장제 개혁에 남성들이 원한을 품은 결과이자, 지난 50년간 급속히 늘어난 표현의 자유에 힘입은 것이다.

문학에 대한 검열이 약화되면서, 특히 **성적인** 맥락에서 (심리적이든 육체적이든) 남성의 적개심이 갈수록 두드러지고 있다. 그러나 남성의 적개심은 지속적이므로, 여기에서는 그 적개심의 증대 여부가 아니라 성적 맥락에서 그것을 새롭고 솔직하게 표출하는 방식에 대해 다루려 한다. 포르노그래피나 사드의 작품 같은 '비밀' 출판물이 아닌 작품에서 과거에 금지되었던 것을 표현하는 것은 해방과 자유의 문제다. 낭만주의 시인(예를 들어 키츠의 《성 아그네스 전야Eve of St. Agnes》)이나 빅토리아 시대 소설가(예를 들어 토머스 하디)의 완곡하고 이상화된 성교 묘사를 떠올리면서 그것이 헨리 밀러나 윌리엄 버로스와 얼마나 대조되는지 생각한다면, 현대 문학은 포르노그래피의 노골성뿐만 아니라 반反사회적 성격까지 흡수했음을 알 수 있다. 이제는 상대를 다치게 하고 모욕을 주는 성향도 자유롭게 표현할 수 있게 되어 남성의 성적 적개심을 평가해보는 일도 훨씬 쉬워졌다.

인도의 순장殉葬 전통, 중국의 전족 기형, 평생 베일을 뒤집어써야 하는 이슬람권의 치욕, 규방과 장막 안에 여성을 격리하는 것 등과 같이 가부장제 역사는 여성에 대한 실로 다채로운 잔학성과 야만성을 보여준다. 음핵 절제, 이런저런 위장하에 벌어지는 여성 매매와 노예화, 타의에 의한 결혼과 조혼, 처첩제와 매춘 등과 같은 행위들은 여전히 계속되고 있다. 음핵 절제는 아프리카에서, 여성 매매와 노예화는 서아시아와 동아시아에서, 나머지는 전 세계적으로 발생하고 있다. 이렇게 남성의 권위를 여성에게 부과하는 행위를 정당화할 때 '양성의 전투'라는 완곡한 표현을 쓰는데, 이는 전쟁하는 국가들이 스스로를 정당화하는 상투적 수법과 유사하다. 즉 적들은 열등한 종족이고 거의 인간도 아니라는 근거에서 자신의 극악무도한 행위를 정당화하는 수법을 말한다. 가부장제의 사고방식은 이러한 목적을 웬만큼 잘 완성해주는 여성에 대한 정당화 논리를 꾸며냈다. 그리고 이러한 전통적 믿음은 여전히 우리의 의식에 침투해 인정하고 싶지 않을 정도로 사고방식에 지대한 영향을 미치고 있다.

7 인류학적 측면—신화와 종교

인류학적 증거나 종교적·문학적 신화를 보면 여성에 대한 가부장제의 신념은 정략적이다. 어느 인류학자는 여성에 대한 가부장제의 일관된 전제들에 대해 이렇게 언급한다. "여성의 생물학적 차이점들은 여성을 구별 지어준다. (…) 여성은 본질적으로 열등하다는 것이다. (…) 인간의 제도는 원초적이고도 깊은 불안감에서 나왔으며 비합리적인 심리적 기제로 구체화되므로 (…) 사회적으로 조직화된 여성에 대한 태도는 남성의 근본적 긴장감에서 비롯한다."[54] 가부장제하에서 여성은 자신에 대한 상징을 스스로 만들어내지 못했다. 원시 세계든 문명 세계든 모두 남성의 세계

---

54 H. R. Hays, *The Dangerous Sex, the Myth of Feminine Evil*(New York: Putnam, 1964). 여기에서의 요약은 여성에 대한 문화적 관념을 유용하게 평가한 헤이즈의 노고에 빚지고 있다.

이므로 여성에 관한 문화를 형성한 관념들도 모두 남성에게서 나온 것이었다. 우리가 알고 있는 여성의 이미지는 남성이 만들어 낸 이미지이며 남성의 요구에 맞게 구체화되었다. 남성의 요구는 여성의 '타자성'에 대한 두려움에서 비롯되었다. 그러나 타자성이라는 개념 자체는 이미 가부장제가 확립되었음을, 남성이 여성을 '타자' 또는 이질적 존재로 지칭하는 규범이자 주체이며 준거로 자리매김했음을 전제한다. 그 기원이 무엇이든 남성의 성적 적개심은 종속 집단에 통제를 행사하는 수단이 되어, 낮은 서열에 속하는 사람들의 열등한 위치를 정당화하고 그들의 삶에 가하는 억압을 '설명하는' 논리로 기능한다.

여성의 성 기능을 불순하다고 느끼는 감정은 세계 도처의 문학과 신화, 원시·문명 사회에서 발견된다. 예를 들어 월경은 비밀스러운 일로 생각되며 그 출혈의 심리적이고도 사회적인 효과는 여성의 자아에 지대한 영향을 미친다. 월경을 금기시하는 생각을 다룬 인류학적 문헌도 방대하다. 월경하는 여성을 마을 끝에 있는 오두막에 격리하는 관행은 원시 사회 전반에 걸쳐 있었다. 오늘날 월경은 속어로 '저주curse'라고 불린다. 여성이 월경하는 동안 겪는 고통의 근원은 생리학적이라기보다는 심신의 문제이며, 생물학적이라기보다는 문화적임을 보여주는 무수한 사례들이 있다. 이는 최근의 '무통 분만' 실험으로 진통과 출산에도 어느 정도 적용된다고 입증되었다. 가부장제의 환경과 믿음은 여성의 육체적 자아에 관한 느낌에 해로운 영향을 미치는 것으로 보인다. 그래서 여성의 육체적 자아는 급기야 실제로 사람들이 이야기하듯 일종의 무거운 짐이 되기도 한다.

원시인들은 여성의 생식기를 상처라는 용어로 설명하며 새나 뱀의 공격을 받아 절단되어 현재 상태가 되었다고 추론했다. 한번 상처를 입었기 때문에 계속 피를 흘린다는 것이다. 여성 생식기를 일컫는 오늘날의 속어는 '깊이 베인 상처gash'다. 프로이트는 여성 생식기를 '거세하다castrated'라는 용어로 설명한다. 가부장제 사회에서 여성 생식기가 불러일으키는 불안과 혐오는 종교적·문화적·문학적 금기로 입증된다. 문자 이전 사회에서 여성 생식기를 남근을 거세하는 **이빨 달린 질**vagina dentata이라고 믿는 데서 볼 수 있듯이, 여성 생식기에 대한 공포가 그러한 금기의 주된 요인이었다. 문자 이전 사회의 가부장제에서나 문명화된 가부장제에서나 남성의 우월한 지위를 보여주는 훈장인 남근은 아주 중대한 의미를 부여받았고, 남성의 끝없는 자랑인 동시에 끝없는 불안의 대상이었다.

거의 모든 가부장제 사회는 여성이 (전쟁이나 종교 의식에서) 제사 도구나 음식에 접근하는 것을 금지한다. 고대 사회나 문자 이전 사회에서 여성은 일반적으로 남성과 함께 식사도 할 수 없었다. 오늘날에도 무수히 많은 문화권, 특히 서아시아와 동아시아 지역에서 여성은 따로 식사를 한다. 그러한 관습은 오염에 대한 공포에서 비롯되었다고 생각하는데, 아마도 성적 기원이 있을 것이다. 여성은 가정의 하녀 역할을 하므로 음식을 준비해야 하지만 동시에 음식으로 사람들을 전염시킬 수도 있다. 이와 유사한 상황에 처한 사람들이 미국 흑인이다. 그들은 더럽고 병을 전염시키지만 동시에 까다로운 주인을 위해 식사를 차려야 하는 존재다. 두 경우 모두에서 딜레마는 식사 행위를 분리하는 형편없이 비논리적인 방식으로 해소된다. 식탁을 감염시킬 수 있다는 그 사람들이 보이지 않는 곳에서 요리를 하는데도 말이다. 이와 유사하게 일부 힌두교 남성들도 아내가 자신의 음식을 전혀 건드리지도 못하게 한다. 거의 모든 가부장제 사회에서는 권위 있는 남성이 먼저 식사를 하거나 가장 좋은 음식을 먹으며, 설사 남녀가 함께 식사를 한다고 하더라도 여성은 남성의 시중을 들어야 한다.[55]

모든 가부장제 사회는 정교한 의식과 금지를 통해 처녀성과 처녀성 빼앗기를 제한했다. 문자 이전 사회의 처녀성에는 흥미로운 양면성이 있었다. 처녀성은 한편으로 모든 가부장제 사회가 그러하듯 손상되지 않은 소유권의 표시이므로 신비하고 바람직하다고 인식된다. 그러나 다른 한편으로는 피의 마력과 무시무시한 '타자'와 연관된 미지의 악으로 표현되기도 한다. 처녀성을 빼앗는 일은 아주 경사스러운 행사여서, 많은 부족에서는 처녀성의 소유자인 신랑이 자신보다 더 힘이 센 자나 연장자에게 새로운 소유물의 봉인을 뜯는 것을 기꺼이 양도한다. 그럼으로써 부수적 위험을 상쇄할 수 있다고 생각하기 때문이다.[56] 처녀성을 빼앗는 두려움은 여성의 이질적 섹슈얼리티에 대한 두려움에서 비롯되는 것 같다. 그 과정에서 발생하는 육체적 고통은 여성이 받는 것임에도(대부분 사회에서도 여성에게 육체적이고 정신적인 고통을 겪게 한다), 가부장적 의식과 관습 속에 제도화된 사회적 관심은 전적으로 남성의 재산상 이득과 위신 혹은 (문자 이전 사회에서는) 남성에게 닥치는 위험으로 향한다.

---

55 '고급' 레스토랑의 사치스러운 조건은 별난 예외가 된다. 그곳에서는 요리뿐만 아니라 식사 시중도 남성이 한다. 이는 값비싼 식사비에 맞는 접대다.

56 Sigmund Freud, *Totem and Taboo*와 Ernest Crawley, *The Mystic Rose* (London: Methuen, 1902, 1927) 참조.

가부장제 신화는 여성이 등장하기 이전 시기를 황금시대로 간주하며, 가부장제의 사회적 관행은 남성을 여성의 무리에서 벗어나게 한다. 남녀의 분리는 가부장제 사회에서 매우 널리 퍼져 있어 도처에서 그 증거를 발견할 수 있다. 오늘날 가부장제 사회에서 권력 집단은 거의 모두 남성 집단이다. 남성들은 각계각층에서 자신만의 집단을 만든다. 여성 집단은 전형적으로 보조적 성격을 띠며 일시적이고 하찮은 수준에서 남성의 노력과 방식을 모방한다. 여성 집단은 남성의 권위에 호소하지 않고는 작동하지 않는다. 즉 교회와 같은 종교 집단은 우월한 사제 집단의 권위에 기대며, 정치 집단은 남성 입법자의 권위에 의지하는 식이다.

남녀가 분리된 상황에서는 문화적으로 강요된 기질적 특성이 매우 두드러진다. 이는 인류학에서 일반적으로 남성 공동체 제도라고 칭하는 전적으로 남성적인 조직에 특히 잘 적용된다. 남성 공동체는 가부장제 정서와 연합된 요새이다. 문자 이전 사회의 남성 공동체는 춤과 잡담, 환대, 오락, 종교 의식으로 남성 공동체의 경험을 강화한다. 그것은 또한 남성의 무기고이기도 하다.

데이비드 리스먼은 스포츠를 비롯한 몇몇 활동이 남성에게 연대 의식을 제공하며 여성에게는 제공되지 않는다고 지적했다.[57] 사냥, 정치, 종교, 상업 등도 일정 부분 역할을 할 수는 있지만 남성의 공동체적 동지애를 형성하는 변함없는 주요 분야는 스포츠와 전쟁이다. 허턴 웹스터Hutton Webster와 하인리히 슈르츠Heinrich Schurtz에서 라이오넬 타이거에 이르기까지 남성 공동체 문화 연

---

57 David Riesman, "Two Generations," *The Woman in America*, ed. Robert Lifton(Boston: Beacon, 1967). James Coleman, *The Adolescent Society*도 참조.

구자들은 성적인 애국자가 되는 경향이 있으며 사회 제도가 표상하는 남녀차별 정책을 정당화하려 한다.[58] 슈르츠에 따르면 남성은 끼리끼리 모이려는 타고난 성향 때문에 그리고 동료들끼리 형제애적 기쁨을 누리려는 욕망 때문에 열등한 사람을 피하려 하고 여성과의 동석을 피한다고 한다. 타이거는 남성에게 원래부터 신비로운 '결속 본능'이 존재한다고 확신하면서도 남성 공동체의 전통이 쇠퇴하는 것을 막기 위해 대중을 설득하고 훈계하려고 노력한다. 남녀가 반목하는 상태에서 남성 공동체가 권력 중심으로 기능한다는 유쾌하지 못한 사실은 이러한 현상의 한 단면이다. 그리고 이는 주목받지 못한 사실이기도 하다.

멜라네시아의 남성 공동체는 다양한 목적을 충족시키는 장소인 동시에 무기고이며 남성의 신고식을 수행하는 장소이기도 하다. 그 분위기는 오늘날의 군대와 다르지 않다. 신체적 활동과 폭력, 살기殺氣, 동성애 감정 등이 고동친다. 그곳은 몸을 난자하고 사람을 사냥한 것을 축하하며 앞다투어 용맹함을 자랑하는 장소다. 여기에서 청년은 성년으로 '단련된다.' 남성 공동체에서 소년은 비천한 지위를 갖고 있으므로 신고식 주재자의 '마누라'라고 불린다. 이때 '마누라'는 열등하다는 의미와 함께 성적 대상이라는 의미도 함축하고 있다. 아직 신고식을 치르지 않은 청년은 나이가 많거나 힘센 남성의 호색적 관심의 대상이 된다. 이러한 관계는 사무라이 조직이나 동양의 승려들, 그리스의 김나지움(체육관)에서도 발견된다. 문자 이전 사회의 현인들은 청년에게 남성적

---

58 Heinrich Schurtz, *Altersklassen und Männerbünde*(Berlin, 1902); Tiger, 앞의 책.

기품을 가르칠 때는 일단 그들을 보호받는 여성으로 여기고 위협하는 것이 필요하다고 단언했다. 멜라네시아의 남성 공동체에 대한 어느 인류학자의 언급은 주네의 지하 세계나 메일러의 미국 군대에도 동일하게 적용할 수 있다. "어린 소년을 성적으로 학대하고 여성으로 만들려는 것은 군인의 권력욕을 강화할 뿐만 아니라 성숙 중인 남성 경쟁자를 향한 적대감을 만족시킨다. 그리하여 결국 그 소년이 남성 집단으로 들어오면 여성 없이도 살 수 있다는 상징적 시도로서 남성의 유대감을 강화한다."[59] 가부장제가 지속해서 보여주는 특징은 여성의 지위를 남성보다 열등하게 격하시키는 것이다. 다른 사람을 못살게 구는 모든 과정이 그러하듯 신고식을 한 번 견딘 사람은 다른 사람의 신고식에 열광적으로 몰두하게 되고 자신이 겪은 고통을 신출내기에게 신나게 가하게 된다.

남성 공동체 문화에 퍼진 사춘기적 특성을 지칭하는 정신 분석학 용어는 '남근기'이다. 남성다움의 아성牙城인 남성 공동체는 가부장제의 권력 지향적 성격을 더욱 강화한다. 헝가리의 정신 분석 인류학자인 게자 로하임Géza Róheim은 자신이 연구한 문자 이전 사회의 남성 공동체 조직이 가부장제적 성격을 띠고 있다고 강조했다. 그리고 그들의 공동체적이고 종교적인 관습을, "구체화한 남근이라 할 수 있는 하나의 대상을 남성 집단이 숭배하면서 결속하고 여성을 배제하는 것"[60]으로 규정한다. 남성 공동체 문화의 분위기와 풍조는 가학적이고 권력 지향적이며, 잠재적으로 동

---

59 Hays, 앞의 책, p.56.

60 Géza Róheim, "Psychoanalysis of Primitive Cultural Types," *International Journal of Psychoanalysis*, Vol.XIII, London, 1932.

성애적이고, 에너지나 동기의 측면에서 종종 나르시시즘적이다.[61] 남성 공동체는 남근을 하나의 무기로 생각하며 이를 다른 무기들과 끝없이 동일시한다는 점 또한 명확하다. 죄수를 거세하는 관습은 그 자체로 신체의 해부학과 사회적 지위를 전쟁의 무기류와 문화적으로 혼동하는 것을 보여준다. 남성의 전우애를 미화하는 것은 이른바 '남성 공동체의 감수성'에서 기원한다. 전우애의 가학적이고 잔혹한 측면은 군인의 영광으로, 특히 그 지긋지긋한 남성적 감수성의 일종으로 위장된다. 우리 문화의 많은 부분은 이러한 전통에 참여하고 있으며, 그 전통이 서구 문학에서 처음으로 언급된 곳은 파트로클로스와 아킬레우스의 영웅적 친교에서다. 그리고 이는 서사시와 영웅담을 거쳐 중세 프랑스의 **무훈시**武勳詩로 발전한다. 이 전통은 만화책은 말할 것도 없고 전쟁 소설과 영화에서도 여전히 성행하고 있다.

남성 공동체에서는 상당한 성행위가 이루어지는데 모두 동성애임은 말할 필요도 없다. 그러나 (적어도 동류 간에) 동성애 행위에 대한 금기는 보편적으로 동성애 충동보다 훨씬 더 강력한 힘을 가지며 리비도를 폭력으로 전환하는 경향에 일조한다. 섹슈얼리티와 폭력을 이렇게 연결하는 것은 특히 군사주의적 정신의 습관이다.[62] 물론 그러한 남성 공동체의 동성애를 부정적이고 호전적인 방식으로 과장하는 것이 동성애적 감수성이 가진 특징의

---

61 이러한 특징들은 모두 어느 정도 밀러의 소설들이 투사하는 자유분방한 집단에 적용되며, 메일러의 의식을 떠나지 않는 군대와 주네의 관찰이 기초하고 있는 동성애적 하위문화에도 적용된다. 이 세 가지 주제는 분리주의적 남성 공동체 문화와 밀접하게 연관되어 있으므로 특히 관심을 기울여야 한다.

62 주네는 《병풍》에서 이를 잘 보여주며, 메일러는 작품 곳곳에서 이를 드러내고 있다.

전부라고는 할 수 없다. 실제로 극단적 남성다움을 추구하는 전사 계급의 심리는 배타적으로 남성을 지향한다는 점에서 **노골적으로** 동성애적이라기보다는 **애초부터** 동성애적이었다고 보아야 할 것이다. (나치 군대의 경험은 이의 극단적 사례이다.) 그리고 이성애적 역할에 탐닉하면서 젊고 부드러운 혹은 '여성적인' 구성원을 경멸하는 것은 남성 공동체의 실제 풍조가 여성 혐오적, 즉 긍정적 이성애라기보다는 변태적 이성애임을 증명한다. 그러므로 남성 공동체의 유대라는 진정한 야망은 동성을 연모하는 관계의 상황에서 비롯한 것이 아니라 가부장제적 상황에서 비롯했다고 봐야 한다.

세뇨보의 유명한 금언(프랑스의 역사학자 샤를 세뇨보Charles Seignobos는 "사랑은 12세기의 발명품이다!"라고 선언했다.─옮긴이)과 달리 이성애적 사랑에 대한 긍정적 태도가 굳이 12세기의 발명품은 아니었다 하더라도, 어쨌든 여전히 새로운 것이라고 주장할 수는 있다. 대부분의 가부장제 사회는 사랑을 배우자 선택의 기준으로 삼는 것을 철저히 배제한다. 현대 가부장제 또한 계급과 인종, 종교적 요인들을 통해 실제로 사랑을 배제한다. 서구의 고전적 사유는 이성애적 사랑을 결국 비극으로 끝나는 운명적 불행으로 간주하거나 열등한 사람들과 어울리는 경멸스럽고 미개한 일이라고 생각했다. 중세에도 성욕을 동반하는 사랑은 죄악이며 사랑을 동반하는 성욕 또한 죄악이라고 확신했다.

원시 사회는 금기와 마나mana(인간의 힘을 초월한 초자연적이고 비인격적인 힘을 일컫는 말.─옮긴이)를 통해 여성 혐오를 실천했고 이는 여성 혐오를 설명하는 신화로 발전했다. 역사상 모든 문화에서 이 신화는 윤리적으로, 그다음에는 문학적으로 변형되었고, 현대에는 성 정치학에 대한 과학적 합리화로 바뀌었다. 물론 선전이라는 층위에서 보면 신화는 적절한 도구라 할 수 있다. 선전은 종종 윤리에 근거하거나 기원에 대한 이론에 근거하여 자신의 주장을 펼치기 때문이다. 서구 문화를 주도하는 두 신화는 판도라의 상자와 성경의 타락 이야기이다. 두 신화 모두에서 여성적 악이라는 원시적 마나 개념은 문학이라는 최종 단계를 거치면서 현 상태에 대한 매우 영향력 있는, 윤리적으로 정당화하는 논리가 되었다.

판도라는 지중해 지역의 풍요의 여신을 부정적으로 폄하한 버전으로 보인다.[63] 헤시오도스의 《신통기Theogony》에서 판도라는 조각이 새겨진 왕관을 쓰고 화환을 두른 여신으로 묘사되고 있기 때문이다. 이 왕관에는 땅과 바다의 모든 생물이 조각되어 있다. 헤시오도스에 따르면 "남성 종족이 지상에서 그 모든 사악과 고된 노동, 사람을 지치게 하는 질병으로부터 자유로웠던"[64] 황금시대를 끝장낸 것은 바로 섹슈얼리티를 가지고 온 판도라 때문이다. 판도라는 "여성이라는 저주스러운 종족, 남성이 지고 살아야 할 역병"[65]의 기원이었다. 여성이 출현하고 여성만의 산물이라고들 하는 섹슈얼리티가 들어오면서 남성의 인간적 조건에 해로

---

63 인류학자들은 오랫동안 사회의 기원을 두고 가부장제 이론 대 가모장제 이론으로 나뉘어 논쟁해왔다. 어느 쪽을 지지하든 간에 우리는 고대 문화에서 풍요의 여신들이 격하되면서 가부장제의 신들로 대체된 흔적을 찾을 수 있다.

64 Hesiod, *Works and Days*, trans. Richmond Lattimore(University of Michigan, 1959), p.29.

65 Hesiod, *Theogony*, trans. Norman O. Brown(Indianapolis: Liberal Arts Press, 1953), p.70.

운 것들이 들어오게 되었다는 것이다. 《노동과 나날Works and Days》 에서 헤시오도스는 판도라가 표상하는 것을 정교하게 묘사한다. 판도라가 표상하는 것은 곧 "육신을 지치게 하는 잔인한 욕망과 열망" 그리고 "거짓말과 교활한 말과 기만하는 영혼"으로 가득한 "암캐의 정신과 도둑의 본성을 가진" 치명적인 유혹이다. 이는 "남성을 멸망시키기 위해" 제우스가 보낸 함정이다.[66]

신은 가부장제의 편이다. 자연과 여성의 기원에 대한 가부장제의 신조가 보여주는 강력하고도 편리한 성격, 그리고 가부장제가 섹슈얼리티에 책임을 미루고 위험과 악행을 오직 여성에게만 뒤집어씌우는 발상은 가부장제의 효율적 통제 수단이 되어왔다. 이 지점에서 그리스의 사례는 흥미롭다. 그리스는 섹슈얼리티의 찬양을 늘 남근의 풍요로운 생식력에 대한 찬양과 연결했다. 그리고 섹슈얼리티를 폄하할 때면 판도라를 인용했다. 가부장제의 종교와 윤리는 여성과 섹스를 합치려는 경향을 보인다. 마치 섹스와 관련된 부담과 불명예가 오로지 여성의 잘못 때문이라는 듯이 말이다. 따라서 불결하고 사악하며 사람을 나약하게 만든다고 생각되는 섹스는 여성에게만 적용된다. 반면 남성의 정체성은 성적인 것이 아니라 인간적인 것으로 보존된다.

판도라 신화는 서구의 주요한 두 원형原形 중 하나다. 서구는 이 원형을 통해 여성이 섹슈얼리티를 가지고 있다고 멸시하며 여성은 원죄 때문에 처벌받아 마땅하다고 설명한다. 그리고 인간은 이러한 원죄의 불행한 결과로 여태껏 고통받고 있는 것이라고 한

---

66 Hesiod, *Works and Days*, pp.53~100. 어떤 행은 라티모어Lattimore의 번역판에 서, 다른 행은 메어A. W. Mair의 번역판(Oxford, 1908)에서 가져왔다.

다. 단순한 제례 의식과 금기, 마나 대신 이제 윤리가 등장하게 된다. 세련된 수단인 신화는 성의 역사에 공식적 설명을 제공하기도 한다. 헤시오도스의 이야기를 보면 악의에 찬 변덕스러운 아버지 형상인 제우스가 에피메테우스에게 여성의 성기를 가진 사악한 자(판도라)를 보내는데, 이는 이성애에 관한 지식과 성행위에 능통한 에피메테우스를 벌하기 위해서다. 판도라가 가지고 온 것(이는 음문 또는 처녀막을 의미하는 '상자'다)을 열면 남성은 호기심을 충족시키게 되지만, 대신 아버지 신神의 손에 죽거나 타락 이후에 닥치는 갖가지 재앙으로 벌받게 된다. 특히 강한 힘을 가진 아버지와 경쟁자 아들에서 볼 수 있듯이 나이와 지위를 뛰어넘는 남성들의 가부장적 경쟁의식은 여성에 대한 비방과 함께 곳곳에 널려 있다.

인간의 타락에 관한 신화 역시 동일한 주제의 세련된 버전이다. 그것은 유대적·기독교적 상상력의 핵심 신화이며, 따라서 우리에게 문화유산으로 직접 전승된 핵심 신화이다. 오늘날과 같은 합리주의 시대에 그 신화를 말 그대로 믿는 사람은 없겠지만 그 정서적 공감은 여전하다. 그러므로 오늘날 우리에게 여전히 영향력을 끼치는 그 신화의 거대한 힘을 인식하고 평가할 수 있다.[67] 여성을 인간의 고통과 지식, 원죄의 원인으로 보는 이 신화적 해

---

67 우리 의식 속에 에덴동산 이야기가 얼마나 깊이 뿌리 박혀 있는지 그리고 그 형태가 우리의 사고방식에 얼마나 완벽하게 뿌리내리고 있는지를 평가하기란 거의 불가능할 정도도. 수많은 인상적인 사례들 가운데에서도 한 가지만 들자면, 미켈란젤로 안토니오니Michelangelo Antonioni의 영화 〈욕망Blow-Up〉처럼 전혀 그럴 것 같지 않은 데서도 에덴동산 이야기의 분위기와 함의를 발견할 수 있다. 영화의 이야기는 대부분 성적인 느낌으로 가득한 목가적 정원에서 일어나는데, 그곳에서 남근이라는 총을 가진 유혹자에 넘어간 여성이 다시 남성을 배신하여 죽음에 이르게 한다. 그 장면을 목격한 사진작가는 마치 자신이 원초적 장면이자 원죄의 장면을 본 것처럼 반응한다.

석은 성적 태도의 근간을 형성하는 기초다. 그것은 서구 가부장제 전통에서 가장 중대한 주장을 대표하기 때문이다.

이스라엘인들은 이웃 나라의 풍요 숭배와 계속 전쟁을 벌이면서 살아왔다. 이러한 풍요 숭배는 이스라엘인의 지속적 변절을 유발할 만큼 충분히 매력적이었다. 그리고 판도라가 그러하듯 이브 역시 풍요의 여신이 전도된 인물이라는 흔적이 있다. 성경에는 이에 대한 (아마도 무의식적인) 증거가 있다. 성경에는 "아담은 아내를 이브라고 불렀노라. 이브는 모든 살아 있는 것들의 어머니이기 때문이라"라고 되어 있는데, 이는 타락이 시작되기 전의 진술이다. 그 이야기는 상이한 구전 전통을 편집한 것이어서 이브가 창조된 것에 대한 두 개의 상호 모순적 주장을 보여준다. 그 하나는 남성과 여성이 동시에 창조되었다는 설이며, 나머지 하나는 아담의 모습을 본떠 아담의 갈비뼈에서 이브가 창조되었다는 설이다. 후자는 여성의 도움 없이 홀로 세계를 창조한 남성 신이 생명력을 강제로 전유했음을 보여주는 단정적 사례이다.

아담과 이브의 이야기는 어떻게 인류가 섹스를 발명했는지를 보여주는 이야기라 할 수 있다. 문자 이전 시대의 신화와 민담에는 이러한 이야기가 많이 있다. 그 이야기들은 섹스를 설명하기 위해 온갖 지식을 동원해야 했던 순진한 원시인들의 우스운 이야기라고 생각된다. 그러한 이야기들에는 다른 주제도 발견된다. 원초적 순수의 상실과 죽음의 도래, 최초의 의식적 지식 습득 등의 주제들이다. 이 모든 것들은 '성'을 중심으로 돌고 있다. 아담에게는 생명의 과실, 즉 선악을 알게 하는 과실을 먹는 것이 금지되어 있다. 그러한 경고는 선악과를 먹으면 무슨 일이 일어날지를 분명하게 이야기하고 있다. "그것을 따먹는 날, 너는 반드시

1부 성 정치학

죽는다." 아담은 선악과를 먹지만 죽지는 않는다(최소한 이야기 안에서는 죽지 않는다). 그러므로 진실을 말한 것은 사실 (하나님이 아니라) 뱀이었다고 추론할 수도 있을 것이다.

금단의 열매를 먹는 순간, 아담과 이브는 자신들이 벌거벗고 있음을 깨닫고 부끄러움을 느낀다. 비록 이 우화는 그다지 논쟁의 여지가 없는 또 다른 욕망인 식욕을 통하여 하나님의 명령을 어기면 안 된다는 더 높은 금지를 보여주는 것이라고 주장되지만, 실상 여기에는 명백히 섹슈얼리티의 문제가 포함되어 있다. 로하임에 따르면 히브리어에서 '먹다'라는 동사는 섹스를 의미하기도 한다. 성경을 보면 곳곳에서 '안다는 것'이 섹슈얼리티와 동의어로 사용되고 있음을 알 수 있다. 이는 분명 남근과의 접촉의 산물을 의미하는데, 이 우화에서는 섹슈얼리티가 뱀으로 대상화되어 있다. 삶의 사악함과 슬픔(낙원을 상실한 것과 이후 닥치는 일들)을 섹슈얼리티 탓으로 비난하려면 논리적으로 여기에 남성도 포함해야 할 것이다. 그러나 남성을 포함하는 것은 이 이야기의 목적이 아니다. 이 이야기에는 세상의 모든 쓰라림을 여성에게 전가하려는 노골적 의도가 있기 때문이다. 여성은 뱀으로 변신한 남근에게 최초로 현혹된다. 따라서 아담은 성적 죄악을 '모면하게' 되었다. 이 때문에 성경에서 성적 모티프는 억압된 것으로 보인다. 그러나 뱀이 보편적으로 남근의 가치를 가진다는 분명한 사실은 신화시대의 사람들이 뱀의 술책에 대해 왜 그렇게 불안해하는지를 보여준다. 따라서 열등하고 나약하며 단순한 육욕 덩어리에 불과한 여성은 심지어 파충류의 감언이설에까지 속아 넘어가 선악과를 따 먹는다. 이 사건 이후 남성은 타락하며, 남성과 함께 인류도 타락한다. 이 우화는 아담을 인간의 전형으로 만드는 반면, 이브는 단순히 성의 전형에 지나지 않으므로 전통적으로 소비, 대체 가능한 대상으로 만들고 있기 때문이다. 그리고 그 신화가 최초의 성적 모험을 기록하는 바에 따르면 아담은 남근에 유혹당한 여성에게 다시 유혹당한다. "당신께서 저에게 짝지어주신 여자가 그 나무에서 열매를 따주기에 먹었을 따름입니다." 이것이 아담의 첫 번째 핑계이다. 남근인 뱀에게 유혹당한 이브는 아담을 섹스에 끌어들인 죄로 벌을 받는다.

아담에게 내려진 저주는 '이마에 땀이 흐르도록' 노동하는 것이다. 이는 문명과 관계된 남성의 노동을 말한다. 에덴동산은 그 어떤 활동이나 노력이 필요 없는 환상의 세계였으나, 여성이 섹슈얼리티를 가지고 등장하면서 결국 파괴되고 말았다. 이브에게 내려진 선고는 본질적으로 훨씬 더 정치적인 동시에 여성의 열등한 지위에 대한 뛰어난 '설명'이기도 하다. "너는 아기를 낳을 때 몹시 고생하리라. 너는 남편을 사모하고 남편은 너를 다스릴 것이니라." 판도라의 신화가 그러했듯이 여기에서도 소유권을 가진 아버지 형상이 이성애 때문에 노예를 처벌하고 있다. 신화는 섹슈얼리티에 부정적 태도를 보인다는 로하임의 주장에 우리는 쉽게 동의할 수 있다. "성적인 성숙은 인류의 행복을 앗아간 불행으로 간주된다. (…) 또한 죽음이 어떻게 세상에 왔는지를 설명해준다."[68]

여기에서 더욱 강조해야 할 것은 이러한 재앙을 가져온 책임을 주변적 존재인 여성이 져야 한다는 사실이다. 그러므로 이러

---

[68] Géza Róheim, "Eden," *Psychoanalytic Review*, Vol.XXVII, New York, 1940. 또한 Theodor Reik, *The Creation of Woman*; Hays, 앞의 책 참조.

1부 성 정치학

한 원죄에 주도적 역할을 한 여성은 예속된 상황에 있어야 하는 게 정당하다. 여성을 성, 죄악과 연결시키는 것은 이후 서구 가부 장제 사고에서 근원적 형태가 된다.

8 심리적 측면

앞서 언급한 가부장제의 측면들은 양성의 심리에 영향을 미친다. 이는 가부장제 이데올로기의 내면화라는 주요한 결과를 가져왔 다. 기질, 성 역할, 지위는 모두 양성에게 끝없는 심리적 파생물 을 낳는 가치 체계다. 계급과 노동 분업으로 이루어진 가부장제 결혼과 가족은 그러한 가치 체계를 강화하는 주요한 역할을 한 다. 또한 남성의 우월한 경제적 위치와 여성의 열등한 경제적 위 치는 중대한 함의를 가진다. 가부장제에서 섹슈얼리티와 관련된 죄의식은 압도적으로 여성에게 있다. 그리고 문화적으로 말해 거 의 모든 간통 사건에서 아무리 참작할 만한 상황이 있다 하더라 도 죄가 있는 쪽은 여성이라고 생각한다. 여성을 사물화하는 경 향 때문에 여성은 인간이라기보다는 성적 대상이 된다. 이는 특 히 여성이 사유 재산으로 취급되어 인권을 부정당할 때 그러하 다. 이러한 경향이 일부 교정된 곳에서조차 누적된 종교와 관습 의 효과는 강력하고 무수히 많은 심리적 결과물을 낳는다. 처녀 성 숭배, 여성에 대한 이중 잣대, 낙태 금지법 등과 함께 많은 곳 에서 여성의 피임이 육체적으로나 심리적으로나 불가능하므로, 여성은 여전히 성적 자유와 자신의 육체에 대한 생물학적 통제권 도 인정받지 못하고 있다.

여성에 대한 끊임없는 감시는 고등 교육을 받은 여성조차도 계속 어린아이 취급을 당하게 만든다. 여성은 권력을 쥐고 있는 남성의 인정을 통해서만 생존하거나 승진할 수 있다. 이는 남성의 기분을 맞춰주거나 남성에게서 지원과 지위를 획득하기 위하여 자신의 섹슈얼리티를 교환하는 방식으로 이루어진다. 가부장제 문화의 역사와 각종 문화 매체의 여성 재현 방식은 여성의 자아상에 파괴적 영향을 미쳤다. 따라서 여성은 자존심이나 존엄성을 이끌어낼 수 있는 원천을 박탈당했다. 많은 가부장제 사회의 언어와 문화 전통을 보면 인간의 조건은 오직 남성을 위해서만 마련되어 있는 것처럼 보인다. 이는 인도·유럽 어족의 언어에서는 거의 불가피한 정신적 습관이다. '사람'이나 '인류'라는 단어는 모두 양성에 적용되는 말이라고 발뺌들 한다. 하지만 그렇다고 해서 실제 그 단어들의 일반 지시 대상이 여성보다는 남성일 경우가 많다는 사실, 아니 오로지 남성뿐이라는 사실이 은폐되지는 않는다.[69]

어떤 집단이든 자아가 사회적 신념, 이데올로기, 전통 때문에 불공평한 이미지를 갖게 된다면 그 결과는 치명적일 수밖에 없다. 이는 여성이 다른 사람들과 접촉하면서 매일 겪게 되는 완강하지만 미묘하기도 한 여성 비하와도 관련된다. 매체가 만들어내는 여성에 대한 이미지들이 쌓이고 행동이나 업무, 교육에서 계

---

69 인도·유럽 어족이 아닌 언어에서 오히려 배울 점이 많다. 예를 들어 일본어에는 남성을 가리키는 단어(おとこ[otōko])와 여성을 가리키는 단어(おんな[ōnona])가 따로 있으며, 인간을 가리키는 제3의 단어(にんげん[ningen])도 있다. 첫 번째 단어를 세 번째 단어의 의미로 사용하는 것은 생각할 수도 없는 일이다. 물론 두 번째 단어 또한 마찬가지다.

1부 성 정치학

속 불평등을 겪게 되면 여성이 소수적 지위를 가진 주변 집단에서 보이는 특징들을 가지게 된다는 것은 당연하다. 필립 골드버그는 재치 있는 실험을 통해 경멸을 내면화한 여성들이 자신뿐만 아니라 다른 여성들까지 경멸하게 된다는 누구나 알고 있는 사실을 증명했다.[70] 골드버그는 여대생들에게 존 맥케이가 쓴 논문과 조안 맥케이가 쓴 논문을 읽히고 반응을 묻는 간단한 실험을 했다. 여대생들은 대체로 존 맥케이를 뛰어난 사상가로, 조안 맥케이를 신통찮은 연구자로 평가했다. 그러나 그들이 읽은 두 논문은 이름만 다를 뿐 내용은 완전히 똑같았다. 따라서 그들의 반응은 저자라고 생각되는 사람의 젠더에 근거한 것이었음을 알 수 있다.

가부장제 속의 여성은 대부분 시민으로 인정된다고 할지라도 주변적인 시민에 불과하므로 실제 여성의 상황은 소수 집단의 상황과 유사하다. 여기에서 소수 집단은 수적 규모가 아니라 사회적 지위에 근거하여 정의된다. "소수 집단은 자신의 신체적·문화적 특성 때문에 다른 사람들과 구분되어 차별적이고 불평등한 대우를 받으며 살아가는 사람들이다."[71] 몇몇 사회학자들만이 여성의 소수자 지위에 대해 의미심장하게 언급하고 있을 뿐이다.[72] 심리학에서는 인종 차별주의가 흑인과 식민지 피지배자의 정신

---

70 Philip Goldberg, "Are Women Prejudiced Against Women?" *Transaction*, April 1968.

71 Louis Wirth, "Problems of Minority Groups," *The Science of Man in the World Crisis*, ed. Ralph Linton(New York: Appleton, 1945), p.347. 저자에 따르면 소수 집단은 스스로 차별받고 있다고 생각한다. 하지만 흥미롭게도 여성들은 자신이 차별받고 있다는 사실을 인식하지 못한다. 여성의 조건화가 얼마나 철저한지에 대한 더 나은 증거를 찾아보기는 힘들 것이다.

에 미친 영향에 대한 뛰어난 연구가 나왔지만 여성의 자아 손상이라는 주제를 다룬 연구는 아직 나오지 않고 있다. 남성 우월주의가 여성과 문화 일반에 끼친 심리적·사회적 영향을 탐구하는 현대의 연구는 놀랄 만큼 찾아보기 힘들다. 이는 가부장제를 자연스러운 현상이라고 간주하는 보수적 사회 과학 학계의 무관심과 무지를 증명해주는 것이다.

이러한 맥락에서 사회 과학이 제공해주는 몇 안 되는 문헌들을 보면 소수적 지위에 있는 사람들의 특징을 여성 또한 가지고 있음을 확신할 수 있다. 즉 집단적 자기혐오와 자기 거부, 자신을 비롯한 여성들에 대한 경멸 등을 말한다. 이는 (여성이 결국 사실로 받아들이게 되는) 자신의 열등감을 여성에게 (아무리 미묘하다 하더라도) 지속적으로 반복하여 각인시킨 결과이다.[73] 소수적 지위를 보여주는 또 다른 지표는 모든 소수 집단이 재판을 받을 때 볼 수 있는 적대감이다. 이중 잣대는 성행위뿐만 아니라 다른 맥락에서도 똑같이 적용된다. 비교적 찾아보기 힘든 여성 범죄도 마찬가지이다. 미국 대부분의 주에서 범죄를 저지른 여성의 형기는 남

---

72 이러한 몇 안 되는 생산적 논저는 다음과 같다. Helen Mayer Hacker, "Women as a Minority Group," *Social Forces*, Vol.XXX, October 1951; Gunnar Myrdal, *An American Dilemma*, Appendix 5(이 저서는 여성의 소수자 지위와 흑인의 소수자 지위를 유사하게 놓고 있다); Everett C. Hughes, "Social Change and Status Protest: An Essay on the Marginal Man," *Phylon*, Vol.X, First Quarter, 1949; Joseph K. Folsom, *The Family and Democratic Society* (1943); Godwin Watson, "Psychological Aspects of Sex Roles," *Social Psychology, Issues and Insights*(Philadelphia: Lippincott, 1966).

73 여성의 소수적 지위에 관한 나의 언급은 앞서 열거한 논저들을 요약한 것이다. 특히 시카고 대학 사회학과와 인간 개발 위원회의 교수였고 지금은 맥길 대학의 교수로 있는 마를레네 딕슨Marlene Dixon의 미간행 원고에 나오는 세련된 논의에 힘입은 바 크다.

성보다 더 길다.[74] 기소된 여성은 대체로 자신의 행위보다 더 심한 악평을 받게 되며, 선정적 소문이 돌게 되면서 '성생활'에 대해 재판을 받기도 한다. 하지만 가부장제가 여성을 수동적으로 만든 효과는 아주 커서 여성은 사회적 부적응으로 범죄를 저지를 만큼 외향적이지 않다. 모든 소수 집단의 구성원은 동료의 지나친 행동에 사과하거나 그 동료를 오히려 더 심하게 비난해야 한다. 여성 또한 다른 여성의 탈선을 비난할 때 전형적으로 가혹하고 무자비하며 두려워하는 듯한 태도를 보인다.

자신들이 열등하다는 신화가 결국 사실일지도 모른다는 소수 집단의 구성원들을 괴롭히는 의혹은 종종 여성에게 개인적 불안감을 증폭시키는 데까지 이른다. 어떤 여성은 자신의 종속적 위치를 참을 수 없는 나머지 그러한 처지를 억압하고 부정하려 한다. 그러나 여성 대부분은 자신의 상황이 적절하게 표현되면 그것을 인식하고 받아들인다. 남자로 태어나는 것이 더 낫다고 생각하느냐는 질문에 대한 여성의 대답을 조사한 두 연구가 있다. 한 연구에서 여성의 25퍼센트가 남자로 태어나는 것이 낫다고 대답했고, 다른 한 연구에서는 50퍼센트가 그렇다고 대답했다.[75] 아닌 척하는 기술을 아직 체화하지 못한 어린아이들에게 물어보았더니 여자아이들은 대부분 남자로 태어나는 것을 선호했고, 반면 남자아이들은 여자로 태어나는 것을 압도적으로 싫어했다.[76] 출산 전에

74 The Commonwealth v. Daniels, 37 L. W. 2064, Pennsylvania Supreme Court, 7/1/68(reversing 36 L. W. 2004) 참조.

75 Hacker, 앞의 책과 Bird, 앞의 책 참조.

76 "4학년 학생들을 대상으로 한 연구에 따르면, 여자로 태어나겠다는 남자아이에 비해 남자로 태어났으면 좋겠다는 여자아이들의 숫자가 열 배가 넘는다고 한다." Watson, 앞의 책, p.477.

부모가 남자아이를 원하는 현상은 너무 흔해서 정교하게 분석할 필요조차 없다. 가까운 미래에는 부모가 아이의 성별을 선택할 가능성이 있다는 점에서 그러한 남아 선호는 과학계가 우려하는 원인이 되고 있다.[77]

뮈르달과 해커, 딕슨이 흑인과 여성의 속성을 비교한 연구는 동일한 특징들을 흑인 집단과 여성 집단에 연관시키는 것이 일반적임을 잘 보여준다. 이 특징들이란 바로 열등한 지능과 본능적이고 음란한 만족 추구, 원시적이면서도 유치한 정서, 섹슈얼리티에서 탁월성 혹은 친화성, 자신의 운명에 대한 만족(이는 곧 그 운명이 그들에게 적절하다는 증거로 여겨진다), 교활하게 속이는 습성, 감정을 숨기는 경향 등이다. 두 집단 모두 동일한 적응 전략을 택하도록 강요받는다. 즉 남을 기쁘게 하려고 비위를 맞추거나 애원하는 듯한 태도, 지배 집단의 세력이나 부패를 탐구하는 경향, 무지하게 보여서 부정직한 방식으로 지도를 받으려는 전략 등을 말한다.[78] 여성 혐오주의 문학이 수 세기 동안 여성의 간사함과 타락, 특히 여성의 성적인 혹은 (이들 작품이 표현하는 대로 말하자면) '음탕한' 요소에 격렬한 증오심을 보이면서 집중해온 것은 모순이라 할 수 있다.

다른 주변 집단이 그러하듯 소수의 지위 높은 여성 또한 다른 여성들을 문화적으로 통제하려 한다. 휴스는 여성과 흑인 그리고 높은 지위는 '얻었지만' 출생 신분 때문에 노력에 상응하는 보수를 받지 못하는 미국인 2세대들이 경험하는 지위상의 딜레

---

[77] Amitai Etzioni, "Sex Control, Science, and Society," *Science*, September 1968, pp.1107~1112.

[78] Myrdal, 앞의 책; Hacker, 앞의 책; Dixon, 앞의 책.

마를 주변성의 사례라고 이야기한다.[79] 이는 특히 '새로운' 혹은 교육받은 여성에 해당한다. 그러한 예외적 여성들은 대체로 자신의 상승을 정당화하기 위하여 의례적이며 종종 우스꽝스럽기까지 한 복종 선언을 해야 한다. 이러한 복종 선언은 특히 '여성성'을 지키겠다는 서약의 형태를 띤다. 다시 말해 자신은 온순함을 좋아하며 남성에게 지배받기를 욕망한다는 서약을 하는 식이다. 정치적으로 볼 때 그러한 역할에 가장 유용한 인물들은 연예인과 대중적인 성적 대상이다. 행운을 거머쥔 소수만이 지배자를 즐겁게 할 수 있다는 것이 소수자 지위를 가진 사람들의 공통된 특징이다. (그 과정에서 그들이 자신의 집단에 속하는 사람들을 즐겁게 할 수 있다는 사실은 그다지 중요하지 않다.) 여성은 자신의 섹슈얼리티로 남성을 즐겁게 하고, 남성을 만족시키며, 남성에게 아첨한다. 대부분의 소수 집단에서 운동선수나 지식인은 '스타'로 떠오를 수 있으며, 그 집단에서 운이 나쁜 다른 사람들은 자신을 그들과 동일시하면서 만족감을 얻는다. 여성은 그렇게 될 가능성이 낮다. 여성이 열등한 지위를 가질 수밖에 없는 것은 여성의 육체적 나약함과 지적 열등함 때문이라는 일반적 주장으로 인해 여성은 좌절당하기 때문이다. 이러한 논의에서 볼 때, 여성이 육체적 대담함을 보이거나 정신적 민첩함을 보이는 것은 한마디로 꼴사나운 일이다. 이와 마찬가지로 여성이 진지하게 지적 능력을 보여도 부적절하게 여겨지는 경향이 있다.

가부장제 최대의 심리적 무기는 가부장제의 보편성과 오랜 역사밖에 없을 것이다. 가부장제와 대조되거나 가부장제를 논박

79　Hughes, 앞의 책.

할 수 있는 것은 없다. 이는 계급에 대해서도 동일하게 말할 수 있겠지만, 가부장제는 스스로를 자연으로 간주하는 성공적 습성을 통해 계급보다 훨씬 더 끈질기고 강력하게 그 지배력을 이어가고 있다. 종교 또한 인간 사회에서는 보편적이며 노예제 역시 그러하다. 종교와 노예제를 옹호하는 사람들은 숙명이나 사라지지 않는 인간 '본능', 심지어 '생물학적 근원'이라는 표현을 쓰기를 좋아한다. 한 권력 체계가 전권을 행사할 때에는 스스로 소리 높여 주장할 필요가 없다. 반면 그 권력 체계가 작동하는 방식이 노출되고 문제시되는 시대에는, 그 체계는 논의의 대상이 될 뿐만 아니라 변화의 대상이 되기까지 한다. 그러한 시대에 대해서는 다음 장에서 논의할 것이다.

역사적 배경

성 혁명 제1기:
1830~1930

＊ 정치적 측면

1 성 혁명의 정의

오늘날처럼 '성 혁명'이라는 말이 대단히 유행하는 시기에는 아주 하찮은 사회적·성적 행동 양식을 설명할 때조차 이 말을 사용할 수 있을 것으로 본다. 그러나 그것은 기껏해야 순진한 적용밖에 되지 않는다. 성 정치학이라는 맥락에서 볼 때 진정 혁명적 변화는 앞서 '이론'이라는 맥락에서 개괄한 바와 같이 양성 간의 정치적 관계에 영향을 미치는 것이어야 한다. 가부장제라고 정의된 상태가 너무나 오랫동안 보편적 성공을 거두어왔으므로 그것이 변화할 수 있다고 생각할 근거는 매우 희박해 보인다. 하지만 가부장제는 변했다. 아니, 최소한 변하기 시작했다. 성 혁명 제1기의 대략 100여 년 동안 가부장제라는 인간 사회 조직은 지금까지 역사에 알려졌던 그 어떤 조직보다 더 근본적으로 변화를 겪은 듯 보였다. 문명의 가장 기초 통치 기제였던 가부장제는 이 시기에 이르러 붕괴 직전이라고 생각될 정도로 강하게 논박되면서 수세에 몰렸다. 물론 붕괴 같은 일은 일어나지 않았다. 성 혁명 제 1기는 개혁 도중 중단되어버렸고 이후 반동의 물결이 뒤따랐다. 그럼에도 그 혁명적 동요 속에서 아주 실질적인 변화가 시작되었다.

이 시기에 성 혁명이 약속했던 철저한 변화가 채 완성되지 못했기에 완전히 실현된 성 혁명이 어떤 모습이었을지 이 시점에서 다시 한번 생각해보는 것도 좋겠다. 제1기에 불충분했던 점들을 생각해보기 위해 가설적 정의定義를 시도하는 것이 유용하다 할 수 있다. 이러한 시도는 미래에도 유용할 터인데, 또 다른 혁명 정신이 고조됨으로써 20세기의 첫 번째 10년이 지난 후 밀려왔던 반동적 분위기가 이제 물러설 수도 있다고 가정할 만한 근거가 분명 존재하기 때문이다.

성 혁명은 무엇보다 전통적 성적 금기를 종식하는 일이 될 것이다. 특히 가부장제적 일부일처제를 위협한다고 생각되는 동성애와 '사생아 출산', 청소년의 성행위, 혼전 성행위, 혼외정사 등에 대한 금기를 종식해야 한다. 성행위에 부여되는 부정적 분위기 역시 반드시 없어져야 한다. 성에 대한 이중 잣대와 매춘 또한 마찬가지로 사라져야 한다. 성 혁명의 목표는 성적 자유에 대한 유일하고도 관대한 기준을 세우는 것이다. 그 기준은 전통적 성적 관계가 보여주는 어리석고도 착취적인 경제적 기반에 오염되지 않아야 한다.

성 혁명은 일차적으로 가부장제라는 제도를 종식해야 한다. 남성 우월주의 이데올로기를 폐기하는 동시에 기질과 역할, 지위의 전통적 사회화를 폐기해야 한다. 성 혁명은 분리된 성적 하위문화를 통합하고 이전에는 차별화되었던 양성의 인간적 경험을 융합할 것이다. 이를 위해 '남성적', '여성적'이라고 범주화된 특질들을 재검토해야 한다. 여기에는 양성의 바람직한 인간형을 재평가하는 일도 수반된다. 즉 남자답다는 미명하에 폭력을 조장하고, 지나친 수동성을 '여성적'이라고 정의하는 일(이는 양성 모두에 쓸모없는 일이다) 등이 재평가되어야 한다. '남성적' 기질을 지성과 효율성으로 정의하고, 부드러움과 사려 깊음을 '여성성'과 연관 짓는 것(이 특징들은 양성 모두에 적절한 것들이다) 역시 재평가되어야 한다.

이 모든 것들은 가부장제의 독창적 가족 형태의 근본적 변화 없이는 불가능하다. 성 역할이 폐기되고 여성이 완전히 경제적으로 독립하게 되면 가부장제 가족 형태의 권위와 재정적 구조는 그 토대에서부터 무너질 것이다. 이에 상응해 여성을 사유 재산으로 취급하고 마치 미성년자인 양 여성의 권리를 인정하지 않는 경향을 종식해야 한다. 또한 양육을 직업화(따라서 양육을 더욱 향상시키는 것)해야 하는데, 이는 가족 구조를 침식시키는 데 기여할 뿐만 아니라 여성의 자유에도 크게 기여할 것이다. 원한다면 결혼을 자발적 교제로 대체할 수 있다. 성 혁명을 완수한다면 여성 해방과 밀접하게 관련된 인구 과잉 문제도 더는 해결할 수 없는 딜레마처럼 보이지 않을 것이다.

그러한 추측은 지금 논의되고 있는 시대로부터 우리를 멀리 떨어진 곳으로 데려간다. 성 혁명 초기의 주장은 무엇일까? 빅토리아 시대(1837년부터 1901년까지의 시기를 말한다.—옮긴이)의 여성 억압은 그야말로 악명 높아서 1830년부터 1930년까지 성 해방의 영역에서 성취는 아무것도 없었다고 반박할 수도 있을 것이다. 그러나 '고상한 척하기'라는 성 억압의 형태는 분명 이 시기에 위기에 이르렀으므로 억압에서 벗어날 수 있는 유일한 길은 기분 전환밖에 없었다는 것을 기억해야 한다. 19세기의 마지막 30년간 그리고 20세기에 들어와서 첫 30년간 양성의 성적 자유는 크게 증대되었다. 이는 특히 여성이 성적 자유를 누릴 수 있는 수단을 얻었다는 것을 의미한다. 일반적으로 여성은 사회적 지위의 심각한 손실을 각오하고서만, 혹은 사생아 출산을 강력히 처벌하는 사회에서 사생아를 임신하는 위험을 각오하고서만 그러한 자유를 허용받을 수 있는 집단이었다. 성 혁명 제1기는 단일한 도덕 기준을 위해 투쟁하여 상당한 성적 자유와 평등(혹은 둘 중 하나)을 성취했다. 빅토리아 시대 여성들은 이에 다소 비논리적인 방식으로 행동했다. 그들은 '타락한 여성'이 주는 부담을 없애려고 노력하면서도 남자아이를 여자아이처럼 '순결하게' 키우겠다는 순진한 낙관주의도 가지고 있었다. 그들이 아무리 우스꽝스러운 광경을 연출했다 해도 그 노력은 성에 대한 이중 잣대와 매춘의 비인간성이라는 문제를 해결하고자 했던 역사상 첫 번째 시도라 할 수 있다. 제1기에 뒤따른 반동적 시기를 피상적으로만 이해한다면 이 반동적 시기가 성적 자유에서 더 중요한 시기라고 생각할 수도 있다. 하지만 실제로는 그렇지 않다. 반동적 시기의 성적 자유화는 그 전에 시작된 성적 자유의 지속이거나 확산 이상은 아니었기 때문이다. 이러한 자유화는 가부장제의 목적을 위해 전복되면서 자신만의 새로운 성 착취 방식을 습득하기에 이르렀

2부 역사적 배경

다. 1930년에서 1960년 사이 증대된 여성의 성적 자유(제1기 말엽에 성적 자유는 크게 증대되었으므로)는 사회 변화 때문이라기보다는 피임 도구 생산 기법의 발전과 확산에 의해서인 듯하다. 지금도 가장 유용한 피임 도구라 할 수 있는 '피임약'의 광범위한 보급은 반혁명기 이후의 일이다. 이 간편한 특효약을 제외하면 1920년대의 '신여성'이 1950년대의 여성만큼이나 잘 살았을 뿐만 아니라 1950년대 여성보다 성적 자유를 더 누리며 살았다.

성 혁명 제1기에 가장 중요했던 과제는 가부장제 사회 구조를 문제 삼고 기질, 역할, 지위 영역에서 성 혁명이 거대한 변화를 일으킬 수 있게 최초의 원동력을 제공하는 일이었다. 성 혁명의 전투장은 인간 제도라기보다 의식임을 명확히 해야 한다. 가부장제는 사람들의 의식 속에 뿌리 깊이 박혀 있다. 따라서 가부장제가 양성에게 만들어내는 성격 구조는 정치 체제의 문제라기보다는 정신 습관과 생활 방식의 문제다. 제1기는 정신 습관과 정치 체제 모두에 도전했으므로(그러나 성공을 거둔 것은 전자보다는 후자였다) 반동의 물결이 시작되는 것을 막지 못했고 혁명의 약속을 지키지 못했다. 그러나 그 목표는 대부분의 정치 혁명보다 훨씬 더 철저히 삶의 질을 변화시키는 것이었기에 이러한 기초적이고도 문화적인 혁명이 점진적이고 단속적으로 진행된 이유를 이해하기는 어렵지 않다. 성 혁명은 프랑스 혁명 같은 (더 큰 반동을 낳는) 돌발적 폭동의 형태라기보다는 산업 혁명이나 신흥 중산 계급의 발흥처럼 점진적이고 기초적인 변혁의 형태를 띤다. 더욱이 반동기가 급속히 뒤따라 성 혁명 제1기는 중간에 움직임을 저지당한 것처럼 처음 기세를 제대로 발휘하지도 못하고 중단되었다. 이러한 성 혁명의 힘이 40년 동안 휴지 상태에 있다가 최근 5년간 다시 힘을 회복했다는 사실을 떠올려 보면, 우리가 설명하려는 현상이 얼마나 불규칙하고 일시적인지를 다시 한번 깨닫게 된다. 또한 시간적으로 멀리 떨어져 있고 명확하게 정의되는 사건들만 이용하는 역사가의 시각으로는 이 현상을 다루기가 얼마나 어려운지도 알 수 있다.

처음에는 사람들 대부분이 실제 성 혁명에 대한 체계적 이해도 없었고, 성 혁명이 가진 가능한 함의에 대한 선견지명도 없었다는 점은 아무리 강조해도 지나치지 않을 것이다. 성 혁명에 공감한다고 자신했던 사람 중 어느 누구라도 성 혁명이 가져올 결과를 알았다면 성 혁명에 기꺼이 헌신하려 하지 않았을 것이다. 이는 정도 차이는 있겠으나 이론가들에게도 동일하게 적용된다. 밀은 성 혁명이 가족에 끼치는 영향을 예측하지 못했고, 엥겔스 역시 혁명의 거대한 심리적 파장을 잘 알지 못했다.

성 혁명만큼 철저하고 근본적인 변화는 결코 쉽게 이룰 수 있는 것이 아니다. 그러한 변화가 중간에 가로막힐 수도 있고 일시적으로 퇴화하는 단계를 거칠 수도 있다는 사실 또한 놀랍지 않다. 이러한 사실을 생각해볼 때 제1기가 가진 결함을 이해할 수 있다. 또한 화나고 개탄스럽기는 하지만 제1기 이후에 이어진 혁명의 전복과 중단조차도 혁명이 지속되는 과정에서 일어날 수 있는 휴지기로 설명할 수 있을 것이다. 이론가들과 통찰력 있는 지지자들의 목적이 제1기에서 다 이뤄지지 못해서 슬프지만, 그럼에도 그 시기는 많은 기념비적 진보를 이루었으며 현재와 미래의 토대가 될 수 있는 기초를 제공하기도 했다. 제1기는 가부장제 이데올로기와 사회화의 하부 구조를 깊이 관통하지는 못했지만 가부장제의 정치적·경제적·법적 상부 구조가 자행한 악습을 공격하기는 했다. 그럼으로써 입법과 투표, 교육, 고용 등의 권리에서 주목할 만한 개혁을 이루어냈다. 역사를 통틀어 최소한의 시민권에서도 배제되어 있던 여성 집단을 위해 제1기가 100년 안에 이루어낸 성취는 굉장한 것이었다.

역사가들은 성 혁명의 쟁점을 무시하는, 우연이라고 하기에는 너무 눈에 띄는 실수를 저질렀다. 그들은 '여성의 투표권'이 어리석다는 것을 보여주기 위해 성 혁명을 사소하게 각주 처리하면서 무시하거나, 노출증 환자들이 성적인 방식으로 일으킨 시시한 잔물결 정도로 오해했다. 하지만 성 혁명의 시작이 보여준 거대한 문화적 변화는 적어도 역사가들이 열정적으로 관심을 기울이는 현대의 네다섯 번의 사회적 격변만큼이나 극적이다.

서구는 계몽주의 시대 이후 수많은 대변혁을 겪어왔다. 산업·경제·정치 혁명 등이 그것이다. 그러나 그 각각의 혁명은 인류의 절반인 여성을 가시적·직접적으로 관계시키지 않고 작동했다. 18세기와 19세기가 성취한 선거권 확대와 민주주의 발전으로 사회주의의 목표였던 (그리고 자본주의 국가에도 영향을 끼쳤던) 부의 재분배에 커다란 변화가 일어났고, 산업 혁명과 새로운 기술의 등장으로 거대한 변화가 일어났다. 하지만 이 모든 것이 여성 대다수의 생활에는 우연적 영향만을 끼쳤을 뿐이라는(지금도 어느 정도는 그러하다) 사실은 우리의 마음을 심란하게 한다. 이를 인식하게 되면 근본적인 사회적·정치적 구별이 부나 계급이 아니라 성에 기초하고 있다는 사실을 알게 된다. 우리 문화가 가부장제에 기초하고 있다고 인식하는 것이 가장 적절하고도 근본적인 고찰이기 때문이다.

성 혁명은 가부장제에 대한 저항을 지향했다. 집단의식 속에서 그러한 철저한 변화를 설명하기가 쉽지 않듯이, 성 혁명이 시작된 때로 정확하게 거슬러 올라가기도 쉽지 않다. 누군가는 르네상스 시대까지 거슬러 올라가서 그 시대에 여성에게 문호를 개방한 자유 교육이 큰 영향을 끼쳤다고 생각할지도 모른다. 혹은 계몽주의 시대의 영향이 컸다고 주장할 수도 있다. 즉 계몽주의의 회의론적 합리주의가 가부장제 종교에 미친 전복적 영향과 계몽주의의 인문주의가 불우한 사람들에게도 인간 존엄성을 확대했던 경향, 그리고 계몽주의가 후원했던 과학이 여성과 자연에 대한 전통적 관념에 행사한 명쾌한 영향력 때문이라고 주장할 수도 있을 것이다. 또는 프랑스 혁명이 권력의 낡은 위계질서를 일소하면서 성 혁명에도 주변적 자극을 주었다고 주장할 수도 있다. 프랑스의 급진주의가 미국 혁명에 남긴 두 가지 신념 또한 영향을 끼쳤음이 분명하다. 두 가지 신념이란, 정부政府의 합법성은 통치받는 자들의 동의에 근거해야 하며, 인권은 양도할 수 없는 것이라는 믿음을 말한다. 메리 울스턴크래프트Mary Wollstonecraft의 《여성의 권리 옹호Vindication of the Rights of Woman》는 이러한 지적인 분위기에서 나왔다. 그 책은 여성의 완전한 인간성을 주장하고 그것을 인식할 것을 요구한 최초의 문서다. 미국 정치 사상가 토머스 페인Thomas Paine을 비롯한 프랑스 혁명가들의 친구였던 울스턴크래프트는 '남성의 권리'(토머스 페인이 1791년에 저술한 책의 제목이기도 하다.—옮긴이)에서 여전히 배제된 다수 여성에게 혁명의 기본 강령을 적용해야 한다고 촉구할 정도로 혁명적 사유에 깊이 닿아 있던 인물이다.

18세기 프랑스 문화는 민주주의를 계급 정치학뿐만 아니라 성 정치학에도 적용되는 것으로 명백히 인정하고 있었다. 그러나 이 책은 미국에서 쓰이는 것이니만큼 영어권 문화에 한정하여 논의를 전개하려 한다. 또한 영국에서 프랑스 혁명의 개혁적 영향은 혁명의 위험이 사라질 때까지 억눌려 있다가 1830년대에 이르러서야 전면에 등장했으므로 이 책의 논의를 19세기에서부터 시작하는 것이 적절해 보인다. 성 혁명의 문제를 이야기하는 실질적 정치 조직이 1830년대에 출현했으며, 성 혁명의 함의에 대한 공개 논쟁도 그 당시에 촉발되었고 그러한 혁명적 정서와 경험에 대한 강박적 우려감 또한 문학에서 출현하기 시작했다. 그러므로 19세기를 성 혁명의 시초로 보는 데는 별 무리가 없다. 마지막으로 그 시기에는 성 정치학에서 선구적이고도 중대한 개혁이 제시되었으며 실질적으로 실현되기도 했다. 성 혁명이 1830년대와 1840년대에 태어났다 하더라도 그것은 이미 시간이라는 자궁 속에서 오랫동안 잉태되고 있었다. 성 혁명은 아마도 18세기에 잉태되었을 테고, 성 혁명을 배태한 욕망은 르네상스 시대의 찬란한 눈길 속에서 번득이고 있었을 것이다. 그러나 1830년대가 우리의 시선을 끄는 데에는 특별한 이유가 있다. 그 시기에 영국에서는 개혁 운동이 시작되었고, 미국에서는 노예제에 반대하는 최초의 여성 집회가 1837년에 개최되었기 때문이다.[1] 이 두 사건에는 심오한 의미가 있다. 영국의 개혁 운동은 이전에 배

1　그 자체로 획기적 사건이었던 1832년의 개혁 법령은 실제로 많은 것을 개혁하지는 못했다. 실상 그것은 여성을 선거권과 같은 법적 권리에서 배제한 (**실제**라기보다는 **법률상**) 최초의 영국 법률이었다. 그러나 그 법률은 이후 수십 년 동안 중요한 변화가 쏟아지는 길을 열기도 했다. 1837년 미국에서 행운의 사건이 일어났다. 미국과 영국을 통틀어 최초의 여자 대학이라 할 마운트 홀리요크 대학이 문을 연 것이다.

제되었던 많은 집단에 참정권을 확대해주었기 때문이다. 그리고 여성 노동자들이 처한 상황을 조사해 이를 개선하려는 조치도 내놓기 시작했다. 미국의 노예제 폐지 운동은 여성들이 정치적으로 조직화할 수 있다는 것을 보여주었다. 1840년대, 특히 1848년에 우리는 실로 확실한 기반을 얻게 된다. 그해 뉴욕주 세네카 폴스에서 열린 회합이 여성 자신을 위한 정치 조직의 시작을 알렸기 때문이다. 영국 여성들은 1860년대에 밀의 주도로 운동을 시작했다. 하지만 국제적 여성 운동으로 발전한 70년간의 투쟁의 도전장은 미국 세네카 폴스에서 처음으로 던져졌다.

2 역설

역사 시대에 대한 연구에 들어가기에 앞서 어느 특정 시기가 다른 시기에 미치는 다양한 영향을 비교해보면 유익할 것이다. 1830년부터 1930년에 이르는 시기에 대한 다양한 증거를 통해 우리는 사실과 믿음 사이에 존재한 놀라운 불일치와 모순을 발견하고 놀라게 된다. 성 정치학에 대한 당시 문화의 공인된 두 태도, 즉 정중한 태도와 법적 태도를 비교해보면 이 사실은 잘 드러난다. 기사도라는 전통적 태도(19세기에는 이러한 가식적 태도가 일반적이었다)는 여성이 '자연의 보호자'에게 멋진 보호를 받고 있다고 명령조로 주장했다. 그러나 사법 체계는 그러한 낙관주의와는 거리가 멀었다. 이러한 법적 태도는 믿음이 아닌 사실의 측면이다. 여성의 비천한 법적 지위를 개혁한 것은 성 혁명 제1기의 여성 해방 운동이 이루어낸 주요한 업적이다. 하지만 가부장제 법률은 기꺼이 항복하는 우아한 모습을 보여주지 않았다. 미국 법률은 1850년대, 1860년대, 1870년대, 1880년대에 걸쳐 아주 조금씩 천천히 힘겹게 한 주州씩 개정되어갔다. 영국도 마찬가지였다. 시민권 전반에 부딪히는 기혼 여성 재산법은 1856년에 최초로 도입되어 1870년과 1874년에 법률이 제정된 뒤 1882년에 이르러 법으로 안정되었다. 그리고 1908년에 이르기까지 여러 차례 보완, 확대되었다. 그러나 정당한 이혼법은 최근에야 미국과 영국에서 도입되었다.[2]

제1기가 시작될 즈음에 미국과 영국에서 통용되던 보통법을 보면 여성은 결혼과 함께 '시민으로서의 죽음'을 맞이한다. 마치 요즘 중죄인이 감옥에 수감되는 것처럼 여성은 결혼하면서 모든 인간적 권리를 박탈당했기 때문이었다. 결혼한 여성은 자신의 수입을 관리할 수 없었고 주거지를 스스로 선택할 수 없었다. 법률상 재산을 소유할 수도,[3] 서류에 사인할 수도, 법정에 증인으로 설 수도 없었다. 여성의 육체와 활동을 소유한 사람은 남편이었다. 게다가 남편은 자신이 원하는 형태로 아내를 빌려줄 수 있었

2 개혁을 시도했던 영국 최초의 이혼법은 1858년에 통과된다. 하지만 이 이혼법은 성에 대한 이중 잣대를 가지고 있었으며 그 조항들을 보면 여전히 이혼은 어렵고 돈이 많이 드는 것으로 보였다. 그 이상의 개혁은 제1차 세계 대전 후에야 비로소 등장했다. 미국에서는 19세기 말에 몇 개 주가 진보적 변화를 시도했으나 나머지 주들은 20세기에 와서야 개혁을 추진했다.

3 남편은 아내의 개인적 재산과 수입에 완전한 권리를 가지고 있었다. 보통법은 여성의 소유권을 인정하지 않았으므로 토지를 소유한 부유한 가문은 평등법에 따라 '증여 재산'의 형태로 법망을 교묘히 빠져나갔다. 그래도 어쨌든 아내가 소유한 부동산에 대해서도 남편은 많은 권리를 가졌다. 그러나 증여 재산 또한 유한계급에만 가능했다(영국법에 따르면 재산이 200파운드 이상인 경우에만 적용되었다). 이는 여성의 이해보다는 계급의 이해에 해당하므로 여성은 증여 재산이 얼마이든 법적으로는 자신의 재산을 자유롭게 사용할 수 없었다.

고 그렇게 벌어들인 돈을 자신의 것으로 착복할 수도 있었다. 남편은 아내가 번 임금을 달라고 다른 사람들을 고소할 수도 있었고 아내의 임금을 압수할 수도 있었다. 여성이 '아내 신분'으로 노동하고, 활동하고, 행위를 하여 얻는 것은 모두 남성의 법적 재산이 되었다. 독신 여성은 사유 재산을 소유할 수 있다는 점을 제외하고는 기혼 여성만큼도 시민권을 누릴 수 없었다. 서구 법체계에서 전반적으로 등장하는 '아내 신분'이라는 원칙은 사유 재산 소유권에 있어 기혼 여성을 평생 미성년자와 같은 지위에 놓이게 했다. 남편은 아내의 법적 보호자와 같은 역할을 한다. 여성은 결혼과 더불어 심신 상실자나 지적 장애인과 같은 부류에 소속되어 '법적 사망자'가 되는 굴욕적 과정에 굴복해야 했다.

인간적으로 아무리 무책임하더라도, 자식에게 아무 신경을 쓰지 않더라도 남편은 언제든지 아내의 임금을 요구할 수 있었고 그것을 착복할 수 있는 법적 자격을 가지고 있었다. 이 때문에 부양가족들의 생명이 위험한 지경에까지 이르더라도 말이다. 가족은 남편의 사유 재산과 같았고 가장인 남편은 아내와 자식의 유일한 '소유주'였으며, 아내와 이혼하거나 아내를 버릴 때도 원하기만 한다면 법적 소유물인 자녀들을 어미에게서 빼앗을 수 있는 권한을 가졌다. 노예 소유주와도 같은 아버지는 원하면 언제든지 법정에서 자기 재산인 친족을 되찾아달라는 요구를 할 수 있었다. 아내는 타의에 의해 수감될 수도 있었다. 영국 여성은 집으로 돌아가지 않으면 구속되어 갇혔다.

남편이 유언을 남기지 않고 사망하면 국가가 그의 재산(모든 재산은 법적으로 남편의 것이므로)을 소유할 수 있었다. 그러면 미망인에게는 아무것도 남겨지지 않거나 국가가 정한 최소한만 남겨졌다. 뉴욕주 법률은 이를 아주 꼼꼼하게 열거하고 있다. 뉴욕주 법률이 정한 기준으로 보면 자식이 몇 명인지에 상관없이 미망인에게 적절한 재산은 다음과 같다.

가족이 보는 성경책과 그림 몇 점, 교과서, 총액 50달러가 넘지 않는 책들, 물레, 베틀, 난로, 양 열 마리와 양털, 돼지 두 마리와 여기에서 나오는 고기, (…) 필요한 의복, 침대, 침상, 침구, 미망인이 입어야 하는 옷, 미망인에게 적절한 세간, 즉 식탁 하나, 의자 여섯, 나이프와 포크 여섯 벌, 찻잔과 받침대 여섯 벌, 설탕 접시 하나, 우유 주전자 하나, 찻주전자 하나, 찻숟가락 여섯 개.[4]

결혼은 봉건제와 유사했다. 여성이 자신의 농노 신분에 의심을 품지 않게 하기 위해, 결혼식은 복종과 순종에 대한 명령으로 가득 차 있었다. 사도 바울은 신부에게 하나님께 순종하듯 남편에게 순종할 것을 지시하는데, 이는 경건한 신자(여성은 경건이라는 약물을 과다 복용해야 했다)에게는 단순한 세속적 명령보다 더 강력한 명령이었다. 세속의 법률 또한 이와 다를 바 없이 노골적이었는데 남자와 여자가 '하나'가 되면 그 하나는 곧 남자였기 때문이다. 보통법에서 말하는 아내의 종속성에 관해 블랙스톤이 달아놓은 주석보다 더 완벽한 정의는 찾아보기 힘들 것이다.

---

4 Susan B. Anthony, Elizabeth Cady Stanton, and Mathilda Gage, *The History of Woman Suffrage*(New York: Rochester, 1881), Vol.I, pp.175~176. 이는 엘리너 플렉스너Eleanor Flexner의 《투쟁 백년사Century of Struggle》, p.63에서 인용한 것이며 여기에는 앞의 책뿐만 아니라 의회에서 벌어진 논쟁 또한 많이 인용되어 있다.

결혼을 통해 남편과 아내는 법률적으로 한 사람이 된다. 즉 여성의 존재 혹은 법적 실존은 혼인 동안 정지되거나 혹은 최소한 남편의 법적 실존에 포함, 통합된다. (⋯) 법률상 남자와 아내는 일반적으로 한 사람으로 생각되지만 아내를 별개로 고려해야 할 몇몇 사례도 있다. 그런 사례로는 남편보다 열등한 아내가 남편의 강요로 행동해야 할 경우를 말한다.[5]

1855년 헨리 블랙웰이 루시 스톤과 결혼했을 때 자유주의자이자 여권 신장론자였던 이 신사는 결혼이라는 계약이 자신에게 부여하는 수많은 법적 특권을 거부했다. 블랙웰의 특권 포기 선언문은 일종의 시대적 매력을 가지고 있다.

우리는 공식적으로 남편과 아내의 관계가 됨으로써 서로의 애정을 인정하는 반면, (⋯) 우리의 이러한 행위는 아내를 독립적이고 합리적인 존재로 인정하지 않고 남편에게 부당하고 부자연스러운 우월성을 부여하는 현행 혼인법을 인정하는 것은 아니며, 그러한 혼인법에 자발적으로 복종하는 것도 아니다. 이와 같은 주장은 우리의 의무라고 생각된다. (⋯) 우리는 특히 남편에게 다음과 같은 행위를 허락하는 혼인법에 이의를 제기하는 바이다.

---

5 Blackstone, *Commentaries*, Vol.I, "Rights of Persons," 3rd Edition, 1768, Ch.14, p.442. "그러므로 아내의 신분하에 행해진 행위는 모두 무효다." 따라서 블랙스톤이 여성의 법적 비실재성nonentity을 단호하게 진술하고 나서 이는 "대부분 여성을 위한 것"이라며 "영국의 법률을 선호하는 사람은 여성이다"라고 공언하는 것은 아이러니다. 마지막 두 문장은 Blackstone, *Laws of England*(1765), Bk.I, Ch.15, p.433에서 인용.

2부 역사적 배경

1. 아내의 육체를 구속하는 것.

2. 자녀를 독점적으로 통제하고 보호하는 것.

3. 아내에게 사전에 증여되었거나 관리인의 손에 맡겨진 경우를 제외하고 미성년자나 심신 상실자, 지적 장애인처럼 아내의 동산을 남편이 혼자 소유하고 아내의 부동산을 유용하는 것.

4. 아내가 노동으로 번 수입에 대해 남편이 절대적 권리를 가지는 것.

5. 아내가 상속받는 죽은 남편의 재산보다 남편이 상속받는 죽은 아내의 재산에 더 크고 영구적인 권리를 부여하는 모든 법률에 대해서도 반대한다.

6. 마지막으로 '아내의 법적 실존을 혼인 동안 정지시키는' 모든 체제에 반대한다. 이 때문에 대부분의 주에서 아내는 거주지를 법적으로 선택할 수 없고 유언장을 작성할 수도 없으며, 자기 이름으로 소송을 제기할 수도, 소송을 당할 수도 없으며 재산을 상속할 수도 없다.[6]

사회가 가장 '책임감 있는' 남성이라고 판단하는 사람들의 관습적 태도와 그들이 실생활에서 보여주는 평범한 태도를 비교해 보면 흥미롭다. 한 상원 의원의 연설에는 기사도로 통용되는 과장된 열정과 불안감이 뒤섞여 표현되고 있다.

여러분, "요람을 흔들던 손이 세계를 지배했다"는 말이 있습니다.

---

6 Anthony, Stanton, and Gage, *HWS*, Vol.I, pp.260~261. Flexner, 앞의 책, p.64에서 인용.

이 표현은 아름다울 뿐만 아니라 진실이기도 합니다. 이 나라 여성은 향상된 사회적 지위로 인하여 투표권 행사로 얻을 수 있는 것보다 더 큰 영향력을 공무에 행사할 수 있습니다. 하나님께서 최초의 조상을 에덴동산에서 결혼시키셨을 때 그들은 "한 사람의 뼈에서 나온 뼈와 한 사람의 살에서 나온 살"로 만들어졌다고 공표하셨습니다. 정부와 사회에 대한 모든 이론은 남녀의 이익은 하나, 즉 남녀 관계는 너무나 친밀하고 다정해 한쪽의 이익은 곧 상대의 이익이라는 전제 위에 세워졌습니다. (…) 자신의 성을 남성과 반대에 두고 남성에 대항하여 싸우기 위해 독립적인 정치권력을 행사하려는 여성은 현재의 조화로운 사회 영역을 모두 전시戰時 상태로 바꾸어 모든 가정을 지상의 지옥으로 만들려는 마음을 가진 것과 같습니다.[7]

어느 뉴욕주 상원 의원은 노동조합 지도자였던 로즈 슈나이더만에게 여성이 인권과 시민권을 얻으려 한다면 '여성성'을 잃을 수도 있다고 반론을 제기했다. 이에 대해 슈나이더만은 전혀 다른 현실을 보여주며 반박한다.

우리 여성들은 주물 공장에서 열기 때문에 허리까지 옷을 벗고 일하고 있습니다. 하지만 방금 상원 의원께서는 이 여성들이 여성적 매력을 잃어버리고 있다는 사실에 대해서는 아무 말씀도 하시지 않으셨지요. (…) 물론 이 여성들이 주물 공장에 고용된

---

7   연설자는 오리건주 상원 의원 윌리엄스다. *Congressional Globe*, 39th Congress (1867), 2nd Session, Part I, p.56. Flexner, 앞의 책, p.148에서 인용.

이유는 남성보다 임금이 낮고 더 오랫동안 일하기 때문이라는 사실을 모두 알고 계실 것입니다. 예를 들어 세탁소에서 일하는 여성들은 끔찍한 열기와 증기 속에서 뜨거운 풀에 손을 담근 채 13시간에서 14시간씩 서서 일하고 있습니다. 확실히 이 여성들의 아름다움과 매력은 1년 내내 주물 공장과 세탁소에서 서서 일할 때보다 1년에 한 번 투표함에 투표용지를 넣을 때 더 살아 있을 것입니다. 빵을 위한 경쟁보다 더 힘든 경쟁은 없다는 것을 여러분께 말씀드리고 싶습니다.[8]

완다 네프는 빅토리아 시대 여성 노동자에 대한 유익하고 학구적인 연구를 통해 영국 남성의 자비로운 보호가 여성에게 끼친 영향을 기록했다. 미국의 여성 노동자들이 그러하듯 영국의 여성 노동자들 또한 모든 직종에서 남성 노동자보다 낮은 임금을 받고 더 단조로운 일을 더 해로운 조건에서 더 오랫동안 하고 있었다. 영국 의회 보고서와 케이 셔틀워스 보고서, 엥겔스의 《영국 노동 계급의 상황Conditions of the Working Class》 등은 모두 산업 혁명기에 영국 여성들이 겪은 폭력적 인권 침해를 오싹할 만큼 잘 보여준다. 하지만 이 시기에도 남성의 보호라는 원칙은 여전히 엄숙하게 공언되고 있었다. 완다 네프는 리틀 볼튼 탄광에서 일한 '수레 끄는 사람'의 증언을 토대로 책을 출간했다. 독자는 이 여성이 고용주에게 지속해서 착취당했다는 사실뿐만 아니라 남편이라는 주인과의

---

8   From an address, "Senators versus Working Women," given at Cooper Union before the Wage Earners Suffrage League of New York, March 29, 1912, p.5. Flexner, 앞의 책, pp.258~259에서 인용.

관계에서 어떤 위치를 차지했는지에 대해서도 주목한다.[9]

저는 허리띠를 두르고 다리 사이에는 쇠사슬을 찬 채 손과 발로 기어갑니다. 길이 너무 가팔라 밧줄을 붙잡아야 했어요. 밧줄이 없으면 잡을 것이 아무것도 없습니다. (…) 제가 일하는 갱坑은 너무 축축해서 항상 신발 위까지 물이 차오릅니다. 어떨 때는 허벅지까지 올라온 적도 있습니다. 지붕에서 끊임없이 물이 떨어져 종일 옷이 젖어 있습니다. 저는 아기 낳을 때 말고는 평생 아파 본 적이 없어요. 낮에는 사촌이 아이들을 봐줍니다. 밤에 집으로 돌아가면 너무 피곤해요. 어떨 때는 씻기도 전에 곯아떨어집니다. 이제는 예전만큼 몸이 건강하지 못해요. 그래서 일하기도 더 힘듭니다. 저는 살가죽이 벗겨질 때까지 수레를 끌었습니다. 임신 중일 때 허리띠와 쇠사슬은 더 불편했지요. 남편은 제가 수레 끌 준비를 하지 않는다고 수도 없이 때렸습니다. 저는 처음이라 일이 익숙하지 않았고 남편은 성미가 급했던 거지요. 많은 남편이 수레 끄는 아내를 구타한다는 것을 저는 알고 있었습니다.[10]

9 또 다른 영국 역사가는 노동에서 여성의 위치에 대해 이야기하기 위하여 이 자료를 인용했다. "노동조합 운동을 연구하는 뛰어난 역사가들마저도 이 위험한 문제를 허둥지둥 지나쳐가려고 하지만, 조합 운동에서 여성의 투쟁은 고용주가 아니라 남성에 대한 것이었다. 즉 경제적 상관이 아닌, 가정의 상관인 남편에 대한 투쟁이었다." Roger Fulford, *Votes for Women*(London: Faber, 1957), p.101.

10 Wanda Neff, *Victorian Working Women*(New York: Columbia University Press, 1929), p.72. 증언자는 서른일곱 살의 베티 해리스다. 네프는 베티가 하는 일을 이렇게 서술하고 있다. "여성들은 말을 부리기에는 너무 낮은 곳에서 수레를 끌며 50톤에서부터 150톤에까지 이르는 석탄 덩어리를 등에 지고 나른다. 이들은 매일 12시간, 14시간, 16시간, 극단적인 경우에는 36시간을 쉬지 않고 내리 일한다." 같은 곳.

다른 모순점들이 연구자를 방해한다. 빅토리아 시대 사람들은 '순결'과 '정조'에 헌신한 것으로 유명하다. 그러나 1860년대 의회는 정부가 매춘을 합법화하고 규제할 수 있게 전염병 예방법이라는 제목이 붙은 일련의 법안을 통과시켰다.[11] 매춘이 인정되는 나이는 열두 살로 정해졌다. 전염병 예방법의 규정에 의하면 모든 여성은 경찰이나 대리인의 지시에 따라 매춘부로 취급될 수 있다. 따라서 건강 진단을 받아야 하고 이를 거부하면 감옥에 수감된다. 매춘부가 되건 수감을 당하건 여성은 노예나 부랑자로 격하되는 수모를 당할 수밖에 없다.

모든 억압 체제는 지배자의 독재가 피지배자에게 유익한 영향을 끼쳤다고 주장하는 수많은 전설을 꾸며낸다. 그리고 시적 자유를 허용해 심지어 이를 믿기까지 한다. 소중한 부양가족들이 예속당하는 역할을 함으로써 주인인 가장의 삶을 풍요롭게 한다는 듣기 좋은 견해에서도 이는 희미하게 감지된다. 여성의 봉사는 사회와 격리된 상황에서 이루어진다는 이야기를 해주는 또 다른 진술이 여기에 있다.

우리 하나님은 여성이 소란한 전쟁 같은 공적 생활에 몸을 사리게 하시고, 공적 생활을 할 자격을 박탈하심으로써 여성에게 더욱 부드럽고 온화한 본성을 새겨주신 거라 생각합니다. 여성은 더 고귀하고 성스러운 임무를 가지고 있습니다. 그것은 사회에서

---

11 이는 실로 역설적이다. 물론 역사가 할레비가 말했듯 "유럽인의 성도덕은 결혼과 매춘이라는 상호 보완적인 토대에 근거한다." 그러므로 이는 외관상 모순일 뿐 실제적 모순은 아니다. Elie Halévy, *History of the English People in the Nineteenth Century*, Vol.VI(The Rule of Democracy, 1905~1914), p.498.

은퇴함으로써 다음 세대 남성들의 인격을 형성하는 일입니다. 여성의 임무는 불난 집에 부채질하기 위해 스스로 경쟁 속에 뛰어드는 것이 아니라, 남성들이 인생의 전쟁터에서 집으로 돌아왔을 때 달콤한 말과 사랑으로 그들의 열정을 진정시켜주는 것입니다. (…) 그러한 사랑과 신앙심의 신성한 불꽃이 꺼지는 날은 이 나라에 아주 유감스러운 날이 될 것입니다.[12]

그 유명한 트라이앵글 화재 사건은 환상과 현실 사이의 불일치가 얼마나 극심한지를 보여주는 증거다. 1911년 3월 25일에 트라이앵글 셔츠 회사 구내에서 불이 났다. 그 회사는 현재 뉴욕 대학 자리에 있던 고층 건물이었다. 직원 700명은 기계 앞에서 등에 등을 대고 빽빽이 열을 지어 앉아서 일했다. 불길은 공장 꼭대기 9층과 10층에서 시작되어 급속하게 번져나갔고 노동자들은 공황 상태에 빠져 허둥댔다. 엘리베이터는 고장이 났다. 계단은 철문으로 차단되어 있었다. 화재 대피로로 통하는 출구에는 셔터가 내려져 있었다. 건물 밖으로 나가는 대피로는 없었고, 내부의 유일한 대피로는 바닥에서 7.6미터 높이에 있었다. 하지만 그 대피로조차 몰려든 수백 명의 무게를 이기지 못하고 무너져버렸다. 소방차의 가장 높은 사다리는 6층까지밖에 올라가지 못했다. 아래에 그물을 펼쳤지만 사람들이 너무 빨리 몸을 내던지는 통에 그것조차도 찢어져버리고 말았다. 자정이 가까워져오자 직공 146명이 사망했다. 대부분 어린 소녀들이었다. 그들은 불에

---

12 연설자는 뉴저지주 상원 의원 프렐링하이젠이다. *The Congressional Globe*, 39th Congress(1867), 2nd Session Part I, p.5. Flexner, 앞의 책, pp.148~149에서 인용.

2부 역사적 배경

타 죽었고 바닥에 떨어져 죽었으며 철책에 찔려 죽었다. 이 노동 착취 공장의 두 사주社主는 기소되었지만 곧 석방되었다. 이들 중 한 명은 나중에 고작 벌금 20달러를 물었을 뿐이다.[13]

기사도라는 허위를 소리 높여 노래하는 어리석은 자들은 자아도취와 퇴행적 향수를 거리낌 없이 드러냈다. 다음은 그들이 좋아하는 모성애라는 주제에 바쳐진 전형적인 여성 참정권 반대론자의 이야기다.

아이의 심장이 어머니의 심장 아래에서 뛰든지 아니면 어머니의 가슴에 기대어 뛰든지 간에 모성애는 무엇보다도 평안해야 하며 경쟁과 흥분과 투쟁심으로 불타는 마음으로부터 벗어나야 합니다. 인류의 정신적이고 육체적인 행복은 어느 정도 그러한 평온함에 달려 있습니다.[14]

이러한 자극적인 발언의 반대 지점에는 위대한 페미니스트이자

---

13 이 설명은 다음 두 책을 참조했다. Aileen Kraditor, *The Ideas of the Woman Suffrage Movement*(New York: Columbia University, 1965), p.155; Mildred Adams, *The Rights to Be People*(New York: Lippincott, 1966), pp.123~124. 플렉스너는 앞의 책에서 상품 도난이나 갑작스러운 자리 이탈 파업을 막기 위해 사측에서 비상계단을 모두 폐쇄했다는 해괴한 사실이 재판 도중 밝혀졌다고 기록하고 있다. 아담스의 지적에 따르면 이 재앙으로 인해 일련의 훌륭한 공장법이 입법되었고, 여성 참정권 운동은 이 법을 강력하게 지지했다. 화재가 일어나기 2년 전에 있었던 트라이앵글 대파업은 여성 노동자들이 조직을 꾸릴 수 있다는 것을 최초로 증명했으며, 이는 파업을 지지했던 여성 운동 진영과 노동조합 운동 진영 모두의 승리였다.

14 연설자는 노스다코타주 상원 의원 맥컴버다. 그는 최종 의회 토론에서 여성 참정권을 반대하면서 이와 같이 주장했다. 이로써 19차 개정안은 두 표 차이로 부결되었다. *Congressional Record*, 65th Congress(1919), 2nd Session, Vol.56, Part II, p.10774. Flexner, 앞의 책, p.309에서 인용.

노예제 폐지론자였던 소저너 트루스Sojourner Truth의 발언이 있다. 트루스는 (뉴욕주가 노예제를 폐기했던) 1827년까지 노예 신분이었으며 노예제 폐지 이후 가정부 자격을 얻었다. 트루스는 1851년에 오하이오주 아크론에서 열린 여권 회의에서 여성은 육체적으로 힘없는 허약자이므로 시민권 자격도 없다고 주장했던 어느 성직자의 말을 침착하고도 세련되게 반박했다.

저기 계신 남자분은 여성이 마차에 탈 때 도와줘야 하고 도랑을 건널 때는 안아줘야 하며, 어디에서든지 제일 좋은 자리를 양보해줘야 한다고 말씀하셨습니다. 하지만 제가 마차를 타거나 도랑을 건널 때 아무도 도와준 적이 없었고 좋은 자리를 내준 사람도 없었습니다. 그러면 저는 여자가 아니란 말입니까?

이 팔을 보세요! 저는 땅을 일구고 농작물을 심고 창고에 곡식을 거두었습니다. 어떤 남자도 저보다 더 잘할 수 없었습니다. 그러면 저는 여자가 아니란 말입니까?

저는 남자만큼 일할 수 있고 먹을 것이 있기만 하다면 남자만큼 먹을 수도 있습니다. 그리고 남자만큼 채찍질도 잘 참아낼 수 있습니다. 그러면 저는 여자가 아니란 말입니까?

저는 아이를 13명 낳았고 그 아이들이 대부분 노예로 팔려가는 것을 보면서 어머니의 슬픔으로 울부짖었습니다. 하지만 오직 예수님만이 제 이야기를 들어주셨습니다. 그러면 저는 여자가 아니란 말입니까?[15]

15 Anthony, Stanton, and Gage, *History of Woman Suffrage*, Vol.1, p.116. 이 연설문은 원래 방언으로 출간되었고 저자들이 이를 설명문으로 바꾸어서 실었다. 하지만 나는 방언을 표준어로 바꾸어 연사의 말을 그대로 발췌했다.

기사도적 보호라는 빅토리아 시대의 신조와 여성에게 경의를 표해야 한다는 그 시대의 주장은 당시 성 정치학의 신성불가침과 같았던 조항이었음을 인식해야 한다. 이는 모든 여성이 '귀부인lady'이라는 (다시 말해, 여성에게 법적 자유나 개인적 자유를 허락하지 않으면서도 여성을 섬세한 관심의 대상으로 취급하는 사람들인 상류 계급과 부르주아지에 속하는 여성이라는) 암묵적 전제에 근거한다. 이는 교활한 미봉책이자 기만일 뿐이다. 여기에서는 상류 계급 여성들의 역할인 나태와 사치(이를 베블런은 '대리 소비vicarious consumption'16라고 부른다)가 모든 여성의 행복한 운명이라는 허위의 심리적·정치적 책략이 사용되고 있다. 이 책략은 여성들을 계급별로 나누어 특권층 여성에게 (그들이 받을 자격이 없는) 대단한 관대함 속에서 살고 있다고 설득하는 효과가 있다. 한 계급에게는 위협을 가하고 다른 계급에게는 부러움을 사게 하는 책략은 여성의 단결을 방해하는 효과를 거둔다. 중산 계급의 젊은 여성이 가정 교사, 공장 노동자, 매춘부 등과 사회적으로나 성적으로 비슷하게 취급받게 된다면 대경실색했을 것이다. 그리고 태어날 때부터 특권을 가지지 못한 여성에게는 '귀부인'이 되고 싶다는 꿈만이 남는다. 이 꿈은 상황을 개선할 유일한 방법이자 남성에게 성적 보호심을 유발하여 사회적·경제적 지위를 얻을 수 있다는 희망을 품게 한다. 계급적 감정은 이러한 꿈이 지나치게 자주 등장하는 것을 막는다. 그럼에도 그 꿈은 당시 문학 작품에서 되풀이해서 나타나는 환상이었다. '자유'가 모든 것을 소유하고 통

16 소스타인 베블런Thorstein Veblen은 《유한계급론The Theory of the Leisure Class》에서 유산 계급이 여성들을 통해 부를 과시한다고 주장하며, 그러한 여성들의 나태와 값비싼 허영심은 남편과 아버지인 경영자의 근면과 위신을 보여준다고 말한다.

제하는 누군가의 아량으로 얻어지는 도금된 쾌락 정도로 생각될 때는 개인의 자아실현이나 해방을 위해 투쟁하려는 동기가 생겨나기 힘들다.

계속해서 말하자면 성 혁명과 이를 이끌어온 여성 운동은 기사도 정신의 가면을 벗기고 그 정중한 예의가 교묘한 조작에 지나지 않음을 폭로해야만 한다. 또한 공동의 대의를 위해 계급의 전선을 뛰어넘어야 하고, 귀부인과 공장 노동자가 그리고 방탕한 여성과 지체 높은 여성이 하나가 되도록 해야 한다. 성 혁명의 성공 여부는 이를 얼마만큼 이룰 수 있는가에 달려 있다.

3 여성 운동

교육

이미 여러 유능한 역사가들이 여성 운동에 대하여 기록을 남기고 있으므로 여기에서는 여성 운동의 일반적 측면만 개괄해보려 한다. 이를 통해 여성 운동이 끼친 영향을 문화적 맥락, 특히 문학적 맥락에서 폭넓게 살펴보기 위해서다.

기이하게도 '양성 사이의 정치적·경제적·사회적 평등 체계'라는 '페미니즘'의 사전적 정의는 성 혁명이 목표로 하는 바를 완전하고도 만족스럽게 묘사하고 있다. 하지만 이는 이 책 전체가 다루고자 하는 사회 전체의 급진적 변화(사실상의 성 혁명)와 관련된 광범위한 정의이므로 여기에서는 여성 운동이 성취한 구체적 개혁인 여성 교육과 정치 조직(특히 여성 참정권 문제), 고용이라는 특수한 영역에 논의를 한정하려고 한다. 그러나 제1기 동안 일어난 다른 사회 변화 또한 여성 운동의 선구적 지휘하에 이루어졌 거나 그와 협력하여 이루어진 것임을 인정해야 할 것이다.

오랫동안 억압당한 집단이 해방되기 위해 가장 우선적인 것 은 교육이라 할 수 있다. 《국가론The Republic》에 나온 플라톤의 자 유로운 제안은 결코 실현된 적이 없었으므로 처음으로 여성 교육 에 적용 가능한 이론을 제공한 것은 르네상스 시대라 볼 수 있다. 레오네 바티스타 알베르티의 《가족에 관하여Delia Famiglia》가 대표 적이다. 이 책이 권유하는 여성에 대한 최소한의 교육 목적은 심 미적이면서도 다루기 쉬운 온순함을 가르치는 것이었다. 이는 미 국에서 흑인 대학을 세운 백인들이 처음 목표로 한 정신적 진정 이라는 계획과 아주 유사하다. 백인들은 이를 통해 흑인을 능력 있는 농업 전문가 겸 온순한 하인 계층으로 만들고자 했다. 이는 여성에게도 동일하게 적용된다. 여성에게 교육이 점차 허용된 이 유는 일자무식한 것보다는 어느 정도 읽고 쓸 줄 알아야 더 봉사 를 잘할 수 있다고 생각했기 때문이다. 웬만큼 읽고 쓸 줄 아는 여성과 결혼하는 편이 완전히 무식한 여성과 결혼하는 것보다 훨 씬 더 낫다는 말이다. 하지만 이와 동시에 여성은 동등한 학식으 로 남성을 두려움에 떨게 해서도 안 된다. 여성 교육은 초보 단계 를 넘어서서는 안 되는 학습 과정이라고 생각되었으며, 단지 우 아한 품위를 익히게 하는 것이 가장 훌륭하다고 여겨졌다. 그리 고 대부분 여성 교육은 '미덕virtue'(이 단어는 순종과 굴종, 불감증에 가까운 성 금기 등을 은폐하는 사탕발림이다)을 강조했다는 점에서 꽤 냉소적이었다.

프랑스 혁명에 지대한 공헌을 한 루소의 여성 교육관은 매우 영향력 있는 동시에 아주 보수 반동적이었다.

여성 교육은 전체적으로 남성과 관련이 있어야 한다. 남성을 즐겁게 하고 남성에게 이득이 되며 남성에게 사랑받고 존경받을 수 있게 하고, 커서 남성을 돌볼 수 있게 어릴 때부터 교육을 받고 남성이 즐겁고 감미로운 생활을 할 수 있게 하는 것, 이것이 시대를 초월한 여성의 의무다. 따라서 어릴 때부터 여성은 이것들을 배워야 한다.[17]

19세기 여성 교육은 대부분 이러한 규정에 따라 세심하게 행해졌으며 오늘날까지도 많은 부분 그렇다. 이 시기에 더 훌륭한 주부이자 어머니가 될 수 있도록 고등 교육을 허용해야 한다는 주장이 쏟아져 나왔다. 반면 그렇게 되면 복종이라는 합의된 목적을 넘어서 해로운 영향을 끼칠 수 있다는 반대도 만만치 않았다.[18]

억압 집단의 완벽한 복종을 이상으로 삼으면서도 그 집단을 교육하겠다고 나서는 계획은 늘 내부에서부터 전복의 씨앗을 배태하기 마련이다. 약간의 지식은 늘 더 많은 지식에 대한 갈증을 낳아 실로 위험하다. 하찮은 지식에서부터도 진지한 연구가 시작될 수 있으며 분석과 방향 제시, 조직화를 낳을 수도 있고, 마침

---

17 Jean-Jacques Rousseau, *L'Emile or A Treatise on Education*, ed. W. H. Payne(New York and London, 1906), p.263.

18 예를 들어《새터데이 리뷰The Saturday Review》는 여성의 지적 열등성에 대해 단호하게 언급했다. 하지만 대부분은 고등 교육 때문에 여성이 건강이나 매력을 잃어버릴 수도 있다는 '우려' 차원에서 주장되었다. 여성에게 고등 교육을 개방하는 것의 '유용성'에 반대하는 주된 이유는 재정이었다. 즉 가부장제의 교육 조직과 사회 조직이 여성에게 거액의 기부를 할 수 없게 하거나 여성이 직업 교육을 유용하게 활용할 수 없게 했기 때문이다. 이러한 논의는 Mabel Newcomer, *A Century of High Education for American Women*(New York: Harcourt, 1959)에 가장 잘 설명되어 있다.

내 현 상황을 타개할 출구를 모색하게 될 수도 있다. 19세기에 그러한 갈증이 어마어마하게 커졌음을 우리는 목격했다. 심지어 녹색 가방을 들고 5달러, 3달러, 1달러 기부를 구걸(액수를 가리지 않았기 때문에 심지어 6센트를 받기도 했다)하면서 영국 전역을 여행한 메리 라이언Mary Lyon과 같은 열정적 여성을 낳기도 했다. 실제로 이와 같은 갈증으로 여성 대학이 처음으로 미국에서 문을 열게 되었다.[19]

마운트 홀리요크 대학은 1837년에 설립되었다. 오벌린 대학은 같은 해 여성이 학위를 취득할 수 있게 함으로써 여성에게 남성과 동등한 교육을 제공한 최초의 대학이 되었다. 그 후 수십 년 동안 동부에 여자 대학이 몇 개 더 세워졌다. 바사르 대학은 1865년에, 스미스 대학과 웰슬리 대학은 1875년에, 래드클리프 대학(하버드 대학 부속)은 1882년에, 브린마워 대학은 1885년에 세워졌다. 영국에서는 퀸스 칼리지가 1848년에 런던 대학에 창립되었고, 베드포드 대학은 1849년에 세워졌다. 영국에서도 1870년대에 들어서 10년 동안 많은 진보가 있었다. 케임브리지 대학에서는 1872년에 거튼 칼리지가, 옥스퍼드 대학에서는 1879년에 레이디 마가렛 홀과 소머빌 칼리지가 창립되었고, 1874년에는 런던에 여자 의과 대학이 세워졌다. 이들 대학은 여성 교육을 목표로 했으므로 처음에는 남녀 공학보다 더 뜻깊게 생각되기도 했다. 1875년에 바사르 대학에 등록한 여학생 숫자는 다른 8개 주립 대학의 여학생을 합친 것과 같았다.[20] 미국 정부의 토지 무상

---

19 Flexner, 앞의 책, p.34와 마운트 홀리요크 대학 카탈로그 참조.

20 Mabel Newcomer, 앞의 책, p.20.

불하 제도 또한 여성에게 고등 교육을 제공하자는 요구에 굴복하게 되었다. 그러나 공립 학교들이 여학생들을 받아들인 까닭은 대부분 남북 전쟁 전후 남학생 숫자가 줄어들었기 때문이며 오랫동안 여학생의 진학을 '사범 학교' 학과들에 국한했다. 이 대학들이 여성 교육에 특별한 의무감을 가졌던 것은 아니었다.

영국과 미국에서 여성 고등 교육이 발전한 데는 두 가지 요인이 작용한 결과였다. 그 하나는 여성에게 다른 사람을 가르칠수 있게 한 것이고, 다른 하나는 페미니즘 운동이었다.[21] 초·중등 교육의 보편적 보급은 19세기의 위대한 이상이었다. 영국과 미국 모두에서 저렴한 공립 교육 기관은 여성 교사를 채용하려 했으므로 여성은 어린아이들을 가르친다는 한에서만 더 좋은 교육을 받을 수 있었다. 여성이 남성과 동등한 고등 교육을 받게 되는 게 페미니즘의 주요 목표 중 하나였다. 그러나 여성 교육을 옹호한 페미니스트들은 자신의 대의를 양보하는 것을 두려워한 나머지 그 결과가 분명하지 않은 참정권 운동에는 종종 소극적인 태도를 보였다.

그 시대의 주요한 성과인 여성 고등 교육의 발전이 없었다면성 혁명은 원동력을 얻을 수 없었을 것이며, 여성 운동은 더욱더 그러했을 게 분명하다. 성 혁명 제1기는 여성에게 최초의 고등 교

---

21 원래 철저히 남성에게만 개방되었던 학교들이 세계 대공황과 제2차 세계 대전 동안 여성에게 문호를 다시 개방한 것은 순전히 재정적인 필요성 때문이었다. 프린스턴 대학은 최근 여성 입학을 허용하지 않았던 오랜 전통을 폐기하면서 이와 유사한 이유, 즉 인력 산출이라는 면에서 남녀 공학 대학들과 경쟁할 필요성을 내세웠다. 그러나 프린스턴 대학과 예일 대학은 (하버드 대학이 오랫동안 그랬듯이) 여성 지원자에게 할당제를 적용하고 있다. 남녀 공학 대학들도 실상은 대부분 더 조심스럽게 할당제를 시행하고 있다고 생각한다.

육 기회를 제공했지만 그 원동력은 제1기에 뒤따른 반동기에 대부분 상실되었다. 평등한 교육은 아직 도래하지 않았다. 그러나 여성은 지식을 한번 맛본 것만으로도 사회에 엄청난 불안의 불꽃을 점화했다. 또한 여자 대학을 갓 졸업한 여성이 여성 운동의 지도자가 되었을 만큼 여성 교육은 혁명적이었다.

여성 교육이라는 심오하고 복잡한 문제를 탐구하기 위해 문학 작품은 특히 유용하다. 영국의 최고 시인 알프레드 테니슨의 〈공주The Princess〉는 이 문제에 관한 대작이다. 이 시는 이음새가 잘 맞지 않으며 빛나는 서정성만을 우리에게 가득 남겨놓았다. 이 시에 나오는 테니슨의 불안한 방백傍白은 어떤 어조를 택해야 하는지 결정하지 못한 시인의 모습을 반영한 것이다. 실로 교육에 대한 논쟁은 시의 소재가 되기에 어렵다. 하지만 테니슨은 용감하게도 자기만족적 농담조로 이야기를 시작한다. 그러나 테니슨은 곧 본색을 드러내기 시작한다. 우선 그는 자신의 경솔을 부끄러워한다. 여성에게 대학 교육을 개방한다는 것은 확실히 우스꽝스러운 소재로밖에 생각되지 않았으나, 그가 여주인공의 처지에 자신을 투사하자 뜻밖에도 이는 진지한 주제로 변하기 시작한다.

테니슨은 초기 시에서 샬럿, 마리아나 등 백합 같은 처녀들을 통해 자신의 기분을 즐겨 묘사했다. 그러나 〈공주〉의 이야기는 시인 자신의 성 정체성 문제를 보여주는 사례사와도 같다. 이야기를 하는 왕자는 그다지 좋은 화자가 아니다. 긴 금빛 곱슬머리를 한 왕자는 누더기를 걸치고 다니면서 가성假聲으로 구애의 노래를 부르는 간질 환자다. 테니슨은 왕자가 되었다가 공주가 되기도 하고 시인이 되기도 한다. 배움을 향한 시인의 강렬한 욕망은 공주를 열정적이고 당당한 정신의 소유자로 만든다. 처음의 '장난기 어린' 어조는 곧 테니슨의 남성 우월주의가 만들어내는 불일치 때문에 서서히 지쳐가기 시작한다. 그리고 공주에게 지분거리는 보호자의 태도는 더 절박한 불안감에 자리를 양보한다.

테니슨은 아이다 공주의 페미니즘적 웅변에 얼마간은 거의 설득당한다. 이를 치장하려고 서투른 풍자극 형식을 부여했지만 말이다. 아이다 공주는 감동적이다. 남자 주인공은 그녀와 결혼하기를 원하지만 정작 자신과 동등한 여성과 결혼할 준비는 되어 있지 않다. 아이다를 온순하지만 평균 이상인 주부로 길들이기 위해 그는 아이다를 집요하게 설득해야 한다. 왕자의 자아와 후계자에 봉사해야 한다는 높은 대의를 위해서라면 공주는 쓸모없는 학식 따위는 버려야 하는 것이다. 이때 불길한 예감이 시인에게 떠오른다. 여성이 남성과 동등한 지성을 소유한다면 남성에게 과연 무슨 일이 일어날 것인가? 남성은 더 이상 봉사받을 수도 없고 위로받을 수도 없는 상태로 여성에게 거부당할 것인가? 교육 평등에 대한 아이다 공주의 요구는 분명 남성에게 아슬아슬한 긴장감을 준다. 그것은 빅토리아식 결혼을 파괴할 수도 있다. 몇 년 후에 존 스튜어트 밀은 반反페미니즘 저항을 이렇게 비꼬았다. 여성이 결혼을 거부할까 봐 걱정한 나머지 반페미니즘 저항이 여성에게 결혼 이외의 다른 모든 선택을 막아버렸기 때문에 결혼 자체가 너무 매력이 없어졌다는 것이다. 이는 단순한 빈정거림으로만 보일 수 있다. 하지만 기사도 정신은 실제로 여성 교육이 여성들에게 다른 길을 선택할 수 있음을 보여주자 여성이 자신에게 기대되는 역할을 버리고 결혼을 거부할까 봐 전전긍긍했다. 이런 이유로 〈공주〉는 이상한 방식으로 교육에서 결혼으로 '주제를 바꾼다.' 남성의 안전은 공주의 반역적 관심을 학문에서 사랑으로 돌리는 테니슨의 능력에 달려 있는 것처럼 보인다.

문명의 문화적 전승에 참여하게 해달라는 아이다 공주의 겸손한 요구마저 이제는 비정상적이고 기괴하게 보인다. 테니슨은 지적 평등을 얻기 위해 여자 대학을 설립하려는 아이다 공주의 희망을 아마존 여전사에 대한 환상으로 고집스럽게 바꾸어놓는다. 이러한 환상은 한편으로는 조롱이기도 하고 한편으로는 단순히 흥을 돋우기 위한 것이기도 하다. 시는 '액자 기법'을 이용해 이야기하고 있는데, 공주의 이야기는 대학생들이 많이 하는 이야기와 같다. 작품 중간중간에는 노래가 끼어 있는데 대부분은 가정을 노골적으로 찬양하는 선동적 노래다. 그리고 가정의 경건함에 대한 노래 중 일부는 심지어 이야기를 듣는 소녀들의 입에서 나오기까지 한다. 소녀들은 이런 방식이 아니고서는 자기 운명에 관한 이야기에 끼어들 수 없다. 테니슨의 전제는 아이다 공주가 공부를 하든가 아니면 사랑을 해야 한다는 것이다. 둘 다 하는 것은 용납할 수 없는 일이다. 남성은 여성과 대학을 공유할 생각이 없으므로 여성은 단지 인위적 대안 문화를 세울 수밖에 없다. 하지만 이는 시인이 보기에 쓸데없고 어리석은 시도일 뿐이다. 테니슨은 남녀의 교육을 분리해야 한다는 시대의 해결책이 사회를 완전히 분리하는 행위라고 부풀린다. 이는 모든 여성이 어떤 식으로든 자율적이 되려면 자신의 섹슈얼리티를 포기해야 한다는 빅토리아 시대의 정서를 반영하는 흥미로운 언급이다. 즉 여성이 사회적이고 경제적인 입지를 유지하고자 한다면 여성의 성적 금기를 요구하는 '미덕'에 굴종해야 한다는 빅토리아 시대 정서의 변종인 것이다.

당황스러운 문제 앞에서 더듬거리던 테니슨은 모든 문제를 묶어 희한한 결론으로 끌고 간다. 자신이 '사랑'이라고 부르는 전체 체계가 모종의 위험에 처해 있다는 불안을 예감했기 때문이다. 아이다 공주는 왕자와 결혼하기를 단호히 거절했다. 시인은 약탈 전쟁, 왕국에 맞먹는 재산 문제, 어릴 때 이미 결정된 정략결혼, 명예라는 남성의 허영심 등 '다채롭고' 고풍스러운 지엽적 문제를 끌어들여 플롯을 복잡하게 만든다. '여성 문제'와 교육 기회에 대한 여성의 요구와 '논쟁'하기 위하여 시인은 중세와 유사한 배경을 선택했는데, 이는 동시대 쟁점을 지루할 정도로 희석해버리는 효과를 낸다. 테니슨은 자신의 주제가 가진 귀찮은 함의에 대항하고자 남자 주인공을 마상 시합에서 다치게 하고 부상에서 회복되기 위해서는 어머니처럼 곁에서 간호해줄 사람이 필요하다는 편법을 생각해낸다. 왕자가 죽은 척하자 아이다는 결국 항복한다. 어린아이처럼 무기력하게 가장함으로써 왕자는 여장부를 어머니라는 빛나는 이미지로 바꿀 수 있었다. 시인은 어머니의 이미지를 반복하여 찬양한다. 이 이미지는 (빅토리아 시대의 감수성에는) 그다지 성적이지 않은 안전한 이미지였던 듯하다. 어쨌든 이 이미지는 경쟁의 위험을 피하게 한다.

테니슨이 논의를 이끌어가는 유일한 수단은 환상이므로 아이다 공주는 모든 남성을 엄격하게 배제하는 공상의 세계라는 대학에서 살고 있는 가상의 공주로 설정되었다. 그 신성한 장소를 침범한 왕자는 기사도적인 클리셰에 맞게(공주의 머리칼은 검지만 "태양에 빛나는 위엄 있는 세공품"이라고 묘사되며, 공주의 친구들은 "수많은 가뿐한 암사슴처럼" "부드러운 발로 공기처럼 가볍게" 걸어 다닌다고 한다) 아이다 공주와 지독한 사랑에 빠진다.

홍정이 시작되고 왕자의 구애가 결혼 계약으로 바뀐 뒤에도 그가 아이다 공주에게 강요하는 복종은 쉽게 달성되지 않는다. 그러나 왕자의 결혼 조건은 시인과 독자가 합당하다고 생각하는 것들이다. 아이다 공주는 훌륭한 논리로 무장하여 결혼을 강요하는 구혼자를 거부한다. 그러자 테니슨은 초조해져서 아이다 공주의 모습을 아마존의 여전사로 희화화한다. 왕자는 사태를 복잡하게 하고 쟁점을 더욱더 애매하게 하려고 통속적이면서도 입이 건 남성 우월주의자 아버지를 데리고 온다.

남자는 들판으로 여자는 난롯가로
남자에게는 칼을 여자에게는 바늘을
남자는 머리를 쓰고 여자는 마음을 써야 하며
남자는 명령하고 여자는 복종해야 하느니라.
그렇지 않으면 혼돈만이 있을 뿐이니라.

이 성미 급한 늙은이는 아이다에게서 전사를 낳을 기질을 본다. 그래서 아들에게 반드시 공주를 가지라고 조언한다.

남자는 사냥꾼이고 여자는 사냥감이란다.
우리는 그 호리호리하고 반짝거리는 동물을 뒤쫓고
그 아름다운 피부를 가지려고 사냥을 한단다.
사냥감도 그 때문에 우리를 사랑한단다.
그래서 우리는 사냥감에 올라타 눕히고 마는 게지.

기만적이기는 하지만 나름대로 '공평'하려고 열심히 노력하는 시인은 독자에게 중용을 옹호하는 왕자의 편을 들라고 종용한다. 왕자는 진정 그 아버지에 그 아들이다. 하지만 아들은 야전野戰을 비웃는 외교 수완가다("거친 성격에 대해서는 현명하게 제어해야 한다"). 그는 감언이설이라는 교묘한 방법으로 여성을 정복하려 한다. 그리고 작전이 실패하자 병자인 척해 아이다 공주가 교육 해방이라는 목적을 포기하고 왕실의 가사를 돌보겠다고 약속하게 만든다. 왕자는 평등에 대해 토론하기에는 너무 약삭빠른 인간이다. 왕자는 유전적·생물학적 차이를 듣기 좋은 말로 치장하기 좋아한다. 하지만 이는 단지 늙은 왕의 고집을 가장한 것일 뿐이다. 왕자는 또한 여성의 지위라는 문제에 대해 비켜서는 척한다. 왕자는 상호 보완적 차이라는 이론을 내세우는데("각각의 성은 혼자만으로는 반쪽에 불과합니다"), 이는 생식기의 차이를 통해 문화적 불평등을 정당화하려는 수법에 지나지 않는다. 양성이 사회적으로 조건화되는 상황에서 수법은 인격에까지 적용된다. 그러나 양성의 기질적 차이는 자연에 근거한다고 테니슨은 믿고 있다. 남성은 정正이고 여성은 반反이다. 그리고 결혼은 합合이다. 이와 함께 시인은 남녀가 결혼함으로써 서로 조화되어 "완벽한 음악"이 될 것이라는 흔해 빠진 비유를 사용한다. 그리고 나서 그는 성적 동종이형同種異形이 인격과 역할을 결정한다고 주장한다. "왜냐하면 여성은 덜 발달한 남성이 아니라 남성과 차이 나는 인간이기 때문이다." 물론 **양성의 차이여, 영원할지어다!**"라는 말에도 나오듯, 이 '차이 나는'이라는 표현은 놀랍게도 아주 친숙하다. "비슷해지는 것을 좋아하는 것이 아니라 차이를 좋아한다"는 왕자의 판에 박힌 말은 전통적 불평등을 언뜻 흥미롭게 보이는 다양성으로 은폐하는 것에 지나지 않는다. 이러한 공식에서 보면 남성은 힘과 권위, 지위, "세상을 내동댕이치는 근육"을 대표하며, 여성은 "넓은 마음을 가지고도 어린아이 같은" 행동을 하면서 "어린아이를 돌보는" 행위를 한다. 결국 아첨은 모욕이 되어버린다.

아이다 공주는 병자에 대한 동정심 때문에 결혼을 승낙한다. 이제 완전히 승기를 잡은 왕자는 병자 역할을 멈춘다. 확신에 찬 왕자는 교육이라는 주제를 버리고 "특유의 여성성을 해치지 않는 모든 것"만을 여성에게 허용한다. 그 문구는 판에 박힌 문학적 마무리일 뿐이다. 아이다 공주에게 이제 대학 문은 닫혔다. 왕자는 별개 영역이라는 거만한 표현하에 아이다 공주의 모든 지론을 흡수해버린다.

평등한 교육 기회라는 말에 남성적 감수성이 느끼는 위기감이 테니슨의 〈공주〉처럼 잘 드러난 작품은 없을 것이다. 위기감을 처리하고 뒤집는 감정적 책략 또한 잘 나타나 있다. 우리는 행복한 결혼과 가정을 중시하는 기사도적 태도가 전술적으로 얼마나 중요한지, 현상을 유지하기 위해 그 태도에 얼마나 필사적으로 매달리는지 알게 되었다. 결혼에 대한 빅토리아 시대의 믿음(거의 신조에 가까운)은 무슨 수를 써서라도 여성을 가정에 격리시키려 했던 전통을 미화하려는 시도에 지나지 않았다. 넌더리나는 달콤함, 광적인 감상 등은 모두 사탕발림된 성 정치학을 은폐하려 꾸며낸 것이다.

정치 조직

교육의 다음 단계는 조직화다. 미국 여성들에게 최초로 정치적 행동과 조직화 기회를 제공한 것은 노예제 폐지 운동이다. 미국은 여성 운동이 시작된 곳이자 여성 운동을 서구권과 비서구권의 여러 국가로 퍼져나가게 한 진원지였다. 그러나 미국에서 여성 해방의 원동력은 바로 노예제를 폐지하겠다는 대의였다. 노예제 폐지라는 쟁점을 통하여 미국 여성들은 최초로 정치적 경험을 할 수 있었고, 20세기에 이르기까지 다양한 투쟁 수단을 발전시킬 수 있었다. 그들은 의회에 청원하고 대중을 교육하기 위해 운동을 벌였다. 미국 여성들이 여성 문제가 아닌 다른 대의를 위해 단결해야 했던 데에는 합당한 논리가 있었다. 실상 노예 폐지론은 여성들에게 주입되어온 '봉사의 윤리'를 실현하는 것이었다. 미국인의 생활에서 노예 제도는 유일한 부당함이자 엄청난 악이었기 때문에 여성들이 예법의 금기를 깨고 나서기에 충분했다. (실상 법적·교육적·재정적 무능력보다 더 효과적으로 여성을 통제하고 숨 막히게 한 것은 바로 이 예법이었다.) 미국 여성사의 주요 저작인 엘리너 플렉스너의《투쟁 백년사》는 노예제 반대 운동을 다음과 같이 평가한다.

여성들은 조직화하는 방법과 공공 집회를 개최하는 방법, 청원 캠페인을 벌이는 방법을 노예제 폐지 운동에서 처음으로 배웠다. 여성들은 노예 폐지론자의 자격으로 처음으로 대중 앞에서 말할 권리를 얻었고, 이를 통해 사회에서 여성의 지위와 기본권에 대한 철학을 발전시키기 시작했다. 4반세기 동안 노예 해방 운동과 여성 해방 운동은 서로를 증진하고 강화해왔다.[22]

22 Flexner, 앞의 책, p.41. 여성 운동을 연구하는 역사가들 또한 이에 찬성한다. Mildred Adams, *The Rights to Be People*(New York: Lippincott, 1967); Andrew Sinclair, *The Emancipation of the American Woman*(New York: Harper and Row, 1965) 참조.

제1세대 페미니스트는 모두 적극적이고 헌신적인 노예제 폐지론자들이었다. 그림케Grimké 자매, 루시 스톤Lucy Stone, 엘리자베스 캐디 스탠턴Elizabeth Cady Stanton, 루크리셔 모트Lucretia Mott, 수전 앤서니Susan B. Anthony 등이 제1세대 페미니스트다. 물론 노예제 폐지론자들이 늘 페미니즘에 동조했던 것은 아니다. 프레더릭 더글라스Frederick Douglass와 헨리 블랙웰Henry Blackwell, 개리슨Garrison은 페미니즘에 찬성했다. 루시 스톤이 겪은 곤경은 당시의 상황을 잘 보여준다. 그녀는 주말 군중집회에서는 흑인의 권리를 위해 그리고 주중 작은 집회에서는 여성의 권리를 위해 발언하도록 허용되었다. 페미니즘을 지지하는 것이 노예제 폐지론에 대한 대중적 지지를 감소시킬까 봐 우려한 까닭이었다.[23]

미국에서 여성 운동이 공식적으로 시작된 것은 1848년 6월 19일과 20일, 이틀 동안 열린 세네카 폴스 집회에서였다. 이 집회도 노예제 폐지 운동에서 시작되었다. 1840년에 런던에서 세계 노예제 반대 회의가 열렸는데, 루크리셔 모트와 엘리자베스 캐디 스탠턴이 여성이라는 이유로 이 대회에 참석하지 못하게 되었다.[24] 이로 인해 그들은 우연히 만나게 되었고 힘을 합해 세네카 폴스 집회를 열었다. 루크리셔 모트는 매사추세츠주 낸터킷 출신의 퀘이커 교도였다. 도망친 노예들을 자신의 집에 숨겨주었으며, 노예제 반대 협회를 최초로 만든 여성이었다. 모트는 자신

---

23 Flexner, 앞의 책 참조.

24 그들을 공식적으로 제외함으로써 '인간으로 인정하기'를 거부한 것은 여성이 처한 상황을 전 세계에서 온 대표들 앞에서 단적으로 보여준 사건이었다. 개리슨은 이에 분노하여 대회장을 떠나 여성들과 함께했다. Abbie Graham, *Ladies in Revolt*(New York: The Woman's Press, 1934) 참조.

보다 스무 살 정도 어린 스탠턴이 미국 여성 운동의 탁월한 지도자가 될 수 있도록 지도해주었다. 세네카 폴스 집회에서 작성된 〈여성의 소신 선언Statement of Sentiments〉은 〈독립 선언문〉을 간결하게 바꾸어 말하면서 시작되는 글이다. 미국 혁명이 일어난 지 75년이 지난 시점에서 여성들은 〈독립 선언문〉을 과감히 스스로에게 적용했다. 〈독립 선언문〉의 전제(양도할 수 없는 인권과 피지배자의 동의에 근거하는 정부의 합법성)를 자신의 경우로 확대한 것이다. 세네카 폴스에서뿐만 아니라 당시 여러 곳에서도 여성의 권리를 주장하는 집회가 열렸다. 거기에서 주장된 개혁의 구체적 사항은 자기 수입을 스스로 통제할 권리와 재산을 소유할 권리, 교육받을 권리, 이혼할 수 있는 권리, 자녀들에 대한 친권을 가질 권리, (가장 폭발적이었던) 참정권에 대한 요구 등이었다. 세네카 폴스 집회에 참석한 250명의 여성 중에서 1920년 대통령 선거에 한 표를 행사할 만큼 오래 산 사람은 당시 열아홉 살이었던 재봉사 출신의 샬럿 우드워드Charlotte Woodward뿐이었다.[25] 전국적이고도 세계적인 위대한 여성 운동이 탄생한 감리교 교회는 지금 인도에 표지판 하나만 있을 뿐 주유소로 변했다. 그러나 공식 정치라는 측면에서 볼 때 최초의 혁명 반란 집회가 열린 곳은 바로 세네카 폴스였다.

1850년 일간지 《뉴욕 헤럴드 트리뷴》은 매사추세츠주 우스

---

[25] 농부의 딸로 태어나 집에서 장사를 하며 일한 샬럿은 자신의 느낌을 기록으로 남겼다. "비참하리만큼 적은 돈을 받고 종일 앉아서 장갑을 재봉질하면서 침묵 속에서 온몸으로 저항했다. 어차피 그 돈은 내 돈이 될 수 없었다. 나는 일을 하고 싶었다. 내가 선택한 일을 하고 싶었고 내가 번 돈을 저축하고 싶었다. 그것이 내가 삶에 반항하는 나만의 방식이었다." Sinclair, 앞의 책, p.60에서 인용.

터에서 열린 여성 권리 집회를 보도하면서 미국에 실질적 징치 조직이 만들어졌다는 소식을 전 세계에 알렸다. 이 소식은 런던의 해리엣 테일러Harriet Taylor에게 전해졌다. 해리엣은《웨스트민스터 리뷰》에서 이를 열렬히 환영했다. 그러나 1860년대까지도 영국에는 페미니즘 협회가 조직되지 못했다. 밀은 1866년에 최초로 여성 참정권 청원서를 의회에 제출했으며, 1869년에《여성의 종속The Subjection of Women》을 출간했다. 그제야 여성 운동은 영국에 뿌리를 내리고 성장할 수 있게 되었다. 그리고 1883년 수전 앤서니가 해외를 여행하면서 국제 페미니즘 운동을 시작하자 여성 운동은 더욱 국제적인 성격을 띠게 되었다. 캐리 채프먼 캐트 Carrie Chapman Catt는 평생을 국제 페미니즘 운동에 바쳤다. 미국에서 여성 참정권이 획득된 후 뒤따른 반동의 시기에도 국제 여성 운동은 다양한 조직을 통하여 계속 제 기능을 수행했다. 이를 보여주는 최근 조직은 유엔 여성 지위 위원회다. 1920년에 여성에게 시민권과 선거권을 인정한 국가는 26개국이었고 1964년에는 104개국으로 늘어났다. 여전히 대부분의 국가가 무시하고는 있지만 어쨌든 근본적 사회 변화가 이루어진 것은 사실이고, 그 씨앗은 19세기 영국과 미국에 뿌려졌다.

일련의 개혁을 이루기 위해 오랫동안 고통스럽게 투쟁하는 과정에서 여성 운동은 참정권 획득을 궁극적이고 중대한 목표로 삼게 되었다. 성 혁명 제1기에 있었던 일 가운데 참정권 획득에 관한 내용은 가장 잘 알려져 있고, 구체적이고, 잘 기록되어 있으며 이미 여러 번 훌륭하게 서술된 바 있다.[26] 대략적으로 개괄해보자면 영국과 미국의 여성 운동은 전술적 측면과 관련하여 '합헌파'와 '과격파' 진영으로 분열했다는 점에서 상당한 유사점을 보인다. 20세기에 들어서도 여성 운동은 국회 청원과 팸플릿 발행, 연설, 면밀한 조사, 지방 선거와 국회 토론회에서 남성 투표자들에게 호소하는 방법 등으로 점진적이고도 참을성 있게 진행되어왔다. 그러나 대중 '교육'이라는 과제는 길고도 끝이 없는 것처럼 보였다. 침묵하는 대중의 인내심은 도움이 되지 않는다는 것을 보여주기 위해 대규모 시위와 행진, 피켓 시위 등 더욱 극적인 방법을 사용해야 했다. 팽크허스트Pankhurst의 영국 '여성 참정권 운동가' 집단은 정부의 불성실한 지연 책략에 좌절하여 파괴와 체포 같은 전술을 채택했으며, 마침내 고의로 방화하고 유리창을 깨는 전략까지 사용했다. 미국에서는 앨리스 폴Alice Paul이 이끄는 다소 온건한 과격 단체인 의회 동맹 구성원들이 전쟁 중 백악관 앞에서 침묵 피켓 농성을 벌였다는 이유로 구속되어 폭행당했다. 과격파가 기여한 바에 대해서는 많은 논란이 있다. 그토록 길고도 맥 빠지는 투쟁에서 쟁점을 살려내기 위해서는 때로 과격한 방법이 필요할 수 있다. 대중은 정부가 경찰력으로 잔인하게 진압하고 가혹한 징역형을 선고하며 단식 농성자에게 강제로 음식을 먹이는 것을 보면서 여성 운동가들에게 공감하게 되었다. 따라서 대중의 공감을 얻는 데 과격파의 방식이 중요한 것은 사실이었다. 영국과 미국의 여성 참정권 운동가들은 아무리 분노했다 할지라도 기물에만 폭력을 행사했을 뿐 사람에게 폭력을 행사하

---

26 Flexner, Adams, Sinclair, 앞의 책. 그뿐만 아니라 영국 여성 운동의 간략한 역사는 Roger Fulford, *Votes for Women*(London: Faber, 1957); Ray Strachey, *The Cause*(London, 1928) 참조. 미국 여성 운동에 대한 더욱 자세한 분석은 William J. O'Neill, *Everyone was Brave*(Chicago: Quadrangle, 1968); Aileen Kraditor, *The Ideas of the Woman's Suffrage Movement*(New York: Columbia University Press, 1965)에서 찾아볼 수 있다.

지는 않았다. 그뿐만 아니라 여성 운동의 비폭력 운동 방식은 초기 개혁 운동이 채택한 방식을 뛰어넘는 전략을 사용했고, 이후 간디와 같은 정치 지도자나 노동조합 운동, 민권 운동 등에 선례를 제공하기도 했다.

미국의 여성 참정권 운동 지지자들은 복합적이었다. 서부에서는 포퓰리즘과 개척 정신이, 중서부에서는 금주禁酒주의가, 동부에서는 개혁 운동이 여성 참정권 운동을 지지했다. 영국에서는 자유당이 집권하기 전에 지지를 표명했고 노동당 또한 공감을 표했다. 그러나 여성 참정권 운동에만 주력하는 당은 어디에도 없었다. 여성 참정권 운동을 반대하는 집단 또한 흥미로웠다. 흑인 여성의 투표를 두려워하는 남부의 인종 차별주의자, 중서부의 주류업자, 동부의 자본가와 조직 정치주의자 등이 그들이었다. 특히 자본가와 조직 정치주의자들은 여성이 노동조합 결성과 정치 개혁에서 중요한 역할을 할지도 모른다는 근거 없는 불안을 느꼈다. 노동조합은 여성 투표에 반대했고, 주류 기업 트러스트는 여성 참정권 반대 운동에 기꺼이 자금을 대주었다. 하지만 경솔하게도 둘 다 증거를 남기고 말았다.[27]

미국의 여성 유권자 동맹은 여성 참정권 운동의 온건파였다. 초기 여성 유권자 동맹의 목표를 보면 처음에는 찬성표를 얻어야 하는 사법 개혁들(산업 현장에서 여성의 보호, 아동 복지, 미성년 노동법, 사회 보건법, 단체 교섭, 최저 임금법, 순수 식품법, 공명선거 실시, 시정 개혁, 의무 교육, 여성의 시민으로서의 지위에 관한 법률 단일화)을 위

---

27 Alan P. Grimes, *The Puritan Ethic and Woman Suffrage*(New York: Oxford, 1967); Flexner, 앞의 책 참조. 두 저자 모두 이 단체들이 자금을 댄 사실을 구체적으로 입증하고 있다.

해 여성들의 지지가 효과적이었다는 증거를 찾을 수 있다.[28] 여성의 참정권 획득은 복지와 사법 개혁이라는 20세기 흐름에 어느 정도 기여했으며 실질적 효과를 거두기도 했다. 그러나 더 이상 나아가지 못했다는 것이 문제였다. 1934년에 강력한 미성년 노동법을 위한 헌법 개정이 비준을 얻지 못하자 여성 유권자 동맹은 쇠퇴기에 접어들었다. 일부러 당파를 가지지 않았던 여성 유권자 동맹은 다른 이해 집단이 전통적으로 해온 것처럼 투표권을 여성의 이해관계라는 직접적 목적에 맞게 이용하지 않았다(혹은 이용하지 못했다). 정당의 관례와 대중의 감정이 결합하여(그리고 여성들의 과묵함이 증가하는 것도 한몫했다) 여성이 공직에 입후보하거나 선출되는 것을 막았기 때문에 반동의 물결이 시작되었을 때 여성 참정권의 의미는 점차 사라져갔다. 세계 대공황이 발생하자 여성 고용에 대한 편견(여성은 여전히 노동조합 운동의 바깥에 있었다)이 증가했고, 이 현상은 제2차 세계 대전 이후 다시 반복되었다. 1950년대 반페미니즘은 여성이 공적 영역에 참여하는 데 매우 노골적인 반감을 보임으로써 절정에 달했다. 여성 운동의 여파는 그즈음 완전히 끝났다. '페미니스트'라는 말은 경멸적 표현이 되었다.

여성 참정권이라는 대의는 성 혁명 제1기의 공식 정치학의 초점이었다. 이 시기에 여성 참정권을 중심으로 교육, 법률상 평등, 동일 임금 같은 여러 쟁점이 배치되었다. 선거권 문제는 반대 여론을 일으켰을 뿐만 아니라 대단한 의식과 노력이 동원되어야 했다는 점에서 여성 참정권의 쟁점이 얼마나 핵심적이며 중대했

---

28 Adams, 앞의 책, p.191.

는지를 인식해야 한다. 그러나 여성 참정권은 많은 면에서 성 혁명에 대한 관심을 다른 곳으로 돌리게 하는 구실이 되기도 했다. 그것은 70년이라는 세월 동안 에너지를 헛되이 낭비한 원인이기도 했다. 여성 참정권에 대한 반대는 몹시 견고하고 확고부동했으며 이 때문에 투쟁 또한 그만큼 길고도 쓰라렸다. 덕분에 참정권은 지나치게 중요한 문제가 되어버렸다. 마침내 참정권을 쟁취했을 때 페미니즘 운동은 극도의 피로에 지쳐 와해하고 말았다.[29] 여성 참정권 운동은 마치 긴 여행을 나선 지 얼마 안 되어서 타이어가 터져버린 것을 발견한 사람과 같은 처지였다. 차라리 여행을 포기해야 할 만큼 수리하는 데 시간과 노동, 비용이 너무 많이 들어가는 상태였다. 미국의 여성 참정권 운동가들이 '다음 단계'에 도달하기 위해 필사적으로 내몰렸던 공모와 흡수에 관해 역사학자 에일린 크레디터가 잘 기록해주었다. 다음 단계로 가는 것이 지나치게 오래 걸린 나머지 페미니즘 운동 전체가 침몰하고 말았다. 여성 참정권 운동가 2세대는 1세대만큼 선구적이었고 새로웠으나 실상은 더 진부한 사람들이었다. 정치적 수단을 사용하여 필요한 타협에 응하기만 한다면 더욱 훌륭하고 '영리한' 운동이 될 것이라고 생각했다. 이들이 말하는 타협이란 남부의 여

---

29 노예제 폐지와 흑인 해방 운동에서도 동일한 현상이 관찰된다. 이들이 60년 동안 각고의 노력으로 얻은 것은 오직 문자적 의미에서의 노예 해방뿐이었다. 1868에 이룬 수확은 이후 100년 동안 오히려 철회, 종료되어버렸다. 100년 전 미국 흑인들이 인정받은 권리들을 되찾는 데는 대략 16년간의 민권 운동이 필요했다. 미국에서 여성 참정권 운동을 한 군중을 해산시킨 캐리 채프먼 캐트의 의기양양한 연설에서 우리는 지나친 자신감과 근시안적 관점을 감지한다. "이제 우리는 각자의 길을 갈 것입니다. (⋯) 평생 꿈꿔왔던 여성 참정권이라는 꿈을 저는 지금 목도하고 있습니다. 우리는 더 이상 청원자가 아니며 국가의 피보호자도 아닙니다. 우리는 자유롭고 평등한 시민인 것입니다." Adams, 앞의 책, p.170에서 인용.

러 주에서 표를 얻기 위해서 불미스럽지만 남부의 인종 차별주의를 이해해야 한다는 단연코 혐오스럽기 그지없는 것이었다. 참정권 운동이 노예제 폐지에서 시작되었다는 점을 생각해 볼 때 이는 참으로 신경에 거슬리는 모순이다. 새로운 이민자들이 집중되어 있고 정치 조직이 장악한 선거구에서는 거듭 여성에게 참정권을 주는 데에 반대투표를 했다. 따라서 미국 태생 여성들은 한동안 외국 태생 미국인에게 극심한 적대감을 가지기도 했다.[30]

여성 참정권 문제가 전반적 사회 혁명을 한 쟁점에만 한정시켰다는 게 한 가지 중대한 오류라면, 또 다른 오류는 그 운동이 지닌 부르주아적 특징이었다. 여성 참정권 운동은 착취당하는 여성 집단인 여성 노동자 문제에 충분히 개입하지 못했다. 여성 참정권 운동이 계급을 뛰어넘는 연대의 순간을 보여주면서 미국 정치학에 새로운 장을 연 것은 사실이지만(이는 민권 운동이 일어날 때 다시 나타나게 된다), 오늘날 여성 노동력의 심각한 착취는 노동조직의 측면에서 볼 때 그 운동이 가진 심각한 결함을 보여주는 증거다. 여성 참정권 운동이 지나치게 중산 계급의 성격을 띤 데는 몇 가지 불가피한 요인들이 있었다. 참정권 투쟁에 끝없이 노력을 기울일 수 있는 여가와 교육 수단을 가진 사람들은 대부분 중산 계급 여성들이었기 때문이다.[31]

---

30 Aileen Kraditor, *The Ideas of the Woman Suffrage Movement, 1890~1920* (New York: Columbia University, 1965).

31 캐트는 국민 투표 요구 운동이 56회, 입법부에 요구하는 여성의 참정권 운동이 480회, 주 의회 총회에 요구하는 여성 참정권 포함 운동이 47회, 주 정당 전당 대회에서 참정권 강령을 첨가하려는 운동이 277회, 의회 청원 운동이 19회이라고 추정했다. Carrie Chapman Catt and Nettie Rogers Shuler, *Woman Suffrage and Politics*(New York: Scribner's, 1923), p.107.

참정권 문제에만 집중했던 것은 여성 운동의 중대한 결점이었다. 그 때문에 여성 운동 자체가 소멸했을 뿐만 아니라 투표권을 얻은 후 여성 운동이 설 자리까지 잃게 되었다. 이는 여성 운동이 성적 기질과 역할, 지위를 조건화하는 과정을 타파할 수 있는 근본적 지점까지 가부장제 이데올로기에 철저히 도전하지 못했기 때문이었다. 투표권 획득과 같은 아주 작은 목표에만 관심을 집중하는 개혁 운동은 성 혁명을 완수하는 데 필요한 포괄적이고도 철저한 사회 변화(사회적 태도·조직 그리고 인격·제도에서의 변화)를 제시할 수 없었다. 참정권 쟁취는 사법 개혁이 보여주듯 피상적 변화만을 가져왔을 뿐이며 여성 운동은 목적을 성취한 후에도 그 성과를 충분히 활용하지 못했다. 여성이 결혼에서 새로운 법적 권리를 가지게 되었고 이혼할 수 있는 권리까지 얻었음에도 결혼 자체는 여전히 거의 바뀌지 않았다. 이후 뒤따른 반동의 시기에도 '가정'은 여전히 반짝이는 색깔로 치장되었을 뿐이다. 여성은 '일할 권리'를 얻을 정도로 경제적으로 남성에게 의존하는 데서 벗어났지만 여전히 노동에서 평등한 권리 문제를 제기하지는 못했다. 노동을 책임감의 문제나 근본적 사회 기여의 문제로도 간주하지 못했다. 여성은 부유하다는 이유로 혹은 사회적 억압이 심하다는 이유로 다시 나태한 생활과 경제적 의존 상태로 복귀했다. 다음 세대는 여성을 '예비 노동력'으로 손쉽게 착취하여 전시戰時에만 여성에게 일자리를 주고 전쟁이 끝나면 다시 '가정'으로 돌려보냈다. 무엇보다도 가장 중요한 점은 성적 '사회화' 과정이 정교하게 보강됨으로써 새롭고도 교묘한 통제 형태로 재조직할 수 있었다는 것이다. 여성 운동이 가부장제의 법체계를 개혁하여 가부장제의 정치적 자존심에 (결국은 사소하게) 굴욕감을 주었음에도 가부장제의 사고방식은 성 혁명 제1기 말엽에 더욱 강력하게 다시 주장되었다. 개혁되었든 아니든 가부장제는 여전히 가부장제인 것이다. 그리고 일소되었건 부정되었건 가부장제의 최대 악폐는 실로 전보다 더 안정적이고 확고해졌다.

고용 문제

여성이 전문직을 갖는 문제는 성 혁명의 투쟁 대상이었던 기사도 정신의 모순을 가장 잘 보여주는 사례다. 여성들은 늘 일을 해왔다. 대체로 남성보다 적은 보수를 받고, 그다지 내키지 않는 일을 남성보다 더 오랫동안 했다. 성 혁명 제1기의 고용 문제는 주로 일한 만큼 보수를 지불하라는 것과 권위 있는 분야에서도 일할 수 있는 기회를 달라는 것, 그리고 자신의 수입을 유지하고 관리할 수 있게 해달라는 것이었다. 산업 혁명 때문에 여성이 공장에서 일하게 되기 전 여성은 지루하고 비천하며 소모적인 (주로 농사에 관계되는) 일을 했다. 그러나 기사도 정신의 부속물인 통제 윤리인 '단정함'에 따르면 '숙녀'는 정신보다 차라리 몸을 쓰는 편이 더 어울린다. 그리고 기사도 정신은 그러한 금기를 어기는 것에 강한 반감을 표했다. 이는 금기가 얼마나 경제적·정치적으로 유용한지 깨닫게 한다. 사회적으로 책임감 있는 지적인 직종(사법, 의학, 과학, 학문, 건축 분야의 직종)에 진출한 선구적 여성들은 무자비하고도 압도적인 저항에 부딪혀야 했다.

단정함이라는 강박적 미신이 중산 계급 여성의 이익에 해를 끼쳤다면, 노동 계급 여성에게 강요된 수동성은 체념이라는 또 다른 형태를 취했다. 가난한 사람들의 문제를 다루기 시작한 사회 복지관은 (오늘날에도 그러하듯이) 여성이 슬럼 거주자 중에서도 최하층이라는 사실을 발견했다. 여성만큼 보수를 적게 받는 사람은 없었고 여성만큼 처절하게 노동조합을 필요로 하는 사람도 없었다. 그들 대부분은 미숙련 노동자였고 유럽 가부장제의 가혹한 전통에 억눌려 있었다. 노예 상태에 단련되어 아무리 고통이 크다 하더라도 무감각하기 일쑤였고 자신의 이익 추구를 두려워했다. 한 노동조합의 선구자는 여성의 상황을 우울하게 보고하고 있다.

그들은 단 한 줄기의 희망도 찾을 수 없다는 비관적 인생관으로 자신에게 주어진 조건을 아무런 의심 없이 복종하고 받아들이는 것이 습관이 되어 있다. 자연이 내려준 선물을 향유하는 것을 삶이라고 한다면 그들은 엄밀히 말해 삶을 살고 있다고 말할 수 없다. 단지 일부분이 마비된 동물처럼 무기력하게 살고 있을 뿐이다. (…) 많은 여성은 어리석은 자부심과 고상한 척하는 정숙함, 종교적 거리낌 때문에 노동조합 가입을 단념한다. 가까운 미래에 결혼하여 공장 생활에서 벗어나 조용하고 안락한 가정에 안착할 수 있으리라는 희망과 기대도 노동조합에 가입하지 않는 주된 이유다. 이는 결혼과 함께 노동으로부터 떠나게 될 것이라는 한창때 여성의 어리석은 상상에 불과하다. 결혼을 하게 되면 이제 한 사람이 아니라 두 사람을 위해 다시 공장으로 돌아가야 한다는 현실을 깨닫고, 고생이 다시 시작될 뿐이라는 것을 느끼게 된다. 모두 과거와 현재의 여성이 처한 상황과 조건의 결과이며, 지속적 운동과 교육을 통해서만 타파할 수 있는 것이다.[32]

32 *Proceedings of the Knights of Labor*, "Report of General Investigator of Women's Work and Wages," 1886, pp.155~156. 보고자는 레오나라 배리 Leonara Barry이다. Flexner, 앞의 책, pp.190~200에서 인용.

영국과 미국에서 행해진 여성 노동과 아동 노동 조건에 대한 조사 보고는 대중을 격앙시켰다. 특히 영국에서 그러했다. 영국 의회는 수십 년간의 조사 결과를 발표하는 청문회를 열고 공식 보고서를 출간했다. 그 결과 자본주의의 탐욕스러운 자유방임 정책을 제한하고, 남성과 여성을 포함한 모든 노동자에게 최소한의 인간적 노동 조건을 보장하는 기준을 세우는 현대의 보호법이 제정되기 시작했다. 그러한 개혁 덕분에 남성과 여성, 아동 모두가 크게 이득을 얻었다. 하지만 남성이 노동 운동에서 더 많은 혜택을 얻은 반면 여성은 그렇지 못했다. 여성 노동자에게는 참정권보다 노동조합이 훨씬 더 필요했다. 하지만 노동 운동은 여성 노동자를 조직화하는 문제에 놀랄 만큼 관심이 없었다(이는 지금도 그러하다). 남성 노동력보다 싸게 거래될 만큼 지독히도 값싼 노동력이었던 여성 노동자는 취업이 되더라도 훨씬 손쉽게 노동력을 착취당했으며 편의상의 이유로 손쉽게 해고되기도 했다.[33]

최초의 주요 노동 개혁 중 하나는 노동 시간을 제한하는 법률 제정이었다.[34] 그러나 영국과 미국 양국에서 여성이 처한 야만적 상황을 개선하려는 운동은 (노동자로서의 여성 인권을 소홀히 한

---

33 지금도 사태는 그다지 변하지 않았다. 미국에서 여성이 종사하는 가정부, 속기사, 타자수 등과 같은 직업은 노동조합이 없다. 또한 점원이나 종업원와 같은 직종의 노동조합은 너무 힘이 약하고 부패하여 실질적 도움을 줄 수 없다. 노동조합에 소속된 남성 직종과 조합의 보호를 받지 못하는 여성 직종만큼 임금 격차가 심한 곳도 없다. 그에 비해 전문직 직종은 여성을 겉보기에 평등하게 대우하나 이는 차별이 더 잘 은폐되기 때문이라는 느낌을 준다.

34 남성과 여성 모두 아동 노동법의 혜택을 받았다. 공장에서 젊은이에게 허용된 노동 시간이 줄어듦에 따라 아동 노동력에 의존하여 일하는 성인의 노동 시간도 제한되었기 때문이다.

채) 단지 여성 노동자의 충격적이고 혼란스러운 생활 혹은 여성의 노동 조건이 출산이나 양육, 여성의 '도덕'이나 '미덕'에 끼치는 해로운 영향 등을 강조할 뿐이었다. 수많은 곳에서 사람들이 여성 노동자의 고통을 진정으로 동정했음에도 개혁은 가부장적 문화와 제도를 보호하려는 동기의 수준에서만 행해졌다. 즉 (부양자이며 가장인 아버지의 권위를 포함하여) 가족 구조가 붕괴하고 있다든지, 여성 노동자가 자유로운 성관계를 할지도 모른다든지, 한 군데(공장)에서만 지나치게 일하면 다른 곳(가정)에서는 봉사를 소홀히 하게 될지도 모른다는 등의 논리였다.[35] 미국과 영국의 남성들은 여성을 공장에서 끌어내어 안전한 '가정'으로 돌려보내는 게 상책이라는 태도를 보였다.

여성의 경제적 독립은 의식적으로든 무의식적으로든 남성 권위에 대한 직접적 위협으로 인식되었음을 이해해야 한다. 독신에다 높은 임금을 받는 숙련된 여성 노동자의 유능함과 자기만족, 성적 선택의 자유는 어떤 사람에게는 무시무시한 위협으로 느껴졌던 모양이다. 여성 공장 노동자가 대부분 지독한 가난과 가사 노동에 시달리고 질병과 영양실조에 고통받고 있다는 사실만큼이나 오싹하게 느껴졌던 것이다. 후자는 생계를 벌어보겠다는 어리석음의 전형인 반면 전자는 사람들을 꾀어 자유를 꿈꾸게

---

35 Neal J. Smelser, *Social Structure and the Industrial Revolution*(University of Chicago, 1959), 특히 9장과 11장 참조. Neff, 앞의 책과 의회 보고서에도 이러한 주장이 나와 있다. '노동'이라는 단어가 시장 경제나 화폐 경제에서 지니는 중후한 함의 때문에 여성의 가사 '노동'은 노동으로 생각되지 않았으며 지금도 그러하다는 사실 역시 기억해야 한다. 또한 여성이 아무리 오랫동안 밖에서 일하고 와도 가사 노동은 당연히 여성이 해야 한다고 생각했다. 이 시기 여성 노동의 많은 부분을 차지한 가정부는 거의 노예에 가까운 조건에서 살았다.

할 위험이 있다. 몇몇 논의에 따르면 노동 계급 엘리트 여성이 중산 계급 여성보다 오히려 더 잘 산다고 한다. 중산 계급 여성에게는 낮은 보수에다 하인 취급을 받으며 뒷조사까지 당하기 마련인 굴욕적인 가정교사자리밖에 없었다.[36]

여성이 의미 있는 일을 즐길 수 있는 좋은 조건을 마련해야 한다는 생각이 여성 보호 대책을 입법하는 사람들에게 중시된 경우는 거의 아니, 전혀 없었다. 그들은 최소한 임금 문제에서만이라도 양성평등을 진지하게 생각해본 적도 없었다. 마침내 달성된 기사도적 개혁은 육체적으로 열등한 사람에게 생색내면서 양보하는 듯한 분위기를 종종 풍겼다. 의회 보고서에도 여성과 아동은 대체로 미성년자의 지위로 한데 묶여 취급되었다. 미국의 보호 법률에 결정적 승리를 가져온 루이스 브랜다이스의 유명한 '오레곤 보고서'는 독선적 가정假定에 근거하고 있는데, 이 가정에 따르면 "여성은 인내심, 근력, 정신력, 지속적 집중력과 응용력에서 근본적으로 남성보다 약하다."[37] 브랜다이스에 따르면 "여성이 늘 남성에게 의존해왔다는 사실은 역사가 증명한다. (…) 이러한 문제에서 여성은 남성과 구별되므로 스스로 하나의 계급으로 자리 잡았으며 남성에게 필요하지도 않고 인정되지도 않는 법률도 여성에게는 기꺼이 인정되는 것이다. 여전히 여성이 남자 형제를 돌봐야 하고 남자 형제에게 의존해야 한다는 사실은 무시 되어서

---

36 이는 당시 예리하고도 동정적인 사회학적 문헌들을 통해 입증되었으며 Neff, 앞의 책에서도 확인된 바이다.

37 Decision of the United States Supreme Court in Curt Muller vs. the State of Oregon, U.S. 412, 421, 422(1908); Brief for the State of Oregon by Louis D. Brandeis.

는 안 된다."[38]

이 시기에 대한 영국과 미국의 연구를 보면 여성 노동자들은 습관적으로 잘못된 근거에서 보호받았다는 사실을 확신하게 된다. 그러나 성 혁명이 경제적 측면에서 여성을 위해 많은 것을 성취했다는 사실은 여전히 부인될 수 없다. 착취적이고 차별적인 고용이라는 고난에도 불구하고 여성은 경제적·사회적·심리적 독립을 위한 수단을 쟁취했다. 이러한 독립은 자유를 위한 **필수 조건**이다.

* 논쟁

1 밀 대[對] 러스킨

여성에 대한 남성 우월주의자들의 낡고 냉소적인 말투가 계속해서 영향력을 행사했다면 제1기 성 혁명은 결코 일어날 수 없었을 것이다. 대신 성 혁명 투쟁은 반대되는 두 진영을 대상으로 이루어졌다. 하나는 합리적인 진영이었고 다른 하나는 기사도 진영이었다. 이들은 각자 자신들이 진심으로 양성 이해와, 더 크게는 사회 이익에 전념하고 있다고 주장했다. 기사도적 태도와 (그러한 가부장적 온정주의의 결과인) 실제 여성의 경제적·법적 상황을 대조하

---

38 같은 곳. 뮬러Muller의 재판에서 선언된 '성은 계급을 분류하는 유효한 근거'라는 원칙은 항상 악용될 소지가 있었다. 여성을 위하여 제정된 보호 법안은 종종 여성을 차별하기 위해 사용되었다. 노동 시간 규제나 여성이 들어 올릴 수 있는 물건의 무게 제한은 여성이 특근을 하거나 승진을 하지 못하는 적절한 '이유'가 될 수 있었기 때문이다.

는 것이 많은 것을 해명해주었듯, 빅토리아 시대 성 정치학을 보여
주는 핵심적 두 저서(밀의 《여성의 종속》과 러스킨의 〈여왕의 화원〉)를
비교해보는 것도 많은 것을 드러내줄 것이다.[39] 여성 문제에 대하
여 빅토리아 시대의 사유가 보여준 범위와 가능성 전체가 이 저
자들의 진술 속에 압축되어 있다고 해도 과언이 아니다.

밀에게서 우리는 성 정치학의 사실주의를 만나고, 러스킨에
게서는 성 정치학의 낭만성과 그 신화의 자애로운 측면을 발견한
다. 존 러스킨의 작품에는 빅토리아 시대 성에 대한 다양한 신화
들이 함축되어 있다. 러스킨이 그리는 정숙한 기혼 부인matron 이
미지는 유혹하는 여자라는 유령 같은 형상에 기초하기 때문이다.
이는 당대 문학과 삶에서 등장한 여성에 대한 이항 대립적 환상,
즉 아내와 창녀라는 두 계급의 여성에 대한 환상을 보완해준다.
이러한 이항 대립적 여성상은 사회적이고 성적인 구분이 성에 대
한 이중 잣대 속에서 어떻게 작동하는지 설명해준다. 밀의 저서
는 여성의 실제 상황을 명쾌하게 진술하며, 러스킨의 작품은 빅
토리아 시대의 공식 태도라 할 수 있는 강박적인 남성적 환상을

---

39 John Stuart Mill, *The Subjection of Women*(1869), reprinted in *Three
Essays by J. S. Mill*, World's Classics Series(London, Oxford University
Press, 1966); John Ruskin, "Of Queen's Gardens," *Sesame and Lilies*,
first published in 1865, reprinted in an American edition(Homewood
Publishing Company, 1902). 월터 호튼 같은 저명한 빅토리아 시대 학자는 〈여
왕의 화원〉에서 기사도적 입장에 관한 대표적이고도 결정적인 표현을 발견하고, 그 작
품이 시대적 중요성을 가지고 있다는 데에 동의했다. "러스킨의 강연문은 빅토리아 시
대 사유의 특징이라 할 수 있는 사랑과 여성, 가정의 이상화를 보여주는 유일하고도
중요한 글이다." Walter Houghton, *The Victorian Frame of Mind*(Yale, 1957),
p.343. 이 작품에 대한 오늘날의 무관심(빅토리아 시대 연구자들에게 이 작품을 언급
하면 당황스러워하는 경향이 있다)에 비춰볼 때, 《참깨와 백합》이 당시 러스킨의 가장
대중적인 작품이었다는 사실을 상기해야 한다.

완벽하게 통찰한다. 남성적 환상의 어두운 이면은 문학, 특히 시에서 발견된다. 여성적 악의 당대 화신인 사악한 여성은 테니슨의 시에서부터 음란한 포르노 문학에 이르기까지 여기저기에서 위협적 존재로 숨어 있었다. 반면에 〈여왕의 화원〉에 등장하는 정숙한 숙녀는 빅토리아 시대 중산 계급의 규범적 신념을 낙천적이고도 노골적으로 표명한 것이라고 할 수 있다.

성 혁명은 엄청난 문화적 저항에 맞서 천천히 전진해왔다는 사실을 잊어서는 안 된다. 빅토리아 시대는 가부장제의 문제와 그 지배하에 있는 여성의 조건이라는 문제에 역사상 최초로 직면했던 시기이지만, 그에 맞서는 방식은 당황스러울 만큼 다양했다. 밀과 엥겔스는 이 문제에 용감하고 총명하게 맞섰고, 온화하고 순박했던 러스킨 같은 소설가들은 뜨뜻미지근한 태도로 마지못해 다루었으며, 테니슨, 로제티, 스윈번, 와일드 등의 시인들은 상반된 감정으로 불안하게 다루었다. 이러한 방식들은 빈도와 정도 차이가 있기는 하나 곳곳에서 발견되며, 의견이 분분하고 다루기 어려운 문제로 여겨졌다. 예를 들어 디킨스는 《돔비 부자^{Dombey} and Son》를 통해 가부장제와 자본주의를 완벽하게 고발하고 있다. 이 소설은 출산 전 아이의 성별에 대한 애호 현상과 사유 재산 체계 내에서 여성의 종속 상태에 대한 엥겔스의 뛰어난 해명에 영감을 받았다. 그럼에도 디킨스는 러스킨의 〈여왕의 화원〉에 등장하는 유類의 여성에 대한 감상적 심리를 버리지 못했다. 디킨스의 소설에 등장하는 거의 모든 '진지한' 여성 인물(낸시를 비롯하여 범죄를 저지르는 몇몇 여성들을 제외하고)은 러스킨의 '여왕'과 다를 바 없는 상투적 인물에 불과하며, 이는 디킨스와 같은 거장의 작품에서 발견되는 실망스러운 결점이라 할 것이다. 실제로 러스킨의

〈여왕의 화원〉에 정통하게 되면 빅토리아 시대 소설을 연구하는 데 큰 도움을 받을 수 있다.

　빅토리아 시대 기사도적 태도를 이전 시대의 노골적(여성을 대놓고 괴롭히던 섭정 시대(1811~1820년 영국 황태자 조지의 섭정 시대를 말한다.—옮긴이)의 방종함과 같은) 남성 우월주의와 페미니즘이 절정에 이른 20세기 초반의 혁명적 분위기 사이에 존재하는 과도기로 보고 싶어질지도 모른다. 1869년과 1884년 각각 책을 쓴 밀과 엥겔스는 20세기 초반의 시대정신에 속한다고 반대할 수도 있겠다. 하지만 그들의 현대적 저서 또한 빅토리아 시대의 산물이다. 그 시대가 아무리 진보적으로 혹은 뒤처져 보인다 하더라도 말이다. 그들이 다루는 현실은 빅토리아 시대 감수성을 날카롭게 찌르던 것이다. 이는 개혁에 대한 페미니즘 진영의 요구로 직접 표현되기도 했고, (당시 소설에 등장하기 시작했던) 여성의 사회적·법적 무능력을 비난하는 형태로 간접적으로 표현되기도 했다. 시인들에게서 변화의 효과는 죄의식이나 원한, 막다른 궁지 등과 같이 무의식적인 남성적 감수성이 지닌 환상으로 반영되었다. 이는 여성의 사악함이라는 신화로 보완되기에 이른다. 반면 여성 작가들은 자신이 처한 조건에 대한 증가하는 불안과 반항 정신을 보여주는 새로운 아이디어들을 내놓았다.

　러스킨은 1864년에 맨체스터 시민 회관에 모인 중산층의 남녀 청중 앞에서 〈여왕의 화원〉을 강연했다. 강연은 1865년에 출간된 《참깨와 백합Sesame and Lilies》에 수록되었다. 1871년 《참깨와 백합》은 재출간되는데, 여기에 덧붙인 서문에는 러스킨이 1858년 사랑에 빠졌던 여인 로즈 라 투쉬Rose La Touche에 대한 매혹의 그림자가 드리워져 있다. 당시에 로즈는 아홉 살이었고 러스킨은 서른아홉 살이었다. 〈여왕의 화원〉에 나오는 유쾌한 정중함은 순진무구하고 아름다운 소녀에 대한 노망난 에로티시즘과 다를 바 없지만, 모든 여성이 법적으로 미성년자 취급을 받았던 당시에는 그다지 놀랄 만한 일도 아니었을 것이다.

러스킨은 청중 속 부르주아 여성들을 '여왕'이라고 부르면서 아첨을 아끼지 않고 있지만, 실제로는 페미니즘의 반란으로 압박감을 느끼고 기분이 몹시 상했던 것 같다. "이 문제에 관해 지금처럼 거친 말이 오가고 헛된 상상력이 난무했던 시대는 없을 것입니다"라고 러스킨은 비탄한다. 물론 여기에서 말하는 "문제"란 "여성의 '권리'"에 대한 문제다.[40] 러스킨은 인용 부호까지 넣어가면서 호들갑스럽게 말한다.

처음부터 러스킨은 자신이 결코 노골적인 남성 우월주의자가 아니라 중간노선을 취하는 사람이라고 안심시킨다. 아마도 '급진적' 페미니즘을 반대하려는 것 같으며, 여성이 사랑받고 존경받는다는 궁정풍의 진부한 주장으로 급진적 페미니즘에 반박하는 것이야말로 자기 강연의 효과라고 생각하는 듯하다. 러스킨의 주장에 따르면 여성은 집에만 머물러 있다면 불평할 것도 없고, 심지

---

40 Ruskin, 앞의 책, p.128. 서문(1871)에서 그는 '여성 교육과 여성의 주장에 관한' 강연을 하면서 제기된 더 자세한 "문제"에 대해 언급하고 있다. 이 문제는 "소박한 사람들의 마음을 대단히 괴롭히며 불안한 사람들의 마음을 들뜨게 했다" 한다. 러스킨은 그러한 무의미한 문제를 추구하는 사람을 경멸하면서 여성 독자에게 미덕에 대해 열변을 토하기 시작한다. 이때 러스킨의 어조는 갈수록 설교조가 되며 "라틴어 사전을 꺼내 'sollenis'(이 단어는 '전체'를 뜻하는 'sollus'라는 단어와 '년年'을 뜻하는 'annus'가 합성된 'solemn'이라는 영어 단어로 발전했다. 이는 '매년 정기적으로 행해지는 어떤 것'이라는 뜻을 가지게 되었고 나중에는 종교 의식, 종교적 의무 등을 뜻하게 되었다.—옮긴이)라는 단어를 찾아서 그 뜻을 마음속에 잘 새겨두십시오"라고까지 말한다. 때로는 "우연히 여러분의 텅 빈 작은 마음을 사로잡은 그 모든 오만하고 어리석은 신념들에 대하여"라는 식의 응징하는 말투가 되기도 한다. Preface, p.9, 10, 13 참조.

어 그런 여성은 여왕과 같다. 러스킨의 전략은 반동적 여성을 제한하기 위해 빅토리아 시대가 사용한 독창적 수법인 '별개 영역'이라는 원칙을 가지고 새로운 이단자를 타도하려는 시도로 보인다.

반면에 밀은 여왕을 대변하지도 않았고 로즈 라 투쉬 같은 결혼 적령기 여성에 사로잡히지도 않았다. 《여성의 종속》은 〈여왕의 화원〉이 출간되기 3년 전에 쓰였다. 하지만 밀은 출간 시기에 신경을 많이 써서 1869년이 되어서야 출간되었다. 이 시기는 러스킨이 자신의 작품을 재출간하기 2년 전이다. 밀은 《여성의 종속》을 의붓딸 헬렌 테일러^{Helen Taylor}와 함께 썼으며, 자신이 쓴 부분은 대부분 아내 해리엇 테일러에게서 아이디어를 얻었다고 주장했다. 《여성의 종속》에 영감을 준 여성 심리학이 여성의 도움을 필요로 했다는 데는 의심의 여지가 없지만 그럼에도 문체와 논리는 여전히 밀의 것이다. 《여성의 종속》은 역사를 통틀어 여성이 처한 현실적 입장을 가장 조리 있고도 유창하게 서술한 책이다. 또한 빅토리아 시대 여성의 법적 종속과 여성을 나약하게 만드는 교육, 여성의 숨통을 죄는 '아내다운 복종'이라는 윤리를 효과적으로 공격했다. 《여성의 종속》은 밀의 《자유에 관하여^{On Liberty}》에 버금가는 강력한 주장을 담고 있으며 노예제나 농노(밀은 여성의 지위를 농노와 다름없다고 생각한다)를 다룬 다른 글만큼이나 뛰어난 자제력으로 인본주의적 분노를 보여준다.

정치적 리얼리스트 밀은 자신의 주장이 얼마나 혁명적 특성이 있는지 잘 알고 있었다.

양성 간의 기존 사회관계(하나의 성이 다른 성을 법적으로 종속시키는 관계)를 규제하는 원칙은 그 자체로 잘못되었으며 현재 인간의

2부 역사적 배경

발전을 가로막는 중대한 장애물이다. 이것은 완전한 평등이라는 원칙, 즉 어느 한쪽에 권력이나 특권을 부여하고 다른 쪽에는 무능력을 부과하는 것을 허용하지 않는 원칙으로 대체되어야 한다.[41]

이는 당시 할 수 있었던(지금도 그러하다) 가장 과감한 충고였다. 밀은 자신이 부딪히게 될 저항도 잘 알고 있었다. 남성 우월주의자든 기사도주의자든 낡은 학파는 경악에 가까운 불합리한 소란을 일으키면서 밀에 저항했다. 이들은 양성의 상황이 매우 정상적이라는 주장에 실제 증거를 내놓을 생각은 꿈에도 하지 못했다. 밀은 심지어 무비판적이고 편협하기 그지없는 반대가 있을 것이라는 예상도 하고 있다. "대다수 사람이 보편적으로 공유한 견해를 공격하는 사람은 무거운 짐을 지는 것과 같다. 자신의 의견을 들어주는 사람이 한 사람이라도 있다면 그는 아주 유능한 사람일 뿐만 아니라 운도 좋은 사람이라고 할 수 있다."[42] 하지만 밀은 특출한 능력을 지녔음에도 남성 청중 앞에서는 몹시 운이 나빴다. 《여성의 종속》에 대한 서평은 참혹했다. 밀은 미치광이이거나 부도덕한 사람, 아니면 둘 다임이 틀림없다고 비난받았다.[43]

---

41 Mill, 앞의 책, p.427.

42 같은 책, p.428.

43 어느 서평자는 밀이 "이 시대의 대중적 감정 중에서 가장 기이하고 비열하며 해로운 것"에 관심이 있다고 비난했다. 다른 서평자는 밀이 남녀 관계를 "순전히 자발적 원칙으로 작동한다"고 생각하는 것을 믿을 수 없다고 말했다. 다른 사람들도 《여성의 종속》이 점잖지 못하다고 비난했다. 30년이 지난 후에도 여전히 이 책은 "상스러운 윤리와 사회적 무정부주의"를 보여준다고 비난받았다. Michael St. John Packe, *The Life of John Stuart Mill*(New York: Macmillan 1954), p.495 참조. 밀의 자서전을 쓴 작가는 《여성의 종속》은 "밀이 이제껏 쓴 책 중에서 가장 많은 적개심을 불러일으켰다"라고 말했다. 같은 곳. 여성은 남성과 다소 다르게 반응했다. 여성 해방 운동 진영은 이 책을 공들여 쓴 교과서라고 말하면서 환영했다.

본성이라는 문제

성에 대한 편견이라는 영역에서 '이성'은 늘 침입자였다. 러스킨은 결코 어리석은 사람이 아니었음에도 〈여왕의 화원〉에는 모든 저작을 통틀어 가장 지성적이지 못한 에너지를 쏟고 있다. 《참깨와 백합》에 정성을 기울인 러스킨은 정서와 중세 영웅시대에 대한 모호한 향수, 가정에 대한 달콤한 주장에 대한 의존만으로도 충분했을 것이다. 밀은 19세기의 지루하고도 특징적인 정신 습관 중 하나가 18세기 합리주의에 대한 반동감이며, 모든 것을 "인간 본성이라는 불합리한 요소"로 둘러대는 것이라고 언급한 바 있다.[44] 러스킨의 강연은 밀의 통찰을 잘 보여주는 사례다.

러스킨에게 주장이라고 할 만한 게 있다 해도 밀의 주장에 비하면 단순하며, 청중의 마음에 파문을 일으키기보다는 마음을 달래 주기 위해 계산된 것에 불과하다. 러스킨은 교육받은 중산계급이 "제대로 지도받지 못한 무식한" 사람들에게 '왕권'을 행사한다는 다소 자기만족적 전제로 시작하면서 자신의 임무는 단지 여왕을 위해서 왕권 영역을 일부 분할하고, 그가 즐겨 쓰는 표현에 따르면 "고귀한 교육에서부터 나오는 왕족 권위의 특별한 부분을 여성이 적절하게 소유할 수 있도록" 결정해주는 것이라고 한다.[45] 러스킨은 자본가를 '왕'이라 칭하면서 그들의 사회적 허

---

44 Mill, 앞의 책, p.430.

45 Ruskin, 앞의 책, p.125, 126, 127. 뒤따르는 〈왕의 보고寶庫Of King's Treasuries〉
  는 교육과 가난의 문제를 다루고 있으며 주로 남성 청중을 대상으로 한 강연이다. 강연
  문은 뛰어나며 결코 자기만족적이지 않다. 이 두 강연문만큼 서로 대조되는 것은 없을
  것이다.

레허식에 영합하고 있다. 반면 러스킨은 여성 청중에게 억제되지 않는 과장된 열정으로 이렇게 말한다. "우아한 왕족의 영향력을 여성이 적절하게 이해하고 잘 행사한다면 그러한 자비로운 힘이 이끌어낸 질서와 아름다움이야말로 우리의 이야기를 정당화해줄 것입니다. 여성이 통치하는 '여왕의 화원'이라는 영토에 대한 우리의 이야기를 말입니다."[46]

러스킨은 "여성의 일상적 힘이 어떠해야 하는지에 동의하기 전까지는 여성의 여왕 같은 힘이 무엇인지도"[47] 결론 내릴 수 없다고 고백한다. 여기에서 러스킨은 단지 상류 계급과 중산 계급 여성의 역할이란 여성 자신의 본성과 능력에 달렸다고 말한다. 여성의 본성과 능력이 남성과 동일하다면 여성 또한 남성을 보조하는 역할에 머무르는 것이 아니라 남성 엘리트 집단의 온전한 구성원이 될 수 있을 텐데도 말이다. 러스킨과 동료들이 별개 영역의 원칙을 고안하고 이를 '본성(자연)'이라고 주장한 것은 정확히 말해 계급 내 양성평등이라는 위험을 피하기 위해서다. 빅토리아 시대에 커다란 영향력을 행사한 두 중심인물은 밀과 토머스 칼라일Thomas Carlyle이다. 밀의 합리적 전통과 종종 상충하는 러스킨은 칼라일을 따라 이성보다는 정서에 호소하는 경향이 있다. 칼라일의 영향을 받는 사람들에게 본성이란 정서적 용어라기보다는 매우 편리한 부속품에 불과하다. 그 부속품은 계급과 절대왕정, 봉건주의 등 그들이 지지하는 모든 체계를 정당화하는 데 마구잡이로 사용될 수 있다. 러스킨은 결코 밀과 같은 민주주의

---

46   같은 책, p.127.
47   같은 곳.

자가 아니었다.[48] 대신 러스킨은 빈곤층의 처지에 대한 도덕적 분노와 귀족주의와 중세 부흥 운동에서 볼 수 있는 영웅주의와 고상함에 대한 열망을 결합한다. 그가 최고의 모습을 보여주는 순간은 빈곤층에 대한 동정심을 웅장하게 표현하고 속물주의자의 탐욕을 성서처럼 강하게 비난하면서 속물근성을 초월하는 때다.

러스킨은 약삭빠른 사람이라서 노골적으로 성 지위를 주장하지 않았지만, 기질과 성 역할에 대한 전통적 고정 관념에 집착하여 결국 성 지위라는 문제에 불가피하게 다다른다. 러스킨의 말투가 아무리 어리석고 케케묵었다 할지라도 그가 쓰는 전략은 변함없이 통속적이다. 그 수법은 1930년대에 시작된 반동의 시기에 더욱 세련된 표현법으로 다시 등장했다. 러스킨은 한 성性의 '우월성'이 다른 유사한 것들과 비교될 수 있다는 듯이 주장하는 것을 즉시 단념한다. "한 성은 다른 성이 가지고 있지 않은 것을 가지고 있습니다. 한 성은 다른 성을 보완합니다. 둘은 어떤 유사점도 없으며 한쪽의 행복과 완성은 다른 쪽이 줄 수 있는 것을 얼마만큼 요구하고 받느냐에 달려 있습니다."[49] 이는 듣기 좋은 소리처럼 들린다. 그것이 사회적이고 기질적인 차이를 생물학적 차이로 정당화하는 흔해 빠진 수법임을 기억하기 전까지는 말이다. 재생산 체계와 부차적인 성적 특성, 오르가슴에 도달하는 능력, 유전적·형태학적 구조를 제외한다면 양성은 모든 면에서 본질적

---

48 "내 아버지가 그러셨듯이 나 또한 유서 깊은 학파의 극렬 보수주의자다. 이 유서 깊은 학파란 월터 스콧 학파를 말하며 이는 곧 호머 학파를 칭한다." John Ruskin, *Praeterita*. 이 글은 *The Genius of John Ruskin*, ed. John D. Rosenberg (Boston: Houghton Mifflin, 1963), p.461에 부분 수록되어 있다.

49 Ruskin, "Of Queen's Gardens," 앞의 책, p.143.

으로 동일하다. 아마도 양성이 고유하게 주고받을 수 있는 게 있다면 정액과 분비물뿐일 것이다. 러스킨이 사회적 경제라며 의도한 것은 이러한 물물교환 방식은 분명 아니었다.

따라서 러스킨은 양성이 서로를 보완해준다는 단순한 주장이 '증명'되었다고 말하면서 양성의 세계에 대한 지도를 그리는 것으로 나아간다. 양성의 세계란 인간의 온갖 시도를 한 성에게만 부여해주고 다른 성에게는 단지 작은 온실 하나를 주는 것이다.

양성의 개별 특징을 간략히 말하면 다음과 같습니다. 남성의 힘은 활동적이고 진취적이며 방어적입니다. 남성은 행하는 자, 창조하는 자, 발견하는 자, 지키는 자입니다. 남성의 지성은 사색과 창조를 위한 것입니다. 남성의 에너지는 모험과 전쟁과 정복을 위한 것입니다. (…) 그러나 여성의 힘은 전쟁하는 것이 아니라 다스리는 것이며, 여성의 지성은 창조나 재창조가 아니라 기분 좋게 배열, 정돈, 결정하는 것입니다. (…) 여성은 자신의 지위와 장소로 인해 모든 위험과 유혹에서 보호받습니다. 열린 세상에서 거친 일을 하는 남성은 온갖 위험과 시도에 직면해야 합니다. 그러므로 실패나 모욕, 불가피한 실수는 모두 남성에게 있습니다. 남성은 종종 상처를 입거나 정복당해야 하고 잘못된 길로 갈 수도 있으므로 항상 마음을 굳게 다져야 합니다.[50]

---

50   같은 책, pp.143~144. 그러한 체계가 남성에게 다른 인간을 착취할 수 있는 놀라운 허가증을 발급해준다는 사실은 언급할 필요도 없을 것이다. 남성의 '더 나은 반쪽'은 가정에서 정숙하게 머무르면서 사라져가는 남성의 인간성을 보충할 준비가 되어 있다. 이는 냉혹한 비즈니스 사회에 적합한 완벽한 윤리다. 가정과 아담한 아내는 지금까지도 전원 풍경을 대표하는 최후의 목가다. 오늘날에는 교외 지역이 이러한 기능을 하며, 광고에 나오는 남자는 고생하면서도 아내와 아이들을 그런 전원에 살게 해준다.

물론 러스킨은 지배자와 피지배자의 현실을 가식적이고 과장된 언어로 치장하고 있다. 그뿐만 아니라 관습을 자연스러운 것으로, 편리를 불가피한 것으로 고의로 혼동한다. 밀은 성 지위의 불평등한 구별에 기질과 역할에 대한 문화적 구별이 내재한다는 것뿐만 아니라 후자가 전자를 뒷받침하기도 한다는 것 또한 잘 알고 있었다. 성 지위를 가르치고 영속화하는 방식에 대해서도 마찬가지였다. 그리고 남성과 여성의 인간성을 명료하게 나누고는 양성이 처한 사회적이고 지적인 상황을 '본성'이라고 칭하는 것이 얼마나 탁월한 정치적 몸짓인지도 밀은 잘 알고 있었다.

밀은 다른 '불평등한 권력 형태'를 비교한 자신의 논의에 반대하는 사람들에게 주인 계급은 자신의 특권을 항상 자연스러운 것으로 간주한다고 응수한다. 아리스토텔레스는 노예제가 해롭다고 생각하지 않았으며 미국의 농장주 계급 또한 마찬가지였다. 그들은 모두 자연(본성.-옮긴이)이라는 근거 위에서 자신의 부당한 행위를 정당화했으며, 종속 집단의 위치는 생득적이고 하나님께서 정해주신 것이라고 주장했다. 군주 정치 역시 오래된 가부장제적 권위에서 나온 훨씬 더 '자연스러운' 것이라는 근거로 스스로를 옹호했다. "따라서 부자연스러운 것은 일반적으로 관습적이지 않은 것을 의미하며 일상적인 모든 것은 자연스러운 것으로 보인다. 여성이 남성에게 종속되는 것 또한 보편적 관습이며 이에 벗어나는 것은 매우 부자연스러운 것으로 보인다."[51]

자연스러운 성향에 근거해 상보적인 별개 영역을 세우는 러스킨의 논리는 밀의 반론에 제대로 반박할 수 없다. 밀은 이른바

51　Mill, 앞의 책, p.441.

인격의 천부적 본성이 모두 상황의 조건화에 의존하며 실제로 그러한 조건화에서부터 만들어진다고 말한다.

> 나는 상식에 근거해서 그리고 인간 정신의 구성에 근거해서 양성의 본성을 잘 알고 있다거나 알 수 있다는 주장에 반대하는 바이다. 그것은 단지 현재 관계에서 그렇게 보일 뿐이다. (…) 지금 여성의 본성이라고 불리는 것은 완전히 작위적인 것이다. 그것은 특정한 방향으로 강요한 억압의 결과이며 다른 사람들을 부자연스럽게 자극한 결과다. 종속된 계급 중에서도 (여성만큼) 주인과의 관계 때문에 그렇게 자연스러운 조화에서 완전히 왜곡된 성격을 가지게 된 계급은 찾아볼 수 없다고 주저 없이 주장할 수 있다.[52]

밀은 보통 여성적 성격으로 간주되는 것은 고도로 작위적인 교육 체계가 낳은 예측 가능한 결과에 불과하다고 깨닫고 있었다. 혹은 밀의 은유를 써서 말해보면 사회 내 여성의 반은 온실에서, 반은 눈 속에서 자라난 식물이라고 할 수 있다. 밀은 "건전한 심리학" 앞에서는 본성의 신화를 맹목적으로 따르는 태도가 붕괴되고 말 것이라고 예견한다. 슬프게도 그러한 심리학의 도움은 아직 찾아볼 수 없으므로 당분간은 밀의 주장에 의지하는 것이 낫겠다. 《여성의 종속》이 이룬 위대한 성취는 심리학에 기여했다는 데 있기 때문이다. 밀의 심리학은 프로이트보다도[53] 더 명쾌한 처방prescription과 기술description의 구분에 근거하며, 환경과 상

---

52 같은 책, p.451.

황의 영향에 대한 훨씬 더 지적인 이해 수준을 보여준다. 밀은 또한 현 상태를 불가피한 것으로 해석하는 보수적 사고방식에 민감하게 반응한다. 이는 사회 심리학자가 지녀야 할 훌륭한 특질이다. "심리학의 가장 중요한 분과인 환경이 성격에 미치는 영향의 법칙을 분석적으로 탐구"할 때까지 우리는 성적 인격의 자연스러운 차이에 대해 그 어떤 것도 알 수 없을 것이라고 밀은 주장한다. "양성이 처한 상황을 가장 기초적인 수준에서 알게 되면 양성을 현재 모습으로 만든 원인을 명확하게 지적할 수 있을 것이기 때문이다."[54] 하지만 아직 그 어떤 것도 알 수 없으므로 "여성에게 이런저런 것이 그들의 사명이라고 일러주는 법칙을 주장하는 것"은 남성의 주제넘은 추정일 뿐이다.[55]

---

53 프로이트는 밀의 저서를 잘 알고 있었을 뿐만 아니라 싫어하기까지 했다. 심지어 밀의 저서를 번역하기도 했다. 하지만 프로이트는 러스킨의 강연에 대해서는 몰랐던 것 같다. 알았다면 얼마나 좋아했을지는 뻔하다. 프로이트는 양성이 태어날 때부터 기질적으로 다르다고 주장함으로써 밀의 주장에 응답했으며 (논리적 모순에도 불구하고) 이러한 차이를 지울 수 있는 변화에 개탄했다. 프로이트는 "세상이 우리에게 줄 수 있는 가장 즐거운 것, 즉 여성성이라는 우리의 이상"에 대해 기사도적 찬사를 바친다. 그는 또한 "자연은 여성의 운명을 아름다움과 매력, 감미로움으로 결정했다"라고 믿었다. 그러나 프로이트는 밀의 저서를 조롱("단지 밀이 인간이 아니라는 것을 깨달을 수 있다", "많은 문제, 예를 들면 여성 해방과 여성 문제에 대하여 밀에게는 부조리함에 대한 감각이 없다")을 넘어 비약하여 약혼자에 대한 개인적 수호자의 입장을 자처한다. "예를 들어 나의 부드럽고 달콤한 소녀를 단순한 경쟁자로 생각한다면 내가 17개월 전에 그랬듯이, 나는 그녀에게 얼마나 그녀를 좋아하는지 이야기하고 투쟁에서 벗어나 조용하고 경쟁 없는 가정적 행위로 돌아오라고 애원하는 것으로 끝냈을 것이다." Ernest Jones, *The Life and Work of Sigmund Freud*, Vol.I(New York: Basic Books, 1953), pp.175~176. 프로이트의 편지를 보면 아버지 같은 태도로 약혼자를 "내 소중한 소녀", "내 귀여운 아기" 등으로 부르는 습관이 있었음을 알 수 있다. Ernst Freud, *Letters of Sigmund Freud*(New York, 1960), letter 76, p.161.

54 Mill, 앞의 책, pp.452~453.

55 같은 책, p.457.

교육 문제

밀은 성에 대한 조건화가 어떻게 성 역할에 알맞은 성적 기질을 생산하는지 이해하고 있었다. 따라서 밀은 여성이 자신을 억압하는 체계의 산물이라는 것을, 그리고 여성에 대한 공식적·비공식적인 교육이 어떻게 여성의 조건을 영속화하는 데 기여하는지를 이해할 수 있는 탁월한 위치에 이르렀다. 밀은 또한 "여성과 남성 사이에 존재한다고 생각되는 정신적 차이는 교육과 환경의 차이 때문에 발생한 자연스러운 결과일 뿐 그 어떤 근본적 차이를 가리키는 것이 아니다. 더군다나 본성상 열등하다는 의미는 더욱 아니다"[56]라고 생각한다. 여성에게 할당된 교육에 대한 밀의 서술은 러스킨의 서술과 정확하게 일치한다. 그러나 둘 사이에는 놀라운 차이가 있다. 러스킨은 여성 교육을 아주 좋게 생각한 반면, 밀은 그것이 피상적인 수준에 머물도록 의도된 것이며 장식적일 뿐인 문화를 최소한만 알 수 있도록 의도된 것이라며 경멸한다. 밀의 비판적 표현에 따르면 여성 교육은 여성을 복종과 변덕스러운 경험에 적합하고 별 효과 없는 박애주의적 봉사 윤리에 적응하는 인물로 만들기 위해 계산된 "지식 교육이라기보다는 감정 교육"[57]에 지나지 않는다.

양성의 영역에 대한 윤곽을 그린 러스킨에게는 이제 여성을 그 영역에 '적합하게' 적응시키는 일만 남았다. 밀은 전 세계 사람들의 재능이 두 배가 될 수 있도록 모든 예술과 과학 영역에서 여성을 교육하고 여성에게 전문 지식을 습득하게 해야 한다고 주장

56   같은 책, p.489.
57   같은 책, p.532.

한 반면에, 러스킨은 그런 일에 그다지 서두르지 않는다. "여성에게 진정하고 지속적인 의무가 무엇인지에 대해 모두 동의할 때까지 어떻게 교육을 여성에게 적합하게 만들지 생각할 수 없습니다."[58] 이 말을 번역한다면(기사도적 감상에 대해서는 끊임없이 번역을 시도해야만 한다) 진정한 의미에서 볼 때 여성 교육은 하등 필요가 없다는 뜻이다. 교육 자체를 위해서라면 말이다. 대신 교육은 남성에게 '겸손한 봉사'를 해야 한다는 생각을 여성에게 심어주어야 한다. 러스킨의 신념은 모든 기준에서 여성에게 열등한 교육을 해야 한다는 것인데, 이에 반해 젊은 남성에 대한 러스킨의 교육 기준은 아주 높다. 초기 강연에서 러스킨은 자녀를 '자신의 본분'에 맞게 적응시키는 것만을 교육의 목표로 생각하는 근시안적 부모를 비웃었다.[59] 러스킨은 직업 이익에 대한 상상력이 없는 실용적 중산 계급의 미천한 본능에 악담을 퍼부으면서 경멸했다. 하지만 여성 교육은 단지 여성을 '자신의 자리'에 길들이는 정도만을 목표로 해야 한다고 생각했다.

러스킨은 아내의 '종속'을 진심으로 믿었으며 실제 그렇게 이야기하기도 한다. 일반적으로 여성의 임무는 남성과 가족을 '여성다운 지도'로 이끌고 봉사하며, 모든 사람에게 (다소 모호하고 미약한) 좋은 영향력을 행사하고 때때로 조그만 자비를 베푸는 것이다. 여성 교육이 설정한 목표는 바로 이것이다. 교육 이론이라는 측면에서 보면 훌륭한 작품에 더 강조점을 두는 점을 제외하고 러스킨의 이론은 루소의 이론과 거의 똑같다. 그러나 러스킨은

---

58 Ruskin, 앞의 책, p.128.
59 Ruskin, "Of King's Treasuries," 앞의 책, p.46.

여성 교육에 결정적인 진술을 제공한다. 여성 교육은 "자아 발전이 아닌 자기희생을 위해"[60] 여성을 현명하게 만들려는 목표를 가지고 있다. 이는 실로 노골적인 표현이다. 여성은 선의를 가지고 남의 이야기를 잘 들어주는 사람이 되는 것만으로 충분하다. "남성은 자신이 배우는 언어나 학문을 완벽하게 알아야 한다. 반면 여성은 남편과 남편 친구들의 즐거움에 공감할 수 있는 정도로만 남성이 배우는 언어와 학문을 알아야 할 것이다."[61]

러스킨은 여성에게 자기 성취를 멀리하라고 애원한다. 여성은 수박 겉 핥기 식의 지식은 습득할 수 있지만 어려운 지점에서는 그만하라는 지시를 받아야 한다. "자연법칙의 의미와 불가피성을 이해하십시오. 그리고 쓰라린 굴욕의 계곡을 모면할 수 있는 지점까지만 자연법칙의 최소한 한 가지를 따르십시오. 가장 현명하고 용감한 남성이 그곳으로 내려갈 수 있도록 말입니다."[62] 신학은 명시적으로 여성에게 금지된다. 그리고 러스킨은 여성이 진지하게 신학에 개입하는 것이 가부장제 종교에 얼마나 치명적인지를 알고 있다. 기사도적 몸짓 뒤에 숨은 개인적 적개심이 여기에서 고개를 내민다. 러스킨이 신경질적으로 불평하는 바에 따르면 여성은 어려운 학문에 소질이 없다는 것을 대체로 스스로 인정하면서도, "위대한 남성조차도 두려워하고 현명한 남성조차

---

60 Ruskin, "Of Queen's Gardens," 같은 책, p.145.

61 같은 책, p.153.

62 같은 책, pp.149~150. "가장 현명하고 용감한"이라는 수사와 "굴욕의 계곡"이라는 수사에 찍힌 방점은 "남성은 자신이 배우는 언어나 학문을 완벽하게 알아야 한다"라는 앞 문장과 직접적으로 모순된다. 후자의 문장에 나오는 남성은 "가장 현명하고 용감한" 남성이 아니라 모든 남성을 의미한다.

도 실수를 저지른 학문"[63]인 신학에 뛰어들려 한다. 뒤이어 (러스킨의 표현에 따르면) 하나님의 층계를 기어 올라가 하나님의 왕좌를 하나님과 분리시키려 하는 불경스럽기 짝이 없는 여성을 혹평하는 욕설로 가득한 문단이 나온다.[64]

러스킨 교육 프로그램은 대부분 윌리엄 워즈워스William Wordsworth의 루시 시편(영국의 낭만주의 시인 워즈워스의 작품으로 독일에 체류하던 시절 알고 지냈으나 일찍 세상을 뜬 소녀 루시를 추억하는 다섯 편의 시를 말한다.-옮긴이)에서 보충한 것이다. 러스킨은 워즈워스의 루시 시편을 통해 여성의 '섬세한 힘'과 '완벽하게 사랑스러운 얼굴'(이는 태양과 소나기에 대한 유익한 앎의 최종 산물이다)을 위한 비결을 처방하고 있는 것으로 보인다. 러스킨은 잔 다르크가 대자연의 교육을 받았다는 사실을 상냥하게 일러준다. 특히 여성을 이야기할 때 러스킨이 보여주는 대자연에 대한 강박은 극심하다. 즉 남자아이는 '조각을 새겨' 형태를 부여받아야 하지만 여자아이는 '대자연'이므로 꽃처럼 쉽게 성장한다고 러스킨은 확신한다. 꽃은 지식이라는 오염을 필요로 하지 않으므로 고전이라는 장서도 여성에게는 효과가 없다. 대자연은 음악, 예술, 문학에 대한 우아한 연구와 함께 여성 교육이라는 네 번째 영역을 구성한다는 게 러스킨의 교육학이다. 대자연을 통해 여성은 경건하게 성장하며 이는 바람직한 것이기도 하다. 경건함이 신학보다는 덜 위험하기 때문이다. 그러한 생각을 하는 러스킨의 열정적인 산문은 끈적끈적한 흙탕물 같은 교회 설교조로 녹아서 흘러내리기 시

---

63 같은 책, pp.151~152.
64 러스킨이 겪은 종교적 여성들(어머니와 로즈 라 투쉬)과의 불행한 경험이 이러한 증오심을 설명하는 참작할 만한 사정이다.

작한다. 러스킨에 따르면 형이상학과 천문학 또한 다음과 같은 계획에 따라 여성에게 가르쳐야 한다. "여성이 살면서 사랑하는 작은 세상은 하나님께서 거하시고 사랑하시는 세상에 비하면 아무것도 아님을 어느 정도 이해할 수 있을 때까지만 여성은 배워야 합니다."[65] "여성을 사전으로 만드는 것이 교육 목표가 아니기" 때문에 여성은 지리학과 역사학으로 골머리를 앓을 필요가 없다고 러스킨은 확신한다.[66] 그리고 여성이 굳이 역사학을 배우겠다면 과거가 보여주는 낭만적 드라마를 배우거나 종교 법칙이 증명되는 것을 이해하는 선에서 그쳐야 한다고 충고한다.

밀의 견해에 따르면 러스킨이 화려한 수사와 함께 개괄한 그 소중한 교육의 조건화란, 실상 여성을 정신적으로 노예화하고자 만들어진 역사상 가장 독창적인 체계에 지나지 않는다.

사회적이고 자연적인 모든 요인들이 결합되어 여성들이 남성의 권력에 집단적으로 저항하지 못하게 만들어놓았다. 여성의 지배자는 여성의 실제적 봉사보다 훨씬 더 많은 것을 요구한다. 따라서 여성은 다른 종속 계급과는 상이한 위치에 있다. 남성은 단순히 여성의 복종만을 원하는 게 아니다. 그들은 여성의 감정을 원한다. 몹시 야만적인 남성을 제외한 모든 남성은 자신에게 가장 가까운 여성이 강요당하는 노예가 아니라 자발적인 노예가 되기를 원한다. 즉 단순한 노예가 아니라 가장 총애하는 노예가 되기를 원하는 것이다. 따라서 그들은 여성의 마음을 노예로 만들기

65　Ruskin, "Of Queen's Gardens," 앞의 책, p.151.
66　같은 책, p.150.

위해 갖은 수단을 동원한다. 다른 노예의 주인은 복종을 유지하기 위해 공포에 의존한다. 자신에 대한 공포나 종교적 공포를 조장한다. 그러나 여성의 주인은 단순한 복종 이상을 원하므로 남성은 교육의 힘 전체를 자기 목적에 맞게 바꾸어놓았다.[67]

밀과 러스킨이 같은 주제를 이야기하고 있다고 믿기 힘들 정도다. 둘 다 진심으로 여성의 최대 이익을 위한다고 주장하고 있으니, 둘 중 하나는 거짓말을 하고 있는 셈이다. 두 사람 모두 진지한 것은 사실이다. 하지만 자신이 주장하는 호의와는 분명히 다른 교육 계획을 지닌 러스킨은 더 온화한 모습을 보여주는 온정적 차별주의자에 가깝다. 그리고 러스킨은 자신이 주장하는 바의 진정한 뜻을 완전히 모르고 있다. 가끔 적개심을 드러내는데, 이는 하찮은 속물근성이나 허영심으로 제멋대로 돌아다니기 위해 선행이라는 천국을 버리는 경박한 '여왕들'에 대한 도덕주의적 분노라는 위장을 쓰고 있다. 게다가 러스킨의 목적은 희망찬 수사로 종속 체계를 고상하게 만드는 것이다. 반면 밀의 목적은 그 체계를 폭로하는 것이다.

가정 문제

빅토리아 시대가 가장 선호한 두 주제인 가정과 여성의 선량함을 논의할 때 밀과 러스킨은 더욱더 대조된다. 가정을 '여성의 진정한 공간'이라고 강하게 표현하는 러스킨의 주장은 그 자체로 고전적이다.

67　Mill, 앞의 책, pp.443~444.

2부 역사적 배경

가정의 진정한 본성을 말하자면 이와 같습니다. 가정은 평화의 공간입니다. 상처뿐만 아니라 공포와 의심, 분열로부터의 피난처 인 것입니다. 그렇지 않다면 그곳은 가정이 아닙니다. 바깥 생활 의 불안이 가정으로 침투한다면, 조화되지 않고 무지하며 사랑 받지 못하고 적대적인 바깥세상의 사회가 남편이나 아내 때문에 가정의 문턱을 넘어 들어온다면, 그곳은 더 이상 가정이 아닙니 다. 그렇게 되면 그곳은 지붕으로 덮고 불을 피워놓은 바깥세상 의 일부에 불과합니다. 하지만 그곳이 신성한 공간이라면, 순결 한 신전이라면, 가정의 신이 지켜주는 단란한 신전이라면, 사랑 받는 사람만이 앞에 설 수 있는 가정의 신이 지켜주는 신전이라 면, 불과 지붕이 고귀한 불빛이고 그늘이라면, 지친 대지 위 바위 가 만들어주는 그늘이라면, 폭풍 치는 바다를 비춰주는 등대 같 은 빛이라면 그것은 가정이라는 이름에 걸맞고 가정에 대한 찬 사를 실현하는 곳이라 할 수 있을 것입니다.

진정한 아내가 있는 곳이라면 이러한 가정은 늘 아내를 감쌀 것 입니다. 별은 아내의 머리 위에서만 빛을 낼 것이며, 차가운 밤 풀밭에서 빛나는 반딧불은 아내의 발에만 빛을 비춰줄 것입니 다. 아내가 있는 곳은 어디나 가정이 됩니다. 고귀한 여성에게 가 정은 참죽나무 천장이나 주황색으로 칠해진 천장보다 더 멋지게 그 여성의 주위로 팔을 길게 늘어뜨리며 멀리 집 없는 사람들에 게까지 그 조용한 빛을 비춰줄 것입니다.[68]

밀은 이렇게 생각하지 않는다. 가정은 그가 '가정적 예속'이

---

68   Ruskin, "Of Queen's Gardens," 앞의 책, pp.144~145.

라고 부른 체제의 핵심이다. 폭정의 역사에서 최초이자 최후로 가장 오래된 폭력의 지배를 받고 있는 여성은 결혼 제도 내부의 종복從僕에 지나지 않는다고 밀은 차분하게 선언한다. 그러고 나서 밀은 이 제도의 역사를 매매 혹은 강제에 근거한 것으로 요약한다. 남편은 아내의 생사여탈권을 쥐고 있기 때문이다. 밀은 인상적인 몇몇 법적·역사적 증거를 제시한다. 아내가 남편과 이혼한다 하더라도 아내는 그에게서 도망갈 수 없다. 영국 법은 남편을 살인하는 것을 이차적인 대역죄로 정의한다(이는 국가 원수에 대한 대역죄와 구별된다). 남편과 아내는 군신 관계에 있기 때문이다. 따라서 남편을 살해하면 화형을 당한다.[69] 밀의 주장에 따르면 차라리 노예들이 영국 법 체제하의 아내보다 더 많은 권리를 가진다. 로마인들은 노예들에게 **돈**을 마련해주기도 했고 휴식 시간도 허용해주었기 때문이다. 여성 노예조차도 때로는 주인과 성교를 하지 않아도 되었다. 그러나 부부가 아무리 서로를 싫어한다 해도 아내는 성적인 공격에서 면제받지 못한다.[70] 밀의 지적에 따르면 영국 법하에서 남성은 아내와 아이를 전적으로 소유한다. 남편을 떠나려는 아내는 아무것도 가질 자격이 없으며, 남편이 법적 권리를 행사한다면 아내를 강제로 돌아오게 할 수 있다. "폭군의 개인적 몸종이 되는 것 이외에 여성이 그 어떤 몫도 받지 못하는" 체제에서 이혼은 절대 용인되지 않을 것으로 보인다고 밀

---

69 Mill, 앞의 책, p.461.

70 결혼 생활에서 강요된 성관계라는 주제는 빅토리아 시대 문학 작품에서 다소 눈에 띈다. 특히 로버트 브라우닝Robert Browning의 장편 시《반지와 책The Ring and the Book》을 예로 들 수 있겠다.

은 신랄하게 주장한다.[71]

밀은 "아내가 실제 받는 대우보다 아내의 법적 신분만을 서술"하고 있음을 인정하면서 법은 관습이 아니라 허가라고 주장한다.[72] 폭압을 완화하지 않은 채 잠재력을 행사하는 전제 정치는 없다. "전제 군주라고 해서 모두 창가에 앉아 고통받는 백성의 신음 소리를 듣는 것을 즐기는 것은 아니다."[73] 그러나 법적 의미에서 백성들은 전제 군주가 필요로 한다면 누구든 그의 손아귀에 있다고 할 수 있다. "권력이 주는 오만한 만족감이 어떠하든 혹은 권력을 행사하면서 어떤 개인적 이해를 추구하든 이는 한정된 계급에만 해당하지 않으며 모든 남성에게 공통되는 성향이다."[74] 밀이 항변하듯이 여기에서 다루고 있는 것은 절대 권력이며(법이 이러한 절대 권력을 허용하므로), 그다지 자주 법에 의지하지는 않는다 하더라도 이는 현명한 사람이든 어리석은 사람이든 또는 사랑하는 사람이든 미워하는 사람이든 모두에게 해당한다. 운 좋은 결혼은 법보다 훨씬 낫다. 그러나 법에는 여전히 위험 요소가 남아 있으며, 밀이 강력하게 주장하는 주요 목표는 여성의 법적 지위 변화다.

밀은 로마의 노예제와 미국의 노예제 모두에서 애정이 결코 드물지 않았음을 상기시킨다. 그러나 '가정의 예속'을 러스킨이 생각하듯 다정한 지배와 복종이라는 최선의 사례로 판단하려 하는 것은 아주 해롭기 그지없는 순진무구함일 뿐이다. 마치 '가정

---

71 Mill, 앞의 책, p.464.
72 같은 책, p.465.
73 같은 책, p.466.
74 같은 책, p.438.

의 예속'을 판단할 때 그 최악의 사례를 무시하려 하는 것이 어리
석은 일이듯이 말이다. 밀은 19세기의 삶에 대해 아주 예리한 통
찰을 가진 학자였으므로 그런 최악의 사례에 대해서도 잘 알았
다.[75] 심지어 러스킨도 '빌과 낸시' 같은 천박하고 경솔한 이야기
를 들어보았다고 한다. 러스킨은 이들을 "저 아래 뒷골목에서 (…)
치고받으며 상대의 이빨을 부러뜨린"[76] 권투 상대인 양 교묘하게
잘못 표현하고 있다. 물론 여기에서 러스킨이 말하고 있는 것은
찰스 디킨스Charles Dickens의 소설 《올리버 트위스트》에 나오는 빌
사이크스와 그에게 매 맞아 죽는 여성 낸시다.[77] 구타에서부터 살
인에 이르는 그러한 잔학한 사례들은 당시 아주 흔했으며, 러스
킨은 학교 교실에서나 할 법한 촌스러운 유머로 그 문제를 넘겨
버린다. 반면 그런 사례들을 웃긴다고 생각하거나 러스킨처럼 익
살스러운 인형극 버전으로 잘못 표현하고 넘어가기에는 밀은 너
무 인간적인 인물이었다.

밀은 빈곤층 여성이 가장 모욕을 받는다는 사실을 아주 잘
알고 있었다. 착취하는 남성은 빈곤층 여성에게 거친 폭력을 행
사하며 자신의 우월성을 주장하고 '증명'하는데, 그녀는 이러한

---

75 1853년의 영국 형법상 절차법Criminal Procedures Act은 남성에게 아내를 구타하
는 '권리'를 박탈하려고 시도했다. 이는 파괴적인 결과를 낳았는데, 그러한 제안에 대
한 증오심이 아내를 구타하는 관행을 오히려 증가시켰다. W. L. Burns, *The Age of
Equipose*(London, 1964) 참조.

76 Ruskin, "Of King's Treasuries," 앞의 책, p.46.

77 낸시의 죽음에 대한 디킨스의 소름 끼치는 묘사는 그의 소설 중 가장 역동적이며 당
대에도 무시무시한 묘사였다. 디킨스는 그 에피소드에 병적으로 매혹되었는데, 수
많은 공개 독회讀會에서 낸시 이야기를 극적으로 읽어 결국 죽음을 재촉하고 말았
다. 저녁 독회는 여성들이 많이 기절할수록 성공적이라고 여겼다. Edmund Wilson,
"Dickens, The Two Scrooges," *The Wound and The Bow*(Oxford, 1965) 참조.

취급을 받는 유일한 노예라 할 수 있다.

　　나라마다 최하층 계급의 수많은 남자들이 다른 모든 면에서는 법적으로 악인이 아니면서도(다른 곳에서 그랬다가는 저항에 부딪히게 될 것이므로), 불행한 아내에게만은 극도의 육체적 폭력을 습관적으로 행사하며 즐기고 있다. 이 비참한 아내는 폭력을 저지할 수도, 그로부터 도망갈 수도 없는 (최소한 어른들 중에서는) 유일한 존재다. 그리고 남편에게 지나치게 의존하는 아내에게 남편은 비열하고 난폭한 본성을 품는다. 남편은 자신에게 운명을 완전히 내맡기고 있는 아내에게 관대한 용서와 일말의 존중을 보이기보다는 반대로 법률이 자신에게 아내를 물건처럼 넘겨주었으므로 마음대로 사용해도 된다고 생각하며, 사람을 대할 때 가져야 하는 배려심도 아내에게는 가지지 않아도 된다고 생각한다.[78]

　　오늘날과 마찬가지로 19세기에도 하층 계급에서 행해지는 여성에 대한 폭행은 보고되지도 않고 언급되지도 않은 일상적 사건이었다. 또한 여성은 너무 비굴하거나 겁에 질려 공격을 감행하지도 못한다고 생각되었다. 밀은 "희생자를 여전히 처형자의 손아귀에 남겨놓는 잔혹함을 저지할 어떤 수단도 없기" 때문에 "검사나 증인이 없어서" 유죄를 입증할 수 없게 되지 않도록 폭행 혐의로 이혼할 수 있어야 한다고 주장한다.[79] 부부 감수성의 밑바

78　Mill, 앞의 책, pp.467~468.
79　같은 책, p.468.

닥으로 내려가보면 "가장 악한 사람이 몇몇 비참한 여성을 속박하고 있다. 아내를 죽이는 것만 빼고는 그 어떤 잔인한 행위도 할 수 있으며 그러면서도 웬만큼만 조심하면 법의 심판을 받을 위험도 없다."[80] 이는 빅토리아 시대 특히 멜로드라마에서 선호한 주제였다. 그 주제는 (지금도 그러하지만) 외설적 즐거움과 도덕적 뉘우침을 위선적이고도 기묘하게 혼합하는 수법으로 다뤄졌다.

모든 제도의 조건들은 악용되기 쉽고, 밀의 논쟁은 법적 현실에 근거를 두고 있어서 당시 현실로부터 러스킨식의 가정에 대한 목가를 추론해내기란 (가정에 대해서 밀처럼 서술하는 것보다) 더 힘들다. 러스킨은 기사도에 의지하려 한다. 밀은 가정을 하나의 진화론적 단계, 즉 발전을 저해하는 것이라기보다는 야만으로부터 아주 조금 진보한 단계로 간주한다. 그리고 이는 권력 집단의 선의에 근거한다고 생각한다. 밀은 사회사와 법을 참고하여 논의한다. 반면 러스킨은 시에 의존한다. 러스킨이 말하는 여성의 역사는 문학적 이상화라는 얄팍한 근거를 가지고 있다. 셰익스피어가 묘사하는 여주인공의 초상("완벽한 여성", "진지한 희망과 오류 없는 목적을 가진 확고한 여성", "스스로를 정화하기 위해 늘 강한 마음을 가지고 있으며 절대적으로 옳고 성실한 여성")과 월터 스콧Walter Scott의 연애 소설에 나오는 온화하고 아름다운 여성의 이미지("지치지 않는 자기희생 정신"과 "깊이 절제하는 애정"으로 충만한 "인내심 있는 여성")에서 정치적 지혜를 얻은 러스킨은 서구인들을 위하여 성 역사를 재창조하려고 한다.[81] 러스킨은 이에 대한 또 다른 증거로

<hr>

80 　같은 책, p.467.
81 　Ruskin, "Of Queen's Gardens," 앞의 책, pp.133~135.

귀부인에게 복종과 봉사를 맹세하는 단테와 음유 시인의 궁정풍 애인의 자태를 들여온다. 그러고 나서 러스킨은 인상적이고 화려한 말투로 고대 그리스의 '기사' 또한 궁정풍 연애를 했다고 선언한다. 그러면서 만일 청중이 자신의 이야기를 따라오는 데 별 어려움이 없다면 이를 증명하는 오래된 원서를 인용할 수도 있다고 자랑한다. 어쨌든 러스킨은 청중들에게 "안드로마케(그리스 신화에 나오는 헥토르의 정숙한 아내.—옮긴이)의 소박한 어머니이자 아내의 마음"과 페넬로페의 아내다운 차분함, "침묵하는 어린 양과 같은 이피게네이아의 굴종" 그리고 남편의 생명을 구하기 위한 알케스티스의 죽음 등을 기꺼이 설명해준다.[82] 러스킨은 '자기희생'의 사례를 들면서 이는 그리스인이 부활이라는 기독교의 교리를 예감한 증거라고 기쁘게 덧붙인다. 이 강연에서 '역사적' 이야기를 하는 문단은 아주 길 뿐만 아니라 주장의 핵심이며 다소 설명하기 힘든 부분이기도 하다. 러스킨은 무식한 사람이 아니었기 때문이다.

이야기의 주제가 여성일 때 역사적 사실을 오인하는 러스킨의 논의는 때로 걷잡을 수 없이 어리석어진다. 자신의 주장을 확신하는 러스킨은 살찐 중산 계급 청중들에게 자기주장의 타당성을 의심해보라고 요청하기까지 한다. 러스킨은 스스로의 주장을 확신하는 듯 보이며 청중 또한 그러할 것이라고 믿어 의심치 않는다. 그러므로 자신이 예를 들고 있는 시는 그러한 문학적 생산의 근원이 되는 사회에서 여성의 조건을 잘 보여주는 정확하고도 진실한 그림이라고 생각한다. 위대한 작가가 "필생의 저작을 통.

---

82   같은 책, pp.137~138.

해 단순히 허구적이고 이상적인 수준의 남녀 관계 묘사만을 즐겼을 것이라고는" 믿기 힘들기 때문이다. 그리고 이는 헛된 추상이 아니라 '사실'이다. "어떤 것은 그저 이상적인 것이기는 하다. 하지만 그것을 바람직하다고 말하는 것은 허구라고 말하거나 굼뜨다고 말하는 것보다 더 나쁘다"라고 러스킨이 선언하고 있기 때문이다.[83]

러스킨은 "놀랄 만큼 순수한 진보를 이루어낸 기독교 시대를 통틀어 볼 때 남성은 사랑하는 귀부인에게 절대적으로 양보하고 복종하면서 헌신해왔다"[84]라고 주장한다. 하지만 자신의 이야기를 듣는 시민들에게 떠오르는 불안한 의혹을 지우기 위해 그러한 헌신은 구애할 때는 괜찮지만 결혼에는 적절하지 않다고 능숙하게 안심시킨다. 결혼에는 "진정으로 아내다운 복종"이 적절하기 때문이다.[85] 이에 이어지는 '별개 영역'의 원칙은 러스킨이 코드화하는 안정된 사회적 방침이 보여주는 표리부동이다. 즉 아내는 주인에게 복종해야 하지만 주인의 양심을 대표하는 사람으로서 주인을 '지도하고' 심지어 '지배해야' 한다. 이는 의미론적 측면에서 남성의 지위를 박탈하는 척하는 가식적 행위에 지나지 않는다. 하지만 그러한 박탈은 실현되지 않는다. 러스킨은 전통적 성 역할을 그대로 유지하면서 남성에게 세계 전체를 주고 여성에게는 살림과 박애 행위라는 부속 영역만을 지정해주기 때문이다. 게다가 '정숙한 여성'에게 주어져야 할 '존경'에 대해 변덕스러운 친절로 말하는 부분은 지위(인간사에서 위엄과 평등의 문제)가 전혀

---

83 같은 책, p.139.
84 같은 책, p.140.
85 같은 책, p.142.

문제 되지 않는다는 사실을 암시한다. 여성은 '주인'의 호의 때문에 실제로 남성보다 더 높은 지위를 누리게 된다고 넌지시 암시하는 부분은 실로 역겹기 짝이 없다. 이렇게 정치적 입장을 도덕적 올바름의 문제로 바꾸어놓아 우리는 여성이 남성보다 '더 낫다'고 생각할 수 있다. 물론 여성이 남성보다 더 나쁜 상태에 있다면 그때는 하나님께서 도우실 것임은 두말할 필요도 없다.

이 주제에 관한 밀의 이야기는 러스킨의 이야기와 정확히 반대된다. 하층 계급에서 남성 우월주의의 윤리는 잔인성의 형태를 띠는 반면, 중산 계급에서는 야비하기 짝이 없는 위선의 형태를 띤다고 밀은 주장한다. 교육받은 사람들은 "최대한 불평등이 눈에 띄지 않도록 한다. 무엇보다도 아이들의 눈에 보이지 않게 한다." 그리고 "기사도 정신이 눈에 띄게 함으로써 그에 대해 보상을 해준다. 반면 그러한 보상을 필요로 할 정도의 일상적 예속 상태는 자연스럽게 묻히게 된다."[86] 그러나 그 상황의 진실은 그 아이가 어떻게 성장했든 그의 마음에 의식되기 마련이다. 만일 그 아이가 기사도 교육을 받았다면 그는 실제 현실로부터 어느 정도는 보호받은 것이라고 할 수 있다. 그래도 그 아이는 자라서 금방 실상을 깨닫게 된다. 밀은 자식들에게 어머니를 경멸하라고 가르친 전제 군주와 같은 아버지의 손에서 자랐다. 러스킨의 유년기는 밀과 매우 달랐다. 러스킨은 어린 시절 분명 여성에게 예절 바른 태도를 취하는 법을 배웠을 것이다. 밀은 기사도라는 허식 없이 성장했다. 반면 러스킨은 오랫동안 그러한 허식 아래 자랐고, 더 이상 그러한 태도를 원하지 않게 될 때까지 그것이 무엇인지

---

86 Mill, 앞의 책, p.523.

깨닫지도 못했던 것 같다. 밀의 주장은 그의 소년기를 짐작하게 한다.

> 사람들은 알지 못한다. (…) 남자아이들이 얼마나 일찍부터 여자 아이보다 원래 우월한 존재라는 생각을 마음속에 떠올리게 되는 지를. 키가 자라고 힘이 강해지는 만큼 그 생각도 얼마나 강해지 는지, 학교 친구가 한 말이 그런 생각을 어떻게 주입하는지, 얼마 나 일찍부터 남자아이가 어머니에 대한 존경심도 전혀 없이 자 신이 어머니보다 더 잘났다고 생각하는지(아마도 이는 어머니의 인내심 때문이겠지만), 무엇보다도 평생 반려자로 삼은 여성에게 얼마나 교만하게 군림하면서 우월감을 느끼는지 등에 대해 알지 못한다. 이 모든 것이 개인이자 사회적 존재로서의 한 남자의 인 생 전체를 심각하게 그르친다는 것을 상상할 수 있는가? (…) 무 엇보다도 세상 모든 여성보다 우월하다는 느낌이 여성 한 사람 에게 행사하는 개인적 권위와 결합한다면, 그리고 양심적이고 애 정 어린 인내심을 가르쳐 양심과 애정이라는 강인한 성격을 가 진 사람을 만들어내야 하는 학교가 교만과 거드름을 가르쳐 그 반대의 성격을 가진 남자들을 만들어내는 상황이라면(…).[87]

남성 우월주의가 인간 사회 일반, 특히 (사회를 지배하는) 남성 적 성격에 끼친 영향은 아주 지대해서 남성은 아주 어릴 때부터 차별적이고 편파적인 대우를 받으며 우월감과 만족감을 얻게 된

---

[87] 같은 책, pp.523~524. 이는 노예제가 어떻게 어릴 때부터 백인 청년을 타락시키는지 를 웅변적으로 보여준 토머스 제퍼슨Thomas Jefferson의 논의를 상기시킨다.

2부 역사적 배경

다. 밀의 분석에 따르면 성에 대한 지배 체계는 다른 모든 형태의 권력 남용과 독단의 원형原型 그 자체다. 엥겔스가 성적 지배와 종속을 다른 위계질서인 계층, 계급, 부富의 모델이 된다고 보았듯이, 밀 또한 성적 지배가 모든 형태의 억압에 심리적 기초가 된다는 사실을 깨달았다. "인간에게 존재하는 모든 이기적 성향과 자기 숭배, 이치에 맞지 않는 자기 선호 등은 현재 남녀의 관계 구성에 근원과 뿌리를 두고 있으며 그것에서 주요한 자양분을 얻는다."[88]

기사도와 모든 결혼은 진실로 봉건적이다. 밀은 봉건제를 혐오한다. "미덕뿐만 아니라 악덕까지 조장하는 전제 정치의 학교"[89]에 불과한 현 상황에서 가족은 총체적 평등에 기초하지 않는 한 결코 구성원에게 진정한 사랑을 줄 수 없다. 권위에 대한 밀의 견해는 남편에게 애정을 가지라고 고무하기보다는 "남편 자신의 인격이 존엄하고도 중대하다는 느낌"을 가지도록 하는 것이며, "스스로에게 멍에를 씌우는 것을 경멸하게 함으로써 (…) 자신의 이익과 영광을 다른 사람들에게 곧바로 돌리는" 것이다.[90] 밀은 기사도적 태도로 여성에게 부여한 삶의 조건을 남성 자신들은 원하지 않을 것이라고 존경스러울 만큼 솔직하게 인정한다. 여왕의 화원에 놓인 목가적 돌담이 남성을 가두려 한다면 남성은 아마도 소스라치게 놀랄 것이며, 그중에서도 러스킨은 분명 까무러칠 것이다.

러스킨의 영역 이론은 남성의 '의무'(이는 특권을 의미한다)가

88   같은 책, p.522.
89   같은 책, p.479.
90   같은 책, pp.479~480.

'공적인 것'(전쟁, 돈, 정치, 학문)인 반면 여성의 '의무'(이는 책임을 의미한다)는 '사적인 것'(가사)이라는 점을 원칙으로 삼는데, 그가 여성에게 양보하는 유일한 영역은 자선 활동이다.[91] 이러한 친절한 활동을 추구하는 여성은 결코 자신의 영역을 넘어설 수 없으며, 특히 19세기의 개혁이라는 거대한 세계를 넘봐서는 안 된다. 러스킨이 여성에게 허용하는 것이란 당시 '정직하고 가난한' 것으로 알려진 가정이라는 작은 세상이다. 훌륭한 아내는 옷을 짓고 요리법을 교환하면서 온종일 정치와 돈, 기술에 대한 세속적 특권을 이루느라 바쁜 남편의 약탈 행위를 근소하게나마 보상해 준다.

러스킨은 보이스카우트 같은 국가적 기사도 운동의 비호 아래 영국 남자아이들이 '기사 작위를 받고', 영국 여자아이들이 '귀부인'이라는 공식 칭호를 '부여받을' 수 있는 계획을 생각해내며, 성인 중산 계급을 위해서도 이와 유사한 착상을 한다.[92] "귀부인"은 "빵을 주는 사람"이라는 의미이며, "주인"은 "법을 지키는 사람"이라는 의미라고 러스킨은 말한다.[93] 성 역할 또한 이에 따라 결정되어야 한다. "법을 지키는 사람"이라는 완곡어법하에서 남성은 모든 권력을 전유하고 여성은 자선을 베풀어야 한다. 이렇듯 중세와 유사한 특징 속에서 모든 것이 기상천외한 할 뿐만 아니라 경제적 부당함이 난무하던 19세기 산업주의 상황에도 부적절하다. 러스킨 또한 이를 예민하게 느끼고 있었다. 그 상황은 중세풍의 기이한 시혜 행위를 베푸는 중산 계급 주부의 사소한 자

---

91 Ruskin, "Of Queen's Gardens," 앞의 책, p.164.

92 같은 책, p.166.

93 같은 책, pp.166~167.

선 행위로 완화될 수 있는 성질의 것이 아니었다.

사회적 책임감이 여성의 영역에 속한다는 러스킨의 빅토리아 시대 특유의 주장은 두 가지 이유에서 우스꽝스럽다. 첫째, 법적·경제적으로 소유권을 박탈당한 여성이 또 다른 소유권을 박탈당한 집단에 실질적으로 물질적 도움을 줄 수 있을 리가 만무하다. 둘째, 그러한 책략은 남성들, 특히 지배 계급의 남성들에게 자신이 억압하고 있는 빈곤층에 대한 책임감을 무시하게 하거나 여성에게 대신 떠넘기게 한다. 그러한 억압을 종식시키는 것보다는 위안을 주는 자선으로 억압을 완화하는 것이 더 바람직하기 때문이다.[94] 빅토리아 시대 사람들이 대부분 그러했듯 러스킨 또한 여성이 더 섬세한 본능을 가지고 있다고 믿는다. 남성은 "동정심이 부족하며", "투쟁하는 과정에서 비참한 광경을 보더라도 참고 밟아버릴 수 있기" 때문이다.[95] 밀은 이러한 소중한 감상주의를 다음과 같이 비꼰다.

여성이 남성보다 더 낫다고들 이야기한다. 정신이 올바로 박힌 여성이라면 쏩쏠한 미소를 지을 수밖에 없는 공허하기 그지없는 칭찬이다. 자연스럽고 적절하다고 생각되는 기존 질서 어디에서도 우월한 자가 열등한 자에게 복종해야 한다는 법은 찾아볼 수

---

94 다음과 같은 표현을 볼 때, 러스킨은 점잔 빼는 청중들에게 (무의미하고 비현실적일 따름인) 봉건적 선물을 하라고 촉구함으로써 그들의 자만에 알랑거리고 있는 것처럼 보인다. "가신을 줄줄이 거느린 우아한 귀부인이 된다는 상상은 여러분을 즐겁게 합니다. 얼마든지 그렇게 하십시오. 여러분은 얼마든지 그렇게 우아해질 수도, 가신을 줄줄이 거느릴 수도 있습니다. 하지만 여러분의 행렬은 여러분이 봉사하고 먹여 살리는 가신들로 이루어져 있다는 것을 잊지 마십시오." 같은 책, pp.167~168.

95 같은 책, p.169.

없기 때문이다. 이러한 허황된 이야기가 그래도 뭔가 의미가 있다면 그것은 권력이 사람을 타락시킬 수 있음을 남성들이 인정하는 것 정도가 될 것이다. (…) 실제로 야만적으로 되는 경우를 제외하고는 예속 상태가 (노예와 주인 양쪽을 다 타락시키기는 하지만) 노예보다는 주인을 더 타락시키는 게 사실이다.[96]

러스킨보다 사회 경제에 더 뛰어난 밀의 이해에 따르면 여성이 가정 바깥으로 나갈 유일한 기회라고 러스킨이 옹호하는 자선 행위는 단지 "교양 없고 근시안적인 자비심"일 따름이다. 또한 이는 독립적 빈곤층에게 남겨진 유일한 자부심이자 가난에서 탈출할 수 있는 유일한 길인 "자존심의 근간"을 무너뜨려 봉사하는 척하는 사람들에게 오히려 해롭기 그지없는 것이다.[97] 자선과 은폐의 체계가 가진 온정주의는 가난한 사람들에게 굴욕이다. 이는 러스킨이 여왕들에게 인식하라고 요구하는 것보다 훨씬 더 굴욕적이다.[98] 밀은 그들에게 이를 상기시킨다.

지금과 같은 운명을 타고난 여성이, 더구나 그에 만족하고 있는 여성이 어떻게 자립의 가치를 깨달을 수 있겠는가? 여성은 자립적이지 못하다. 필요한 것은 전부 다른 사람들에게서 받는 게 여성의 운명이다. 그런데 자신에게 좋은 것이 왜 가난한 사람들에

96   Mill, 앞의 책, p.518.

97   같은 책, p.532.

98   복지는 가난한 사람들을 몇 세대에 걸쳐 좀먹고 있는 자선 체계의 현대적 사례다. 복지는 자애로운 주인과 감사하는 하인의 마음 상태를 전제하며 희생자에게 얼마 안 되는 자선 양식을 남겨주고는 더 많은 의존에 의해서만 만족할 수 있는 무기력한 의존심을 조장하기 마련이다. 당연히 이는 진정한 의미의 복지가 아닌 신新봉건제일 따름이다.

게는 나쁜지 어떻게 알겠는가? 여성은 우월한 사람이 내려주는 축복을 좋은 것으로 생각한다. 여성은 자기가 그리고 가난한 사람들이 자유롭지 못하다는 사실을 망각하고 있다.[99]

기사도의 아첨과는 상당히 거리가 먼 밀은 여성의 영향력이 얼마나 역효과를 가지고 올 수 있는지에 대해 잘 알고 있다. "아내를 가진 남자는 그런디 부인Mrs. Grundy(영국 극작가 토머스 모턴Thomas Morton의 작품 속 등장인물이다. 주인공의 아내는 매사에 "그런디 부인은 뭐라고 말할까?" "그런디 부인은 뭐라고 생각할까?"라고 하면서 이웃집 그런디 부인을 의식한다. 이로부터 그런디 부인은 남의 입, 남의 시선, 세상의 평판을 의미하는 말이 되었다.—옮긴이)을 떠맡고 있는 것이다."[100] 여성은 편협하고 피상적인 교육의 희생자로 가족 중심적이고 하찮으며 이기적인 영향력을 행사한다고 종종 생각된다.

러스킨에게 그토록 영감을 불어넣은 여성의 자기희생에 대해 밀은 천박하고 쓸모없으며 지루할 따름이라고 주장한다. 그러한 희생은 상호 간에 이루어지지 않으므로 "여성의 성격에 대한 인공적 이상화에 불과한 과장된 자기 부정"[101]은 그릇된 이타주의를 낳을 뿐이다. 밀은 기사도적 감언이설의 이면에서 편의주의와 표리부동을 감지한다.

여성을 남성보다 더 나은 것처럼 대우하는 데 격렬히 반대하는 사람들에게서 우리는 여성이 남성보다 더 낫다는 말을 쉴 새 없

99   Mill, 앞의 책, p.533.
100 같은 책, p.535.
101 같은 책, p.476.

이 듣게 된다. 그래서 그 말은 병 주고 약 주는 격인 지겨운 위선에 지나지 않는다. 걸리버가 목격했듯이 이는 소인국 왕이 포악한 칙령을 내리기 전에 베푸는 온정 어린 찬사와 닮았다.[102]

반면 러스킨의 환상을 받아들인다면 세상의 모든 슬픔은 전적으로 여성의 책임이다. "더 고귀한 신비"의 그늘진 구석이라 할 수 있는 격리된 내실 안에서 여성은 너무나 힘이 세기 때문에, 남성의 권력은 그 명령에 "여성성이라는 은매화 왕관과 깨끗한 왕홀 앞에 스스로 그리고 영원히 고개를 숙입니다."[103] 여성의 권력이라는 괴물 때문에 한껏 고양된 러스킨은 "전쟁이든 부당함이든 세상에는 여러분 여성들의 책임이 아닌 것이 없습니다. 여러분이 그것을 일으켰다는 게 아니라, 여러분이 그것을 막지 않았다는 말입니다"[104]라고 주장한다. 역사를 통틀어 남을 대신하여 살고 간접적으로만 존재해왔으며 그 어떤 사건에서도 결정적 목소리를 내지 못했고, 그러면서도 군사적·경제적·기술적 사건들이 지우는 짐을 떠맡아왔으며 그 과정에서도 전혀 명예를 얻지 못한 여성이 이 지상의 도덕에 유일한 책임을 져야 한다는 러스킨의 선언은 무척이나 우스꽝스럽다.

러스킨은 꽃을 이야기하며 연설을 끝낸다. 물론 그가 결코 말로 표현한 적은 없지만 이 주제는 기사도의 장미가 앓고 있는 암인 '매춘'을 말한다. 러스킨은 평범한 말로 시작한다. "훌륭한 여성이 가는 길에는 진실로 꽃이 널려 있습니다. 하지만 그 꽃은

---

102 같은 곳.
103 Ruskin, "Of Queen's Gardens," 앞의 책, p.168.
104 같은 책, p.169.

2부 역사적 배경

훌륭한 여성이 가는 길 뒤에 피어나는 것이지 그 길 앞에 피어 있는 것이 아닙니다."[105] 그런 다음 곧장 황홀경으로 날아오른다. 그리고 영국의 훌륭한 여성들(이는 아마도 말쑥하게 차려입고 맨체스터 시민 회관에 앉아 있는 부인들일 것이다)에게 "끔찍한 거리의 어둠"으로 나아가 특정 인물을 구원하라고 명령한다. 이 특정 인물이란 러스킨이 "나약하고 작은 꽃"이라는 암호로 지칭하는 사람인데 이 표현은 당시 창녀를 의미하는 미사여구였다.[106] 러스킨의 계획은 그 자리에 있는 부인들이 매춘부들을 "작고 향기로운 화단"에 심어놓게 하는 것이었다. "혹독한 바람에 떨고 있는 그들을 보호해주라"라는 권고는 그러한 의도와도 잘 맞아떨어진다.[107] 아무리 꽃에 파묻혀 있다고 하더라도 그 마지막 문단에 함축된 섹슈얼리티는 다른 생각을 자극한다. 러스킨은 테니슨의 모호하고 관능적인 서정시 〈정원으로 나오라, 모드여Come into the Garden, Maude〉를 인용하면서 그 시의 실제 화자인 불안정한 청년을 다소 관능적인 예수로 변형시킨다. 러스킨은 기이하고도 모호하게 그리고 주관적인 태도로 청년을 자신과 동일시한다. 다소 방종한 신앙의 형태로 돌진하는 러스킨은 비국교도 같은 열정이 발작하는 와중에 강연을 끝맺는다.

아, 여왕 여러분, 여왕 여러분! 여러분의 영토에 있는 언덕과 행

105 같은 책, p.172.
106 같은 책, p.173.
107 같은 곳. 창녀와 귀부인의 (있을 법하지 않은) 동맹은 '정숙한 여성성'의 가치라는 이중 잣대에 근거한 기사도(밑은 이를 주의 깊게 지적하고 있다)에 종말을 가져올 것이다. 러스킨이 진지한 것은 확실하지만 그의 이야기를 글자 그대로 받아들여서는 안 된다. 자신의 제안이 가져올 결과를 제대로 이해하지 못하는 것 같기 때문이다.

복한 푸른 숲에서 여우는 구덩이를 파고 새들은 둥지를 지을 것입니다. 여러분의 도시에서는 돌멩이조차도 여러분께 소리쳐 외칠 것입니다. 남자의 아들이 머리를 널 수 있는 베개는 자신뿐이라고![108]

러스킨은 정신이 점점 이상해지는 듯 보인다. 그리고 그는 냉정하고 완고한 어린 애인에게 비국교도 예배당에서 사용하는 언어로 말을 걸고 있는 것 같다. 종속된 여성으로부터 세상의 구원이 와야 한다는 그의 확신은 향수에 찬 환각과 퇴행적이고 유아적이며 나르시시즘적인 섹슈얼리티, 종교적 야망, 지나치게 단순화된 사회의 만병통치약을 모두 갖다 붙인 것이다. 그것은 '집 안의 천사', '타락한 자를 구원하는 훌륭한 여성' 등과 같은 관념으로 포장된 당대의 응석받이 같은 망상의 소재였다. 그러나 한 시대의 꿈은 그 시대 삶의 일부다. 그리고 어쩌면 죽음을 미리 맛보는 것일 수도 있다.

이에 비해 밀의 결론은 합리적일 뿐만 아니라 새롭고도 희망적인 활기로 가득 차 보인다. 그는 여성의 완전한 해방을 촉구한다. 이는 "해방된 인류의 반쪽에게 말할 수 없는 행복한 성취를 주기 위해 그리고 다른 사람의 의지에 종속된 삶과 합리적이고 자유로운 삶의 차이를 보여주기 위해"[109] 필요할 뿐만 아니라, 이 해방이 양성에게 안겨줄 큰 이익을 위해서이기도 하다. "우리는 복종의 도덕 그리고 기사도와 관대함의 도덕을 가지고 살아왔

---

108 같은 책, p.175.
109 Mill, 앞의 책, p.522.

다. 이제 때가 왔다."[110] 여기서 '때'란 "가장 기초적인 사회관계"가 "평등한 정의의 지배하에 놓여지는" 때를 말한다.[111] 밀의 어조에서 우리는 혁명의 전조를 읽는다. 러스킨에게서는 단지 반동이 약삭빠르게 표현되고 있음을 볼 뿐이다. 1860년대에 사람들은 러스킨이 엉망진창으로 정의한 여성에 대한 친절을 입에 달고 살았다. 하지만 1920년대가 되자 세상에는 밀의 목소리가 또렷하게 울려 퍼졌다.

2 엥겔스와 혁명 이론

역사적 패러다임

성 혁명이 서서히 그리고 고통스럽게 마침내 부분적으로 혹은 조건적으로 실현한 여성 해방은 여성의 삶의 질에 실질적 변화를 몰고 온 정치적 진보였다. 하지만 이러한 진보만큼 중요한 것은 단지 해방을 촉구하는 운동을 뛰어넘어 과거에 대한 분석과 미래를 위한 모델을 제공한 혁명적 이론가들의 저작이다. 혁명적 이론가들은 당시 논쟁에 일관성을 부여하며 이데올로기적 버팀목이 되어주었다. 그들이 아니었다면 논쟁은 원한이나 편견의 산물에 지나지 않았을 것이다. 현재의 사건을 역사적 관점에서 고찰할 줄 알았던 그들은 변화가 향해야 할 방향을 보여줬다. 그들이 아니었다면 여성 해방이라는 방향성은 단지 무의식적 힘의 산물

---

110 같은 책, p.478.
111 같은 책, p.541.

에 지나지 않았을 것이다. 이 주요 이론가들은 니콜라이 체르니 셰프스키, 밀, 엥겔스, 아우구스트 베벨, 소스타인 베블런이다. 이 들이 이야기한 이론은 성 혁명에 여전히 타당하며 오늘날 우리에게도 호소력 있게 다가온다.[112]

이 모든 이론적 저작 중에서도 엥겔스의 《가족, 사유 재산, 국가의 기원》[113]은 가부장제의 역사와 경제를 가장 포괄적으로 설명하는 저작이다. 이 책은 가장 급진적이기도 하다. 혁명적 이론가들 중에서 오직 엥겔스만이 가부장제의 가족 구성이라는 문제를 공격했기 때문이다. 그러나 그것의 기원을 추적하는 과정에서 엥겔스는 역사의 수수께끼 중 하나에 봉착했다.

여기에서 우리는 지난 몇백 년 동안 인류학을 괴롭힌 기이한 논쟁 하나를 생각해볼 필요가 있다.[114] 간단히 가부장제 기원학파라 부르는 학파는 가부장제 가족이 인간 사회 조직의 원초적 형태이며, 부족이나 국가 등은 그것에서 진화되었거나 그것을 본떠 만들어졌다고 주장한다.[115] 일반적으로 말해 이러한 주장이 가져오는 효과는 가부장제를 사회의 원초적이고 본래적인 형태로 보

---

112 N. G. Chernyshevsky, *What Is to Be Done?*; August Bebel, *Women and Socialism*; Thorstein Veblen, *The Theory of the Leisure Class* 참조. 샬럿 퍼킨스 길만Charlotte Perkins Gilman과 엘리자베스 캐디 스탠턴은 여성 운동 진영에 논의뿐만 아니라 이데올로기도 제공했다.

113 Friedrich Engels, *The Origin of the Family, Private Property, and the State* (1884), trans. Ernest Untermann(Chicago: Charles Kerr, 1902).

114 이 논쟁은 특히 미국에서 사납게 몰아쳤다. 미국의 사회 과학은 기존의 가부장제적 견해에 순응한 것처럼 보였기 때문이다.

115 이런 주장을 펴는 주된 인물로는 헨리 메인 경(*Ancient Law*, 1861)과 에드워드 웨스터마크Edward Westermarck(*The History of Human Marriage*, 1891)를 들 수 있다. 메인은 가부장제 기원을 가부장제법으로 설명하며, 웨스터마크는 일부일처제가 인간의 원시적 제도라는 전제에서 논의를 전개한다.

며, 따라서 '자연스러운' 형태로 간주한다는 것이다. 이 형태는
남성의 육체적 힘과 출산으로 '나약해진' 여성의 상황이라는 생
물학적 근거를 갖는다. 이는 수렵이 필요한 환경에 부합한다.[116]
따라서 이러한 논리에 따르면 여성의 종속은 합리적이며 필연
적이기까지 한 환경의 산물이 된다. 이러한 이론적 가설은 필연
적 원인이라고 보기에는 불충분한 몇 가지 약점을 가지고 있다.
즉 사회적·정치적 제도는 일반적으로 육체적 힘에 근거하지 않
으며 다른 사회적·기술적 힘의 형태들과 연합된 가치 체계로 뒷
받침된다. 또한 수렵 문화 다음에는 대체로 농경 사회가 뒤따랐
는데, 농경 사회는 수렵 문화와는 상이한 환경과 요구를 가졌다.
그리고 임신과 출산은 사회적으로 해석되고 조직되므로 육체적
으로 나약해지는 사건도 아니며 열등한 육체의 원인이 되지도
않는다. 특히 공동체 안에서 양육이 이루어지는 풍요 숭배의 사
회에서는 더욱 그러하다. 마지막으로 가부장제는 사회적이고 정
치적인 형태이므로 다른 인간 제도와 마찬가지로 그 기원을 자
연 바깥에서 찾는 게 합당하다. 우리는 가부장제의 기원이 가진
원초적 특성에 문제를 제기하는 선에서 만족해야 할지도 모르겠
다. 우리가 다루고 있는 것은 하나의 제도이므로 가부장제 또한
다른 제도와 마찬가지로 특정한 기원을 가지고 있으며, 추론을
통해 재구성할 수 있는 특정 상황의 산물이어야 한다. 만일 그렇
다면 가부장제에 선행하는 다른 사회 조건 또한 존재했을 것이
다. 하지만 가모장제 학파의 구성원들은 이 선에서 만족하지 않

---

116 종종 전쟁은 또 다른 요인으로 간주되었다. 전쟁은 조직적으로 무장한 싸움이라는 점
에서 원시적이라고 하기에는 너무나 제도적인데도 말이다.

았다. 그들은 기존 이론과 강력한 사회적 편견에 맞서야 한다는 불리한 상황 속에서 '가모장제'라는 적극적 의미를 가진 전前가부장제 상황을 전제해야만 한다고 깨달았다.[117] 이 학파의 두 이론가만이 가모장제를 가부장제의 완전한 혹은 정확한 유사물로 생각하는 데까지 나아갔다(예를 들면 가모장제는 여성이 지배하고 남성이 억압받는 사회 형태로 간주되는데, 가부장제에서는 반대로 남성이 지배하고 여성이 억압받기 때문이다).[118] 하지만 다른 이론가들은 가부장제 지배에 선행하는 가모장제 지배와 같은 형태가 있었을 것이라고 주장했다. 가모장제 지배에서는 어머니의 권리와, '풍요'라는 '여성적 원칙'이 사회적이고 종교적인 생활을 지배했을 것이라고 한다. 특히 그들은 신화나 초기 종교에서, 그리고 풍요를 숭배하는 농경 민족들의 성향에서 어머니의 권리와 여성적 원칙이라는 두 항목에 대한 상당한 증거를 찾아냈다. 비서구 민족들 일부에서 발견된 모계제는 가모장제와 가부장제 사이 과도기 집단에서 찾을 수 있는 가모장제의 흔적이라고 해석되었다.

그러한 주장이 성 정치학의 인과 관계를 밝혀주는 논리적 매력을 가지고 있음에도 문제에 해답을 제공해주지는 못하는 듯하

---

117 이에 대한 주요 이론가로는 요한 야콥 바흐오펜Johann Jakob Bachofen(*Das Mutterrecht*, 1861)과 루이스 헨리 모건Louis Henry Morgan(*Ancient Society*, 1877), 로버트 브리폴트Robert Briffault(*The Mothers*, 1927), 맥레넌(*Primitive Marriage*, 1875), 지로 틀롱Giraud-Teulon(*Les Origines de la Famille*, 1874) 등이 있다. 또한 제임스 프레저 경Sir James Frazer과 조셉 캠벨Joseph Campbell, 로버트 그레이브스Robert Graves의 저작(*The White Goddess*)과 제인 해리슨Jane Harrison의 저작(*Prolegomena to the Study of Greek Religion*, 1903)도 참조하라.

118 Mathias and Mathilde Vaertung, *The Dominant Sex*(London, 1923) 참조.

다. 우리는 선사 시대에 관한 정보를 얻기 힘들기 때문이다.[119] 초기 학파들이 오직 가설적으로만 작업했다 하더라도 각 학파의 성 정치적 편애를 살펴보는 것은 흥미롭기도 하고 적절하기도 하다. 물론 양쪽은 현재 역사 형태가 가부장제라는 데 모두 동의했다. 그러나 각 학파는 선사 시대뿐만 아니라 (앞으로 보게 되듯) 미래에 대해서도 묵시적으로 의견을 달리했다. 일반적으로 가부장제 기원학파 중에서 가장 떠들썩한 구성원들은 주로 보수주의 색채를 띠었으며, 자신이 주장하는 바에 따른 결과로 가부장제를 일종의 '자연스럽고' 본래적인 사회 형태로 승인했다. 그리고 여기에서 이탈한 형태(바람직하든 그렇지 않든)가 있다면 그것은 가부장제의 의도적 변형으로 생각했다. 여기에는 현대의 문명이나 '사회 가치의 변화'로 허용된 그러한 변형이 만일 급진적이라면(예를 들어 가부장제적 가족 구조에 영향을 미친다거나 가부장제 성 역할 체계를 근본적으로 바꾸는 것이라면) 위험하다는, 혹은 '자연'이 스스로를 재주장한다면 언제든지 취소될 수 있다는 암시가 강하게 함축되어 있다.[120] 가모장제 학파의 구성원들은 현 상태를 지지하지도 그렇다고 과거의 초기 형태로 돌아가지도 못하기 때문에 가부장제 학파보다 만족감이 덜했다. 가모장제 학파는 가부장제의 영원한 권위와 원시적 기원, 생물학적·환경적 필연성을 주장하는 가부장제 학파에 도전하는 데 주력했다. 가모장제 학파는 가부장제

---

119 역사 시대가 시작될 때 가부장제는 이미 존재하고 있었다. 선사 시대의 사회 조직에 대한 자료는 불충분하므로 그 어떤 판단도 내릴 수 없다. 현재 존재하는 문자 이전 시대의 사회 조직이 선사 시대 사람들의 사회 조건에 대한 본보기가 된다고 생각할 수도 없다.

120 따라서 이스라엘의 키부츠 공동체와 중국, 소련 등의 사회주의 국가의 실험이 실패하고 단념된 데에 대한 이들의 만족감도 존재한다.

를 인간 역사의 한 국면으로 보았으며, 따라서 가부장제가 제도인 이상 이론적으로는 붕괴도 가능하다고 보았다.

자유주의자 밀은 과거가 아니라 현재의 보편적 힘의 지배에 주목했으며 여성의 종속을 인간 생활의 영원한 특징으로 간주했다. 따라서 '진보'와 도덕적 권유로 폭정과 예속 상태를 완화할 수 있다고 생각했다. 공산주의자 엥겔스는 역사가 계속 전진한다는 이러한 낙천적 견해를 기질적으로 받아들일 수 없었다. 예를 들어 노예 제도는 엥겔스에 따르면 더욱 온화한 원시 공동체 생활에서 한 걸음 후퇴한 것이다. 혁명가 엥겔스는 인간 제도의 기원이 숙명적이라거나 '생물학적'이라는 견해(가부장제 학파의 견해)와 필연적으로 충돌할 수밖에 없었다. 대신 그는 제도를 만든 것은 인간이기 때문에 의식적이고 혁명적인 인간이 시도한다면 근본적이고 갑작스러우며 심지어 폭력적인 변화도 가능하다고 보았다. 가부장제 가족과 사유 재산의 연관성을 파악한 엥겔스는 사유 재산의 기원이 (가부장제가 근거하고 있는) 여성의 종속과 소유에 있다는 사실을 발견했다. 엥겔스가 요한 야콥 바흐오펜의 저작에 끌렸던 것도 무리가 아니다. 바흐오펜의 《모권론》은 가모장제 기원 이론을 최초로 정식화했다. 엥겔스는 여가장제女家長制를 개인 사유 재산도 없고 가족 사유 재산도 없는 원시적 공산주의로 보았다. 사회주의는 부에 근거한 불공평한 정치 질서가 없는 세계의 사례를 제시해야 했고 황금시대에 대한 향수도 어느 정도 제시해야 했다. 따라서 여가장제는 사회주의가 과거로부터 찾아내고자 했던 '단순한 사회' 그 자체였다.[121] '가모장제'의 성격

---

121 '가부장제의 단순함'이라는 목가에 대항할 필요도 있었을 것이다.

2부 역사적 배경

이 어떠하든(여기에서 엥겔스가 근거하고 있는 인류학적 논의는 오늘날 더욱 문제적이라 할 수 있다)[122] 가부장제는 엥겔스가 개탄해 마지않았던 그 모든 병폐(여성에서 시작하여 다른 형태의 노예제로 나아간 개인의 소유라는 병폐와 계급·신분·계층 제도라는 병폐, 지배·재산가 계급이라는 병폐, 부의 불공평한 분배로의 발전이라는 병폐, 국가라는 병폐)를 수반했다고 증명될 수 있었다.

엥겔스는 바흐오펜의 논의와 인류학의 선구적 저작인 루이스 헨리 모건의 논의에 사회주의 이론을 결합하여 보편적 역사를 구성할 수 있었다. 엥겔스의 역사 이론은 가족과 인간 재생산의 조건을 설명하고 하위 부족, 부족 등이 도시와 국가로 진화한 사회 조직의 구성을 설명하며, 인간이 도구를 만드는 사람에서부터 가축 소유자로, 농부로, 장인으로, 상인으로, 마침내 제조업자와 산업 자본가로 진화하면서 물질 생산의 수단이 변화한 과정을 기록한다. 엥겔스는 사회사와 가족사의 단계를 구성하는데, 이 단계들은 가모장제(어머니의 권리)로부터 다양한 성적 관계(이는 난혼亂婚에서 시작해 군혼群婚, 혈연 가족, 푸날루아 가족, 대우혼 가족을 거쳐 마지막으로 일부일처제 가족의 가부장제로 끝난다)로 이행한다.

여담 – 신화의 증거

엥겔스의 이론은 포괄적이면서도 일목요연하고 명확한 성격임에도 적절하게 해명하지 못하는 한 가지 중대한 사건이 있다. 그것은 바로 가부장제가 어떻게 지배권을 넘겨받았는가 하는 것이다.

---

[122] 모건과 바흐오펜에 대한 최근 논의는 Marvin Harris, *The Origins of Anthropological Theory*(New York: Columbia, 1969) 참조.

가부장제에 선행하는 사회 조직 형태가 무엇이든 간에 가부장제의 기원은 여전히 논쟁 대상이자 인간 역사에서 가장 중대한 문제이기도 하다. 엥겔스와 바흐오펜은 공동체적 성생활에서부터 (대우혼을 거쳐 최종적으로 일부일처제로 확립되는) 특정 형태의 성적 관계를 채택하게 되는 변화와 관련하여 가부장제가 발생했을 것이라고 추정한다. 대우혼과 일부일처제는 모두 여성에 대한 남성의 배타적인 성적 소유권을 확립했다.[123] 대우혼이 존재했다는 사실을 뒷받침할 증거는 있으나 엄격한 일부일처제는 그다지 흔한 형태가 아니었으며 나중에 발전해 나온 형태로 추측한다. 다른 형태의 결혼, 즉 난혼과 군혼 등이 존재했다는 것도 언급된다. 그러나 이는 격렬한 논쟁의 대상이 되었으며 진위도 분명하지 않은 것으로 보인다. 증명할 수 있는 증거가 매우 불충분하므로 가부장제가 유일하게 혹은 대체적으로 특정 성적 관계를 채택함으로써 유래했다는 엥겔스와 바흐오펜과의 추정은 입증되기 힘들다. 그러나 다른 변화들(사회적·이데올로기적·기술적·경제적 변화)은 그럴듯해 보인다. 여성이 최초의 사유 재산이었다는 엥겔스의 주장은 아마도 진실일 것이다. 그러나 여성이 결혼에서 남성의 배타적인 성적 소유권의 확립(여성에게는 상호적 소유가 아니었다)을 통해 사유 재산이 되었다는 엥겔스의 믿음은 이미 가부장제적 상황을 전제한다.

바흐오펜은 성적 관계의 특징에서 이러한 변화 혹은 전이의 중요성을 깨달았으며, 섹슈얼리티와 관련하여 초기 종교의 역할

---

123 엥겔스의 정의에 따르면 대우혼에서 남성은 자유롭게 다른 성적 결속을 추구할 수 있으나 여성은 그렇지 못하다. 이러한 의무는 이혼으로 면제받을 수 있었다.

이 얼마나 중요했는지도 깨달았다. 따라서 그는 사회가 생물학적 사건을 얼마나 빨리 성 정치적이라 부를 수 있는 사건으로 해석했는지에 대한 증거를 찾기 위해 신화와 문학을 참조한다. 이러한 상황에서 의심할 수 없지만 역사적 질서 속에 놓기 어려운 요인은 바로 부권의 발견이다.[124] 고대 신화에서 수많은 여성 가장의 목소리와 그녀의 신성과 가치를 빼앗으려는 수많은 가부장의 목소리를 감지해낸 바흐오펜은 아이스킬로스가 《오레스테이아 Oresteia》에서 말하는 우화가 얼마나 유용한 것이었는지를 지적한다. 그 우화는 (분명 훨씬 더 일찍 발생한) 부권의 발견이 가부장제 규칙을 뒷받침하는 데 사용되는 순간을 정확하게 보여주기 때문이다. 더 구체적인 증거가 부족한 상황에서 종교적 신화나 혈연 관계 같은 보수적 요소들은 거대한 역사적 변화를 보여주는 흔적이다. 가부장제는 아마도 천천히 단계를 밟아가면서 조금씩 그리고 장소마다 상이한 순간에 선행한 질서를 대체하게 되었으며 그럼으로써 여성에 대한 남성의 오랜 지배가 시작되었을 것이다.

그리스 비극 작가 중에서 가장 나이가 많았고 종교적으로도 가장 보수적이었던 아이스킬로스는 《오레스테이아》 3부작의 마지막 작품인 〈에우메니데스 Eumenides〉를 통해 가부장적이고 부권적인 권위가 그보다 앞선 질서를 옹호하는 목소리와 대결하는 드라마를 보여준다. 후자의 목소리는 어머니의 주장을 강조하며 바흐오펜이 보기에는 가모장적인 목소리다. 자신보다 앞선 신화를 소재로 작업한 아이스킬로스는 클리템네스트라와 분노의 여신들

124 심지어 메인 경도 여기에 대해 설명한다. 부권이 가부장제 가족과 가부장제 권위에 아주 중요하다고 생각했기 때문일 것이다. 하지만 자신의 통찰이 가부장제의 원시적 특성에 대한 자신의 주장과 상충한다는 생각은 메인 경에게 떠오르지 않았다.

의 주장과 이에 대립하는 아가멤논과 오레스테스의 주장 사이에서 올림포스 신들이 누구의 손을 들어주는지를 예리하게 보여준다. 여기에서 양쪽의 주장은 거의 이데올로기적 충돌과도 유사한 것이 된다.[125]

우리는 그 장면이 일어나기 전으로 돌아가 어떤 사건들이 발생했는지를 회상해보아야 한다. 클리템네스트라는 트로이에서 돌아온 남편 아가멤논을 죽인다. 약탈한 수많은 여성들(여기에는 트로이의 공주 카산드라도 포함되어 있는데 그녀는 강간과 노예 생활로 미쳐 있다)을 데리고 의기양양하게 돌아온 전승 장군 아가멤논을 살해한 것은 가부장제 권위에 대한 거대한 타격이다. 클리템네스트라의 행위는 남편과 왕의 남성적 권위에 대한 잔인무도한 반항이 된다. 게다가 아가멤논이 10년간 고국을 떠나 있는 동안 간통을 했고 이제 애인에게 왕좌를 넘기려 한다는 사실은 결혼과 정치 지배권에 대한 더 큰 반역이 된다. 무엇보다도 클리템네스트라는 딸 이피게네이아의 원수(아가멤논은 이피게네이아를 군대의 자랑 아킬레우스와 결혼시키겠다고 약속하면서 그녀를 클리템네스트라로부터 빼냈다. 그리고 이피게네이아가 아울리스에 있는 야영지에 도착하자마자 신의 노여움을 가라앉히고 바람을 자신에게 유리한 방향으로 불게 하려고 딸을 산 제물로 바친다. 그리고 자신은 트로이와 영광을 얻는다)를 갚으려 하면서 어머니의 권리를 옹호하는 것으로 보인다.

장자 왕위 계승에 대한 어머니의 배반과 남성의 특권에 대한 어머니의 공격에 몹시 화가 난 오레스테스는 아버지의 죽음에 복

---

125 우리는 클리템네스트라라는 이름의 언어적 우연성을 기이하게 여기게 된다.

수한다. 그러나 그는 어머니를 살해하면서 여신들의 분노를 산다. 분노한 여신들은 이 도시에서 저 도시로 오레스테스를 쫓는다. 사르트르는《파리 떼The Flies》에서 이 복수하는 여신들을 죄의식, 회한, 여론의 힘 등으로 묘사한다. 하지만 아이스킬로스의 작품을 보면 이 여신들은 여가장의 박탈된 권위를 상징하며 이미 심술쟁이 노파 수준으로 격하되어 있음을 알 수 있다. 그리고 오레스테스가 죗값을 치러야 한다는 여신들의 주장(클리템네스트라는 이미 생명으로 죗값을 치른 상태다)은 고대 세계에서 가모장제 최후의 저항처럼 들린다.

분노의 여신들이 모친을 살해했다는 이유로 비난하자 오레스테스는 아폴로의 신탁이 명령한 바를 따랐을 뿐이라며 책임을 회피한다. 분노의 여신들은 '예언의 신' 아폴로가 그런 범죄를 명했을 리 없다며 믿지 않는다. 그리고 정의는 자신들 편이라고 확신하면서 오레스테스를 법정에 세운다. 여신들은 그 정의가 바로 가부장제의 정의라는 것을 미처 생각하지 못했다. 오레스테스는 여신들에게 죄를 지은 클리템네스트라도 쫓아야 했다고 말한다. 그러자 여신들은 어머니의 권리에 대한 확신으로 이렇게 대답한다. "클리템네스트라가 죽인 남자는 그녀와 같은 핏줄이 아니다."[126] 그러자 오레스테스는 "그럼 저는 어머니와 같은 핏줄이란 말입니까?"라고 빈정거린다. 여신들은 경악한다. "이 저주받을 살인자! 어머니는 자궁에서부터 너를 키웠다. 너는 어머니의 피를 인정하지 않는 것이냐? (⋯) 네가 여자에게서 태어났다는 것

---

[126] 〈에우메니데스〉 인용은 (본문 인용을 제외하고) 모두 *The Oresteian Trilogy*, trans. Philip Vellacott(Penguin Books)에서 가져왔다.

을 부인하느냐?"[127] 이는 부인하기 어려운 주장이다. 하지만 그리스 가부장제는 생물학에 대한 다소 놀라운 정치화된 해석을 이미 정식화하고 있다. 이는 아폴로가 상술해준다.

> 어미는 아이를 자기 자식이라고 부를 수 없다.
> 어미는 진정한 부모인 아비가 뿌린 어린 씨를
> 잘 자라게 보살피는 보모에 불과하다.
> 그래서 운명의 신이 아이에게 인정을 베푼다면
> 어미는 친구의 식물을 돌봐주는 것처럼 아이를 돌본다. (…)
> 아비가 어미 없이 아이를 낳는 것이다. (…)

이 마지막 문장은 부권의 발견과 씨(種)에 대한 인식을 지나치게 과장하는 것처럼 보인다. 인간의 생명을 창조하는 데 자신의 역할을 발견한 남성은 한때 아버지 없이도 모성이 가능하다고 분명 믿었음에도 자신의 오랜 무지를 과장된 표현으로 보복한다. 어머니의 역할과 아이가 어머니의 몸에서 나온다는 사실, 그리고 아버지의 역할은 추론으로만 가능하다는 사실이 눈에 띄게 관찰되는 바이므로 여성에게서 생식력을 완전히 빼앗는 것은 서툴게 느껴진다. 결국 자신만의 유전학으로 설득하는 데 실패한 아폴로는 소매에 감춰둔 다른 카드를 협잡꾼처럼 꺼내 든다.

> 우리는 자궁이라는 어두운 요람에서 결코 자란 적이 없는

---

127 "네가 여자에게서 태어났다는 것을 부인하느냐?"는 존 르윈의 번역으로 원천에 더욱 충실해 보인다. *The Oresteia*, trans. John Lewin, University of Minnesota, 1966(New York: Bantam, 1969).

올림포스 신 제우스의 딸을 증인으로 세웁니다.

이는 매국노가 치명적 타격에 대처하는 잘 알려진 방식이다. 아버지 제우스의 머리에서 다 자란 상태로 태어난 아테네가 자신의 동류를 배반하면서 앞으로 나온다.

나에게는 나를 낳아준 어머니라는 것이 없다.
그러니 만사에 아버지의 주장과 남성의 우월성에 대해서는 공감한다.
내가 결혼할 때는 예외겠지만.
그러니 남편을 죽인 여자를 죽이는 것은
남편 때문에 겪은 슬픔보다 더 중요한 것이라고 판결하노라.

이러한 종류의 확증은 치명적일 수 있다. 분노의 여신들은 합창으로 "아, 어머니여, 아, 어둠이여, 우리를 굽어살피소서!"라고 외치지만 이제는 소용없다. 제우스와 가부장제는 위대한 어머니의 눈을 감겨버렸고, 이 '새로운' 신들의 세대는 과거 타이탄보다 우월했던 풍요의 여신들을 추방하고 "늙은 신들에게 거친 쇠굴레를 채웠다." 아폴로는 심지어 여신들을 놀리기까지 한다. "그대들은 젊은 신만큼이나 늙은 신들에게도 명예를 얻지 못할 것이다. 내가 이길 것이다." 재판은 조작되고 분노의 여신들은 기회를 얻지 못한다.

아테네의 결정적인 찬성표로 오레스테스는 무죄 방면되었을 뿐만 아니라 왕위까지 차지한다. 풍요의 창조력을 남성을 위해 전유한 가부장제의 독단은 여성의 존재를 평가 절하하는 데까지 이른다. 그리고 이것이 판결의 힘이다. "제우스께서는 그렇게 명하셨고, 제우스께서는 옳다. (…) 그들의 두 죽음은 결코 비교할 수 있는 성질의 것이 아니다." 아폴로는 클리템네스트라가 남편이자 왕이며 아버지인 아가멤논을 죽여 진정으로 중대한 범죄를 저질렀다고 말한다. 이에 반해 오레스테스는 자신의 어머니라 할지라도 한 여성의 생명만을 빼앗았을 뿐이므로 죄를 면제받는다.

아이스킬로스는 여신들의 분노를 과거의 패배에 대한 비장함으로 바꾸어놓는다. 이 여신들은 어떤 실질적인 위협도 가해서는 안 된다는 명령을 받는다. 이들은 무기력하게 한탄한다.

젊은이가 늙은이를 짓밟는구나!
고대법을 뒤엎은 너희 젊은 신들에게
저주가 내리리라.

물론 풍요의 여신들인 분노의 여신들은 '식물과 아이들'을 '시들시들 말라죽게 하는' 역병이 그리스 전역에 돌게 하여 복수하려 한다. 그러나 아테네는 분노의 여신들에게 분노를 가라앉히고 새로운 질서에서 보조 역할을 하라고 꼬드긴다. 아테네는 듣기 좋은 말과 함께 좋은 시절은 지났으니 협력하는 게 좋을 것이라는 협박으로 분노의 여신들에게 거래를 하자고 부추긴다. 이는 단지 살아남는다는 것을 제외하고는 그 어떤 이득도 얻지 못하는 거래지만 새로운 질서에는 절대적으로 필요한 것이기도 하다. 가부장제 남성은 자신이 유일한 생명의 원천이라고 자랑하면서도 여성원칙의 도움 없이는 번영할 수 없음을 넌지시 인정하는 듯 보인다. 따라서 아테네는 분노의 여신들을 구슬린다.

땅과 바다와 하늘에서 은총을,

땅 위에서 바람과 햇빛으로 숨 쉬는 은총을,

짐승과 벌판이 지치지 않는 비옥함으로 백성을 풍요롭게 하는
은총을,

그리고 용감한 아들이 수없이 태어나게 하는 은총을 (…)

패배에 수치스러워하던 여신들은 아테네에 머무를 수 있다는 제
안을 반기면서 다섯 페이지에 걸쳐 상공 회의소에서나 들을 법한
열정적인 문장을 읊어댄다. 이 신화에 대한 아이스킬로스의 극화
로부터 우리는 가부장제가 가모장제와 맞서고 있음을, 부권이라
는 지식 때문에 가모장제가 혼란스러워하고 있음을, 그리고 가
부장제가 의기양양하게 가모장제를 폐기하고 있음을 알 수 있다.
입센의 노라가 성 혁명을 외치며 문을 쾅 닫는 순간이 오기까지
가부장제의 승리는 거의 논의의 여지가 없는 사실이었다.

여담 – 섹슈얼리티의 증거

바흐오펜은 부권이라는 지식의 중요성을 잘 알고 있었으므로 〈에
우메니데스〉 같은 작품이 제공하는 신화적이고 종교적인 의견 표
명에 관심을 기울였다. 그러나 바흐오펜은 부권의 발견이나 가부
장제의 기원에 대한 증거를 찾기 위해 그러한 자료에만 의존하려
하지 않았다(이는 충분히 납득이 간다). 대신 그는 다른 이유를 찾으
려 했다. 반면 엥겔스는 신화나 종교를 참조하는 바흐오펜의 사
유를 '신비주의'라고 부르면서 미심쩍어했으며 그뿐만 아니라 신
화나 종교의 증거를 받아들이려 하지 않았다.[128] 그래서 엥겔스는
바흐오펜의 가설을 부차적이며 그다지 신뢰할 수 없는 것으로 생

각했다. 여성이 어떻게 종속이라는 상황을 받아들이게 되었는가 하는 질문에 엥겔스와 바흐오펜은 빅토리아 시대 특유의 순박함으로 대답한다. 즉 여성은 실제로 섹슈얼리티를 짐스럽게 생각해 대우혼과 일부일처제 결혼의 성적 상태와 사회적 종속 상태를 기꺼이 감수했다는 것이다.[129] "그들은 정조에 대한 권리를 통해 마음의 안정을 끊임없이 갈망했다"[130]라고 엥겔스는 이야기한다. 그러므로 가부장제는 "옛날의 남편 공유제에서 해방되어 오직 한 남자에게만 몸을 바치는" 달갑지 않은 "형벌"에서 비롯된 것이 아니라 성에 대한 배타적 소유에서부터 비롯되었다는 생각을 엥겔스는 받아들이는 것이다.[131]

여성은 섹스를 싫어한다는 확신에 찬 가정은 부조리하다고 말하고 싶어진다. 게다가 섹스가 실제로 (여성에게) 복종의 정치적 행위라는 추론과 성관계는 '항복'을 요구한다는 전제에서 우리는 무의식적인 가부장제 사고방식을 감지한다. 우리는 엥겔스의 태도가 자신이 속해 있던 문화의 전제로부터 영향받은 것이라는 인상을 받을 수밖에 없다. 실제로 그는 빅토리아 시대 사람일 뿐이다. 엥겔스가 언급한 내용은 빅토리아 시대에 널리 퍼져 있

128 엥겔스는 '종교를 세계 역사의 주요 지렛대'로 표상하는 바흐오펜의 방식이 너무 순진하다고 생각했다. 하지만 이 과정에서 엥겔스는 바흐오펜의 논점을 놓치고 있다. 양성 관계의 변화는 종교로 만들어지는 것이 아니라 단순히 종교에 반영되는 것이기 때문이다. 그리고 그 반영된 것이야말로 바로 부권의 발견이며, 엥겔스는 이를 제대로 평가해내지 못했다.

129 가부장제 학파의 구성원들은 난혼이나 군혼의 가능성을 모두 부정했다. 메인 경은 성적 질투심이 남성의 고유한 본능이어서 난혼과 군혼을 결코 허용하지 않았을 것이라고 확신했다. 그러나 구속 없는 성교가 가능했다는 예상 때문에 그러한 확신은 최소한 어느 정도 거부되거나 불안정해졌다.

130 Engels, 앞의 책, p.65.

131 같은 책, p.62.

던 의견을 표명한 것에 불과하다. 즉 아무리 성적 저항이 여성의 관능적 욕망에 불리하게 작용한다(또한 여성의 욕망이 다양한 강도로 존재할 가능성도 대체로 무시되었다) 할지라도 그 저항은 일종의 자기주장 행위다. 성에 대한 저항이라는 관념이나 불감증으로 순결을 지킨다는 관념 혹은 정조를 통해 독립성을 지킨다는 관념은 모두 빅토리아 시대 문학에서 흔히 볼 수 있는 주제다. 성행위가 남성의 의지에 대한 복종이라는 의미를 함축하고 있는 가부장제는 사회적으로 강압적이고 착취적인 섹슈얼리티를 요구한다. 그러므로 이러한 상황에서 '정조', 불감증 등과 같은 섹슈얼리티에 대한 저항은 성 정치학의 조건에 대한 '정치적' 응답의 성격을 띠게 되었다. 정조를 지키는 태도나 섹스에 대해 보이는 부정적 태도(이는 불감증을 동반한다)는 여성을 섹슈얼리티로부터 쾌락을 얻지 못하게 제한하거나 금지하는 가부장제의 사회적·심리적 '책략'으로 작동했다. 반면 그러한 부정적 태도는 가부장제의 (육체적·경제적·사회적) 폭력에 복종하지 않기 위해 여성들이 스스로를 방어하는 '책략'으로 바뀔 수도 있었다.

엥겔스는 가부장제에 앞서는 상황을 설명하기 위하여 가부장제의 상황에만 맞는 전제에 따라 추론한 셈이다. 아주 최근까지도 여성의 섹슈얼리티는 과학적으로 아무렇게나 취급되는 잘못된 정보나 미신적 정보에만 의존하고 있었으므로 엥겔스는 여성의 섹슈얼리티 본성에 무지했다. 이 주제에 관한 최근의 연구에 따르면 여성이 성관계의 한 형태로 대우혼이나 일부일처제 결혼(여성에게 성적인 요구를 하는 것을 제한하는 동시에 여성의 관능성과 자아를 남성 의지에 종속시키는 형태)을 환영했다고 생각할 만한 근거는 매우 희박하다. 오늘날 훌륭한 과학적 증거는 모두 여성이 생물학적으로나 유전적으로나 섹슈얼리티에 대한 능력을 남성보다 훨씬 더 많이 소유하고 있음을 보여준다. 이는 성교의 빈도에 있어서나 성교 중 오르가슴에 도달하는 빈도에 있어서나 모두 그러하다.

이는 굳이 과학의 도움을 받지 않더라도 매춘이 남성에게는 불가능한 빈도의 성교를 여성에게 요구한다는 사실을 생각해본다면 상식적으로도 이해가 간다. 그러나 매춘과 같은 성적 경험은 단지 양적이며 생리적으로는 수동적일 뿐만 아니라 오르가슴을 반드시 수반하지도 않는다.[132] 매춘부는 오르가슴과 같은 성적 쾌락을 수반하는 성행위를 할 필요도 없고 그럴 기회도 없다. 그들의 성 경험은 다소 강요된 것(경제적 혹은 우회적인 심리적 욕구)이므로 자유로운 선택으로 보기는 어렵다.

그러나 매스터스와 존슨의 연구에 따르면 여성의 성주기는 짧은 시간에 연달아 오르가슴을 여러 번 느낄 수 있다고 하며, 각각의 오르가슴은 남성의 성기 팽창, 사정, 수축과도 유사하다고 한다. 적절한 자극만 있다면 여성은 짧은 시간에도 여러 번 오르가슴을 느낄 수 있다.

정상적으로 오르가슴에 도달할 수 있는 여성이 첫 번째 오르가슴 이후 짧은 시간 안에 다시 적절하게 자극을 받는다면 대부분은 두 번째, 세 번째, 네 번째 심지어 (완전히 만족하기 전까지는)

---

132 매춘부의 성행위는 오르가슴을 수반하지 않으며 테일러 증후군이라고 알려진 증상을 발달시키는 경향이 있다. 테일러 증후군은 골반 부위에 만성적으로 혈관이 울혈되어 통증을 수반하는 증상을 말한다. 이는 오르가슴처럼 충혈과 긴장이 해소되는 경험 없이 단지 성적 각성만 빈번하게 경험한 결과로 발생한다.

다섯 번째와 여섯 번째 오르가슴에까지 도달할 수 있을 것이다. 남성이 통상 짧은 시간 안에 한 번 이상 오르가슴에 도달하기 힘든 반면 많은 여성은, 특히 클리토리스에 자극이 있을 경우 몇 분 안에 다섯 번 혹은 여섯 번의 완전한 오르가슴에 도달할 수 있다.[133]

'질 오르가슴'이 존재한다는 의견이 오랫동안 우세했다는 점을 생각해본다면 클리토리스는 여성의 섹슈얼리티에만 특수한 기관이며, 질은 섹슈얼리티뿐만 아니라 재생산도 수행하는 기관임을 강조할 필요가 있다. 그리고 질에는 아래쪽 세 번째 관管을 제외하고는 성감을 느끼는 조직이 없으며, 세 번째 관의 세포로 끝나는 신경 조직은 실상 클리토리스에서부터 내려온 것이자 클리토리스를 중심으로 작용하는 것이다. '질 오르가슴'은 그 자체로 존재하지 않지만 질을 중심으로 한 성교에서도 오르가슴은 존재한다. (이는 클리토리스 자극으로만 도출되는 오르가슴과는 다른 경험적 특성이 있을 것이다.) 또한 클리토리스가 적절하게 자극될 때도 오르가슴은 가능하다. 이성애 성교에서 여성의 오르가슴은 클리토리스 꼭대기에 남근이 마찰될 때 혹은 귀두가 클리토리스 부위의 소음순과 마찰될 때 발생한다. 따라서 성적 흥분 자리와 그에 대한 반응 자리 사이를 구별해야 한다. 반응 자리는 클리토리스이며 이는 다른 반응(대음순 확장, 분비물 유출, 질 경련 등)을 촉발한다. 성적 흥분은 성감대든 아니든 신체 조직의 자극에 근원을

---

133 W. H. Masters and Virginia Johnson, "Orgasm, Anatomy of the Female," *Encyclopedia of Sexual Behavior*, ed. A. Ellis and A. Abarbanel(New York: Hawthorn Books, 1961), Vol.2, p.792.

두거나 순전히 심리적 흥분(생각, 감정, 말, 그림 등)에 근거할 수도 있다. 지적되어야 할 것은 클리토리스가 섹슈얼리티와 성적 쾌락에 유일한 특정 기관이라는 사실이다. 반면 남근은 배출이나 생식 같은 다른 기능이 있다.

남성의 성적 능력은 제한되어 있지만 여성의 성적 능력은 생물학적으로 거의 무제한에 가까운 듯하다. 또한 심리적 고찰을 제외하고라도 여성의 성적 능력은 육체가 피로해질 때까지 계속할 수 있다.

최고도의 흥분을 느끼는 일반적 여성은 통상 세 번에서부터 다섯 번에 이르는 오르가슴으로 만족할 수 있다. 반면 전자 진동기와 같은 기계적 자극은 육체를 덜 피로하게 하므로 한 시간 혹은 그 이상의 시간에 이르기까지 오래 흥분시킬 수 있으며, 20번에서부터 50번까지 연속되는 오르가슴을 경험하게 할 수 있다. 여성은 육체적으로 완전히 소진되었을 때만 멈출 것이다.[134]

이러한 연구의 함의에 대해 설명하는 셔피 박사의 중요한 논문은 다음과 같은 견해를 제시한다.

이러한 생물학적 자료를 끝까지 밀고 나가면 여성은 (어떤 방식으로든 강렬한 오르가슴을 반복적으로 경험한다 할지라도) 완전한

---

[134] 셔피 박사가 인용한 매스터스의 말이다. M. J. Sherfey, "The Evolution and Nature of Female Sexuality in Relation to Psychoanalytic Theory," *The Journal of the American Psychoanalytic Association*, Vol.14, January 1966, No.1(New York: International Universities Press, Inc.), p.792.

성적 만족에 도달할 수 없는 보편적이고도 육체적으로 정상적인 조건을 가지고 있다는 가설이 나온다는 데 의심의 여지가 없다. 이론적으로 볼 때 육체적 피로가 방해하지 않는 한 여성은 오르가슴에 무한히 계속 도달할 수 있다.[135]

여성의 탐욕에 대한 셔피의 지나친 강조를 볼 때 무한한 생물학적 오르가슴 도달 능력에도 불구하고 긴장과 소모된 에너지의 양에 따라 육체적 피로가 발생한다고 할 수 있다. 이는 성교 시 남근의 마찰에 비례할 것이며 손을 이용하거나 기계적 자극의 경우에는 덜할 것이다. 그러한 의미에서 보면 남성과 마찬가지로 여성의 섹슈얼리티도 한정적이다. 게다가 생물학적 능력이 심리적 필요성이 되지는 않으며, 심리적 만족과 늘 일치하지도 않는다. 섹슈얼리티에 대한 여성의 생물학적 능력이 어떠하든 인간으로서 여성은 남성과 마찬가지로 승화할 수 있는 능력도 갖췄다는 사실은 새삼 말할 필요도 없을 것이다. 여성은 사회 구성원이므로 섹슈얼리티 또한 사회적 힘에 종속되어 있다. 이는 가부장제 사회라는 상황에서는 더욱더 그러하다. 가부장제 사회는 여성의 섹슈얼리티에 깊은 영향을 끼쳐 여성의 섹슈얼리티가 가진 기능은 철저하게 변형되었고, 그 진정한 성격 역시 오랫동안 왜곡되었을 뿐만 아니라 잘 알려지지도 않았다.[136] 이는 문화가 생리학

---

135 Sherfey, 같은 책, p.117.

136 여성 자신의 경험은 역사에서 종종 무시되어왔다. 하지만 여성의 조건화는 매우 강력했으므로 역사적 증거가 있더라도 그 자체로 신뢰할 수 없다고 보아야 한다. 수 세대에 걸쳐 여성들은 '질 오르가슴'에 대한 프로이트의 분석에 만족해왔을 뿐만 아니라 그것을 경험하는 것을 즐기기까지 했다.

에 얼마나 큰 영향을 미치는지를 보여주는 놀랄 만한 증거다.

여성 섹슈얼리티의 본성이 오랫동안 연구되지 않았다는 사실은 사회적 상황에 따라 지식의 방향이 결정된다는 것을 잘 보여주는 사례다. 성적 흥분과 쾌감에 대한 여성의 놀라운 생물학적 잠재력을 가정한다면, 일부일처제나 일부다처제만큼 이러한 잠재력을 만족시키지 못하는 성적 관계도 없다는 것을 알게 된다. 군혼의 경우는 말할 것도 없다. 그러나 여성이 대우혼을 통해 한정된 섹슈얼리티만을 부여받으려 했다는 엥겔스의 확신은 그 시대의 성적 '분위기'에 대한 흥미로운 언급일 뿐만 아니라, 섹슈얼리티가 가부장제와 같은 사회적 문맥 속에서 어떤 함의를 띠고 있는지를 보여주는 언급이기도 하다. 가부장제 신화와 신념은 늘 남성의 성적 능력이 더 크다고 전제하며 이로부터 성에 대한 이중 잣대와 심지어 일부다처제까지도 허용할 필요가 있다고 주장했다.[137] 이는 생물학적 진실과 완전히 반대된다고 하더라도 남성에게는 편리한 가정이다. 여성이 '남편 공유제'에서 오랫동안 탈출하기를 원했기 때문에 다른 형태의 종속을 기꺼이 받아들였다는 엥겔스의 공상에는 바로 이러한 가정이 깔려 있었다.

가부장제 사회 조건은 성생활이라는 측면에서 여성에게 지대한 영향을 끼쳤으며 심지어 변칙적인 결과를 낳기도 했다. 여성 섹슈얼리티의 거대한 잠재력이 엥겔스의 시대에 와서 문화적

---

[137] 남성에게 네 명의 여성을 완전히 독점할 수 있게 해주는 이슬람교와 같은 일부다처제에서는 성적 기회의 비율이 16분의 1이 된다. 즉 여성 한 명은 한 남성의 성적 잠재력의 4분의 1을 가지고 있으며, 남성은 네 여성의 성적 잠재력을 가지게 된다. 성에 대한 이중 잣대하에서 아내와 첩의 비율은 남성이 만족할 기회를 고려하여 1 대 4로 설정된다. 이는 각 성의 상대적 성적 능력을 고려할 때 아이러니한 상황이다.

저항 때문에 거의 완전히 묻혔다는 사실에서 우리는 사회화의 힘이 얼마나 놀라운 것인지 경탄하게 된다.[138] 가부장제가 여성을 성적 대상으로 만드는 경향이 있는 반면, 여성은 자신의 운명이라고 간주된 섹슈얼리티를 즐겨서는 안 된다는 점 또한 역설적이다. 대신 여성은 자신의 섹슈얼리티로 인해 고통받고 수치스러워해야 하는 동시에 완전한 성적 존재로서 허용되지 않았다. 역사를 통틀어 여성들은 대부분 문화적으로 남성에게 성적 배출구를 제공하는 동물 수준으로 격하되었으며, 재생산과 양육이라는 동물적 기능만을 수행해야 한다고 생각되었기 때문이다. 따라서 여성은 몇몇 예외를 제외하고는[139] 그리고 모성성과는 별도로 섹슈얼리티에서 쾌락을 느껴서는 안 되고, 비천한 노동과 가사로 이루어진 생활 방식 속에서 살아왔다. 그러한 상황에서 섹슈얼리티란 여성에게 일종의 처벌로 가해지는 것이었다.

성적 관습이 완화되고, 섹슈얼리티에서 여성의 쾌락에 대한 금기가 철폐되고, 성 혁명 제1기가 사회적 태도와 여성의 사회적 입장에 가져온 변화를 통해서만(이 변화는 매우 심오하고 매우 널리 퍼졌기 때문에 이 시기에 뒤따른 반동의 시대조차 그 영향을 완전히 지우지 못했다) 여성 섹슈얼리티가 가진 잠재력이 전반적으로 다시 주

---

138 빅토리아 시대의 상황이 오늘날 우리의 상황과 다를 바 없다는 사실은 백인 노동 계급의 성 태도에 대한 연구서인 리 레인워터Lee Rainwater의 《가난한 자들이 아이를 낳는다And the Poor Get Children》에서 확인된다. 여기에서 표본 집단 여성의 3분의 1이 섹슈얼리티에 대해 완전히 부정적인 태도를 보였으며 나머지 3분의 1도 대체로 그러했다. 남성과 여성 표본 집단은 모두 '섹스는 남자를 위한 것이다'라는 명제에 동의했다. 즉 섹스는 남성의 필요와 쾌락을 위한 것이라는 주장이다.

139 여기에서 매춘부는 생각보다 그다지 예외적인 인물이 아니라는 것을 알 수 있다. 매춘부의 성행위는 자신의 쾌락을 목표로 하지 않기 때문이다. 이는 매춘부의 기능에 대한 초기의 정의에서부터 인식되어온 사실이다.

장될 수 있을 것이다. 그러나 여성 교육, 이혼, 경제적 독립, 더 큰 사회적 자유를 제공한 사회적 변화에 방점을 둔다 하더라도 생리학에 대한 증가하는 이해와 향상된 성 테크닉의 영향을 과소평가해서는 안 된다. 최소한 서구에서 덜 억압적인 남성적 성 테크닉이 시작되었다는 사실(이는 성 혁명 제1기의 또 다른 유산이다) 또한 가부장제의 상황이 여성의 생물학적이고 성적인 유기체적 기반에 부과해온 거대한 문화적 금기와 왜곡을 약화하는 데 기여했다.

엥겔스의 혁명적 취지

엥겔스가 성 혁명에 기여한 커다란 가치는 가부장제 결혼과 가족에 대한 분석에 있다. 제도의 기원에 대해서는 설명하지 못했지만, 그 제도가 삶의 영구적 특징이 아니라는 것을 보여주려는 엥겔스의 시도는 그 자체로 급진적 출발이었다. 엥겔스의 사유를 구성한 저술들은 물론 훌륭했으나 그의 의도와는 맞지 않았다. 즉 바흐오펜의 저작은 신화에 관심을 두고 있었고 모건은 인류학에 관심을 기울이고 있었던 것이다. 엥겔스가 혁명적인 사회 재조직이라는 목적을 위해 그들의 이론을 흡수했다는 것은 선사 시대에 대한 그의 연구에 실용적 동기가 있었음을 보여주는 증거다.

가부장제 결혼과 가족은 선사 시대든 아니든 어쨌든 과거에 기원을 둔 셈이며 따라서 불변의 것이 아니라 변화 가능한 것이 된다. 엥겔스는 가부장제의 결혼과 가족을 다른 사회 현상과 마찬가지로 진화 과정 중에 있는 역사적 제도로 다루면서 그 신성한 것을 진지한 분석과 비판 그리고 근본적 재조직화의 가능성으로까지 열어놓았다. 결혼 제도(대우혼과 일부일처제)는 가부장제의 지배 시대가 시작되었음을 알리는 요인이었다는 엥겔스의 주장이 얼마나 타당하든 간에, 결혼과 가족이 여성에 대한 소유에 기초하고 있다는 그의 선언은 실로 가부장제에 대한 치명적인 고발이었다. 가부장제 법률에 대한 역사적 증거는 '가정적 예속'이라는 밀의 비판을 다시금 강력하게 뒷받침한다. 밀은 여성의 예속을 원래 남성이 가진 잔인함의 피할 수 없는 결과인 원초적 악행이라고 생각했다. 반면 엥겔스는 역사적 설명을 통해 그것을 남성 억압의 쇄신으로 바꾸어놓았다. 이는 수많은 다양한 억압 형태를 가능하게 한 쇄신이며, 각각의 억압 형태는 이에 근거하고 있다. 성의 지배는 최후에 나타난 불평등이기는커녕 인간적 불평등의 전체 구조가 기반을 두고 있는 주춧돌이다.

엥겔스가 개괄하듯[140] 사회 변화의 첫 단계는 동족의 군혼이었고 다음은 푸날루아족의 군혼이었으며, 그다음은 모계 씨족 그리고 마지막은 부계 씨족이다. 그리고 씨족이 모계에서 부계로 전환되면서 사유 재산의 상속(그리고 장자상속)은 이미 사회적·정치적 생활의 주요한 요인이 되었다. 씨족에서부터 혹은 민주주의를 실천했고 토지를 공유했으며 마침내 씨족을 몰락시킨 혈연 부족으로부터 서서히 진행된 가부장제의 진화와 함께 다음과 같은 제도들이 나타났다. 즉 노예제(이는 이후 모든 계급 제도의 모델이며, 그 자체로 여성에 대한 개인적 소유에 기반한다), 군장君長 사회, 귀족 제도, 사람들을 부유한 사람과 가난한 사람의 경제적 집단으로 나눠 사회적·정치적으로 차별화하는 제도 등이다. 마지막으로 사적 소유의 중대성이 증가하면서(전쟁은 그 촉매제 역할을 했

---

140 여기에서 엥겔스가 참조하고 있는 주요 텍스트는 모건의 《고대 사회*Ancient Socient*》다. 이 저서는 미국 인디언 종족과 고대 서구 사회의 종족에 대한 연구에 기초하여 사회 조직을 이 종족들의 조직과 유사한 것으로 유추하여 설명한다.

다) 모든 사회적·경제적 불평등을 공고히 하는 기관인 국가가 등장했다. 따라서 인간 불평등의 모든 메커니즘은 남성 우월주의와 여성 종속이라는 기초 위에서 나온다. 즉 성 정치학은 역사적으로 볼 때 모든 사회적·정치적·경제적 기반으로 작동했던 것이다. 대우혼은 여성을 사고파는 인신매매와 함께 시작되었다. 그리고 이후 발생하는 무차별적 인간 노예화의 선례가 된다. 가부장제하에서 사유 재산의 개념은 여성을 가재도구로 취급하는 단순한 기원에서부터 발생했으며 이는 상품, 토지, 자본의 사적 소유라는 형태로 발전했다. 엥겔스(그리고 마르크스)는 여성을 남성에게 종속시키는 것에서 이후 발생하는 모든 권력 체계와 불공평한 경제 관계 그리고 억압 자체의 역사적·개념적 원형을 발견한다.

여성의 종속은 물론 경제적·정치적 사건 그 이상이며 완전히 사회적이고 심리적인 현상일 뿐만 아니라 일종의 생활 방식이기도 하다. 엥겔스(그의 심리학은 밀의 심리학보다 덜 섬세하고 덜 개별화되어 있으며 집단적 상태에 근거한다)는 이러한 생활 방식을 계급감정이라는 표현으로 설명한다.

역사에 나타난 최초의 계급적 대립은 일부일처제하에서 남편과 아내의 대립과 일치한다. 따라서 일부일처제는 남성의 여성에 대한 최초의 계급적 억압이다. 일부일처제는 역사상 일대 진보였다. 그러나 이 제도는 노예제와 사유 재산과 함께 (오늘날에 이르기까지) 모든 진보를 한걸음 후퇴시키면서 한쪽의 복지와 진보를 다른 쪽의 고통과 복종에 근거하게 하는 시대를 열어놓았다. 그것은 문명사회의 세포로 우리는 이를 바탕으로 문명사회에서 발

전한 대립과 모순의 본질을 연구할 수 있다.[141]

무산 계급은 여성을 실제적으로 이용하지만, 유산 계급은 다른 사람이 자신에게 봉사하게 하면서 여성을 한정된 사용가치만을 가진 장식적이고 심미적인 대상으로 변형시킨다고 엥겔스는 지적한다. 그럼으로써 엥겔스는 당대의 경제적 계급을 구별한다. 엥겔스는 "남녀 관계에서 성애는 억압받는 계급, 즉 프롤레타리아 사이에서만 하나의 규칙이 될 수 있다"[142]라고 사회주의자의 유서 깊은 방식으로 주장하는데, 이는 실상 가난한 사람을 낭만화하고 있는 것으로 보인다. 엥겔스의 다른 주장, 예를 들어 재산 상속은 가부장제 일부일처제와 밀접한 관계가 있는데, 가난한 사람은 상속받은 재산이 없으므로 무산 계급 사이에서는 가부장제가 그다지 강력하지 않다는 주장은 그럴듯하다. 당시에는 여성이 공장에 취직하여 최초로 자신의 노동으로 수익을 얻을 수 있었으므로 여성을 가정에 격리시키는 현상은 많이 줄었다. 그러나 그때도 가난한 사람은 가부장제 법률을 적용받기 더 힘들었다. 실상 법률이란 고가의 상품과 같았기 때문이다. 그러나 엥겔스는 여기에서 정서적으로나 심리적으로나 여성은 부유한 사람 못지않게 가난한 사람에게도 사유 재산으로 생각되었다는 점을 소홀히 한다. 자신의 지위를 주장할 수 있는 다른 근거가 희박했던 노동 계급 남성은 성적으로 높은 지위를 통해 지위를 추구하려는 경향이 더 강했다. 그리고 이는 종종 잔인한 방식을 띠기도 했다.

141 Engels, 앞의 책, pp.79~80.
142 같은 책, p.86.

엥겔스는 결혼과 가족이라는 문화적으로 가장 존중받는 두 형태를 통해 사회적 불평등을 설명하는 데 부족함을 느끼고 더 나아가 일부일처제가 실제로는 거의 존재하지 않았으며, '일부일처제 결혼'은 그 자체로 잘못된 호칭이라는 것을 지적하기에 이른다. 원래 일부일처제에 속하는 것은 여성뿐이다. 남성은 "오늘날까지도 군혼의 쾌락을 버리려고 생각조차 해본 일이 없으므로"[143] 전통적으로 성에 대한 이중 잣대를 통해 일부다처제의 특권을 누리고 있다.

엥겔스는 매춘에 대해 명쾌하고도 솔직하다. 당시 매춘이라는 주제는 기사도적 얼버무림으로 대강 넘어가는 주제였다. 오늘날에도 성적 자유를 성적 착취와 아무런 지각없이 동일시하여 혼동하는 주제다.[144] 엥겔스가 보여주듯 매춘은 전통적 일부일처제 결혼의 자연스러운 산물이다. 이러한 주장은 수많은 증거로 뒷받침된다. 여성에게 정조를 강요하고 간통을 가혹하게 처벌하면서 결혼은 남성보다는 여성에게 일부일처제의 형태를 띠게 되었다. 그러나 (주로 빈곤층에서처럼) 성적으로 착취할 수 있는 여성의 집단이 없다면 남성의 요구를 만족시킬 여성도 존재할 수 없을 것이다. 오늘날 이러한 여성들은 주로 사회적으로나 경제적으로나 착취를 당하고 있는 소수 인종 여성들이다. 엥겔스가 살던 산업

---

143 같은 책, p.65.

144 남성의 난교에 대해서는 처벌하려고 생각하지도 않으면서 여성의 난교는 처벌하려 하는 사회의 관습을 바꾸는 것이야말로 개혁이라고 주장했다. 이는 국가의 제도와 통제가 매춘의 희생자를 (고객 안전이라는 기만적 논리로) 용인하고 손쉽게 수용해야 한다는 의미가 아니다(그래서도 안 된다). 경제적이지 않은 이유의 매춘은 심리적인 것이므로 국가가 매춘을 금지하거나 통제하기 위해 개입하는 것은 적절하지 못하다. 경제적 기회에서의 변화와 사회적이고 심리적인 태도의 변화만이 효과적으로 매춘을 근절할 수 있다.

2부 역사적 배경

시대 영국에서는 노동 계급보다 더 가난한 최하층 계급 여성들이 그러했다. 그리고 대화 상대가 되거나 접대를 해야 하는 등의 특별한 봉사를 하는 더 적은 숫자의 여성들도 있다. 이들은 고급 창녀, 게이샤, 콜걸 등이다. 사회의 공식적 태도가 어떠했든 매춘에 대한 요구는 남성 우월주의 문화에서 계속되고 있다.[145] 엥겔스가 말하듯,

> 매춘 또한 다른 모든 사회 제도와 다름없는 하나의 사회 제도다. 그것은 오래된 성적 자유를 존속시킨다. 남성을 위해서만 말이다. 그것은 지배 계급에 의해 실제로 허용되고 있을 뿐만 아니라 꾸준히 실행되고 있으며 단지 명목상으로만 비난받고 있다. 그러나 실제로 이러한 비난은 그것에 탐닉하는 남성이 아니라 오직 여성을 향한다. 여성에 대한 남성의 무조건적 우월성을 주장하는 근본 법칙을 다시 한번 공언하기 위하여 사회는 이 여성들을 추방하고 배척한다.[146]

성 혁명 제1기의 개혁 조치들이 여성의 경제적 나약함을 어느 정도 극복하게 하고 완화된 성적 관습이 양성에게 혼외 성관계의 관행을 더 수월하게 했음에도, 여전히 매춘이 남아 있는 이유를 우리는 이 마지막 문장에서 찾을 수 있다. 별도의 비용 없이 우연한 만남으로 성욕을 충족시킬 수 있는 남성들조차도 여전히 매춘을 요구한다. 이들은 때로 경제적 압박감이 없는 여성들로 성욕

---

145 중국은 1970년 현재 세계에서 매춘이 없는 유일한 나라라고 한다.
146 Engels, 앞의 책, p.81.

을 채우기도 하는데 말이다. 그러한 성매매 행위로 여성에게 모욕을 줌으로써 남성의 우월성을 '공언'하거나 최소한 확인하고 싶은 것이 매춘을 지속시키는 주요한 역할을 한다. 경제적 필요성이라는 동기가 없는 매춘은 심리적 중독의 일종으로 정의될 수 있다. 즉 (창녀를 정의하는) 성매매 행위의 반복을 통해 자기혐오를 쌓는 중독 행위이다. 그러한 자기혐오는 극단적인 사례이지만 여성을 경멸하는 경향이 있는 가부장제 사회에서 이는 설명 불가능한 것은 아니다. 여성에 대한 가부장제의 경멸은 여성의 섹슈얼리티와 관계될 때 특히 강렬하다. 매춘부의 역할은 여성들이 대부분 경제적으로 지원받기 위해 섹슈얼리티를 교환하면서 살아가는 가부장제의 경제적 상황을 과장한 것이라 보아도 된다. 매춘부가 감수하는 불명예와 사회가 매춘부에게 가하는 가혹한 태도에는 섹슈얼리티에 대해 대체로 부정적 태도를 가지고 있으며, (남성의 경우에는 묵과하면서도) 여성의 난교에는 큰 처벌을 가하는 문화가 반영되어 있다.

결혼에 대해 검토한 엥겔스는 가부장제 가족으로 관심을 돌린다. 가부장제 가족은 빅토리아 시대 사람들이 몹시 소중하게 생각한 것일 뿐만 아니라 이후 반동의 시기에 보수 사회학의 핵심이 되기도 한다. 엥겔스의 통렬한 표현에 따르면 가족의 "본질적인 점은 자유롭지 않은 구성원을 아버지의 권위로 흡수하는 것이다."[147] "일부일처제 가족은 남성 우월주의에 근거하며 아버지의 혈통임에 틀림없는 아이를 낳으려는 명확한 목적을 가지고 있다. 혈통이

---

147 같은 책, p.70.

확실해야 하는 이유는 그 아이들이 이후에 아버지의 재산을 상속받을 것이기 때문이다."[148] 부의 상속이 점차 사라지고 있음에도 이는 여전히 사실이다. 적출嫡出은 오늘날에도 아주 중요하며 따라서 핵가족에서 아이를 키우는 교육과 비용을 정당화한다.

가부장제 가족의 이상적 형태이자 오늘날 가족의 조상이라고 할 수 있는 형태는 로마의 가족이다. 로마의 가족에서 서구의 가족이라는 말뿐만 아니라 법적 형태와 선례 또한 나왔기 때문이다. 엥겔스가 기분 좋게 말하듯 원래 **파밀리아**familia(가족)라는 말은

> 오늘날 속물적인 사람들이 생각하는 감상주의와 가정불화가 혼합된 이상理想을 의미하는 것이 아니었다. 로마인에게 처음 이 말은 부부나 그 자녀가 아니라 노예에게만 적용되었다. 파물루스 famulus는 가내 노예를 의미했고 파밀리아는 한 사람에게 속하는 노예를 합친 숫자를 의미했다. (…) 로마인들은 새로운 사회적 조직체를 명명하기 위해 파밀리아라는 말을 만들어냈는데, 이 조직체의 우두머리인 아버지의 권위하에 아내와 아이들과 일정한 수의 노예들이 있었고 로마법에 따라 그들에 대한 생사여탈권이 놓여 있었다.[149]

엥겔스는 여기에 마르크스의 통찰을 덧붙인다.

> 따라서 이 말은 경작이 시작되고 합법적 노예제가 시작된 뒤 발

---

148 같은 책, p.79.
149 같은 책, pp.70~71.

생한 라틴 부족의 견고한 가족 체계보다 오래된 것이 아니다. (…) 현대의 가족은 노예제뿐만 아니라 농노제의 씨앗도 포함한다. (…) 현대의 가족은 그 후 사회와 국가에서 광범위하게 발전한 모든 모순의 축소판이다.[150]

엥겔스는 가족의 경제적 성격에 주목하면서 가족이 실제로 경제적 단위였다는 사실을 환기한다. 이는 그의 동시대 이론가들이 (오늘날에도 그러하지만) 애써 무시하려 했던 것이다. 이렇듯 가족은 기원이 보여주는 본질 때문에 개인과 상품의 사유 재산이라는 관념에 구속된다. "일부일처제는 자연적 상황이 아닌 경제적 상황에 근거한 최초의 가족 형태였다. 즉 원시적이고 자연적인 집단주의에 대한 사유 재산의 승리에 기초하는 최초 형태인 것이다."[151]

"원시적이고 자연적인 집단주의"가 우선한다는 엥겔스의 주장이 어떤 가치를 지니고 있든, 가부장제 가족과 그 우두머리인 아버지 권위의 결합은 일관되게 구성원들의 경제적 의존에 근거하고 있음이 분명하다(그리고 지금도 그러하다).[152] 가부장제 가족의 안정성과 효율성은 또한 구성원들에게 위계질서에 따른 역할을 분배하고 (사회적·종교적·법적·이데올로기적 형태 등) 수많은 강압적 형태를 통해 그 역할을 유지하는 능력에 달려 있다. 엥겔스가 명쾌하게 밝히고 있듯 그러한 집단적 개인들은 자유로운 주체라고 할 수 없다. 역사적으로 볼 때 그들 관계의 기반은 애정이 아

---

150 같은 책, p.71.
151 같은 책, p.79.
152 소유당한 최초의 집단(일시적이라 하더라도)이 아이들이라 할 수 있을까? 또한 그들이 최후의 집단일 수 있을까?

니라 구속이다. 그리고 지금도 대부분 그러하다.

엥겔스의 분석이 단지 부정적이기만 한 것은 아니다. 실제로 그의 분석은 변화의 모델을 제공한다. 그는 혁명적 사회에서 섹슈얼리티의 전반적 태도가 어떠해야 하는지에 대하여 적절하고도 공평한 제안을 한다. 엥겔스는 배우자의 정절을 합리적으로 평가하며, 과거의 경제적 형태로부터 자유로운 동시에 '개별적 성애性愛'에 근거한 일시적 관계를 옹호한다. 이 개별적 성애란 궁정풍 연애와 낭만적 사랑에서부터 진화하여 최근까지 발달해온 특정 현상에 대한 엥겔스의 정확하고도 다소 중립적인 표현이다. 엥겔스는 경제적 요소가 모든 성관계에서 완전히 사라져야 한다고 주장한다. 그리고 결혼은 본질적으로 경제적 성격을 가진 부득이한 계약이 되지 않을 때까지 계속 매춘의 변종(예를 들어 성을 돈이나 재화에 대한 보상으로 교환하는 형태)으로 남을 것이라고 주장하면서 다른 19세기 이론가들을 넘어선다. 엥겔스가 여기에서 사용하는 유추는 매우 흥미롭다. 경제적 동기 때문에 결혼하거나 결혼 생활을 견디고 있는 여성은 단지 먹고살기 위해 자신의 기질이나 이해관계에 불리한 노동 계약을 한 노동자와 같은 입장에 있다는 것이다. 다른 이론가들(예를 들어 밀)은 여성이 일을 하고 전문직을 가질 수 있게 하는 권리를 주장했다. 하지만 많은 여성 그리고 기혼 여성 대부분은 집에서 아이를 돌보면서 경제적 의존 상태를 지속할 것이라고 생각했다. 엥겔스는 이들보다 더 논리적이면서 급진적이다. 즉 남성의 경제적 지배가 끝날 때만 그리고 여성이 완전히 평등하고 자율적인 관계로 경제 세계로 들어갈 수 있을 때만, 성애는 경제적 강압에 근거한 매매 행위가 되기를 멈출 것이라고 말한다.

엥겔스의 통찰은 특히 경제 영역에서 유효할 것이라는 예상을 할 수 있다. 밀은 법적 변화로 충분하다고 생각했고, 여성이 참정권을 얻고 평등한 사유 재산이 보장되는 법률을 얻는다면 대부분 자신의 전통적 역할을 계속 수행해도 된다고 생각했다. 엥겔스는 여성의 법적 무능력이 가부장제의 원인이 아니라 결과일 뿐이라는 것을 아주 잘 알고 있었다. 그러한 불공평한 법을 제거한다고 하더라도 여성이 완전히 사회적·경제적 평등을 얻지 못하는 한, 그리고 생산 노동에서 자아실현의 기회를 얻지 못하는 한 여성은 결코 평등한 지위를 누리지 못할 것이다. 누군가에게 의존하면서 그와 동등한 사람이 되기란 불가능하다는 엥겔스의 주장은 매우 설득력 있다. 양성이 경제적 측면을 포함하여 모든 면에서 자유롭지 않은 한 결혼이 목표로 하는 자유로운 계약이란 있을 수 없다고 엥겔스는 주장한다. 여기에서 그의 주장은 모든 경제적 자원이 남성의 손에 집중되어 있으므로 양성 간의 관계는 경제적 계급 관계와 아주 유사해졌다는 통찰에 근거한다.

현대의 일부일처제 가족은 아내의 공공연한 혹은 은폐된 가내 노예제에 기초하며, 현대 사회는 그러한 일부일처제 가족이라는 분자들로 구성되어 있다. 대부분은, 적어도 유산 계급의 경우 남편은 돈을 벌어야 하고 가족을 부양해야 한다. 따라서 남편은 다른 법률적 특권이 필요하지 않은 우월한 지위를 획득하게 된다. 가정에서 남편은 부르주아이고 여성은 프롤레타리아다.[153]

---

153 Engels, 앞의 책, p.89.

이 주장을 볼 때 엥겔스는 동시대 이론가들이 행한 분석이나 주장한 개혁을 뛰어넘고 있을 뿐만 아니라, 혁명이 더 진행되는 것을 가로막는 장애물 또한 함께 지적하고 있다. 이 점에서 우리는 엥겔스의 급진주의가 얼마나 심오한지를 판단할 수 있다. 가족은 붕괴되지 않았기 때문이다. 성 혁명 제1기에 뒤따른 1920년대 반동의 시기는 가족을 중심으로 에너지를 집중시켰고, '남성적인' 것과 '여성적인' 것을 통해 성 역할을 보존하고 그 필연성을 정당화했다. 이는 결혼과 가족에 대한 엥겔스의 반론이 당대뿐만 아니라 오늘날에도 여전히 타당하다는 것을 보여준다.

다시 한번 엥겔스는 민주주의가 법적 평등을 허용할 때까지 불공평한 경제적·사회적 입장이 결코 완전히 해소되지 않았던 프롤레타리아의 유추를 사용한다. 그러면서 법적인 평등과 최소한의 정치적 평등을 성취한 제1기로부터 시작된 성 혁명은 경제적이고 사회적인 평등을 성취할 때까지 절대로 완수되지 않을 것이라고 주장한다. "여성 해방은 **일차적으로** 여성 전체가 공적 산업의 영역에 복귀하는 데 달려 있다. 이를 완수하기 위해서 일부일처제 가족은 사회의 경제적 단위가 되어서는 안 된다."[154]

엥겔스는 자신이 표방하는 사회 변화가 얼마나 근본적이고 심오하며 중대한지를 잘 알고 있었다. 그러나 엥겔스는 사회주의 혁명과 성 혁명의 성공을 너무 확신한 나머지 다음과 같이 낙관적으로 예견한다(이 때문에 오늘날 이 문장은 더욱 우울하게 읽힌다). "우리는 일부일처제의 낡은 경제적 기초가 그 보충물인 매춘의 기초와 마찬가지로 확실하게 사라질 사회 혁명을 향해 나아가고

---

154 같은 책, p.90. 강조는 필자.

있다."[155] 그 혁명은 아직도 오지 않았다. 하지만 곧 올 것이다. 거의 100년이 지난 지금도 우리는 아직 혁명을 기다리고 있다.

성 혁명에 대한 엥겔스의 이론에서 중대한 논점이 한 가지 더 남아 있다. 이는 다른 어떤 논점들보다 더 논쟁을 일으킬 만한 것이다. "생산 수단이 집단 재산으로 바뀌게 되면 일부일처제 가족도 사회의 경제적 단위가 되지 않을 것이다. **아이의 양육과 교육은 공적인 문제가 될 것이다.**"[156] 이 마지막 문장은 비록 거대한 저항에 부딪히고는 있지만 엥겔스의 제안 중에서 가장 중요한 제안일 것이다. 이 제안에는 논리적일 뿐만 아니라 불가피한 지점이 있다. 모든 여성이 단지 해부학적 특성 때문에 아이를 키우는 유일하고 일차적인 양육자가 되어야 한다면, 여성은 결코 자유로운 인간이 될 수 없기 때문이다. 아이의 인지 능력이 처음 나타날 때부터 시작되는 아이의 양육은 (아무리 아이가 어리고 사랑스럽다 해도) 교육할 시간도 없고 그럴 취미도 없어서 괴로워하는 불행한 사람에게 맡겨지는 것보다 최고로 훈련된 직업 양육자에게 맡겨지는 편이 훨씬 더 낫다. 엥겔스의 분석으로부터 도출되는 급진적 결론은 현재 이해되는 수준에서의 가족이란 없어져야 한다는 것이다. 가부장제라는 제도의 역사를 볼 때 이는 관대한 운명일 따름이다. 엥겔스는 당대의 이단아였다. 수많은 세월이 지난 지금에도 그는 여전히 이단아다. 하지만 혁명이란 늘 이단적이며 그 중에서도 성 혁명은 가장 이단적이다.

---

155 같은 책, pp.91~92.
156 같은 책, pp.191~192. 강조는 필자.

　　　　　　　　　　　　2부 역사적 배경

☀ 문학적 측면

빅토리아 시대 문학에서는 성 혁명에 대한 세 가지 반응을 관찰할 수 있다. 첫 번째는 리얼리즘적 혹은 혁명적 반응이다. 여기에는 엥겔스에서부터 밀까지 폭넓은 스펙트럼을 보이는 급진적 분석가 헨리크 입센Henrik Ibsen과 비평가 겸 개혁가 조지 버나드 쇼George Bernard Shaw 그리고 온건파 디킨스와 조지 메러디스 등이 해당한다. 이들은 자신의 견해를 이론이나 논쟁의 형태로 신중하게 표명하거나 연극이나 소설 같은 허구를 통해 간접적으로 표명하기도 했다.

두 번째 반응은 감상적이고 기사도적인 인물들에게 나왔으며 러스킨의 〈여왕의 화원〉이 대표적 예다. 이들은 특정한 변화를 제안하는 것이 아니라 점잖음에 호소하고 자신의 선한 의도를 항변하는 식으로 반응했다. 실제 그들의 의도란 현재 상태가 자연스럽고 좋다고 주장하여 모든 종류의 변화에 미리 선수를 치는 것이었다. 그들은 정숙한 여성성을 우러러보는 이상적 상태를 전제한다. 반면 남녀의 지위라는 문제에는 미적지근하고 위선적인 태도를 취했다. 그리고 평등주의를 달갑게 여기지 않는 특정 집단에 우월한 입지를 부여하려는 열정을 보였다. 실상 이는 '평등주의자'의 도전에 특정 방식으로 응대하기 위한 것이었다. 그들은 여성에게 경제적으로 양보하는 것을 혐오하면서 일부일처제 가족을 감상적으로 미화했다. 더구나 그들은 일부일처제 가족을 경제 단위로 보려 하지 않았다. 이들은 죽을 각오를 하고 일부일처제 가족을 옹호했다. 이들이 가장 너그러운 모습을 보인 순간은 몇 가지 사법 개혁을 유감스럽게 인정했을 때였다. 그러나 이들은 대체로 사법 개혁이 쓸데없다고 생각했다. 이유인즉슨 모든 선한 남편은 선한 아내를 소중히 여기고 있기 때문이라는 것이다. 남편이 아내를 법적으로 소유하고 있다는 사실은 언급할 가치도 없다. 기사도적 태도를 가진 사람에게 여성 교육이라는 문제 또한 불쾌하기 이를 데 없는 주제였다. 장식에 불과한 최소한의 교육만이 여성적이고 심미적인 교육이며, 이는 남성의 더 높은 학식을 보완해준다는 것이다. 여성에게 하는 진지한 교육은 (의식적으로든 무의식적으로든) 가부장제 결혼과 가정에 대한 감상주의에 가해지는, 그리고 궁극적으로는 (경제적·사회적·심리적) 남성 우월주의에 가해지는 하나의 위협으로 인식되었다. 매춘이라는 현상이나 당시 많은 여성들이 처해 있었던 빈곤이라는 곤경에 대해서도 자비로운 감상주의는 단지 개탄하는 선에서 그칠 뿐이었다. 빈곤은 여성의 영역으로 간주된 사소한 자선 단체를 통해 다루면 되는 문제라고 그들은 체면치레했다. 매춘은 논의하기에 부적합한 소재이므로 점잖은 상황이나 문학적 맥락에서는 무시하는 편이 낫다는 입장이었다. 특히 매춘 문제로 '얼굴을 붉히는' 사교계에서는 더욱 그러했다. 빅토리아 시대의 시는 대부분 당대 세계를 다루는 것을 회피하는 교묘한 현실 도피적 태도를 보여준다. 역사상 어떤 시詩도 감히 시도한 적이 없다는 이유에서였다. 시는 그 자체로 항상 지배 계급의 견해, 가치, 이해관계와 동일시되었다. 실제 세계가 개입한 것은 오직 소설뿐이다. 빅토리아 시대의 소설은 품위 있는 위장술을 쓰기는 했지만 당대의 실제 세계를 자주 등장시켰다. 성 정치학의 추악한 모습과 성 혁명의 전복적 측면도 함께 등장했음은 물론이다. 그러나 여기에서도 기사도 정신은 뻔뻔스러운 주장을 하면서 설쳐댔다.

환상파라고 부를 수 있는 세 번째 반응 양식 또한 남성적 관점만을 가지고 있었다. 이들은 여성적 악이라고 이름 붙은 섹슈얼리티의 문제에 무의식적이고 감정적이며 남성적인 반응을 취했다. 여성적 악이 과거의 신화와 많이 닮았다 해도, 적어도 이들의 작품에서는 고통스러운 자의식의 성격을 띠고 있었다는 점에서 새로웠다. 자신의 문화에 이제 더 이상 당연시할 수 없는 것이 많음을 깨달은 빅토리아 시대는 과거의 전통적 태도를 과장하거나 그에 대해 불안한 모습을 보였다. 여성적 악이라는 환상에는 마음을 불편하게 하는 자의식이 포함되어 있었다. 따라서 과거 전통에서 볼 수 없었던 긴장감과 상이한 색채가 많이 등장했다. 선과 악 사이의 모순과 (기독교보다 더 오래된 이미지인) 정숙한 여성과 관능적 여성 사이의 모순은 이전보다 훨씬 더 노골적으로 표현되었다. 이는 부분적으로는 이브와 성모 마리아라는 인물이 제시하는 종교적 경건함의 외양이 무너져버렸기 때문이었다. 초기에는 타락한 여성과 순종하는 여성이라는 상이하면서도 모순적인 시각의 대립이 잘 유지되었다. 그러나 서구 문학에서 이 시대만큼 성 정치학의 문제나 여성 경험의 문제가 난처하고도 끈질기게 제기되었던 적은 없었다. 여성적 악이라는 신화는 여러 문학 형태 중에서도 특히 시에서 많이 등장했다. 소설에서 여성적 악은 매춘이나 빈곤이라는 사회적이고 경제적인 외양을 걸치고 등장했다. 소설을 비롯한 산문 문학에서 여성에게 투사된 섹슈얼리티는 창녀나 '타락한 여성' 혹은 유혹당한 하녀에 대해 더욱 정직한 설명을 요구했다. 즉 낸시, 테스, 에스더 워터스(조지 무어George Moore가 1894년에 출간한 소설 《에스더 워터스Esther Waters》의 여주인공 이름. 가난한 노동 계급 집안 출신의 에스더 워터스는 하녀로 일하다 주인에게 유혹당해 임신하게 되고 나중에는 버림받는다. 이 작품은 빅토리아 시대 '타락한 여성'의 생활을 묘사한 일군의 작품 중 하나다.-옮긴이)와 같은 인물들에 대해 말이다. 시에 적절한 신화라는 도구는 실제로 (그리고 다소 투명하게) 남성의 섹슈얼리티를 다룬다. 남성은 자신 안에서 섹슈얼리티를 발견하고는 그것을 경멸하면서 여성에게 던져버린다는 식이다. 테니슨의 시에서 이러한 신화는 중세의 기사도 전설과 결합하고 있는데, 여기에서 남성적 감수성은 타락한 여성을 폄하하고 정숙한 여성을 높이 평가한다. 우리는 테니슨이 정숙한 여성만을 인정했다는 것을 앞서 살펴보았다. 비록 그가 이를 제대로 증명하지는 못했지만 말이다. 이후 빅토리아 시대의 시에서는 기사도라는 허위에 의존하는 경향이 점차 줄어든다. 그리고 단테 가브리엘 로제티Dante Gabriel Rossetti와 앨저넌 찰스 스윈번Algernon Charles Swinburne에 이르면 사악한 여성에게 불만을 터뜨릴 필요성조차도 점차 사라지게 된다. 하지만 사악한 여성은 기이하고도 매우 새로우며 의미 있는 모습으로 나타난다. 한때 단지 사악하고 무시무시하게 여겨진 모습은 여전히 남아 있었지만 놀랍게도 매력적인 특징으로 간주되기 시작한 것이다. 노먼 메일러의 주인공 로젝이 목 졸라 죽이는 나쁜 여신은 **세기말**fin de siecle(19세기 말의 퇴폐적인 분위기를 지칭한다.-옮긴이)에 이르러 눈부신 유령의 모습으로 바뀐다. 스윈번 같은 시인은 마조히즘에 가까운 황홀경을 느끼면서 그 앞에 기꺼이 무릎을 꿇는다. 와일드 같은 극작가는 심지어 그녀를 **자신과** 동일시하는 데까지 나아간다.

이러한 환상파는 매우 양면적인 태도를 보여준다. 첫 번째나 두 번째 반응은 성 혁명에 대한 (찬성이든 반대든) 확고한 입장을 가지고 있는 반면, 세 번째 환상파는 다소 혼란스러운 태도를 보인다. 환상파가 현실 도피적이며 모호한 태도를 보여주었음에도 (이들은 기사도파보다 더 사회 현실에 직면하기를 거부했기 때문이다. 기사도파는 최소한 처방은 내놓으려 했다) 이들은 실제로 성 혁명에 상당한 기여를 했다. 그들은 무의식과 환상으로 도피하는 방식으로 성적 에너지를 더 자유롭게 풀어놓았을 뿐만 아니라 더 미묘하고 뿌리 깊은 성적 태도를 표현할 수 있었기 때문이다. 그 결과 환상파는 **섹슈얼리티** 영역에서 성 혁명의 선두에 설 수 있었다. 비록 체계적이지는 못했지만 성도덕과 성적 '일탈'이라는 영역에서 해방을 위한 더 많은 대책을 제안했기 때문이었다. 그들은 또한 동성애적 감수성의 중심이었으며 다른 특정 행위들(동성애와는 달리 '성도착'이라고 부를 수 있는 행위)의 중심이었다.

환상파가 사용한 수단은 비합리적이고 우회적이며 때로 도착적이기까지 했지만, 성 정치학을 초기의 원시적 수준에서 탐구할 줄 알았다. 이에 비해 반혁명적이고 보수적이었던 기사도파는 공허한 주장을 내놓는 것을 제외하고는 완전히 비생산적이었다. 따라서 성 혁명은 리얼리스트파와 환상파가 가져왔다. 그러나 리얼리스트파가 훨씬 현실적이고 타당했다면, 환상파는 언제든지 전복될 수 있을 정도로 혼란스러웠으며 때로 몹시 양가적이기도 했다. 따라서 환상파는 표현적 환상이 제공하는 문화적 정보의 수준을 넘어서지 못했다.

각 파의 극단론자에게서 순수한 태도를 발견할 수 있다는 사실도 기억해야 한다. 세 부류의 반응 양식은 어느 정도 융합되어 있었기 때문이다. 개혁론자들(리얼리스트파)은 성도덕이 느슨해지는 것을 종종 두려워했으며, 환상파는 그에 대해 두려움과 기쁨,

죄의식이 뒤섞인 반응을 보였다. 개혁을 주장하는 소설에도 기사도적 감상이 흘러넘쳤고, 자신이 묘사하는 불쾌함이 독특하고 예외적인 것이며 사랑의 힘으로만 해결될 수 있으리라는 낙천적 확신이 나타나기도 했다.

성 혁명 제1기의 문학을 아무리 길게 서술한다 하더라도 공평하게 평가하기는 불가능하다. 이는 책 한 권으로는 다룰 수 없는 주제이기 때문이다. 따라서 우리는 몇 가지를 일반화하고 잘 알려지지는 않았으나 대표적이라 할 수 있는 몇몇 작품을 검토하는 방식으로 논의를 한정하려 한다. 쇼와 입센의 희곡과 버지니아 울프Virginia Woolf의 작품과 같은 혁명적 운동에서 나온 유명한 작품들이 지금 어떤 평가를 받든지 간에 그 작품들은 우리에게 너무 잘 알려져 있다. 성 혁명의 맥락에서 그다지 많이 읽히지 않거나 전혀 읽히지 않지만 핵심적 사례가 되어주는 몇몇 텍스트를 검토하는 게 더 재미있을 것이다. 이는 하디와 메러디스, 샬럿 브론테의 소설 세 편과 오스카 와일드의 산문시를 말한다.

토머스 하디의 《이름 없는 주드》는 두 반역자의 고난을 설명한다. 주드는 엘리트만 받을 수 있는 옥스퍼드 대학의 교육을 받기 위해 기존의 계급 체제와 싸운다. 수 브라이드헤드는 수많은 가부장제 제도들, 특히 결혼과 교회에 맞서려 한다. 두 사람은 모두 결국 패배한다. 주드는 자신의 고통을 조롱하는 듯한 옥스퍼드 대학 조정 대회의 쾌활한 소리를 들으며 외롭고도 쓸쓸하게 죽어간다. 수는 자신이 경멸한 첫 남편 리처드 필롯슨과의 '열광적 매춘' 같은 삶으로 돌아간다.

주드는 영혼과 감각, 정신과 육체를 소유한 완전한 인간이다.

주드 또한 빅토리아 시대에 전형적으로 나타나는 삼각관계에서 볼 수 있듯 두 여성 사이에서 괴로워한다. 이 여성들은 불완전한 존재다. 아라벨라는 관능의 극단이다. 아라벨라는 "완전하고도 실질적인 여성이라는 동물이며 그 이상도 그 이하도 아니다."[157] 큐피드의 화살을 기괴하게 패러디한 장면에서 아라벨라는 주드의 머리에 거세된 돼지의 음낭 부위를 던지고 이로 인해 둘은 처음 만난다. 아라벨라의 반대쪽 극단은 수다. 수는 순수한 영혼을 표상한다. 이들은 그 유명한 백합과 장미를 상징하지만 수는 특별한 백합이다. 수는 지성을 지닌 여성이기 때문이다. 수는 또한 감각에 대해 혐오감을 가지고 있다. 그녀는 신여성일 뿐만 아니라 때로는 설득력 있지만 때로는 하디 자신의 양가감정에 불과한 냉담한 자기방어를 보여주는 복잡한 인물이다. 수는 또한 불감증에 걸린 여성이다. 하디는 아라벨라에게 매혹되지만 그녀의 무시무시한 날것의 생명력에 얼이 빠져 역겨움을 느낀다. 하디는 그다지 매력적이지 않은 방식으로 수를 옹호한다. 하지만 늘 수에 대해 조금은 초조해한다. 초판이 출간된 지 17년이 지나서 토마스 하디는 서문에다 자신을 방어하는 후기를 쓰는데, 대중들이 수를 받아들이는 방식에 다소 당황하고 심지어 불쾌함까지 드러낸다.

《이름 없는 주드》가 독일에서 연재물로 발표되고 난 후 어느 저명한 비평가가 나에게 이렇게 말했다. 여주인공 수 브라이드헤드는 해마다 몇천 명씩 나타나 세인의 주목을 끄는 유형의 여성(즉

---

157 Thomas Hardy, *Jude the Obscure*, 1895년 초판(London: Macmillan Library Edition, 1951), p.42.

페미니즘 운동을 이끄는 여성)을 대표하는 전형으로, 내 작품이 그런 인물을 처음으로 묘사한 소설이라고 했다. 이들은 홀쭉하고 창백한 '미혼' 여성이며 주로 도시에서 거주하고 (현대적 상황이 만들어내는) 해방적이고 지적이며 신경이 예민한 여성들이라는 것이다. 이들은 다른 여성 대부분이 결혼을 직업으로 선택하는 필연성을 인정하지 못하며 스스로를 우월하다고 뽐내는 여성이라고 한다. 그들은 그러한 전제에서 사랑받을 권리를 허락받았다고 생각하기 때문이다. 이 비평가는 이러한 새로운 여성이 같은 여성이 아닌 남성의 손으로 그려졌다는 점을 유감스럽게 생각했다. 같은 여성이 썼다면 수가 마지막에 그렇게 망가지도록 내버려두지는 않았을 것이라고 한다.[158]

놀랄 만큼 모호한 부분이다. 하디는 분명 자신들이 "사랑받을 권리를 허락받았다고 생각하기 때문에" 결혼을 "직업"으로 선택하는 것을 거부한다는 점에서 매춘부와는 별로 구별되지 않는 (따라서 여성에게는 단지 두 종류의 직업만이 있다는 뜻이 함축되어 있다) 홀쭉하고 신경이 예민한 미혼 여성을 비아냥거리고 있음에도, 결코 그 독일 비평가의 말을 단호히 반박하려 들지 않는다. 수가 여주인공이라는 점과 결혼에 대해 비판하는 무모함을 가졌다는 점은 사실이기 때문이다. 수를 "마지막에 그렇게 망가지도록" 했다는 비평가의 비난에는 아이러니가 있다. 하디는 자신을 악명 높은 페미니스트와 동일시하는 것을 허락하지 않을 만큼 기민하고 소심했음에도 그 작품이 여전히 훌륭하다고 볼 수 있는 까닭

---

158 같은 책, p.x. 초판 서문에 덧붙여진 후기(1912).

2부 역사적 배경

은, 수가 결혼에 항복하는 과정을 섬세하고도 예리하게 묘사하고 있기 때문이다.

그렇다고 하디의 묘사에 결점이 없는 것은 아니다. 수는 자식의 죽음 때문에 망가진다. 이는 실상 하디의 살인이다. 자식들이 자살하기 때문이다. 수는 관습에 반항하면서도 주저하고 혼란스러워하며 확신이 없다. 주드 또한 일관되지 못한 인물이다. 하지만 주드가 처한 딜레마는 결정론적인 육체의 반사적 행동과, 성직자와 고전古典을 향한 영혼의 열망 사이에서 헤매는 비교적 단순한 문제다. 주드의 동기는 늘 명쾌하게 제시된다. 하지만 수는 그렇지 않다. 유럽의 자연주의자처럼 하디는 자신이 등장인물에게 본능을 부여할 때 과학 법칙에 따르고 있다고 생각한다. 그러나 성적 충동이 오직 남성에게만 본능으로 생각된다는 것은 이상하다. 게다가 어떤 여성은 그러한 본능을 가지고 있고 어떤 여성은 아예 가지고 있지 않다는 것도 이상하다.[159] 그리고 수가 결혼에 대해 비판을 퍼부을 때도 하디는 분명 그 자리에 있으나 어느 쪽을 편들어야 할지 어려워하고 있는 듯하다. 하디는 수에게는 결코 주드에게 만큼 태도를 확실하게 표명하지 않으며 비스듬히 거리를 두고 지켜보기를 고집한다. 소설의 의식적 중심은 수라기보다는 주드이므로 우리는 그녀가 무슨 생각으로 옥스퍼드 대학의 달빛 아래, 그 고귀한 영국 국교회 정통파의 바로 코앞에서, 비밀스러운 배교자의 조각품을 보며 스윈번의 무신론을 읊조

---

159 이 소설에서 '과학'을 서툴게 다루고 있는 장면의 예는 등장인물들에게 유전 형질을 부여하는 부분이다. 수와 주드가 결혼에 실패하는 이유 중 하나는 그들의 조상이 이미 둘의 결혼을 망치고 있기 때문이다(수와 주드는 사촌지간이어서 이루어지지 못했다는 의미다.-옮긴이).

리게 되는지 알 수 없다.

우리를 납득시키는 것은 수의 반항이 아니라 수의 패배다. 주드의 야망은 고귀하며 독자는 망설임 없이 그의 야망을 자신의 야망과 동일시하게 된다. 주드의 패배는 비극적이지만 굴욕적이지는 않다. 주드는 자신의 의도를 배반하지 않았고 체제에 굴복하지도 않았기 때문이다. 단지 체제가 그를 짓밟고 죽였을 뿐이다. 주드는 여러 번 뒤로 미끄러지면서 아라벨라의 손아귀로 들어가지만, 이는 단지 육체적 나약함일 뿐이므로 그다지 걱정할 것은 못 된다. 주드를 무너뜨린 것은 계급과 빈곤이다. 하지만 수의 경우는 이와 사뭇 다르다. 그녀는 내면에서부터 무너진다. 주드는 직업적 야심에 맞지 않는 방식으로 섹슈얼리티에 탐닉한다. 그러나 수는 자신에게 처음 구애하고 자신 때문에 자살하게 되는 옥스퍼드 대학생에 대한 이야기가 나오는 처음부터 섹슈얼리티를 공포로 경험하며 그것을 자신의 악행으로 간주한다.

수와 아라벨라를 이해하는 단서는 자기혐오와 자기 경멸이다. 둘은 여성성을 경멸한다. 남성의 정복자이자 질이라는 덫을 가지고 있으며 어떤 양심의 가책도 전혀 가지고 있지 않은 아라벨라는 필롯슨에게 여성에 대해 설명해준다. 여기에서 두 삼각관계의 플롯은 사각 관계로 바뀌며, 이로써 수가 가정으로 복귀하고 가정에 감금되는 메커니즘이 설명된다.

잘난 체하는 변덕스러운 여자에게는 그 방법밖에 없어요. 죄가 있는 여자든 없는 여자든 말이죠. 때가 되면 다 정신을 차리기 마련이에요. 우리가 모두 다 그렇죠! 습관이 그러니까! 결국에는 다 마찬가지예요! (…) 나 같으면 그렇게 보내주지 않았을 거예

       2부 역사적 배경

요! 나 같으면 쇠사슬에 매어놓았을 걸요. 발길질하는 기세는 금세 수그러드니까요. 우리 여자들을 다루는 데는 귀머거리 선생처럼 속박하는 것만 한 방법도 없어요. 게다가 법도 당신네들 편이 잖아요. 모세도 알고 있었죠. 모세가 한 말을 기억하지 못하세요? (…) 교회에서 모세의 이야기를 읽다 보면 그런 생각이 들고는 했어요. 나도 어느 정도는 실천했죠. "그러면 남자는 죄 없게 하고 여자가 죄를 짊어지게 하라." 우리 여자들에게는 엄청 심한 말이죠. 하지만 우리는 방긋 웃으면서 참아야 하죠! 호호! 글쎄, 그 여자는 이제 마땅히 받아야 할 벌을 받는 거죠.[160]

식구 수를 줄이려는 시간 아범Father Time(주드와 아라벨라 사이에서 태어난 아이의 별칭. 부모의 불행이 아이들이 너무 많은 데 있다고 생각하고는 주드와 수 사이에서 태어난 동생들을 죽이고 자신도 목을 매 죽는다.—옮긴이)의 생각은 가혹한 결과를 낳고 말았다. 수는 아이들이 죽는 순간 지푸라기처럼 무너진다. 이는 신의 보복을 충분히 증명한다. 수는 불안정하기는 하지만 총명함으로 어렵게 신념을 얻었고, 자신이 살고 있던 사회를 비판적으로 분석할 수 있었다. 그러나 "때로 일종의 오싹하는 마비감으로 느껴지는" "내가 믿지 않는 인습적 위압감이나 공포"[161] 앞에서 수는 결국 무너지고 말았다. 수를 파멸시킨 것은 성적인 죄다. 즉 자유와 기쁨이었다. 섹슈얼리티를 누리고 주드의 사랑을 누리고 사생아를 애지중지한 죄를 받은 것이다.

---

160 Thomas Hardy, 앞의 책, pp.383~384.
161 같은 곳.

아이들이 목을 매고 죽자 주드는 〈아가멤논〉을 그리스어로 암송하면서 스스로를 위로한다. 하지만 수의 영혼은 절망 속에 죽어간다. 주드가 감탄해 마지않았고 하디가 독창적 어조로 묘사한 그 "별처럼 빛나던",[162] 제1원인(신)은 사실 몽유병에 걸려 실수로 세계를 창조했을 뿐이라고 일갈하던 수의 뛰어난 지성은 이제 비틀거리며 고통의 모든 힘을 죄악에 대한 잔인한 운명의 처벌로 돌린다. 수는 주드에게 "우린 순응해야 해요. (…) 달리 방도가 없어요. (…) 신과 싸우는 건 소용없는 일이에요"[163]라고 설교하는 수준으로 전락한다. 그리고 이 지점부터 수는 십자가 앞에 굴복한다.

수의 굴복 근저에는 오랜 가부장제의 마조히즘적 체계가 있다. 즉 섹스는 여성적이며 사악하다는 생각이다. "아무리 나 자신을 모욕해도 지나치지 않군요. 핀으로 내 몸 구석구석을 찔러서 나쁜 피를 모조리 흘려보내고 싶어요."[164] 주드(그리고 하디)는 "여성에게 모든 책임이" 있는 것인지, 삶의 모든 악이 여성의 본성에서 나오는 것인지 아니면 "정상적 성 충동을 악마의 독한 술로 바꾸고 진보하기를 원하는 사람들을 옭아매고 방해하는 인위적 체계"[165]의 문제인지 확신할 수 없었다. 주드는 수에게 이전의 명철함으로 돌아가라고 미친 듯이 타이른다. "여자는 생각하는 사람이 맞는 것이오? 아니면 늘 정수整數를 열망하는 분수分數에 불과하오?"[166]

162 같은 책, p.396.
163 같은 책, p.413.
164 같은 책, p.417.
165 같은 책, p.261.
166 같은 책, p.424.

주드는 틀렸다. 수는 단지 지나치게 논리적일 뿐이다. 수는 세상을 이해했고 세상에 대한 모든 논의를 흡수했으며, 자기혐오를 재촉하여 급기야 자신의 죄를 완성하고 있다. 수에게는 스스로를 파멸시키는 것 외에 그 무엇도 남아 있지 않다. 수는 체제에 저항하려는 희망을 버리고 노예(아내를 감금하는 빅토리아 시대의 협력자)가 되고 있는 것이다. 리처드의 침실 문 앞에 다시 선 수는 하디가 고발하고자 했던 관습적 결혼의 극악무도함을 보여준다. 그녀의 말은 이제 종교의 감언이설과 같은 의미론적 색채를 띠게 된다. 수는 "내 생각의 실수"에 대한 경건한 상투어를 내뱉는다.

> 우리는 계속 스스로를 의무의 제단에 희생해야 해요! 그런데 난 그동안 항상 즐거운 일만 하려고 했어요. 난 지금 받고 있는 천벌을 더 받아도 싸요! 무엇인가가 나에게서 사악함과 모든 무시무시한 잘못과 죄의 길을 거두어 갔으면 좋겠어요![167]

수가 정신병자처럼 자신을 리처드에게 바쳐 마지막으로 스스로를 불구로 만들어버리는 것은 당대의 견해에 대한 포기의 결과일 뿐만 아니라, 주드가 아라벨라에게 돌아가 자신을 배신했다는 것을 깨달은 성적 실망감에서 나온 행동이기도 하다. 수는 결코 주드의 모든 것을 가질 수 없었고 그녀도 그 사실을 알고 있었다. 하디는 수 브라이드헤드와 같은 지나치게 '영묘한' 여성을 창조했다. 그 때문에 여성에게 충실함으로써 남성이 인간성을 완성한

---

167 같은 책, p.416.

다는 식의 이상理想을 성취하지 못하게 한 것이다.

과연 수가 환경, 즉 스스로 획득한 진실보다 더 큰 힘을 발휘하는 사회적 교육의 희생양인지 혹은 그녀에게 정신을 부여하여 육체를 가지지 못하게 한 문화적이고 문학적인 관습(백합과 장미)의 희생양인지, 아니면 아이를 목매달게 해서 그녀의 희망을 무너지게 하는 노여움에 찬 하디의 비관주의와 가혹하고 비극적인 수법의 희생양인지에 대해서는 뭐라고 확단하기 힘들다.

하디 자신도 이에 확신이 없는 것처럼 보이는데 이러한 불확실성은 수를 수수께끼 같은 인물로, 측은한 인물로, 괴짜이자 불감증인 여자로 만드는 데 이바지한다. 이 작품은 여러 가지 방식으로 성 혁명 문학에 중대한 기여를 했다. 먼저 결혼과 성적 소유라는 제도를 격렬하게 비판했으며 이혼을 손쉽게 할 수 있게 해달라고 열정적으로 호소했다. 하디의 소설은 대부분 이러하다. 그 중에서도《이름 없는 주드》는 이미 결혼이 부패해버린 세상에서는 사람들이 이혼할 수 있다 해도 별 도움이 되지 않는다는 것을 처음으로 보여준 작품이다. 다음으로 하디는 수라는 인물을 통하여 성 정치학에 항거한 총명한 반역자를 창조했으며 그러한 반역자가 패배했을 때의 무기력함까지도 잘 이해했다고 칭송받을 만하다. 마지막으로 이 소설의 가장 매력적인 점은 혁명과 같은 투쟁이 얼마나 어려운지를 잘 보여주었다는 것이다. 혁명에 참여한 사람뿐만 아니라 이를 서술하는 작가에게도 혁명은 어려운 일이다. 계급 체계를 공격할 때《이름 없는 주드》는 아주 확고해 보이지만 성 혁명의 문제로 향할 때는 작가 또한 불안하고 혼란스럽다는 것을 잘 보여준다.

2부 역사적 배경

《이름 없는 주드》에서 무자비하고 허무한 분위기를 뺀다면 문명화된 도시의 즐거운 분위기를 보여주는 조지 메러디스의 《이기주의자》가 될 것이다. 두 소설은 가부장제 결혼을 둘러싼 관습을 효과적으로 공격한다. 메러디스의 이야기는 제인 오스틴의 소설처럼 유쾌하고 가볍게 진행된다. 메러디스의 소설이 오스틴만큼 훌륭하다고 말한다면 분명 극찬일 것이다. 메러디스의 소설 또한 '그녀는 누구와 결혼할까?' 하는 시시한 문제를 풍속 희극풍으로 다루고 있다. 그러나 메러디스는 이를 풍자 수단으로 사용하고 있다는 점이 중요하다.《이름 없는 주드》에서 성 정치학의 쟁점을 흐리게 했던 가난이라는 복잡한 문제는《이기주의자》에서 발견되지 않는다. 메러디스는 고의적으로 사회 관습이 극단적으로 표현되는 상류 계급을 배경으로 선택했기 때문이다. 이러한 배경에서 성이라는 문제는 의식儀式이 된 예법과 관습화된 언어와 감정으로 왜곡된다는 사실을 메러디스는 간파할 수 있었다. 상류 계급에서 성의 물물교환 체계 문제는 불필요한 것으로 간주한다. 그러나 그 속에서도 경제적 요인은 여전히 작동하고 있다.

《이기주의자》의 여주인공인 클라라 미들턴은 돈도 없고 돈을 벌 수도 없다. 따라서 클라라는 빚 때문에 팔려 가야 한다. 메러디스는 사회악이 대부분 무의식적으로 조건화된 오류에서 기인한다고 믿었다. 그리고 이러한 오류는 철저하게 '사회화'되어 있어서 정치적 해법이라는 층위로도 해결할 수 없다고 생각했다. 다시 말해 우리 문화에 뿌리 깊이 박혀 있는 정신 습관인 성 정치학은 계급 정치학을 뛰어넘는다는 사실을 메러디스는 깨달은 것이다. 성 정치학과 계급 정치학이 아무리 밀접하게 연결되어 있더라도 그러하다.

아마도 메러디스가 성 정치학에 가장 중대하게 기여한 점은 남성에게 사유 재산과 권력을 쥐어주는 이기적이고 자기만족적인 관습이라는 측면에서 기사도를 공격했다는 데에 있을 것이다. 《이기주의자》는 남성이 우월한 지위를 부여받아 성격이 비뚤어지게 되었다는 밀의 통찰에 근거하고 있는 듯하다.《이기주의자》의 진짜 주제는 이기주의자에 대한 공들인 탐구이기 때문이다. 즉《이기주의자》는 윌러비 패턴 경이라는 인물의 남성적 허영심에 대한 진정한 해부다. 예를 들어 우리는 클라라에게 반한 그의 모습에서 이를 확인할 수 있다.

> 클라라는 젊고 건강했으며 예뻤다. 따라서 클라라는 자신의 아내, 자기 아이들의 어머니, 자신의 반려자가 되기에 적합했다. 분명 둘이 나란히 서 있다면 참으로 보기 좋을 것 같았다. 클라라와 함께 걷고 그녀에게 고개를 기울이면서 그는 자신과 다른 그녀의 아름다운 모습에서 자신의 여성적 이미지를 인식하게 되었다. 클라라는 세상 앞에 선 자신의 초상화에 부드러운 선을 덧칠해 자신을 완전하게 했다. 그는 클라라에게 격렬하게 그러나 제대로 구혼했다. 즉 남자다운 냉정함을 잃지 않으면서도 소녀를 즐겁게 해준다고 생각되는 주의 깊은 책략을 가미했다. 그는 그녀를 평가하는 데 있어 결코 스스로를 과소평가하지 않는 듯했다.[168]

---

[168] George Meredith, *The Egoist*, 1879년 초판(Cambridge, Massachusetts: Riverside Press, 1958), p.36.

메러디스는 자신이 다루는 주제를 잘 알고 있다.《이기주의자》는 남자인 작가가 자기(그리고 다른 남성들) 마음을 잘 들여다보고 쓴 작품이라 할 수 있다. 로버트 루이스 스티븐슨Robert Louis Stevenson 또한 이렇게 말한다.

남자들의 낯을 붉히게 하는 책이 여기에 있다. (…) 이 책이 낱낱이 드러내고 있는 사람은 당신 자신이다. 질질 끌면서 잔인한 교활함과 정확함으로 백주 대낮에 훤히 드러난 당신의 오류들인 것이다. 메러디스의 젊은 친구 하나가 (내가 들은 바에 의하면) 심란한 마음으로 그에게 찾아왔다고 한다. "너무하시는군요!" 그가 외쳤다. "윌러비는 바로 접니다!" 그러자 작가가 말했다. "아니, 그렇지 않다네, 친구. 그는 우리 모두의 모습이야." (…) 나 또한 마찬가지다. 윌러비는 남자답지 못한 나 자신을 매우 잘 드러낸 인물이라고 생각한다.[169]

소설은 메러디스의 삶과도 놀랄 만큼 유사하다. 클라라 미들턴은 메러디스의 첫 번째 부인인 메리 니콜스Mary Nicolls다. 메리의 아버지이자 메러디스의 장인이었던 사람은 바로 무책임한 쾌락주의자 토머스 러브 피콕Thomas Love Peacock(1785~1866. 영국의 소설가이자 시인.-옮긴이)이다. 버림받은 윌러비는 7년간 쓰라린 동거생활 이후 버림받은 메러디스의 분신이다. 메리는 메러디스를 버리고 화가인 헨리 월리스Henry Wallis에게 갔다. 그러나《이기주의

---

169 《이기주의자》의 리버사이드Riverside 출판사 판본에 있는 라이오넬 스티븐슨Lionel Stevenson의 서문에서 인용. 원래 텍스트는 로버트 루이스 스티븐슨의 에세이 ("Books Which Have Influenced Me")이다.

자》에서 놀라운 점은 의외로 주인공이 복수하려 하지 않는다는 것이며, 대신 화합되지 않는 결혼에 대해 주의 깊게 분석하고 있다는 것이다. 메러디스는 자신을 비롯한 모든 남자에게서 자만심을 감지하고 이를 월러비로 표현했다. 부분적으로 이러한 자만심은 여자를 누르려는 무의식적 성향에 의해 훈련된 결과다. 하지만 메러디스는 기꺼이 이에 책임을 지려 한다는 점이 중요하다. 《이기주의자》의 놀라운 성취는 바로 메러디스가 불필요하게 원한을 갖지 않고도 책임을 지려 한다는 것이다. 이 소설의 풍자는 유쾌하고 희극적인 분위기에서 행해지고 있다.

이 작품에서 더 훌륭한 것은 환경 때문에 양성은 전혀 평화롭지 못한 관계를 맺게 된다는 메러디스의 통찰이다. 메러디스는 현 상태가 어떻게 성 정치학에 따라 배치되는지 잘 알고 있을 뿐만 아니라 그 이유 또한 잘 알고 있다. 메러디스의 장점은 모든 등장인물을 실제로 이해하고 공감한다는 점이다. (여성들에 대한 이해도 경이롭다. 메러디스는 실로 여성들에 대한 놀라운 감정 이입을 보여준다.) 또한 이 인물들을 현재의 모습으로 만든 환경의 힘과 조건화의 힘 역시 훌륭하게 설명하고 있다.

따라서 월러비를 미워하기란 불가능하다. 우리는 그의 허영심을 구성하는 데 여성의 남성 숭배가 한몫했음을 속속들이 알게 되기 때문이다. 이는 평생 그를 신이라고 확신시키는 여자들, 즉 자신을 애지중지하는 어머니와 치매에 걸린 두 이모와의 관계에서 나온 어리석은 산물이다. 이들 손에 자라면서 월러비는 이미 어릴 때부터 자신이 신과 같다고 생각하게 되었고 그래서 종종 의자에 올라가 자신이 태양왕 루이라고 공언했던 것이다. 월러비는 모형 법정에서 황홀한 듯 고개를 끄덕이고 미소를 지으면서 이 일화를 회상한다.

메러디스는 클라라가 받아온 교육에 대해 잘 설명해주고 있으므로 그녀에게 왜 월러비를 거절하지 않고 약혼했는지 비난하기란 힘들다. 클라라는 무식함과 순진함, 경제적 무능력, 온순함, 단정함이라는 조건 때문에 옴짝달싹할 수 없는 상황이다. 특히 마지막 조건인 단정함이란 여성을 통제하는 대표적 수법이었으므로 결혼 적령기 여성이 단정하지 못하다는 것은 거대한 공포였다. 이는 또한 성 혁명이 제일 먼저 죽여야 하는 괴물이었다. 클라라가 파혼한다면 추문이 남을 것이며, 파혼하지 못한다면 엄청난 불운이 될 것이다(마침내 그녀는 이를 깨닫게 된다). 메러디스는 이중으로 구속된 이러한 심리적 갈등에 관심을 기울인다. 이는 개인의 내면에서 치러지는 전쟁이고 파괴적 충동의 혼란 상태이며 인위적 규범과 거짓된 가치 기준을 받아들이는 것에 대한 공포와 좌절이다.

메러디스는 공인된 페미니스트다. 그는 여성이 남성의 이기주의에 지배받는 억압 계급, 즉 결혼을 통해 여성을 매춘부로 만들고 여성에게 일부러 잘못된 교육을 시키는 체계 때문에 인간으로 발전하지 못하게 된 억압 계급이라는 사실을 간파하고 있기 때문이다. 그러한 학습 과정의 산물이라 할 수 있는 클라라 미들턴은 부유하고 잘생긴 약혼자에게 자신이 왜 혐오감을 느끼는지를 처음에는 이해하지 못한다. 클라라는 약혼자의 위압적인 포옹에 저항감을 느낀다. 하지만 왜 그런 감정을 느끼는지에 대해서는 잘 알지 못하는 것이다. 하디가 불감증에 걸린 수를 통해 서투르게 표현한 섹슈얼리티와 의지의 문제는 《이기주의자》에서 더 훌륭하게 서술된다. 메러디스는 이른바 '타이밍'에 민감할 뿐만 아니라 성적 자유란 선택과 기회의 자유를 의미한다는 것도 잘 알았다. 그리고 월러비의 서투르고 독단적인 접근 때문에 클라라의 의지가 꺾이고 있다고 느낀다 것을 인식했다. 섹슈얼리티를 소유하는 것은 이 젊은 지배자이며 자신은 "그의 명백한 권리"로 "요구되고"[170] 있음을 클라라는 즉시 깨닫는다. 클라라는 속박을 감지하고 뒤로 물러선다. 하지만 이는 자기 아내가 냉담한 것이 좋다는 월러비의 확신을 무너뜨리지 못한다. 즉 그런 반응이 그녀가 '순결하다'는 증거라는 것이다. 처녀성 또한 매매의 일부분이다. 클라라가 지갑을 잃어버리자 월러비는 이전 하인이었던 플리치가 클라라의 지갑을 '손대지 않은 채' 돌려줄 것이라고 생각한다. 메러디스는 이를 가지고 말장난을 한다. 월러비는 과거에 자신이 버린 여성을 '낡은 지갑'이라고 칭하고 있기 때문이다.

클라라는 이 유물 감식가와 같은 월러비에게 팔려가게 된다. 책만 읽는 클라라의 아버지가 월러비가 제시하는 거액에 콧대가 꺾여 그녀를 팔기로 하기 때문이다. 일이 잘 진행되지 않고 자신의 포획물이 도망치려 하는 듯 보이자 월러비는 최고급 와인을 마시며 클라라의 아버지와 이야기한다. "숙녀들은 하나님의 영광스러운 창조물이지만 100년 묵은 와인을 찾아다니며 퇴락해갈 뿐이죠."[171] 그리고 나서 이 구혼자는 아버지에게 뇌물을 제시한다. 그가 장인어른이 되면 멋진 지하실에 보관된 최고급 와인을 50박스 주겠다는 것이다. 이 늙은 미식가는 "저는 여자아이 하나

---

170 George Meredith, 앞의 책, p.49.
171 같은 책, p.161.

밖에 드릴 게 없습니다"라며 얼굴을 붉힌다.[172] 매매는 타결된다. 늙은 아버지는 로마 시인 카툴루스Catullus의 음탕한 글을 읊어대고 월러비가 가져온 와인의 코르크 마개를 칭송하면서 "비너스보다 와인이 더 뛰어나죠" 하고 킬킬거린다. 메러디스는 뛰어난 재능으로 관능적 문체를 구사한다.

말하자면 월러비는 클라라를 교육시키고 있는 셈이다. 월러비의 구제할 길 없는 어리석음을 감지한 클라라는 래티티아 데일의 가정 교사로 일하면서 래티티아의 감상벽을 치유한다. 월러비는 한때 래티티아를 가지고 논 적이 있었다. 그런데도 래티티아는 10년 동안 이 남자에게 일편단심으로 헌신하는 감상주의자다. 월러비는 래티티아를 일종의 예비품과 같은 사랑으로 잡아놓고 있다. 래티티아에 대한 월러비의 태도를 설명하는 메러디스의 말투는 거의 설교조다. "《이기주의자》라는 책의 13권 104장에 이렇게 씌어 있다. 대상을 의무감 없이 소유하는 것은 지복至福에 가깝다."[173]

《이기주의자》에서 가장 유쾌한 부분은 월러비가 해외여행에서 돌아오는 장면이다.

월러비는 3년 동안 해외에 있다가 영국으로 돌아왔다. 4월의 마지막 날 화창한 아침에 그는 공원 울타리를 따라 말을 달리고 있었다. 그런데 운 좋게도 그가 첫 번째로 만난 지인은 바로 래티티아였다. 래티티아는 어린 학생들과 함께 들을 가로질러 가면서

172 같은 책, p.159.
173 같은 책, p.108.

다음 날에 있을 5월제를 위해 야생화를 꺾고 있었다. 월러비는 뛰어 내려가 그녀의 손을 잡았다. "래티티아 데일!" 월러비가 말했다. 월러비는 숨을 헐떡이고 있었다. "너의 이름은 감미로운 음악 같구나! 잘 지냈어?" 그는 걱정스러운 질문을 던지며 래티티아의 눈 속을 깊이 들여다보았다. 그리고 래티티아의 눈 속에서 자신이 찾던 사람을 보았다. 래티티아를 꽉 쥐었다가 보내주면서 월러비는 말했다. "나를 반겨주었으면 하고 바랐던 고향 풍경 가운데 최고로 사랑스러운 풍경이로다. (…)"[174]

메러디스는 남성적 기사도의 감상이 사랑(낭만적 사랑이든 궁정풍 연애든)에 주입시켜온 어마어마한 이기주의를 풍자하는 데 대가다. 여성의 '미덕'이 없다면 사회는 "뒤죽박죽인 인간덩어리"[175]에 불과하다고 생각하는 월러비는 기사도적 필요성에 의해 남성 소유권자가 가질 수 있는 영원한 정절을 얻으려 한다.

클라라! 우리의 사랑에 그대 일생을 바치시오! 어느 누구도 그대를 만지지 못하도록! 그럴 생각도, 꿈도 꾸지 못하도록! 그럴 수 있겠소? 생각할수록 고통스럽소. (…) 다른 남자가 침범하지 못하게 무엇보다 내 것이 되어줄 수 있겠소? 모든 남자들 앞에서 내 것이 되고 내가 죽고 난 뒤에 내 유골에까지 지조를 지킬 수 있겠소? 말해주시오. 나를 확신시켜주시오. 내 이름을 걸고! 아! 사람들이 "그의 미망인"이라고 말하는 소리가 들리는구려. 패턴

---

174 같은 책, pp.23~24.
175 같은 책, p.44.

2부 역사적 배경

부인에 대해서 "미망인"이라고 두런거리는 소리가. 사람들이 미망인에 대해 하는 이야길랑 듣지 마시오! 내 천사여, 귀를 막으시오! 나를 받아주고, 나를 기쁘게 해주시오. 맹세해주시오. "죽음을 뛰어넘어서"라고 말해주시오. 속삭여주시오. 더 이상 바라지 않겠소. 여자들은 남편의 무덤이 부부의 연을 끊어 자신들을 해방시켜준다고 생각하오. 육신하고만 결혼했다는 게지. 쳇! 내가 바라는 것은 고결함이오. 죽음을 뛰어넘는 정절이라는 초월적 고결함 말이오. "그의 미망인!"이라고 말하게 내버려두시오. 미망인 신세 속에서도 성자라고.[176]

여성을 지키겠다는 월러비의 용맹스러운 공언은 사실상 생색내는 혐오스러운 태도에 지나지 않는다. "그녀의 작은 머리가 의심으로 가득 차고 당황하고 우유부단해질 때마다 그녀는 결국 나에게 올 것이다. 틀림없이."[177]

클라라가 그에게 "월러비 씨, 우리는 자주 의견이 맞지 않는 것 같군요" 하고 경고할 때도 월러비는 쉽게 동요하지 않고 다소 귀찮은 듯 대답한다. "그대가 조금만 더 나이를 먹었더라면!"[178]

불화가 발생하는 원천은 그들이 각자 '세상'이라고 말하는 것에 있다. 월러비는 "그녀가 단지 자기가 손으로 주물러 만들어낼 수 있는 재료가 되기를 원하며 다른 생각은 추호도 없다."[179] 그러나 월러비의 계획에는 장애물이 있다. "둘의 마음이 한두 가지 점

---

176 같은 책, pp.42~43.
177 같은 책, p.88.
178 같은 책, p.83.
179 같은 책, p.39.

에서 일치하지 않는다는 것을, 그리고 신부의 견해는 마음의 평정을 방해하는 역겨운 것이라는 점을 그는 발견했다."[180] 월러비는 의회로 진출하여 전성기를 구가하고 있는 대영 제국에서 자신이 '세상'이라고 부르는 것을 다스리려고 한다. 월러비는 진정한 연인들이 지복을 누리기 위해서는 세상을 절대적으로 배제해야 한다고 주장한다. 이를 번역하면 이러한 세상에서 철수하는 것은 신부뿐이어야 할 것이다. 그는 클라라가 가정에서 자신의 편안함을 만족시켜주면서 여생을 보내기를 바란다. '별개 영역'이라는 러스킨의 처방이 다시 한번 되살아난다. 클라라는 그러한 삶이 거의 산 채로 매장되는 것과 다름없다고 생각하기 시작한다.

월러비는 귀족이다. 그와의 결혼은 봉건제의 위계질서 속으로 진입하는 것을 의미한다. 월러비는 날 때부터 명령하도록 가르침을 받았고 클라라가 자신의 수행원 행렬에 합류하기를 기대한다. 클라라가 마침내 용기를 내어 결혼 제안을 거부하자 월러비는 그녀가 분명하게 싫다고 말한 약혼으로부터 그녀를 놓아주려 하지 않는다. 어떻게 감히 자신에게서 자유로워지려 할 수 있다는 말인가. "이것은 경박하고 생각할 가치도 없는 방자함이오, 내 사랑! (…) 그대는 다른 훌륭한 여성들처럼 법 안에서 제멋대로 행동하려 하는군요. 내가 그대의 경박함을 통제하고 지도해주겠소. 그대가 생각하는 가치 있는 일이라는 것은 우리가 더 깊은 관계가 될 때 다시 생각해야 할 것이오. 그것은 소심함일 뿐이오. 무가치하다는 생각은 가치 있는 게 뒤따라온다는 보증이지."[181]

180 같은 책, pp.38~39.
181 같은 책, p.89.

월러비가 어찌나 둔한지 클라라는 이어지는 400페이지 동안 내내 진심으로 그와 결혼하고 싶지 않다는 것을 납득시킨다. 생기 넘치는 여성이 결혼을 거부한다는 사실을 받아들이지 못하는 이 허영심에 찬 남자의 상황은 희극에 적합한 주제가 된다. 그리고 메러디스는 희극적 가치가 있는 것을 모두 짜내어 보여준다. 그 결과는 아주 재미있다. 그러나《이기주의자》의 결말은 단지 응접실용 희극으로 떨어지고 만다. 즉 유쾌하게 출발해 놓고도 대화를 엿듣고 사람을 잘못 알아보는 등의 진부하고 실망스러운 수법을 통해 결말을 짓는다. 클라라는 버넌 휘트포드라는 멋진 남성과 결혼하고 이로써 독자는 그녀의 운명이 행복하게 해결되었다고 느낀다. 하지만 이는 만족스럽지 못한 결말이다. 성 정치학의 쓰라린 진실이 좋은 사람과의 결혼으로 모두 해결되고, 성 혁명이 스위스에서의 행복한 신혼으로 완성된다면 얼마나 좋겠는가. 하지만 '세상'은 이보다 조금 더 복잡하다. 우리는 이 작품도 조금 더 나아갔더라면 좋았을 것이라는 생각을 하지 않을 수가 없다. 희극은 늘 결혼으로 끝난다. 그러나 클라라의 결혼이 죽음과도 같은 것임을 깨닫게 되면 마음이 쓰라리다. 소설에서 클라라는 발달 과정에 있는 인물이었다. 하지만 마지막에 가서는 버넌 휘트포드 부인이 됨으로써(이는 곧 아무도 아니라는 말이다) 실패하고 만다. 메러디스는 클라라를 이기주의자에게서 구하는 방책에 대해서는 잘 알고 있었지만, 그녀를 위해 더 이상 무언가를 할 생각은 하지 못했다. 총명하고 젊은 여성에게 (좋은 짝이든 나쁜 짝이든) 단순히 짝을 만나는 것보다 더 가치 있고 흥미로운 삶을 부여할 생각은 하지 못했던 것이다. 이는 불완전하고도 진부한 남성적 태도다. 메러디스는 여성 교육이라는 부자연스러운 문제와 가부장제 결혼의 봉건적 성격, 남성이 가진 이기주의 등의 문제에 대해서는 좋은 의도를 가지고 있었다. 그러나 메러디스는 그 문제를 뛰어넘을 수 없었으며 따라서 성 혁명이 일으킨 해방적 동요를 단순히 짝을 찾는 흔해 빠진 행위로 오인하고 말았다.

지금까지 우리는 성 혁명에 반응하는 남성 작가들의 정신 태도가 보여주는 방식을 살펴보았다. 이들은 주로 용기를 가지고 열정적으로 혹은 모호하고 의심스러운 태도로 반응했다. 그러나 성 혁명 제1기는 이보다 더 유익한 것을 제공하기도 했다. 즉 여성의 관점이 처음으로 표현되기 시작한 것이다. 밀에 따르면 여성 작가들은 글을 쓰기 시작할 때 대부분 남성적 태도와 자아에 영합한다고 한다. 이러한 밀의 경고는 당시뿐만 아니라 오늘날에도 여전히 심오한 진실이다. 그러나 성 혁명 제1기가 진정으로 여성적 감수성의 출현을 가능하게 한 만큼 우리는 브론테 자매들의 작품에서 그러한 감수성을 찾아볼 수 있다. 조지 엘리엇George Eliot은 '부도덕한 삶을 사는' 기분으로 혁명의 시대를 살았지만 혁명에 대해 글을 쓰지는 않았다. 그녀는 러스킨류類의 봉사 윤리와 빅토리아 시대에 지배적이었던 훌륭한 여성에 대한 환상(이는 타락한 남성을 구원하는 착한 사마리아인과 같은 이미지로 간호사이자 안내자, 어머니, 남성의 부속물 등으로 표현되었다) 사이에서 쩔쩔매고 있었다. 《미들마치Middlemarch》의 여주인공 도로시아가 처한 곤경은 훌륭한 정신의 소유자라면 직업을 가져야 한다는 웅변적 호소를 보여준다. 하지만 그것은 탄원의 수준을 넘어서지 않는다. 도로시아는 윌 래디슬로와 결혼하므로 자신이 비서로 봉사할 수 있는 훌륭한 반려자를 만나는 것 이상의 삶을 기대할 수는 없기 때문이다. 버지니아 울프는 두 명의 주부인 댈러웨이 부인과 램지 부인을 미화했으며, 《파도The Waves》에서는 여주인공 로다의 자살에 가까운 비참한 삶을 기록했지만 정작 그 원인에 대해서는 제대로 설명하지 못했다. 그뿐만 아니라 울프는 여성 예술가 릴리 브리스코라의 좌절을 논쟁적으로 보여주었지만 성공적으로 표현하지는 못했는데, 이는 아마도 울프 스스로가 확신하지 못했기 때문일 것이다. 울프는 오직 (소설이라기보다는 에세이에 가까운) 《자기만의 방A Room of Ones Own》에서만 자신이 알고 있는 것을 제대로 서술해냈다.

대중적이기에는 너무나 전복적인 샬럿 브론테의 작품 《빌레트》[182]의 여주인공 루시 스노이는 또 다른 인물이다. 루시를 통해 우리는 남성 우월주의 사회가 여성의 정신에 미치는 영향을 감지할 수 있다. 루시는 신랄하면서도 정직한 인물이다. 루시는 모순과 후퇴, 분노, 끔찍한 자기 회의, 승리에 대한 불굴의 의지 등으로 가득 찬 신경증적 혁명가다. 루시의 두 눈은 사회를 바라보고 평가하며 조롱하고 판단 내린다. 눈에 띄지 않는 가구와도 같은 루시는 모든 것을 바라보면서 냉소적으로, 열정적으로, 정직하게, 분석적으로 이야기해준다. 루시는 스스로를 가시화할 만한 특징 (예를 들어 미모, 재산, 나긋나긋함)을 가지고 있지 않다는 점에서 하찮은 여자다. 오직 뛰어난 정신만이 불완전하게 발달했을 뿐이다. 루시의 영혼은 무엇이든 닥치는 대로 섭취할 수 있을 만큼 거대

---

182 Charlotte Brontë, *Villette*. 1853년 커러 벨Currer Bell이라는 가명으로 출간되었고, 런던 그레셤 출판사Gresham Publishing Company에서 재출간되었다. 본문에 인용된 페이지는 이 책에 의거한 것이다. 여기에서 나는 샬럿 브론테의 《셜리Shirley》에 대한 로리 스톤Laurie Stone의 미간행 에세이에 빚지고 있다.

해서 모든 다른 인물들에게 그림자를 드리울 정도다. 따라서 다른 사람들은 평범한 규칙을 따르지만 루시는 그러한 규칙에서 예외가 되는 위대한 인물이다.

루시는 남자들을 지켜보는 여성이며, 남자가 주목하지 않는 여성의 눈으로 바라본 남자에 대해 이야기해주는 인물이다. 몇몇 남자들은 매력적인 이기주의자인 존 그레이엄 브레튼과 같다. 그들의 아름다움(브론테는 남성의 아름다움을 인정하고 작품에 표현한 최초의 여성 작가일 것이다)은 그녀를 놀라게 하고 고통스럽게 한다. 브레튼은 두 사람이다. 한 사람은 무시당하는 누이 루시나 홈 아가씨Missy Home라는 숭배자의 눈으로 바라본 특권을 가진 귀하게 큰 남자아이 그레이엄이다. 브론테는 인물을 둘로 나눠 우리에게 그들의 분열하고 충돌하는 감정을 읽게 한다. 홈 아가씨는 그레이엄에 대한 존경심으로 가득한 누이이며 루시는 질투심으로 가득한 누이다. 이 둘은 가족 안에서 여자아이가 처한 상황을 나타낸다. 브레튼은 응석받이 아들인 그레이엄인 동시에 성공한 의사 존이다. 루시는 그러한 모습을 부러워하고 사랑하며 증오한다. 한순간도 루시가 브레튼을 평화롭게 사랑한 적이 없다. 브레튼 또한 미지근하고 거만하며 냉담한 농담으로만 루시를 대한다. 브레튼의 아름다움과 선량함은 그를 사랑할 수밖에 없게 하지만, 그의 특권 의식과 이기주의는 그를 증오하게 한다. 자신의 존재가 그렇게나 무시당하기 때문에 루시는 마치 하버드 대학 남학생을 훔쳐보는 빈민가 어린아이 같은 존재가 된다. 선망과 감탄, 원한과 경멸이 뒤섞인 시선으로 말이다. 하지만 여기에는 브레튼을 사랑하는 격렬한 욕망도 함께 있다. 그렇게나 무시당하고 그렇게나 기가 죽은 사람이 그렇게나 억압적이고 부유하며 오만하고,

그렇게나 불공평하게 우월한 지위에 있는 사람을 사랑할 수 있다면 말이다.

보는 사람을 화나게 하는 쾌활한 이기주의자(이런 자에게 성숙이란 사람들이 자신에게 '홀딱 반하기' 바라는 것을 단념하는 것이다)가 그레이엄이라면 나중에 세상에서 만나게 되는 다른 남성도 있다. 그 사람은 경건함과 관습, 남성 우월주의, 여성의 '경쟁'을 두려워하는 미숙한 성차별주의의 대변자인 폴 에마뉴엘이다. 존 그레이엄은 정복하기 어려운 인물이다. 존은 아름다움과 부유함이라는 자질을 갖추지 못한 여성에게는 결코 호의를 보이지 않는다. 그는 폴리나 메리의 정숙함만큼이나 팬쇼의 어리석음에도 쉽게 빠져든다. 존에게 여성은 장식용일 뿐이다. 반면 폴은 오히려 대처하기가 쉬운 남자다. 폴의 성적 적개심은 더욱 다루기 쉽다. 존 그레이엄은 루시를 쳐다보지 않았다. 폴은 루시를 쳐다보며 그녀를 증오한다. 그러므로 루시는 폴과 접촉을 할 수 있다. 또한 이 소설은 성공에 대한 환상이므로(이러한 종류의 성공이란 브론테의 시대에는 이루기가 불가능한 것이며 따라서 필연적으로 환상적일 수밖에 없다) 폴은 루시를 만나고 그녀에게 설득되어간다. 폴은 루시가 무식하다고, 여성은 바보에 불과하다고 조소한다. 루시는 놀라운 지적 능력으로 여기에 응대한다. 폴이 풍기는 학자연하는 분위기와 사람들을 못살게 굴고 뜨거운 방에 사람들을 잡아놓으며, 끊임없이 감시하고 교과서에서 불온한 부분을 삭제하는 등의 행위에서 루시는 무언가를 배운다. 루시에게 무언가를 성취하게 하고 그녀를 발전하게 하며 그녀에게서 숙녀다운 엄숙함, 작은 야망, 소심함, 자기 의심을 없애는 것은 바로 그러한 폴의 비웃음이다.

루시는 여자들을 관찰한다. 이는 이중적 지점, 심지어 더 복잡한 지점을 통해서다. 루시는 지네브라 팬쇼의 바람기 넘치는 바보 같은 아름다움을 연구한다. 팬쇼는 자신이 욕망하도록 배운 것(남자의 감탄, 돈, 애송이를 지배하는 시시한 권력)을 얻기 위해 생각 없이 남자들을 이용한다. 팬쇼는 또한 아름답다. 루시는 모든 측면에서 볼 때 사회의 산물인 동시에 적이자 반항아이며 아름다움을 사랑하도록 교육받았다. 그것이 루시를 혼란스럽게 한다. 이 소설은 그러한 아름다움이 루시의 마음에 불러일으키는 욕망을 암시하는 표현들로 가득하다. 브론테는 이러한 욕망을 표현하기 위해 오후에 열리는 연극이라는 장치를 만든다. 루시는 연극이 공연되기 직전에 팬쇼의 애인 역할을 하라는 강요를 받는다. 그것은 루시를 괴롭히는 폴의 또 다른 계획이다(그는 뜨거운 7월 한낮에 대사를 암기하라고 루시를 다락방에 가둔다). 이는 루시에게 용기를 이끌어내고 무언가를 성취할 것을 강요한다. 루시는 놀랍게도 잘 해내고 무대 위에서 팬쇼와 사랑을 나눈다. 이는 빅토리아 시대 소설을 통틀어 가장 단정하지 못한 장면이다. (브론테는 문학적인 것을 넘어서는 예술적 관습이 가능하다는 것을 인식한 반역자였고 그래서 브론테의 소설에서는 끊임없이 놀라운 일들이 발생한다.) 루시의 성숙과 성공은 그레이엄의 남성적 이기주의에 대한 매혹이나 못살게 구는 폴의 생산적 성차별주의에 대한 매혹이 커지는 데 달려 있다. 이는 또한 팬쇼에 대한 남성적 욕망을 포기하는 것과 함께 간다. 팬쇼는 사랑하기에는 너무 어리석고, 욕망하거나 기꺼이 상처 입으려 하기에는 너무 멍청한 인물이다. 두 여성 사이의 대화는 잔인하다. 팬쇼는 자신의 아름다움을 과시하면서 루시를 항복시키려 하고 이로써 그녀가 스스로를 추하고 열등한 여자로 인정하도록 만들려고 한다. 그러나 동시에 팬쇼는 자신에게 반한 사람에게 아름다움을 보여주려 하고 따라서 욕망으로 루시를 사로잡으려 한다. 팬쇼는 비판적 인물인 루시를 매혹하는 게 가장 어려울 것이라는 사실과 따라서 그녀의 마음을 사로잡는 게 가장 위대한 정복이 될 것이라는 사실을 알고 있기 때문이다. 이런 잔인한 시기에도 루시는 스스로를 다잡고 그 어느 쪽으로도 빠지지 않는다. 마침내 루시는 남자들과 팬쇼를 넘어선다. 팬쇼는 나비처럼 소설에서 이내 사라져버린다.

루시가 관찰하는 또 다른 여성은 베크 부인과 브레튼 부인이다. 둘은 모두 나이가 지긋하다. 브레튼 부인은 어머니이며 베크 부인은 여성 실업가이자 교장이다. 둘은 소설에서 만날 수 있는 유능한 여성들이다. 샬럿 브론테가 실제로 그러했듯 루시도 어머니를 여의었고 나이 지긋한 여성을 유능함의 화신으로 본다. 그리고 그들의 뛰어난 경영 능력을 사랑한다. 빅토리아 시대의 남성적 환상은 그러한 여성에게서 온화하면서도 동요하는 무능력만을 볼 뿐이지만, 루시는 그들을 거대하고 뛰어난 함선으로 생각하며 자신은 작은 배에 불과하다고 느낀다. 함선은 타협할 줄 알기 때문에 계속 떠 있을 수 있다. 반면에 루시는 그럴 생각이 없다. 함선이란 곧 관습이다. 루시와 아들의 관계에 대해 가벼운 농담을 던지는 브레튼 부인은 사랑하는 아들의 성공을 통해 대리만족을 느끼는 진부하고 욕심 없는 모성애를 상징한다. 브레튼 부인은 쾌활한 여자 가장이며 아들의 귀족적이고 편안한 아침 식사를 위해서 세상의 모든 딸들을 희생시킬 어머니다. 루시도 그것을 잘 알고 있다. 브레튼 부인의 관습적인 모성애는 성차별주의적 감상의 온화한 완성본이다. 반면 베크 부인은 관습의 수호자이며 잠도 자지 않고 젊은 여성들의 일거수일투족을 여호와처럼 감시하는 유럽적 성 금기의 수호자다. 베크 부인은 한밤중에 일어나 루시의 속옷을 살펴보고 루시의 편지를 읽으며 성의 흔적을 찾아내며, 남자아이들이 창가에서 여학생들에게 던지는 편지를 감시한다. 이 여성들은 여전히 생동하는 원숙한 섹슈얼리티를 가지고 있다. 브레튼 부인은 아들과 연애 놀이를 하듯 한다.

"엄마, 제가 위험에 빠졌어요."
"그러면 내가 관심을 보일 줄 알고?'
브레튼 부인이 대답했다.
"아, 잔인한 내 운명!" 아들이 대답했다. "아마 나처럼 무심한 어머니를 둔 남자도 없을 거야. 며느리를 얻는 재앙이 닥치리라고는 절대 생각하지 못하시는 것 같으니."
"그건 그런 재앙이 닥치지 않아서가 아니야. 지난 10년 동안 너는 그걸로 계속 날 위협해왔으니 말이다. 넌 채 어른이 되기도 전부터 '엄마, 나는 곧 결혼할 거예요!' 하고 외쳐댔잖니."
"하지만 엄마, 곧 정말 그렇게 될 거예요. 안전하다고 생각하실 때 갑자기 야곱이나 에서 같은 가부장처럼 아내를 얻게 될 거예요. 아마 대지의 딸들 중에서 하나가 되겠죠."
"죽을 각오를 하고 그러렴, 존 그레이엄! 내 할 말은 다 했다."[183]

브레튼 부인보다 더 관능적인 베크 부인은 존 그레이엄의 고용을 기뻐한다. 물론 베크 부인은 그레이엄의 취향에 비해 그다지 젊지도 아름답지도 사회적으로 유명하지도 않다. 자신의 섹슈

---

183 같은 책, p.193.

얼리티가 현실적인 만큼 베크 부인은 그레이엄의 거부를 우아하게 받아들이고 침착하게 자신의 일을 계속해간다. 그러면서도 학교 어느 구석에서라도 성과 관련한 암시가 있는 곳이면 당장 침입하여 쾌활하게 짓밟아놓는다. 젊은 여성들을 교육하는 베크 부인은 가부장제 사회의 영원한 여성 경찰이자 실질적인 여성 간수다. 협력자가 없다면 어떤 종속 체제도 단 2초를 버티지 못하듯 베크 부인은 그러한 협력자 계통의 훌륭한 모범 인물이다.

마지막으로 아름다운 아이이자 완벽한 여성, 존 그레이엄의 어여쁜 폴리, 아버지의 눈에 넣어도 아프지 않을 딸인 폴리나 메리가 있다. 루시에게는 금이야 옥이야 사랑해주는 아버지도 없고, 존처럼 구애하는 남자도 없다. 루시는 폴리나가 얼마나 운이 좋은지 고통스럽게 깨닫는다. 그러나 여성의 귀감이 되는 폴리나에게도 한 가지 결점이 있다. 소설의 첫 부분에 홈 아가씨로 등장하는 폴리나는 쾌활하고 영리하며 애정이 넘치고 조숙한 아이였다. 하지만 열아홉 살의 나이로 다시 등장하는 그녀는 여전히 정신적으로는 유아에 가까운 역겨운 모습을 보인다. 폴리나는 선량하고 누구에게나 사랑받는 여성이다. 루시조차도 때로 그녀의 모습을 좋아한다. 하지만 루시는 사회가 요구하는 완벽한 여성상이 사춘기도 채 되지 않은 귀여운 소녀라는 사실을 깨닫고 오싹해 한다. 여성의 운명을 살펴본 루시는 이들 중 누구도 되고 싶지 않다고 생각한다. 루시는 세상이 제시하는 '역할 모델', 즉 받들어 모실 만한 어머니, 유능한 여성 간수, 무자비한 바람둥이, 아기 같은 여신 등을 연구한다. 루시의 진정한 시련은 모방할 만한 인물이 없는 세상에 태어났다는 것이며 따라서 혼자서 길을 모색해야 한다는 것이다. 선례가 아무도 없는 곳을 개척하는 선구자 루시는 역할 모델 여성들에게 등을 돌린다. 자신만의 것을 굳건하게 추구하는 편이 낫다고 생각한 루시는 수학을 공부하고 폴 에마뉘엘을 만나고 직업을 가진다.

루시는 남자들이 여자들을 바라보는 것을 관찰하며 문화에서 재현되는 여성의 이미지를 연구한다. 어느 날 오후, 루시는 브뤼셀 미술관으로 가서 남성이 그려놓은 여성의 두 얼굴(하나는 즐거움을 위한 그림이고 다른 하나는 여성을 가르치기 위한 그림으로, 전자는 루벤스의 클레오파트라이며 후자는 정숙한 여성을 그린 영국 학술원의 그림 네 점이다)을 자세히 살펴본다. 소설에서 이 장면만큼 전복적인 부분은 없다. 클레오파트라에 대한 루시의 섬세하고도 가차 없는 비판은 매우 재미있다.

내가 생각하기에 실물보다 훨씬 큰 여자를 그린 그림이었다. 아주 부피가 큰 상품의 무게를 다는 저울에 그 숙녀를 달아보면 틀림없이 90킬로그램에서 100킬로그램은 나갈 것 같았다. 클레오파트라는 정말이지 극도로 영양 상태가 좋았다. 그 정도 키와 몸집, 풍부한 근육과 풍성한 살덩이를 갖기 위해서는 빵과 야채와 수프는 말할 것도 없고 고깃덩어리를 아주 많이 먹은 게 분명했다. 클레오파트라는 긴 의자에 비스듬히 누워 있었다. 왜 누워 있는지는 알 길이 없다. 밝은 대낮의 햇빛이 그녀 주변에서 빛나고 있었다. 클레오파트라는 기운이 세서 보통 요리사 두 명분은 거뜬히 일할 만큼 힘이 세고 건강해 보였다. 또한 척추가 약하다고 간청할 만하지도 않았다. 그러므로 그녀는 서 있거나 최소한 똑바로 앉아 있어야 했다. 한낮에 소파에 누워 빈둥거릴 이유가 없었다. (…) 게다가 주변이 한심하리만큼 지저분한 것도 변명의 여지가 없었다. 항아리와 냄비(사실은 꽃병과 술잔이라고 해야 할 것이다)가 앞쪽 여기저기에 뒹굴고 있었다. 그리고 그사이에는 완전히 쓰레기 같은 꽃들이 뒤섞여 있었다. 우스꽝스럽고 어지러운 휘장이 긴 의자를 뒤덮고 바닥에까지 늘어져 있었다.[184]

이런 "조야한 엉터리 그림", 이런 "거대한 허풍투성이 작품"에서 루시는 수음의 환상을 감지한다. 클레오파트라 그림은 노골적으로 헐떡거리는 여자 노예에 대한 남성의 꿈에 불과하며, 남성의 마음 뒤편에 늘 떠오르는 음탕한 육욕이자 남성이 여성에게 부당하게 떠맡긴 이미지와 맞아떨어진다. 클레오파트라는 오직 남성의 즐거움을 위한 여성인 것이다. 폴은 이 그림을 감상하는 루시를 보고 충격을 받는다. "어떻게 젊은 여자가 감히 젊은 남자처럼 침착하고 냉정하게 앉아서 저런 그림을 볼 수 있단 말이오?"[185] 루시가 폴에 대해 자주 묘사하듯 폴은 폭군과도 같은 남성이다. 그래서 남자가 느긋하게 앉아서 감상할 만한 그림을 젊은 여자가 보고 있다는 사실에 불쾌해하고 모욕감까지 느낀다. 폴은 루시에게 클레오파트라를 보지 못하게 하며 어두운 구석에 앉아 처량한 그림들만 보게 한다. 그 그림들은 여성을 위해 관습적으로 그려진 그림들이다.

도판 목록에 따르면 "여자의 일생"이라는 제목이 붙은 여자 그림 넉 점이 한 벌을 이루고 있었다. 그들은 눈에 띄게 따분하고, 무

---

184 같은 책, p.183.
185 같은 책, p.184.

기력하고, 창백하고, 형식적인 양식으로 그려져 있었다. 첫 번째 그림은 손에 기도서를 들고 교회 문밖으로 나오는 "젊은 처녀"였다. 옷은 매우 깔끔하고 눈은 내리깔고 있었으며 입은 꼭 다물고 있었다. 아주 가증스럽고 작은 조숙한 위선자였다. 두 번째 그림인 "신부"는 길고 흰 베일을 쓰고 자기 방 기도대에서 무릎을 꿇고 기도하는 신부의 모습이 그려져 있었다. 신부는 손을 깍지 끼고 울화통이 치미는 듯 흰자위를 드러내고 있었다. 세 번째 그림은 "젊은 엄마"로 병든 보름달 같은 얼굴을 한 흙빛의 통통한 아기를 우울하게 안고 있었다. 네 번째 그림은 검은 옷을 입은 "미망인"이었는데 역시 검은 옷(상복이므로)을 입은 어린 딸의 손을 잡고 있는 모습이 그려져 있었다. 둘은 공동묘지의 우아한 프랑스식 묘비를 뚫어지게 바라보고 있었다. (…) 이 네 명의 "천사들"은 도둑처럼 불쾌하고 음울하며 유령처럼 냉담하고 무미건조했다. 저런 여자들과 살아야 한다면! 불안하고 유머 감각도 없고 핏기도 없고 생각도 없는 날조된 피조물들! 나태한 집시 거인 클레오파트라만큼이나 이 여자들도 형편없었다.[186]

이 희극적 장면에는 남성적 문화에 존재하는 금기와 사회적 정신분열증, 이중 잣대의 위선과 목적, 의도가 모두 드러나 있다. 남성적 문화는 여성을 섹스 심벌이자 정신이나 개성 없는 살덩이인 '음부'로 바꾸어놓는다. 그 자신이 바라보기 위한 목적으로 말이다. 그리고 여성에게는 학술원의 대표 인물들이 보여주는 따분한 경건함과 비굴한 봉사 정신에 대한 노골적인 선전 선동만이 행해

---

186 같은 책, p.185.

질 뿐이다.

《빌레트》에서 이 그림들이 표상하는 불균형한 모순적 이미지들은 특히 압권이다. 브론테는 인물을 반으로 분열시켜 루시로 하여금 각각에 대해 부정과 긍정 사이에서 동요하는 반응을 보이게 하는데, 이는 남성적 문화에서 여성의 분열을 보여주는 기법이다. 또 다른 이항 대립은 루시의 새로움과 루시의 혁명 정신 그리고 루시의 영혼을 물들이는 낡은 방식의 잔재 사이에 있다. 이러한 내적 충돌은 외적 충돌로 보완된다. 이 외적 충돌이란 루시의 야망과 욕망 그리고 그것의 성취 불가능성 사이의 충돌이다. 모든 곳에 장애물이 있다. 사회적이고도 금전적인 장애물 말이다. 성적 계층 체계의 혹독한 현실은 루시를 좌절시킨다. 그러나 기이하게도 이 장애물들은 루시를 계속 나아가게 한다. 루시는 브론테 자매를 표상할 뿐만 아니라 과거에도 그러했고 현재에도 그러하듯 모든 젊고 의식적인 여성의 야망을 표상한다. 루시는 자유를 원한다. 그녀는 도망가기를, 배우기를, 일하기를, 여행하기를 미친 듯이 갈망한다. 루시는 직업을 가진 남성 모두를 시샘한다. 존은 의사고 폴은 학자다. 루시는 또한 그들이 받은 교육을 시샘한다. 존과 폴은 모두 최고의 교육을 받았다. 그리고 교육은 그들에게 앞으로의 삶을 준비할 수 있게 했다. 루시에게는 그만큼 실질적으로 도움을 주는 것이 아무것도 없다.

앞으로 8년 동안의 내 모습을 평온한 날씨에 유리처럼 잔잔한 항구에서 쉬고 있는 한 척의 범선으로 상상한다. 조타수는 작은 갑판 위에서 얼굴을 하늘로 향하고 눈을 감고 쭉 뻗어 있다. (…) 많은 여성과 소녀가 이런 식으로 인생을 보내게 되어 있는데 나라고 나머지 여성들과 달라야 할 이유가 있겠는가? (…) 하지만 숨길 수 없는 사실은 어찌어찌하여 내가 배 밖으로 떨어졌거나 아니면 결국 배가 난파된 게 틀림없다는 것이다.[187]

루시는 중산 계급에서 쫓겨난 상처가 있으며 혼자 살아갈 준비가 안 되어 있다. 세상은 그녀가 기생충처럼 살 것이라고 생각한다. 살아가는 데 꼭 필요한 것들, 즉 외모와 어엿한 사회적 관계, 출신 성분을 밝혀 줄 부모가 지금 루시에게는 없다. 루시는 소유주가 없는 노예다. 따라서 가정 교사나 선생처럼 임금을 받는 노예가 되어야 한다. 유일한 탈출구는 세상과 책을 배우는 것이다. 이는 필사적으로 가야 하는 길이다. 《빌레트》는 루시가 자신의 능력을 통해 얻게 되는 공식 교육과 비공식 교육에 대한 기록이다.

하지만 루시가 무슨 일을 할 수 있겠는가? 루시가 가질 수 있는 직업이란 어떤 것인가? 시중드는 여자, 아이 보는 여자, 가정 교사, 학교 선생밖에 없다. 이러한 직업은 모두 '하녀'의 다른 이름에 불과하다. 즉 입에 겨우 풀칠할 수 있는 박봉이며, 평생 저축해도 거액이 될 수 없는 돈을 버는 일이다. 이러한 하녀의 지위에는 또 다른 굴욕의 가능성이 있다. 일해야 하는 중산 계급 여성은 자신의 출신보다 한 단계 아래 신분으로 떨어질 위험이 있는 것이다. (루시가 어느 부인을 시중들고 있을 때 가정부가 된 학교 친구를 만난다. 즉 루시는 부엌에서 또 다른 하녀를 만난 것이다.) 게다가 이러한 직업은 '입주'를 요구하며, 거의 감옥살이와 다름없

---

187 같은 책, p.32.

는 24시간 감시를 받아야 한다. 루시에게 가능한 직업이 요구하는 상황이 그러했으므로 그녀는 금전적 독립이나 자아 성취를 이룰 수 없다. 폴과 존이 직업을 통해 자동적으로 얻게 된 만족감과 지위를 루시가 그토록 시샘하는 것도 이해하기 어렵지 않다. 루시가 끊임없이 자문하듯 이러한 상황에서 일한다는 것이 과연 가치가 있는 것일까? 백마 탄 왕자가 와서 자신을 데려가는 몽상을 하는 편이 더 쉽지 않겠는가? 적어도 그렇게 되면 손쉽게 안전해질 수 있고 값싸게 사회적 지위도 얻을 수 있다. 적어도 루시처럼 직업을 가진 여성은 꿈도 꿀 수 없는 성적 만족을 제공할 것이 아닌가?

《빌레트》는 때로 러스킨과 밀처럼 대립되는 두 사고방식 사이에서 벌어지는 논쟁처럼 읽힌다. 루시는 기사도적 구원이라는 사탕발림한 희망과 밀의 분석이 보여주는 고된 리얼리즘 사이에서 계속 왔다 갔다 한다. 그러한 상황에서 단순히 관습에 저항하기만 한다면 루시라는 인물은 그다지 훌륭하다고 할 수 없을 것이다. 루시는 어리석었다가 현명했다가 한다. 루시는 팬쇼처럼 예쁘기를 바라기도 하고 폴리처럼 부유하기를 바라기도 하며, 그레이엄이 자신을 알아보는 징후가 보인다면 기꺼이 자신의 삶을 버리려고도 한다. 아름다움에 대한 인위적 기준에 사활을 걸어야 하는 상황에 태어난 루시는 거울에 대한 강박 관념에 사로잡혀 있다. 루시는 거울을 볼 때마다 자기 존재를 부정한다. 그녀는 거울 속에 보이지 않는다. 문학에서 찾아볼 수 있는 가장 흥미로운 열등감을 보여주는 사례인 루시는 외적 자아를 경멸하면서 자기 혐오를 통해 내적 자아를 구축할 수 있었다. 그러나 루시가 살아가는 문화는 여성에게 마조히즘이 정상적 현상이며 심지어 여성은 마조히즘을 즐긴다고 간주한다. 이러한 문화에서 루시는 폴의 사디즘이 주는 매혹에 직면하고 그것을 넘어선다.

샬럿 브론테는 사적 검열뿐만 아니라 공적 비판에도 직면했다. 브론테의 소설적 장치가 우회적인 것도, 그녀가 당대의 감정이 명령하는 감상주의(결코 그녀는 이러한 감상에 빠지고 싶지 않았으나 그 시대는 그렇게 하라고 명령했다)를 지속적으로 희롱한 것도 이 때문이다. 빅토리아 시대의 소설은 모두 행복한 결혼으로 끝나야 한다고 간주했다. 여성 작가가 쓴 작품도 마찬가지였다. 브론테는 타협하는 척한다. 폴리나 메리와 존의 가식적 결혼으로 관습은 어느 정도 충족된다. 이는 루시의 탈주를 감추는 장치다.

탈주의 주제는 소설 전반에 걸쳐 있다. 《빌레트》는 탈옥에 대한 긴 명상으로 읽히기도 한다. 루시는 폴이라는 폭군이 부드러워진 후에도 그와 실제로 결혼하지는 않는다. 폴은 소설 전반에 걸쳐 루시를 가두는 간수였지만 교활하고 약삭빠른 루시라는 죄수는 어쨌든 그에게서 빠져나가려고 결심한다. 길든 척하면서 학교의 비밀에 대해 폴이 가르치는 모든 것을 배운다. 수학과 라틴어와 자신감 등을 말이다. 총명한 여성을 증오하고 두려워하며 학식이 뛰어났던 유일한 여자 선생을 해고했다며 으스대는 폴의 제자가 되는 척한다. 루시는 수업 시간에 '여성의 자연적 열등함'을 강조하며 자신을 괴롭혀대는 폴의 성차별적 발언을 감수하며, 자신이 훌륭한 학생임을 증명하여 그의 교육자적 허영심을 충족시키려 애쓴다. 그래야만 폴의 편협한 감정이 사라지리라는 것을 알고 있기 때문이다. 폴은 단순해서 결국 루시에게 속아 열쇠를 건네게 된다. 루시는 열쇠를 손에 쥔 순간 폴에게 돈을 빌려 자신의 학교를 열며 베크 부인의 손아귀에서 용감하게 빠져나온다.

순해진 여성 간수는 어쨌든 사라져야 하는 것이다. 그리고 애인으로 전락한 폴은 익사한다.

루시는 자유롭다. 자유란 혼자를 말한다. (당시 기분 좋은 표현이었던) '사랑'과 자유 사이에서 선택해야 하는 루시는 섹슈얼리티를 희생하고라도 자신을 뒷받침해온 개인주의적 인간성을 유지하기로 한다. 감상적 독자라면 루시를 '비뚤어졌다'라고 부를 수도 있을 것이다. 하지만 샬럿 브론테는 강인한 마음의 소유자였으므로 함께 살면서도 여성을 자유롭게 해주는 남자란 없다는 것을 알고 있었다. 여자 주인공을 결혼시키는 경우조차도 그러한 해피 엔딩은 부정직하고 공허하다는 것을 브론테는 보여주려 한다. 따라서 그러한 결혼은 풍자처럼 읽히기도 하고 사랑에 반대하는 냉소적 책자처럼 읽히기도 한다. 브론테 자매가 실제 그러했듯 루시의 입장에서 다른 해결 방법은 존재하지 않는다.

성 정치학의 해법은 결혼에 있지 않으므로 논리적인 루시는 결혼하지 않는다. 하지만 빅토리아 시대의 소설이 여성에게 결혼하지 말라고 권유하는 것은 불가능하다. 그래서 폴은 조용히 바다에 묻힌다. 브론테의 여주인공이 스스로 사회에 '적응하고' 타협하며 굴복했다면 우리는 그녀의 이야기를 들을 수 없을 것이다. 브론테가 가정의 폭군인 아버지와 반쯤 미친 자매들과 함께 자라지 않았다면, 가정 교사 일과 독신 생활이라는 제한된 미래만 있을 뿐 결혼이 주는 안정과 같은 '전망' 없는 상태로 살아가지 않았다면, 그래서 그 별난 자매들과 함께 여자들이 국가를 다스리고 권력을 행사하며 통치하고 밤과 낮을, 죽음과 삶을 선포하는 이상 세계인 '앙그리아Angria'에 대한 꿈을 꾸고 이야기를 지어내면서 해방감을 느끼지 않았다면 우리는 샬럿 브론테의 이야기를 들을 수 없었을 것이다.[188] 만일 그랬다면 지금 되살아난 영혼이 수 세기 동안의 종속으로부터 뛰쳐나와 우리에게 들려주는 이야기를 듣지 못했을 것이다. 오랫동안 브론테 자매의 작품에 대한 비평은 남성적 편견과의 승부였다. 편견에 찬 남성들은 브론테 자매가 글을 못 쓰는 가망 없는 초보자 수준에 불과함을 증명하려 했다. 그러면서 남성 비평가는 마치 학교 선생처럼 브론테 자매의 이야기를 편집하고 잘못된 부분을 지적하며 이를 황야에서 살아간 사람의 이야기로 바꾸어놓았다. 그리고 때로 폭풍의 언덕에 있는 집에 대해서나 브론테 자매의 오랜 순결에 사이비 동정심을 늘어놓고, 정작 소설 속 진실에 대해서는 공격을 가하는 서문을 갖다 붙여놓았다. 이들은 샬럿 브론테가 자신들을 '거세'할지도 모른다거나, 에밀리 브론테가 열정으로 '남자다움을 빼앗을'지도 모른다고 두려워하는 현학자들이었다. 《빌레트》에는 비통함과 분노가 있다. 이는 당연하다. 우리는 리처드 라이트의 《흑인 소년Black Boy》에서도 이러한 비통함과 분노를 찾을 수 있다. 이러한 감정을 신경증적이라고 이름한다면 불안하게 하는 것으로부터 스스로를 보호하기 위해 증상과 원인을 잘못 갖다 붙이는 행동에 불과하다.

우리를 놀라게 하는 것은 루시의 뒤틀린 고통이 아니라 그녀의 애정과 동정심, 명민함이다. 《빌레트》는 영국에서 찾아볼 수 있는 가장 명민한 소설이면서 감상 희극sentimental comedy(18세기 영국에서 나온 일련의 희극들을 일컬으며 주로 중산층 가정을 무대로 권

---

188 Fannie Ratchford, *The Brontës' Web of Childhood*(New York: Columbia University Press, 1941) 참조.

선정악적 내용을 전달하는 작품들이 많았다.-옮긴이)이 전문이던 시대에 존재한 진귀한 소설이다. 무엇보다도 이 소설의 만족스러운 점은 놀라운 의식 수준, 즉 공평한 분석과 빼어난 통찰, 풍부한 자아비판을 보여준다는 것이다. 때로 감상적인 허튼소리를 늘어놓는 결점이 있기는 하지만《빌레트》에는 빅토리아 시대 특유의 달콤한 말도 상당히 많다), 이 소설은 그 시대의 가장 흥미로운 작품이자 혁명적 감수성의 표현이라는 점에서 매우 중대한 작품이기도 하다.

밀과 엥겔스는 이론적이고 합리적인 수준에서 성 혁명을 다루었다. 하디, 메러디스, 브론테는 소설을 통해 성 혁명을 묘사했다. 이들의 소설은 객관성은 덜 했지만 성 혁명이 가져온 갈등과 성 혁명이 일깨운 감정에 대한 정보를 덧붙여주었다. 시인들은 또 다른 무의식적 수준에서 성 혁명에 반응했다. 빅토리아 시대의 시는 당대에 가장 금기시하고 부정적으로 생각한 소재인 성혁명과 그에 대한 양가감정, 불확실성, 죄의식을 위장하여 배치하고 있다. 시는 현실적 성 정치학에 대해서보다는 성적 자유의 약속(그리고 위협)에 더욱 강하게 반응했다. 빅토리아 시대의 시는 대체로 세 가지 주제에 대한 당시의 심각한 불안감을 전달했다. 첫째, 사회 과학(역사학, 인류학, 경제학)과 자연 과학(생물학, 지질학, 고고학)의 진보로 인하여 신이 죽거나 사라지거나 훼손될 가능성에 대한 불안감, 둘째로 민주주의와 계급 투쟁의 가능성에 대한 불안감, 마지막으로 성 혁명이 과거의 신앙심과 구속력에 모욕을 가할 가능성에 대한 불안감이었다. 당시의 시는 이러한 혼란을 다른 시대의 것인 양 표현했다. 즉 시인들은 중세나 고대의 상황으로 위장하여 그 문제에 안전하게 대처할 수 있다고 느꼈던 것이다. 매튜 아놀드Matthew Arnold는 종교적 성향이 흔들리는 슬픔을 묘사하기 위해 목가시를 부활시켰다. 테니슨은 로맨스 시를 부활시켜 결혼의 실패와 섹슈얼리티의 위험을 다룰 수 있는 봉건적 도피처에 머물렀다.

중세적 취미와 현실로부터 동떨어진 궁정풍 연애라는 안전한 분위기는 그러한 종류의 이야기를 하는 데 최고의 배경으로 보였다. 실제로 이러한 방식으로 창작을 시작한 시인은 존 키츠John Keats였다. 키츠의 시 〈무자비한 미녀La Belle Dame Sans Merci〉에 등장하는 팜므 파탈은 기사騎士로 하여금 울적하고 "창백하게 어슬렁거리면서" 자신의 곁을 떠나지 못하게 한다.[189] 그러한 권태로움은 테니슨에게 매력적으로 느껴졌다. 테니슨은 〈티토노스Tithonus〉와 〈로터스를 먹는 사람들The Lotus Eaters〉에서 이를 잘 표현한다. 이것이 〈율리시스Ulysses〉에서의 입지전적 단호함보다 더 자연스러워 보였을 것이다. 테니슨은 시인으로 살아가면서 기사도적 감상주의가 말하는 훌륭한 여성(풍만한 기혼 부인이나 순결한 처녀)과 팜므 파탈 사이에서 고심한 것으로 보인다. 이들은 백합과 장미라는 당대의 관습적이고 정교한 꽃의 심상으로 깔끔하게 범주화되어 있다. 테니슨의 초기 시는 샬럿과 마리아나의 운명을 묘사한다. 이들은 성적 좌절로 연민을 자아내는 감수성 예민한 여성들이며 귀족 가문 출신이지만 감금되어 사는 처녀들, 한마디로 말해 백합들이다. 테니슨의 주요작인 《국왕 목가The Idylls

---

189 팜므 파탈에 대한 논의는 Mario Praz, *The Romantic Agony*(Oxford, 1933)에 힘입은 바가 크다.

of the King》에도 백합 같은 처녀가 등장하지만 장미 같은 여성 또한 등장한다. 이들은 귀네비어와 비비안으로 여성적 유혹의 다른 두 표현이다. 귀네비어의 전복적 섹슈얼리티는 원탁의 유토피아라는 꿈을 무너뜨린다. 이상적 결혼, 영혼과 감각의 결합, 남성과 여성의 결합(이는 반대되는 것을 빅토리아적 방식으로 종합한 것이다)에 근거한 테니슨의 이상적 왕국은 실패로 돌아간다. 아서왕은 육체에서 완전히 분리된 영혼이며 흡사 예수와도 같은 인물이다. 귀네비어는 구제하기 힘든 인간이며 따라서 순수한 관능성으로 분류된다. 그러나 이 모든 것에도 불구하고 귀네비어는 위엄을 소유하고 있다. 그러므로 귀네비어는 테니슨이 묘사한 최고의 여성이라고 볼 수 있다. 반면 메를린을 무력하게 하여 테니슨의 이상 국가인 아서왕의 왕국을 파멸시키는 비비안이라는 인물은 또 다른 문제다. 비비안은 단 한 가지 면에서도 공감을 얻지 못하는 육욕의 화신이다. 즉 질이라는 덫이자 **이빨 달린 질**이며 세포 하나하나까지 지독하게 간사한 뱀 같은 존재다. 테니슨은 별개 영역이라는 원칙을 고수하면서 남성에게는 지성과 지배력, 전쟁 그리고 인류에게 봉사하고 문명을 발전시키는 이타적 프로젝트를 부여한다. 그러나 비비안이 기꺼이 고백하듯이 여성은 섹슈얼리티의 동물적 수준만을 아는 존재일 뿐이다.

"여자가 사랑에 눈뜰 때 남자는 명성을 꿈꾼다."
그렇지! 사랑이 아무리 상스럽다 해도
견고한 현실의 한 몫을 베어 먹고 이용하지.
그 나머지에는 무관심한 채로.
하지만 죽음이 뒤따르는 명성,

그건 우리에게 아무것도 아니지.[190]

때로 이러한 여성의 탐욕은 모성성으로 장식되기도 하는데, 테니슨은 초기 시인 〈두 목소리The Two Voices〉에서 모성성을 "여자다움이라는 장미"라고 부른다. 그러나 원숙한 작품인 《국왕 목가》에서는 그 아래에 혼란스럽고 억제되지 않은 성교라는 깊은 틈이 있음을 보게 된다. 이를 보여주는 인물은 추상적 여성인 비비안이다. 비비안이 제아무리 남성과 동등한 역할을 한다 해도 '야수성으로 후퇴하는 것'일 뿐이다.

실제 빅토리아 시대의 여성이 섹슈얼리티를 억눌러야 했다는 사실을 기억할 때 비비안의 격정적인 음란함은 개연성이 없어 보인다. 그러나 시인은 실제가 아니라 환상을 다룬다. 그리고 시인의 환상은 자신의 환상이며 따라서 이 경우에는 남성적 환상이다.[191] 비비안이 타락한 인물임을 깨달은 메를린은 "매춘부"라고 중얼거린다. 비비안은 마치 마녀처럼 무시무시한 본색을 드러내면서 그 호칭의 마력에 반응한다.

> 비비안은 메를린의 무릎에서 뛰어내려,
> 얼어붙은 독사처럼 꼿꼿하게 서 있었다.
> 구역질 나는 광경이었다.
> 생명과 사랑을 노래하던 붉은 입술에서

---

190 Tennyson, *The Idylls of the King*, "Merlin and Vivian," ll.458~462.
191 빅토리아 시대에 여성의 성적 환상이 궁금하다면 Christina Rossetti, *Goblin Market* 참조.

2부 역사적 배경

이를 드러내고 빙긋 웃는 죽음의 해골이 번득이고 있었다.[192]

테니슨은 백합과 장미에 복잡한 감정이 있었다. 즉 매혹되었다 뒤로 물러났다를 반복한다. 백합은 샬럿처럼 둔감하고 대리적인 존재가 되도록 강요당하거나, 애스톨랫의 백합 처녀처럼 아무 희망 없이 그림자와 같은 존재가 되거나 혹은 마리아나처럼 끊임없이 환각적으로 남성의 성적 확신에 비위를 맞추어야 한다. 백합 유형의 여성들은 섬세하고 시적 감수성을 지닌 존재들이며, 따라서 굶어 죽을 때까지 가난하게 살아야 한다. 처녀성은 그들의 유일한 삶이자 저주이며 죽음이기도 하다. 그들의 관능적 대립쌍인 장미(브론테 자매를 제외하고 나머지 사람들에게 여성은 결코 완전한 인간이 아니었고, 따라서 여성이 성 문화를 이야기하는 것은 죄를 모면할 수 없는 행위에 해당했다)는 또한 무시무시한 위협이기도 했다. 테니슨처럼 적극적 섹슈얼리티에 대하여 자신감이 없고 뜨뜻미지근한 태도를 취했던 시인에게는 특히 그러했다. 이 문제는 그의 작품에서 해소되지 않는 긴장과 흥미를 창출했다. 테니슨은 장미 유형의 여성을 도덕적으로 반대함에도 그저 부정적인 태도만을 취한 것은 아니었다. 그는 분명 우유부단한 태도 역시 지니고 있었다. 그러나 백합과 장미 유형에는 분명 실망스러운 것이 있었다. 백합이 된다는 것은 죽음을 선고받는 것이다. 장미가 된다는 것은 다른 사람들에게 치명적인 인물이 된다는 것이다. 섹슈얼리티를 혹은 다른 성性을 이렇게 부적절한 방식으로 표현하는 경우란 찾기 힘들 것이다.

---

192 Tennyson, 앞의 책, "Merlin and Vivian," ll.843~846.

이러한 모순은 단테 가브리엘 로제티Dante Gabriel Rossetti에게도 이어졌다. 로제티는 섹슈얼리티와 감수성 사이의 불일치를 《삶의 집The House of Life》에서 종합해 용감하게 치유하려 했다. 이는 남성적 이상주의(궁정풍 연애와 정신적 사랑)를 풍요로운 섹슈얼리티와 결합하려는 용감하기는 했으나 그다지 성공적이지 못한 시도였다. 하지만 이 시도는 성취했다기보다는 성취하려 노력했다는 측면에서 점수를 줄 만하다. 다른 작품에서도 로제티는 여성의 섹슈얼리티라는 환상에 탐닉하지만 이를 그다지 주저하지 않고 억압적이지 않게 다룬다. 《축복받은 처녀The Blessed Damozel》는 기독교적인 정신적 사랑을 관능화하려는 시도다. 이러한 관능화는 천국의 관문에서 처녀가 벌거벗은 따뜻한 가슴을 인심 좋게 드러내는 것으로 표현된다. 그뿐만 아니라 로제티의 세속적 천국에서는 연인들이 재회할 때도 성모 마리아 앞에서 부끄럼 없이 벌거벗고 열정을 보여주어야 한다. 이러한 표현에 대해 로제티 자신보다는 당대 비평가들이 더 불편해했다. 그러나 어쨌든 로제티가 불가능한 임무에 착수하려 했다는 것은 부인할 수 없는 사실이다. 로제티의 최고작인 〈제니Jenny〉는 제니라는 매춘부의 고객이 이중 잣대와 성 정치학으로 그녀의 운명이 처한 사회적·경제적 상황을 살펴보고자 하는 극적 독백이다. 이 시의 기법은 매우 섬세하고 세련되며 화자의 은밀한 성숙에 대해 매우 빈정대고 있다. 따라서 제니의 타락을 궁극적으로 설명해주는 것이 세상에 내재한 사악함("돌 속에 숨어 있는 두꺼비")인지 혹은 화자 같은 남성들이 그렇게 만들어놓은 것인지 결코 알 수 없다. 로제티 또한 이를 드러낼 필요가 없었다. 〈제니〉는 그러한 주제를 다루는 빅토리아 시대의 통상적 멜로드라마가 보여주는 역겨움에 전혀 영향을 받지 않고 있다는 점에서 작가의 분석적이고 합리적인 성향을 가장 잘 보여준다. 반면 로제티는 시를 쓸 때는 그렇지 않았다. 로제티의 시가 공헌한 바가 있다면 팜므 파탈을 카드 딜러나 〈트로이 마을Troy Town〉의 풍만한 헬렌과 같은 상징으로 바꾸어놓았다는 점이다. 이 여성들은 죽음과 운명의 추상적 이미지다. 이러한 거리 두기 기법은 테니슨의 양심의 가책을 부적절하게 만들고 팜므 파탈을 평온하게 묘사할 수 있게 했다는 점에서, 이후 스윈번과 와일드 같은 시인에게 유용했다.

테니슨은 음탕한 장미를 부도덕하다고 혹평하고 백합을 칭송하여 점잖음을 유지하려 했다. 로제티는 처녀 혹은 베아트리체(단테가 《신곡》에서 이상화한 여성을 가리킨다.—옮긴이) 같은 백합 여성(아무리 세속화되었다 해도)에 집착해 여전히 어느 정도는 점잖음을 유지했다고 할 수 있다. 스윈번은 아예 끝까지 갔다. 스윈번은 악惡 자체를 소리 높여 외쳤다. "고통의 성모" 돌로레스를 열렬히 칭송하면서 이 이교도 공주에게 "우리의 미덕을 용서해달라"라고, "우리"는 "미덕을 지닌 무기력한 백합을 부도덕한 황홀을 느끼는 장미로" 바꿀 수 있다고 간청한다. 이런 순간에 스윈번의 모습은 마치 수음하는 음탕한 남학생을 떠올리게 한다.

빅토리아 시대의 초기 시인들은 밀려오는 불가지론과 회의론을 감당하기 위해 중세 기독교 시대로 돌아갔다. 반면 감탄해 마지않을 수 없는 논리적이고도 솔직한 용기를 가진 스윈번은 곧장 무신론으로 건너간다. 그러나 당시 상황에서 무신론을 묘사하는 것은 너무 위험했으므로 스윈번은 대체로 모호하지만 그럴듯하기도 한 고전 시대를 배경으로 사용했다. 고전 시대에는 등장인물이 신을 "최고의 악"이라고 지칭하는 것이 가능했다. 《아탈

란테《Atalanta》의 화자들이 아테네 신전의 처녀 합창단이듯 말이다. 고전 시대는 르네상스 시대에 처음 소개되었을 때부터 기독교에 경쟁적이거나 유혹적인 위험을 표상했다. 그러나 스윈번에게 고전 시대라는 배경은 정교하고 고의적인 방해 수법의 하나였다. 자의식적 부도덕주의자였던 스윈번은 원시주의로의 회귀와 계산된 야만성에 근거하여 고전 시대의 부활을 주장했다. 이는 마르키 드 사드Marquis de Sade를 연상시킨다.

실제로 테니슨은 알비온을 이교도적 테러가 일어나는 곳으로 만들었고 아서왕에게 그곳을 통치하도록 했다. 반면 스윈번은 테니슨이 저항했던 억제되지 않는 섹슈얼리티의 흐름을 해방시켰다. 그것을 닫아놓았던 뚜껑은 테니슨에게 와서 느슨해지기 시작했다. 스윈번은 즐겁고도 무책임하게 그 뚜껑을 열어젖혔다. 스윈번의 불운한 성적 괴벽은 잘 알려져 있다. 스윈번은 성적 불구자였고 고통 음란증 성향(그는 채찍질을 당하는 데 쾌감을 느꼈다고 한다)을 가지고 있었다고 한다. 이는 영국의 최고 학교인 이튼 스쿨의 회초리질에서 유래한 문화적 마조히즘이었다. 이러한 슬픈 성적 편향은 스윈번의 미간행 시(다행히도 잊혀진 시)에 잘 기록되어 있다.[193] 에드먼드 윌슨에 따르면, 스윈번의 성적 고착은 그의 시대와 문화에 대한 실마리를 제공해준다. 그 문화는 엘리트들이 어린 시절의 성적 경험을 고통과 성에 차지 않은 동성애와 동일시하도록 하는 문화이다.[194] 성적으로 억압된 오랜 기간을 거쳐 성적 에너지가 결국 배출 수단을 찾고 그 억눌린 역동성이 출

---

[193] Georges LaFourcade, *Swinburne: A Literary Biography*(London: Bell, 1932)와 *La Jeunesse de Swinburne*(Paris: Les Belles Lettres, 1928) 참조. 또한 *Chastelard, The Queen Mother, Whippingham Papers* 등 참조.

구를 찾게 되면 신경증, 변태 등의 반反사회적 섹슈얼리티의 형태들로 우회하게 된다. 이는 어느 정도 논리적이기도 하다. 스윈번이 그러한 경우에 해당했다. 그가 1866년에 《시와 민요Poems and Ballads》를 출간하면서 열어젖힌 **세기말**의 분위기 또한 그러했다. 세기말은 그러한 억압된 섹슈얼리티가 사회 전체로 유추된 경우를 보여준다. 스윈번의 경우는 교육적이기도 하다. 실패한 반역자인 스윈번은 기존의 종교에 대한 신앙을 버리는 데 만족하지 않고 전투적 무신론자가 되었으며 마침내 이교도라는 반反종교와 마조히즘적 의식儀式에 탐닉했다. 성적 자유의 상징이었던 스윈번은 방종과 유치한 열광에까지 이르렀다. 귀족 출신 공화당원이었던 그는 완전히 한 바퀴를 돌아 호전적 애국주의를 외치는 제국주의적 토리당원이 되어서야 비로소 만족할 수 있었다.

세기말의 성 해방에는 비현실적이고 불합리하며 갑작스럽고 앞뒤가 맞지 않는 점이 있었다. 마치 오랫동안 저주받아온 성적 에너지가 세기말의 선구자들을 압도하고 일정한 흐름을 이루면서 구속되지 않는 자유로운 표현(그 대가가 어떠했든)에만 가치를 인정하는 상태가 된 것이다. 특히 일부러 비정상적 표현을 했던 스윈번은 어느 정도 공황 상태에 있었을 뿐만 아니라 해소되지 않는 죄의식을 가지고 있었다. 이러한 죄의식의 근원은 구속적 문화라는 건강하지 못한 조건과 자신의 성장기에 있었다. 그러한 스윈번에게 대경실색한 관습은 와일드에게 보복 행위를 가했는데, 이는 우리의 동정심을 자아내는 이야기다. 그러나 **세기말**

---

194 Edmund Wilson, "Swinburne of Capheaton and Eton," a critical introduction to the *Novels of A. C. Swinburne*(New York: Noonday Press, 1963).

의 섹슈얼리티가 보여준 혼란스러운 성격은 오히려 성 혁명에 상당한 위험을 초래한 요인이 되었으며 불가피하게 반동의 위협을 가지고 왔다. 그 해방이 갑작스러웠던 것만큼 이후 그 기세가 꺾이게 되었다는 점도 예측할 수 있다. 해방은 사전 준비도 없이 맹렬히 타올랐으므로 그만큼 불안했고 이후 발전의 정지를 예감하게 했다.

오스카 와일드의 《살로메》는 1893년에 프랑스에서 출간되었다. 입센의 《인형의 집A Doll's House》은 노르웨이에서 1879년에 쓰였지만 1889년에 이르러서야 영국에서 공연되었다. 와일드의 희곡이 《인형의 집》 영국 초연 4년 후에 나왔다는 사실에는 아이러니가 있다. 서아시아의 신화에 기초한 와일드의 향기로운 환상은 당시 실제로 노라가 문을 쾅 닫음으로써 보여준 새로운 연극과 혁명적 자연주의 선언과 대조되기 때문이다. 《인형의 집》은 성 혁명의 현실성을 보여주었다. **세기말**은 스스로 유도한 공포와 자극에 기초하여 피로하고도 부적절한 무의식적 꿈으로 이에 답했다. 《살로메》는 흥미롭지만 그간 소홀히 다루어진 작품이며, 이후 다른 많은 작품들을 해석하는 데 열쇠가 되는 작품이다. 또한 성 혁명의 바로 한가운데에서 놀랍게도 불확실한 모습을 보이며 다소 모호하고 요점을 벗어나 있기도 하다.

《살로메》에는 관능과 무신론 사이의 대화가 있다. 이는 살로메와 요한 사이의 대화를 말한다. 요한이라는 인물은 세례 요한의 무시무시하고 불쾌한 버전이다. 이 작품에 등장하는 두 적대자는 모두 예술가다. 살로메는 이교도적 탐미주의자이며, 요한은 예언적 열정으로 가득 차 있다. 살로메는 시를 쓰고 춤을 춘다. 요한은 수사적이고 비난을 일삼으며 격정적이다. 그러나 이 작품의 문체는 살로메에 가깝다고 할 수 있다. 수많은 희생을 치르기는 하지만 결투에서 결국 승리하는 사람도 살로메다. 스윈번의 전례를 따르는 와일드는 테니슨이 그토록 저항했던 팜므 파탈의 손을 들어준다. 심지어 살로메는 남성적 환상이 만들어내고 승인해 준 '거세하는' 여성이 되어 있다. 메일러의 적대적 상상 속에 등장하는 화냥년이 여신으로 바뀐 것이다. 살로메는 눈을 멀게 하는 섹슈얼리티의 현현顯現으로 제시되는데 이는 인격이라기보다는 관념이며, 따라서 누가 살로메를 연기하느냐에 따라 성공 여부가 좌우된다. 인물과 대사가 다소 지루하지만 강력한 관능성을 보여주고 있음에도 살로메가 표상하는 것은 섹슈얼리티가 아니라 고압적인 **성적 의지**다. 질이라는 덫처럼 수동적이지 않은 살로메는 뇌쇄적인 매력을 풍기는데, 이는 한 번도 저항에 마주친 적이 없는 탐욕스러운 클리토리스의 욕망을 나타낸다. 왕에서부터 가장 비천한 파수병에 이르기까지 헤롯왕의 궁전에 있는 남성들은 모두 살로메를 욕망한다. 오직 요한만이 살로메를 경멸하며 확고한 확신으로 그녀를 거부한다. 살로메는 비비안을 비롯한 초기의 팜므 파탈처럼 단순한 요부 혹은 유혹하는 여자가 아니다. 살로메는 강간하는 사람과도 같은 폭군이다. 그리고 살로메가 요구하는 대상은 가난하고 늙은 성불구자 메를린이 아니라 씩씩하고 털이 수북하지만 성스러운 예언자인 요한이다. 로제티는 기독교를 부드럽게 관능화하려는 희망을 품고 있었다. 스윈번은 이에 반대하는 작품을 썼다. 와일드는 일곱 명의 수녀와 살로메의 유혹적 춤으로 기독교를 자극하려는 용감한 의도를 가졌다. 그리고 살로메는 바스 부인(제프리 초서Geoffrey Chaucer의 《캔터베리 이야기 The Canterbury Tales》 중에서 "바스 부인 이야기The Wife of Bath's Tale"에 나오는 아내다.-옮긴이) 이후 처음 들어보는 직설적인 말을 내뱉는다.

> 난 요한 그대의 몸에 반했어. 그대의 몸은 풀을 베어놓은 들에 피어 있는 백합처럼 희구나. (…) 그 몸을 만지게 해주렴.[195]

요한은 자신의 고결함을 자각하면서 이렇게 대답한다.

> 소돔의 딸이여, 물러서시오! 나를 건드리지 마시오. 하나님의 신전을 모독하지 마시오.[196]

살로메에게 반한 젊은 시리아인이 이를 지켜보고는 질투심과 좌절감에서 요한을 칼로 찌른다. 살로메는 낮게 신음하면서 요한에게 말한다.

> 살로메: 내가 욕망하는 것은 그대의 입술이야, 요한. 그대 입술은 상아탑 위에 둘러져 있는 진홍색 띠와도 같아. 상아빛 칼로 쪼개진 석류 같아. (…) 그대 입술만큼 붉은 것은 세상에 없어. (…) 그대 입술에 키스하게 해줘.
> 요한: 절대 안 되오! 바빌론의 딸! 소돔의 딸! 절대!
> 살로메: 그 입술에 키스하겠어, 요한. 그대 입술에 키스하겠어.[197]

---

195 Oscar Wilde, *Salomé*, tran. Wilde and Alfred Douglas, *The Portable Oscar Wilde*, ed. Richard Aldington(New York: Viking Press, 1946), p.403.
196 같은 책, p.404.
197 같은 곳.

이 요한이라는 인물은 신약 성서에 나오는 인물이라기보다는 독 하인즈(윌리엄 포크너William Faulkner의 소설《8월의 빛Light in August》에 등장하는 섹스 광신자이자 청교도 복음주의자) 같은 느낌을 준다. 요한은 '낯선 여자'에게 유혹당하는 그리스 정교도 유대인의 혐오를 보여주며 말한다.

> 물러서시오! 바빌론의 딸이여! 여자 때문에 세상에 악이 들어왔소. 내게 말하지 마시오. 나는 그대의 이야기를 듣지 않을 것이오. 나는 오직 하나님의 목소리만을 듣소.[198]

요한은 초기 기독교 시대의 금욕주의를 대표하기도 한다. 이는 섹슈얼리티에 매혹되어 있으면서도 섹슈얼리티를 비난하는 신교도의 사고방식이다. 요한은 가슴을 드러낸 벌거벗은 무희를 그린 비어즐리의 그림을 보고는 경악하여 체면을 지키려고 안달한다.

살로메의 노출증과 오만한 클리토리스의 지배력에도 그녀는 여성적이라고만 할 수 없으며 원래부터 여성적이지도 않았다. 살로메는 오스카 와일드 자신이다. 이 작품은 동성애라는 죄악 때문에 사회로부터 거부당한 와일드의 드라마다. 여기에는 이중 보복이 뒤따른다. 살로메는 예언자 요한이 자신을 거부한 데에 그의 머리를 요구하며 앙갚음한다. 그리고 나서 살로메는 헤롯왕의 파수병에게 죽임을 당한다. 이는 보복에 대한 와일드의 불안한 시각을 보여준다. 살로메가 표상하는 노골적인 섹슈얼리티는 작

---

198 같은 책, p.403.

품 마지막에 이르러 끔찍하게 처벌받는다. 즉 비열한 폭군 헤롯왕이 계단을 오르다 살로메가 요한의 잘린 머리에 미칠 듯이 키스를 퍼붓는 모습을 보고 절정의 대사를 외치는 것이다. "저 여자를 죽여라!"[199]

이 마지막 **극적 전환**은 놀라운 기교를 보여주고 있음에도 여전히 어딘가 자의적으로 보인다. 하지만 이 작품이 동성애적 이미지를 모호하게 은폐하고 있다는 사실을 깨닫는다면 어느 정도 이해할 수 있다. 살로메를 죽이라는 것은 헤롯왕의 명령이지만, 그는 부패한 나라의 부패한 권위에 불과하다. 만약 와일드가 비난받아야 했다면 그는 자신의 죄를 경감시키고 살로메처럼 여전히 작품의 주인공으로 등장했을 것이다. 그러나 살로메를 죽이라는 명령은 헤롯왕보다 먼저 예언자의 입에서 나왔다.

요한의 목소리: 장군들의 칼로 살로메를 찌르게 하라. 방패로 살로메를 내리찍게 하라.[200]

살로메는 피가 뚝뚝 흐르는 요한의 머리에 대고 이제 키스할 수 있다고 호소하지만 아무 소용없다.

자, 요한 그대는 이제 그대의 하나님을 보았겠지. 하지만 그대는 결코 나를, 나를 보지는 않았어. 그대가 나를 보았다면 진정 나를 사랑했을 거야. 나는 그대를 보았고, 그대를 사랑했어. 아, 내

---

199 같은 책, p.429.
200 같은 책, p.414.

가 얼마나 그대를 사랑했는데! 나는 아직도 요한 그대를 사랑해, 오직 그대만을 사랑해. (…) 나는 그대의 아름다움에 목이 타. 그대의 몸에 굶주려 있어. 그 어떤 술과 사과도 내 욕망을 달래주지 못해. 이제 어떻게 할까, 요한? 홍수로도 바닷물로도 내 열정을 가라앉힐 수 없어. 나는 공주인데도 그대는 나를 경멸했어. 나는 처녀였는데 그대가 내 순결을 빼앗아갔어. 나는 정숙했는데 그대가 내 피에 불을 질렀어. (…) 아! 아! 왜 그대는 나를 바라보지 않았지? 그대가 나를 보았다면 분명 나를 사랑했을 텐데. 나는 그대가 나를 사랑했을 거라는 걸 알아. 사랑의 신비는 죽음의 신비보다 더 위대해.[201]

요한은 살로메를 용서하지도 욕망하지도 않는다. 살로메가 애원했던 키스, 석류를 둘로 가르는 상아빛 칼, 상아탑의 진홍색 띠, 이 모두는 항문 성교 혹은 구강성교의 이미지들이다. 그리고 키스를 금지하는 유대·기독교의 엄격한 목소리는 연인을 거세하거나 살인하는 것을 의미한다. 만일 요한이 여기에 응한다면 관습은 그를 사내답지 못하다고 할 것이다. 요한이 거부한다면 상처 입은 자존심은 정신적 살인이라는 형태의 보복을 할 것이다. 여기에서 정신적 살인은 참수라는 편리한 신화적 장치로 표현된다. 그리고 여기에 상상적 자살 혹은 처형이 뒤따른다. 부패한 정당성에 기대고 있는 가혹한 헤롯왕의 법정에서 보면 이 희곡은 갑작스럽고 자의적인 죽음으로 처벌받는 것으로 끝나야 한다. 그러나 여기에도 만족을 주는 것은 있다. 요한이 살로메를 죽이라고

---

201 같은 책, p.428.

명령하므로 그녀의 죽음은 남성 군대가 칼로 찌르고 방패로 짓이기는 살인이다. 여기에서 장 주네가 생각날 법도 하다. 스윈번이 그러했듯《살로메》에서도 죄는 고통과 처벌, 유죄 선고를 통해 스스로를 만족시킨다. 따라서《살로메》는 백일하에 행해지는 반역 행위라기보다는 은밀하게 죄악을 욕망하는 꿈이다.

남성을 거세하는 살로메라는 팜므 파탈은 작가의 호의와 지지하에 창조된 인물로 보인다. 부자연스럽고 갑작스러운 결말이 무엇을 의미하든 살로메는 화려한 장식과 보석, 공작 털을 걸친 서아시아의 이국정서를 체현하면서 극을 이끌어가는 인물이므로, 이 작품은 살로메가 상징하는 관능성에 바쳐진 찬사로 보이기 때문이다. 그래서 와일드는 열광적 살인으로 성 혁명에 응답하고 있는 듯 보인다. 페미니즘이 원하는 것은 단지 평등과 투표권이었다. 여기에 대해 참수하는 여주인공으로 응답할 필요가 있을까? 살로메는 실제 빅토리아 시대 여성과 전혀 닮은 점이 없다. 하지만 그녀는 여자라기보다 와일드의 동성애적 죄의식과 욕망이 만들어낸 산물이다. 이를 생각해보면 그리고 한 남자가 다른 남자를 사랑하는 독서용 희극조차 쓸 엄두를 내지 못한 당시의 현실적 벽을 생각해보면 와일드에게는 일종의 구실이 필요했음을 알 수 있다. 빅토리아 시대에 포르노그래피를 비롯한 비밀 출판물은 이보다 더 나가 있었다. 그러나 와일드는 자신의 작품을 출판해서 유명해지기를 원했다.《도리언 그레이의 초상The Picture of Dorian Gray》역시 동성애를 위장한 작품이다. 하지만 작가는 너무 소심해서 도리언의 실제 '범죄'가 무엇이었는지 우리에게 말해주지 않아 '악덕'의 소굴 때문이라고 믿도록 한다(우리는 가짜 창녀촌과 아편굴이 도리언의 몰락을 가져왔다고 믿어야 한다). 덕분에 이 소설은 최초의 동성애 소설이 되는 기회를 놓치고 말았다. 1장에 나오는 사랑의 희롱이 매우 뛰어남에도 이러한 치환은 결국 소설을 망치고 말았다.

그러므로 역사적이고 개인적인 공포와 죄의식이라는 이유로 자신이 원하는 것을 말할 수 없게 된 와일드는 신화와 일본 전통 가면극 노能에 나오는 팬터마임 그리고 귀스타브 도레Gustave Doré 와 귀스타브 모로Gustave Moreau의 그림이 주는 회화적 영감 등에 의존해야 했다. 그럼으로써 와일드는 살로메라는 팜므 파탈이 사실 여자가 아님을 보여준다. 동성애에 대한 와일드의 주장(와일드는 1895년 동성애 혐의로 재판을 받고 투옥되는 고난을 겪는다)이 담고 있는 혁명적 에너지는 와일드의 작품에서 반동적 환상으로 전환된다.[202] 그 혁명적 환상 속에서 팜므 파탈은 여전히 여성 혐오적 신화인 '여성적 악'을 보여준다. 입센의 주인공 노라 헬머는 진정한 성 혁명의 선구자였다. 반면 살로메는 여성에 대한 케케묵은 독설로 후퇴한 인물에 불과하다. 살로메의 상징적 공허함은 반혁명을 예상하게 한다. 와일드가 상징을 사용하면서 실제 상황에 대응하는 현실적 여성(역사와 조건화의 산물이자 이로부터 자유로워지기 위해 분투하는 여성)을 그리지 않은 이유는 개인적인 필연성 때문이었다. 그에 뒤이어 등장한 작가들은 다른 동기를 가지고 여성을 관념으로 추상화했다. 그러나 상징적이고 비현실적인 여성 인물들은 모두 살로메를 계승하고 있다고 볼 수 있다. 우아하고 정숙한 여성에 대한 윌리엄 예이츠William B. Yeats의 관념과 생

---

202 이는 와일드가 생전에 출판한 작품들을 말한다. 와일드 사후인 1959년에 출판되어 검열받지 않은 《옥중기De Profundis》는 이에 해당하지 않는다.

명에 대한 엘리엇의 공포, 사람들의 영원한 여성상, 대지의 어머니, 남성을 거세하는 여성 등의 관념은 모두 살로메를 대신한다.

《인형의 집》과《살로메》는 모두 대결을 그린 희곡이다. 따라서 행위는 불필요하고 플롯은 불합리하다. 폭발에 모든 관심이 쏠려 있는 일종의 최면 상태와도 같기 때문이다. 노라는 자신을 어린아이의 장난감 집에 가두어놓고 영원히 가족의 애완용 아기로 남기를 바라는 관습과 남성의 기사도적 편견과 대결한다. 와일드를 대신하는 살로메는 '부자연스러운 행위'인 동성애를 교수형으로 처벌할 수 있게 하는 스코틀랜드 법을 따르는, 동성애에 대해 잔뜩 눈살을 찌푸리는 영국 대중과 대결한다. 또한 남자들에게 구애하고 거절당하는 것과도 대결한다. 이 때문에 사람들은 와일드의 성적 매력이 지닌 힘을 비난하지 않는다. 동성애자를 나약하게 하는 주요한 두 가지 공포(사회의 적대감이 낳은 직접적 산물이다)는 공개적 폭로와 거절이다. 첫 번째 공포는 살로메라는 '여장 남자'를 통해 드러난다. 살로메의 벌거벗은 가슴은 다른 분신을 뒤에 감추는 장치다. 두 번째 공포는 작품의 유일한 동기를 설명해주는 요한의 거절로 표현된다. '여주인공'의 실제 성별이 무엇이든《살로메》는 욕망을 아슬아슬하게 무대 위에 구현한다. 이 작품 곳곳에서 울려 퍼지는 긴장감은 욕망을 공개적으로 드러내는 기능을 한다. 살로메의 복수가 아무리 극악무도하다 할지라도 경멸당하는 것에 대한 살로메의 고통에 우리는 실제로 비애감을 느끼게 된다. 와일드는 이를 잘 표현했기 때문에 우리는 단지 살로메의 관능성과 강압적 시도에만 반응하지 않는다. 그리고 요한의 굳건한 거절에서 오만과 왜곡된 청교도주의를 느낄 수 있다.

와일드가 대결하기 가장 힘들었던 것은 거절이 아니라 무시무시한 죄악이라는 경악스럽고 혼란스러운 비판이었을지도 모른다. 그 죄악은 관습과 '남성다움'이 모두 고개를 돌린 죄악이며 유대·기독교 시대를 통틀어 '소돔!'이라고 경멸당했다. 노라는 솔직하고 합리적으로 성 정치학과 대결했다. 와일드는 그럴 수 없었다. 와일드는 단지 짧은 시기 동안만 성 정치학을 보여줄 수 있었다. 그리고 그 후 형벌과 침묵이 이어졌다. 와일드가 1895년에 추락했을 때 노라와 혁명가 무리는 아직도 몇 년 더 폭동을 일으킬 수 있었다. 쇼와 울프는 아직 오지 않았고 참정권도 획득되지 않았다. 와일드는 강력한 가부장제 금기를 파괴했으며 그 대가는 재빠르고도 가혹했다. 반면 가부장제가 노라의 거대한 위협에 온건한 개혁으로 응답하는 데는 더 많은 시간이 걸렸다. 그러나 여기에서도 반동은 왔다. 천천히, 강력하게 말이다. 이로써 성 혁명의 위대한 추진력은 중단되고 말았다.

성 혁명 반동기:
1930~1960

✳ 반동적 정책

1 독일 나치즘과 소련의 본보기

성 혁명 제1기는 혁명이라기보다는 개혁으로 끝났다. 성 혁명이 더 진전되기 위해서는 진정으로 철저한 사회 변화가 필요했다. 즉 유사 이래 계속되어온 결혼과 가족을 바꾸어야 했다. 개혁주의자들이 공격해 마지않았던 결혼 제도와 가족 제도에 수반되는 폐단(여성의 경제적 무능력, 성에 대한 이중 잣대, 매춘, 성병, 강제 결혼, 어쩔 수 없이 하는 부모 노릇 등)은 그러한 철저한 변화 없이 근절될 수 없다. 완결된 성 혁명은 양성을 기질과 역할, 지위의 영역에서 차별적으로 사회화하는 가부장제 이데올로기를 근절하여 마침내 가부장제 질서를 필연적으로 종식시킬 것이다. 가부장제 이데올로기가 침식되고 가부장제가 개혁되었다 해도 여전히 가부장제 사회 질서의 본질은 그대로 남았다. 사람들은 다른 형태의 사회 조직을 생각할 수 없었으므로 가부장제 사회 질서의 유일한 대안 이란 무질서 상태에 불과하다고 생각했다. 최근 분석을 보면 "보 수주의자가 보기에 사회 질서는 여성의 종속"이 아니라 "여성의 종속을 수반하는 **가족 구조**를 필요로 한다."[1]

결국 지적해야 할 점은 가족 체제에 가부장제가 필수적이었 다는 사실이다. 공격적 경쟁이라는 특성을 보이는 보수적 경제 체제에서 '가정'은 인간적 감정의 최후의 흔적이자 공동체적 정 서의 유일한 안식처로 간주되었다. 인간적 감정이나 공동체 정서 등을 핵가족을 넘어서 확장하고 싶어하지 않는 사회에서는 (따라 서 핵가족은 자기중심적 경향과 소모적이고 비효율적 단위라는 근거에서 비판받을 수밖에 없다)[2] 사적인 가정만이 구출해야 할 유일한 대상 으로 보였다. 가부장제 가족은 국가의 교육적 수단이 된다는 측 면에서도 매력적이었다. 가족 구성원이 가장의 백성 혹은 가신인 것처럼 가장은 국가의 백성 혹은 가신이라고 할 수 있기 때문이

---

1 Aileen Kraditor, *Up From the Pedestal, Selected Writings in the History of American Feminism*(Chicago: Quadrangle Books, 1968), p.13. 우리의 분석 은 가족이 혁명적 변화를 좌절시키는 힘으로 계속 존재한다는 점을 강조한다. 기초적 이지 않은 다른 요인들 또한 이에 기여했음은 의심의 여지가 없다. 1920년대 페미니 즘 조직의 붕괴, 대공황, 1930년대 급진주의의 소멸, 1945년 이후 전후戰後 반동 시 대의 도래와 그에 따른 노동 상황의 악화 그리고 마지막으로 1950년대 보수주의 득세 등이 여기에 해당한다. 최근 되살아나고 있는 페미니즘의 주장에 따르면 1960년 이후 반혁명이 쇠퇴하는 징조를 보이기 시작했다고 한다.

2 핵가족에서 여성은 사회에 기여할 가능성이 막혀 있을 뿐만 아니라 온종일 가사에 전 념해야 한다. 이는 여성에게나 사회에나 소모적이다. 그리고 체계적이지 못하고 개별 적 방식으로 행해지는 전통적인 양육 방식(가사 때문에 여성은 계속 아이에게 주의를 기울일 수 없다)도 비효율적 이기는 마찬가지다.

다. 권위주의적 정부政府는 특히 가부장제를 선호하는 것으로 보인다. 파시즘 국가나 독재 국가는 주로 가부장제적 성격에 근거하고 있기 때문이다.[3] 소련과 같은 또 다른 형태의 전체주의는 성혁명과 거의 같은 시기에 대규모로 발흥했고 이후 곧 폐기되기 시작했다.[4] 가부장제 가족의 응집력은 일차적으로 여성과 아이들의 경제적 의존에 근거하고 있어서 가족 안에서 경제적 평등은 거의 불가능하다. 그리고 가족이라는 단위는 정서적 유대 관계보다는 경제적·법적 실체성에 뿌리를 두고 있다. 마지막으로 가장 중요한 점은 현대의 핵가족조차도 여타 인간적 노력을 남성에게 부여하고, 여성의 일을 비천한 가사와 강박적 양육에만 한정해 성 역할에서 전통적 분업 구조를 유지하고 있을 뿐만 아니라, 그 때문에 남성 우월주의를 필연적으로 요구하게 된다는 사실이다.

3   헤르베르트 마르쿠제Herbert Marcuse와 막스 호르크하이머Max Horkheimer 등의 사상가들이 이를 지적한 바 있다. 이를 잘 보여주는 사상가는 빌헬름 라이히다. "권위주의 국가는 가족에 자신의 대표자를 가지고 있다. 대표자는 아버지다. 이런 방식으로 아버지는 국가의 가장 가치 있는 수단이 된다." "권위주의 사회는 권위주의 국가라는 수단으로 대중 개인의 구조에서 스스로를 재생산한다. 이 때문에 정치적 반동은 권위주의 가족이 국가와 문화, 문명의 기초라며 옹호하는 것이다." Wilhelm Reich, *The Mass Psychology of Fascism*(1933), trans. Theodore Wolfe(New York: Orgone Institute, 1946), p.44, 88.

4   가족과 국가 통제 관계는 어려운 문제다. 버트런드 러셀이 개괄한 바 있는 뮐러 리어Muller-Lyer 이론, 즉 "국가가 강력한 곳에서 가족의 힘은 약하고 여성의 위치는 양호하지만, 국가가 약한 곳에서 가족의 힘은 강하고 여성의 위치는 열악하다"는 이론은 독일과 스페인, 이탈리아 파시즘과 같은 강력한 국가나 군국주의 일본에는 적용되지 않는 듯하다. 그러한 강력한 국가는 가부장제 가족 구조를 극단적으로 재건하고, 장려하고, 활용하면서 작동했기 때문이다. 이 경우 여성에 대한 남성의 권위를 재주장하여 남성과 국가의 협력이 가능해졌다. Bertrand Russell, "Style in Ethics," *The Nation* 118(1924), pp.197~199 참조.

매우 상이한 사회인 나치 독일과 소련은 정부 차원에서 공식적으로 가족에 관한 실험을 했다. 이 실험은 성 혁명으로 다른 사회가 직면한 문제들을 명료하게 밝혀주는 본보기다. 처음에 독일 국가 사회주의 노동당(나치스)은 불만에 가득 찬 퇴역 군인들에게서 일관된 지지를 끌어냈다. 그러한 정치적 기반에서라면 국가와 성, 인종 문제에서 그들이 얼마나 열렬히 차별주의를 지지했는지 알 수 있을 것이다. 역사가들과 사회학자들의 설명에 따르면 나치 독일은 외집단에 대항하여 내집단을 규정하는 부족적 결속 체제로의 회귀다.[5] 이외에도 나치 독일은 역사상 가장 계획적으로 극단적 가부장제의 조건을 부활시켜 공고히 하려 했다. 총통의 지휘 아래 부족 구성원들은 부족의 세포라 할 수 있는 여성과 아이들에게 권력을 행사했다.

나치는 처음부터 성 혁명과 페미니즘을 심각하게 다루어야 할 세력으로 간주했다. 독일 여성 운동은 뒤늦게 시작되었다. 20세기에 들어서고 10년이 흐른 뒤에도 독일에서는 여성 운동이 시작되지 못했다. 그러나 나치스가 집권하기 5년 전 페미니즘은 수만 명에 달하는 독일 여성을 조직했고 네 개로 분리된 거대한 여성 조직 연합체를 꾸렸다. 1928년에 여성 연합체가 최초

---

5 Joseph K. Folsom, *The Family and Democratic Society*(New York: John Wiley, 1934, 1943). 폴섬은 나치 독일이 "카스트 사회와 권위주의로 퇴행하려는 강력한 성향"(p.193)을 보여주었다고 서술했다. Clifford Kirkpatrick, *Nazi Germany, Its Women and Family Life*(Indianapolis: Bobbs Merrill, 1938). 커크패트릭은 "손쉽게 원시적으로 생각하고 힘과 권위에 의존하며, 협소한 친밀성으로 퇴행하고 자신의 뿌리를 조국에 두며, 혈연관계를 강조하고 의견의 만장일치를 중시하며 친구를 사랑하고 적을 증오하는 것을 강조하는"(p.28.) 성향이 나치 독일에 있었다고 말한다.

로 조직되자 페미니즘은 견고한 요새가 되었다.[6] 나치는 매우 조직적인 방법으로 페미니즘을 공격하기 시작했다. 즉 페미니즘을 당파적으로 만들고 페미니즘에 침투, 선거 강요, 지도자 자리를 강탈하고 페미니즘 지도자들을 페미니즘 운동과 공적 생활 모두에서 숙청했다. 더 나아가 페미니즘 조직을 당의 명령에 따라 **여성회**Frauenorden, **여성단**Frauenschaft 그리고 나중에는 **여성 전선** Frauenfront(몇 년 후 **여성 활동회**Frauenwerk로 개명되었다) 등의 나치 단체로 포섭하는 방식을 사용했다. 이들 단체는 표면적으로는 **여성 지도자**와 반反페미니스트 여성 협력자를 내세웠지만 실제로 이들 단체를 통제한 사람은 크룸마허Krummacher와 힐겐펠트Hilgenfeldt 같은 당과 가까운 관계에 있는 남성들이었다. 나치스 안에서 여성 당원은 3퍼센트에 불과했지만 여성 단체를 탈취하는 작업은 몹시 능숙하게 진행되었다. 급기야 1933년에 이르자 나치스의 여성 조직은 내집단이 되고 페미니스트는 외집단이 되는 양상을 보였다.[7]

'**같은 노선으로 끌어들이기**Gleichshaltung'라는 과정이 수행되고 이전의 여성 조직들(페미니즘 조직뿐만 아니라 평화주의, 국제주의, 사

6 　독일 페미니즘은 1908년에 헬레네 랑에Helene Lange가 학교를 개혁하기 위해 선
　　구적으로 노력하면서 시작되었다. 독일 초기 페미니스트로는 알리스 살로몬Alice
　　Salomon, 마리 바움Marie Baum, 마리 엘리자베스 뤼더스Marie Elisabeth Lüders가
　　있다. 바이마르 헌법하에서 여성은 참정권을 얻었고 독일 의회에 의석도 확보할 수 있
　　었다. 독일 페미니즘의 지도자였던 게르트루트 뵈이머Gertrud Bäumer는 독일 의회
　　의 국회 의원이자 내무부 고위 관리였다. 하지만 뵈이머는 나치스 집권 후 공직에서 축
　　출되었다. 바이마르 헌법은 독일 가부장제의 법적 외양조차도 그다지 많이 바꾸지 못
　　했다. 당시 민법전은 주거 문제의 결정권을 비롯해 경제 영역 및 아이들에 대한 모든
　　통제권과 결정권을 남편에게 주었다는 점에서 여성의 새로운 자유가 얼마나 보잘것없
　　었는지 알 수 있다(민법전은 1957년에 이르러서야 폐지되었다).

회주의 조직들까지도)이 막대한 희생을 치르면서 여기에 동참하게 되자, 나치가 넘겨받은 네 단체 중에서 가장 막강한 두 단체인 독일 여성 클럽 연합Federation of German Women's Clubs과 대학 여성 연맹League of University Women은 단지 이름뿐인 단체가 되었다. 독일 여성 클럽 연합과 대학 여성 연맹의 교원 지부는 1933년이 되자 나치에 흡수되느니 해산하는 것을 선택한다. 그런데도 대략 600만 명에서 800만 명에 이르는 여성들이 당을 위해 **여성 활동회**로 집결하여 언제든지 나치 국가를 위해 봉사할 태세를 갖추었다.

7　페미니즘 조직을 탈취하는 것에 관한 당의 지령은 다음과 같았다. "여성 조직을 '같은 노선으로 끌어들이는 것'은 국가 사회주의라는 명확한 노선에서 일탈을 의미하는 것이 아니다. (…) 다른 여성 조직 또한 국가 사회주의 정신으로 무장하게 하라. (…) 도시를 비롯한 중요한 장소 또한 점령해야 한다. (…) 다른 여성 단체들의 실무진에도 서서히 침투하라. (…) 종교 단체는 조심스럽게 다루어야 한다. 종교 단체는 다른 여성 클럽과 동일한 방식으로 끌어들일 수 없다. 자세한 지령이 곧 내려질 것이다." 이후 내려진 지령은 상세한 전술을 지시하고 있다. "지역마다 국가 사회주의 여성 위원이 지역 지도자로 임명되어야 한다. (…) 여성 위원은 (…) 그 여성 조직이 새로이 선출된 지도층을 수용하도록 만들어야 한다. 특정 조직이 새로운 지도층을 거부할 때만 그 조직을 탈취하도록 한다. 여성 조직과 관계에서는 되도록 가혹한 행동을 피해야 한다." 새로운 질서에서 규율은 엄격했다. "국가 사회주의 여성단의 지도자들은 다른 단체가 반사회적 행동을 취하지 않도록 경고해야 한다. 반사회적 행동이 발생하면 독일 여성단의 여성 위원은 사실 그대로를 보고받게 될 것이다. 지역 위원은 금지된 행위를 억제하기 위해 독일 여성 전선과 연합하여 행동하게 된다." Amtswalterinnenblatt der N. S. Frauenschaft(Deutscher Frauenorden) München, Gassier Nos.14, p.43(May 21, 1933); 15, p.51(June 7, 1933); 23, pp.181~182(Oct. 1, 1933). 여기에 나오는 나치스에 관한 자료들(영어로 번역된 히틀러의 《나의 투쟁 Mein Kampf》을 제외하고)은 클리포드 커크패트릭의 귀중한 연구서 pp.60, 61, 64, 50, 246, 52, 109, 110, 111~114, 116~118을 참조했다. 독일에 대한 언급은 라이히의 《파시즘의 대중 심리Mass Psychology of Fascism》; 독일과 러시아, 스웨덴을 비교 연구한 Joseph K. Folsom, *The Family and Democratic Society*; Walter Laquer, *Young Germany*; Robert Brady, *The Spirit and Structure of German Fascism*; Max Seydewitz, *Civil Life in Wartime Germany* 등 참조.

히틀러 치하 독일에서 여성에게 할당된 역할은 모성성과 가족에 완전한 헌신에만 한정되었다.[8] 그러나 (이는 생각보다 크게 모순적이지 않다) 실제로 독일 여성들은 최소한 처음에는 그리고 동부 유럽에서 노예노동이 유입되기 전까지, 독일 전쟁 기계를 생산하는 공장 노동자들의 인원을 보충하고 있었다. 1935년 7월 26일에 제정된 국가 노동법은 양성의 국가 노동 참여를 의무화했으며, 1940년이 되면 이를 피할 수 있는 여성은 거의 없을 정도에 이른다. 결혼과 신성한 모성성, 가정에 대한 엄청난 선전 선동에도 불구하고 나치 정권에서 여성 노동자(여기에는 일하는 어머니도 포함된다)의 숫자는 1933년 이후 계속 증가했다.[9] 이는 그 자체로는 그다지 놀랄 것이 못 된다. 이 시기에 여성에게 고등 교육을 개방해 전 세계 여성 노동 인구가 증가했기 때문이다. 그러나 나치 독일에서는 정부 명령에 따라 대학 신입생의 전체 정원 중에서 10분의 1만을 여학생에게 할당했다.[10] 독일에서 페미니즘이 얼마나 급속도로 발전했는지 생각해본다면 이는 놀랄 만큼 낮은 비율

[8] 나치가 충성스러운 모성성을 강조한 이유는 국가주의 정서가 부모의 영향 아래 아주 어린 시절부터 아이에게 흡수된다는 가정에 근거한 것이었다. 여성 클럽의 통제하에 여성을 나치로 조직화하는 데 모성성은 하나의 지렛대로 사용되었다. 장래 당원이 될 사람들을 취조한 당 활동가는 이렇게 분류한다. "일부는 오늘날까지도 긴장감과 선동성, 적개심을 품은 마르크시즘 여성 단체(즉 전투적 페미니즘)다. 하지만 분류의 관점에서 일을 진행하는 것은 옳지 못하다. (…) 내 경험에 따르면 단 한 가지 방식만이 있을 뿐이다. 여성 대 여성으로, 어머니 대 어머니로 이야기하는 것 말이다. 우리는 기독교를 통해 우리의 관점을 전달한다. 하나님을 찬양하라! (…) 모든 여성은 어느 정도 평화주의자이므로 국가 사회주의를 이해시키는 것이 더 힘들다. 우리가 할 수 있는 한 가지는 다음과 같다. 여성에게 조국을 사랑하는 마음을 갖도록 자식을 키우라고 가르치는 것이다. 우리가 모든 독일 여성에게 희생정신을 갈고 닦도록 하면 그들은 가장 소중한 것을 조국에 주려 할 것이다." Amtswalterinnenblatt der N. S. Frauenschaft(Deutscher Frauenorden) München, Gassier, No.15, p.62(June 7, 1933).

이다. 영국과 미국보다도 훨씬 낮다. 이 시기 독일이 서구 국가 중에서도 독특한 점은 전문직과 고등 교육, 사회적 지위에 대한 페미니즘의 공격을 완전히 역전시켰다는 것이다. 나치 이데올로기의 실제 목적은 그들의 주장처럼 여성을 가정으로 돌려보내는 것이 아니라 "여성을 전문직에서 끌어내 저임금 직종으로 밀어넣는 것"이었다.[11] 1934년 12월에 개최된 나치스 의료 분야 공개 토론회에서 의료 직종 지도자로 임명된 바그너Wagner 박사는 청중 앞에서 "우리는 여성 고등 교육의 숨통을 끊어놓을 것이다"라고 외쳤다.[12] 다른 의견을 가진 페미니스트들(팀Thimm 박사, 안나 파프리츠Anna Pappritz, 조피 로게 뵈르너Sophie Rogge-Börner 등)이 새로운 질

---

9 히틀러가 정권을 장악했을 때(1933년 1월), 산업 노동자 중 여성 비율은 37.3퍼센트였다. 1936년에 이 비율은 31.8퍼센트로 감소한다. 그러나 1940년에 37.1퍼센트로 치솟았다. 그리고 절대 수치상 여성 노동력은 1933년에 470만 명에서 1938년에는 630만 명으로, 1941년 1월에는 842만 명으로 늘어난다. 노동 가능한 여성의 추산 총계는 1000만 명에서 1200만 명이었다. 따라서 노동하지 않는 여성들을 어떻게 동원할지 계속 논의되었다. 이 수치는 Franz Neu-man, *Behemoth, The Structure and Practice of National Socialism 1933~1944*(New York: Oxford, 1942, 1944) 참조. 1943년 말에는 1350만 명에서 1400만 명에 달하는 여성들이 노동에 징발되었다. 헬게 프레스는 독일에서 제1차 세계 대전 중 유급 노동에 종사한 여성 숫자가 제2차 세계 대전보다 더 많았다고 지적한다. Helge Press, "West Germany," *Woman in the Modern World, Patai*(New York: Free Press, 1967) p.259. 폴섬에 따르면 1933년에서 1936년 사이 여성 노동자 비율은 줄어들었지만(대공황 이후 더 많은 남성들이 고용되었으므로), 이 시기 나치가 여성을 노동 시장에서 쫓아내어 남성에게 일자리를 더 많이 주기 위해 갖은 노력을 기울였음에도 여성 노동자는 실제 120만 명이 더 늘었다고 한다.

10 이 명령은 1933년에 발효되었고 1935년에 철폐되었다. 하지만 이 명령은 여전히 효력이 있었던 것으로 보인다. 1938년에도 여대생의 비율은 여전히 10퍼센트에 머물러 있었기 때문이다.

11 Folsom, 앞의 책, p.195.

12 Dr. L. Thimm, "Leistungsprinzip oder 'Neider mit den Frauen'," *Die Ärztin*, Vol.10, No.1, January 1934, pp.3~4, 28.

서 안에 있었지만 이들은 모두 침묵을 강요당했다. 새로운 정권이 득세하자 독일 여성들은 판사가 되는 것도 금지당했다. 1936년에 여성은 법원에서 일하는 것을 금지당했다. 나치스 집권 당시 독일 의회에는 여성 의원이 30명 있었다. 그들은 분명 '올바르지 못한 종류'의 인간이었고 1938년이 되자 독일 의회에서 완전히 사라졌다. 제1차 세계 대전에서 아들을 잃고 애도하는 한 사회민주당 여성 당원을 비웃은 국가 사회당 당원의 말, 즉 "너희 암염소들은 그렇게 생겨 먹었지"[13]에서 우리는 모성성에 대한 나치즘의 기사도적 찬양 아래 어떤 정서가 은폐되어 있었는지 통찰할 수 있다.

유대인(왜 뛰어난 재능을 가진 자국인을 박해한단 말인가?)의 경우에도 여성에 대한 나치의 방식은 현실적이라고 보기 힘들었다. 수년간 군사적 착취, 제국주의, 식민화에 착수하는 나라라면 출생률을 높이기 위해서라도 성적 평등을 선포하고 탁아소를 만드는 게 훨씬 편리했을 것이다. 식민지를 자신의 영광스러운 종족으로 채우고 영속화하려면 말이다. 1000년 역사를 자랑하는 강력한 독일 군대에 여성 인구를 입대시키는 것이 그다지 실용적이지 못하다 하더라도(나치 군대에서 "그 어떤 여성도 수류탄을 들게 하고 싶지 않다"라고 히틀러는 처음부터 확실히 했다), 전사들이 부재할 때 국가가 잘 돌아가도록 가정에서 복제複製 사회를 만들 수는 있지 않겠는가. 거의 모든 남성 인구를 군대에 동원하려 하는 국가는 여의사, 여변호사, 여판사 등의 공무원을 필요로 했을 텐데 말이다.

여성을 고급 노동에서 배제하는 데는 경제적 이유가 있었다.

---

13 Gehrke, Martha Marie, "Fraenwahl," *Vossische Zeitung*, July 26, 1932.

다른 20세기 국가들이 여성을 값싼 노동력으로 이용하면서 누리는 이득을 나치 독일 역시 필요로 했다. 나치는 또한 남성에게만 군 복무를 허용했으므로 군수품 공장에서 남성을 고용하기는 힘들었다. 그러나 이는 나치가 모성성과 가정에 대하여 그렇게 지나치게 선전 선동을 했던 이유가 되지는 못한다. 따라서 선전 선동은 여성을 고급 노동력에서 추방하려는 의도로 설명되어야 한다. (이는 '이중 소득 가족'에 반대하는 법률 제정과 기혼·미혼 여성을 모두 해고시키는 관행 등을 통해 대규모로 행해졌다.) 따라서 이는 여성이 노동 시장에 돌아갔을 때 위대한 국가의 남성적 프로젝트를 도와주는 봉사자와 도우미라는 비천한 역할과 지위를 스스로 받아들이도록 하기 위해서라고 볼 수 있다. '여성적'이고 '여성다운 일'(사회사업, 간호직, 교직)에 대한 오만한 설교에도 독일 여성에게는 공장이나 밭에서 힘들게 노동하는 일만 주어졌다.

내무부 장관이었던 빌헬름 프리크 박사의 정책은 이데올로기적으로나 경제적으로나 매우 간결했다.

어머니는 자녀들과 가족에게 남편의 아내로서 완전히 헌신할 줄 알아야 한다. 결혼하지 않은 처녀는 여성의 존재 방식에 상응하는 직업에 종사해야 한다. 나머지 일자리는 남성에게 넘겨주어야 한다.[14]

나치 집권 초기에 많은 여성이 일자리를 잃었지만 일자리를

---

14 Wilhelm Frick, "Die Deutsche Frau im nationalsozialistischen Staate," *Volkischer Beobachter*, June 12, 1934.

넘겨받은 독일 남성은 충성심을 가지고 만족할 수 있었다. '전쟁의 노고'가 확산되었을 때도 남성은 기꺼이 군대에 갈 수 있었지만, 자신의 가치와 지위에 상당한 정도로 협박을 받은 여성은 독일 제국의 증가하는 노동을 부담하게 되었다.

그러나 여성 국민들에 대한 나치의 조작 아래 숨겨진 기본 동기는 (남성 실업에 관련된) 경제적인 것도 아니었고 (제국주의 팽창과 관련한) 인구 정책도 아니었다. 남성 우월주의의 궁극적 이유는 심리적이고 정서적인 것이었다. 이는 당 관계자들의 선언에서 명확히 드러나는 정책 노선이었다. 나치스를 창립한 '사상가' 고트프리트 페더는 대중에게 페미니즘을 이렇게 정의해준다.

유대인은 성적 민주주의라는 형태로 우리에게서 여자를 빼앗아 갔다. 우리 젊은이들은 세상에서 가장 신성한 것, 즉 하녀로서의 여성을 다시 손에 넣기 위해 그 괴물을 죽이러 가야 한다.[15]

본의 아니게 러스킨에게 수줍은 찬사를 바치고 있는 셈이 된 나치의 여성 지도자 귀다 디일은 나치가 되찾아와야만 한다는 그 신성한 것들의 목록에 '여왕'도 포함할 것을 제안했다.[16] 히틀러는 1934년 9월 8일 뉘른베르크 연설에서 혐오스러운 성 혁명은 유대인의 무도한 공산주의에서 왔다는 이론을 확증해준다.

---

15 Gottfried Feder, "Die Deutsche Frau im Dritten Reich," *Reichstagskor-respondenz der Bayrischen Volkspartei*, April 4, 1932.

16 Guida Diehl, *Die Deutsche Frau und der Nationalsozialismus*, 2nd. rev. ed. (Eisenach: Neuland, 1933), pp.114~120.

유대인의 지성만이 유독 여성 해방이라는 메시지를 발견했으며 그 내용에도 유대인의 정신이 찍혀 있다.[17]

여성에 대한 이 유명 인사의 견해는 몹시 노골적이다. 히틀러 또한 다른 반동주의자와 마찬가지로 남성과 여성의 영역을 관습적으로 분리해야 한다고 자연스럽게 생각한다.

여성의 세계는 남편과 가족, 아이들과 가정이기 때문이다. 작은 세계를 돌보려 하지 않으면서 어떻게 더 큰 세계를 돌볼 수 있겠는가? (…) 여성이 남성의 세계로 밀고 들어오는 것은 옳지 못하다. 남녀의 세계는 분리되어 있을 때 자연스럽게 느껴진다. (…) 여성에게는 감정과 영혼의 힘이 자리하고 (…) 남성에게는 강한 시야와 견고한 힘이 자리한다. (…) 남성이 국가를 지탱하고 여성은 가족을 지탱한다. 여성의 평등권은 여성이 본성상 결정된 삶의 영역에서 높이 평가받는다는 사실에 있다. 여성과 남성은 완전히 다른 존재 양식을 표상한다. 남성에게는 이성이 지배적이다. 남성은 새롭고 무한한 영역을 추구하고, 분석하고, 열어젖힌다. 하지만 남성이 이성으로만 접근하는 모든 것은 변하기 쉽다. 반대로 감정은 이성보다 훨씬 더 안정적인 것이다. 여성은 감정 그 자체이므로 안정적 요소다.[18]

히틀러는 《나의 투쟁》에서 "독일 처녀는 국가의 백성이며

17 Adolf Hitler, *N. S. Frauenbuch*(München: J. F. Lehmann, 1934), pp.10~11.
18 같은 곳.

결혼했을 때만 국가의 시민이 된다"라고 공언한다.[19] 처음에 나치 강령은 여성 참정권의 철폐를 주장했다. 그리고 나치가 정권을 잡게 되자 바이마르 헌법이 1918년에 허용했던 여성 참정권은 제한된다. 여성을 공적 생활과 공직에서 배제하는 것이 나치의 정책이었기 때문이다. 나치는 여성을 씨를 받기 위한 암말에 불과한 존재로 규정한다. 그러므로 인구 증가와 군사 국가의 야망이 얼마나 밀접하게 연관되어 있는지를 생각해 볼 때,《나의 투쟁》에서 "여성 교육의 목표는 예외 없이 미래의 어머니를 만드는 것이다"[20]라는 히틀러의 말은 특히 아이러니하다고 하겠다. 즉 더 많은 아이들이 단지 국가를 위해 죽기 위해서 태어나야 한다는 것이다.《파시즘의 대중 심리》에서 라이히가 지적하듯이 정숙한 모성성이라는 신비화 전략은 섹슈얼리티를 출산과 동일시(이는 피임과 낙태에 대한 나치의 금지령으로 촉진되었다)하기 위해서뿐만 아니라, 여성 섹슈얼리티를 억압하고 금지해 국가가 지향하는 인간 개조 과정으로 전환하기 위한 효과적인 수단이었다. 인간 개조는 종종 파괴적인 목표가 되었다.

여성에 대한 처우 문제로 독일이 국제 페미니즘 운동과 자유주의 서구로부터 공격을 받게 되자 히틀러는 그에 맞서 "우리는 여성에 대한 전제적인 통제를 하고 있다"라면서 자신의 새로운 국가를 변호한다.

바깥세상은 말한다. "그래, 남자들에 대해서는 옳다! 하지만 여자

---

19   Adolf Hitler, *Mein Kampf*, trans. Chamberlain et al.(New York: Reynal and Hitchcock, 1940), p.659.

20   같은 책, p.621.

들은 낙관적일 수 없다. 여자들은 억압당하고, 짓밟히고, 예속되어 있다. 너희는 여자들에게 자유도 주려 하지 않고 평등권도 거부하고 있다." 하지만 우리는 대답한다. 너희가 구속이라고 부르는 것을 다른 사람들은 축복으로 경험한다고. 누군가에게 천국은 다른 사람에게는 지옥일 수도 있다. (…) 종종 사람들은 내게 "당신은 여자들을 전문직에서 내쫓고 싶어한다"라고 말한다. 아니다. 나는 단지 가정을 꾸리고 아이를 가질 가능성을 최대한 확장하고 싶을 뿐이다. 무엇보다 우리 민족에게 아이가 필요하기 때문이다.[21]

여성 지도자 게르투르트 숄츠 클링크는 독일 여성이 할 수 있는 유일한 일은 독일 남성에게 봉사하는 것이라는 고분고분한 규정을 내리면서 히틀러에게 동조한다. 즉 "남성이 존재하는 최초의 순간부터 최후의 순간까지" 계속해서 "남성의 영혼, 남성의 육체와 정신을 돌보면서" "가정을 관리하는 것"[22]이 독일 여성의 임무라는 것이다. 여성은 봉사만 할 뿐 참여하지는 못한다는 식의 나치 생각이 순전히 남성적이라는 사실은 (당 유명 인사들 사이에서) 문제된 적이 없었다. 선전부 장관 괴벨스는 이를 명확히 하고 있다.

국가 사회주의 운동은 본성상 남성적 운동이다. (…) 명령하고 실천하는 영역은 공적 생활에서 쉽게 찾아볼 수 있다. 이 영역

21 Adolf Hitler, *Die Frau*, Vol.44, October. 1936, p.48 이하.
22 Gertrud Scholtz-Klink, *The German Woman*(Reichsfrauenführung 등사판 전단).

은 무엇보다도 정치라는 거대한 영역에 속한다. 자격 조건 없이 도 당연히 남성에게 속하는 것이다. (…) 우리가 여성을 공적 생활에서 제거하는 이유는 여성 없이 살고 싶어서가 아니라 여성에게 본질적 명예를 돌려주고 싶어서다. (…) 여성의 걸출하고도 고귀한 천직은 아내와 어머니다. 우리가 이러한 관점을 외면한다면 상상도 못 할 불행이 닥칠 것이다.[23]

여성의 영역을 단지 생물학적 명령의 형태로 제시하거나 정중한 어조로 설득하여 선동하는 다른 서구 정권들과는 달리 나치의 '실험'은 이를 법제화했다는 점에서 특히 주목할 만하다. 나치 독일은 가족을 지키기 위해 수많은 실질적 조치를 취했기 때문이다. 이는 다른 곳에서는 단지 선동의 주제이거나 의심의 대상 혹은 개탄스러운 예언에서 그쳤던 것이다. 나치 정권은 독신 남성과 독신 여성에게 세금을 부과했으며, 1933년 6월 1일에는 그 악명 높은 결혼 자금 대출을 시행했다. 이후 독일에서 행해진 결혼의 3분의 1이 결혼 자금 대출을 받았고 아이 한 명이 태어날 때마다 세금과 이자가 할인되었다. 나치 정권 초기에 이 대출의 목적은 여성을 (고급 수준의) 노동 인력에서 제거하는 것이었다. 하지만 여기에는 제1차 세계 대전의 패배와 대공황으로 인한 출산율 감소를 상쇄해보자는 교묘한 의도가 숨어 있었다. 또한 바이마르 시대의 자유로운 분위기와 페미니즘의 영향 때문에 증가한 이혼과 자유로운 성관계, 피임, 낙태 등을 막기 위한 것이기도

---

23 Joseph Goebbels, *Der Nationalsozialistische Staat*(Walter Gehl, ed. 앞의 책) 에서 인용(도서 인용 원문 오류.-옮긴이).

2부 역사적 배경

했다. 여성이 대출을 받는다 해도 돈은 남성에게 지급되었다. 대출 때문에 결혼한 아내는 남편이 생활력이 없고 극도로 궁핍한 상태임을 증명해야 직장을 얻을 수 있었다. 이 법률 때문에 1933년부터 1935년까지 80만 명의 여성이 노동 시장에서 쫓겨났다. 그러나 1936년에는 (히틀러가 정권을 잡았던) 1933년보다 일하는 여성의 숫자가 120만 명 더 늘었다. 그리고 이 수치는 군비 증대와 함께 계속 증가했고 급기야 정권 초기보다 두 배로 늘어났다.

출산율 상승 운동은 훨씬 성공적이어서 신생아 수는 1933년에 97만 1174명에서 1935년에는 126만 1273명으로 증가했다.[24] 이 정책은 선전 선동뿐만 아니라 강압과 뇌물 수수 때문에 효과를 봤다. 폴섬은 이를 주거 개선과 출산 휴가 보장 등과 같은 스웨덴의 민주적 정책과 비교한다. 정권이 인구를 증가시키려 할 때는 두 가지 방법을 선택할 수 있다. 즉 어머니가 되는 것을 즐겁게 만드는 것과 그것을 불가피한 것으로 만드는 것이다. 게다가 나치가 1933년에 정권을 잡았을 때는 여성 인구가 남성 인구보다 200만 명이 더 많았다. 따라서 이 여성들은 국가가 결혼을 정책적으로 강요하더라도 결혼할 수 없었으므로 가정과 모성성에 대한 위선적 주장의 끝없는 희생양이 되었다.

나치 독일에서 피임 관련 정보를 제공하는 것은 (의사라 할지라도) 처벌을 감수해야 하는 위험한 일이었다. 피임 기구를 배포한 바이마르 시대 결혼 상담소는 1933년 이후 모두 문을 닫았다. 피임 기구는 특별한 허가증이 있는 경우를 제외하고는 광고나 판

---

24 결혼 자금 대출 관련된 수치는 Kirkpatrick, 앞의 책, pp.149~173; Folsom, 앞의 책, p.195 참조.

매가 허용되지 않았다. 그러나 베를린에서 콘돔은 자동판매기를 통해 공공연하게 판매되었다. 이는 완전히 앞뒤가 맞지 않게 보일 수 있다. 하지만 사정은 그렇지 않았다. 콘돔은 피임 도구가 아니라 대중, 특히 군인을 성병에서 지켜주는 건강 기구로 간주되었기 때문이다.[25] 1934년 이후 나치 독일은 그 악명 높은 우생優生병원에서 수도 없이 많은 (그리고 도저히 옹호할 수 없는) 불임 시술로 매우 상이한 산아 제한을 실시했다. 나치 독일에서 성교육은 아리아 인종의 우생학 강좌에 가까운 몹시 인종 차별적이었다. 낙태는 극형에 처해지는 매우 위험한 것이 되었다. 1933년 5월의 형법은 낙태를 도와주는 행위까지도 처벌 대상으로 규정한다. 비非아리아 인종의 혈통 때문에 선천적으로 기형아가 될 가능성이 없다면 무조건 출산해야 했다. 바이마르 시대의 자유로운 성 개혁은 모두 제거되었다. 빌헬름 라이히의 저서는 금서가 되었다. 나치는 선행한 공산주의와 유대인이 '성적 방종'에 책임이 있다고 주장했다. 그리고 여성에게 적용되면 신新청교도적이고 남성에게 적용되면 신新이교도적이라 할 수 있는 나치만의 기풍을 세웠다.

동성애는 격렬하게 비판받았다. 나치 돌격대의 지도자이자 동성애자로 알려진 룀Röhm 장군이 있었음에도 군대에서는 자주 동성애자 숙청이 이루어졌다. 나치 남성 문화의 남성성 숭배와 '지도자'와 남성 공동체에 대한 강조 때문에 나치 시대는 억압된 동성애라 할 수 있는 기이한 분위기(신경증적으로 반사회적이고 가

25　히틀러에게 매독은 개인적 강박 관념이었다.《나의 투쟁》에서 히틀러는 수도 없이 매독을 언급하며 반복해서 성적 자유 혹은 (히틀러의 관점에서 볼 때) 볼셰비키적 방종과 동일시하고 있다.

학적인 성격을 보여주는)를 띠었다. 나치의 **남성 연대**^{Männerbünde}라는 남성 공동체 문화는 국가가 만들어낸 성도착의 사례다. 경제적이고 인도주의적 고려와는 전혀 관계가 없는 청교도적 이유로 금지된 매춘과 포르노그래피는 별 효과가 없었다. 이것들은 히틀러 친위대를 비롯한 나치 공무원들만이 누릴 수 있는 특권이 되었다. 특정 지역에서는 여성의 흡연을 막느라 경찰들이 바쁘게 움직였고, 크룸마허^{Krummacher} 박사는 여성의 화장을 금지하는 법령을 선포했다. 성에 대한 이중 잣대가 활개 쳤고 경찰이 규제하고 보호하는 매춘은 군대 국가에 필수불가결한 도구로 간주되었다. 그 '거리 풍경'이 순진한 독일 청년에게 너무 불쾌하게 여겨지지 않는 한 말이다. 생식력은 매우 소중하게 여겨졌으므로 남편이 엉뚱한 짓을 해서 사생아를 낳는다 해도 법적 의미에서 간통으로 인정되지 않았다. 미혼 여성이 국가에 아이를 제공하면 죄를 지었다고 생각되지 않았으나 기혼 여성의 사생아 출산은 인구를 증가시켰음에도 용서받을 수 없는 일이었다. 신이교도주의라는 남성적 분위기를 풍기는 나치의 성 규제는 국가가 후원하고 법적으로도 강화된 성적 반反혁명의 성격을 띠고 있다.

나치 독일을 재검토해보면 경제적 동기가 '신성한 모성성'(나치가 선호한 표어)에 대한 동기뿐만 아니라 가족과 가정에 대한 동기를 대체했다고 결론 내릴 수밖에 없게 된다.²⁶ 독일 여성은 직업이나 정치적 참여의 기회를 박탈당했고 국가나 공장, 농업 분야가 요구하는 극도로 피로한 노동에 착취당했다. 그뿐만 아니라 사회 조직 단위로서의 가정은 계속 국가와 경쟁하면서 가족 구성원 각자에게 시간을 낭비할 뿐인 강제 조직을 만들어냈다.

그러나 명백하게 가부장적이고 남성 우월주의적인 나치 독일에서 최우선 동기는 정치적이거나 경제적이라기보다는 기질적인 것이었던 것 같다. 퇴행적인 부족 분위기서 여성 억압 위에 세워진 가족 구조는 권위와 애국, 군국의 분위기를 전달하는 완벽한 도구였다.[27] 경제를 비롯한 사회 조직에 관련된 성 정치학은 인종 차별주의나 카스트 제도가 그러하듯 일차적으로는 이데올로기이자 생활 방식의 문제이며, 이는 다른 심리적이고 정서적인 측면에 영향을 미치게 된다는 점을 우리는 다시 한번 확신할 수밖에 없다. 따라서 그것은 우리 과거에 깊숙이 새겨져 있는 심리 구조를 만들어내며 이 심리 구조는 강화되거나 약화될 수는 있지만 완전히 제거될 수는 없다.

---

26 폴섬에 따르면 경제적 동기가 가족 단위에 미친 영향은 매우 해로웠다. "나치는 가족을 국가 도구로 강화하려 했다. 항상 국가 이익이 가장 중요했다. 독일은 정치적 배신이 감지되면 주저하지 않고 남편을 아내에게서, 자식을 부모에게서 등 돌리게 했다. 성인뿐만 아니라 아이들과 젊은이들까지도 대부분의 시간을 가족이 아니라 집단행동을 위하여 보내야 했다. 부모가 아이들에게 나치 이데올로기를 가르치려 하지 않는다면 법원이 아이들을 보호할 수 있었다." Folsom, 앞의 책, p.196. 커크패트릭은 '여성 문제'에 대한 나치의 해결책을 이렇게 요약한다. "나치는 대가를 지불하려 하지 않았다. 나치 프로그램은 어중간했다. 그들은 여성들을 직장에서 쫓아내면서 소액의 출산 장려금을 지급했고 무수한 선전 선동을 퍼뜨려 전쟁 준비에 직결시키려 했다. 전쟁 준비를 위해 여성의 힘과 능력을 기회주의적으로 요구하면서도 결혼에서 여성의 역할을 정의하는 것은 혐오했다." Kirkpatrick, 앞의 책, p.284.

27 데이비드 아브라함센은 (라이히가 《파시즘의 대중 심리》에서 전개한 뛰어난 설명에 근거한 듯하다) 나치의 성공이 많은 부분 독일 문화에 존재하는 '가부장주의' 때문이었다고 주장한다. 로버트 로이Robert Lowie는 이 주장에 반대했다. 그러나 아브라함센은 (그리고 라이히는 더욱더) 나치 독일의 권위주의적 가부장제 공식화를 잘 이해하고 있다. 이는 국가적 대중 심리학과 긴밀히 연관되어 있다. 따라서 모성성이 존중받았다거나 주부 개인은 강한 성격의 소유자였다는 근거에서 독일 가부장제주의를 폄하하는 로이의 주장은 다소 순진해 보인다. David Abrahamsen, *Men, Mind, and Power*(New York: Columbia University Press, 1945); Robert Lowie, *Toward Understanding Germany*(Chicago: University of Chicago Press, 1954) 참조.

소련은 가부장제를 종식하고 그 기본 제도인 가족 구조를 개혁하기 위해 상당히 의식적인 노력을 기울였다. 러시아 혁명 이후 개인을 가족의 요구로부터 자유롭게 하는 수많은 법률이 통과되었다. 즉 결혼과 이혼을 자유롭게 하고 피임을 허용하며 요구가 있다면 낙태도 할 수 있게 했다. 이 중 아내와 자식을 남편의 경제력에서 해방시킨 것이 가장 중요했다. 집단 농장 체제에서 가족은 농장이 구성된 바로 그 노선을 따라 붕괴하기 시작했다. 가부장제는 스스로가 발전되어온 과정을 다시 역전하기 시작했고, 사회는 민주적 작업 공동체의 형태로 되돌아갔다. 사회주의 당국은 이를 가모장제라고 불렀다.

1917년 12월 19일과 1918년 10월 17일에 레닌은 부양가족에 대한 남성의 특권을 무효로 하고 여성에게 경제적·사회적·성적 자기 결정권을 단언하는 법령을 공포했다. 그리고 사람들이 자신의 거주지와 이름, 시민권을 자유롭게 선택하는 것이 당연하다고 선언했다.[28] 정치적·경제적 평등을 위해 법률 조항이 제정되었다. 하지만 레닌도 인식하고 있었듯 성 혁명을 법령으로 입법할 수는 없는 노릇이었다. 따라서 여성과 아이들의 경제적 독립을 실질적 현실로 만들기 위한 노력을 기울였다. 탁아소가 만들어졌고 힘든 집안일에서 여성의 노고를 덜어주기 위해 가사 노동을 집단화했으며 출산 휴가를 허용했다. 그뿐만 아니라 노동력이

---

28 Rudolph Schlesinger, *The Family in the U.S.S.R. Documents and Readings* (London: Routledge & Kagan Paul, 1949) 참조. 서출庶出도 더는 문제가 되지 않았다. 근친상간, 간통, 동성애는 범죄 조항에서 삭제되었다. 1920년 11월 20일에는 병원에서 낙태하는 것이 합법화되었다. 1927년 1월 1일의 새로운 법은 내연 관계를 승인했다.

집단화되면서 여성이 가정을 꾸리고도 직업 교육을 받을 수 있었고 남성과 동등한 기초 위에서 일할 수 있었다.

이 모든 노력에도 소련의 실험은 실패하고 중단된다. 1930년대와 1940년대를 통과하면서 소련 사회는 다른 서구 국가의 수정된 가부장제를 닮아간다. 전통적 가족에 대한 소련의 열정적 선전 선동은 때로 나치 독일을 포함한 서구 국가들과 다를 바 없어 보였다. 소련에서 반혁명이 일어난 이유는 다양하고 복잡하다. 그러나 보수적 이론가들은 이러한 변화를 크게 반기면서 이것이 인간의 본성, 즉 '여성의 생물학적 비극'에서 가부장제 가족의 영원성과 유효성이 기인한다고 주장했다.[29]

반혁명의 주요 원인은 사람들이 러시아인들처럼 정치적 문

---

29 학자들은 널리 퍼진 이러한 편견을 멋대로 수용하고 있다. "이 주제에 관하여 수많은 글이 쓰였으며, 가족이 없어서는 안 된다는 사실을 소련의 경험이 증명해준다고 결론 내렸다." H. Kent Geiger, *The Family in Soviet Russia*(Cambridge: Harvard University Press, 1968), p.96. Ŭrie Bronfenbrenner, "The Changing Soviet Family," *The Role and Status of Women in the Soviet Union*, ed. Donald R. Brown(New York: Teachers College, Columbia University Press, 1968)의 논문에 따르면 "수많은 서구 학자들이" "가족에 대한 소련 정책의 극적 변화"를 서구의 전통적 가족 유형에 대한 "회귀이자 증명"이라고 해석했으며(pp.102~103), 이러한 태도를 소련 사회 연구의 권위자 알렉스 인켈스Alex Inkeles을 통해 추적하고 있다. 1949년에 인켈스는 소련이 혁명 정책을 포기한 것을 "서구 문명"의 가족이 "중요하다는 명백한 단언"으로 해석하면서 흡족해했다. Alex Inkeles, "Family and Church in Postwar USSR," *Annals of the American Academy of Political and Social Sciences*, CCLXIII(May 1949), pp.33~44. 소련 가족에 관한 연구를 주도했고, 가족이라는 주제에 관한 미국의 가장 권위 있는 저서인 벨Bell과 보겔Vogel의 저서에 통합되기도 했던 니콜라스 티마셰프의 주장에 따르면 소련의 급진적 성 정책은 "새로운 사회의 안정성을 위태롭게 하고 전쟁이라는 시험을 견디는 능력을 위협하는 효과가 있다고 생각되었기" 때문에 중단되었다고 한다. ("전쟁이라는 시험을 견디는 능력"이라는 문구는 본의 아닌 빈정거림을 담고 있다.) Nicholas Timasheff, *The Great Retreat*(New York: Dutton, 1946). 1940년대와 1950년대(냉전 시대) 미국 여론은 "러시아인들이 가족을 바꾸려고 시도했으나 실패했으므로 가족 변화는 이루어질 수 없다"라고 공공연히 말했다.

제(백계 러시아인들은 여전히 혁명에 반대하고 있었다)와 경제적 문제(여성의 경제적으로 독립이 선언되었다. 그러나 이 선언이 실제로 여성을 경제적으로 독립시키지는 못했다. 특히 신경제 정책하의 실업 시대에는 더했다)에 압도당하면 완전한 성 혁명을 이루기 어렵다는 사실이다. 이보다 더 심층적인 원인은 마르크시즘은 강제적인 가족 제도가 사라져야 한다고 주장했음에도 성 혁명을 위한 충분한 이데올로기적 기반을 제공하지 못했다는 데 있다. 그러면서 가부장제의 역사적·심리적 힘에 대해 놀랄 만큼 안이한 태도를 취했던 것이다. 엥겔스는 가부장제 가족의 역사와 경제에 이론을 제공했으나 가부장제 가족이 개인에게 심어주는 정신 습관을 검토하는 데는 소홀히 했다. 레닌은 성 혁명이 다른 사회적이고 성적인 과정과 마찬가지로 제대로 이해되지 못하고 있다는 점을 시인하면서도 이에 대해 계속 이야기하는 것이 중요하지 않다고 여러 차례 말하기도 했다.[30] 레온 트로츠키는 현실적 저서처럼 보이는 《일상의 문제들Everyday Question》에서 굳이 성에 대해 다루려 하지 않았으며, 《배반당한 혁명》에서 이데올로기적 진공 상태, 소련의 실패, 스탈린주의의 퇴행성에 대해 혹평하고 있다. 하지만 이는 1936년에야 얻게 된 뒤늦은 통찰일 뿐이다.[31] 성性 자체가 위대한 사회 사상가들의 관심 밖에 있었다는 라이히의 비난은 실로 정확한 듯하다.[32] 따라서 과거의 가부장제 질서가 붕괴하면서 뒤

30   Klara Zetkin, *Reminiscences of Lenin*(London, 1929). 레닌은 클라라 체트킨에게 이렇게 말했다고 한다. "아마 언젠가는 이 문제에 대해 이야기하거나 글을 쓸 것이오. 하지만 지금은 아닙니다. 지금은 다른 문제에 모든 시간을 바쳐야 합니다"(p.61).

31   Leon Trotsky, *The Revolution Betrayed*(1936), trans. Max Eastman(New York: Merit, 1965).

32   Wilhelm Reich, *The Sexual Revolution*(1945)(New York: Noonday, 1967).

따르는 불가피한 혼란을 반기는 적극적이고 일관성 있는 이론이
없었다.

　이와 더불어 성 혁명을 이행하기 위해 온갖 현실적 노력을
기울이면서도 정작 그 실질적 잣대가 태도 변화에 있다는 사실을
그들이 깨닫지 못했다는 점도 지적해야 한다. 소련 지도자들은
가족이 소멸했다고 선언했으나, 이 가족은 여전히 전적으로 가족
구성원들로 되어 있었고 그들의 심리적 과정은 제정 시대 러시아
의 가부장제 가족에서 형성된 것이었다. 그러한 사회에서 여성은
가족에 대한 의존과 안전을 포기하지 않으려 했고, 아이들에 대
한 지배 역시 포기하기 싫어했다. 남성 역시 전통적인 특권과 권
리를 포기하는 데에 주저했다. 모든 사람들이 끊임없이 양성평등
을 이야기했지만 어느 누구도 실천할 수는 없었다. 모두가 성적
자율성과 자유를 두려워했다. 게다가 집단 체제는 가족의 감정과
조직의 힘에 비례하여 만들어질 수 없었다. 또한 혁명적 사고방
식에도 과거의 몇 가지 오류가 뿌리박혀 있었다. 즉 섹슈얼리티
는 사회적 노력이나 헌신과 양립할 수 없다는 믿음, 섹슈얼리티
는 집단적이고 문화적인 성취와는 반대되는 것이라는 전제(이는
프로이트에게서도 발견된다),[33] 임신과 출산을 계속 '생물학적 결점'
으로 보는 태도, 가족과 결혼은 단지 경제적이고 물질적인 현상
이므로 경제적이고 제도적인 방법으로 해결될 수 있다는 위험하

---

[33] 당 간부였던 A. A. 숄츠Soltz는 일찍이 1926년에 이 점을 강조했다. 성 자유로부터 후
　　퇴한 이데올로기 노선을 최초로 제시한 당 간부 잘킨트Zalkind 또한 '혁명적 승화' 이
　　론을 발전시키며 프로이트에게 빚지고 있다고 인정한 바 있다. 1923년부터 1936년
　　까지 보수 운동의 지도자였던 잘킨트는 프로이트의 리비도 이론과 매우 유사한 '에너
　　지 보존' 이론을 발전시킨다. 이 이론에 따르면 섹슈얼리티로 인해 뺏긴 사회주의적 에
　　너지는 혁명과 프롤레타리아에게서 훔친 에너지다.

고도 피상적이며 의심스러운 추정 등의 오류 말이다.

여기에서조차도 소련은 비참할 정도로 실패했다. 트로츠키가 냉담하게 언급하듯이 "가족을 '폐지'할 수는 없다. 대신 가족을 대체해야 할 것이다."[34] 공동 가사와 탁아소는 실현되지 못했다. 켄트 가이거는 이 두 가지를 제공하지 못한 것이 여성 해방을 위한 혁명 노력의 '치명적 결함'이었다고 생각한다. 가이거에 따르면 1925년에 탁아소에서 양육된 아이들은 100명 중에 고작 3명에 불과했다.[35] 양육과 가사라는 부담을 온전히 여성이 떠맡고 있었다. 아버지의 책임을 등한시했기 때문이었다. 여기에 여성이 일까지 하게 되면 세 가지 일을 한꺼번에 책임져야 하는 상황이 되는 것이었다. 탁아소와 공동 가사 분담이 없는 곳에서 아이들은 종종 집도 없이 방치된 채 있었다. 따라서 소년 범죄가 상당히 위협적 문제로 부각되었다.

문제는 대부분 경제적인 것이었다. 초기 소련의 끔찍한 빈곤으로부터 막 빠져나온 정부는 중공업과 군비 확장에 우선권을 부여했다.[36] 곤란한 상황에서는 혁명을 반동으로 대체하기가 더 쉽기 마련이다. 따라서 1936년에 당 간부 스베틀로프Svetlov는 소련이 "가족의 기능까지 떠맡기는 현재 불가능하므로" "가족을 보존할"[37] 수밖에 없다고 공식적으로 밝혔다.

---

34   Trotsky, 앞의 책, p.145.

35   Donald R. Brown, *The Role and Status of Women in the Soviet Union*, p.51에 나온 가이거의 말을 인용. Geiger, 앞의 책, p.58.

36   1936년과 1944년 이후 탁아소가 어느 정도 만들어졌으나 그 기능은 인구를 늘리고 여성을 스탈린의 공장으로 보내는 것이었다. 혁명이 계속 명목상 외친 성적 자유와 여성 해방의 이상은 이즈음에 이르러 중요한 문제로 생각되지 않았다.

37   Schlesinger, 앞의 책, p.346.

위대한 사회 변화에 대한 잘못된 접근, 예전에 약속했던 조항들을 실천하지 못한 실패, 따라서 충분한 제도적 보완 없이 급진적 사회 변화가 일어나면 당연히 발생하는 혼란 등은 모두 무질서 상태로 해석되었다. 자유를 얻은 사람들은 그 자유를 어떻게 써야 할지 몰랐다. (특히 1918년부터 1922년까지 발생한 내전 때문에 빈곤 상태가 계속되면서) 섹슈얼리티는 다시 비인간적으로 변했다. 착취적이고 무책임한 섹슈얼리티의 행태를 실제로 많이 볼 수 있었다. 이는 부분적으로 무지 혹은 죄의식(피임을 제대로 실천하지 못한 무능력 때문)에[38] 기인하고, 부분적으로는 과거로부터 이어받은 태도, 특히 남성 우월주의적 태도의 냉담함에 기인한다. 개별 사례를 기록한 비쇼프와 하버드 프로젝트Bischoff and Harvard Project 연구를 보면 소련 남성은 제정 시대 가부장제가 부여한 전제적 위치에 있지는 않았지만, 여전히 대상화된 난교나 가정에 대한 무책임을 통해 성적 우월함을 만끽하고 있었다.[39] 실제로 새로운 성적 자유는 대체로 남성을 위한 자유였다. 여성의 환경은 혁명 이후 10년 동안 많은 점에서 더 악화되었으며, 여성이 대규모로 성적 착취를 당했음을 보여주는 증거가 많다. 여성 대다수는 문맹이었고 수 세기 동안 예속되면서 순종적 성향을 지니게 되었으며 자신의 권리를 제대로 인식하지 못하고 있었다. 따라서 여성은 남성만큼 새로운 성적 자유를 이용할 수 없었다. 남성 당

---

[38] 1920년대와 1930년대에 피임 도구 사용에 대한 설명은 다양하다. 루이스 피셔Louis Fischer는 《소련 여행Soviet Journey》(1935)에서 피임 도구가 널리 사용되고 있다고 보고했다. 그러나 가이거는 이를 부인하면서 정부가 엄격한 피임 운동을 후원하는 데에 두려움이 있었다고 강조한다. 이 때문에 발생한 고통의 측면에서 보면 이러한 정부의 행동은 범죄와 다를 바 없다.

[39] 가이거의 앞서 인용한 책과 다른 저서에서 고찰.

원들은 승승장구(1920년대 여성 당원의 비율은 10퍼센트에 지나지 않았다)하면서 과로에 시달리는 아내가 '퇴보'하는 기미를 보이면 아내를 가차 없이 버렸다는 트로츠키의 통찰은 당대 문학에서도 흔히 발견된다.

정부의 실패와 태만으로 발생한 폐단은 도덕주의자와 당의 현학자에게 새로운 길을 열어주었다. 이 때문에 여성에 대한 전통적 비난을 인본주의적으로 정당화하는 표어하에서 새로운 자유는 서서히 침식되기 시작했다. 이제 수정주의자들이 등장하게 되었고, 알렉산드라 콜론타이Aleksandra M. Kollontai와 볼프슨Wolffson 같은 페미니즘 혁명가들의 급진적 견해는 건전하지 못하다는 공개적 비난을 받았다.

1932년에 열린 키예프 회의는 무수히 많은 이유를 들면서 낙태를 비판한다. 이는 여성에게 아이를 가지게 하려는 권위주의 국가의 인구 증가 정책(혁명 이후 출산율이 급격히 증가하다가 다시 약간 감소하는데, 이는 재앙에 가까운 것으로 해석되었다)에 봉사하게 된다. 당시 '민족을 보존해야 하고' '인간성이 소실되고 있으며' '도덕성이 땅에 떨어졌다'는 등의 말이 무수히 오갔다. 이제 여성이 육체를 스스로 통제하는 것을 즐기고 있다는 사실에 대해서도 권위주의적 혐오감이 만개했다. 당 관리들은 여성이 낙태를 부끄러워하지 않으며 이제 "낙태를 자신의 합법적 권리로 생각하고"[40] 있다며 아우성을 쳤다. 코롤리오프Koroliov 박사는 동지들에게 이렇게 주장한다. "범죄적 낙태는 낙태 합법화가 만들어낸 부

---

40 Reich, *The Sexual Revolution*, p.206에서 인용. 이 말을 한 사람은 스트로가노프 Stroganov다.

도덕성의 징후다. (…) 낙태는 모성성을 가로막고 있다. (…) 낙태의 의도는 어머니와 사회를 돕는 것이 아니다. 낙태는 어머니의 건강 보호와는 아무런 관계가 없다."[41] 낙태 금지는 모성성을 사회적 의무로 강요하고, 섹슈얼리티가 출산과는 관계없음을 부정하여 여성과 아이들에 대한 경건한 염려라는 가장하에 섹슈얼리티 자체에 대한 부정적 태도를 만들어내는 등의 효과를 낳았다. 특히 마지막 문제는 실상 불필요했다. 여성의 60에서 70퍼센트는 성적 쾌락을 경험할 수 없다고 키예프 회의가 스스로 밝힐 정도로 소련 여성들은 섹슈얼리티에 커다란 수치심과 혐오감(이는 혁명 이전 태도의 유물이다)을 느끼고 있었기 때문이다. 낙태가 합법화되었음에도 암암리에 행해지는 낙태 관련 거래를 없애는 데 10년이라는 세월이 걸렸다. 여성이 낙태에 과도하게 의존하게 된 것은 섹슈얼리티에 대한 부정적 태도가 너무 심해서 피임 도구를 사용할 때 죄책감을 느낀 결과였다.[42] 대중의 강한 반대에도 불구하고 1936년에 나온 제2차 5개년 계획은 초산일 경우 낙태를 금지했다. 이는 스탈린이 여론에 귀 기울인 마지막 경우라고 여겨진다. 1944년에는 합법적 낙태가 모두 금지되었고 낙태하는 여성을 도운 사람에게는 2년형이 선고되었다. 어머니의 건강을 지킨다는 명분으로 합법적 낙태를 금지한 것은, 전쟁 준비의 결과로 낮아진 출산율을 높이려는 욕망을 "명백히 위장하려는"[43] 위선

---

41 Reich, 같은 책, p.199에서 인용.

42 이러한 현상은 미국에서도 관찰된다. 미국 여학생들과 젊은 여성들은 피임 도구를 사용하는 데 소홀히 하는데, 자신도 모르게 임신해서 억압된 '죄악'에 대해 '처벌'받기를 원하기 때문으로 보인다.

43 Geiger, 앞의 책, p.100.

적 정당화였다고 평자들은 날카롭게 지적한다. 집 없는 아이들의 숫자와 주택 부족 현상, 본의 아니게 어머니가 되어 고통받는 여성들은 망각한 채 숄츠는 "우리에게는 사람이 필요하다"라고 공언했다. 나치 독일과 마찬가지로 소련 또한 갈수록 군국주의화되면서 인구를 증가시키려는 분위기로 바뀌어갔다.

낙태는 처음에 제기된 문제였고 다른 반동적 태도들도 곧 고개를 들기 시작했다. 혁명 법률은 동성애를 처벌하는 제정 시대 조항을 삭제했다. 그러나 그로부터 15년이 지난 1934년 3월 동성애 처벌 조항이 다시 도입되어 3년에서 8년까지 형을 선고할 수 있게 했다. 다른 곳과 마찬가지로 러시아에서도 동성애가 오직 남성들 사이에서만 일어난다고 생각했다. 이는 러시아에서 가부장제 정조가 부활했음을 보여주는 흥미로운 지점이다. 여성 동성애는 생각도 할 수 없는 일이거나 아예 존재하지도 않는 것으로 추정되었다.[44] 동성애는 '퇴폐적'이고 '동양적'이며 '부르주아적'이고 심지어 '파시즘적'(나치의 남성 연대를 연상시키는 죄악이기 때문에)이라는 선전 선동과 함께 수많은 동성애자들이 검거, 처형되었다.

소련이 직면한 진정한 문제는 혁명적 교육을 통해 구성원들에게 가부장제를 대체하는 새로운 심리 구조를 구축할 수 있는가였다. 여기에서도 소련은 크게 실패하고 말았다. 실험의 시대가 지나자 소련은 서서히 도덕주의적이고 억압적인 이데올로기와 새로운 권위주의 구조를 구성해갔다. 그리고 양성과 섹슈얼리

---

44 동성애와 관련한 양성평등을 보여주는 법은 스웨덴 법률뿐이다. 스웨덴에서는 남성이건 여성이건 동성애자 사이의 행위는 불법이 아니다. 그러나 동성애적 강간 행위와 미성년자 유혹 행위는 양성 모두 처벌 대상이다.

티에 자신만의 태도와 남성성을 이상이자 규범으로 규정하는 기준을 강조했다. 이는 군국주의의 성과와 혁명가들의 위업을 계속 칭송함으로써 행해졌다. 교육은 다시 성을 적대시했다. 젊은이들의 섹슈얼리티를 저지하고 좌절시켜 다른 방향으로 돌리고자 하는 온갖 노력이 있었다. 금욕주의가 학교와 선도자(청년 집단)의 이상으로 간주되면서 다시 활개 치기 시작했다. 아이들을 성적 죄의식이나 금기 없이 양육하려 한 베라 슈미트Vera Schmidt의 유치원과 같은 진보적 학교는 교육 이론 '권위자'의 명령에 따라 폐쇄되었다. 경제적·심리적 이유에서 허덕거리던 청년 공동체인 콤소몰Komsomol은 권위주의적으로 변하면서[45] 마침내 실패했고 1932년 이후에는 사라져버렸다. 본보기가 되는 공동체 생활을 꾸리려는 그들의 노력은 가정에서 자라난 청년이 집단적 생활 방식을 확립하는 데 얼마나 심리적으로 무능한지에 대한 일종의 연구였다. 즉 젊은이들은 정돈된 사생활을 할 수 있는 주거지가 없었고, 따라서 규방이나 수도원 같은 분위기 사이에서 어지럽게 왔다 갔다 했다. 공중위생 위원이 학생들에게 한 말을 보면 억압적 성 윤리의 힘이 의기양양하게 되살아나고 있다.

---

45 국가 주도의 새로운 권위주의적 가족을 성문화한 인물인 안톤 마카렌코는 처음에 소련 비밀경찰의 비호 아래 비행 청소년을 감시하기 위해 설치한 금욕적이고 군사주의적인 청년 공동체의 지도자로 활약했다고 한다. 이는 매우 흥미롭다. 마카렌코는 1920년대 자유주의적 아이 중심 이론을 몹시 경멸했다. 마카렌코가 급부상하면서 진보파는 패배했고 당의 새로운 노선은 전통적 교육 방식과 훈육을 지지하게 되었다. 러시아 반혁명이 과연 여성을 배반했는지 아니면 청년을 더욱 심하게 배반했는지는 때로 판단하기 힘들 정도다. Anton S. Makarenko, *A Book for Parents*(1937, 1940), trans. Robert Daglish, *The Collective Family, A Handbook for Russian Parents*(New York: Doubleday & Company, Inc., 1967) 참조.

동지들이여, 그대들은 공부하기 위해 대학과 기술 학교에 입학했다. 공부가 그대 삶에서 중요한 목표다. 그러므로 모든 충동과 태도를 이 목표에 바치고 쾌락은 되도록 자제해야 한다. 쾌락이란 그대의 중대한 목표, 즉 공부하여 국가를 재건하는 협력자가 된다는 목표를 방해할 수 있기 때문이다. 그러니 인생의 모든 측면이 이 목표를 따르게 해야 한다. 국가는 아직 너무 가난하기에 그대의 뒤를 봐주거나 자녀들을 교육해줄 수 없다. 그러니 우리가 그대들에게 해줄 수 있는 충고는 이것밖에 없다. **금욕하라!**[46]

피임이라는 명백한 대안이 있는데도 이러한 훈계는 반동의 시대 다른 곳에서 그러했듯이 소련에서도 표준적이고 공식적인 충고가 되었다.

러시아는 1920년대 우려에 찬 토론을 시작으로 성 혁명에서 후퇴하기 시작했다. 그러다 1930년대 중반 이르러 본격적으로 후퇴가 진행되었고 1944년에는 완전히 후퇴해버렸다.[47] 모든 것이 가족을 강화하는 데 바쳐졌다. 1935년 새로운 법률은 부모가 아이의 교육과 행동에 책임이 있다고 다시 주장하고 있다. 이제 소련의 이데올로기는 성적 결합이 '원칙적으로 자녀와의 평생 결합'이 되어야 한다고 선언했다. 성과 가족, 성과 출산이 다시 통합되었다. 스탈린이 집권한 러시아는 탁아소와 집단 가사 노동에

---

46 Reich, *The Sexual Revolution*, pp.189~190에서 인용.

47 그러나 '긴장 완화'와 더불어 상황은 나아지기 시작했다. 1954년에서 1955년 사이 낙태권이 회복되었고, 1964년에서 1965년 사이에는 서출 기록이 없어졌다. 1965년 저명한 사회 철학자 스트루밀린Strumilin은 초기 소련의 희망을 연상시키는 집단 교육을 제안하여 새로운 논의를 촉발했다. 마르크시즘의 원칙으로 돌아가는 것은 멀지 않아 보였다.

대한 약속을 저버리고 이런 것들 없이도 잘 지낼 수 있다고 주장했다. 산업 계획 또한 특히 군비 증강을 우선적으로 생각했으므로 국가가 약속했으나 지킬 수 없었던 기능을 가족이 수행할 수 있게 가족을 강력하게 지지했다. 이와 동시에 마카렌코가 스탈린의 지지하에 선전한 '새로운 소련 가족'이야말로 국가 주도의 사회화에 유용한 수단이 될 수 있다고 느꼈다. 그리고 아버지의 권위에 대한 주장이 다시 활개 쳤다. 소련의 권위를 부모에게 **위임**하고 부모에게 젊은이들을 **올바른** 방식으로 양육해야 한다고 **요구**하는 것이 국가의 임무라고 보았다는 점을 이해한다면 그다지 놀라운 일은 아니다.[48]

1936년 새로운 이혼 법은 '순간적 충동을 사랑으로 착각하는' 실수를 벌금으로 처벌할 수 있게 하면서 30루블에서 50루블까지 부과했다. 1944년에 이 법은 더욱 엄격해져서 벌금은 500루블에서 2000루블까지 올랐고, 이혼할 때도 중재를 전문으로 하는 하급 법원과 고등 법원에 청원해야 했다. 한때 '성 혁명이 준 선물'로 여겨진 자유 이혼은 이제 거대한 경제적·사법적·이데올로기적 장벽이 되었다. 1927년부터 승인된 내연 관계는 다시 취소되었다. 결혼 등기소ZAG를 재정비해 결혼과 이혼을 한곳에서 처리할 수 없게 했다. 결혼식도 다시 의례화하라고 권장했다. 서출 또한 다시 사법적 개념으로 인식해 어머니와 사생아 모두를 가혹하게 처벌하고 낙인찍게 했다. 그러나 아버지에게는 책임을 지우지 않았다. 이로써 섹슈얼리티는 1920년대보다 더 착취

---

48 "소련은 그대에게 사회 권위를 일정 부분 위임하면서 미래의 시민을 올바르게 양육할 것을 요구한다." Makarenko, 앞의 책, pp.27~28.

적 양상을 띠게 된다. 여성과 아이들을 ('약자'이므로) 보호한다는 미명하에 행해진 이러한 반동적 경향은 실제로 상황을 더욱 악화시켰다. 이제 여성은 가사와 양육이라는 짐에서 해방되거나 도망칠 수 없었다. 군국주의적이고 권위주의적인 분위기에서 전쟁을 준비하는 전통적 가부장제와 거의 다를 바 없는 국가에서 양성평등이라는 오래된 이상은 이제 중요하지 않게 여겨졌기 때문이다. 어머니와 군인이라는 전형적 형상이 혁명 동지와 연인의 형상을 대체했다. 스베틀로프는 "바야흐로 모성성은 환희가 되었다"라며 기뻐 날뛰었다. 대가족의 어머니를 존경하라는 캠페인이 대대적으로 실시되었고, 6명 이상의 자녀를 둔 여성에게 특별 수당을 수여하는 법이 1936년에 만들어졌다. 그리고 1944년에 7명 이상의 자녀를 둔 어머니에게 명예 칭호와 훈장을 수여하는 법이 제정되었다.

1930년대 중반이 되자 가족 중심의 멜로드라마와 감상적 영화, 일간지 《프라우다Pravda》의 사설 등에 새로운 유형의 선전 선동이 등장했다. 특히 《프라우다》의 사설은 소련이 "가족을 진지하고 위대한 문제"로 간주한다고 공식적으로 확인했고, "가정을 소중히 하는 훌륭한 남성만이 소련의 훌륭한 시민이 될 수 있다"며 "결혼은 인생에서 가장 중요한 일"이라고 주장했다. 스탈린은 자주 카프카스에 있는 노모를 공식적으로 방문했다. 개인적 성애와 성생활의 권리는 국가의 통제 너머에 있는 것이라는 엥겔스의 신념은 이제 '부르주아적'이고 '무책임'하다고 비난받았다. 그리고 "국가는 가족 없이 존재할 수 없다"는 등의 반마르크시즘적 발언들이 공공연히 쏟아져 나왔다. 마르크시즘은 이제 거꾸로 서게 된 것이다. "혁명은 가족을 파괴한다고 겁 없이 주장하는 사람들이 있다. 이 말은 완전히 틀렸다. 가족은 사회주의의 사회관계에서 특히 중대한 국면이다. (…) 공산주의 도덕의 기본 규칙 중 하나는 가족 강화다."[49]

국제 공산주의도 소련의 뒤를 따랐다. 프랑스 좌파 신문 《뤼마니테》는 놀라운 주장을 외치고 있다.

> 가족을 구하라! 사랑의 권리를 지키려는 우리의 위대한 탐구에 협조하라. (…) 공산주의자는 아주 중대한 상황에 직면했다. 공산주의자가 혁명하려는 프랑스라는 나라는 불구와 절멸의 위기에 처했다. 소멸하는 자본주의의 악의와 부도덕성, 그것이 만들어내는 이기주의, 궁핍, 그로 인한 비밀 낙태가 **가족을 파괴하고 있다.** 공산주의자는 프랑스의 가족을 위해 싸우려 한다. (…) 공산주의자는 강한 국가를 세우고 많은 민족을 번식시키려 한다. 소련이 이 길을 가리키고 있다. 민족을 구하기 위해 적극적으로 조처를 취하는 것이 반드시 필요하다.[50]

물론 이러한 발언은 마르크시즘 원칙과 정반대될 뿐만 아니라 본질적으로 나치의 발언과 다르지 않다. 심지어 가족을 보는 관점이 그다지 다르지 않은 《레이디스 홈 저널Ladies' Home Journal》과 같은 여성지도 설득 방식이라는 측면에서 나치의 발언에 필적한다. 존 스튜어트 밀이 이미 오래전에 지적했듯이 권위주의적이고 가부장적인 정신이 여성 해방을 인종 청소나 사랑의 소멸과 구별하

---

49 이 반마르크시즘적 표어들은 Timasheff, 앞의 책, pp.197~198에 재수록되어 있다.
50 P. Vaillant-Courturier, *Humanité*, October 31, 1935.

지 못한다는 사실은 실로 놀랍다. 이는 곧 인간의 애정과 출산을 노예적 종속, 우연한 임신 혹은 지나친 출산, 비굴한 애정과 동일시하는 것이다.

혁명이 일어난 지 27년이 지나자 소련의 입장은 완전히 뒤바뀌었다. 결혼과 이혼, 낙태, 양육, 가족에서 급진적 자유는 대부분 축소되었고 어디에서나 반동이 득세했다. 1943년에는 남녀공학까지 폐지되고 만다. 성 혁명은 끝났고 반혁명이 승리했다. 이후 몇십 년간 다른 국가의 보수적 논자들은 변화를 추구하는 것이 얼마나 어리석은지를 보여주는 구체적 사례로 소련을 지목하면서 즐거워했다.

* 반동적 이데올로기

1 프로이트와 정신 분석학적 사유의 영향

반혁명이 시작된 것은 단지 공식적 억압 때문만은 아니다. 대부분 지역에서 성 혁명은 내부에서부터 붕괴했으며, 성 혁명을 분쇄하려는 적대적 힘 때문이 아니라 성 혁명 자체의 불완전함 때문에 허물어졌다. 성 혁명은 가부장제 정책의 상부 구조에만 집중하여 사법 형태와 눈에 띄는 폐단을 바꾸거나 형식적 교육 형태를 변경시키는 데만 초점을 맞추었다. (이는 필연적이고도 불가피한 일이기도 했다.) 그럼으로써 기질을 사회화하고 역할을 차별화하는 문제를 전혀 건드리지 못했다. 이것이 반혁명이 일어난 진정한 원인이다. 기본적 태도, 가치, 정서(이것들은 가부장제 사회를 몇천 년 동안이나 지탱해온 심리 구조를 구성하는 역할을 한다)는 바꾸지 않은 채 그대로 남아 있었다. 게다가 과거 가부장제 전통의 주요 제도인 가부장제 결혼과 가족 제도는 거의, 아니 전혀 바뀌지 않았다. 사회의 표면적 외양만 변화했을 뿐이었다. 그 아래 있는 본질적 체계는 방해받지 않고 그대로 보존되어 있었다. 본질적 체계는 새로운 원천과 승인, 이데올로기적 정당화를 부여받을 때 다시 한번 체제를 효과적으로 정비할 수 있다. 실로 가부장제는 가족을 넘어서는 뚜렷한 상부 구조 없이도 철저하게 효율적인 정치 체계이자 사회 통제 방식으로 남아 있었다. 가부장제는 처음 주체를 조건화시킬 때의 정신과 정서의 토대 위에 여전히 살아 있기 때문이다. 몇 가지 개혁만으로 바꿀 수 있는 것은 아니었다.

1930년에서 1960년 사이 보수적 경향이 경제와 교육에서 미국 여성의 지위를 얼마나 악화시켰는지를 보여주는 많은 연구가 나왔다.[51] 이 연구자들은 보수적 경향이 득세한 이유를 전후戰後의 반동적 분위기와 소련을 비롯한 사회주의 실험에 대한 보수적이고 반공주의적인 반감 탓으로 돌리고 있다. 또한 여성이 주기적으로 노동 시장에서 대규모로 쫓겨나면서 예비 노동력으로

---

[51] 여성의 지위에 관한 대통령 보고와 William L. O'Neill, *Everyone Was Brave, The Rise and Fall of Feminism in America*(Chicago: Quadrangle, 1969); Bettry Friedan, *The Feminine Mystique*(New York: Norton, 1963); Marlene Dixon, "Why Women's Liberation?" *Ramparts*, November 1969 등 참조. 1930년대에는 남성과 여성의 소득 격차가 더욱 커졌다. 1940년에 여성은 전문직과 기술직의 45퍼센트를 차지하고 있었으나, 1967년에는 37퍼센트로 줄었다. 1930년대에 학사와 석사 수여자 5명 중 2명이 여성이었고, 박사 수여자 7명 중 1명이 여성이었다. 그러나 1962년에는 학사와 석사 수여자 3명 중 1명만이 여성이었으며, 박사 수여자는 10명 중 1명에 불과했다(이 수치는 마를레네 딕슨의 책에서 인용).

착취당하고, 다시 노동 시장으로 진입한다 하더라도 미천한 직종에 종사하게 되는 경제 상황과 "더 고귀한 가정 중심주의"[52]라는 이데올로기 탓으로 돌렸다. 이는 이미 어느 정도 입증된 현상이므로 여기에서는 문학과 학문 분야에 확산되어 나타난 여론의 흐름과 반혁명 시대의 지적 기원과 분위기에 관심을 기울이려 한다.

물론 반동의 시대는 실로 종교 부흥 시대였으며, 특히 신망이 두텁고 영향력이 있는 문학과 학제의 영역은 더욱 그러했다. 그러나 실제로 가부장제 사회 질서와 성 역할, 남성과 여성에 대한 기질적 차별화 등을 뒷받침하는 새로운 이데올로기는 종교에서 나오지 않았다. T. S. 엘리엇의 경건함과 옥스퍼드 대학과 신비평에서 유행하는 신정통주의의 신성함 등은 사회 전체를 위한 구명정 역할을 하기에 부족했다. 합리성으로부터 나와 신화라는 어두운 동굴로 도피한 작가와 비평가 또한 그러한 역할을 하기에는 부족했다. 낡은 태도가 새롭게 정식화된 것은 과학, 특히 심리학과 사회학, 인류학과 같은 새로운 사회 과학에서부터였다. 이들은 사회를 통제하고 조작하는 데 유용한 권위를 지닌 학문 분파였다. 조금이라도 덜 공격받기 위해서는 아무리 수상하다 하더라도 생물학이나 수학, 의학과 같은 좀 더 실증적인 과학과 연계를 맺어야 한다. 보수적 사회의 요구를 만족시키기 위해 그리고 사회생활에서 혁명적 변화를 수행하는 데서 (특히 가족과 같은 기본 단위에 대한 철저한 변화를 실천하는 데서) 난처해하고 꺼리는 대중을 만족시키기 위해, 새로운 예언자들이 등장하여 과학이라는 최신식

---

52 O'Neill의 용어.

언어로 별개 영역이라는 낡은 원칙을 다시 포장해야 했다.

이들 중 지그문트 프로이트의 영향력이 가장 컸다. 프로이트는 의심의 여지없이 당대 성 정치학 이데올로기를 대변하는 강력한 반혁명적 힘이었다. 프로이트의 성 이론은 로렌스 시대에 영국을 비롯한 유럽 대륙에서 매우 대중적이었지만 미국만큼 완벽한 지배력을 행사한 곳도 없을 것이다. 프로이트가 미국에 끼친 영향력은 헤아릴 수 없을 정도로 막대하다. 미국은 또한 성 혁명이 일어난 최초 중심지였던 만큼 프로이트의 이론을 간절히 필요로 했다. 일반적으로 프로이트 이론은 성적 자유를 향한 자유로운 충동의 전형으로 받아들여지며 섹슈얼리티에 대한 전통적 청교도주의의 금기를 완화하는 데 기여했다고 여겨진다. 그러나 프로이트와 추종자들 그리고 그를 대중적으로 알린 사람들의 작업은 양성 간의 불공평한 관계를 합리화하고 전통적 성 역할을 승인하며 기질적 차이를 확증하는 결과를 가져왔다.

위대한 선구자 프로이트의 발견(무의식 이론과 유아 섹슈얼리티에 관한 이론은 인간을 이해하는 데 크게 기여했다)은 본질적으로 보수적 견해를 뒷받침하는 데 사용되고 있다. 이는 비극에 가까운 아이러니다. 그리고 전통적 예속에서 여성을 해방시키려는 성 혁명의 목표에도 프로이트의 견해는 강력한 반혁명적 태도에 이바지하는 방향으로 나아갔다. 불행히도 통속적 프로이트주의는 프로이트 자신의 의도를 훨씬 넘어섰다 할지라도 반反페미니즘은 명백히 프로이트의 저서에 근거하고 있다.

프로이트는 학생들에게 자신의 혼란을 겸손하게 시인한 적이 있었다. "여성성에 대해 더 알고 싶다면 여러분 자신의 경험에 질문하거나 시인에게 조언을 구하거나 아니면 과학이 더 일관된 정보를 줄 수 있을 때까지 기다리십시오."[53] 마리 보나파르트Marie Bonaparte에게도 이렇게 말한 적이 있었다. "지금까지 한 번도 대답된 적이 없었고, 여성의 영혼에 대해 30년 동안 연구해온 나 자신도 대답할 수 없었던 커다란 질문은 '여성은 무엇을 원하는가?'라는 질문이네."[54] 이와 같은 근본적 불확실성에 직면해서도 계속 여성 심리학을 고집스럽게 구성했다는 게 프로이트의 가장 큰 불행이었다.

프로이트 심리학의 진정한 비극은 여성의 성격에 대한 그릇된 해석이 (타당성을 보장받는) 임상적 관찰에 기초하고 있다는 사실이다. 정신 분석학에 도움을 요청한 여성들은 그 시대에 '부적합한 여성들'이었다(지금도 그러하다). 이들은 비올라 클라인이 훌륭하게 묘사하고 있듯이 "사실상 자신의 성 역할에 대하여 널리 퍼진 여성의 불만"을 보여주는 징후였다.

그러한 불만은 열등감으로, 자신의 성에 대한 경멸로, 수동적 역할에 대한 반항으로, 남성의 자유에 대한 질시로, 지적이고 예술적인 성취에서 남성과 대등해지려는 야망으로, 독립을 향한 노력으로, (…) 남자가 되지 못하여 받는 사회적 불이익을 상쇄할 수 있다고 생각되는 모든 종류의 방법으로 표현되었다.[55]

53 Sigmund Freud, "Femininity," *New Introductory Lectures on Psychoanalysis* (1933), trans. James Strachey(New York: Norton, 1964), p.135.
54 프로이트가 보나파르트에게 보낸 편지에 나오는 말로 Ernest Jones, *The Life and Work of Sigmund Freud*(New York: Basic Books, 1953), Vol.II, p.421에서 인용.
55 Viola Klein, *The Feminine Character, History of an Ideology*(London: Kegan Paul, 1946), pp.72~73.

프로이트는 임상 연구를 통해 여성이 두 가지 원인으로 고통받는다고 통찰했다. 하나는 성적 금기(이는 때로 히스테리와 같은 가혹한 증상을 가져올 만큼 심각한 것이었다)였으며,[56] 다른 하나는 사회적 상황에 대한 커다란 불만이었다. 프로이트는 대체로 후자를 전자에 근거하는 것으로 생각했으며, 억압적 문화에 존재하는 사회적 불안의 실질적 증상을 여성의 성적 실현이라는 만병통치약으로 해결하려 했다.

남근 선망 이론에 기초한 여성 심리학

여성에 대한 프로이트의 이론을 재고할 때 우리는 그가 자신의 증거로부터 어떤 결론을 이끌어냈는지 물어야 할 뿐만 아니라 어떤 전제로 그러한 결론을 도출했는지도 살펴보아야 한다. 프로이트는 여성 환자의 증상을 사회가 부여한 한계 상황에 대한 불만의 증거로 받아들이는 것이 아니라 독립적이고 보편적인 여성적 성향의 징후로 받아들였다.[57] 프로이트는 이 성향에 남근 선망이라는 이름을 붙인다. 그리고 그 기원이 어린 시절 경험에 있다고 보았으며 여기에 기초해 여성 심리학 이론을 세웠다. 수동성, 마조히즘, 나르시시즘을 여성 심리학의 세 가지 결론으로 내세우면서 이들 각각은 남근 선망에 근거하거나 깊은 관련이 있다고 결론 내렸다.

---

56 프로이트가 최초로 분석한 사례도 히스테리였다. Sigmund Freud, *Collected Papers* (1893~1905), Vol.I, pp.9~27; *Dora. An Analysis of a Case of Hysteria* (1905~1909), ed. Philip Rieff(New York: Collier, 1966) 참조.

57 여기에서 프로이트의 치료 방식은 성 금기 때문에 고통받는 환자에게 그가 보여준 자유롭고 인간적인 태도와는 사뭇 달랐다.

2부 역사적 배경

프로이트는 여성의 성격을 전적으로 남근 선망에 근거해 이 해하고 있어 이에 대한 정교하고 때로는 반복적인 설명이 필요했다.[58] 따라서 남근 선망 이론에서 출발하는 여성에 대한 정의는 부정적일 수밖에 없다. 즉 이는 여성이 남성이 아니라는 사실과 남근을 '결여'한 사실에서 오는 필연적 귀결이다. 프로이트에 따르면 여성이 자신의 성을 발견하게 되는 것은 그 자체로 어마어마한 재앙이므로 평생 따라다니면서 여성을 괴롭힌다. 이 발견은 여성 대부분의 기질적 측면을 설명할 수 있다. 현대 심리학과 정신 분석학은 여성에 대한 프로이트의 심리학에서 도출되었는데, 프로이트의 여성 심리학은 출발부터 여성으로 태어났다는 비극적 경험에 근거하고 있는 것이다. 프로이트는 여성 환자들에게서 얻은 임상 자료에만 의존하고 있다. 그리고 이후 이를 모든 여성에게 적용하는 심리학으로 일반화한다. 프로이트는 이런 방식을 통해 여성으로 태어나는 것은 '거세된 채' 태어나는 것과 다름없다는 생각을 여성이 어떻게 받아들이는지 탐구할 수 있었다고 한다.

우리는 정신 분석학적 작업에서 여성이 스스로를 태어날 때부

---

58 특히 Freud, "Femininity," 앞의 책 참조. 프로이트는 "훨씬 우월한 소년의 기관"(p.126), "여성의 열등한 클리토리스"(p.127), "생식기 결핍"(p.132), "본래적인 성적 열등성"(p.132) 등과 같이 불공평한 표현을 노골적으로 구사하면서 남근 선망은 자신의 여성 심리학 이론의 기초라고 말한다. 그리고 이러한 가설에 이의를 제기한다면 자신의 이론 체계 전체를 파괴하는 것이라고 경고한다. "내 생각이 환상에 불과하다고 거부한다면, 그리고 여성성이 구성되는 데 남근 결핍의 영향이 크다는 내 믿음을 고정 관념에 불과하다고 생각한다면 물론 나는 아무런 방어를 할 수 없다"(p.132). 프로이트의 이와 같은 견해에 대한 나의 비판은 프랜시스 캄Frances Kamm의 미간행 원고에 빚지고 있다.

터 잘못되어 있었다고 생각한다는 것을 배우게 된다. 즉 부당하게 (성기가) 잘려나갔다고 생각한다. 따라서 수많은 딸들이 어머니에게 느끼는 적개심은 최종 분석에 따르면 자신을 남자가 아니라 여자로 태어나게 했다는 사실에 대한 비난에서 오는 것이다.[59]

이 말이 옳다고 한다면 왜 이렇게 되었는지를 물어야 한다. 남성성이 실로 **본질적으로** 우월한 현상인지, 그 '우월성'이 경험적으로 증명되고 입증될 수 있는 것인지, 아니면 여성이 스스로 열등하다고 잘못 이해하고 추론하고 있는 것인지 물어야 한다. 여기에서도 다시 한번 우리는 왜냐고 물어야 한다. 여성의 경험과 사회, 사회화에서 어떤 힘이 여성 스스로를 열등한 존재라고 생각하게 하는 것인가? 대답은 아마도 가부장제 사회라는 조건과 사회 내 여성의 열등한 처지에 있을 것이다. 그러나 프로이트는 이러한 추론의 노선을 따르지 않았고, 대신 해부학적 차이라는 생물학적 사실에 근거해 어린 시절 경험에서 병인病因 추적하기를 선호했다.

프로이트가 더 타당해 보이는 사회적 가설을 무시하고 대신 유아의 주체성이라는 잘못된 길로 들어선 것은 매우 불행하다고 할 수 있다. 하지만 여성이 남성 지배 문화, 즉 해부학적 가치에 의존하면서 생물학적 현상에 상징적 힘을 부여하는 남성 지배 문화에 태어났다는 사실을 인정할 만큼 프로이트가 충분히 객관적

---

59 Freud, "Some Character Types Met With in Psycho-Analysis Work" (1915), *Collected Papers of Sigmund Freud*, ed. Joan Riviere(New York: Basic Books, 1959), Vol.IV, p.323.

이었다면 그 분석은 상당히 이치에 맞았을지도 모른다. 이와 똑같은 방식으로 말하자면, 백인 인종 차별주의 사회에서 흑인으로 태어나는 외상적 상황은 인종적 특성에 대해서 아무 말도 해주지 않으면서도 피부색 자체에 상징적 가치를 부여한다.

프로이트는 더 넓은 문화적 맥락을 가진 여성의 불만을 무시하고 유년기 경험에 한정시킨다. 이로써 다시 한번 유년기의 사회적 맥락을 소홀히 한다. 이는 어린아이가 양성의 해부학적 차이를 발견하는 순간 여성의 '거세'를 위치시키기 때문에 가능하다. 프로이트는 여성의 경험에 핵심이 되는 것을 찾았다고 믿었다. 즉 여자아이들이 '거세되었다'는 것을 발견하는 순간, 다시 말해 '여자아이들이 순식간에 발견하게 되는 사실'을 말한다.

> 여자아이들은 남자 형제나 친구의 크게 돌출된 남근을 보는 즉시 그것을 자신의 잘 드러나지 않는 자그마한 돌출 기관의 우월한 대응물로 인식하며, 그 이후 남근에 대한 어쩔 수 없는 선망을 가지게 된다.[60]

여기에는 설명되지 않은 몇 가지 전제들이 있다. 왜 여자아이는 큰 게 좋은 것이라는 전제에 즉시 사로잡히는가? 유치하고 순진한 나르시시즘에서 남근은 이상하게 돌출된 것이고 자신의 것은 정상이라고 추론할 수도 있는 일 아닌가? 남자아이는 분명 그렇게 한다고 프로이트는 말한다. 즉 남자아이는 자기 몸이 특이하

---

60 Freud, "Some Psychological Consequences of the Anatomical Distinctions Between the Sexes"(1925), *Collected Papers*, Vol.V, p.190.

다고는 느끼지 않고 "절단된 것에 대한 공포 아니면 여성에 대한 의기양양한 경멸"[61]이라는 반응을 보인다는 것이다. 다음으로 프로이트는 여자아이가 남근을 보고 "즉시 인식하는" 그 "우월한 대응물"의 우월성을 유년기 자가 성애적 만족과 연관되는 것으로 가정한다. 그러나 여기에서도 아이의 경험은 그러한 전제를 뒷받침해주지 못한다.

프로이트 이론은 대부분 이러한 발견의 순간에 근거한다. 놀랍게도 여성의 남근 선망이라는 특이한 서사의 반복은 (단지 이브의 타락에 불과한) 타락 이야기를 되풀이하는 것과 같다.[62] 그 순간 남자아이와 여자아이는 능동적이고 수동적인 역할과 남성적이고 여성적인 역할을 얼마든지 교환할 수 있는 천국 같은 놀이터를 최초로 금지당하게 된다. 여성은 자신의 열등성과 거세를 발견하는 무서운 타락의 순간에 이르기 전에는 클리토리스를 남근으로 가정한다고 한다. 왜 그런지 무척 의심스럽다. 프로이트에 따르면 여성은 클리토리스로 자위를 하기 때문이다. 그리고 여성은 자위에 가장 좋은 것이 남근이라고 결론 내린다고 한다.[63] 프로이트는

---

61   같은 책, p.191.

62   아담은 자신이 우월한 종족에 속함을 보증해주는 남근을 명예롭게 생각한다. 또한 '절단된 것'을 본 후 생기는 거세 공포는 아담의 오이디푸스적 욕망을 (아버지의 거세 보복에 대한 두려움에서) 억압하게 하며 이를 통해 강력한 초자아를 발달시킨다. 이 사실이 남성의 도덕적이고 문화적인 우월성을 설명해준다고 프로이트는 믿는다.

63   처음에 여자아이는 자신이 자유롭고 평등하며 적극적이라고 느끼기 때문에 프로이트의 표현에 따르면 "여자아이는 작은 남자라 할 수 있다." Freud, "Feminity," 앞의 책, p.118. 프로이트의 남성적 편견은 언어의 순결함조차도 삭제할 정도로 강력하다. 즉 자가 성애적 상태는 양성 모두에게 이 용어가 의미하는 그대로 '클리토리스적'이라고 불릴 수 있기 때문이다. 프로이트의 용법에 따르면 자위란 쾌락을 위한 적극적 추구 행위이므로 본질적으로 남성적 행위다. "여자아이의 남근기에서는 클리토리스가 중요한 성감대라는 사실은 분명하다." 같은 곳.

심지어 클리토리스 자가 성애 단계를 여자아이의 '남근기'라고 고집스럽게 부른다.

더욱이 여성의 삶을 해치는 그 발견은 대부분 남자 친구가 소변을 보거나 목욕하는 모습을 보는 데서 비롯한다. 여자아이가 어떻게 남자아이의 목욕 장면이나 소변 장면을 보면서 그 신기한 물건으로 자위할 것이라고 논리적으로 비약하게 되는지 아무 설명이 없다. 남근을 처음 보는 것이 자위 놀이에서 비롯되었다 하더라도 이 낯선 물건이 자가 성애적 쾌락에 더 도움이 된다고 여자아이가 판단하게 되는 근거는 전혀 없다(남자아이가 클리토리스의 자가 성애를 모르듯이 여자아이도 남근의 자가 성애를 경험할 수 없기 때문이다). 그러나 프로이트는 남근을 발견하면서 여자아이의 자가 성애가 줄어든다고 믿었다. 이는 "남근 선망의 또 다른 놀라운 효과 혹은 클리토리스의 열등함을 발견한 효과"[64]라는 것이다. 여기에서 아이의 추론에 대한 설명은 프로이트 자신의 추론과 분리되지 않으며, 경멸적인 말투 또한 이 문제를 돌이킬 수 없을 정도로 혼란스럽게 만든다. 실로 남근 선망이나 여성의 거세 콤플렉스라는 프로이트의 생각을 뒷받침해줄 수 있는 그 어떤 객관적 증거도 없으므로,[65]

---

64 Freud, "Some Psychological Consequences of the Anatomical Distinctions Between the Sexes," 앞의 책, p.193.

65 프로이트의 임상 자료 전체는 환자에 대한 분석과 자신에 대한 분석으로 구성되어 있다. 남근 선망의 경우 프로이트는 놀랍게도 환자에게서 증거를 찾지 못했다. 따라서 성적 차이를 발견한 후 남성이 여성을 경멸하게 되고, 여성은 비통함을 느끼게 된다는 설명은 전적으로 자신의 경험에 따른 것이다. 프로이트를 제외한 남성의 자료는 '소변통'에 강박관념을 가진 다섯 살 꼬마 한스(프로이트의 손자)뿐이다. 정확한 임상 조사라는 일반적 원칙을 지켜야 함에도 프로이트는 어린아이가 어떻게 처음으로 성적 지식을 가지게 되는지를 일반화하기 어려웠다(이는 지금도 그러하다). 가족과 문화 양식이 너무나 다양하고 개인적 경험 안에서도 수많은 요인들(가족의 수, 나이, 형제자매의 성별, 나체에 대한 강력하고도 일관된 금기 등)이 복잡하게 얽혀 있기 때문이다.

이 모든 사건을 만든 것은 철저히 프로이트 자신의 주관성이며 강력한 남성적 편견이자 다소 조잡한 남성 우월주의적 편견일 따름이다.[66]

프로이트의 용어와 말투가 보여주는 상습적인 남성적 편견과 태도는 프로이트의 추종자들에 이르러 더욱 강화된다. 헬렌 도이치Helene Deutsch는 클리토리스를 남근의 '불완전한 대체물'이라고 불렀고, 칼 아브라함은 여성의 '외부 생식기 결핍'을 이야기하며 출산이 여성의 타고난 불완전함을 변변치 않게나마 대체해 줄 수 있다고 결론짓는다.[67] 프로이트를 비판하면서 클라인이 말하고 있듯이 "인류의 절반인 여성은 다른 절반인 남성이 생물학적으로 소유하고 있는 것을 소유하지 못하고 있으므로 불이익을 느끼게 된다(하지만 역은 성립되지 않는다)"[68]라는 말은 참으로 기이한 가설이다. 수많은 사회적 요인이 있음에도 인류의 절반이 자신의 열등한 사회적 지위를 조잡하기 그지없는 생물학적 이유로 돌려야 한다는 것도 기이하기는 매한가지다.

젊은 여성은 자신의 성적 특성의 정당성을 부정할 뿐만 아니라 심지어 성적 특성의 존재조차도 부정한다는 있을 법하지 않은 가정하에서 프로이트는 어떻게든 자신의 이론을 구성하려 했다. 사실상 아이들이 처음으로 주목하게 되는 것은 어머니에게는 젖

---

66 앨프리드 존스Alfred E. Jones는 프로이트의 이러한 태도를 '남근 중심주의적'이라고 적절하게 명명하고 있다. 프로이트의 전제에는 여성이 불완전한 남성(예를 들어 남성이 표준이라면 여성은 기형적 인간이라는 식의)이라는 오래된 여성 혐오주의적 가정을 연상시키는 것이 있다. 이는 아우구스티누스, 아퀴나스 등과 같은 사상가가 공유한 견해다.

67 Karl Abraham, "Manifestations of the Female Castration Complex," *International Journal of Psychoanalysis*, Vol.3, March 1922.

68 Klein, 앞의 책, pp.83~84.

가슴이 있는데 아버지에게는 없다는 사실이다. 출산이 젊은 여성에게 미치는 효과 역시 여기에서 간과되어 있다. 또한 여자아이는 클리토리스뿐만 아니라 질에 대해서도 알게 된다는 사실도 무시되고 있다.

프로이트는 남근 선망 이론을 구성하면서 여성의 불만을 사회적으로 설명할 수 있는 가능성을 무시했다. 그뿐만 아니라 남성의 특징인 남근에 여성이 질투심을 가진다고 가정하여 아예 사회적 설명 자체를 봉쇄하고 있다. 이를 가지고 성인 여성을 비난하는 것은 어리석어 보이기 때문에 프로이트는 어린아이와 아득히 먼 유년기의 경험에 호소할 수밖에 없었다. 이제 (잘 적응했든 못했든) 여성의 발전 과정 전체는 거세의 발견이라는 대격변의 순간을 통해 이해된다.

이제까지 프로이트는 모든 것을 젊은 여성의 주체성 탓으로 돌리는 사고방식을 단순히 밀고 갔을 뿐이다. 옳든 그르든 프로이트의 진술은 여자아이가 그릇되게 믿고 있는 것에 대한 설명description에 불과했다. 그러나 프로이트의 설명에는 처방prescription 또한 포함되어 있다. 여성이 자신의 거세를 발견하는 것은 보편적 경험이라고 가정되는 반면에 이에 대한 반응은 정교한 단계를 통해 건강과 성숙, 미래를 결정하는 기준이 된다고 생각하기 때문이다. "자신의 나르시시즘에 손상을 입었다고 생각하는 여성은 상처와 같은 열등감을 품는다. 남근의 결핍을 스스로 개인적 형벌이라고 설명하는 최초의 단계를 지나 그러한 성적 특징이 보편적이라는 사실을 깨달으면 여성은 그렇게 중요한 것이 작다는 이유로 남성들처럼 여성을 경멸하게 된다."[69] 처음에 여성은 어머니를 비난한다. "그토록 불완전하게 자신을 낳았고" "남근의 부재에 전적으로 책임이 있기" 때문이다.[70] 여기에서 프로이트의 언어는 또다시 사실과 환상을 구별하지 못하고 있다. 하지만 여성이 스스로의 성을 부정하는 것만으로는 충분하지 않다. 여성이 성숙하기 위해서는 자아가 적극적으로 남성적 대상을 향하도록 해야 한다. 이것이 여성 오이디푸스기의 시작이다. 여자아이는 이제 어머니를 임신시키려는 희망을 포기한다. (어떻게 소녀가 임신이라는 정교하고도 복잡한 과정을 발견하게 되는지도 의아스럽다. 순진한 성인 여성조차도 임신에 대해 제대로 알지 못하는데 말이다. 아이는 결코 혼자서 임신에 대해 깨달을 수 없다.) 여자아이는 어머니가 자신을 가치 없다고 판단했거나 자신이 자위라는 죄를 저질러서 자신의 남근을 절단했다고 가정한다. 따라서 이제 여자아이는 관심을 아버지에게로 돌린다.[71]

이 단계에서 처음에 여자아이는 아버지가 도량이 커서 자신에게도 남근을 하나 줄 것이라고 기대한다. 하지만 이러한 희망은 좌절되고 대신 아버지의 아기를 가지겠다는 열망에 빠진다. 여기에서 아기는 기이하게 표현된다. 즉 진짜 아기가 아니라 사실상 남근일 따름이다. "이제 여자아이의 리비도는 '남근 달린 아이'라고 표현할 수밖에 없는 등식의 새로운 국면으로 접어들게

---

69 Freud, "Some Psychological Consequences of the Anatomical Distinctions Between the Sexes," 앞의 책, p.192.

70 같은 책, p.193.

71 여성의 심리 전개 과정에 대한 설명은 Sigmund Freud, *Three Contributions to the Theory of Sex*(1908); "Femininity"; "Some Psychological Consequences of the Anatomical Distinctions Between the Sexes"; "Female Sexuality" 참조.

된다."[72] 여자아이는 남근을 가지겠다는 희망을 결코 단념하지 않지만("우리는 이러한 남근에의 소망을 전적으로 여성적인 것으로 인식해야 합니다"),[73] 어쨌든 여자아이가 얻을 수 있는 남근에 가장 가까운 것은 아기다. 새로운 남근 소망이 아기로 변형된 것이며, 아기는 여성스럽게 포장된 남근인 동시에 보기에도 그다지 흉하지 않다는 장점이 있다. (여자아이의 공포가 강간이 아닌 거세를 중심으로 하고 있다는 프로이트의 생각은 흥미롭다. 강간이야말로 여자아이가 실제로 충분히 두려워할 만한 것이다. 거세는 여자아이에게 일어나지 않는 일이지만 강간은 실제로 발생하는 일이기 때문이다.) 프로이트에 따르면 이제 여자아이는 거세에 대한 불안을 일부 접게 되지만 그래도 남근을 시샘하고 원망하는 마음은 계속된다.[74] 따라서 여자아이는 세상에서 여전히 '성적으로 무능한 상태로' 남아 남근을 가진 남성에게는 끊임없는 위협의 대상이 된다. 여기에서 프로이트의 어조는 유산자와 무산자 사이의 자본주의적 적대감을 연상시킨다. 이는 또한 프로이트의 이데올로기에 내재한 여성에 대한 공포심과 성숙한 여성에게 가해지는 남근 선망이라는 비난이 가진 강력한 힘을 설명해준다.

연속극보다 더 무시무시한 가정 심리극이라 할 수 있는 프로이트의 '가족 로맨스'는 계속된다. 전형적인 여자아이는 이제 클리토리스의 완전한 무능력(그러므로 여성의 무능력과 자아의 무능력)

---

72 Freud, "Some Psychological Consequences of the Anatomical Distinctions Between the Sexes," 앞의 책, p.195

73 Freud, "Femininity," 앞의 책, p.128.

74 Sigmund Freud, "Female Sexuality"(1931), *Collected Works*, Vol.V, pp.252~272.

에 설득당해 아버지를 욕망하는 오이디푸스기로 진입한다. 반면에 남자아이는 거세의 발견이 함축하고 있는 의미 때문에 간담이서늘해져서 처음에는 그 발견을 억압하려 한다. 이후 남자아이는 여자에 대한 압도적 경멸과 함께 성적 차이를 발견하게 된다. 사회적 문맥은 별도로 하고서라도 프로이트의 이론이 그토록 확신하는 것, 즉 남자아이가 남근의 우월성을 확신하게 된다는 사실은 이해하기 쉽지 않다. 그러나 프로이트는 이렇게 확신시킨다. "여자에게는 남근이 없다는 발견의 결과로 여자아이는 자신의 가치를 평가절하하게 되는데, 이는 남자아이 또는 이후 남자들이 여성을 평가절하하는 것과 같습니다."[75]

남자아이는 아버지와 충돌하면서 거세라는 재앙이 자신에게도 닥칠 수 있다는 경고를 받는다. 남자아이는 자신의 상징에 대해 갈수록 조심하게 되며 공포심 때문에 어머니를 향한 성적 욕망을 포기한다.[76] 핵가족 생활의 신경증적 흥분에 관한 프로이트의 설명은 그 자체로 핵가족 제도의 파괴적 효과에 대한 강력한 증거다. 핵가족 제도는 부모를 통해 아이에게 원초적인 성적 대상(성인 남녀)을 제시하며, 이들과의 성교는 육체적으로는 가능하다 할지라도 근친상간적인 것이라고 금지하기 때문이다.

프로이트는 여성에게 남근을 가지려는 오랜 희망을 단념하고 모성성으로 승화시키라고 강력하게 처방하고 있지만, 그가 권장하는 것은 단지 전이된 대상에 대한 욕망일 뿐이다. 모성적 욕

---

75 Freud, "Femininity," 앞의 책, p.127.

76 프로이트는 "Some Psychological Consequences of the Anatomical Distinctions Between the Sexes"를 비롯하여 남성의 오이디푸스 콤플렉스를 설명하는 다른 곳에서도 이렇게 말한다.

망조차도 남근 선망의 흔적이라고 보기 때문이다. 여성은 성숙하더라도 남근에 대한 희망을 결코 버리지 않으며, 이제 이 희망을 아기와 동일시하는 것이 적절하다고 프로이트는 생각한다. 따라서 남성은 여성을, 더 적절하게 말하자면 여성에 대한 자신의 관념을 사랑하게 되지만 여성은 아기를 사랑하게 된다.[77] 여성은 출산을 통해 남근에 대한 허황된 추구를 끈질기게 계속하며 (실제로 아기를 가지게 되므로) 오이디푸스적 상황을 결코 극복할 수 없다. "여성의 행복은 아기에 대한 소망이 현실로 성취될 때 더욱 커집니다. 특히 그 아기가 그토록 갈망했던 남근을 가진 남자아이라면 기쁨은 더하게 됩니다."[78] 프로이트는 여성만이 할 수 있고, 여성만의 기능으로 생각되는 출산을 단지 남성 기관에 대한 추구에 불과한 것으로 논리적으로 바꾸어놓는 데 성공했다. 아기는 남근의 대체물이므로 출산 또한 남성의 특권이 된다. 여성은 (프로이트의 이론이 여성에게 권장하는 유일한 기능인) 출산을 하는 데 불과한 인간으로 여겨질 뿐이다. 더욱이 여성의 리비도는 실제로 너무 적어서 여성을 구성적 행위자라 부르기에도 부적합하게 보인다. 여성은 남성보다 성적 충동이 덜하다고 프로이트는 반복적으로 말하고 있기 때문이다. 따라서 여성은 제한된 실존과 이류에 불과한 생물학적 특성에서조차도 제대로 정당성을 부여받지 못한다. 여성이 아비 없는 아이를 낳게 된다면 그 아이는 대용代用 남근에 불과한 것이 된다.

---

77   Freud, "Femininity," 앞의 책, p.134.
78   같은 책, p.128.

여자아이가 클리토리스의 열등함을 받아들이면서 적극적인 '남근적' 자가 성애를 그칠 때까지 올바른 자위행위는 계속될 수 없다. 여기에서 프로이트는 특히 규범적이다. "클리토리스로 자위하는 것 자체가 남성적 행위에 해당한다. 따라서 클리토리스에 의한 성행위를 불식시키는 일은 여성답게 성장하는 데 필요한 전제가 된다."[79](여기에서 여성성은 정상적이고 건강한 것이라고 규정되어 있다. 나중에 이에 대해 더 살펴볼 예정이다.) 사춘기의 자가 성애는 금지되어 있다. 즉 금욕은 올바른 여성적 성장을 위해 꼭 필요하다. 거기까지 운 좋게 정상적으로 성장해온 여자아이에게도 여전히 장애물은 존재한다. "여자아이는 자신이 거세되었음을 인정하고 그에 따른 남성의 우월함과 자신의 열등함을 인정한다. 그러나 여자아이는 이러한 불쾌한 사실에 반항하기도 한다."[80] 프로이트는 "기질은 투쟁 없이 제 기능에 순응하지는 않습니다"[81]라고 생각한다. 따라서 반항하는 여성 중 일부는 출산에 헌신하는 삶을 통해 자아실현을 추구하는 반면, 다른 여성은 모성성과 출산에 한정되는 생물학적 수준의 삶을 넘어서려는 오류를 고집하기도 한다. 이는 프로이트가 '남성 콤플렉스'라고 부르는 오류다.[82] 이것이 그가 수많은 비정상적 여성(섹슈얼리티를 단념하거나 다른 여성에게 돌리는 여성 그리고 '남성적 목표'를 추구하는 여성)을 설명하

79 Freud, "Some Psychological Consequences of the Anatomical Distinctions Between the Sexes," 앞의 책, p.194.

80 Freud, "Female Sexuality," 앞의 책, p.257.

81 Freud, "Femininity," 앞의 책, p.117.

82 "만일 여성성에 대한 방어가 그토록 열성적이라면 어린 시절 남근 선망에서 최초로 표현되는 남성성에 대한 열망 이외에 어떤 다른 원천에서 그 힘이 비롯된 것일까?" Freud, "Female Sexuality," 앞의 책, p.272.

2부 역사적 배경

는 방식이다. 특히 '남성적 목표'를 추구하는 여성들은 솔직하게 남근을 추구하거나 정직하게 모성성을 추구하지 않고, 대신 대학에 들어가거나 자율적이고 독립적인 삶을 살려고 노력하면서 페미니즘을 받아들이려 하고 아니면 끝없이 불안해져서 결국 '신경증 환자'가 되어 치료를 받아야 한다. 그러한 '성숙하지 못한' 여성들을 '발달이 정지된' 임상적 사례로 취급하면서 '퇴행적' 혹은 불완전한 인간이라고 비난하는 것이 프로이트의 방법론이다.[83]

억압되지만 결코 극복되지는 않는다는 남근 선망이 어떻게 건강과 병리학의 일차적 원천이 될 수 있는 것일까? 선한 여성이든 악한 여성이든 여성의 삶은 '기질적 요소'라는 신비롭기 짝이 없는 결정력에 휘둘리게 된다.[84] 따라서 명백하게 열등한 종족의 구성원인 여성이 자신의 운명을 정숙하게 받아들인다면 최소한 자신의 처지를 인정하면서 모성성이라는 영역에 스스로를 한정시킬 것이다. 그러나 여성이 계속해서 반항한다면 (프로이트가 경솔하게 확신하는) 남성의 '영역'이라는 더 큰 세계로 침범해 들어가서 남성과 '경쟁'하려 들 것이고, 따라서 남성을 위협하게 될 것이다. 그렇게 되면 그 여성은 '남성 콤플렉스'를 가지고 있다거나 '남성적 저항'을 하려 한다고 비난받을 수 있다.

이런 경우 프로이트(와 그를 뒤따른 학파)는 부드럽게 타이르거나 가혹하게 비웃는 등 온갖 수단을 동원하여 그 여성이 잘못되었다고 납득시키려 할 것이다. 통속적 프로이트주의가 권력을 쥐자 그들은 실제로 '통속 심리학'이라는 정신적 통제를 시도했

83　Freud, "Femininity," 앞의 책, p.130; "Analysis Terminable and Interminable," *Collected Works*, Vol.V 참조.

84　Freud, "Femininity," 앞의 책, p.130.

다. 반항아는 현실에 적응하고 굴복해야 한다. (생물학적이고 생식 위주의 인간과 구별되는) 모든 인간적 추구는 (흥미롭든 아니든) 남성의 '영역'이라고 일컬어지는데, 정말 본래부터 그런 것인지는 알 수 없다. 학식과 대학 교육, 직업 등도 어떤 생물학적 근거에서 남성적인 것으로 생각되는지도 증거를 찾을 수 없다. 프로이트가 관습과 유전을 혼동하고 있다고, 문화 양식에 대한 남성의 지배를 본성으로 착각하고 있다고 말하기는 쉽다. 그러나 프로이트의 가설은 남성 쪽으로 기울어져 있으므로 그렇게 말한다면 단지 그를 순진하다고 말하는 것밖에는 되지 않는다.

"정의에 대한 요구는 질투심이 모습을 바꾼 것"[85]에 불과하다고 가정하고, 이에 따라 가지지 못한 자의 상황은 유기체적인 것이므로 결코 바뀔 수 없다고 말하는 철학은 수많은 부당한 행위를 묵과할 가능성이 있다. 현 상태에 만족하지 못하는 박탈된 집단에게 이러한 철학이 해줄 수 있는 충고란 뻔하다. 그리고 이와 같은 추론 방식이 가져올 사회적·정치적 효과도 명백하다. 프로이트가 보수 사회에서 그렇게 인기 있는 사상가가 된 까닭은 불을 보듯 뻔하다.

프로이트는 남성 우월주의 문화가 여성의 자아 발달에 끼친 영향에 관한 연구할 기회를 봉쇄하고 대신 '생물학'이라는 피할 수 없는 법칙으로 여성의 억압을 정당화했다. 남근 선망 이론은 이 문제에 분별력을 몹시 흐리게 만들어놓았으므로 이후 심리학은 사회적 인과 관계라는 문제를 아직도 해결하지 못하고 있다. 남근 선망이 최소한의 의미가 있으려면 우선 그것을 성에 대한

---

85 같은 책, p.134.

전체적 문화의 맥락에 놓아야 한다. 여자아이는 남자 형제의 남근을 보기 전부터 이미 남성 우월주의를 완전히 인식한다. 우리 문화는 이미 남성 우월적이며 이는 가족과 학교의 남아 선호 현상을 통해 드러난다. 또한 수많은 매체와 종교, 아이들이 인식하는 어른 세상의 모델에서 양성의 이미지는 앞서 완전하게 제시되어 있으므로, 여자아이가 남성 우월주의를 남자아이의 돌출된 생식기와 연관시키는 것은 불필요하고도 부수적인 현상일 뿐이다. 그때쯤이면 이미 여자아이는 양성을 구별해주는 수많은 지표를 습득하고 있을 것이기 때문이다. 여자아이는 남성의 우월한 지위에 관해 그토록 구체적인 무수한 증거를 접하면서 이미 모든 측면에서 자신의 지위가 낮다는 것을 감지한다. 따라서 여자아이는 남근을 선망하는 것이 아니라 남근이 부여하는 사회적 권리를 선망하는 것이다. 프로이트는 어리석게도 생물학과 문화를, 해부학과 지위를 혼동한 것으로 보인다. 당시 독자는 그러한 혼동이 얼마나 쓸모 있는지를 잘 알고 있었다.

프로이트가 아무리 자기만족적으로 보인다고 하더라도 페미니즘 운동은 그에게 상당한 위협을 가했던 것으로 보인다. 여성에 대한 프로이트의 언급은 종종 페미니즘에 대한 비난으로 중단되기 때문이다. 프로이트는 반항적 여성들을 향해 반복해서 남근 선망이라고 비난하고 있는데 이는 해방적이고 지적인 여성이라는 유령을 쫓아내는 주문을 외는 것과 비슷하다. 그러한 문화적 성취를 시도하는 여성들은 자신의 유기체적 열등성을 상쇄하려는 쓸데없는 노력을 하는 괴짜에 불과하다. 프로이트는 이러한 성취를 위해서는 남근을 소유하는 것이 **필수 조건**이라고 전제하고 있기 때문이다. 프로이트는 심지어 정신 분석가에게 상담하

는 여성들조차 남근을 가지고 싶어서 그렇게 하는 것이라 비난한
다.[86] 이러한 발언은 모호하므로 제대로 번역해야 한다. 즉 여성
환자는 더 생산적인 작업을 하고자 하는 희망으로 프로이트에게
상담하는 것이며, 그는 상담료를 받는 대신 그들이 하려는 일이
부자연스러운 일탈에 불과하다고 단념시킨다.[87] 남근과 지적 능
력 사이의 관계를 유기체적이라고 확신하는 프로이트는 "심리적
영역에서는 생물학적 요인이 진정한 근본 원리"[88]라는 다소 온화
한 주장을 편다. 남성의 지적 우월성이 기질적으로 남근과 연관
된다는 주장은 프로이트에게 확인 가능한 사실에 가깝고 또한 놀
랄 만한 위안을 주는 근본 원리인 것이다.

  프로이트는 여성 성격의 두 가지 측면이 남근 선망과 직접적
으로 연결되어 있다고 생각했다. 그것은 얌전함과 질투심이다. 여
성의 성격으로 잘 알려져 있는 '부끄러움'은 '거세'라는 '결함'에

86 "오랫동안 갈망한 남근을 얻고자 하는 소망은 결국 성숙한 여성이 분석가를 찾는 동
기가 되고 있습니다. (⋯) 예를 들어 지적인 직업을 수행할 수 있는 능력을 증명하기
위한 것입니다. 이는 억압된 소망의 승화된 변형태로 인식될 수 있습니다." 같은 책,
p.125. 그러나 바람직한 것은 다음과 같다. "남근에 대한 충족되지 않는 소망은 아이
에 대한 소망으로, 남근을 가지고 있는 어느 남성에 대한 소망으로 바뀌어야 한다."
Freud, "Analysis Terminable and Interminable," 앞의 책, p.355. 이러한 제한
된 처방을 넘어서는 인간적 실현에 대한 욕구나 지적 노력은 억압되지 못한 양성성의
발현이거나 '남성적 노력'에 불과한 것이라고 폄하한다. 즉 "남성성에 대한 소망이 무
의식에 지속되면서, (⋯) 불온한 영향력을 행사하는" 경우라는 것이다. 같은 곳.

87 이는 어려운 일이다. 따라서 프로이트는 "분석 작업을 하다 보면 여성 환자에게 남근에
대한 소망을 실현 불가능하다는 근거에서 포기시키려 할 때마다 마치 '바람에 대고 이
야기하는 것' 같은 답답한 느낌이 든다"라고 고백한다. 같은 책, p.356.

88 "우리가 모든 심리적 지층을 관통하여 '밑바닥'에 있는 남근 소망과 남성적 저항에 이
르게 되면 우리의 임무는 완수되었다는 느낌을 받게 된다. 그리고 이는 아마도 올바른
느낌일 것이다. 심리적 영역에서는 생물학적 요인이 진정한 근본 원리이기 때문이다.
여성성을 부인하는 것은 확실히 생물학적 사실이며 이는 성이라는 거대한 수수께끼의
일부분이다." 같은 책, pp.356~357.

대한 여성의 자포자기에서 비롯된다. 우리는 빅토리아 시대의 기사도가 '순결'에 관한 시시껄렁한 이야기를 하면서 얼마나 관대한 척하는지를 보면서 놀라게 된다. 프로이트는 부끄러움을 여성의 '**본질적**' 특성으로 간주한다.[89] 그에 따르면 부끄러움이 목표로 하는 것은 단지 여성의 불행한 결점을 은폐하는 것일 뿐이다. 원시 시대나 오늘날에나 여성은 자신의 상처를 감추기 위해 몸을 가린다. 프로이트는 여성의 얌전함은 원래 "생식기의 결함을 감추기 위한" 의도라고 말하면서, 심지어 여성의 체모體毛 또한 결점을 가리기 위한 "여성의 본성"에서 나오는 것이라고 설명한다.[90]

여성은 문명에 기여하지 못했고 기질적으로 그럴 수도 없었다는 것이 프로이트가 좋아하는 주장이기는 하지만(프로이트가 종종 인용하는 여성 혐오주의 사상가 오토 바이닝거Otto Weininger는 천재성이란 그 자체로 남성적이므로 천재적 여성이라는 말은 형용모순이라고 생각했다), 여성은 천을 짜고 직조하는 기술을 발명했다고 인정한다. 이는 앞서 말한 것과 동일한 충동, 즉 자신의 신체적 결함을 숨기려는 욕구에서 나온 발명이라는 것이다.[91]

여성의 질투심에 대하여 거의 민담에 나오는 듯한 비난을 퍼붓는 것이 프로이트의 계획 중 하나다. 프로이트는 질투심 또한 남근 선망에서 비롯되었다고 확신한다.[92] 프로이트는 남성이 성적으로 질투심을 덜 느낀다고 말하며(대부분 프로이트는 성적 기회

---

89 Freud, "Femininity," 앞의 책, p.132.
90 같은 곳.
91 같은 곳.
92 Freud, "Femininity," 같은 책, p.134. 이러한 비난은 여타의 논문들 곳곳에서 발견된다.

라는 측면에서 남성의 삶을 더욱 풍요롭게 해주는 이중 잣대에 기대고 있다) 여성에 대한 남편과 아버지, 남자 형제의 조심스러움을 단지 재산 소유자의 주의 깊은 감시에 불과한 것으로 간주한다. 프로이트가 일부일처제 결혼 제도를 비난하는 까닭도 일부일처제가 남성의 자유를 방해하기 때문이다. 프로이트는 도덕적 질투심과 저급한 도덕관념을 여성 탓으로 돌리면서 이렇게 말한다. "여성에게는 공정성이 부족하다는 주장은 아마도 여성의 정신세계에서 질투심이 우세하다는 사실과 관련되어 있을지도 모릅니다."[93] 여성의 사회적 입장이라는 관점에서 볼 때 이는 대단히 치명적인 비난이다. 불우한 집단을 향하여 공정성에 대한 감각이 없고, 악의에 가득 차 있다고 비난하는 주장은 단지 공평한 처우만을 바랄 뿐인 사람들의 도덕적 입장을 박탈하고 의심하는 것과 같기 때문이다.

성 혁명 절정기에 출현한 프로이트의 남근 선망 이론은 사실상 성 혁명을 향한 놀랄 만큼 시기적절한 비난이다. 기사도적 태도가 유행하면서 노골적 여성 혐오주의가 사라진 이후 다시 한 번 남성에게 여성에 대하여 공격 태세를 취하게 해주었기 때문이다. 이제 '자기 자리에 머무르려고' 하지 않는 여성에 대하여 무책임할 뿐만 아니라 심지어 죄를 저지르고 있다는 비난이 가능해졌다. 남근 선망 이론은 감히 생물학적으로 불가능한 상태를 열망하는 여성에게 고통의 책임을 뒤집어씌운다. 굴욕적이지 않고 제한적이지 않은 실존을 향한 열망은 즉시 자신의 유전적 정체성이자 자신의 운명으로부터 부자연스럽고 비현실적으로 일탈하는

---

93 같은 곳.

것이라고 간주된다. '여성성'(다시 말해 여성적 기질, 역할, 지위)에 저항하는 여성은 신경증을 자초하는 것이다. '해부학은 운명'인 것처럼 여성성은 여성의 운명이기 때문이다. 자연이 여성에게 허락한 유일한 운명을 회피하는 것은 죽음을 자초하는 것과 같다.

프로이트는 남근 선망을 정식화하기 위해 우회적 방법을 사용한다. 즉 여자아이의 왜곡된 인상에서 시작하여 서서히 그들에게 올바른 반응 방식을 받아들이도록 하며, 사회적이고 성적인 맥락에 대한 무책임한 관점을 제시하고, 그럼으로써 (감지하기도 힘든) 근소한 과도기를 거쳐 건강과 정상성의 가면 아래 현 상태를 지속시키는 처방을 제시하는 방향으로 나아간다. 조롱과는 별개로 반혁명기가 페미니즘 반란에 이용한 가장 해롭고도 파괴적인 무기는 프로이트의 남근 선망 이론이다.

생물학적 본질주의

여성의 성격에 대한 프로이트의 이론은 남근 선망이라는 심리적 동기에 근거하는 동시에 생물학에 대한 이해에 근거하고 있다. 따라서 논의를 전개하기 위해서는 생물학에 대해 개괄해야 한다. 여성 심리학에 대한 프로이트의 이론이 보여주는 심각한 왜곡은 (무의식적이든 고의적이든) 근본적으로 다른 두 현상, 즉 여성의 생물학과 여성의 지위를 구별하지 못하는 무능력에서 비롯한다. 프로이트는 여성의 지위를 사회적 상황의 산물이라기보다는 생물학적 본성의 산물이라고 추론해 남성 세계가 여성에게 만들어놓은 것을 단지 자연이 먼저 여성에게 만들어놓은 것에 불과하다고 납득시키려고 혈안이 되어 있다.

대체로 프로이트는 남성성을 적극성과, 여성성을 수동성과 일치시킨다.[94] 그는 이를 두 가지 근거에서 정당화한다. 즉 (성교와 사회적 행위에서 표명되는) 프로이트 동시대인의 성행위라는 근거와, 생물학적이고 성적인 요소와 과정이라는 근거에서다. 정자와 삽입은 적극적이라고 생각되며, 난자와 질이 남근을 받아들이는 것은 수동적이라고 생각된다.[95] 생물학적 자료는 그 자체로 과장되어 있다. 난자도 난관을 통과해 여행하므로 어느 정도 적극적이라 할 수 있으며, 정자는 피스톤 같은 자궁 경부의 움직임에 따라 자궁에 사로잡혀 들어간다는 점에서 어느 정도 수동적이라 할 수 있기 때문이다. 이렇듯 미세한 세포의 특질이 보여주는 사소한 구별에 근거해 사회 전체의 작동을 정당화하는 주장은 분명 합리적이지 못하다. 프로이트 또한 그렇게까지 나가지는 않는다. 하지만 프로이트는 기질과 역할을 유추하는 원천을 생식 세포에

---

94 프로이트는 남성성을 적극성과, 여성성을 수동성과 연결시키는 규칙이 동물의 세계를 관찰한 결과는 아니라고 말하며, 인간의 모성성이라는 측면에서 보면 여성은 어느 정도 적극적(젖을 먹이는 행동 등)이라고 말한다. 프로이트가 일반화를 망설이는 이유는 단지 너무 광범위하고 부정확하기 때문이다. 실상 프로이트는 그러한 규칙의 본질적 타당성을 전혀 의심하지 않는다. 자신의 무수한 주장들, 즉 여성의 자가 성애적 단계에 '남근기'라는 이름을 붙이고 여성이 기질적으로 수동적이라는 주장과 리비도는 남성적 성격이라는 주장 등이 그 전제하에서 도출되기 때문이다. Freud, "Femininity," 같은 책, pp.114~115; "The Transformation of Puberty," *Civilization and Its Discontents*(London: Hogarth Press, 1930) 등 참조. 다음의 설명은 실제로 이 전제하에 진행되는 프로이트의 작업을 잘 보여준다. "정신 분석학은 관습적이고 생물학적으로 '남성적'이고 '여성적'이라고 표현되는 것의 고유한 본성을 해명할 수는 없다. 단지 이 두 개념을 받아들여 작업의 기초로 삼을 뿐이다." Freud, "The Psychogenesis of a Case of Homosexuality in a Woman," *Collected Papers of Sigmund Freud*(London: Hogarth Press, 1920), pp.202~203.

95 "남성의 생식 세포는 활발하게 움직이며 여성의 생식 세포를 찾아다니고, 또 여성의 생식 세포인 난자는 움직이지 않으며 수동적으로 기다리고 있습니다. 성적으로 아주 기초적인 유기체의 이러한 행위는 실로 성교에서 개인들 간에 볼 수 있는 성행위의 전형이라 할 수 있습니다." Freud, "Femininity," 같은 책, p.114.

---

378   2부 역사적 배경

근거하고 있으며 더 나아가 이를 남성성과 여성성의 심리적 측면을 유추하는 원천으로 사용하고 있다.

프로이트는 사회 안에서 '남성성'과 '여성성'이 얼마나 정교하게 구성되어 있는지(이는 명백히 문화적인 것이며 문화 사이에서 계속 변화 가능한 것이다)를 살펴보는 것이 아니라, 다소 황급하게 그러한 행위를 생물학적으로 불가피한 본성과 동일시하고 있다. 그리고 마침내 해부학적 근거라고 믿는 것을 기반으로 구성된 사회적 규범에 순응해야 한다는 처방으로 나아간다.

프로이트는 성적 기질에서 규범을 벗어난 수많은 혼란스러운 예외를 설명하기 위해 남성성과 여성성 사이에 존재하는 등급과 변종을 포괄하려 한다. 양쪽 극단에는 플라톤의 이데아와 같은 이상적 모습이 있는데, 이는 아마도 바이닝거의 이론에서 차용한 듯하다. 프로이트는 여기에 양성성 이론을 덧붙인다. 프로이트의 설명에 따르면 "여성에게 불리한 결과가 나오게 될 때마다 여성에 대한 뿌리 깊은 편견을 극복하지 못했음이 틀림없는 우리 남성 분석가들이 그 편향성 때문에 연구를 망쳐버렸을지도 모른다는 의심을 보이는" "여성"을 다룰 때는 양성성 이론을 환기해주면 된다고 한다. 그리고 나서 프로이트는 독자에게 자신이 어떻게 대응하는지를 설명한다. "양성성이라는 근거에서 우리는 이러한 예의에서 벗어나는 상황을 손쉽게 모면할 수 있었습니다. 우리는 단지 이렇게 말하면 됩니다. '이것은 **당신**한테는 적용되지 않습니다. 당신은 예외라고 할 수 있습니다. 이 점에서 당신은 여성적이라기보다는 오히려 남성적입니다.'"[96] 논리를 걸고넘어지

---

[96]   Freud, "Femininity," 같은 책, pp.116~117.

는 여성은 그 노력의 측면에서 남성적이라고 불릴 만하다. 성적
이고 기질적인 차이는 사회 규범을 구성하는 행동의 차이로 뒷받
침되지만, 프로이트주의자에게 그것은 여전히 근원적으로 생리
학적인 것이라고 생각된다. 따라서 여성이 여성적이지 않다고 말
하는 것은 명백히 혼란스러운 일이다. 또한 양성성 이론이 여성
개인에게 안도감을 주지도 않는다. 여성성은 어린아이의 양성적
딜레마에 대한 성숙한 해답이라고 (강제로) 처방되었기 때문이다.

프로이트는 순수한 형태의 남성성과 여성성이란 불확실한
성격을 가진 이론적 구성물에 불과하다고 인정한다.[97] 그는 더 나
아가 대부분의 사회 과학이 (교묘한 효과를 낳으면서) 그래 왔듯이
두 특징을 중첩시킬 수도 있음을, 그리고 그사이에 다양한 등급
을 가진 패턴이 존재할 수도 있음을 인정한다. 그러나 이러한 양
성성 이론에도 불구하고 프로이트의 생각이 가져온 일반적 효과
는 남성성을 생물학적 남성과, 여성성을 생물학적 여성과 동일시
해 규정한다는 것이다(심지어 이를 처방하기도 한다).

1933년에 프로이트는 여성성을 수동적 목표를 "선호하는
것"이라고 정의하며, 또한 역설적으로 "수동적 역할을 적극적으
로 추구하는 것"이라고 표현하기도 한다.[98] 프로이트는 여성의 기
질이 대체로 학습 과정과 사회적 압박의 효과로 형성되었을 수
있다는 초기의 가설을 서서히 거부하면서, (때로 사회적 요소를 인
정하고 넘어가기는 하지만) '여성적' 특성을 '기질적'이고 '본능적'이

97　Freud, "Female Sexuality," 앞의 책, p.197. 이와 같은 주장은 다른 곳에도 발견할
　　　수 있다.

98　Freud, "Femininity," 앞의 책, p.115.

며 유전적인 경향과 동일시하는 데까지 나아간다.[99]

프로이트의 저서에는 (그리고 그 제자들에게는 더욱) 남성성과 여성성이 남성과 여성으로 유추될 수 있다고 전제하며, 각각의 규범으로부터 일탈한 경우는 정도 차이에 따라 정신적 질병의 징후라고 간주한다. 그러나 처음의 전제가 사실이라면 군이 남성성과 여성성을 처방할 필요는 없다. 이러한 처방은 반혁명 시기에 압도적으로 등장했으며, 이로부터의 일탈은 건강하지 못할 뿐만 아니라 사악하다고 생각했다. 만일 남성성과 여성성이 자연스럽고 기질적인 산물이라고 생각된다면 남성의 모든 행위는 남성적인 것이며 여성의 모든 행위는 여성적인 것이라고 주장할 수 있다. '남성성'과 '여성성'이라는 말은 성적 차이뿐만 아니라 지배와 종속을 유지하는 사회적 행위라는 맥락과 연관되지 않는다면 아무 의미가 없는 말이므로, 생물학적이거나 자연적으로 입증될 수 있는 '남성'과 '여성'이라는 말로 대체되어도 좋을 것이다.

일찍이 1905년부터 프로이트는 리비도(이는 성적 충동을 넘어서는 용어이며 실제적 목적을 위해서는 인간의 생명력 혹은 인간의 다양한 에너지와도 대략 동일하게 쓰인다)를 남성적인 것으로, "남성에게든 여성에게든 완전히 그리고 적법하게 남성적 본성"을 가진 것

---

[99]　1933년에 이르기까지도 그러하다. "여성이 자신의 공격성을 억압하는 상황은 기질적으로 규정되어 있으며 사회적으로 부과된 것이기도 합니다. 이러한 상황은 강력한 마조히즘적 충동의 발달을 도와주게 됩니다." Freud, "Femininity," 같은 책, p.116. 이 문장은 (사회적이거나 기질적인) 각각의 힘이 어떻게, 얼마의 비율로 작동하는지를 명확하게 밝혀주지 않는다. 그러나 이는 (여성과 관련하여) 사회적으로 부과된 것이 유기체적 조건을 뒷받침하거나 강화시켜준다는 일반적인 프로이트주의적 전제를 뒷받침해주는 문장이다.

으로 정의한다.[100] 이는 양성성 이론을 무효화할 뿐만 아니라 프로이트 자신의 성적 태도가 보여주는 빅토리아 시대의 성격(성행위는 '남성을 위한' 것이라는 전제)을 통찰하게 한다. 1923년에 프로이트는 논의를 조금 바꾸어 리비도에는 성性이 없다고 인정한다.[101] 그러나 그는 곧장 리비도를 문화적·창조적 가능성을 가진 남성적 기능으로, 생명력의 일종이자 전적으로 남성의 소유물로 간주한다. 그리고 문화는 대체로 섹슈얼리티를 적대시하는 것 같다고 말함으로써 이를 보충한다. 즉 '더 고귀한' 목적에 헌신하려 한다면 여하튼 섹슈얼리티를 단념하고 승화시켜야 한다는 것이다. 여성은 정의상 매우 저급한 리비도를 가지고 있어서("여성은 더 약한 성적 본능을 타고난다")[102] 문명을 추구할 수 없다고 생각된다. 따라서 프로이트에게 승화의 실질적 의미는 더 높은 리비도를 가진 남성이 여성의 유혹을 피해서 고귀한 목표를 향해 나아가는 것이다.[103]

'본능적' 힘이 높이 평가되던 시대에 살았던 프로이트는 인

---

100 Freud, "Three Contributions to the Theory of Sex," *Basic Writings of Sigmund Freud*, ed. A. A. Brill(New York: Random House, Modern Library, 1938), pp.612~613.

101 Freud, "The Infantile Genital Organization of the Libido"(1923), *Collected Papers*, Vol.II.

102 Freud, "'Civilized' Sexual Morality and Modern Nervousness"(1908), *Collected Papers*, Vol.II, p.87.

103 남성이 더 강한 성 충동을 가지고 있다는 믿음은 전통적으로 성의 이중 잣대를 정당화하기 위해 제시되어온 것이다. 빅토리아 시대 사람들에게 이는 여성의 '더 고귀한' 본성의 증거였다. 그러나 프로이트에게는 여성의 더 비천한 본성의 증거가 된다. 승화된 리비도의 양은 문화적 잠재력의 양을 예견하게 해주기 때문이다. 프로이트는 남성에게 허용된 더 자유로운 성적 표현이라는 특권을 지적이고 문화적인 영역에서 남성이 우월하다는 전통적 주장과 결합시키고 있다.

간 문화뿐만 아니라 인간이라는 종족의 보존 또한 남성에게 위임한다.

> 자연은 여성적 기능보다는 남성적 기능에 대한 요구에 더 많은 관심을 쏟아왔습니다. (…) 생물학적 목표를 관철하는 것은 남성의 공격성에 위임된 것이며, 이는 여성의 협력과는 어느 정도 무관한 것이 되어버렸습니다.[104]

훗날 영역자는 마지막 문장을 "여성의 동의와는 어느 정도 무관한 것"이라고 더욱 노골적으로 번역한다. 남성의 리비도 자체는 이제 생명에 봉사하는 힘으로 존중받으며 여성이 협력하든 아니든 그 의지를 여성에게 쏟아야 한다고 생각된다. 불감증 여성(프로이트는 이들에 대한 사례를 많이 연구했다)은 후손에 대한 남성의 우월함을 보여주는 사례로 제시된다. 프로이트는 자연이 여성에게 강한 리비도를 주지 않았다고 결론 내린다. 그러므로 이후 발생하는 일은 모두 여성의 잘못이다. 여성에 대한 남성의 성적 공격성은 이로써 종족의 보존에만 관심을 갖는 거대한 추상적 힘으로 포섭된다. 이러한 태도는 심리학이 섹슈얼리티를 설명할 때 늘 사용하는 일련의 군사적 말투(항복, 지배, 승리)를 낳는다.

남성은 성적 결합의 목적으로 여성을 뒤쫓고 여성을 낚아채서

---

[104] 이는 "Femininity"의 최초 영역본인 W. J. H. 스프랏Sprott의 번역본 "The Psychology of Women"(1933)에서 인용한 것이다. 아래 본문에 나오는 구절은 스트래치Strachey의 "Femininity" 번역에서 인용했다(p.131). 이곳의 인용을 제외하고는 모두 스트래치의 번역을 따랐다.

여성 안으로 관통합니다. (…) 이렇게 말함으로써 여러분은 남성적인 것의 성격을 공격성의 요소로 격하시키게 됩니다.[105]

이러한 종류의 표현이 프로이트의 관점으로부터 영향을 받은 작가들의 존경을 얻게 되면서 그다지 전투적이지 않은 성교를 뜨뜻미지근하다, 남자답지 못하다, 좀스럽다 등으로 쉽게 비난하는 것도 가능해졌다.

아이를 낳으려는 본능에 대한 강조는 생식이 성적 욕망의 유일한 이유가 되지 못한다는 다른 곳에서의 주장과 상충한다. "남성의 성적 본능은 본래적으로는 생식의 목적에 이바지하는 것이 아니라 특별한 종류의 쾌락을 목적으로 한다."[106] 여성의 불감증과 성욕 감퇴가 광범위하게 퍼져 있던 시대에 살았던 프로이트는 불감증이 가진 사회적 함의를 완전히 이해하지 못했으며, 섹슈얼리티에 대한 여성의 죄의식에 찬 부정적 태도뿐만 아니라 거기에 함축된 저항 또한 이해하지 못했다. 프로이트는 불감증을 최소한 리비도 에너지가 부족한 증거로 받아들이며 많은 경우 불감증이 발생하는 이유는 '기질적'인 것이라고 주장한다.[107] 프로이트는 여성이 남성보다 섹스를 '갈망'하지 않으므로 여성의 낮은 성 충동

---

105 Freud, "Femininity," 앞의 책, pp.114~115. 프로이트는 이렇게 회화한 뒤에 남성성과 여성성이라는 용어를 사용하는 것은 "어떤 이점도 가져다주지" 않는다고 인정한다. 이는 각주 94에 인용되어 있다. 그러나 프로이트의 추종자들은 결코 이렇게 관대하지 못했다.

106 Freud, "'Civilized' Sexual Morality and Modern Nervousness," 앞의 책, p.83.

107 "불감증은 때로 심인성心因性이며 이 경우에는 다른 영향이 있을 수 있다고 생각됩니다. 그러나 다른 경우에 불감증은 기질적으로 그렇게 될 수밖에 없는 조건이 있거나 심지어 해부학적 요인의 영향도 있을 수 있다는 가정을 제시합니다." Freud, "Femininity," 앞의 책, p.132.

은 '유기체적'인 것임이 틀림없다는 단순한 원칙으로 결론을 맺는다. 매스터스와 존슨의 연구는 이러한 단순한 결론을 받아들일 수 없게 한다. 결국 프로이트의 결론은 그가 결코 포기하지 않았던 다른 '빅토리아 시대'의 관념과 동일선상에 놓인다.

여성성의 세 가지 특징

프로이트의 견해에 따르면 여성성이 보여주는 세 가지 특징은 수동성과 마조히즘, 나르시시즘이다. 여기에서조차 프로이트의 패러다임을 순수하게 **설명**으로 받아들이는 편이 오히려 더 유용하다. 가부장제에서 여성이 처한 상황을 보면 여성은 수동적이고 고통을 감수하며 성적 대상이 될 수밖에 없음을 알 수 있다. 다양한 차이는 있지만 여성이 그러한 역할로 사회화된다는 데는 의문의 여지가 없다. 하지만 프로이트가 염두에 둔 것은 이런 식의 논리가 아니다. 프로이트는 사회적 상황을 설명하려고 하지도 않았고 대신 '여성성'이라고 불리는 정교한 문화적 구성물이 대부분 유기체적, 즉 여성됨과 동일하거나 긴밀하게 연관된 것이라고 믿었다.[108] 따라서 프로이트는 여성성을 기질적 수동성과 마조히즘, 나르시시즘으로 정의하려 한다. 프로이트는 또한 여성성이 일반적 발달 규범일 뿐만 아니라 건강한 발달 규범이기도 하다고 처방한다. 여성의 특징 중에서 주도적이라 할 수 있는 수동성은, 예를 들어 "클리토리스를 통한 자위를 포기"하고 어머니가 되려는 오이디푸스기의 열망으로 획득되며, 이러한 여성성의 고조는 "주

---

108 불감증의 기질적인 것에 대한 생각은 위의 각주 107을 참조하라.

로 수동적 본능 충동 때문에 이루어집니다."[109]

마조히즘과 수동성은 여성적 특성이며, 역동적으로 상호 관계한다고 프로이트는 주장한다. 즉 마조히즘은 성생활과 성적 대상에 대한 수동적 태도로 이루어진다는 것이다.[110] 따라서 마조히즘은 여성에게 정상적이며 남성에게는 비정상적이다. 프로이트는 또한 마조히즘에서 "주체는 여성성에 특유한 상황, 즉 자신이 거세되었다거나, 성교에서 수동적 역할을 한다거나, 아이를 낳는다거나 하는 상황에 처한다"[111]라고 말한다. 마조히즘은 여성적이다. 여성성은 또한 마조히즘적이다. 마조히즘과 고통을 본래 여성적인 특성이라고 설명하는 것은 지나치게 교묘하다고 할 수 있다. 즉 여성의 역할(고통스러워하고 모욕을 받는 등)에 대한 남성적 태도를 표현하고 있을 뿐만 아니라 여성에게 가해지는 모든 지배와 굴욕을 여성의 본성에서 비롯한 것이라고 정당화한다. 이러한 생각을 논리적 결론이라 밀고 가면 여성에 대한 학대는 여성에게 좋을 뿐만 아니라 여성이 간절히 원하는 게 되기도 한다.《O 이야기The Story of O》(원제는 "Histoire d'O"로 프랑스 작가 안 데스클로Anne Desclos가 폴린 레아주Pauline Réage라는 필명으로 발표한 사도 마조히즘적 소설.-옮긴이)는 그러한 전제하에 쓰인 극단적 사례다. 희생자를 처벌하는 데 이보다 더 좋은 합리화를 찾기는 힘들 것이다. 잔인함은 양쪽의 본성을 만족시켜주므로 관능적이라 할 수 있다. 여성에게 자행되는 거의 모든 잔학 행위는 결국 여성의 선천적

---

109 Freud, "Femininity," 앞의 책, p.128. 강조는 필자.

110 Freud, "The Economic Problems of Masochism"(1924), *Collected Papers*, Vol.II.

111 Freud, "The Economic Problems of Masochism," 같은 책, p.258.

마조히즘이라는 이론으로 정당화된다. 이러한 잔인한 가능성이 여성을 비롯한 취약 집단에 돌려질 것을 프로이트가 한 번이라도 생각했더라면 아마 대경실색했을 것이다.

프로이트가 개괄한 마조히즘의 세 종류는 '성적' 마조히즘과 '도덕적' 마조히즘 그리고 '여성적' 마조히즘이었다. 이후 프로이트는 여성적 마조히즘을 '성적' 마조히즘의 "고통에 대한 열망"과 동일시하는데 그러면서 여성에게조차 이 마조히즘에 대해 설명하기 힘들다고 인정한다. 프로이트는 이것이 불가사의하고 설명할 수 없는 것이라는 점을 넌지시 비치면서(이는 프로이트가 여성에 대해 이야기할 때 잘 쓰는 수법이다), "마조히즘과의 은밀한 관계"라는 아이디어를 도발적으로 내놓는다. 그리고 고통에 대한 욕망을 이야기하면서 "모호함의 베일에 가려져 있는 문제에 대하여 우리가 특정한 전제를 내놓지 못한다면 여전히 이해할 수 없는 문제로 남을 것"[112]이라며 우리를 은근히 자극한다.

하지만 프로이트는 마조히스트에게 고통은 즐거운 것이며 이와 동일한 선상에서 성교는 여성에게 고통스러운 것이라고 확신한다. 이것이 여성은 이성애적 성교를 좋아한다는 자신의 주장에 대한 유일한 증거다.[113] 그리고 나머지에 관해서는 19세기

---

112 Freud, "The Economic Problems of Masochism," 같은 책, p.257.

113 프로이트는 "고통에 대한 열망"을 여성성의 표현이라고 서술하며 이는 "생물학적이고 기질적인 근거에서 뒷받침될 수 있는" 개념이라고 말한다. 같은 곳. 게다가 이러한 고통은 여성의 성적 경험의 본질이라고 생각한다. "성적 흥분은 강렬하고 연속적인 내적 과정이 특정한 양적 한계를 초과할 때 발생하는 부가적 효과다. (…) 육체적 느낌과 고통이 주는 흥분은 확실히 이러한 효과를 가진다." Freud, "The Economic Problems of Masochism," 같은 책, p.259. 마조히즘이 남성에게 발생하는 경우에도 "선천적으로 여성적인 마조히즘의 형태"라고 간주한다. Freud, "The Economic Problems of Masochism," 같은 책, p.258.

의사 윌리엄 액튼William Acton(1813~1875. 영국 산부인과 의사로 저
서 《생식 기관의 기능과 무질서The Functions and Disorders of Reproductive
Organs》를 통해 "일반적으로 정숙한 여성은 자신을 위해 성적 만족을 요
구하는 경우가 드물다"라고 주장했다. 즉 여성은 남성의 성적 흥분에 어
느 정도 자극받기는 하지만 여성 내부에서 자연 발생적으로 성적 감정이
생기지는 않는다는 것이다. 따라서 성 불감증은 여성에게 당연하며 여성
이 성적 욕망을 보이면 정신 착란이나 광기라고 간주했다.—옮긴이)의
입장과 그다지 다르지 않아 보인다. 액튼의 유명한 금언은 여성
의 성적 쾌락을 '사악한 야망'이라고 간주한 빅토리아 시대의 태
도를 이야기하는 증거로 종종 인용된다. 프로이트는 심지어 "섹
슈얼리티를 회피하려는 여성의 일반적 경향"[114]을 설정해 과학적
용어로 설명하고자 했다. 성교에서 여성이 담당하는 역할은 수
동적이고 마조히즘적일 뿐이므로, 여성에게 성교의 쾌락은 단
지 고통을 감수하는 데 있다는 생각은 여성의 상황에 대한 남성
적 태도를 투사한 것일 뿐 그 이상의 학문적 통찰을 끌어낼 수
는 없다.

　프로이트는 마조히즘이 '여성적'일 뿐만 아니라 결혼에서 (자
신이 '예속'이라고 부른) 여성의 입장과도 일치한다고 믿었다. 즉
'여성적'이라는 형용사는 여성의 법적 지위를 아이러니하게 정당
화시키는 말이기도 한 것이다. 프로이트는 나약한 신부를 "의존
적이고 무기력한" "성적 예속 상태"에 두는 능욕이라는 관습에 대
해 훌륭하게 서술했다. 그러나 정작 그러한 체계나 절차에 대해
서는 반대하지 않는 것으로 보인다. 이러한 상황에서 여성은 최

114　Freud, "The Taboo of Virginity"(1918), *Collected Papers*, Vol.IV, p.218.

초의 거세에 덧붙여 두 번째 상처 때문에 좌절하고 고통스러워하며 더 이상 처녀가 아니므로 자신의 가치도 땅에 떨어졌다고 깨닫는다. 그러면서도 여성은 "예속과 감사하는 마음"으로 반응한다고 프로이트는 생각한다.[115] 여성이 자신의 입장을 망각하고 적개심으로 응답하지 않는 한, 혹은 자신의 역할을 넘어서려고 하지 않는 한 (이러한 반응을 프로이트는 남성을 '거세하여' 복수하려는 욕망으로 해석한다) 이 모든 것은 그다지 문제될 게 없는 관례일 뿐이다. 프로이트의 이론은 '남성 콤플렉스'나 '남성적 저항'의 징후를 보이는 여성과 반항적인 여성이 가하는 위협에 대항해 전시 태세를 취하는 이론이다. 반항적 여성은 특히 '해방된' 혹은 지적인 여성이라고 규정되는데, 이들의 남근 선망은 여성이 무가치하다는 인식을 뛰어넘으려 한다. 또한 여성이 받게 된 새로운 교육의 혜택 덕분에 그들은 '본능적' 본성에서 소외되었다고 한다. 정신 분석학은 온 힘을 동원해 여성을 여성의 지위에 '적응시키려' 한다. 다시 말해 여성의 지위를 받아들이고 순응하게 만들려고 한다. 사회의 안전과 전통적 결혼의 힘은 여성이 자신의 운명을 받아들이는 데 달려 있기 때문이다.

프로이트는 기질적 친화성이나 변경 불가능한 심리적 본성이라는 측면에서 볼 때 마조히즘이 유전적으로 여성적인 특성이라고 주장하면서 제자들에게 이렇게 충고하고 있다. "여러분이 종종 마조히즘적 성향을 가진 남자를 만나게 된다면, 이 남자는 아주 분명한 여성적 특성을 보여주고 있다고 말하기만 하면 됩니

---

115 같은 곳. 이 설명 전체는 논문을 요약한 것이며, 특히 pp.227~228을 참조했다.

다."[116] 따라서 그 남자는 어느 정도 신경증적이라고 할 수 있다. 인간은 모두 어느 정도는 양성적이라는 가설에도 불구하고 여성이 남성적 특성을 보이면 어울리지 않으며 남근 선망의 증거이듯, 남성이 여성적 특성을 보이면 불안감을 느끼게 된다. 놀랍게도 프로이트의 처방은 점차 양성성 개념을 간과하며 양성성의 징후를 일종의 퇴행으로 간주한다.

수동성과 마조히즘을 정식화한 프로이트는 '여성성' 삼위일체의 세 번째 항목인 나르시시즘에 대한 논의로 나아간다. 중세 스콜라 철학의 범주처럼 나르시시즘은 두 가지 항목으로 나뉜다. 첫 번째는 여성적 형태다. 여성에게 나르시시즘이 자연스러운 특성이라고 규정되어도 이는 '성적 도착'이라고 명명된다.[117] 나르시시즘은 여성이 자신의 육체나 자아에 애정을 투여하면서 남성의 반응 방식과 똑같이 자신을 다루는 것과 관계된다. 의존적 자기애라고 불리는 남성의 나르시시즘은 여성의 나르시시즘보다 한 단계 높은 유형이며, 자신에 대한 허영심이라기보다는 다른 사람들로부터 칭찬을 받으려 하는 것을 의미한다. 남성의 나르시시즘은 이상적 여성에게 남성의 뛰어난 특성을 투사함으로써 그 여성을 과대평가하는 과정일 뿐이다. 나르시시즘에 빠진 남성은 사랑의 대상을 향상시키지만, 나르시시즘에 빠진 여성은 '사랑 대상'에 대한 이타주의로 올라서지 못하는 열등한 형태의 애정만을 고

---

116 Freud, "Femininity," 앞의 책, p.132.
117 Freud, "On Narcissism, An Introduction"(1914), *Collected Papers*, Vol.Ⅳ, p.30, 46. 프로이트는 동성애자와 과대망상증 환자에게서도 이와 동일한 성향이 관찰된다고 언급한다. 하지만 이 성향이 두드러지는 사람은 여성이다.

2부 역사적 배경

집할 뿐이다.[118] 이는 사랑에 대한 바이닝거의 언급과 문학에서의 여성의 이상화(특히 단테의 베아트리체)를 반복한 것이다. 여성은 원래 남성보다 가치가 없는 존재이지만, 남성이 여성을 하나의 이데아로 변형시켜 훌륭한 시를 창작함으로써 여성은 더 잘살게 되었다는 것이다. 이러한 방식으로 이상화되지 못한 대부분의 여성에 대해서는 남성이 매춘으로 그러한 여성의 품위를 깎아내리거나 야만적 섹슈얼리티를 행사하는 것이 심리적으로 당연하다고 프로이트는 간주한다. 이로써 논문 〈성생활에 가장 만연해 있는 타락의 형태에 대하여The Most Prevalent Form of Degradation in Erotic Life〉가 나오게 된다.

나르시시즘은 기질적으로 여성적일 뿐만 아니라 남근 선망에 의해도 만들어진다. "여성의 신체에 대한 허영심에는 남근 선망의 영향도 작용하는데, 여성이 자신의 매력을 본래적 성적 열등성에 대한 뒤늦은 보상으로서 그만큼 높게 평가하기 때문입니다."[119] 여성의 아름다움조차도 남근을 가지고 태어나야 할 필요성의 또 다

---

118 "의존적 자기애의 유형은 정확히 말해서 남성의 특성이다. 이는 아이의 원초적 나르시시즘이 이제 성적 대상으로 전이되면서 생기는 두드러진 성적 과대평가다"(다시 말해 어머니의 형상을 대체하는 사랑하는 여성). Freud, "On Narcissism, An Introduction," 같은 책, p.45. "여성에게서 가장 자주 볼 수 있는 다른 유형의 과정은 순수하고 진정한 여성적 유형이라 할 수 있다. (…) 이 유형은 진정한 사랑 대상을 발달시키는 데 적대적이다. (…) 여성에게는 특정한 자만심이 생겨난다(특히 여성이 성숙하여 아름다워질 때). (…) 엄밀하게 말해 여성에 대한 남자의 사랑의 강도와 비교해 볼 때 여성은 오직 자신만을 강렬하게 사랑한다고 할 수 있다. 그들의 욕구 또한 사랑하는 방향이 아니라 사랑받는 방향을 향한다." Freud, "On Narcissism, An Introduction," 같은 책, p.46. 여성은 아이를 사랑의 대상으로 삼으면서 이러한 종류의 나르시시즘을 단념한다고 한다. 이러한 정식화가 남성의 개인적 허영심이나 이기주의의 문제를 회피하는 방식은 매우 흥미롭다.

119 Freud, "Femininity," 앞의 책, p.132.

른 징후일 뿐이다. 우리는 프로이트가 처한 상황에 동정심을 가지게 된다. 만일 나르시시즘을 끝까지 밀고 나간다면 여성은 나르시시즘에 너무 심하게 빠진 나머지 남성을 애정의 대상에서 제외하게 될 테니 말이다. 이 주제에 대한 프로이트의 태도는 체념인 동시에(여성의 본성이니까) 처방이다(여성은 허영심을 통제해야 한다).

프로이트는 여성성의 세 가지 특징이 실제로는 기질적이고 생물학적으로 운명지어진 것이라고 확신하면서 처방을 내리고 추종자들에게 이를 강화하게 했다. 이로써 프로이트는 억압적인 사회 상황에서 비롯되는 조건을 영속화한다. 특정 집단을 수동적으로 만들고 고통에 무감각하게 하고, 자신보다 높은 지위에 있는 사람을 즐겁게 하려고 사소한 허영심에 목숨을 걸게 하고, 오랜 종속의 효과를 요약한 후 이것이 불가피하다고 결론 내리고, 그 후 그들에게 건강과 현실과 성숙을 처방하는 이 모두는 몹시도 뻔뻔스러운 사회적 다윈주의의 일종이다. 박탈당한 집단을 다루는 태도라는 측면에서 보면 이는 새로운 것이 못 된다. 그러나 여성을 다루는 문제에서 프로이트주의처럼 성공적이었던 이데올로기는 드물다.

생물학적 열등성에서 문화적 열등성으로

여성을 불완전한 남성이라고 묘사하기 위해서는 결국 그토록 축소된 여성의 지적 능력을 문제시해야만 한다. 프로이트의 초기 해석에 따르면 여성의 지성이 발달하지 못한 이유는 섹슈얼리티에 대한 사회적 금기 때문이며, 이는 여성의 다른 정신적 노력 또한 금지했다.[120] 프로이트가 보기에 여성의 최대 관심사는 섹스이므로 그는 (여성이 성 충동이나 성적 쾌락을 거의 느끼지 못한다는 사실을 자신이 반복적으로 강조한 것도 잊은 채) 여성의 "지식에 대한 애타는 갈망"이 "부도덕한 성향을 보여주는 내적 징후라는 주장"으로 끝날 수 있다고 협박한다(섹스는 여성이 연구할 수 없는 주제이기 때문이기도 하다). 따라서 여성은 지적 욕망을 승화하거나 초월하지는 못한 채 단지 금지하고 억압할 수 있을 뿐이다. 자신이 즐길 수 있는 관심사를 추구하는 데 겁먹은 젊은 여성은 공부를 멀리하게 되며 곧 "정신적 노력이나 지식 일반을 얕보게 된다."[121] 그래서 성적 억압이라는 단순한 사실은 처음에는 여성의 사고방식이 명백하게 열등하다는 것을 설명해주는 충분한 이유로 보인다. "그토록 많은 여성이 지적으로 열등하다는 틀림없는 사실은 여성에게 사유를 금지했기 때문일 수 있으며, 이러한 금지는 성적 억압이 필요로 하는 것이기도 하다."[122] 우리는 "그토록 많은 여성"이라고 선수 치는 표현뿐만 아니라 "필요로 하는"이라는 혼동스러운 숙명주의적 표현에 설득당하고 만다.

이는 1908년에 언급한 내용으로 프로이트가 아직 젊을 때였다. 프로이트는 여성의 정신적 능력은 타고날 때부터 열등하다는 뫼비우스P. J. Moebius의 주장에 반박하려 했고, 여성의 저항 일부를 (비록 '충돌' 등의 완곡어법을 쓰고는 있지만) 여성의 상황과 사회적·교육적 요소 탓으로 돌리려고 했다. 즉 타고난 생물학적·심리적 요소라기보다는 문화적 요소라고 생각했다. 그러나 시간이 흐를수록 프로이트는 이 문제에 관하여 상당한 태도 변화를 겪는다. 그리하여 여성성은 대자연이 정해준 고정적인 것이며 변경 불가

---

120 Freud, "'Civilized' Sexual Morality and Modern Nervousness," 앞의 책, p.94.
121 같은 곳.
122 같은 곳.

능한 해부학의 법칙에 근거한 것이라고 확신시켜줄 수 있는 강력한 정식화를 필요로 하게 된다. 여성은 단지 거세되어 기형이 되어버린 신체 때문에 열등하고 사악함에 사로잡혀 있으며 반쯤은 야만적이기도 한 인간으로 여겨진다.

프로이트는 인간의 문화와 지적 성취가 여성과 맺는 관계에서 사회적 요소가 작용할 수 있다는 가능성을 염두에 두었으나 이러한 생각은 그리 오래가지 못했다. 따라서 프로이트는 여성이 문명에 기여할 수 없는 이유를 문명에 접근할 기회를 박탈당해서가 아니라 기질적인 문제라고 생각하면서 이에 대한 확실한 증거를 찾고자 했다. 그리고 유아기와 사춘기를 통해 여성이 정신적·유기체적으로 발달하는 과정을 서술하면서 그 증거를 제공한다.

프로이트는 클리토리스냐 질이냐 하는 '이것 아니면 저것'의 수지맞는 논쟁에서 많은 이득을 얻을 수 있었다. 즉 그는 직업적으로 성공했고 지난 30년간 활개 쳤던 제자들에게도 일용할 양식을 제공했다.[123] 프로이트 자신은 여성의 기초 기관이 질이 아니라 클리토리스라고 생각했다. 그러나 그는 여성이 클리토리스를 단념하고 질을 추구해야만 '정상적'이고 '성숙한' 섹슈얼리티를 얻을 수 있다고 확신했다.[124] 바로 여기에 딜레마가 있다. 명백히 여성의 임무는 섹슈얼리티를 클리토리스에서 질로 전이시킨다는 것인데, 이는 많은 여성들이 잘못된 길로 빠질 수 있을 만큼 어려운 과정이라고 프로이트는 생각했다. 설사 이를 성공적으로

---

123 '질의 오르가슴'의 역사에 대해서는 Edward and Ruth Brecher, *An Analysis of Human Sexual Response*(New York: New American Library, 1966)에 재수록된 Daniel Brown, "Female Orgasm and Sexual Inadequacy," pp.125~175 참조.

수행했다 하더라도 그 과정에서 생산적 에너지를 너무 많이 소모하여 정신 발달이 정지되기에 이른다. 따라서 프로이트가 그토록 편리하게 확신한 여성의 지적 열등성은 궁극적으로 생물학적 근거에서 설명되고 있는 것이다. 여성이 자신의 거세를 발견하고 남근을 선망하기 시작하면서 초기의 클리토리스 자위행위는 중단된다고 하는데, 이 때문에 첫 경험을 통해 처녀성을 상실하고 삽입을 당하기까지 여성은 모든 성행위를 금기시하게 된다고 한다. 따라서 정상적인 처녀들 대부분은 프로이트에 따르면 성적으로 지옥의 변방에서 사는 것과 같다. 그 결과는 외설적인 가부장제가 그토록 바람직하다고 생각한 게 바로 스스로에 대해 완전히 성적이지 못한 순결한 처녀. 프로이트는 때로 공식적 도덕성의 폐해를 열거하지만 그럼에도 가부장제 가족생활의 근본에 대해서는 심각하게 문제 제기하지 않았으며, 때로 불행하고(하지만 늘 매력적인) 성적으로 소극적인 정숙한 처녀성이 보존되어야 하는 필연성에 대해서도 문제 제기하지 않았다.[125] 여성의 성적 실현은

124 Freud, "Three Contributions to the Theory of Sex: The Transformations of Puberty," 앞의 책, pp.613~614 등 참조. "이러한 클리토리스의 홍분에 고집스럽게 집착하여 많은 여성들의 성적 기능이 손상된다." Freud, "On the Sexual Theories of Children"(1908), Collected Papers, Vol.II, p.67. 클리토리스가 발육이 정지되고 퇴화한 남근이라는 프로이트의 이론은 부정확할 뿐만 아니라 사실과도 완전히 반대되는 것으로 보인다. 최근 태아에 관한 연구를 보면 여성이 종족 원형에 속한다고 결론 내리고 있다. 다시 말해 모든 태아는 여자아이로 시작하는데 염색체 구조에서 남성 호르몬의 작용으로 일부가 남자아이로 차별화되면서 남근이 자라기 시작한다는 것이다.

125 Freud, "'Civilized' Sexual Morality and Modern Nervousness," 앞의 책 등을 참조하라. 이 논문에서 프로이트는 지나친 금기(즉 여성을 정숙하게 만들기 위한 필요성을 뛰어넘는 것으로 생각되는 금기)가 신부의 불감증이나 질의 무감각을 유발할 수 있다고 명쾌하게 서술한다. 이에 대해 그가 권장하는 처방은 여성의 혼전 성교가 아니라 재혼이다.

수동적 유형이어야 한다고 주장하는 프로이트는 이제 비약하여 모호하고 고풍스러운 기분으로 성적으로 비교적 무감각하고 나르시시즘적인 여성성이 가진 매력을 설명한다. 여기에서는 명백히 남성의 욕망과 태도가 주요한 지시 대상이자 고려 대상이다. 우리는 라이히가 이야기한 19세기 신사가 자신의 열정적 신부에게 했던 역겨운 비난의 일화를 떠올리게 된다. 그 신사는 신부에게 "숙녀는 움직이지 않는 것이오"라고 말했다고 한다.

프로이트의 논리에 따르면 여성의 발달을 저해하는 세 가지 장애물이 존재한다. 하나의 지대에서 다른 지대로의 전이(클리토리스에서 질로), 최초의 성적 대상(어머니)을 두 번째 성적 대상(아버지)으로의 대체 그리고 마지막으로 남근 선망이라는 도저히 피할 수 없는 지긋지긋한 장애물이다. 여성 주변에는 이미 그렇게 수많은 함정들이 존재하므로 여성이 "병리적 억압"(클리토리스 자극에 대한 친화성)[126]으로 타락한다 해도 그다지 놀랄 일도 아니다. 남성이 어머니에게서 다른 여성으로 사랑을 전이시키는 것은 단순하고 즐거운 연속 과정으로 보인다. 프로이트는 남성적 사회에서 '적응하지 못하는' 여성에 비교적 완결된 답변 체계를 갖추고 있다. 이러한 부적응자는 어딘가에서 장애물을 건너뛴 것이다. 여성의 저항은 모두 본성과 정체성에 반하는 무익한 투쟁이자 남성성에 대한 콤플렉스, 남성적 저항, 타락한 남근 선망 혹은 미성숙에 불과하다. 성적이지 않은 (혹은 생식과 모성적인) 여성의 행위는 남근 선망 혹은 남성적 저항의 증거이기 때문에 이미 의심스러운 행위다. 그리고 '여성적 본성'이란 오직 '남성성' 혹은 지적 추구

---

126 Freud, "Female Sexuality," 앞의 책, pp.255~257.

를 단념하는 것을 통해서만 성취될 수 있다. 그러므로 지적 추구는 여성에게 어울리지 않을 뿐만 아니라 신경증적 부적응의 징후로 생각된다.

프로이트의 의도는 여성의 삶을 성과 생식에 한정하려는 것일 뿐만 아니라 여성이 할 수 있는 유일한 일이란 저급한 문화 수준에서 사는 것이라는 점을 설득하는 데 있다. 따라서 단지 '남성적 저항'을 한다는 이유로 여성을 꾸짖기보다는 여성이 문화적으로 무능력하다고 단언하는 편이 낫다. 프로이트는 여성이 종족에 커다란 책임감을 가져서 '고귀한' 것을 추구할 잉여 에너지가 부족한 게 아닐까 하고 고민한다. 이는 여성을 단순한 생물학적 실존에 묶어놓아 모성성을 찬양한다는 점에서 참으로 멋진 보수적 사고방식이다.[127]

이러한 입장은 추천할 만하기는 하나 그래도 아직 완전히 불공평하지는 않은 듯하다. 마침내 프로이트는 여기에서도 유기체적 기질이라는 손쉽고도 케케묵은 하지만 반박할 수 없어 보이는 대답을 제시하면서 만족스럽게 결론을 내린다. 여성은 문명에 거의 기여한 것이 없다. 따라서 여성은 문명에 대한 기여 자체를 할 수 없는 존재다. 문명이란 승화를 통해 이루어지는데 "인류의 진정한 수호자인 여성은 승화의 힘을 제한적으로만 부여받았기 때문이다."[128] 게다가 프로이트가 강조하듯 여성은 남성처럼 거세

---

127 Freud, *Civilization and Its Discontents* 참조.
128 Freud, "'Civilized' Sexual Morality and Modern Nervousness," 앞의 책, p.78.
    성적 본능을 승화시키지 못하는 "인류의 수호자"라는 걸치레는 여성이 승화시킬 성적
    본능을 거의 가지고 있지 않다는 자신의 생각과 모순된다. 여성의 최소한의 욕구에 대
    해 프로이트가 권장하는 방법은 아마도 모성성일 것이다.

공포로 오이디푸스 콤플렉스를 은폐하고 극복할 수 없기(여성은 이미 거세라는 수술을 받아 더 이상 잃을 것도 없다) 때문에 충분한 초자아를 발달시킬 수도 없다.[129] 남성은 거세 공포(남근을 소유하고 있다는 사실의 결과)에 자극받아 강력한 초자아를 발달시키고 승화하여 문명에 기여하게 된다. 남근을 소유한 적이 없으므로 잃을 걱정도 없는 여성은 남성보다 훨씬 약한 초자아를 가지고 있다. 프로이트에 따르면 이 때문에 여성은 대체로 도덕관념을 가지고 있지 않으며, 윤리적으로 그다지 엄격하지도 않고 정의감도 거의 없다. 삶의 요구에 쉽게 순응하고 무언가를 판단할 때 감정에 의존하는 경향이 있으며, 고급문화에는 전혀 기여할 수 없다. 다시 한번 여성의 열등성(이는 이제 유치한 상상의 수준이 아니라 실제적인 수준이다)은 남근 결핍에 기인한다. 남근을 가지고 있다면 누구나 도덕관념을 얻을 수 있고 인간의 진보와 예술, 문명에 기여할 수 있다. 사실상 프로이트의 '증명'에 따르면 여자아이가 남근의 우월성을 믿는 것은 매우 올바르다 할 수 있겠다.

문명은 승화, 즉 프로이트의 난해한 표현에 따르면 '본능의 단념'을 통해 창조된다. 그리고 여성은 다시 한번 남근을 결핍한 심리적 역사와 생리적 기질을 가지고 있으므로 문명은 여성이 결코 성취할 수 없는 발달의 결과물이다. 이러한 추론을 따르는 생

---

129 Freud, "Femininity," 앞의 책, p.119, 125, 129 등 참조. "초자아의 형성 과정은 이러한 상황 속에서 지장을 받게 됩니다. 따라서 초자아는 문화적 의미를 부여할 수 있는 충분한 힘과 독립성에 이르지 못합니다. 이러한 요소가 평균적인 여성의 성격에 미치는 영향력을 지적하려고 하면 페미니스트들은 불쾌해하는 것입니다"(p.129). Freud, "Female Sexuality," 앞의 책 참조. "시대마다 여성을 비판하는 사람들이 말하는 여성의 성격·특성"은, "페미니스트들이 부인함"에도 불구하고 초자아 형성의 실패라는 사실에 근거한다(p.197).

각 중 프로이트는 자신의 논리적 과정을 보여주는 재미있는 사례이자, 헤아릴 수 없을 만큼 귀중한 남성의 기관을 찬미하는 꾸준한 열정을 보여주는 사례에 가장 즐거워한다. 프로이트는 인간이 불을 발견한 게 소변을 갈겨 불을 꺼버리려는 충동을 '본능적으로 단념'한 결과라고 결론 내린다. 여성은 멀리까지 소변을 갈길 적절한 기관이 없으므로 그러한 충동을 단념할 수도 없으니 여성이 불을 발견할 수 없음은 너무나도 명백하다. 여기에서 우리는 여성이 해부학적으로 지식의 진보에 기여할 자격이 없음을 보여주는 원시적이고도 극단적인 사례를 만나고 있다.[130]

프로이트는 인류에 대한 여성의 생물학적 책임감이 여성의 지성을 지체시켰다는 생각을 계속 유지하면서 이제 더욱 부정적 입장으로 나아간다. 타고난 심리적 무능력과 함께 여성을 생활과 가족에 한정시키는 기능을 하는 여성의 '성적 역할'(프로이트는 가부장제 가족의 출현을 원시적 유목민 무리에서부터 나온 문명의 성취로 간주한다)은 여성을 무능력하게 만들었을 뿐만 아니라, 필연적으로 지성과 고급문화에 적대적인 사람, 즉 일종의 자연스러운 속물로 만들었다는 것이다.

여성은 가족과 성생활의 이해관계를 표상한다. 문명의 작업은 더욱더 남성의 일이 되었다. 그것은 남성을 더욱 어려운 임무에 직면하게 하며 본능을 승화시킬 것을 강요한다. 이러한 승화는 여성이 성취하기 쉽지 않은 일이다. 남성은 마음대로 사용할 수 있

---

130 Freud, *Civilization and Its Discontents*, pp.50~51, 각주 1번. "The Acquisition of Power over Fire"(1932), *Collected Papers*, Vol.V도 참조.

는 정신적 에너지를 무제한으로 소유하고 있는 것은 아니므로 자신의 리비도를 최대한 잘 분배하여 임무를 수행해야 한다. 남성이 문화적 목적을 위해 사용하는 것은 여성의 리비도와 자신의 성생활에서 빼내온 것이다. 남성과 끊임없이 연대하고 남성과의 관계에 의존하는 것은 남편이자 아버지의 의무로부터 멀어지게 한다. 따라서 여성은 문화의 요구에 의해 배경으로 후퇴해야 하고, 그러므로 문화에 대해 적대적 태도를 보이게 되는 것이다.[131]

프로이트는《문명과 그 불만》의 근엄한 지혜를 통해 여성의 퇴행적 영향에 대해 경고하고 있다. 즉 여성은 사회적 본능에서 남성보다 열등하고 (자신의 본성을 실현하기 위해) 연인과 가족 중심으로 자신의 삶을 꾸려야 하므로 자신을 둘러싼 관계에 이기심을 보이게 된다. 남성은 시간과 리비도를 문명 추구에 투자한다. 반면 여성은 갈수록 문명을 경쟁자로 인식한다. 억압해야 할 성적 본능이 거의 없음에도 여성의 승화 능력과 단념 능력은 미미하고 하찮다. 또한 문명이 더욱 그렇게 요구하므로 여성은 문명적 삶과 기질적으로 맞지 않기 때문에 진보하기 어렵고, 심지어 인간 사회를 따라잡고 그 속에 머무르기도 어렵다고 한다. 여성을 변화 불가능한 원시 종족으로 간주하는 이러한 견해는 우리 시대에 놀랄 만큼 대중적인 견해이기도 하다. 주요 문학 작품들은 원시적 진리로 낭만적 환상을 만들어내려 한다. 프로이트에게 여성은 무감각한 야만인으로, 사회 발전의 방해물로, 동화되지 않는 원주민으로 간주된다.

131 Freud, *Civilization and Its Discontents*, p.73.

2부 역사적 배경

프로이트는 서른이 넘은 어느 남자의 사례를 이야기한다. 그는 치료를 받고 "창조적"으로 변했으므로 심리 치료는 성공했다고 볼 수 있다. 그러나 같은 나이의 여성은 경직되고 성장할 능력이 없으며, 성격은 오래전부터 제한된 본성의 패턴에 반응해왔다고 프로이트는 유감스럽게 이야기한다. "개별 여성은 다른 측면에서는 인간적 존재"가 될 수 있지만 "본성은 성적 기능에 의해서 결정"되며 "그 영향력은 매우 범위가 넓다"라고 프로이트는 경고한다.[132] 여성의 그 영향력은 여성을 인간 이하라는 범주로 묶이게 할 만큼 범위가 넓다. 이것이 바로 '해부학은 운명이다'라는 공식의 효과다. 그리고 이는 여성을 영장류로 한정시키는 명백한 힘을 가진다.

만일 프로이트가 다른 시대에 살았다면 엄격한 가부장적 훈육을 이유로 그를 용서할 수 있었을지 모르겠다. 하지만 그의 주요 저작은 성 혁명이 한창이던 20세기 초반 30년 동안 쓰인 것이다. 따라서 남성 우월주의 성향을 회복하기 위해 수많은 역사적 정보와 여론의 추세가 언제든지 프로이트를 도와줄 준비가 되어 있었다. 페미니즘 비판가들에 답하면서(프로이트는 이 시기에 계속 페미니스트의 공격을 받았다) 프로이트는 어느 것도 인정하려 하지 않으며 부적절한 농담으로 답변하거나 남자들이 모두 남성성의 전형은 아니며, 어떤 여성들은 (어울리지 않고 잘못된 것이기는 하나) 남성의 고유한 미덕을 소유하고 있기까지 하다고 유쾌하게 인정한다.[133] 이와 유사하게 다른 형태의 편견도 예외적인 농민이

---

132 Freud, "Femininity," 앞의 책, p.135.

133 Freud, "Some Psychological Consequences of the Anatomical Distinctions Between the Sexes," 앞의 책, p.197.

나 흑인, 원주민을 인정한다. 하지만 이는 오히려 법칙을 더욱 입증해줄 뿐이다. 프로이트는 이 문제에 대해 진지하게 논쟁하기를 거부하면서 순환적인 동어 반복 속으로 피신한다. 즉 남성적 편견이라는 공격을 받자 프로이트는 자신을 비난하는 여성들이 객관성을 열망하는 남성 지향적 주장을 하고 있다면서 그들의 자기방어에 대해 비난하는 것으로 답한다. 프로이트 자신은 객관성이 남성과 관계없는 특질임을 생각하지 못하는 듯하다. 프로이트는 자신에게 반대하는 사람들이 잘못된 믿음을 가지고 있다고 확신할 뿐만 아니라 여성의 나약한 초자아라는 자신의 이론적 모델 덕분에 그들이 틀렸음이 **입증**되었다고 확신했다.[134]

정신 분석학이 성 정치학에 행사한 영향력은 몇 가지 노선을 취한다. 수세대에 걸친 정신 분석학 연구자들이 프로이트의 뒤를 따랐다. 훌륭한 사람도 있었고 우스꽝스러운 사람도 있었다. 심지어 남근 선망보다 더 효과적이었던 것은 남성성과 여성성이라는 문화적 정의를 남성과 여성이라는 유전적 현실과 통합시키는 프로이트 학파의 사이비 과학적 경향이었다. 그들은 '수동성', '저급한 리비도', '마조히즘', '나르시시즘' 등의 전문 용어로 무장해 여성의 '본성'에 관한 낡은 신화에 새로운 정당성을 부여해주었다. 이제 여성은 타고날 때부터 굴종하고 남성은 지배한다는 주장이 과학적으로 표현될 수 있게 되었다. 이는 더욱 강력한 성차별이며 여성을 성적으로 복종시킬 수 있게 한다. 여성은 억압을 즐기며, 그럴 만하기도 하다. 여성을 인간이라고 할 수 있다면 그 인간

---

134 같은 곳과 Freud, "Female Sexuality," 앞의 책, pp.281~282 참조.

은 본성적으로 허영심이 많고 어리석으며 야만인보다 하등 나을 게 없기 때문이다. 일단 이러한 편견이 공식적으로 과학의 보증을 받게 되면 반혁명은 더욱 부드럽게 진행될 수 있다. 인종과 마찬가지로 성 또한 쉽게 변화시킬 수 있는 것이 아니다. 지배 집단의 미덕을 열망하면서 그러한 경우에서 벗어나고자 하는 것은 다소 우월한 여성의 징표다. 그러나 출생 신분을 벗어나려 해봤자 아무 소용없다. 진정으로 무능해진 자들의 열망은 단지 좌절을 예감하게 할 뿐이다. 그리고 급기야 정신 분석학은 수동성과 마조히즘 속에서 여성의 자아실현을 약속하며 이보다 더 위대한 자아실현이자 여성의 삶의 의미 그 자체는 곧 생식일 뿐이라고 말한다. 그러고 나서 정신 분석학은 돈벌이에 여념이 없는 사람들의 손아귀로 들어가 성 혁명을 불신하고 모든 것을 제자리로 돌려놓았을 뿐만 아니라, 일자리를 주고 돈을 벌고 급기야 자신까지 팔아먹는 소비주의에 빠지게 되었다.[135]

2 프로이트 이후 몇몇 이론가들

대체로 프로이트 심리학은 환원할 수 없는 인간 본성과 본질적이고 보편적인 인간 심리학을 가정한다. 즉 오이디푸스 콤플렉스는 가부장제 사회뿐만 아니라 가모장제 사회 혹은 공동체 사회에

---

135 베티 프리단Betty Friedan의《여성의 신비The Feminine Mystique》를 보면 정신 분석학적 사유가 실제로는 냉소적인 경제 목적을 위해 탐욕스러운 '시장 조사'라는 조작에 이용당했다는 것을 보여주는 수많은 증거를 찾을 수 있다. 특히 9장 "Sexual Sell" 참조.

서도 똑같이 발달하는 것이라고 가정하며, 남근 선망 또한 남성 우월주의 문화뿐만 아니라 성적으로 평등한 사회에서도 발생하는 것으로 생각한다. 각자의 개성이 개인 선택이나 사회 조건 혹은 둘 사이의 상호 작용에서 비롯된다고 말하는 게 아니라, 타고난 기질 위에 부모의 행위로 덧붙여지는 유년기 역사에서 기인한다고 주장한다. 결국 프로이트 심리학은 자신이 근거하고 있다고 주장하는 생리학적 자료를 잘못 이해하여 성적 기질을 생물학의 기능(남성적인 것은 적극적인 것이고 여성적인 것은 수동적인 것)이자 유전적 특성(정자의 능동성과 난자의 수동성)으로 간주하기에 이른다. 그리고 이를 토대로 하여 성적 기질, 역할, 지위는 고정된 실체라고 결론을 내린다. 또한 문화는 해부학에 토대를 두고 있으므로 개인의 운명이 되어야 한다고 주장한다.

이러한 관점은 이후 정신 분석학의 발전에 지배적이었을 뿐만 아니라 다른 사회 과학에도 서서히 주입되었다. 그러면서 프로이트의 추종자들 중에서도 많은 이론가들이 사회적 요소에 주목하기 시작했다. 카렌 호나이Karen Horney나 클라라 톰슨Clara Thompson 같은 이론가들은 사회 조건에 대한 양성의 인식이라는 측면에서 프로이트 이론을 수정하려고 했다. 그러나 본질적인 방향은 이미 정해져 있었다. 어떤 사람들은 여성에 대한 프로이트의 심리학에 불만을 제기하거나 분노를 표하기도 했지만 또 어떤 사람들은 그 논리를 받아들여 더욱 밀고 나가기도 했다. 그러나 두 경우 모두 명확한 방향이 이미 설정되어 있었고 그 방향이란 실제로 반동적이었다. 비판적인 사람들조차 수정주의를 넘어서지 못했기 때문이다.

일찍이 프로이트의 이론을 받아들인 유명한 두 이론가는 마리 보나파르트와 헬렌 도이치다. 보나파르트는 "본질적으로 여성적인 마조히즘"이라는 제목의 장에서 성교에 대해 프로이트의 견해가 가진 해로운 측면을 논리적 결론으로까지 밀고 나가고 있다.

수동성은 여성 세포의 특징이며 난자는 남성 세포를 **기다리는** 임무, 즉 적극적이고 활동적인 정자가 다가와 자신을 **관통**해주기를 기다린다는 사실은 동물이든 식물이든 모든 생물을 통틀어 일관되게 관찰된다. 여기에서 관통은 조직 속으로 침범해 들어간다는 의미이고, 생물의 조직으로 침범해 들어간다는 것은 파괴를 수반한다. 즉 생명을 수반하는 만큼 죽음도 수반할 수 있다. 따라서 여성 세포의 생식력은 일종의 상처로 시작된다. 이런 방식으로 여성 세포는 원래부터 '마조히즘적'이다.[136]

이렇듯 섹슈얼리티는 치명적인 공격으로 생각되는 동시에 어린 남자아이는 연극에 가까울 정도로 잔인한 행동을 보여준다고 생각된다.

분명 어린 소년은 어머니의 항문과 배설강, 장을 관통하는 것을 열망한다. 심지어 피투성이가 되도록 창자를 들어내는 것이다. 두 살 혹은 세 살, 네 살 된 아이는 아직 어리지만 (아니면 아직 어리기 때문에) 진정으로 토막 살인자 잭이 될 가능성이 있는 것이다.[137]

---

136 Marie Bonaparte, *Female Sexuality* (International Universities Press, 1953) (New York: Grove Press, 1965), pp.79~80.

137 같은 책, p.80.

남자아이는 그만큼 폭력적인 자기표현에 빠지는 반면에 여자아이의 자기주장은 단지 남근이 잘려나간 클리토리스일 뿐이다. 클리토리스의 조그만 크기는 "여자아이의 공격성을 결정한다."[138]

여성의 리비도가 그러하듯 기질적으로 여성의 공격성은 대체로 남성보다 더 약한 것이 분명하다. (…) 기질적으로 더욱 강한 남자아이의 공격성은 (…) 남성의 우월성을 부분적으로 결정한다고 볼 수 있다.[139]

남성의 "수동적 태도"는 "남성에게 생물학적으로 부과된 것"이 아니므로 남성이라면 **반드시 저항해야** 한다. 반면 수동성과 마조히즘은 "여성에게 **반드시 수용되어야** 하는 것"이다.[140] 수동성과 마조히즘은 생물학적으로 여성에게 부과되어 있으므로 여성의 삶은 필연적으로 유쾌하지 못하다.

모든 형태의 마조히즘은 본질적으로 어느 정도는 여성과 관계된다. 그것은 식인적 구강기 때 아버지에게 잡아먹히고 싶은 소망에서 시작된다. 가학적 항문기에는 아버지에게 매질당하고 얻어맞고자 하는 소망을 거치고, 남근기에는 거세되고자 하는 소망을 거치며, 성인 여성의 단계에서는 관통당하고자 하는 소망으로 표현된다.[141]

---

138 같은 책, p.82.
139 같은 책, p.81.
140 같은 책, p.82.
141 같은 책, p.83.

보나파르트가 개인적으로 좋아하는 것을 저서에서 추론하기란 어렵지 않다. 보나파르트는 여성의 마조히즘에 관해서 강력한 처방을 따르고 있다. 프로이트의 논문 〈아이가 맞고 있다A Child Is Being Beaten〉에서 출발한 보나파르트는 '여성도' 맞고 있으며 매질 당하는 것은 건강한 성교일 따름이라고 덧붙인다.

> 따라서 내 생각에 성인 여성의 성교에서 질의 감수성은 대개 어린아이가 매질당하는 마조히즘적 환상을 받아들이는 데 근거하는 것 같다. 실제로 섹스를 할 때 여성은 남근에 일종의 매질을 당한다. 여성은 남근의 타격을 받아들이며 종종 남근의 폭력을 사랑하게 되기까지 한다. 이러한 감수성은 남근의 타격에 대한 깊고도 진정한 질의 감수성임이 틀림없다.[142]

보나파르트는 이렇듯 '성인의' 섹슈얼리티를 처벌 행위로 변형시키는 것에 반대하는 여성에 대하여 무적의 주장으로 무장한다. "남성의 잔인한 게임에 혐오감을 보이는 여성은 남성적 저항을 하는 양성성 과잉의 사례로 의심된다. 그러한 여성은 분명 클리토리스적일 것이다."[143]

> 여성이 마조히즘과 수동성, 여성성에 그토록 정열적으로 저항한다면 그것은 저항하는 기질이 이미 과잉 결정되어 있기 때문이며 이는 기질적으로 압도적인 양성성에 기인한다. 그러나 바로

---

142 같은 책, p.87.
143 같은 곳.

이 때문에 그 여성은 마조히즘을 완벽하게, 자신의 성에 아무런 갈등 없이 받아들일 수 있다.[144]

바람직한 섹스를 할 때 남성은 여성의 클리토리스를 건드리지 말아야 한다고 조심스럽게 요청되고 있다.[145] 클리토리스를 건드린다면 여성이 (섹스라는 심각하고도 웅장한 고통의 의식에서 진정한 여성적 반응으로 처방된) 이기심 없는 항복에 대하여 경멸적 반응을 보일 수 있기 때문인데, 이러한 경멸은 성숙하지 못하고 보기에도 흉하다고 생각된다. 이러한 종류의 텍스트에는 수동성, 마조히즘, 나르시시즘이라는 프로이트의 삼위일체가 정교하게 설명, 적용되어 있기 마련이다. 섹슈얼리티에 대한 이러한 태도는 빅토리아 시대에 아내에게 규정된 견해와 놀랄 만큼 유사하다. 아내는 복종하고 감수해야 한다는 것을 누구나 알고 있다. 그러나 정신 분석학의 혜택을 입은 여성은 자신의 의지를 가지고 복종해야 한다는 가르침을 받게 된다.

실제 삶에서나 섹스에서나 남성은 행위자인데 반해 여성은 수동적 인물이며 행위를 당하는 사람에 불과하다는 것을 우리는 잘 알고 있다. 복종 그 자체와 다른 사람의 수동적 도구가 된다는 느낌, 남자의 몸 아래 무기력하게 뻗어 있는 느낌, 바람결에 나뭇잎이 휩쓸리듯이 남성의 열정에 아무런 의지 없이 휩쓸리는 느낌을 맛보면 엄청난 육체적 황홀경이 솟구쳐온다.[146]

---

144 같은 책, p.88.
145 같은 책, p.105.

헬렌 도이치는 마조히즘 연구로 정신 분석학계에서 명성을 확립했으며 여성의 섹슈얼리티에 대한 책(전 2권)을 저술했다. 대체로 이 책은 '진정한 여성성'에 대한 결정판으로 받아들여졌다.

정신 분석학의 견지에서 볼 때 성행위는 여성에게 대단히 극적이며 심오한 카타르시스적 중요성을 띤다. 하지만 이는 섹스가 여성적이고도 역동적으로 경험된다는 조건에서만 그리고 관능적 유희나 성적 '평등'으로 변질되지 않는다는 조건에서만 그러하다.[147]

반동의 시기에 성 정치학은 평등주의와 쾌락이라는 이중적 위험을 용의주도하게 피하면서 성관계 자체에서 시작되었다. 반동의 성 정치학은 섹스에서의 여성의 종속이라는 원칙을 확립해 삶의 나머지 부분에도 그 원칙을 자신 있게 적용할 수 있었다.

미국에서는 1947년 프로이트 이론의 대중화에 기여한 영향력 있는 저서가 나왔다. 뉴욕의 정신과 의사 메리니어 판햄과 사회학자 페르디난드 룬드버그가 함께 쓴 《현대의 여성, 잃어버린 성》[148]라는 극적인 제목의 책이다. 이 책은 반혁명적 태도를 표명한 결정판이다. 이 책은 일반 대중에게 널리 읽혔을 뿐만 아니라,

146 Marie N. Robinson, *The Power of Sexual Surrender*(New York: Doubleday & Company, Inc., 1959), p.158.

147 Helene Deutsch, *Female Sexuality, The Psychology of Women*, 2 vols.(New York, 1945), Vol.II, p.103.

148 Ferdinand Lundberg and Marynia F. Farnham, *Modern Woman, The Lost Sex*(New York: Universal Library, 1947).

'결혼과 가족', '삶의 적응' 같은 교훈적 커리큘럼에서도 교재로 쓰일 만큼 막대한 영향을 끼쳤다. 따라서 실제 이 책이 가진 가치보다 더 많은 주의를 기울여야 한다.《현대의 여성, 잃어버린 성》은 역사의 '정신 분석학적' 버전이다. 이 책은 건전함의 황금기였던 중세가 끝난 후 산업 혁명과 코페르니쿠스 혁명이 일어나면서 세상의 모든 병폐가 시작되었다고 비난한다. 이들은 페미니즘을 허무주의, 무정부주의, 반유대주의, 공산주의, 인종 차별주의와 한데 뭉뚱그려 취급하면서 이 모든 것이 인류에게 증오와 폭력을 가르쳤다고 주장한다. 그럼으로써 나치즘과 KKK를 한데 묶을 뿐만 아니라 일체의 혁명 운동에 전면 공격을 가한다. 저자들이 특히 원한을 표시하는 것은 성 혁명이다. 성 혁명이야말로 여성을 "잃어버린 성"으로 만들었으며 이 때문에 "마치 중력에 사로잡힌 위성처럼 오늘날의 불행이 여성 주위를 계속 공전하고 있다"[149]라고 주장한다.

저자들은 여성 또한 이러한 "불행하고 저주받은 자들의 운동"[150]에 동조했다는 점을 개탄하면서, 특히 나치즘과 다를 바 없는 "증오라는 근본적 기초 위에 서 있는"[151] 여성 운동을 여성들 자신이 지지하고 있다는 사실에 한탄한다. 이들은 특정 인물의 일대기에 근거하여 신경증을 찾아내는 게임에 몰두하고 있다. 이들에 따르면 마르크스는 "정치적 권위에 대한 무의식적 증오심"을 가지고 있었으며, 밀은 아버지에 대한 증오심에 휘둘린 뱅충이이자 "수동적이고 여성적인 남성"으로 격하되어 있다. 이들의

---

149 같은 책, p.24.
150 같은 책, p.33.
151 같은 곳.

진정한 원수는 메리 울스턴크래프트다. 그녀는 성 혁명이라는 광기를 출현시킨 장본인이라고 한다. 울스턴크래프트는 정신 의학적 사례사事例史로 의심될 뿐만 아니라[152] "프랑스 혁명의 포탄"[153]과도 관련된 범죄자다. 게다가 울스턴크래프트를 비롯한 페미니스트라는 어리석은 패거리는 젊은이를 타락시켜 "원숭이 우리"와 다를 바 없는 "성적 탐닉"[154]의 상태를 유발했고, 이는 애통하기 그지없는 출산율 하락과 낙태율·이혼율 상승을 가져왔다는 것이다.

그러나 이들은 페미니즘을 사악하다고 말하는 것만으로 부족하다고 느낀다. 페미니즘은 질병이자 병리학이며, "콤플렉스", 대중 선동, 가정의 원수로 진단받아야만 한다. "단결되고 통합된 가정이 파괴되면서 여성은 갈 곳을 몰라 헤매게 되었다."[155] 이들은 지난 세기 여성의 지위에 대해 기품 있게 탄식하면서 산업 혁명에 온갖 책임을 떠넘긴다. 그리고 "초창기 여성의 권리와 특권을 되찾으려는 시도"에 한에서 페미니즘의 목표에 찬성한다.[156] 페미니즘이 또한 아무리 별 타당성 없는 목표를 추구한다 하더라도 페미니즘과 페미니스트는 "정서적 질환과 신경증의 한 표현이며 (…) 그 핵심에는 고질병이 있다"[157]라고 주장한다. 저자들은 양성은 평등하고 모든 점에서 동일하다는 주장을 경멸하며(이는 생물학적으로 불가능하다는 근거에서) 평등을 '페티쉬fetish'라 부르고, 페미니스트는 사실상 남자가 되고 싶은 것이며 남근 선망으

---

152 같은 책, p.149.
153 같은 책, p.33.
154 같은 책, p.35.
155 같은 책, p.142.
156 같은 책, p.143.
157 같은 곳.

로 고통받고 있는 것이라고 일러준다. 저자들은 "남성의 권력=남성성"[158]이라는 기이한 도식을 통해 지위와 사회적 입장을 남근과 노골적으로 동일시한다. 그리고 "이것이 평등의 의미다. 즉 정체성인 것이다"[159]라고 주장한다. 울스턴크래프트를 비롯한 페미니스트들은 "여성이 남성과 동일하다는 잘못된 전제하에서 여성을 남성의 동반자로 인정해달라고 탄원하고 있다"[160]라고 한다. 따라서 "페미니즘은 여성의 자아실현을 위한 운동이기는커녕 (⋯) 여성성 자체를 명백히 부정한다. (⋯) 페미니즘은 여성에게 여성으로서 자살하라고 명령했고 남성처럼 살라고 명령했다."[161] 페미니스트들은 평등한 권리를 요구하면서 남자가 되기를 원했으며 이는 여성성을 갖고자 하는 남성만큼이나 통탄할 만한 정신 착란이다. 모성성을 넘어서려는 야망이란 "불가능"을 추구하려는 야망 (남자가 되려는 야망)이다. 따라서 "모든 것이 여기에 척척 맞아떨어진다."[162] 실로 그러하다.

《현대의 여성, 잃어버린 성》은 페미니즘이 위협하고 있다고 생각하는 가정과 가족, 모성성이라는 목표에 대해 대단히 노골적이다. "결혼이란 (⋯) 여성을 보호하기 위해 발전된 제도"[163]라는 진부한 상투어에 이어 페미니즘은 결혼과 가족 자체를 제대로 공격하지 못했다는 말이 나온다. 그리고 나서 성 혁명가들은 "자신이 여성이라는 사실을 완전히 부정하고 (⋯) 남성의 보호가 전혀

---

158 같은 책, p.150.
159 같은 책, p.147.
160 같은 책, p.150.
161 같은 책, p.166.
162 같은 책, p.162.
163 같은 책, p.191.

필요하지 않다고 주장하며" 경제적 독립을 "요란스럽게 떠들어 대면서" "여성을 결혼으로 몰고 가는 경제적 충동"을 제거해버렸다.[164] 이것이 이들에게 가장 비통하게 느껴지는 바이며 이는 "여성이 된다는 것을 회피"[165]하게 할 수도 있다고 한다. 저자들은 결혼을 "경제적 군주"와의 "감정적 유대 관계"를 형성하는 과정이라고 진부하게 정의한다.[166]

룬드버그와 판햄에 따르면 성 혁명은 이혼과 낙태, 피임으로 결혼의 토대를 허물었다. 그리고 페미니즘은 노골적인 동기, 즉 "외설적이고 관능적인 행위에 몰두하려는 격렬한 욕망"[167]으로 성의 이중 잣대를 공격하기도 했다. 이러한 비극적 오류는 나머지 오류와 마찬가지로 "남성과 겨루려는"[168] 쓸데없는 욕망에서 비롯된다. 페미니스트들은 금욕적이지 않은 기준만을 옹호하면서 실제로는 "난교라는 조건"을 위한 계략을 꾸미고 있었다. 저자들은 혼전 순결을 지지하는데 이는 여성에게만 해당하는 것이다. 이러한 이중 잣대는 "불가피할 뿐만 아니라 바람직하며" 성에 대해 하나의 기준만을 세우는 것은 "내적으로는 정신 병리학적"이고 "외적으로는 어리석기" 때문이다.[169]

저자들은 성적 개혁을 공격하고 남근 선망이라는 비난으로 스스로를 방어하면서 역사를 교묘하게 해석한다. 그로써 룬드버그와 판햄은 더욱 교활한 '온건 노선'을 내놓는다. 이들의 온건 노

164 같은 책, p.192.
165 같은 곳.
166 같은 책, p.163.
167 같은 책, p.196.
168 같은 곳.
169 같은 책, pp.274~275.

선이란 '여성성'과 가족, 여성의 복종, 그리고 무엇보다도 모성성을 찬미하는 것이다. 이렇게 하기 위해서는 러스킨처럼 정교한 수사적 장치를 사용해야 한다. 게다가 이들의 주장에는 때로 '여성 우월주의'라는 기이한 표현이 있다. 그러나 《현대의 여성, 잃어버린 성》은 긍정적 순간에조차 러스킨의 〈여왕의 화원〉에 나오는 별개 영역의 원칙을 다시 쓰고 있을 뿐이다. 이 분야의 논쟁은 얼마나 단조로운지 소름이 돋을 정도다.

룬드버그와 판햄은 여전히 많은 여성들의 행복이 불완전하므로 성 혁명은 오류였음이 틀림없다는 반동의 고전이라 할 만한 수법을 사용한다. 여성이 '대립'과 '문제' 때문에 얼마나 고통스러워하는지 똑똑히 보라는 것이다. 근심이라는 가면을 쓴 저자들은 결국 이러한 모호하고도 (저자들에게는) 편리한 징후로 고통스러워하는 여성을 더욱 가혹하게 처벌하며 끝맺는다. 여성이 "적응하지 못한다"면 그 잘못은 여성을 변경 불가능한 기질적 수동성에 적응하라고 훈계하는 사회적 상황이 아니라 바로 여성 자신에게 있다는 것이다.[170] 비난이 진단의 이름으로 가해지고 있으며, 처방이 설명의 이름으로 행해지고 있다. 이 책의 대부분은 (그토록 혐오스럽게 쓰이지 않았다면) D. H. 로렌스의 패러디로 간주할 수 있을 것이다. 《현대의 여성, 잃어버린 성》 전체는 로렌스 같은 태도에 흠뻑 젖어 있을 뿐만 아니라 거의 로렌스를 모방한 듯한 분위기를 띠고 있기 때문이다. 이 책은 "현대성의 새롭고 멋진 표

---

170 마리 로빈슨의 《성적 항복의 힘》은 룬드버그와 판햄의 주장을 그대로 이어받아 불감증을 페미니즘 탓으로 돌리면서 여성은 남성의 지배에 항복하고 그것을 즐겨야 한다는 처방을 내놓는다.

면"[171]인 기계로부터 등을 돌리고 낡은 본능적 생활 방식으로 회귀하라고 충고한다. 그렇지만 실제 본능적 방식이 무엇인지는 정의하고 있지 않으며 단지 더 좋은 것이라고만 주장하고 있을 뿐이다.

터무니없이 두꺼우나 내용은 텅 빈 이 책의 중간쯤에 이르면 우리는 저자들이 슬슬 배짱을 부리기 시작한다는 것을 느낄 수 있다. 위험은 지나갔고 이제 혁명은 좌절되었으니 '같은 노선으로 끌어들이기'도 계속될 수 있다는 배짱이다. 남성의 권위에 복종한다는 생각에 따르지 않거나 반대하는 '거세된 인간'에 대한 공격과 비난은 여전히 계속되고 있지만,[172] 저자들은 대체로 적극적으로 지시를 내리는 방식을 선호하는 듯하다. 즉 여성의 종속은 "지배하고자 하는" "남성성"을 "뒷받침하는 것"이라고 표현되고 있다.[173] 심지어 때로는 탄원하는 어조도 감지된다. 모든 남성의 행위와 남성성, 가부장제 자체는 남근의 발기에 근거한다. "이것이 바로 통제와 지배다. 여성은 남성의 성적 본성이 지닌 핵심 능력을 받아들여야 한다. 그렇지 않으면 실패한다."[174] 발기를 성취하기 위해서 남성은 주인이 되어야만 한다. 최근 이러한 생리학적 관념을 옹호하는 사람들은 이를 '시클리드 효과'라고 명명했다. 즉 선사 시대에 존재한 물고기의 반응을 모델로 삼아 인간의 섹슈얼리티에 대한 이론을 만들어낸 것이다. 오스트리아의 동물 심리학자 콘라트 로렌츠는 암컷 시클리드의 '외경심'에 찬 반응이

171 Lundberg and Farnham, 앞의 책, p.201.
172 같은 책, p.236.
173 같은 책, p.241.
174 같은 곳.

없다면 수컷 시클리드는 짝을 찾을 용기를 내지 못한다고 주장했다. 도대체 물고기의 '외경심'을 어떻게 판단할 수 있는지 차라리 대답을 듣지 않는 편이 나을 것이다. 하지만 섹스에서 남성에 대하여 여성이 반드시 외경심을 가져야 한다는 관념이 지닌 함의는 남성과 여성에게 적용될 때 뻔한 결과를 낳을 뿐이다.[175]

《현대의 여성, 잃어버린 성》에서 가장 골치 아프게 느껴지는 부분은 이 책이 상업주의적 악취를 강하게 풍기고 있다는 것이다. 여기에서 정신 분석학은 페미니즘의 무덤 위에 세워진 비즈니스 사업으로 제시된다. 그리고 정신 분석학이야말로 새로운 생활 양식과 전통적 혹은 기질적 요구 사이에서 갈등하고 있는 주변의 반항적인 '불행한' 여성에게 저자들이 처방하는 유일한 치유책이다.

내적 공간

최근에 성차性差에 관한 두 가지 주장이 나왔다. 이 주장들은 모두 양성에 적합한 기질을 전제하여 '본성'이라는 근거에서 논의를 펴고 있다. 라이오넬 타이거는 가부장제와 남성의 지배를 남성에게 고유한 '결속' 본능의 기능이라고 정의한다. 이는 분명 합리화를 통해 '본능'을 승인하는 논리다. 즉 역사를 생물학으로 바꾸는 방식이다. 내적 공간과 외적 공간의 관계가 양성을 구별해준다는

---

175 Jesse Bernard, *The Sex Game*(Englewood Cliffs, NJ.: Prentice-Hall, 1968) 참조. 시클리드에 대하여 로렌츠는 이렇게 말한다. "외경심을 일으키는, 따라서 지배적인 수컷만 짝을 지을 수 있다." Konrad Lorenz, *On Aggression*(New York: Harcourt, 1966), p.99. 물론 로렌츠 자신은 이러한 인간에 가까운 동물의 행위를 인간에게 적용하지는 않았다. 다른 종의 행동, 심지어 정반대되는 행동 때문에 그 주장이 상쇄될 것이 뻔했기 때문이다.

에릭 에릭슨의 정식화는 더 온건할 뿐만 아니라 영향력이 있기도 하다. 에릭슨은 여성의 개성이 선천적인 것이라는 프로이트 혹은 정신 분석학의 관점을 견지하면서도 '여성성'이 사회적이고 정치적으로 유용할 수도 있다는 제안을 덧붙인다.

〈여성됨과 내적 공간〉[176]이라는 유명한 논문에서 에릭슨은 인류를 파멸 직전으로 몰고 간 남성의 성취를 부분적으로 폄하하고, 여성이 인류를 구원할 수 있다고 주장한다.

> 여성이 진화와 역사에서 항상 사적으로 대표해왔던 특징(사실주의적 교육 방식, 평화를 유지하는 재치, 치유에 대한 헌신)을 공적으로 표현할 결정력을 얻을 수만 있다면, 여성이 넓은 의미에서 정치학에 윤리적(진정으로 초국가적이므로) 자제력을 보태기에 적합할 것이다.[177]

이러한 에릭슨의 권고는 여성을 정치 세력에 참여하도록 촉구하는 힘을 지녔다. 하지만 이는 여성의 인권을 보장하기 위해서가 아니라 여성의 영역을 공적 영역으로 확장하는 것이 사회적으로 이득이 되기 때문이라는 논리임을 간과해서는 안 된다. 즉 정의보다는 편의에서 나온 주장이다. 어쨌든 에릭슨이 좋아하는 근거가 무엇인지 들어보기로 하자. 남성의 지배하에 행해진 인간 행위가 오늘날의 곤경을 낳았다는 주장(이 논문은 핵무기

---

176 Erik Erikson, "Womanhood and the Inner Space"(*Daedalus*, The Journal of the American Academy of Arts and Sciences, Spring 1964), *Identity, Youth and Crisis*(New York: W. W. Norton, 1968).

177 Erikson, "Womanhood and the Inner Space," 같은 책, p.262.

의 그늘 아래 쓰였다)과 에릭슨이 여성의 것으로 돌리는 기질적 특성이 사회 행위에 대단히 유용하다는 주장에는 동의하기 어렵지 않다. 그러나 정작 에릭슨은 양성의 특징이 문화적으로 조건화되었으며 양성의 정치적 관계에 근거한 것이라는 사실과, 이러한 정치적 관계는 오늘날의 위기 상황과 관계없이 역사를 통틀어 계속되어왔다는 사실을 인식하지 못하고 있다. 에릭슨의 논문이 방점을 두고 있는 주장과 에릭슨의 이론이 기초하고 있는 실험은 남성과 여성의 상호 보완성이 남성과 여성의 본질적 특징이라는 점을 우리에게 납득시키려 한다. 에릭슨은 문화 안에서 남성성으로 알려진 특징 대부분이 차츰 반사회적으로 되어갈 뿐만 아니라 종의 보존이라는 측면에서도 점차 위험한 게 되어간다고 느낀다. 반면에 여성성이라 알려진 특징의 대부분은 행복에 직접 관계된다고 에릭슨은 생각한다. 이러한 전제에서 도출되는 논리적 결론은 양성의 기질을 종합하는 것이다. 양성이 날카롭게 나뉘어 있는 현재의 성 문화에서 서로 협력하여 각자의 파편화된 집단적 성격을 통합한다면 인간적 균형을 얻을 수 있다는 주장은 인정할 수 있다. 하지만 여기에서 더 나아가 각 성에만 한정된 사회적으로 바람직하다고 생각되는 특징들을 양성에게 골고루 퍼뜨릴 것도 촉구해야 한다. 동시에 호전성이나 과도한 수동성 등 쓸모없는 특징들도 제거해야 한다. 그러나 이러한 생각은 에릭슨의 시야를 벗어나 있다. 에릭슨은 타고난 성적 기질의 존재를 믿으며 자신의 실험이 그 증거라고 생각하기 때문이다.

에릭슨은 양성의 양극성을 유지하고 그 '필수적 긴장'을 보존하는 데 희망을 걸고 있다. "너무 지나친 동일성, 평등, 동등"[178]을 주장하다 보면 양성의 상반된 차이가 상쇄될 수 있다는 것이다. 그러나 이와 동시에 에릭슨은 사회를 인간답게 만들고자 한다.

> 남성과 여성, 부성과 모성의 새로운 균형은 오늘날 양성의 관계 변화에서뿐만 아니라 진보된 과학과 기술, 순수한 자기반성이 있는 곳에 널리 퍼져 있는 인식에서도 명백하게 예측된다.[179]

과연 남성적 문명이 부성의 충동을 통해 진보했는지에 대해서는 잘 알 수 없지만 분명 에릭슨은 여성이 모성성의 권위를 가지고 사회적으로 기여해야 한다고 생각한다. "이미지를 만들고 결정을 내리는 곳에서 인간의 어머니를 참여시킨다면 오늘날 세계에 존재하는 파멸의 가능성이 과연 계속 존재할지 의문이 생긴다."[180]

에릭슨은 '임신과 출산이라는 일상의 기적'(그는 모성성이라는 주제에 심취해 있다)에 깊이 감동했다고 고백한다. 또한 모성적 본능이 타고난 '육체적' 인식으로 존재하면서 여성의 '정체성'을 구성하게 된다는 사실을 자신의 실험이 증명해준다고 공언한다. 여기에서 에릭슨은 남성의 정체성에는 제한적 관점을 부여하지 않으면서도 여성의 개별적 정체성은 전적으로 성적 토대를 가졌다고 제한한다. 에릭슨은 "젊은 여성의 정체성은 대부분 여성의 매력에 이미 정의되어 있다"라고 믿는다. 그러한 매력의 기능은 "자

---

178 Erikson, "Womanhood and the Inner Space," 같은 책, p.264.
179 같은 곳.
180 Erikson, "Womanhood and the Inner Space," 같은 책, p.265.

신을 찾아주기를 바라는 남성(들)을 찾으면서"[181] 짝을 고르는 것에 한정되어 있다. "장래 출산 기능과는 아무런 관계가 없는" 행위에 여성이 관심을 확장할 수 있게 해주는 정규 교육은 에릭슨이 보기에 "유예 기간"에 불과하다.[182] 그러나 "진정한 유예 기간이란 끝이 있어야 하고 결론이 있어야 하는 법이다. 즉 여성의 매력과 경험이 '영원히' 내적 공간의 환영을 받을 짝을 고르는 데 성공할 때 비로소 여성성은 도래한다."[183] 여성의 성장 단계는 모두 "낯선 남자를 사랑하는 데 헌신하고 그 자식을 돌보는 데 헌신하는" 순간에 바쳐져 있다.[184]

성적 차이와 기질이 유년기에 어떻게 발달했든 양성은 최종적으로 양극화되기 마련이다. 양성은 성인을 특징짓는 생산과 생식이라는 과정의 일부가 되어야 하기 때문이다. 그러나 여성의 육체 구조가 자신이 선택한 남성의 아이를 낳는 '내적 공간'을 품고 있다는 점과 어린아이를 양육하는 데 생물학적·심리적·윤리적으로 헌신해야 한다는 점 때문에 여성의 정체성 형성은 어떻게 달라지는 것일까?[185]

이 논문의 어조가 불안할 뿐만 아니라 모순적이기까지 한 이유는 에릭슨이 여성에 대한 두 가지 태도, 즉 프로이트의 남성 우

---

181 Erikson, "Womanhood and the Inner Space," 같은 책, p.283.
182 같은 곳.
183 같은 곳.
184 Erikson, "Womanhood and the Inner Space," 같은 책, p.265.
185 Erikson, "Womanhood and the Inner Space," 같은 책, pp.265~266.

월주의와 자신의 기사도 정신 사이에서 동요하고 있기 때문이다. 에릭슨은 해부학은 여성의 운명(또한 성격)이라고 주장하고 싶지만 동시에 모성적 관심사를 친절하게 용인해줌으로써, 역사적으로 예정된 여성의 예속적 상황을 조금이나마 줄여주어야 한다고 간청하고 있기도 하다. 에릭슨은 "충만함과 따뜻함, 관대함을 연상시키는 여성 해부학의 수많은 볼록한 부분들"[186]을 찬양한다. 하지만 여성을 "상처와 같은 틈"을 가진 존재로, 남근을 "결여한" 존재로 간주하는 거룩한 프로이트의 주장은 버리지 않는다.[187] 에릭슨은 여성적 마조히즘이라는 프로이트의 개념을 단념하려 하지 않으며, 심지어 그 개념을 확장하여 여성의 월경까지 포함하려 한다. 에릭슨은 월경이 "출산의 고통에 더해지는 내적 주기 현상이며 이는 성경에 이브의 범법 행위에 내려진 영원한 형벌로 설명되어 있다"면서 "고난dolorosa"라는 시적 표현을 사용한다.[188] 이 논문의 동정 어린 표면 아래에는 다소 불온한 자기만족이 숨어 있다. 에릭슨은 여성의 내적 마조히즘에 기인한 오랜 억압을 해석하기 위해 "새로운 종류의 생체 문화적 역사"를 발명할 때까지 기다려야 한다고 말한다. 이러한 새로운 역사는 다음을 설명해줄 것이다.

---

186 Erikson, "Womanhood and the Inner Space," 같은 책, p.267.

187 같은 곳. 에릭슨은 《유년기와 사회Childhood and Society》(1950)에서 여성의 남근 선망을 백색에 대한 흑인의 환상과 비교하여 그러한 심리가 문화적 기원을 가지고 있다는 점을 완전히 이해한 듯한 인상을 준다. 그러나 그러한 맥락에서도 (여기에서도 그렇지만) 에릭슨은 여전히 "생식기 부위가 없는", "생식기의 상처 자국", "부재하는 남근" 등의 표현을 자유롭게 사용하고 있다. p.244, 231, 228 참조.

188 Erikson, "Womanhood and the Inner Space," 같은 책, p.284.

여성이 어떻게 해서 마조히즘적 가능성을 착취하는 다양한 역할에 전력했는지를 설명해줄 것이다. 다시 말해 여성은 스스로를 가두고 움직이지 못하게 했고, 스스로를 노예로 만들고 유아적이 되었으며 몸을 팔고 착취당했다. 그리고 이러한 상황으로부터 소위 심리학에서 말하는 그릇된 지배의 '부차적 이득'을 얻었다.[189]

에릭슨은 여자아이들이 "여성의 형태와 태도의 핵심에 안전하게 자리 잡은 생산적이고 내적인 육체적 공간의 존재"를 직관적으로 인식하여 성격 구조뿐만 아니라 만족까지 이끌어낸다고 주장하며, 이는 "자신이 무능력하다는 생각을 불가능하게 한다"고 말한다.[190] 이러한 에릭슨의 주장은 프로이트의 남근 선망 이론과 어느 정도 균형을 잡고 있다. 프로이트의 남근 선망 이론은 여성이 해부학적으로 남성 '영역'에 참여할 수 없으므로 거기에서 물러서야 한다는 명령의 의미를 띠었다. 반면에 에릭슨의 자궁 찬양은 위대한 연구 실험의 결론에 근거한 척하면서 더욱 온화한 설득의 형태를 띤다.

2년 동안 나는 남자아이 150명과 여자아이 150명을 세 번에 걸쳐 만나면서 매번 각각의 아이에게 테이블 위에 장난감을 펼쳐놓고는 '마음에 드는 장면'을 만들어보라는 과제를 주었다. 이 장난감들은 가족, 제복 입은 인형(경찰관, 비행사, 인디언, 수도사 등), 야생 동물과 가축, 가구, 자동차 등 평범한 것이었다. 나는 블

189 같은 곳.
190 Erikson, "Womanhood and the Inner Space," 같은 책, p.267.

록도 많이 놔두었다. 그러고는 아이들에게 테이블을 영화 스튜디오로 생각하라고 했다. 그리고 장난감은 배우와 소품으로 자신은 영화감독으로 생각하라고 했다. 아이들은 테이블 위에다 '상상의 영화에 나오는 재미있는 장면'을 배열한 다음 그 장면에 관해 이야기했다. 아이들의 이야기를 녹음과 사진으로 남겼다. 아이들은 칭찬을 받았다. 그 어떤 '해석'도 없었음을 덧붙여야 할 것이다. (…) 따라서 성차性差는 나의 원래 관심사가 아니었다. 나는 아이들이 장면을 구성하다가 테이블의 가장자리나 테이블 뒤에 있는 벽으로 나가는 행동을 주의 깊게 보려 했다. 그리고 아이들이 테이블에서 얼마나 높이 장난감을 쌓는지, 테이블 표면에 얼마나 가깝게 배열하는지 보려 했다. (…) 이 모든 것이 아이에 대해 무언가를 '말해준다'는 것이 '투영법'의 공공연한 비밀이다. 여기에 대해서는 더는 이야기하지 않겠다. 하지만 나는 곧 아이들의 놀이를 평가하면서 여자아이와 남자아이가 공간을 다르게 사용한다는 사실과, 한쪽 성의 아이에게서 특정 배치가 자주 나타나는데 비해 다른 성의 아이에게서는 드물게 나타난다는 사실을 눈여겨보게 되었다. 이 차이는 그 자체로는 단순해서 처음에는 당연해 보였다. 그러는 동안 쌓인 사례사는 일종의 슬로건을 만들어주었다. 즉 여자아이는 **내적** 공간을 강조하고 남자아이는 **외적** 공간을 강조한다는 슬로건이다. (…) 이는 전형적이다. 여자아이가 만든 장면은 둘러싸는 벽이 없거나 블록으로 단순히 **울타리**만 만들어놓고 그 안에 가구를 배치한 집의 **내부**였다. 여자아이의 장면에서 사람과 동물은 대부분 내부 혹은 울타리 **안에** 있었다. 그리고 사람과 동물은 주로 정적인 자세(앉거나 서는 자세)를 취하고 있었다. 여자아이의 울타리는 블록을 예로 들면 한 층만

쌓은 낮은 벽으로 되어 있었다. 때로 **정교한 출입구**가 있는 경우도 있었다. 집의 내부는 대부분 분명히 **평화로웠다.** 종종 여자아이는 그 안에서 피아노를 친다고 했다. 수많은 경우에 집의 내부는 동물이나 위험한 남자의 **침입**을 받았다. (…) 남자아이가 만든 장면은 정교한 벽이 있는 집이거나 장식 혹은 대포를 의미하는 원뿔이나 원기둥으로 **돌출된** 집이었다. **높은 탑**도 있었고 모두 **바깥** 장면이었다. 남자아이의 장면에는 사람이나 동물이 울타리나 건물 바깥에 있었고 **자동차** 같은 물건도 있었으며, 동물은 길이나 교차로를 따라 **이동하고** 있었다. 정교하게 꾸며진 자동차 **사고**도 있었다. (…) 남자아이가 배치한 것을 보면 높은 구조물이 대부분이었는데, 남자아이는 **충돌**이나 파괴의 위험을 두고 장난하는 경우도 많았다. **붕괴**는 남자아이의 구조물에서만 발견되었다. 따라서 남자아이의 공간은 높이와 파괴에 강력한 움직임과 흐름 혹은 정지에 사로잡혀 있었다. 반면 여자아이의 공간은 열려 있는 내부나 단순히 에워싸인 내부 그리고 평화롭거나 침입을 받는 내부에 지배되고 있었다. 놀이 장면을 구성하는 데서 양성의 차이는 생식기의 형태상 차이와 상응한다는 사실이 누군가에게는 놀랍게 보일 수도 있고 누군가에게는 당연하게 보일 수도 있다. 특성상 발기하고 침입하는 남성의 외부 기관인 남근은 운동하는 정자 세포의 흐름을 돕는다. 반면 평평한 입구를 가진 여성의 내부 기관은 임신을 기대하는 정적인 난자로 이어진다. 여기에서 제기되는 질문은 다음과 같다. 무엇이 진정으로 놀라운 것이며, 무엇이 당연한 것인가? 그리고 각각의 경우는 양성에 대해 무엇을 이야기해주는가?[191]

실로 무엇을 이야기해주는 것일까? 에릭슨은 아이들의 나이나 교육 정도를 참고하지 않고 단지 '10대' 아이들이었다고만 말하고 있으므로 그 아이들은 문화가 부과한 사회화를 완전히 체화하고 있다(경찰관, 인디언, 동화책에 나오는 동물 등)는 사실이 증명되었다고 보는 편이 낫다. 에릭슨은 피아노 연주를 지루한 것이 아니라 "정적이고" "평화롭다"고 간주하며[192] 이동하는 자동차는 "운동하는 정자 세포"와 동일하다고 본다. 또한 그는 이러한 차이가 신체 부분을 의미하는 세련된 용어인 "육체 구조"에 근거한 것으로 받아들이도록 요구한다. 그리고 놀이방에 있는 비품들을 통해 우리 문화가 양성의 기질과 역할, 지위에 대하여 만들어낸 성적 양극성을 본성으로 설명하고 있다.

에릭슨의 실험은 양성이 자신의 조건화에 극단적인 감수성으로 반응한다는 사실을 놀랄 만큼 명쾌하게 보여준다. 한쪽은 수동적이고 가정적이며 다른 쪽은 이기적으로 무언가를 이루려고 하며 구성적(탑, 기계, 장식)이기도 하고 파괴적(대포, 사고, 붕괴)이기도 하다. 그러나 사회화의 효율성(이는 에릭슨이 표준화한 할리우드 영화 장치에 의해 촉진되고 있다)에도 모든 아이들이 다 계획대로 반응한 것은 아니다. 수치화되지 않은 일부 아이들은 여기에 순응하지 않았다. 바깥 장면을 만든 여자아이는 '말괄량이'로 처리했고, 충분히 공격적이지 않은 남자아이는 더 심각한 위험인물

---

191 Erikson, "Womanhood and the Inner Space," 같은 책, pp.268~272.

192 아이들에게 주어진 과제("상상의 영화에 나오는 재미있는 장면")를 생각해보면 여자아이가 만든 장면을 정적이라고 만족하는 것은 다소 놀라운 일이다. 미국인 여자아이에게 자신을 "영화감독"이라고 "상상하게" 하는 것도 어려웠을 것이 틀림없다. 당시 미국 사회는 여성에게 그러한 역할 모델을 허용하지 않았기 때문이다.

인 일탈(사내답지 못한 아이)로 간주했다. 또한 우리는 성 정체성을 고찰하는 데 규범적 태도가 존재하고 있음을 생각해야 한다. 이 연구가 발표된 해인 1946년은 성적 범주에 순응하지 않는 사람을 건강하지 못하다거나 불온하다고 간주하는 반동적 분위기가 형성된 시기였다.

에릭슨은 양성의 행동을 분석하면서 자신이 관찰한 사건들을 일종의 해부학적 숙명으로 과민하게 해석한다. 그리고 중요하다고 생각되는 모든 단어를 꼼꼼하게 진한 글씨로 표기했다. 앞서 인용문(나는 공정함을 위해 대부분을 인용했다)에는 재미있는 순간들이 있다. 저자가 자궁과 비교하면 별 관심을 못 느끼는 여성의 음부는 "정교한 출입구"라는 표현에서 추론된다. 그러면 클리토리스는 출입문의 일종으로 해석될 수 있는 것인지 의아스럽다. '여성성'을 수동적인("정적인") 것과 동일시하여 여성성을 처방하고 강화하는 유서 깊은 방식은 남근을 웅장한 탑, 질주하고 충돌하는 자동차, 대포, 붕괴와 동일시하는 것과 균형을 이루고 있다. 그렇다면 '전쟁은 발기한 남근이 수축하므로 발생하는 것인가?'라고 질문할 수 있겠다. 여성적 '수동성'은 항상 해부학에서 추론되지만, 남성적 행위는 일반적으로 역사와 기술에서 추론된다. 심미적인 측면에서 볼 때 불만스러운 비대칭성을 보여주는 논리적 불일치다.[193]

면밀한 검토를 거치지 않은 실험인 에릭슨의 보고와 그로부터 도출된 함의를 보면 에릭슨이 과학적 증거로 받아들여져야 한

---

193 프로이트의 이론에서 남성의 행위가 궁극적으로 근거한다는 능동적 정자는 현미경으로 볼 때만 알 수 있다. 남자아이는 그것을 '직관한다'는 말인가?

다고 주장하는 것은 실제로 무시해도 좋을 만하다. 그 실험은 어쨌든 에릭슨이라는 사람에 대해 많은 것을 알려준다. 에릭슨은 진실로 평화와 '여성적' 미덕에 관심이 있는 사람이다. 하지만 그러한 미덕이 인간적으로 가치 있다면 논리적으로 양성에게 동등하게 가치 있는 것이 되어야 한다는 생각은 못 하는 사람이기도 하다. 에릭슨의 실험에는 어떤 변수도 작동하지 않으며 절차를 뒤집어보는 것조차 시도되지 않는다. 타고난 속성을 증명하려면 필수적으로 거쳐야 하는 과정인데도 말이다. 자의적이지 않고 강요되지 않으며, 부적절하지도, 후천적으로 습득되지도 않았으며 학습되지도 않은 특징은 다른 방식의 지시나 변경을 통해서도 명백히 드러나야 한다. 에릭슨의 이론 전체는 학습된 행동을 생물학으로 오해하는 정신 분석학의 되풀이되는 오류에 기초한다. "육체 구조"라는 세련된 표현은 생리학적 증거에 쉽게 속아 넘어가는 일반 독자와 사회 과학자를 납득시키기 위해 계산된 것이다. 특정 행동을 직관적이고 점잖은 듯한 가설로 설명하려 할 때 그들은 확인할 수 있는 뒷받침을 얻기 위해 자연 과학에 모호하게 호소하는 경향이 있으며 신화적 사유를 명백한 자료인 양 확증하려 한다.

에릭슨은 자신의 연구 대상이 만든 구조물 사진을 보면 성을 식별할 수 있다고 동료들에게 밝힘으로써 가능한 반대 의견에 대해 대답했다고 믿는다. 하지만 이는 결정적인 증거가 될 수 없다. 에릭슨의 연구 대상인 10대 아이들 자체가 그러한 뚜렷한 문화적 단서를 사용하는 데 매우 능숙하기 때문이다. 에릭슨은 아이들 스스로 행한 것이라는 사실을 계속 강조한다. "만일 남자아이들이 현재나 미래의 역할을 생각했다면 왜 경찰관 장난감 같은 것을 제일 좋아하겠는가?"[194] 정말 왜 그럴까? 중산 계급 아이들이 경찰관이나 소방관 장난감을 자신과 동일시하는 부조화에 우리는 어리둥절하지 않을 수 없다. 아이들이 자라 그런 직업을 갖는다고 한다면 부모들은 분명 굴욕감을 느낄 것이기 때문이다. 그 까닭은 이미 에릭슨의 질문에 밝혀져 있는지도 모른다. 경찰관은 육체적 힘을 행사하는 권위 있는 인물이므로 공교육 종사자들이나 교과서 편찬자들은 남자아이에게 그러한 이미지를 심어주려 할 수 있다. 남자아이들은 스스로를 경찰관과 동일시하는 데 반해 왜 여자아이들은 그렇지 않은지 묻는 질문은 실상 질문의 가치도 없다. 아이들이 성 범주에 맞게 동일시하는 것을 배우며 경찰관은 여자가 아니기 때문이라는 사실을 제외하고서라도, 모든 아이들 혹은 에릭슨의 실험 대상이 된 아이 대부분은 남자아이가 경찰관 장난감을 가지고 놀아야 하고 여자아이는 그래서는 안 된다는 것을 이미 충분히 알고 있다. 더 생산적인 연구를 하기 위해서는 프로그램으로 정해져 있는 학습에서 벗어난 아이를 관찰해야 한다. 그렇게 함으로써 문화적으로 형성된 상황을 넘어서게 해주는 요소를 분리해낼 수 있기 때문이다. 예를 들면 말괄량이가 어떻게 바깥 장면이라는 적극적 '공격성'을 가지게 되었는지 혹은 남자아이가 어떻게 평화로운 장면을 만들게 되었는지를 탐구해야 한다. 즉 또래 여자아이에게 성공적으로 주입된 인형의 집을 탈출한 아이와 또래 남자아이에게 주입된 악의로부터 빠져나온 아이를 연구해야 한다.

194 Erikson, "Womanhood and the Inner Space," 앞의 책, p.272.

여성의 지성에 관한 엘리너 맥코비의 유익한 논문[195]은 이러한 문제에 실마리를 제공한다. 독립심과 자아의 정신력은 특정 분석 분야에서 최고의 성취를 이루기 위해 요구되는 자질인데, 대부분의 여자아이가 문화적으로 경험하는 것에서는 이러한 자질을 찾아볼 수 없다고 이 논문은 지적하고 있다. 다른 실험들[196]의 증명에 따르면 여자아이의 일반적 양육 과정에서 볼 수 있는 특정 분야에 대한 지향과 의존성 및 인정 욕구와 유해한 관심 등은 남자아이의 경우에는 수동성과 유치증의 조건을 낳으며 성취뿐만 아니라 성숙에도 지극히 해롭다고 간주된다. 한쪽 성에 해로운 것이 다른 쪽 성에는 이롭다는 식의 이중 잣대가 정규 교육과 비정규 교육 과정에서 공공연히 공언된다. 따라서 이는 인류의 절반을 '놀이방' 수준에서 발달 정지된 채 있으라고 지시하는 것과 같다. 에릭슨의 재료 선택 때문에 양성의 놀이는 진부하기 그지없는 것이 되었다는 사실에는 논쟁의 여지가 없다. 여자아이의 재료는 (에릭슨이 그들에게서 차분한 여성적 미덕을 발견했음에도) 단지 틀에 박힌 가정생활을 연상시킬 뿐이다. 반면에 남자아이의 재료는 건축적이고 기술적이며 탐험적이고 진정한 성취가 될 수 있는 씨앗인 동시에 어리석은 폭력과 전쟁의 씨앗이기도 하다.

195 Eleanor Maccoby, "Woman's Intellect," *The Potential of Woman*, ed. Farber and Wilson(New York: McGraw-Hill, 1963).

196 맥코비는 다음의 연구서를 언급하고 있다. D. M. Levy, *Maternal Overprotection*(New York: Columbia University Press, 1943); H. A. Witkin, Helen B. Lewis, M. Herzman, Karen Machover, Pearl Meissener and S. Wepner, *Personality Through Perception*(New York: Harper and Row, 1954); H. A. Witkin, R. B. Dyk, H. E. Faterson, D. R. Goodnough and S. A, Karp, *Psychological Differentiation*(New York: Wiley, 1962).

에릭슨이 여자아이의 놀이를 단순히 수동적이 아니라 평화주의적이라고 말하는 부분은, 여성의 '영역'이 인형의 집과 같은 내적 공간이 아니라 세계 자체가 될 때는 그 어떤 사회적 실행 가능성이 없다는 것과 같은 의미라는 점에서 우리를 울적하게 한다. 무엇보다도 가장 실망스러운 것은 폭력에 대한 남성의 집착이 아니라 한곳에 정주하려는 여자아이의 무가치하고 쓸모없는 꿈이다. 여자아이는 아무것도 하지 않은 채 자리에 가만히 앉아 (여성에게 기대되는 '양육' 행위도 하지 않고) "남자와 동물의 침입"(이는 참으로 놀라운 결합이다)을 기다린다고 말하고 있기 때문이다.

가족의 품 안에서 피아노를 치는 역할이 진정으로 이 여자아이들(이들 중 일부는 정열적으로 말을 탔고 미래의 자동차 운전자가 될 수도 있었다)이 가장 하고 싶은 것의 전형일까? 아니면 자신이 하고 싶은 척해야 한다고 생각하는 것일까?[197]

에릭슨은 모호하기는 하나 "우리의 관심을 끌 만한 자연스러운 이유"로 여성의 "공간적 질서"라는 점에서 피아노가 원래부터 여성의 타고난 본성과 관계있다고 가정한다. 하지만 우리는 남성보다 여성이 더욱 철저하고도 부정적으로 조건화된다고 결론 내릴 수밖에 없다. 그리고 여성은 훨씬 더 제한된 실존을 혹은 전문 용어로 말하자면 (에릭슨과 남자 동료들이 여성에게 처방하고 있는) '역할'을 실현하기 위해 만반의 준비를 해야 하는 것으로 보인다. 에릭슨 자신은 여자아이의 더욱 "제한된 행위 영역"과 "통제에 대한

197 Erikson, "Womanhood and the Inner Space," 앞의 책, p.272.

2부 역사적 배경

그다지 심하지 않은 저항"에 만족한다. 후자의 표현은 온순함이라는 한마디로 바꿔 말할 수 있을 것이다.[198]

그러나 이 논문에서 에릭슨의 목표는 이를 더욱 듣기 좋은 말로 바꾸는 것이다. 즉 에릭슨의 목표는,

> 외부 기관의 결여를 강조하는 것에서 생명에 필수적인 내적 잠재력을 강조하는 것으로, 어머니를 향한 증오에 찬 경멸에서 어머니를 비롯한 다른 여성들과의 결속으로, 남성적 행위를 '수동적으로' 단념하는 것에서 난자와 자궁, 질을 소유하고 있는 여성에 어울리는 행위를 정당하게 추구하는 것으로, 고통에 대한 마조히즘적 쾌락에서 (일반적 인간 경험과 특히 여성적 역할의 의미 있는 측면으로서) 고통을 견디고 이해하는 능력으로 이행한다. 이러한 이행은 헬렌 도이치 같은 걸출한 작가가 인식한 '온전히 여성적인 여성'에게서 발견된다.[199]

에릭슨의 논문이 꼴사납게 느껴지는 측면은 그가 아무리 상황을 명료하게 하려고 노력한다 해도 도무지 적절한 순간에 멈출 줄 모른다는 점이다. 그래서 자신이 긍정적인 말로 재해석하려는 상황에 대해서 결국 혐오감이나 불안감을 드러내기에 이른다. 어떤 때는 자궁을 가지고 있다는 것조차도 일종의 손실로 묘사되는데, 임신하지 않은 때를 "미완"의 상태로 보고 있기 때문이다.

---

198 Erikson, "Womanhood and the Inner Space," 같은 책, p.287.
199 Erikson, "Womanhood and the Inner Space," 같은 책, p.275.

물론 생산적인 내적 공간의 존재 자체가 어릴 때부터 여성을 특이한 고독감과, 텅 비어 있음이나 보물을 박탈당하는 것과 미완으로 남아 소진되어버리는 것에 대한 공포감을 느끼게 한다. (…) 앞서 지적한 바와 같이 임상적 관찰에 따르면 여성의 경험에서 '내적 공간'은 잠재적 실현의 핵심인 만큼 절망의 핵심이기도 하기 때문이다. 텅 비어 있음은 여성적 파멸의 형태다. 남성의 내적 삶에도 때로 드러나기는 하지만 (…) 모든 여성에게 표준이 되는 경험이다. 여성에게 혼자 남겨진다는 것은 텅 비어 있는 채 남겨짐을 의미한다. (…) 그러한 상처는 월경 때마다 반복될 수 있다. 월경이란 아이를 애도하며 하늘을 바라보고 울부짖는 것이다. 그것은 폐경기가 오더라도 변하지 않는 상흔이 된다.[200]

임신을 (남성의 독점적인 "내적 삶"이라 칭하는) 예술적 창조와 동일시하려는 시도는 관심을 끈다. 하지만 이는 월경을 아이의 상실로 묘사하는 진부한 이야기에서 곧 사라지고 만다. 월경에 대한 이야기는 흥미로운 시적 공상일 뿐 본질적으로 여성의 감정에 대한 묘사로는 가소롭기 그지없다. 에릭슨의 공상을 밀고 나아가면 아주 흥미로울 것이다. 대략의 수치에 따르면 여성은 평생 450번 월경을 한다. 그렇다면 월경 때마다 느끼는 아이를 잃은 슬픔이란 그 450명의 아이를 다 낳지 않은 것에 대한 인구 통계학자의 악몽 같은 슬픔임을 이해할 수 있다.[201]

---

200 Erikson, "Womanhood and the Inner Space," 같은 책, pp.277~278.

2부 역사적 배경

동물 사회에 대한 최근 관심사에 민감한 에릭슨은 개코원숭이를 논의에 개입시킨다. 셔우드 워시번Sherwood Washburn과 어빈 드보어Irven DeVore는 유명한 논문에 개코원숭이 사진을 실었는데, 에릭슨에 따르면 이 원숭이들은 "전투에 적합한 장비를 갖추지 않은" 나약한 암컷 원숭이를 보호하는 "기사도 정신을 보여주는 위대한 전사들"이다.[202] 여기에서 에릭슨은 "성적 차별화의 근본 원리"[203]라는 프로이트의 표현을 환기시키면서 유인원이 보여주는 증거는 성적으로 차별화된 역할이라는 전통적 관념을 뒷받침해준다고 추론한다. 에릭슨은 여성의 격리("제한된 행위 영역")와 여성의 종속적 위치("통제에 대한 그다지 심하지 않은 저항")를 정당화하기 위해 영장류의 행동과 포유류의 임신 기간을 일반화한다.[204] 그러나 평화주의자 에릭슨은 치명적 오류를 저지르고 만다. 개코원숭이 사회는 전쟁에 기초하며, 인간 사회는 영장류의 삶에서 진화론적으로 내려온 몇몇 특징을 여전히 보유하고 있다고 에릭슨이 믿고 있기 때문이다. 그렇다면 전쟁이란 그가 주장하는 심리적·성적 행위만큼이나 선천적이고 불가피적이다. 따라서 평화에 대한 희망으로 여성의 협력을 요구하는 것은 암컷 개코원숭이의 노력만큼이나 별 영향력이 없을 것이다. 공격적이고 약탈을

---

201 에릭슨의 기준에서 볼 때 모범적인 여성은 아이를 40~50명쯤 출산하려는 여성이다. 그 여성이 유독 아무런 결함 없이 아이를 많이 낳을 수 있고 유독 강인하여 출산의 시련을 견디고 살아남을 수 있다면 말이다. 다행히 훌륭한 인물인 에릭슨은 다산성을 남녀 모두에게 해당하는 특성으로 강조하려 한다는 증거는 없다. 그렇게 되면 정액까지 모두 보존해야 할 테니 말이다(자위행위의 산물이든 몽정의 산물이든 동성애의 산물이든). 가끔은 가톨릭이 이런 태도를 보이는 것 같다.

202 Erikson, "Womanhood and the Inner Space," 앞의 책, p.290.

203 Erikson, "Womanhood and the Inner Space," 같은 책, p.281.

204 같은 곳.

일삼는 남성의 '기사도 정신'이 보호해주는 격리된 모성성이라는 기획은 러스킨의 기획과 몹시 가까워지고 있다. 에릭슨은 사회적이고 정치적인 삶에서 여성의 참여를 요구하면서도 여성은 전통적 가정의 영역과 수동적 기질에 머물러 있어야 한다고 (혹은 이것이 선천적인 것이라고) 주장한다. 그러면서 에릭슨은 자신의 목적을 스스로 폐기한다. 여성은 비천하고 가정적이며 생식의 역할에 한정되어 있으므로 사회적으로 무능하지만, 공적으로 유효한 모든 수단을 통제하고 있는 남성은 자신의 본성이라고 정의된 공격성을 계속 행사한다(그리고 이것이 정당하다고 승인된다). 만일 인간의 성적 기질이 타고난 것이라면 우리에게는 진정 희망이 없다고 보아야 한다.

에릭슨은 여성을 영원한 모성성이라는 "운명"에 처하게 하거나 "(여성의) 동등한 개성과 평등한 시민권을 부정하려는" 의도가 있는 것은 아니라고 말한다. 단지 여성은 남성과 "경쟁"할 수 없으며 문명의 "적극적인 남성적 경향"에 참여할 수 없다고 필사적으로 주장하고 있을 뿐이다. 에릭슨은 겉으로만 심오한 척하면서 "여성은 결코 비非여성이 아니"라고 말한다. 일단 여성이 "문화적 성취 영역에서 남성의 수행 능력"과 대등함을 증명한다면 에릭슨은 양성의 잠재적 동등함이 증명되었다고 주장하면서 만족할 것이다. 양성의 현실적 불평등이 변화해야 한다고 요구하지 않고도 말이다. 여성은 모성을 통해 "나름대로 창조적인 권리"에 기댈 수 있겠지만 그 이상에 대해서는 생각하지 않는 게 좋을 것이라고 에릭슨은 암시한다. 러스킨이 그러했듯 에릭슨도 여성이 '더 나은' 존재라고, 따라서 남성에게 대리적인 도덕적 원조를 제공해야 한다고 믿는 듯하다. 그러나 러스킨과 에릭슨은

　　　　　　　　　　　2부 역사적 배경

문명이 남성의 분야라는 것을 똑똑히 알고 있다. 그리고 '여성성'이 상실되지 않을까 하는 남성의 허영심과 불안감(여성성은 인간에게서 볼 수 있는 유일한 다정함이라고 둘 다 인정한다)이 남성에게서 여성적 인간성을 획득하지 못하게 하므로, 그리고 여성이 정치적·사회적으로 무능한 역할에서 벗어나지 못하게 하므로 에릭슨은 여왕에 대한 러스킨의 희망이 산업주의의 폐해를 줄이지는 못한다는 것을 깨닫지 못한다. 에릭슨만큼이라도 성실하지 못한 다른 사람들은 에릭슨의 이론이야말로 미래의 과학 기술과 사회적·정치적 통제 수단의 '외적 공간'이 전적으로 남성의 특권임을 보장해주는 뛰어난 논리적 근거라고 생각할 것이다. 그리고 그러한 목적에서 볼 때 '내적 공간'이라는 우화는 몹시도 편리한 신화다.

3 기능주의의 영향

반동의 시기에 사회 과학은 정치적·역사적 고찰에서 눈을 돌려 사회 구조에 관심을 집중하는 경향을 보였다. 그리고 이론적 모델이 어떻게 작동하는지를 면밀하게 설명하려 했다. 이 때문에 이들은 '기능주의'라고 불리게 되었다. 언뜻 보기에 이들의 방법은 순수하게 객관적인 서술로 보인다. 표면적으로는 가치 평가에서 자유로운 방법으로 보이는 것이다. 실용성만이 뚜렷하고 사심 없는 시선을 보유하고 있다고 간주했으며 만일 특정 양식이 제대로 작동한다면 기능적이라고 여겼다. 빚을 대신하여 노동하게 하는 제도나 인종 차별주의, 봉건제 등 스스로를 영속화하는 모든 제도는 최소한의 의미에서 기능적이라고 불릴 수 있을 것이다. 그렇지만 많은 억압적 형식들은 안정적임에도 효과적으로 기능하지는 않는다. 기능주의자들은 사회적·성적 문제에 관심을 돌리면서 가부장제가 쇠약해지고 있다고 이야기하지만, 원래 가부장제는 엄청난 낭비와 알력으로 작동해왔다. 그러나 기능주의자들은 가부장제의 낭비와 알력을 '충돌'이라고 인식하면서 그 책임을 가부장제를 경험하는 개인에게 떠넘기려 한다.

가치로부터 자유로운 사회 과학이라는 게 가능하다면 그것은 참으로 무시무시할 것이다. 가치를 은폐하는 것만큼 교활한 것은 없기 때문이다. 기능주의는 자신의 준거 틀을 현 상태에 두고 그 너머로 나아가려 하지 않으므로 현재를 자신들이 고안한 기준으로 설명하려 한다. 이는 그 자체로 의심스러운 것인데 모든 방법론이 그러하듯 이는 목적 지향적이기 때문이다. 그러나 방법에 대해 논쟁하지 않는 설명은 그 자체로 편견의 증거가 된다. 현 상황을 측정하고 언급하고 일반화하는 기능주의는 수학을 맹목적으로 숭배할 뿐만 아니라 인과관계를 무시하여 과학적 방법론과도 상충하기 때문이다. 가난한 사람이 가난하다는 사실을 알기 위해 굳이 몇 페이지에 걸친 도표를 참조할 필요는 없다. 기능주의는 성차를 측정하면서 양성에 관련된 행위를 수동성과 공격성의 형식으로 측정하고 있는데, 그러한 현상의 인과관계(그것이 학습된 행위인지 아니면 가부장제 사회에 특히 적합한 행위인지)에 대해서는 거의 고려하지 않는다. 역할의 차별화는 기능적인 것으로 간주하면서도 그러한 기능의 정치적 성격은 진지하게 논의하지 않는다. 상호 보완적 역할이 체계 내에서 안정적 작동을 증진하는 한 그것은 기능적이라고 불릴 수 있다고 한다.

게다가 기능주의적 설명은 불가피하게 처방이 될 수밖에 없다. 특정 양식이 기능적이라는 발견은 그 양식에 처방의 권위를 부여하게 된다. '정상 상태'와 가치가 순응(여기에서는 통계적 평균에 근거한 성적 범주)에 근거하는 분위기 속에서는 그러한 순응이 강력하게 촉구되기 마련이다. 초기 기능주의 연구는 측정하고 일반화하는 데 만족했다. 그러나 후기에 들어서면서 더욱 대담하게 기질의 (그리고 이를 확장하여 역할의) 성적 차별을 합리화하려 했다. 기능주의자들은 전통적 행동이 기능적이라고 생각하면서 그러한 행동을 처방하려 한 것이다. 즉 현 상태가 작동 가능하다는 것을 발견하고는 그것이 생물학적으로 '필연적'이므로 '자연스러운 것'이라고 주장하는 식이다. 이는 정신 분석학의 잘못된 생물학적 설명에 의지하면서 혹은 자신의 발견을 막연하게 일반화하면서 나온 결론이다. 기능주의의 주된 공로는 기능주의가 인식하고 암암리에 동일시하는 제도를 정당화한다는 데 있다. 그리고 기능주의는 어떻게 집단이나 개인을 이 제도에 '적응시킬' 것인지에 대해 처방에 가까운 권고를 한다. 기능주의가 학교나 산업 분야, 대중 매체에 실질적으로 적용될 때는 완벽한 문화적 규제의 형태가 되었다.

기능주의는 현재 끊임없이 작동하는 것이 바람직하다고 생각한다. 따라서 역동적인 성장과 변화에 대항하여 안정이라는 이상理想을 제시한다. 가치를 무시하는 기능주의는 역사적 순박함에 호소하거나 실제로는 역사적 증거 자체를 없앰으로써 역사를 무시한다. 기능주의자에게 역사는 정보에 불과하므로 가부장제 같은 제도의 관점에서 사회학을 제시하는 게 당연하다. 이를 통해 더 이상 실용주의적이지 않고 늘 불공평했으며 갈수록 낭비적으로 되어가는 가부장제하에서의 성 역할을 해석할 수 있게 한다. 기능주의는 가부장제를 언급하지 못하거나(기능주의자의 텍스트에서 가부장제라는 단어는 성경의 모호한 색채를 띤 형용사로 사용될 때를 제외하고 찾아볼 수 없다) 사회적 정치체로서 가부장제를 인식하지 못하거나, 혹은 단순히 가부장제는 인간 최초의 집단화 형태이자 모든 사회의 기원이라는 까닭으로 논의하기에는 너무 기초적인 것으로 가정할 뿐이다. 성 혁명이 부분적으로 여성의 해방을 성취하면서 이루어낸 거대한 사회적 변화는 고의로 간과되고 있거나 '역할 변화'라는 표현을 통해(이로써 수많은 사회 부적응자를 낳았다고 한다) 의미론적으로 삭제되었다. 안정이 성공의 척도가 되는 곳에서는 변화는 환영받지 못한다.

문명의 가장 불행한 측면 중 하나는 학문이나 과학적 관심사가 문화에 너무 깊이 영향을 받는다는 점이다. 나치 독일은 자신만의 사회 조사 방법을 고안했고, 인종 차별 국가는 자신의 광적 증오를 합리화해주는 인종 차별 과학을 꾸며냈다.[205] 미국의 사회 과학은 수십 년간 상당한 자유를 성취하면서 인종 차별적 편견을 이제 막 몰아내고 있는 데 반해 수십 년간 반동의 산물인 강력한 '성차별적' 편견은 여전히 사회 과학 분야에 만연해 있다.

성 혁명이라는 거대한 추세가 역할과 기질의 측면에서 양성 간의 전통적 구분의 중요성을 크게 줄이고 지위에서의 모순을 폭로하자 반동적 여론이 당면한 가장 위협적 과제는 지위에서의 성차별을 흐리게 하거나 은폐하는 것이었다. 그리고 성차가 문화적

---

205 Peter Rose, *The Subject is Race: Traditional Ideologies and the Teaching of Race Relations*(Oxford, 1968) 참조.

인 것이 아니라 타고난 것이라고 암시하여 양성의 성격 차이를 다시 강조하려 했다. 기질의 차별화에 이어 성 역할이 차별화되었고, 이 또한 대단히 유용하고 필연적이기까지 하다고 간주했다. 이렇듯 혁명 이전의 보수적 제도로 회귀하기 위해서는 나름의 타당성이 필요하기 때문에 사회 과학이 점진적으로 쌓아올린 공적 권위는 이제 가부장제 이데올로기와 태도, 제도에 호의적인 영향력을 행사했다. 결혼과 가족, 성 역할, 기질적 특성과 정체성 등의 보수적 사고를 성적 규범에 순응시켜 보존하는 일은 신성한 근거에 대한 자연의 옹호라는 의미를 띠게 되었다. 사회주의적 실험이나 변화는 대체로 연민이나 조소를 받았다.

그러한 태도를 형성한 모델은 과거에서 왔으므로 기능주의는 비인격적 외관 아래 노스탤지어와 같은 분위기를 품고 있다. '청년 문화'를 무도회와 대학 대표팀 축구가 전부였던 과거 황금시대의 학생 생활로 간주하는 탈코트 파슨스의 기능주의적 논의만큼 이를 예스럽고도 명백하게 보여주는 사례는 없다.[206] 우리는 이것이 안정된 중산 계급에 속하는 사회 과학자의 유년기를 희미하게 미화한다는 것을 알 수 있다. 이들은 현재의 위험과 혁신이 발생하기 20년쯤 전의 미국 중서부 작은 마을을 지향한다. 미디어가 안정에 대해 온화하게 묘사하는 데에서, 자동차와 주택을 소유한 금발의 부유한 부르주아 부모(돈 버는 아버지는 양복을 입고 있고 앞치마를 두른 어머니는 미소를 짓고 있다)가 그려진 동화책에서도 이러한 꿈은 반복되고 있다.

---

206 Talcott Parsons, "Age and Sex in the Social Structure of the United States"(1942), *Essays in Sociological Theory*(New York: Macmillan, 1949).

사회 과학 분야는 제각각의 추론 방식으로 반동적 성 정치학의 현 상태를 재확립하고 유지하는 데 기여했다. 인류학은 노동 분업을 비교 문화적으로 연구하면서 근본적으로 생물학적 원천에 기인한다고 간주했다. 반면 사회학자는 사회 현상을 단지 기록할 뿐이라고 공언하면서도 비순응적 행동이 실상 일탈이며 '문제'를 만들어낸다는 주장을 통해 점차 현 상태를 승인해주었다. 심리학자는 사회적·성적인 역할에 적응하지 못하는 개인에 개탄하며 마침내 그 역할을 본래적으로 심리적인 본성에 근거하는, 즉 종의 근본인 동시에 본질적으로 생물학적인 것으로 정당화했다. 이후 이러한 관점은 확신에 차서 부적응자를 공격할 수 있게 된다. 여성의 지배를 발견하고 한탄하는 습관은 갈수록 강박적으로 변했다. 특히 남성의 성 정체성은 자아 발달에서 매우 중대하고, 따라서 남성의 특권에 대한 요구가 좌절되면 심각한 정신적 손상(신경증이나 동성애 등)을 입는다고 간주하는 태도가 일종의 유행이 되었다. 이러한 태도가 극단적으로 표현되는 경우에는 남성 우월주의의 유지가 치료와 사회 건강에 필요하다는 주장으로 이어졌다.

나는 이러한 태도를 대표하는 두 사례를 골랐다. 하나는 허버트 베리와 마가렛 베이컨, 어윈 차일드의 〈사회화에 있어서 몇몇 성차에 대한 비교 문화적 연구〉라는 비교 문화 인류학을 지향하는 논문이다. 또 하나는 사회 심리학적 관점으로 쓴 오빌 브림의 논문 〈가족 구조와 아이들의 성 역할 학습〉이다.[207] 이 두 논문의 논리가 충분히 드러나게 하려면 긴 분석이 필요하다. 이들의 대표성은 비교 가능한 자료에서 자신의 입장을 주장하

2부 역사적 배경

는 짧은 인용문으로 증명할 수 있다.[208] 두 논문은 모두 이름난 전문지에 실렸다(첫 번째 논문은 《이상 심리학과 사회 심리학 저널 Journal of Abnormal and Social Psychology》과 《미국의 인류학자The American Anthropologist》에, 두 번째 논문은 《계량사회학Sociometry》에 실렸다). 그리고 이후 로버트 윈치와 로버트 맥기니스, 허버트 배링거가 편집한 《결혼과 가족에 대한 연구 선집》이라는 유명하고도 영향력 있는 대학 교재에 포함되었다. 이 교재는 표준 교재로 평가되어 사회 과학 수업 시간에도 널리 읽히고 있다.

공통적으로 대학 교재로 사용되는 논문들이 대표적 견해를 확립하는 방식은 찰스 라이트 밀스의 귀중한 연구인 〈사회 병리학자들의 직업적 이데올로기〉[209]에서 사용된 방식이며 논리적이고 명쾌한 근거에서 옹호된다. 밀스는 자신의 방식을 이렇게 설명한다.

대학 교재는 판매와 유통 메커니즘 때문에 교재를 사용하는 교수 집단이 동의하는 내용을 구현한다. 몇몇 경우에 텍스트는 무엇이 포함되어야 하는지에 대한 직업적 견해로 생각되는 비공식

---

207 Herbert Barry III, Margaret K. Bacon, and Irwin L. Child, "A Cross-cultural Survey of Some Sex Differences in Socialization," and Orville G. Brim Jr., "Family Structure and Sex Role Learning by Children: A Further Analysis of Helen Koch's Data," *Selected Studies in Marriage and the Family*, ed. Robert Winch, Robert McGinnis, and Herbert Barringer(New York: Holt, Reinhart, and Winston, 2nd ed., 1962). 네 명의 저자 중 세 명은 대학교수다. 한 명은 코네티컷 대학, 두 명은 예일 대학, 마지막 저자는 러셀 세이지 재단과 관련되어 있다.

208 더 많은 인용에 대해서는 이 책의 부록을 참조할 것.

209 Charles Wright Mills, "The Professional Ideology of Social Pathologists" (1943), *Power, Politics and People*(Oxford University Press, 1963).

투표 후에 쓰인다. 어떤 텍스트는 새로운 교재를 위해 집필이 의뢰된다. 교재의 성공 여부는 얼마나 널리 채택되느냐에 있으므로 대중을 위해 쓴 책이 유포된다는 것 자체로 진부함이 용인되는 경향이 있다. 내가 보기에 더 안정된 교재 편성을 위해 필요한 요소들이 있다. 즉 전형적인 관점과 핵심적 개념들을 이해시키려는 목표가 필요하다.[210]

우리가 분석하려는 첫 번째 논문[211]은 '남성적'이고 '여성적'인 행동이 오랫동안 조심스럽게 행해지는 '사회화'의 결과라는 일반적이고 자유주의적인 사회학적 인식에 동의하고 있다. 이러한 사회화는 처벌과 보상으로 강화되는 조건화된 산물이다. 그러나 여기에서 문화는 단지 본성의 불가피한 요구를 모방하거나 실현하다고 주장한다. 따라서 생물학적 신비주의로 퇴행하면서 자신이 (종종 잘못) 설명하고 있는 사물의 질서를 필연적 질서라고 주장하는 책략에 빠지기 쉽다. 이 논문은 또한 여성의 종속을 "복종, 양육, 책임"으로 부르면서 문제를 흐리게 하고 낭만화하는 일반적 관습에 순응하고 있다. 남성의 지배는 "자립심과 성취"라고 표현하고 있다.[212] 따라서 남성의 지배를 부족 생활의 행위라는 용어로 정당화하기 위하여 인류학이 언급된다. "남성의 특권인 전쟁 참여는 자립심과 고귀한 명령을 요구한다. 여기에서는 죽느

210 같은 책, p.525.

211 Barry, Bacon, and Child, "A Cross-cultural Survey of Some Sex Differences in Socialization," 앞의 책.

212 Barry, Bacon, and Child, "A Cross-cultural Survey of Some Sex Differences in Socialization," 같은 책, p.274.

냐 사느냐 하는 것이 당면 문제다. 생물학적으로 여성에게 부여된 출산과 사회적으로 여성에게 부여된 양육의 문제는 아이를 키우는 행동을 낳으며, 남성이 실행하는 임무보다 더 지속적인 책임감을 요구한다."[213] 용어의 의미에는 이 논문과 러스킨 사이에 아무런 차이가 없다. 단지 시대적 스타일만 다를 뿐이다. 변화란 현실적이라기보다는 심미적이다. 첫 번째 여성적 특징인 '복종'에 대해서는 더 이상 설명이 없다. 차라리 설명이 없는 편이 나을지도 모르겠다.

남성은 전쟁을 하고 여성은 오두막에서 아이를 돌본다는 식의 세계관이 가진 힘에 대해 이 저자들은 "성인의 역할에서 이러한 구분은 불가피한 것이 아니며 단지 양성의 생물학적 차이 때문에 강력하게 역할이 구분된 것일 뿐"[214]이라고 결론 내리는 데 만족한다. 여기까지는 다소 조심스러운 말투다.

전쟁은 남성이 피할 수 없는 생물학적 운명이라는 이들의 주장은 문외한에게 다소 난해하게 느껴질 수 있다. 또한 출산과 모유 수유는 생물학적이라 할지라도 양육 자체는 문화적으로 여성에게 부과된 행위이라는 점을 이미 인정하고 있다면, 어떻게 '양육'이 모든 여성에게 생물학적으로 주어진 평생의 운명이라는 것인지 납득하기 어렵다. 게다가 문화 인류학의 고전적 연구는 역할 분업과 노동 분업이 매우 다양함을 증명해왔다. 그러므로 노동 분업이 확립되는 방식에 따라 **지위**의 방향이 어떻게 정해지는

---

213 Barry, Bacon, and Child, "A Cross-cultural Survey of Some Sex Differences in Socialization," 같은 책, p.270. 전쟁은 '성취'이고 양육은 그렇지 않다는 점에 주목하라.

214 같은 곳.

지를 검토하는 것이 더욱 적절해 보인다. 남성이 물고기를 잡고 여성이 천을 짜는 문화나 남성이 천을 짜고 여성이 물고기를 잡는 문화나 남성에게 부여된 모든 행위는 여성보다 더 큰 권력과 특권, 지위, 보상이 있는 행위라는 것은 자명하다.[215]

원형적 성 역할의 타당성을 만족스럽게 확립한 이 권위자들에게 이제 남은 일은 그러한 조건화가 효율적이며 지배적이라고 주장하는 것이다. 따라서 설명 뒤에 즉시 처방이 뒤따른다.

각 세대가 완전히 자신만의 도구를 가지고 있고 그래서 모방할 윗세대조차 없다면 아마도 유년기에는 역할에서 양성의 차이가 거의 없을 것이며, 사춘기 이후에 한쪽 성이나 양성이 다시 습득해야 하는 상당한 희생을 대가로 발달하게 될 것이다.[216]

따라서 저자들은 성 역할의 고정 관념에 대한 믿음을 강화할 모든 수단을 옹호하는 것이 이제 얼마나 "유용한 기능"[217]을 가졌는지 확신하게 된다. 더 나아가 강요가 없거나 비정상적인 것은 "문화적 조건화의 단절"[218]이라는 불행한 상태를 낳는다고 주장한다. 저자들은 이 주제에 대한 탐구를 끝마치면서 흐뭇한 어조로 즐거

---

215 Margaret Mead, "Prehistory and the Woman," *Barnard College Bulletin*, April 30, 1969, Supplement p.7. "노동의 상이한 유형에 대한 사회적 가치 평가가 보여주는 한 가지 측면은 남성의 행위와 여성의 행위에 차별적 특권을 부여한다는 점이다. 남성은 무엇을 하든 (종교 의식을 위해 인형에 옷을 입히는 일이라 하더라도) 여성이 하는 것보다 더 특권적이며 더 고귀한 성취라고 대우받는다."

216 Barry, Bacon, and Child, "A Cross-cultural Survey of Some Sex Differences in Socialization," 앞의 책, p.270.

217 같은 곳.

218 같은 곳.

위한다. "따라서 우리 사회의 사회화에서 양성의 차이는 결코 자의적 관습에 불과한 것이 아니라 문화를 인간의 생물학적 지층에 적응시키는 보편적인 과정이다."[219] 전쟁은 문화적이며 아이를 누가 양육하는가 하는 문제 또한 문화적이므로 그 생물학적 지층이 무엇을 말하는지 매우 불분명하다. 그러나 특히 사회 과학에서 생물학은 일종의 주문呪文과도 같다. 남성의 더 큰 근육 조직에 대해 애매하게 언급하면 모든 비판을 잠재울 수 있다고 생각하기 때문이다. 또한 (모유 수유를 넘어서) 양육이 생물학적이라기보다는 문화적으로 부과되는 행위라는 사실이 머리로는 이해되고 있음에도 미국의 중산 계급은 그 사실을 일부러 간과하면서 출산이 양육을 의미해야 한다고, 둘은 모두 '생물학'을 구성하는 것이라고 추론하려 한다. 모든 여성은 어머니라는 신화는 보수주의가 제일 좋아하는 신화이기 때문이다.

웬일인지 이 논문의 저자들은 여전히 불안해 보인다. 원형적 문화를 불가피한 생물학과 연관시키는 수상한 방식은 오늘날 산업 혁명과 여성 해방, 여성 교육으로 인한 성적 고정 관념의 약화 현상을 설명하지 못하기 때문이다. 그들은 이제 대가족과 일부다처제의 미덕 대신 '핵'가족에 직면해 있다. 대가족과 일부다처제라는 사회 조직은 더욱 명확하고 현명한 성 역할 차별화의 사례라고 자상하게 설명한다. 그러나 보수적이고 바람직하다고 생각되는 현재의 세계를 실용적이지 못하다고 인정한다면 곧 패배를 인정하는 게 된다. 따라서 위급 상황에 어머니와 아버지가 서로를 '채워줄' 수 있다는 허울 좋은 이유에서 저자들은 핵가족을 실

---

219 같은 곳.

용적이라고 인정한다.[220]

이들은 "이전에 비해 기계화된 오늘날의 경제는 평균적으로 우월한 남성의 힘에 그다지 의존하지 않는다"[221]라는 사실을 어렴풋이 인식하고 있다. 그렇지만 기술적이고 자본주의적인 문화가 남성의 근육을 사용하는 일에는 매우 낮은 보수를 지급한다는 사실과 그러면서도 남성의 통제를 한순간이라도 단념하지 않으려 한다는 사실을 인정하지는 않는다. 사실상 근육은 계급이다. 그것도 하층 계급이다. 인부나 청소부, 경영진이나 의사의 차이는 육체노동에 한정되느냐 육체노동에서 탈출하느냐에 따라 측정되는 차이다. 다른 요소들은 교육과 경제력, 특권 정도일 것이다.

이와 같은 방식으로 이 논문은 "성을 그다지 차별화하지 않으려 하는 상황은 사회 경제적이고 교육적 지위에서 볼 때 사회의 하층부보다 상층부에서 더 특징적으로 나타나는 것으로 보인다"[222]라고 인정한다. 이들은 실제로 특정 선호 계급에서 양성이 특권과 교육을 공유하고 있다는 것을 의미한다. 저자들은 종일 아이를 양육하는 여성의 '생물학적 임무'가 실제로는 근대적이며 중산 계급의 사치라는 사실에 대해 놀랄 만큼 무지하다. 노동 계급이 아무리 성적 지위를 세우려 안달하여도 수많은 여성들은 집안과 밖에서 비천한 노동에 종사하고 있으며, 여성이 가장인 수많은 가족은 육체 소모적 노동에 고용되어 있다. 그러나 저자들은 이러한 계급의 여성들, 즉 단순한 '하층부' 여성들에게 말을 거

---

220 Barry, Bacon, and Child, "A Cross-cultural Survey of Some Sex Differences in Socialization," 같은 책, p.273.

221 같은 곳.

222 같은 곳.

는 게 아니다. 중산 계급의 편견에 따르면 하층부 여성들은 경쟁자가 아니라 값싸고 유용한 노동력에 불과하기 때문이다. 이 저자들의 눈높이는 중산 계급 여성, 즉 여대생에 맞춰져 있으며 이들이 전달하려는 메시지는 그 여성들이 '주부'라는 보조적 역할에 한정되어야 한다는 것이다.

반동적 사유가 '생물학'에 희망을 걸고 필사적으로 집착하는 것을 보면 기이하다는 생각이 든다. 유독 성의 영역에서만 억압받는 집단의 위치는 육체적 본성에 기인한 것으로 설명되며 생물학적 차이는 열등한 지위를 설명하고 합리화해준다고 주장한다.[223] 이 논문은 "열려 있는 문제"("우리 사회는 양성을 차별적으로 양육하면서 마음대로 생물학적 기초를 갖다 붙이고 있는 것일까, 아니면 양성을 실제 생물학적 차이로 적응시키려 하는 것일까?")[224]라는 기만적 표현으로 논의를 시작하면서 자신들은 후자의 대안을 강력하게 선호한다는 입장을 밝히고 있다. 자신들의 생물학적 전제에 대해서는 어떤 현실적 증거도 제시하지 않으면서 생물학적 전제가 노동의 역할 분업이나 기질의 차별화에 실질적 토대가 된다고 확신한다. 그러면서도 지위나 정치적·경제적 권력이라는 훨씬 더 중대하고 명백한 요소에 대해서는 언급하지 않는다. 이 요소는 자연적 필연성에 대한 인식을 강화하려는 모호한 생물학적 가정보다 훨씬 더 쉽고도 타당한 사회 연구 주제인데도 말이다.

이 논문은 일종의 암시와도 같은 경고로 끝난다. 자신들이

---

223 젠슨Jensen은 예외라기보다는 격세 유전이라고 보아야 할 것이다.

224 Barry, Bacon, and Child, "A Cross-cultural Survey of Some Sex Differences in Socialization," 앞의 책, p.267.

암시적으로 제안한 것이 실제로 실행되게 하려고 진실로 필사적인 권고를 한다. 이들은 자신을 얼어붙게 하고 움직이지 못하게 하는 한층 더한 종속을 감지하고, 과거의 방식이 계속 사라지고 있음을 깨닫고는 실로 비장한 각오를 한다. "우리 사회에서 미미한 성차를 선호하는 상황이 증가하자 몇몇 사람들은 사회화에서 실질적인 성차를 제거하자고 주장한다. 하지만 이러한 과정은 우리 사회에조차 기능 장애를 일으킬 것으로 생각된다."[225]이들은 객관적 실용주의가 자신들의 철학이라고 공언하면서도 실용적인 상황이 기능 장애가 될 수 있다고 주장한다. 반면에 이들은 특정 대상에 대한 (추정된) 필요성이 더 이상 존재하지 않는 것이 분명할 때도 그것을 지키는 것이 기능적일 수 있다고 주장한다. 우리는 여기에서 저자들의 불안감을 감지한다. 권위적 목소리가 격언처럼 출현해야 한다고 믿는 것도 놀랍지 않다. 따라서 저자들은 다소 독단적인 어조로 다음과 같은 처방을 선고한다. "보편적 성차의 양태와 비슷한 방식으로 역할을 차별화하는 것은 모든 사회 집단의 중대하고도 불가피한 발전 과정이다."[226] (이러한 규칙이 계급과 신분을 옹호하는 데 얼마나 편리한지 주목하지 않을 수 없다.) 그리고 결정적인 요인, 즉 생물학이 나온다. "양성의 통상적 역할 구분을 가장 적절하게 만들어주는 것은 양성의 생물학적 차이다."[227] 이

---

225 Barry, Bacon, and Child, "A Cross-cultural Survey of Some Sex Differences in Socialization," 같은 책, p.274.

226 같은 곳. 물론 저자들은 여기에서 탈코트 파슨스의 문장을 바꿔 말하고 있다. 탈코트 파슨스는 기능주의 학파의 최고 권위자이기 때문이다. Talcott Parsons and Robert Bales, *Family, Socialization and Interaction Process*(New York: Free Press, 1955) 참조. 이 언급은 가족만이 아니라 일반 집단 전체에도 적용된다.

227 같은 곳.

러한 잔인한 말 앞에서 모든 주장은 패배할 수밖에 없다. 성적 지위에 의한 노동 분업과 생물학적 범주에 의한 인간 성격의 구분은 영원히 승인될 수밖에 없기 때문이다. 그리고 이들은 이스라엘 키부츠 공동체를 이야기하면서 마지막으로 경고한다. 키부츠 공동체처럼 성 역할의 차별을 약화한다면 모든 것이 허사로 돌아간다고 말이다. 그러한 급진적 변화는 과감한 동시에 수상쩍은 행동이다. 본성은 저절로 명백하게 드러나 과거의 방식을 회복시키고 말 것이라고 한다.

저자들은 여기에서 만족할 수 없다. 다른 이론가들이 그러하듯 이들 또한 자신들이 옹호하고 강화하려는 고정 관념을 향한 위협이 산재해 있음을 인식하고 있다. 초등학교와 중학교를 비롯한 모든 정규 교육은 자신들의 노력에 방해가 된다고 생각한다.

현재 아이들에게는 성인 생활을 특징짓는 성 역할 차별화가 그다지 심하지 않을 수도 있다. 실제로는 그러한 차별화가 너무 희미해지고 있어서 성인이 되는 것을 제대로 준비하지 못하는 상황이다. 이러한 상황은 특히 정규 교육에 적용된다. 정규 교육은 가정에서의 비공식적 사회화보다 이데올로기의 영향을 의식적으로 더 많이 받을 수 있다. 아이의 양육이 성인 여성의 역할보다 남성의 역할에 더 많이 쏠려 있다. 그러므로 오늘날 우리 사회에서 수없이 발생하고 있는 여성들의 사회 부적응 문제는 부분적으로 성인 역할을 유년기에 제대로 준비하지 못한 데서 나온다고 할 수 있다.[228]

228 같은 곳.

물론 이러한 뻔뻔스럽고 추상적인 직업적 전문 용어에 대해서 제대로 번역할 필요가 있다. 정규 교육을 타락시키는 전복적 이데올로기란 사실상 공립 학교 교육에 여전히 내포되어 있고 대학 교육에서 더욱 횡행하고 있는 '평등주의', 즉 성 혁명의 유산을 의미한다. 저자들은 교육 제도에서 지적 평등이라는 파괴적 태도를 제거할 것을 권장한다. 저자들의 주장에 따르면 교육 제도는 본성상 "남성의 역할에 쏠려 있기" 때문이다. 여기에서 우리는 잠시 한숨을 돌리고 이 논문에서 남성의 역할이 실제로 독자에게 아무런 예고 없이 대폭 변화해버렸음에 주목해야 한다. 설명할 수 없을 만큼 갑작스럽게, 늘 '생물학적' 근육이라고 순박하게 생각했던 것이 어느새 지성의 문제가 되어버린다. 무의식적으로 저자들은 (남성이 독점할 정도로 특권적이었던) 전쟁과 사냥의 부족 시대로부터, 산업 혁명과 기술 혁명 시대를 건너뛰어 교육을 새로운 남성의 특권이라고 이해하는 20세기에 안착한 것이다. 그들은 '여성이 가정의 비공식적 사회화'라는 은둔을 넘어서는 그 어떤 교육도 받아서는 안 된다고 암시하고 있다. 그렇지 않으면 여성은 완벽하게 조건화되지 못하여 결국 '성인이 되는 것을 제대로 준비하지 못하는' 개탄할 만한 상태가 되어버린다. 여기에서 독자에게 강요되는 함의는 대학 교육이 남성에게는 적절하지만 여성에게는 해롭다는 것이다. 여성에게 대학 교육은 "사회 부적응 문제"를 낳을 수 있거나 (성인이 되는 것을 준비하지 못한) 발달 정지의 사례를 낳을 수 있기 때문이다. 저자들은 객관적 서술이라는 가면 아래에서 이전 세대의 작업을 무효로 하고 있다. 그들이 제시하는 논리적 귀결은 결국 여성 고등 교육이 없어져야 한다는 것이다.

이러한 반동적 술책을 냉정하게 평가하자면 남근 선망이라는 초기의 비열한 비난보다는 기능주의의 주장이 좀 더 괜찮은 수법처럼 보인다. 남근 선망 이론처럼 기능주의도 자신의 오만한 프로그램에 순응하지 못하는 여성의 부적응을 손가락질하고 있지만, 그러면서도 남근 선망 이론처럼 노골적으로 비위를 거스르게 하는 것은 피하고 있으며, 과장된 암호 같은 언어를 통해 사심 없고 판단이 개입되지 않은 척한다. 또한 기능주의는 러스킨이나 에릭슨처럼 어리석은 기사도 정신에 호소하지도 않으며 성적 지위 문제도 언급을 회피하고 있다. 그러나 남녀의 영역은 아직도 별개의 것이며 '과학' 때문에 고립되어 있다. 임상적이고 효율적이라는 이러한 주장은 여전히 맹목적 정의正義로 무장한 채 의미 자체를 부인하는 지루한 전문 용어를 읊어대면서도 그 단조로운 말투 안에 야심에 찬 퇴행적 비난을 놀랄 만큼 성공적으로 은폐하고 있다.

이러한 유형의 편리한 '과학'은 성 역할을 생물학적으로 필연적일 뿐만 아니라 사회학적으로도 유익하다고 주입하는 데 성공했다. 따라서 이제 현재 인구를 조사하고 각 집단에 특성을 부여하고, 모호하고 중립적인 듯 보이는 용어로 그 특성을 미화하면서 그러한 특성이 정도 차이는 있겠지만 일정 부분 유전적인 성적 특질이라고 주장하는 것은 어렵지 않게 된다. 성 역할을 결정짓는 것이 '생물학'이라는 앞 연구의 주장은 이제 다루게 될 연구[229]에도 배경으로 깔린다. 실제로는 두 정치 계급에 할당된 특징에 불과

---

229 Brim, "Family Structure and Sex Role Learning by Children," 앞의 책.

한 것은 후천적으로 습득되었다 할지라도 '본성'이 되어야 한다. 〈가족 구조와 아이들의 성 역할 학습〉의 저자 브림은 굳이 처방을 내릴 필요를 느끼지 못한다. 성 역할이 적절하게 흡수되어야 한다는 사실에 초조해하고 있기는 하지만 브림의 주된 관심사는 단지 성 역할을 정의하는 것일 뿐이다. 정상적인 사람은 학습을 게을리하지 않을 것이기 때문이다.

우리가 남성성을 남성으로 여성성을 여성으로 받아들인다면, 그리고 남성성과 여성성을 사회학이 정의 내릴 수 있게 한다면 우리는 다시 한번 생물학이라는 덫에 걸린다. 이 분야의 "연구자"가 남성을 "끈질기고" "공격적이며" "야심에 차 있고" "훌륭한 계획자"이자 "책임감 있고" "독창적"이며 "자신감에 차 있다"라고 주장한다면, 그리고 "순종하고" "발랄하고" "상냥하다"는 여성은 실상 "싸우기 좋아하고" "복수심을 품고 있으며" "과시욕이 강하고" "비협조적이며" "부정적이고" "고자질을 한다"고 주장한다면[230] 지나치게 불공평해 보일 수 있다. 따라서 이 분야의 권위자들은 이를 수습하는 전문 용어라는 방편을 생각해냈다. 우리는 실로 지도적 기능주의자이자, 남성이 "도구적"이라는 통찰을 유도한 원천인 탈코트 파슨스에게 신세를 지고 있는 셈이다.[231] 또한 공격성과 독창성 등의 특징은 도구적 특징들이며, 이는 "남성의 역할에 관계되므로" 남성에게 발견되는

---

230 다음에 나오는 〈표 1〉 참조.

231 Talcott Parsons and Robert Bales, 앞의 책. 이러한 '특징' 자체는 파슨스의 이론과 판사처럼 행동하는 '직업인'에 의해 도출되었다. 그리고 Lewis Terman and Leona Tyle, "Psychological Sex Differences," *Manual of Child Psychology* (2nd ed., New York: Wiley, 1954)에 나오는 기준과 비교 검토되었다.

특징이라고 한다. 여성은 "표현적"이라는 완곡어법으로 지칭되는데, 여기에는 순종하고, 발랄하고, 상냥한 것 등이 속한다. "도구적"이라는 말은 지적 능력과 지배력이라는 낡고 편파적인 범주로 쉽게 번역되며 "표현적"이라는 말은 감정적임을 뜻하는 새로운 이름에 불과하다. 따라서 파슨스는 독창적 사상가라고 할 수 없다. 그러나 이러한 책략에는 칭찬할 만한 것이 많다. 그러한 정중한 중재의 의미론이 없다면 여성적 특징의 목록은 곧 여성 혐오주의자가 작성한 목록으로 읽힐 수 있기 때문이다. 그리고 완충적 표현이 없다면 실소를 자아낼 수밖에 없는 목록이기도 하다.

표 자체는 재생산이 가능할 만큼 충분히 정교하다. 이 표는 브림 자신이 만든 것으로 보이는데 그 자료와 아이디어는 헬렌 코흐Helen Koch와 파슨스, 루이스 터먼Lewis Terman, 레오나 타일러Leona Tyler의 연구에 기초한다.

이 표의 목록은 신중한 독자에게 사색을 위한 풍부한 자료를 제공한다. 이는 실로 계급에 관한 완벽한 사례다. 남성에게는 인간의 합리성이 가진 모든 미덕이 부여되어 있으며, 남성이 지배하는 사회가 높이 평가하는 우월한 특징이 주어진다. 하지만 또한 "빈둥거리고 꾸물거리는" 소심함과 "우유부단함"이라는 가벼운 과실도 자기비판적으로 솔직하게 열거되어 있다. 여기에서는 우월한 계급의 역할을 보존하려는 열의도 솔직하게 인정하고 있다. "표현적"이라는 재미있는 규정에 해당하는 항목들에는 여성에게 부과될 수 있는 모든 악덕이 열거되어 있다. 우리는 여기에서 여성 혐오주의 전통뿐만 아니라 인간의 일곱 가지 죄악을 떠올리게 된다.

<표 1> 남성 역할(도구적)에 할당되는 특징과 여성 역할(표현적)에 할당되는 특징[232]

특징	도구적(I) · 표현적(E) 역할 해당 여부	역할 특성에 적합(+) · 부적합(−) 여부
1. 끈질김	I	+
2. 공격성	I	+
3. 호기심	I	+
4. 야심	I	+
5. 계획성	I	+
6. 빈둥거림과 꾸물거림	I	−
7. 책임감	I	+
8. 독창성	I	+
9. 경쟁심	I	+
10. 우유부단함	I	−
11. 자신감	I	+
12. 분노	E	−
13. 싸우기 좋아함	E	−
14. 복수심	E	−
15. 성가시게 함	E	−
16. 남 탓을 함	E	−
17. 자신의 권리에 대한 집요한 주장	E	−
18. 과시욕	E	−
19. 집단에 비협조적임	E	−
20. 애정	E	+
21. 순종함	E	+
22. 패배에 심란해함	E	−
23. 동정심에 반응하고 어른에게 인정받으려 함	E	+
24. 질투심	E	−
25. 감정적 동요에서 빨리 회복함	E	+
26. 발랄함	E	+
27. 상냥함	E	+
28. 어른에게 친절함	E	+
29. 아이에게 친절함	E	+
30. 매사에 부정적임	E	−
31. 고자질함	E	−

232 Brim, "Family Structure and Sex Role Learning by Children," 앞의 책, p.282.

2부 역사적 배경

남성 우월주의 사고방식의 비인간성을 보여주는 이 목록에서 온유한 특징(애정, 동정심에 반응, 상냥함, 발랄함)이 하층 계급에 부여된다는 사실만큼 우리를 우울하게 하는 것은 없다. 여기에는 여성의 '양육' 기능이라고 이름 붙여질 수 있는 항목들이 수두룩하다. 남성은 이 항목을 여성에게 부과하고 있는데 남성의 욕구를 채워주지 않는 한, 그 항목들이 여성에게 속한다고 간주하면서 그 가치와 유용성을 소홀히 하고 있기 때문이다. 이 목록은 양성의 승인된 관계를 놀랄 만큼 잘 폭로하고 있으며, 대체로 개인이 얻을 수 있는 것보다 더 정확한 문화적 가치의 지표를 제공하고 있다. 시카고학파가 효율성을 측정한 어린아이들이 모욕적인 '역할'의 요구에 맞추려고만 했다면, 우리는 유년기에 대해 부정적인 행동의 조작이 어떤 힘을 가지는지를 보여주는 증거를 발견할 수 없었을 것이다. 그러나 그러한 조작은 신뢰할 만한 결과를 얻지 못했다.[233] 온순함이라는 특징이 때로 발견되며 어떤 여자아이들은 기대에 맞게 '순종한다.' 그리고 이는 실로 자신의 '역할'에 '적합한 특성'이라고 한다(이는 〈표 1〉 맨 오른쪽 칸에 친절하게 나와 있다). 그러나 여자아이는 분노와 질투, 복수하려는 욕망, 협력에 대한 거부, 그리고 (우리를 가장 심란하게 하는) "자신의 권리에 대한 집요한 주장"에도 빠질 수 있다.

---

233 브림은 다섯 살 아이들이 너무 어려서 능숙하게 반응하지 못했다고 해명한다. 남자아이들은 어머니나 누나를 비롯한 다른 불완전한 사람들의 집착 때문에 아직 아버지를 모방할 만큼 훈련을 제대로 받지 못하므로 나약하다고 말한다. 브림은 몇 가지 사례를 들며 개탄한다. "누나가 있는 남자아이는 여성적 특징을 습득하면서 자신의 남성성을 희석시켰다기보다는 치환시킨 것으로 보인다." 브림은 널리 퍼져 있고 오랜 영향을 미치는 비순응의 사례를 "있을 법하지 않은 일"이라고 생각하는 듯하다. Brim, "Family Structure and Sex Role Learning by Children," 같은 책, pp.286~287.

〈표 1〉의 정치적 함의를 밝히고자 한다면 이 범주들을 다른 정치적 계급과 바꿔보기만 하면 된다. 남성과 여성을 흑인과 백인으로 바꿔본다면 인종 차별적 사회 상황과 그것이 기대하는 것에 대한 완벽한 그림을 얻을 수 있다. 백인이 흑인에게 순종과 착한 성격을 기대하는 것도 설명할 수 있고 그러한 성격에 동반되는 복수심과 분노, 협력 거부에 대한 백인의 공포심도 발견할 수 있다. 이는 귀족과 농민의 구분에도 들어맞는다. 귀족은 스스로를 지적 지배자라고 생각하며 농민을 친절하고 쾌활한 하인으로 간주한다. 하지만 슬프게도 농민 또한 무뚝뚝하고 사소한 속임수를 부리며 "고자질하고" 반항하기 쉽다. 이 표는 자본주의 윤리의 선악을 적절하게 반영하고 있다. 승리한 집단에는 우월성과 지성을 부여하고 패배한 집단에는 탐욕과 앙심을 부여한다.

인간의 본성을 이렇게 자의적으로 나누어놓은 데에 대한 장황한 설명은 적절하지 못한 일이 될 것이다. 끈질김과 같은 특징들이 어떻게 측정될 수 있는지, 어떤 기준으로 판단되지 궁금해하는 것도 헛될 뿐이다.[234] 그러나 이 논문은 지배 계급이 스스로 고안하여 하층 계급에 할당하는 가치에 대한 뛰어난 분석을 부지불식간에 제공해준다. 통치 계급의 지배적 미덕은 명쾌하게 요약되어 있다. 그뿐만 아니라 지배 집단이 자신의 지배를 충분히 확신하지 못한다는 사실 또한 시인된다. 억압된 집단의 악덕과 편

---

234 브림은 아이가 지닌 특징에 대한 평가가 유치원 담당 교사의 개인적이고 주관적인 평가에 근거하고 있다고 밝혀 모든 정당성을 상실한다. 이 표가 이러한 사람들의 편견이 만들어낸 집단적 성취라고 이해한다면, 그리고 여기에는 이러한 특징을 고안하고 할당한 사회 과학자들의 무의식적인 성적·정치적 인상이 결합된 것이라고 깨닫는다면 우리는 많은 것을 이해한 셈이 된다. 이 연구는 실상 연구에 대한 연구다.

리한 미덕도 인정된다. 하층 계급은 훨씬 더 알랑거릴 수 있다는 것, 그리고 더 나은 인내심과 더 융통성 있는 태도를 가지고 자신의 열악한 지위를 견딜 수 있다는 것이 암시되어 있다. 자신의 역할에 '적응'하지 못하는 아이들에 대한 압력과 우려라는 측면에서 볼 때 이 표는 기대뿐만 아니라 처방까지 보여주고 있음은 두말할 필요도 없다.[235] 이 논문은 인간 본성인지, 성적 본성인지를 결정하는 데는 아무런 쓸모가 없는 데 반해, 가부장제에서 남성과 여성의 실제 지위를 솔직하게 그러나 무심코 보여주고 있다는 점에서는 유용하다.

따라서 사회학은 현 상태를 검토하면서 이를 현상이라고 부르고 입장을 밝히지 않는 척함으로써 자신이 연구하는 양성 집단의 불평등한 관계에 대한 언급을 회피한다. 그러나 사회학은 통계학을 사실로, 기능을 처방으로, 편견을 생물학으로(아니면 다른 모호한 것으로) 서서히 바꾸면서 사회적으로 그러하며 그래야만 한다고 명령하거나 부과해온 것을 승인하고 합리화했다. 그리고 객관성이라는 가장을 통해 고정 관념을 강화하는 효율성을 획득한다. 사회학은 순응하지 못하면 '문제'가 되고 '충돌'이 생긴다고 주장하면서 (또한 매우 바람직하지 못한 일탈 행위라고 간주되는 다른 상황에서도 마찬가지로) 조건화가 더 효과적이고 완벽한 노선으로

---

235 흥미롭게도 이 논문에서 브림의 실제 목적은 한 가족 안에서 형제자매의 숫자와 나이가 남성성의 적절한 특징을 어떻게 강화하거나 강화하지 못하는지를 보여주려는 데 있다. 이 논문에서 남성의 특징으로 거론된 '책임감'은 기이하게도 다른 연구서에서는 여성의 탁월한 특성으로 간주된다. 다른 특징들에 대해서는 대체로 동의가 이루어지고 있어서 일관성을 요구한다면 너무 많은 것을 요구하는 것이 된다.

진행될 수 있게 지속해서 주의 깊게 감시하라고 권유한다.

　마지막으로 사회학은 정체성이라는 황폐한 질문으로 주체를 위협한다. 남자아이에게 유일하게 허용되는 자아는 남성성이라고 사회학은 주장하면서 '남성성'을 잃을 위험이 있다는 비판으로 남자아이를 집요하게 괴롭힌다. 그리고 여자아이에게도 이와 동일한 심리적·사회적 압력을 행사한다. 따라서 고통스러운 정체성 위기가 남자아이와 여자아이 모두에게 부과된다. 즉 충분히 남성적이거나 여성적이지 못하다면 자신의 본성에 충실하지 못하는 것이라 주장한다. 우리는 명백히 남자 아니면 여자로 태어나므로 우리의 성별 정체성에 대한 확신을 잃게 되면 우리는 존재하지 않게 되는 것으로 생각할 수 있겠다. 성별 정체성은 어른과 마찬가지로 아이에게도 일차적으로 부여된 정체성이다. 정규교육과, 기회와 교육의 평등이라는 성 혁명의 이상에 바쳐진 말뿐인 호의 때문에 기존의 역할에 완전히 순응하지 못하고 '적응하지 못하는' 여자아이들(브림의 논문에서 여자아이에 대한 마이너스 기호의 개수는 남자아이에 비해 여섯 배나 많다)이 고정 관념으로부터 출현할 수 있는 일촉즉발의 위험 속에 있다. 이러한 가능성은 재앙의 힘을 가지며 출산이라는 생물학적 기능을 수행하는 것에 대한 거부와도 계속 동일시된다. 그리고 출산은 양육이라는 무거운 부담과 끝없이 혼동되고 동일시된다. 여자아이는 자신의 성격을 정의하는 삼위일체인 수동성, 마조히즘, 나르시시즘에 갇혀 있다. 남자아이 또한 여자에게 쥐여살거나 동성애에 빠지지 않기 위해서 처방된 틀에 박힌 지배자 역할에 스스로를 한정해야 한다. 다른 반동주의자들처럼 기능주의자들 또한 가족을 지키기 위해 분연히 나선 것이다.

성이라는 주제가 수치심과 비웃음, 침묵으로 은폐되어 있으므로 고정 관념에 순응하지 못하는 것은 개인을 (특히 어린아이를) 죄의식과 무가치함, 혼란 등의 나락에 빠지는 듯한 감정으로 몰아넣는다. 반혁명 시대에 성적 고정 관념에 대한 집착은 (문학과 문학 비평을 포함한) 모든 행위 영역에서 새로운 도덕이 되었다. 선악, 미덕, 동정심, 판단, 비난 등은 자신의 범주에 성적으로 순응하느냐의 문제였다. 어떤 이데올로기도 희생자에 대해 그렇게 잔인하고 총체적이며 논박할 수 없는 통제권을 주장하지 않는다. 출생(이데올로기의 출발점) 때문에 불가피하게 구성원이 된다는 전제에도 불구하고 모든 증거의 무게는 사실상 개인에게로 이동한다. 변경 불가능하게 한쪽 집단으로 태어나는 주체는 매 순간 남성성과 여성성이라는 특성에 복종하여 자신이 남성인지 여성인지를 증명해야만 한다.

이러한 딜레마에 저항하고, 상처를 입고, 낙인찍히고, 치유받는 것을 제외하고는 그 어떤 탈출구도 없다. 급진적 정신이 되살아나 자유롭게 해줄 때까지 우리는 거대하고 음울한 성적 반동이라는 철책에 갇혀 있을 수밖에 없다. 이제 우리의 초점은 이러한 구조를 세우는 데 이바지한 사람들로 향한다. 즉 문화적 대리자라는 통상적 태도를 취한 후에 그것을 사람들의 태도에 반영하고 실제로 형성했던 작가들을 말한다. 따라서 우리는 그 자체로 반혁명적 성 정치가들인 로렌스와 밀러, 메일러를 살펴보려 한다.

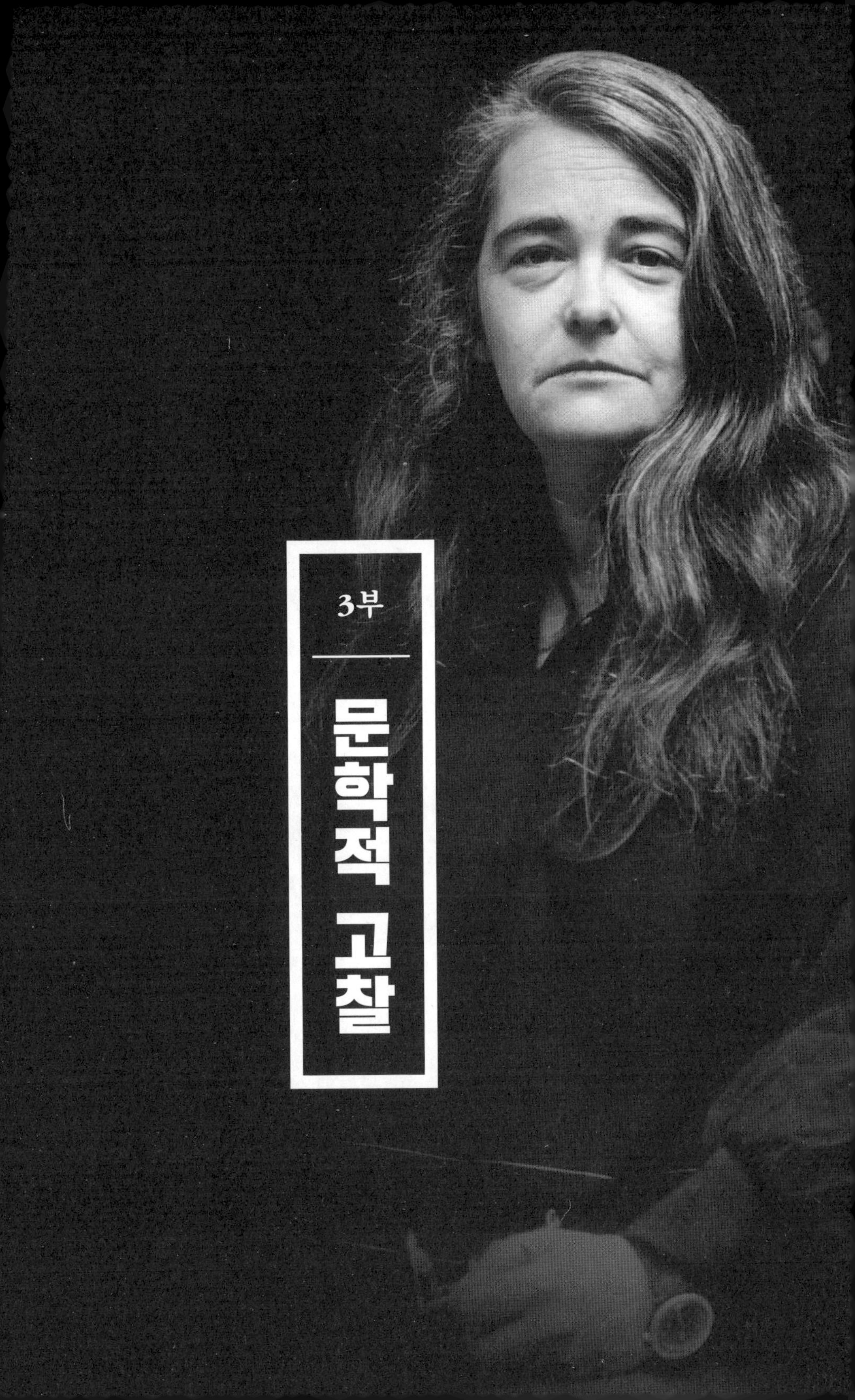

3부

문학적 고찰

05 ⌬⸺

D. H.
로렌스

1 독실한 작품

"당신 몸을 보여줘요!"

그는 셔츠를 떨어뜨리고는 그녀를 가만히 서서 바라보았다. 나직한 창문 사이로 한 줄기 햇살이 들어와 그의 넓적다리와 날씬한 복부를 환히 비춰 보였으며, 작은 구름을 이룬 선명한 적황색 털 사이로 그의 남근이 검고 뜨겁게 달아올라 발기해 있는 것도 환히 드러내 보였다. 그녀는 깜짝 놀라기도 했고 두렵기도 했다.

"참 신기하군요!" 그녀가 천천히 말했다. "참으로 신기하게 거기서 있군요! 크기도 해라! 어쩜 그렇게 검고 자신만만한지! 항상 그런가요?"

사내는 자신의 호리호리하고 하얀 몸 앞쪽을 내려다보고는 소리 내어 웃었다. 날씬한 가슴 사이에 난 털은 거무스레하니 거의 까만색에 가까웠다. 그러나 복부 아래쪽 남근이 굵게 휘어진 모양으로 솟아 있는 부분에는 황금빛이 도는 붉은 털이 작은 구름을 이루며 선명하게 돋아 있었다.

"정말 도도해 보이는군요!" 그녀는 불안한 듯 중얼거렸다. "그리고 참으로 당당하고요! 남자들이 왜 그렇게 거만하게 뻐기는지 이제야 알겠어요. 하지만 아주 귀엽군요, **정말이에요**. 마치 따로 살아 있는 존재 같아요! 좀 무섭기도 하고! 그렇지만 정말 사랑스러워요! 그가 바로 **나한테** 들어온다니!" 그녀는 두려움과 흥분에 사로잡혀 아랫입술을 지그시 깨물었다.

사내는 계속 탱탱하게 솟아 있는 남근을 말없이 내려다보았다. (…) "바로 씹이지? 네놈이 원하는 건 바로 그거지. 제인 부인한테 다 터러놔, 네놈이 씹을 원한다고 말이야. 존 토머스, 그리고 제인 부인의 씹 (…)!"

"아, 그를 놀리지 말아요!" 하고 코니가 말했다. 그러면서 그녀는 침대 위를 무릎으로 기어 그에게 다가가서는 그의 하얗고 호리호리한 허리를 두 팔로 감아 자기에게 끌어당기며 안았다. 그러자 매달려 흔들거리는 그녀의 양 젖가슴이 꿈틀거리며 꼿꼿이 선 남근의 귀두에 닿으면서 귀두로부터 축축한 물방울 같은 것이 묻어 나왔다. 그녀는 사내를 꼭 껴안았다.

"누워요!" 그가 말했다. "어서! 들어가야겠소!"

그는 다급해져 있었다.[1]

---

1   D. H. Lawrence, *Lady Chatterley's Lover*(1928)(New York: Random House, 1957), pp.237~238.

《채털리 부인의 연인》은 "남근의 신비"[2]라는 저자 개인의 숭배 의 례를 통해 어느 현대 여성을 구원하는(나머지 부분은 가망 없이 느껴질 정도로 '부자연스럽고' '인공적'이다) 거의 종교 서적이라 할 수 있다. 성찬식에서 계시를 받는 분위기를 풍기는 앞의 인용문은 이 소설에서 가장 신성한 장면이다. 대기의 구름과 빛, 성령이 강림한 듯한 햇살(로렌스에게 태양은 남근과 같다)과 함께, 예수가 독실한 신도의 경건한 눈앞에서 "굵게 휘어진 모양으로" 승천하는 거룩한 변용變容의 장면인 것이다.

원래 이 소설의 가제는 "다정함Tenderness"이었다고 한다. 그리고 로렌스적 남성의 최종 결정판이라 할 수 있는 올리버 멜러즈는 매우 격렬한 성적 적개심을 가진 인물(멜러즈는 레즈비언 모두와 프로이트가 말하는 '클리토리스적인' 여성과 자신의 전처를 일거에 "숙청하고" 싶다고 말한다)임에도, 이 소설은 메일러나 밀러처럼 대놓고 성적 폭력을 행사하거나 잔인하게 착취하지 않으며 또한 주네처럼 성 계급을 정직하게 인정하지도 않는다. D. H. 로렌스 (1885~1930)는 이 소설을 통해 여성과 화해하고 있는 듯 보인다. 즉 로렌스는 이 작품에 마지막 열정을 쏟아부으면서 10년 전에 쓰인 《아론의 지팡이Aaron's Rod》(1918)에서 보여준 적개심에 화해를 시도하고 있는 것처럼 보이는 것이다. 《채털리 부인의 연인》 이전의 작품들과 비교해 볼 때 이 마지막 작품은 일종의 속죄 행위로 보인다. 콘스턴스 채털리 또한 신神을 바라보는 것을 허락받는데[3] 여기에서 신은 작가 자신으로 드러난다. 가장 감명 깊은 상태에서 벌거벗은 자신의 모습을 그린 작가의 초상화다. 《캥거루

2 같은 책, p.238

Kangaroo》,《아론의 지팡이》,《날개 돋친 뱀》의 분위기가 동성애적이고 에로틱하다면《채털리 부인의 연인》의 분위기는 나르시시즘이라 할 수 있다.

로렌스의 후기 작품이 모두 그러하듯이《채털리 부인의 연인》에서도 작가는 '성적인sexual'과 '남근의phallic'라는 말을 같은 의미로 사용한다. 따라서 성적 열정에 대한 찬양(이 작품은 이 때문에 유명해졌다)은 곧 사냥터 지기이자 사회적 선지자인 올리버 멜러즈의 남근에 대한 찬양과 같다. 로렌스는 성행위를 그릇된 금기에서 해방하는 것이 고귀하고도 필연적인 임무라고 주장하고, 외설적이거나 점잖은 체하는 완곡어법으로부터 소설을 해방하는 것이 자신의 당면 과제라고 내세운다. 하지만 실상 로렌스가 하는 일은 '남근 의식phallic consciousness'이라는 또 다른 복음의 설파다. 이는 이 소설이 선전하는 '육체의 부활'이나 '자연스러운 사랑' 등의 문제이기는커녕, 남성의 우월함을 제도화된 국제적 신비교라는 차원으로 변형시키는 문제다. 이는 매우 강렬한 형태의 성 정치학이다. 로렌스는 가장 재능 있고 열정적인 성 정치가다. 로렌스는 몹시 명석하기도 한데 남성적 메시지를 전달할 때 바로 여성의 의식이라는 수단을 사용하기 때문이다. 사타구니에 있는 황금빛 털의 후광을 받으며 불사조처럼 솟아 있는 발기한 남근이 실로 "도도해" 보이고 "당당해" 보인다고 우리에게 알려주는 사람은 다름 아닌 여성이며, 여성의 시선이다. 멜러즈의 남근은 "검

---

3 섹스의 신성함을 우주적 비행, 우주로의 이동 등의 모호한 표현으로 은폐하는 방식이 로렌스가 줄곧 사용하는 수법이다. 반면 로렌스의 트레이드마크라 할 수 있는 형용사인 "깊숙이, 깊숙이, 깊숙이"는 독자의 귀에 장황하고 단조롭게 윙윙거린다. 소설에서 채털리 부인은 완전히 노골적인 성적 표현만을 내뱉는다.

고 자신만만"한 동시에 "무섭고" "신기하며" 여성에게 "흥분"과 동시에 "두려움"을 불러일으켜 불안한 듯 중얼거리게 한다. 두 번째 발기할 때 코니와 (저자인) 화자는 모두 남근이 "도도하고" "무섭게" "우뚝 솟아 있다"라고 우리에게 알려준다.[4] 가장 중요한 사실은 남성 우월주의가 현실적이고도 반박할 수 없는 근거에 기초하고 있다는 증거를 여성하게 제공하는 것이 바로 발기라는 점이다. 부지런한 학생인 코니는 남근 숭배의 전도사에게 이렇게 순종적으로 대답한다. "남자들이 왜 그렇게 거만하게 뻐기는지 이제야 알겠어요." 코니의 독실한 황홀경은 섹스할 때 여성이 느끼는 환희와 쾌락을 패러디한 것으로, 코니는 남근이라는 신이 두렵고도 숭고하다고 깨닫게 된다. 코니가 그 생물학적 사건 앞에서 일종의 위협을 느낀다는 식의 다소 가학적인 로렌스의 주장은 여성의 타고난 마조히즘을 보여주는 또 다른 증거다. 우리는 로렌스의 기법에 감탄할 수밖에 없다. "하지만 아주 귀엽군요, **정말이에요**. (…) 좀 무섭기도 하고! 그렇지만 정말 사랑스러워요! 그가 바로 **나한테** 들어온다니!" 애인의 입에서 굴욕적이고도 순종적인 발언이 나온다. 로렌스는 여성을 위한 안내서를 쓰느라 평생을 바쳤다는 시몬 드 보부아르의 예리한 발언을 이해할 수 있을 법도 하다.[5] 콘스턴스 채털리는 마리 보나파르트처럼 반혁명적 지혜를 훌륭하게 의인화한 인물이다.

멜러즈조차도 자신의 남근에 감명을 받은 나머지 수줍은 듯한 사투리로 그것에게 삼인칭으로 말을 건넨다(멜러즈의 사투리

---

4   Lawrence, *Lady Chatterley's Lover*, p.238.
5   Simone de Beauvoir, *The Second Sex*(New York: Knopf, 1953), p.209.

번역은 우리말을 소리 나는 대로 적는 방식을 택한 국역본《채털리 부인의 연인》(이인규 옮김, 민음사, 2003)을 참고했다. 앞으로 나오는《채털리 부인의 연인》인용문의 사투리 번역은 부분적으로 수정했을 뿐 대부분 국역본의 표기 방식을 따랐음을 밝힌다.—옮긴이).

> 그래, 이 녀석아! 이제 그만 돼따. 그래, 그러케 대가릴 계속 처들고 이써야겐냐! 거기 그러케 니 맘대로, 웅? 남 생가근 조금도 안 코서 말야! (…) 너 **저 여자**를 원하는 거냐? 내 제인 부인을 원하는 거냐고? (…) 이러케 말해봐. '문들아, 너희 머리를 들지어다. 영광의 왕께서 드러가고자 하시니.'[6]

이 놀라울 정도로 능동적인 존 토머스(멜러즈가 자신의 남근을 부르는 이름이다.—옮긴이)는 수동적일 따름인 제인 부인의 '씹'과 어울리지 않는다. 멜러즈는 애인에게 찬사를 쏟아부으며 이 여성의 상품을 칭찬한다. "어쨌든 당신은 참 좋은 씹이야. 그래, 맞아. 이 세상에 남아 있는 젤 조은 씹이라구. (…) 씹이란 것! 그건 바로 그대의 아름다움을 말하는 거시라오, 아가씨!"[7] 이 소설이 헌신하는 성적 신비는 상호 간에 일어거나 서로 협력하는 것이 아니다. 단지 남근에게 일어나는 사건일 뿐이다. 멜러즈의 남근은 오므라들어 있을 때조차 여전히 "강한 힘의 존재였던 것"이다. "지극한 환희"로 신음하는 코니는 그 남근에게 "제물로 바쳐진 존재"이며 "새로 태어난 존재"다.[8] 남근은 그토록 자주 과시, 찬미되고 있지

---

6   Lawrence, *Lady Chatterley's Lover*, p.237.
7   같은 책, p.201.
8   같은 책, p.197.

만 썹을 제외하고는 여성 생식기를 일컫는 그 어떤 단어나 설명을 찾아볼 수 없다. 수치스럽고 연약한 여성의 생식기는 숨겨져 있다.[9] 남성의 생식기는 심미적 기준일 뿐만 아니라("그의 다리 사이의 (…) 두 불알! 얼마나 신비로운가! (…) 그 얼마나 이상하고도 묵직한 신비의 무게인가! 그것은 사랑스러운 그 모든 것의 뿌리이자, 모든 완전한 아름다움의 원초적 근원이었다")[10] 일종의 도덕적 기준이 된다("온갖 건전함의 뿌리가 그 불알 속에 있다").[11] 그러나 심지어 사회의 계급 전체를 포함하는 온갖 불명예는 '여성' 혹은 '여성적인'이라는 말로 저주받는다.

이 소설《채털리 부인의 연인》의 섹스 장면은 '여성은 수동적이며 남성은 능동적이다'라는 지그문트 프로이트의 지시에 따라 쓰였다. 오직 남근이 전부다. 코니의 것은 주인의 온갖 의지 표명을 감사히 받아들이면서 행위를 당하는 '썹'이다. 멜러즈는 애인이 전희前戱에 빠지는 것조차 허용하지 않는다. 코니는 오르가슴을 느낄 수 있을 때만 즐기지만 멜러즈는 오르가슴을 스스로 조종한다. 코니가 오르가슴을 느낄 수 없다고 한다면 그건 딱한 일일 뿐이다. 수동적인 코니는《날개 돋친 뱀》의 여주인공보다는 더 나은 상황에 있다.《날개 돋친 뱀》의 남자 주인공 돈 시프리아노

---

9 실제로 그러하다.《채털리 부인의 연인에 관하여A Propos Lady Chatterley's Lover》를 비롯하여 로렌스가 성과 검열에 대해 쓴 비판적 에세이를 보면 성적 금기와 음란성, 잔인함, 수치의 본성에 관한 로렌스의 통찰력을 일별할 수 있다.《채털리 부인의 연인에 관하여》에서도 로렌스는 남근이 미래로 가는 다리일 뿐만 아니라 결혼과 생명 자체의 정수라고 주장하느라 몹시 분주하다. 여성 생식기에 대한 로렌스의 침묵은 매우 놀라울 뿐만 아니라 강력한 부정적 감정을 숨기고 있는 증거로 보인다. 더욱 가혹한 형태이기는 하지만 이와 동일한 현상을 헨리 밀러의 작품에서도 볼 수 있다.

10 Lawrence, *Lady Chatterley's Lover*, p.197

11 같은 책, p.246.

는 여주인공이 오르가슴을 느끼려 할 때마다 고의로 남근을 빼기 때문이다. 이러한 행위는 여주인공의 쾌락을 가학적으로 거부하기 위한 계산된 행동이다.

재빠르고 어두운 본능에 따라 시프리아노는 그녀에게서 그것을 빼냈다. 둘이 섹스를 할 때 다시 그녀가 오르가슴을 느끼려 했다. 광란의 경련을 경험하는, 전기에 감전된 듯 끓어오르는 여자의 황홀경이었다. 그러자 그는 다시 물러났다. (…) 어둡고도 강력한 본능 때문에 욕망이 여자에게 다시 솟구쳐 오르자마자 그는 다시 그녀에게서 물러났다. 성기의 마찰이 주는 하얀 쾌감의 황홀경, 거품 속 아프로디테의 사투를 위한 욕망 말이다. 그녀도 그것을 감지했다. 혐오스러웠다. 그는 어둡고 변하지 않는 그것을 바로 그때 그녀에게서 빼버렸다.[12]

로렌스의 섹슈얼리티는 노동 계급에 관한 (19세기 중산 계급의 교리이기도 한) 리 레인워터의 연구에서 표현된 것과 동일한 원칙, 즉 "섹스는 남자를 위한 것"[13]이라는 원칙으로 움직이는 듯 보인다. 로렌스는 주로 다른 사람에게서 프로이트에 대해 피상적으로 전해 들었다. 하지만 로렌스는 여성의 수동성과 남성의 능동성을 주장하는 프로이트의 이론을 잘 알고 있었고 이 이론의 편리함을 깨달은 게 분명하다. 부인들('썹'에 불과할 때조차)은 움직이지 않는다. 《채털리 부인의 연인》과 《날개 돋친 뱀》은 수도 없이 많은

---

12   D. H. Lawrence, *The Plumed Serpent*(1926)(New York: Knopf, 1951), p.463.

13   Lee Rainwater, *And the Poor Get Children*(Chicago: Quadrangle, 1960).

부분에서 여성의 전복적 '마찰'을 가혹하게 비난한다.

성 혁명은 여성의 섹슈얼리티를 해방시키기 위해 많은 일을 이루어냈다. 감탄스러울 만큼 약삭빠른 정치가였던 로렌스는 성 혁명에서 두 가지 가능성을 감지했다. 즉 성 혁명은 그가 두려워하고 증오한 여성의 자율성과 독립심을 허용해줄 수 있었다. 아니면 남성적 지배와 특권에 순종하는 또 다른 방식의 의존성과 예속을 만들어낼 수도 있었다. 빅토리아 시대의 불감증 여성은 굴종을 감내했지만 '신여성'은 적당하게 조정된다면 침대에서 매우 능숙할 수도 있었다. 프로이트 학파는 '여성의 성취'니, '수용하는' 수동성이니, '성인'의 상상적인 질 오르가슴이니 하는 원칙을 선전했다. 심지어 프로이트의 제자 몇몇은 섹스할 때 남근이 클리토리스와 접촉해서는 안 된다는 원칙으로 질 오르가슴을 해석해내기도 했다. 이러한 관념은 로렌스의 손에서 여성의 완벽한 종속을 위한 뛰어난 도구로 변형된다.

채털리 부인은 애인의 탁월한 성적 능력에 감사하면서 오두막 앞에서 비를 맞으면서 춤을 춘다. 이는 예수 앞에서 벌거벗고 빙빙 돌던 다윗을 연상케 한다. 멜러즈는 그녀가 "무슨 야만적인 인사를 되풀이하면서" "그에게 일종의 경의를 표한다"라고 여기며 지켜본다.[14] 당당한 사냥터 지기가 허용해준 그러한 만족감은 그녀를 "경이롭게 웅크리고 있는 여자"로 바꾸어놓는다. 멜러즈는 그녀의 반짝거리는 궁둥이를 사냥감처럼 인식하고는 흥분하여 뒤쫓는다. 그녀를 따라가 붙잡은 뒤 "넘어뜨리고는 자신도 함께 길 위로 쓰러졌다. 사방이 고요한 가운데 빗소리만이 요란하

14   Lawrence, *Lady Chatterley's Lover*, p.250.

게 천지에 진동하고 있었다. 짧고 날카롭게 멜러즈는 그녀를 차지했다. 짧고 날카롭게. 그러고는 끝냈다. 동물처럼."[15]

자연은 여성의 성격을 타고난 것으로 만들고 수치심조차도 (조건화의 산물이 아니라) 선천적인 것으로 만들었다는 신화를 로렌스는 열렬히 믿고 있다. "남근의 추적"이 밝히는 "관능적 불길" 만이 "우리 육체의 뿌리 속에 깊이 웅크리고 있는 오래디오랜 육체적 두려움"을 내쫓을 수 있다. 때로 채털리 부인은 멜러즈의 항문 삽입에 굴복하는데 소설은 이렇게 말한다. "채털리 부인은 여자가 수치심으로 죽을 수도 있다고 생각할 수 있었겠지만, 그 대신 오히려 그 수치심이 죽어 사라지고 없었다. (⋯) 채털리 부인은 남근이 이렇게 파헤쳐 들어오는 것을 필요로 하고 있었으며, 또 은밀히 그것을 원하고 있었다. 다만 그러면서도 그것을 결코 얻지 못하리라고 믿어왔다." "남근만이" "육체라는 밀림의 핵심, 즉 우리 몸에 유기적으로 존재하는 수치심의 그 마지막 가장 깊은 구석"을 탐험할 수 있다.[16] 이제 "본성의 밑바닥"에까지 이른 여주인공은 가끔씩 말을 끊고 시인을 "거짓말쟁이"라고 독자에게 설교하기에 이른다. "그들은 우리가 원하는 것이 바로 부드러운 정감이라고 착각하게 했다. 우리가 진정 최고로 원하는 것은 바로 꿰뚫듯 찔러오고 모든 걸 불살라 없애버리며, 좀 끔찍하기까지 한 관능인데도 말이다. (⋯) 정신의 지고한 즐거움이라고! 대체 그게 여자한테 무슨 의미가 있단 말인가!"[17] 로렌스는 문학을 사랑하는 여성, 궁정 귀부인 같은 여성 그리고 자신의 남색男色

15 같은 책, pp.250~251.
16 같은 책, pp.280~281.
17 같은 책, p.281.

충동까지[18] 세 마리 새를 죽여버린 것이다. 콘스턴스 채털리는 로렌스의 소설에 나오는 대부분의 여주인공들에 비해 다소 믿을 만한 여성(이 작품에서는 때때로 그녀의 젖가슴에 대한 언급이 나오며, 그녀는 주인공의 아이를 가지게 된다)이지만, 그럼에도 이 작품이 관능적으로 초점을 맞추고 있는 것은 우월하고 "자유롭게 움직이는 남성의 지식"을 소유한 "초연한" "야생 동물" 같은 웅장한 멜러즈, 즉 신성한 남근의 의인화다. 신성한 남근은 관능적 표현으로 묘사된다. 이를 통해 우리는 로렌스 자신이 그러한 남근을 가지고 싶어하고 그 힘을 나눠 갖기를 원할 뿐만 아니라, 자신이 남근에 소유당하고 싶은 마음도 가지고 있음을 읽을 수 있다.

《채털리 부인의 연인》은 성적 속죄와 동시에 사회적 속죄를 위한 프로그램이며 이 둘은 복잡하게 얽혀 있다. 소설 초반부 저자의 겸손한 대변인 토미 듀크스는 세상에 더 이상 '진정한' 남자와 여자가 없다는 사실을 개탄하며 그 때문에 문명은 몰락할 것이라고 예언한다. 우리는 단 한 가지 속죄의 희망이 즉시 받아들여지지 않는 한 모두 몰락할 운명이다. "인간의 문명은 바닥없는 구렁으로, 지옥의 나락으로 굴러떨어지고 말 겁니다. 그런데 그 파멸의 구렁을 건너게 해줄 유일한 다리가 있다면 그것은 오직 남근일 것입니다!"[19] 불쾌한 비유다. 남근의 길이를 생각해보면 그러한 미래가 그다지 가망 있어 보이지 않기 때문이다. 반면

---

18 멜러즈의 첫사랑이 자신의 대령이었다는 점을 기억해야 한다.《아들과 연인》과《무지개》를 제외한 모든 로렌스의 소설은 남색을 상징적으로 대신하는 장면을 포함한다.《하얀 공작The White Peacock》과《아론의 지팡이》,《날개 돋친 뱀》의 봉헌 장면,《캥거루》의 키스를 거부당하는 장면,《사랑에 빠진 여인들》의 격투 장면 등이 그러하다.

19 Lawrence, *Lady Chatterley's Lover*, p.82.

이 소설이 연민과 열정으로 대항하고자 하는 산업주의의 참사는 다소 단순한 문제다. 즉 남자들은 꼭 끼는 빨간 바지를 입고 짧은 흰색 재킷을 입으면 되고, 노동 계급은 더 이상 돈을 욕망하지 않으면 된다. 소설 속 한 정교한 장면에서 멜러즈는 남자들이 민속 예술과 컨트리 댄스를 하느라 바쁘다고 암시한다. 이러한 주장은 (우스꽝스럽지 않다고 하더라도) 잔인하다고 할 수 있다. 태도의 변화와 심리 구조라는 측면에서 성 혁명은 모든 급진적 사회 변화에 본질적인 것임이 분명한데도 로런스는 이런 생각을 전혀 하지 못한다. 로런스가 내놓은 처방은 모리스와 프로이트를 섞어놓은, 기계를 모두 없애고 영국 산업 사회를 중세와 같은 사회로 되돌려놓자는 것이다. 이는 일차적으로 과거의 성 역할로 복귀하여 성취된다. 현대 남성은 무능하고 현대 여성은 상실된 존재이므로 (이 두 가지 비극에서 원인과 결과는 서로 뒤바뀌어도 좋다), 심리적이고 관능적인 총체적 지배라는 측면에서 남성이 여성을 다시 통제하게 될 때만 세상은 제자리로 돌아온다. 그리고 그러한 지배만이 여성의 본성을 '실현'할 수 있게 한다.

이 때문에 소설은 멜러즈로 육화된 목신牧神의 남근적 원조를 통해 콘스턴스 채털리가 건강을 회복하는 데 집중하고 있는 것이다. 작가는 초반부에서 성적인 것만이 콘스턴스에게 유일한 의미를 지니며 현대 여성의 교육과 품위 없는 방자함 때문에 이러한 성적인 존재가 왜곡되어버렸다고 이야기한다. 성적으로 무능한 남편과 결혼한 코니는 실현되지 못한 여성성 때문에 130여 페이지에 걸쳐 우울하게 살아간다. 아이를 원하지만 어머니가 되지 못하고 아내도 되지 못한 채 코니의 '자궁'은 규칙적으로 수축을 반복한다. 코니는 거울을 계속 들여다본다거나 암탉 우리를 끊임없이 찾아 들여다보면서 자신의 덧없는 청춘을 달래려 한다. 암탉의 "깊고 뜨거운 암컷의 피"는 "여자로서 쓸모없이 버림받은 고통"[20]을 꾸짖어주는 듯했으며, 동시에 "이 세상에서 그녀의 가슴을 따뜻하게 해주는 유일한 존재"[21]로 위안을 준다. 이러한 놀라운 존재들 앞에서 그녀는 "늘 실신하기 일보 직전의 상태로 사는 것 같은 느낌"[22]을 받는다. 그리고 병아리가 알을 깨고 나오는 모습을 보며 코니는 히스테릭하게 흐느낀다. 감상적 내러티브의 전통답게 우리는 처음에 "눈물 한 방울이 코니의 팔목에 떨어지는 것"을 보게 된다. 이어 "코니는 자신이 속한 세대의 참담한 처지에 대한 그 모든 고뇌를 안고 그저 하염없이 울고 있었다. (⋯) 코니는 정말로 가슴이 찢어지는 느낌이었다. 그리고 이제 더 이상 아무것도 중요하지 않았다."[23] 그 후 곧 멜러즈는 코니에 대한 연민("그녀에 대한 동정심의 불꽃이 멜러즈의 마음속에서 타올랐다")으로 자신의 오두막으로 인도하여 그녀가 필요로 하는 것을 주려 한다.

멜러즈는 특유의 위압적 태도를 취한다. "여기 누워요!" 하고 명령한다. 코니는 "묘하게 순종하는 마음"[24]으로 이에 응한다. 로렌스는 여성이라는 단어 앞에 늘 '기이한'이나 '묘한'이라는 수식어를 갖다 붙인다. 이는 독자에게 여성이 원시적 충동에서 작동하는 선사 시대적 생물임을 설득하려는 것으로 보인다. 멜러즈는 배꼽에 키스를 한 번 한 다음 곧바로 작업에 들어간다.

20 같은 책, p.127.
21 같은 책, p.126.
22 같은 책, p.127.
23 같은 책, p.129.
24 같은 책, p.130.

그러다가 그는 더 이상 참지 못하고 그녀의 부드럽고 고요한 육체의 대지 위에서 평화를 누리기 위해 즉시 그녀에게로 들어갔다. 여자의 육체 속으로 들어가는 것은 그에게 완전히 순수한 평화의 순간이었다. 그녀는 가만히, 잠에 취한 듯이, 내내 일종의 잠에 빠진 듯이 그대로 누워 있었다. 행위와 오르가슴은 그의 것, 모두 그의 것이었다. 그녀는 자신을 위해 더 이상 애를 쓸 수가 없었다.[25]

물론 멜러즈는 흠잡을 데 없이 성적으로 유능하며 섹슈얼리티는 자연스럽게 나타났다. 하지만 문명화된 생각이나 행위를 억지스러운 것으로 볼 만큼 코니는 순수한 본성을 가지고 있는데도 멜러즈에게 어느 정도 가르침을 받아야 한다. 코니는 스스로에게 존재를 능숙하게 증명하려는 목표를 가지고 있었으므로 그녀의 변화는 조금 더 시간이 필요하다.

고민에 찬 현대 여성으로서 코니의 머리는 여전히 아무런 평안도 얻지 못했다. 이게 진정한 것일까? 그런데 그녀도 알고 있는 바, 자신의 존재를 온전히 그에게 내주었다면 그건 진정한 행위다. 그러나 자신을 내주지 않았다면 그건 아무 의미도 없었다. 코니는 늙어버린 느낌이었다. 수백만 살이나 나이를 먹은 듯했다. 그리고 마침내 코니는 자기 자신이라는 무거운 짐을 더 이상 견딜 수가 없었다. 누구든지 나를 차지하고 싶다면 그렇게 하라지, 하는 마음이었다. 차지하고 싶다면 그렇게 하라지.[26]

---

25 같은 책, p.130.
26 같은 책, p.130~131.

여기에서 코니가 단념하는 자아, 에고, 의지, 개성 등(여성이 최근에야 발전시킨 것들)은 로렌스가 극심하게 혐오하는 것들이다. 로렌스는 이를 전멸시키는 것을 자신의 임무로 받아들였다. 종종 비평가들이 로렌스에 대해 평가하는 바에 따르면, 로렌스는 양성에게 작은 의지를 가지고 악전고투하거나 이기주의자가 되는 것을 그만두라고 권고했다고 하는데 이는 잘못된 상상일 뿐이다. 로렌스는 전혀 그렇지 않다. 멜러즈를 비롯한 로렌스의 남자 주인공들은 끊임없이 여성과 자신보다 못한 남성에게 자신의 의지를 행사하고 지배하는 행위를 임무로 삼는다. 남성이 권력을 휘두르는 개인주의자가 되기를 그만두어야 한다는 것은 로렌스에게 생각할 수조차 없는 일이다. 오직 여성만이 자기 자신이 되는 것을 포기해야 할 뿐이다. 콘스턴스 채털리는 남편의 타자수이자 조수다. 그러므로 그녀가 그 쓸모없는 주인에게 봉사하기를 그만둘 수 있는 것은 오직 멜러즈의 신도이자 아내가 될 때뿐이다. 그녀는 한순간도 자율성을 가지고 일한 적이 없었으며 그랬다면 로렌스는 매우 불쾌하게 생각했을 것이다. 하인이라는 가면을 쓴 멜러즈조차 무한한 자신감과 흔들리지 않는 정체성을 지녔다. 반면에 채털리 부인은 그의 곁에 있으면 당황한 사기꾼처럼 보인다.

18세기와 19세기 관습적 소설을 보면 더러 신사가 하녀와 착취적 성관계를 맺는다. 로렌스는 부인이 남자 하인과 관계 맺게 하여 이러한 계급 관계를 역전시켰다. 따라서 로렌스의 소설은 계급 제도가 하나의 '시대착오'임을 주장하는 유창한 민주주의를 역설한다고 생각된다. 그러나 신사의 본성을 타고났으므로 클리퍼드 채털리보다 더 우월하다고 묘사되는 멜러즈는 코니와 다를 바 없는 지독한 속물일 뿐이다. 그리고 멜러즈의 설교는 프롤레타리아를 향한 로렌스의 혐오감을 대변한다. 멜러즈는 프롤레타리아와 구분되는 예외적 미덕의 소유자라고 묘사되어 프롤레타리아에서 구제된다. 이 연인들은 계급을 극복했다기보다는 계급을 초월함으로써 부나 지위가 아니라 성적 역학에 기초한 귀족 정치의 관계로 진입한 것이다. 추악한 채털리 경은 비위에 거슬리기 짝이 없는 백인 남성 지배 계급을 표상한다. 그러면서 자신이 '지배 계급'이라는 용어에 어울리는 인물인 척한다. 멜러즈와 로렌스는 백인 남성 특권 계급의 제국과 광산 소유권 그리고 엘리트 남성의 다른 특권들에서 일종의 아웃사이더로 태어났다. 그러나 출신은 그들에게 그 제국을 전복하게 하는 게 아니라 시샘하고 모방하고 탐내게 했다. 백인의 가치에 침윤된 흑인이 백인 여성을 성적으로 정복하는 것을 원대한 야망으로 생각하는 듯, 로렌스의 어두운 아웃사이더들(멕시코 인디언이든 더비셔의 광부든)은 '백인 남성의 여자', 즉 부인에게 야심을 집중한다. 이들에게 같은 계급의 여성은 경멸할 가치조차 없는 인물이다. 소설에서 버사 쿠츠와 볼튼 부인이 이러한 인물로 잔혹하게 희화화되는데, 멜러즈는 이들을 지극히 혐오한다. 멜러즈는 이들이 견딜 수 없을 만큼 '평범하다'고 말한다. 그러나 '지배 계급'을 대표하는 클리포드 채털리에 대한 로렌스의 불만이 그러한 비열한 생각을 결코 치유해주지는 않는다. 오히려 로렌스는 클리포드와 같은 위치를 차지할 수 있기를 간절히 바란다. 그의 계획은 부인 계층의 여성을 매수하면서 시작된다. 이러한 위업은 지배 계급의 남성들을 복종시킬 수 있는 용기를 준다. 그리고 나서 그는 타고난 귀족적 본성으로 지배 계급에 진입한다. 멜러즈는 친아버지가 사실은 다른 사람일지 모른다는 케케묵은 환상에 몰두하여 아버지를 신으로 바

3부 문학적 고찰

꾸어놓는다. 멜러즈는 로렌스 자신이자 바람직한 동성 연인인 동시에 《아들과 연인》의 무뚝뚝하고 재미없는 광부이자, 목신으로 거듭난 선배이기도 하기 때문이다. 멜러즈는 유명 작가나 장군 같은 로렌스 소설의 다른 주인공들처럼 비록 예술적 평판이나 정치권력을 가지고 있지는 않지만 순수하게 종교적 수단을 통해 신으로 격상된다. 그리고 멜러즈가 사회적 선지자임에도 불구하고 이러한 향상된 지위는 중요하게 취급되지도 않는다. 대신 멜러즈의 주장은 모두 존 토머스에 기초한다. 남근의 소유는 그 자체만으로도 그러한 높은 계층(이 작품에서 단지 한 페이지에만 나오는 사소한 등장인물인 베네치아 출신의 노동자를 제외하고 다른 모든 남성들에 대해서는 성적 능력이 좋다는 설명이 없다)을 성취하므로, 멜러즈의 신적 본성은 남근이라는 기관 하나만으로도 드러나고 확립된다.

로렌스는 이 마지막 소설을 쓰기 시작했을 때 결핵 말기였다. 《날개 돋친 뱀》이후 로렌스는 "추종자와 함께하는 지도자leader cum follower" 유類의 이야기에 싫증이 났으며 정치적 성공에 대해서는 단념했다고 인정했다.[27] 위대함을 보여줄 수 있는 다른 길도 모두 막힌 듯 보였다. 공적인 권력도 망상이었고 오직 성

---

27 D. H. Lawrence, *The Letter of D. H. Lawrence*, ed. Aldous Huxley(New York: Viking, 1932), p.719. 로렌스는 시인 위터 바이너Witter Bynner에게 보낸 1928년 3월 13일 편지에서 이렇게 쓴다. "당신의 지난번 편지에서 오랫동안 별로 중요하지 않게 생각했던 것을 감지했습니다. 그리고 마침내 그것이 중요하다고 결론 내렸습니다. 내 이야기는 《날개 돋친 뱀》과 '주인공'에 대한 것입니다. 대체로 보아 당신의 지적은 옳습니다. 주인공은 구식이고 남자들의 지도자란 한물간 이야기겠거니 합니다. (…) 추종자와 함께하는 지도자라는 식의 관계는 식상한 이야기죠. 그래서 새로운 관계는 남자들 사이의 관계 그리고 남자들과 여자들 사이의 다정하고 섬세한 관계가 될 것입니다. 한 사람은 위에 있고 다른 사람은 아래에 있고, 앞서가라 내가 따르리라, **내가 봉사하리라** 하는 식은 아닐 것입니다. (…) 하지만 우리는 여전히 싸워야 합니다. (…) 여전히 우리는 남근적 현실을 위해 싸워야 한다고 나는 느낍니다."

적인 권력만이 남았다. 로렌스 최후의 주인공에게 남아 있는 숭배자는 여성뿐이다. 성 정치학은 남성들 사이의 다양한 공적 정치학들보다 더 확실한 정치학이다. 중기와 후기 작품을 지배하는 관습적이고 정치적인 파시즘으로 가는 도중에도 늘 성 정치학은 로렌스의 관심을 끌었기 때문이다. 성 정치학은 다른 모든 권력 확장의 기초이자 통로다.《채털리 부인의 연인》은 로렌스의 작품 중 연애 소설에 가장 가까이 간 소설이다. 그 작품은 또한 일종의 패배와 회한의 비명이기도 하다. 더 높은 곳을 열망했으나 결국 자신이 얻을 수 있는 것에 안주하고 만 한 남자의 비명 말이다. 이 소설은 성 정치학의 반동적 분위기를 동반한 섹스 테크닉의 길잡이라고 할 수 있으므로 그 점에서 완전히 실패작은 아닌 셈이다.

2 오이디푸스적 작품

1912년 비평가 에드워드 가넷Edward Garnett에게 보낸 편지에서 로렌스는《아들과 연인》에 대해 이렇게 설명한다.

> 덕성과 우아함을 겸비한 어느 여성이 하층 계급으로 들어가게 되고 자신의 삶에서 그 어떤 만족감도 느끼지 못하게 됩니다. 그 여성은 남편에게 열정을 느꼈고 그래서 아이들도 태어났으며 대단한 활력을 소유하기도 했습니다. 하지만 두 아들이 자라자 그 여성은 아들을 연인으로 선택합니다. 처음에는 첫째 아들을, 다음에는 둘째 아들을 말입니다. 두 아들은 어머니와의 사랑 때

문에 삶으로 **내몰립니다**. 계속, 계속해서 내몰립니다. 성년에 이른 이 아이들은 제대로 사랑을 할 수가 없습니다. 어머니가 삶에서 제일 강한 힘을 행사하며 자신들을 붙들고 있기 때문입니다. (…) 이 젊은이들은 여자들과 접촉하자마자 분열이 생깁니다. 윌리엄은 공연히 섹스를 나누지만 어머니가 그의 영혼을 쥐고 있습니다. 그러한 분열은 그를 죽이게 됩니다. 그는 자신이 어디에 있는지 알지 못하기 때문입니다. 둘째 아들도 자신의 영혼을 위해 싸우는 여자를 갖게 됩니다. 즉 어머니에 대항하여 싸우는 것입니다. 둘째 아들도 어머니를 사랑합니다. 두 아들은 모두 아버지를 증오하고 질투합니다. 아들을 두고 어머니와 여자 사이에 계속 전쟁이 일어납니다. 어머니는 서서히 자신이 더 강하다는 것을 증명합니다. 혈연관계니까요. 둘째 아들은 자신의 영혼을 어머니의 손에 맡기기로 합니다. 그리고 형처럼 격정에 몸을 맡깁니다. 둘째는 격정을 얻습니다. 그러고 나서 다시 분열이 생기기 시작합니다. 어머니는 거의 무의식적으로 무엇이 문제인지를 깨닫고 죽어가기 시작합니다. 아들은 연인을 버리고 어머니의 임종을 지킵니다. 마침내 그는 아무것도 없이 벌거벗은 채로 남겨집니다. 단지 죽음을 향해 표류할 뿐입니다.[28]

편지에서 로렌스는 가넷에게 이 소설이 위대한 작품이 될 것이라고 확신하고 있다. 작품에 대한 로렌스의 요약과 허풍은 모두 어느 정도 진실이었지만, 실상 허풍이 더 많은 진실성을 가지고 있다. 《아들과 연인》이 위대한 작품인 이유는 깊은 경험에서 나온

---

28   Lawrence, *The Letter of D. H. Lawrence*, pp.78~79.

울림을 지녔기 때문이다. 기억된 과거로서 이 작품은 로렌스의 작품 중에서도 삶에 대한 자신의 인식을 가장 많이 전달하고 있다. 다른 소설은 이 작품에 비한다면 다소 작위적으로 보이기까지 한다.

주인공이자 둘째 아들 폴 모렐은 물론 로렌스 자신이다. 그는 자기 본위적 반어법으로 미화된다. "그는 고독하고 강했으며 두 눈은 아름답게 빛났다."[29] "그녀는 마르고 단단한 그를 바라보았다. 마치 지는 태양이 그를 자신에게 선물해준 것 같았다. 깊은 고통이 그녀를 사로잡았고 그를 사랑해야만 한다는 것을 그녀는 알았다."[30] 편지의 요약을 보면 야심 찬 어느 젊은 예술가의 이야기인 이 작품에서 로렌스(그리고 그의 비평가들)는 아들을 또래 여자들과 완전하게 관계를 맺지 못하게 하는(이는 성적이거나 감정적인 불감증이다) 어머니의 유령 같은 역할에 강조점을 두고 있음을 알 수 있다. 로렌스는 《아들과 연인》을 어머니에게 바쳤다. 물론 삶에서 가장 강하고도 중대한 역할을 한 어머니의 사랑을 기록하고 있음은 분명 확실하다. 병에 걸릴 가능성이 있음에도 아들과 어머니가 들판을 산책하는 목가적인 장면이나 들뜬 상태에서 꽃이나 접시를 사는 모습, 링컨 성당을 방문하는 묘사 등은 로렌스의 작품을 통틀어 아주 훌륭하고 감동적이며, 독자의 심금을 울리는 힘이 있다. 그러나 비평가들은 모렐 부인을 사랑 때문에 아들의 숨통을 조이는 흡혈귀 같은 어머니로 간주했으며, 로렌스 자신 또한 "아무것도 없이 벌거벗은 채", "죽음을 향한 표류", 마지

29　D. H. Lawrence, *Sons and Lovers*(1913)(New York: Viking, 1958), p.356.
30　같은 책, p.166.

막 장의 제목인 "버려진 자" 등과 같은 패배주의적이고 자기 연민에 찬 표현을 통해 이러한 해석을 부추기고 있다.[31]

　로렌스의 요약은 매우 단호하게 프로이트적이며 실제로도 그러했다.[32] 그 때문에 이 작품이 작동하고 있는 또 다른 두 층위, 즉 프롤레타리아의 삶을 보여준 영국의 위대한 소설 중 하나가 된 뛰어난 자연주의적 묘사력이라는 층위[33]와 프로이트의 도식 아래 있는 생기론의 층위를 소홀히 하기 쉽다. 폴은 자립적 자아의 화신이다. 이 작품에 등장하는 여성들은 폴의 궤도에서 욕구를 충족시키기 위해 존재한다. 즉 클라라는 폴을 성적으로 깨어나게 하려고, 미리엄은 폴의 신봉자로서 재능을 숭배하기 위해, 모렐 부인은 폴을 든든하고도 풍부하게 뒷받침해 광부의 아들이 태생의 한계를 극복하고 위대한 예술가가 될 수 있게 역동적 동기를 제공하기 위해 존재한다. 모렐 부인에 대한 묘사에는 기이한 감정 변화가 있다. 처음에 모렐 부인은 가난 때문에 자신이 경멸하는 남자에게 묶인 여성으로, 교육받고 열정적임에도 인간의 "권리를 박탈당한 채"[34] 지루한 가난과 양육을 감내하는 여성으로 묘사된다. 모렐 부인은 남편에게 더 이상 공감하지 못하며, 술을 마시고 폭력을 행사하는 남편은 아내를 옭아매고 혐오하게 한

31　《아들과 연인》에 대한 가장 영향력 있는 도로시 반 켄트의 논문은 폴을 교활하고 소유욕이 강한 여성들의 희생자로 묘사한다. Dorothy Van Ghent, *The English Novel: Form and Function*(New York: Rinehart and Company, 1953).

32　로렌스는 이 소설을 최소한 두 번 썼다. 요약에 나온 최종판은 아내 프리다가 로렌스에게 프로이트의 이론을 '설명해준' 다음에 쓰였다.

33　윌리엄의 장례식에 대한 서술, 특히 관이 집으로 들어오는 순간에 대한 묘사와 크리스마스 파티가 보여주는 계급적 정직함, 모렐 부인의 일상에 대한 묘사 등은 내가 보기에 로렌스 작품들 중에서 가장 설득력 있고 감동적인 부분이다.

34　Lawrence, *Sons and Lovers*, p.66.

다. 그러나 모렐 부인의 이러한 모습은 성적 성숙으로부터 사랑하는 아들을 보호하는 소유욕 강한 부인의 모습으로 변화한다. 이는 실상 폴의 자기중심적 이해 방식에 따른 변화다. 어린 소년이었을 때 폴은 아버지를 증오하고 어머니와 자신을 동일시한다. 폴과 어머니는 모두 폭군 같은 아버지에게서 정서적 억압과 육체적 공포에 시달렸기 때문이다. 이러한 동일시는 충분히 현실적이다. 아버지 월터 모렐이 술에 취해 격분하여 임신한 아내를 집에 들어오지 못하게 했는데 이때 모렐 부인의 뱃속에 바로 폴이있었다. 그리고 이 장면은 당시 어머니에게 귀중한 존재이자 짐이었던 폴의 분노에 찬 서술에서 설득력을 얻는다. 모렐이 아내를 때려 피가 흐를 때, 그 희생으로 붉게 물드는 것은 바로 눈처럼 하얀 폴의 옷이다. 모렐 부인이 아이를 지키려 몸을 웅크릴 때, 둘의 유대 관계는 다른 애착을 초월하여 지속될 수 있게 봉인된다.

작품은 우리에게 에로틱한 오이디푸스 상황을 보여주기도 한다. "나는 남편다운 남편이 없었다. 정말 그래. (…) 어머니는 그에게 길고도 뜨겁게 입을 맞추었다."[35] 이 중요한 순간에 월터 모렐이 들어오고 화가 나서 "또 무슨 꿍꿍이지?" 하고 중얼거린다. 이후 곧 두 라이벌은 싸울 태세를 취하면서 거의 싸우기 직전까지 간다. 하지만 월터는 어쨌든 패배한다. 우리는 폴이 이에 대해

---

35 같은 책, p.213. 1910년 12월 3일 작가 레이첼 아난드 테일러Rachel Annand Taylor 에게 보낸 편지에는 다음과 같은 내용이 있다. "나는 아버지를 증오하면서 태어났습니다. 내가 기억하는 한, 아버지가 만질 때면 나는 공포로 온몸을 부들부들 떨었습니다. (…) 이는 나와 어머니 사이에 일종의 유대 관계가 되었습니다. 우리는 거의 남편과 아내처럼 서로를 사랑했습니다. (…) 우리는 본능적으로 서로를 잘 알고 있었습니다." *Collected Letters of D. H. Lawrence*, ed. Harry T. Moore(New York: Viking, 1962) Vol.I, pp.69~70.

충분히 속죄할 아들이라는 것을 예감할 수 있다. "늙은이는 부츠 끈을 풀기 시작했다. 그는 비틀거리며 침대로 갔다. 마지막 싸움은 그 집에서 일어났다."[36]

그러나 오이디푸스 콤플렉스는 어머니에 대한 아들의 열정이 문제가 아니라 성인 남성이라는 지위가 아들에게 부여해줄 권력을 획득하고자 하는 열정에 관한 문제다. 성인 여성을 성적으로 소유하는 것이 첫 번째 문제일 수 있지만 그것은 서열에서 중요하지 않다. 모렐 부인(소설에서는 단지 한 단락에서만 거트루드 커퍼드라는 그녀의 본명이 나온다)은 독립적인 존재도 아니고 무언가를 성취할 수단도 가지고 있지 않다. 모렐 부인이 아들에게 성공하라고 재촉하면서 대리 만족을 찾으려 하는 방식은 아무리 애석하다 할지라도 충분히 이해 가능하다. 아들은 자신의 계급과 가난 때문에 권력을 얻을 수 있는 수단이 (아버지에게서 나오는 것이 아니라) 어머니가 원하듯 학교에 가고 회사에 다니며 마침내 예술적 성취를 이루는 데서 온다는 것을 감지한다. 따라서 처음부터 딜레마에서 빠져나오는 길은 아버지가 아니라 어머니를 닮는 것에 있다.

우리는 로렌스가 멜러즈 같은 인물을 창조하여 아버지와 같은 상황에 있는 남자들에게 보상하고 싶어했다는 이야기를 종종 듣는다. 하지만 슬프게도 사실이 아니다. 어느 비평가가 말하듯 멜러즈는 "위장하고 있을 뿐인 진실로 일종의 신사"[37]라 할 수 있다. 그리고 《아들과 연인》에 나오는 망가진 주정뱅이에 대한 묘사가 아무리 잔인하다고 하더라도, 그것은 이러한 잔혹한 산업

---

36   Lawrence, *Sons and Lovers*, p.214
37   Graham Hough, *The Dark Sun, A Study of D. H. Lawrence* (New York: Capricorn, 1956), p.31.

주의의 희생자를 환락에 물린 성적 초인으로 바꾸는 것보다는 덜 잔인하다고 말해야 할 것이다. 이 성적 초인은 너무나 속물이어서 노동 계급에도 중산 계급에도 속하지 않는다. 후기 로렌스의 주인공은 명백히 그가 선호하는 아버지에 대한 환상이다. 이와 똑같이 채털리 부인은 자신의 어머니를 한껏 멋 부려놓은 인물이다. 채털리 부인은 링컨 성당에서 자신의 옷이 너무 추레해 보일까 봐 걱정하는 붉게 튼 손을 가진 광부촌의 낙담한 작은 여자가 아니라, 로렌스의 아내였던 프리다 폰 리흐트호펜Frieda von Richthofen처럼 진짜 부인이다.《아들과 연인》은 로렌스가 속물근성으로 부모에게 매력을 부여하기 이전에 그에게 부모는 어떤 모습이었는지를 보여준다. 이후 로렌스 소설에 나오는 모든 연애 이야기는 부모의 결혼을 다시 쓴 것이자, 부모를 본보기로 삼았으나 사회적으로 놀랄 만큼 상승했던 자신의 결혼에 대한 이야기이기도 하다. 칼뱅주의적 선택이라는 의미에서 로렌스는 태생을 넘어서 신분 상승하는 결혼을 소명으로 삼았기 때문이다.

폴은 동일한 상황에서 탈주하려는 야망을 품고 자신이 이용한 여성들의 목덜미 위로 올라서려 한다. 이 여성들은 폴이 중산 계급으로 진입할 수 있게 일종의 디딤돌이 되어주었다. 폴은 자신에게 도움이 되지 않는 여성들은 죽이거나 버린다. 또 다른 오이디푸스적 아들이자 그 문제에 전문가였던 프로이트는 "어머니가 제일 사랑하는 아들은 '정복자'가 된다"[38]라고 예언했다. 폴이 실제로 그러하다. 사춘기가 되어 폴은 어머니의 격려에 영향을

38　Alfred Kazin, "Sons, Lovers and Mothers," *Viking Critical Edition Sons and Lovers*, ed. Julian Moynahan(New York: Viking, 1968), p.599.

　　　　　　　　　　　　　3부 문학적 고찰

받아 오만하게 성장하며, 모렐 부인이 이해할 수 있는 그 어떤 경험보다 더 우월한 "신적 불만"[39]에 가득하다고 주장한다. 그리고 어머니가 더 이상 자신에게 헌신할 수 없게 되자 조용히 어머니를 살해한다. 폴은 어머니가 암으로 너무 오랫동안 앓자 처방받은 우유를 희석한다. "'나는 엄마가 먹지 않았으면 좋겠어요. (…) 엄마가 차라리 죽었으면 좋겠어요.' (…) 그리고 폴은 영양분을 공급하지 않기 위해 우유에 물을 탔다."[40] 그럴듯한 반어법으로 아들은 자신에게 생명을 준 어머니를 살해한다. 자신이 더 많은 것을 가지기 위해서다. 한때 어머니의 젖을 먹고 큰 아들은 이제 어머니를 죽이기 위해 우유에 물을 탄다. 모든 다양한 것을 받아들이는 모성성이란 위험천만한 사명이다. 우유에 물을 타도 소용이 없자 아들은 모르핀으로 어머니를 독살하려고 한다. "그날 밤 폴은 남아 있는 모르핀을 모두 가지고 아래층으로 내려왔다. 그는 조심스럽게 모르핀을 갈아서 가루로 만들었다."[41] 아들은 우유에 이 가루를 탄다. 이 또한 어머니의 숨통을 완전히 끊지 못하자 아들은 담요로 어머니를 질식사시키는 방법을 고려한다.

이토록 오만방자한 젊은이라면 자신을 지탱할 강력한 신념을 가지고 있기 마련이다. 폴은 몇 가지 신념을 가지고 있다. 예술가는 도덕을 넘어서 있다는 니체의 신조가 그 하나이고, 자신이 성유聖油를 바르고 태어난 아이(폴이 태어날 때 어머니는 요셉의 꿈을 꾸었고, 들에 있던 모든 곡식 다발이 폴 앞에서 고개를 숙였다고 한다)라는 (어머니와 공유하는) 신념이 또 하나다. 그리고 아버지에게 주입

---

39 Lawrence, *Sons and Lovers*, p.388.
40 같은 책, p.388, 393.
41 같은 책, p.394.

받아 스스로 확장한 남성 우월주의에 대한 신념도 있다. 어른이 되면서 폴은 남성 우월주의를 열렬히 신봉한다. 그러나 폴은 아주 양가적이기도 하다. 폴은 아버지가 급료를 받는 날에 행해지는 남성 우월주의 숭배 의식을 관찰했음에도,[42] 그리고 가족으로서 해야 할 일에 아버지가 얼마나 무책임한지를 보았음에도 아직 어머니와 자신을 붙들고 있는 부당함을 넘어서서 더 많은 것을 통찰하지는 못한다. 아버지의 음주가 자식들의 빵을 빼앗는 현실을 보면서 폴은 자신을 여자와 어린이와 동일시하며 처음에는 남성으로서의 특권을 냉담하게 생각한다. 아버지의 친구가 아버지를 부르러 왔을 때 폴은 그 남자의 거만함을 우리에게 깨우쳐준다. "제리는 들어오라고 말하지 않았는데도 들어와 부엌 문간에 서 있었다. (…) 남자와 남편의 권리를 냉정하게 주장하듯이 그곳에 서 있었다."[43]

　　이후 로렌스는 광부로서의 생활과 산업주의의 저주 때문에 이 신성한 남성의 권위가 어리석은 음주와 처자식 구타로 축소되었음을 깨닫게 된다. 어린 폴은 이러한 종류의 권력에 불쾌해하며 진정한 권력은 맨 꼭대기에 있는 돈 많은 상사들이 쥐고 있다고 깨닫게 될 정도로 예민하다. 폴은 자신이 갈망하는 남성 우월주의가 산업주의에서는 빈곤과 잔인함 때문에 타락하여 사소한 것들에만 시끄럽게 권력을 행사하고 있다고 깨닫는다. 불행히도 이는 로렌스가 평생 증오한 산업주의의 비열한 일면이다. 로렌스

42　광부들은 아내의 면전에서 서로 돈을 나눈다. 따라서 아내는 가사와 양육비에 드는 돈 때문에 남편에게 간섭하고 싶어도 그렇게 하지 못하게 된다. 같은 책, p.6, 17, 196, 200 참조.

43　같은 책, p.20.

는 중기에 이르러 중산 계급 자본가들에 대한 시기심에 집중한다. 그리고 후기에는 계급 차이 때문에 자주 약화하는 사회 현상일 뿐만 아니라 종교적이고 총체적인 생활 방식이기도 한 남성 우월주의에 대하여 확신을 가지고 원시 사회를 옹호하기에 이른다.

그러한 기획에서 여성의 자리는 뻔하다. 그러나 로렌스가 살았던 시기에 여성의 자리는 이미 점차 불명확해지고 있었다. 《무지개》가 그러하듯 이 소설에서도 어머니처럼 자기 자리를 잘 아는 나이 지긋한 여성과 자기 자리를 제대로 알지 못하는 젊은 여성들이 진정 대조를 이룬다. 모렐 부인은 전통적 대리 만족을 누린다. "이제 그녀는 두 아들을 세상에 내보냈다. 거대한 산업 중심지인 두 곳을 생각했고, 두 곳에 각각 아들을 보냈으니 아들들이 자신이 원하는 바를 이룰 것이라고 느꼈다. 아들은 그녀에게서 나왔고, 그녀의 일부였으며, 그들의 일은 또한 그녀의 일이기도 했다."[44] 폴이 노팅엄에 있는 캐슬 미술관 전시회에서 일등을 하자 어머니는 환호성을 지른다. "만세, 내 아들! 그렇게 될 줄 알았지!"[45] 나머지에 대해서도 어머니는 열렬하게 헌신하는 사람이다. "그는 중요한 어떤 방식으로 지구의 표면을 변화시킬 것이다. 그가 어디로 가든지 자신의 영혼이 그와 함께 있다고 느꼈다. 그가 무슨 일을 하든지 자기의 영혼이 그의 곁에서, 말하자면 그에게 필요한 도구를 건넬 준비를 하고 있다고 느꼈다."[46] 모렐 부인은 성인聖人같은 황홀함으로 아들의 칼라를 다림질한다. "아들이 칼라를 자랑스러워하도록 해주는 것은 그녀의 기쁨이었다. 세탁

44 같은 책, p.101.
45 같은 책, p.253.
46 같은 책, p.222.

소가 없었기에 그녀는 윤을 내기 위해서 조그마한 볼록 다리미로 칼라를 문질러댔고 마침내 순전히 팔 힘만으로 칼라는 윤이 나고는 했다."[47] 미리엄의 어머니인 레이버스 부인 또한 이 어린 이기주의자를 신으로 만드는 데 일조한다. "그녀는 거의 존경심으로 그를 대우하는 대단한 친절을 베풀었다."[48] 로렌스는 폴을 우상화하는 미리엄에 대해 침착하게 묘사한다. 폴은 개똥지빠귀 둥지에서 알을 훔쳐내는 모습조차 너무 뛰어나 미리엄은 숨을 죽이고 지켜본다. "폴은 그 행위에 집중하고 있었다. 그런 폴의 모습을 보자 미리엄은 사랑에 빠졌다. 그는 너무나 단순하고 스스로 충분한 것처럼 보였다. 미리엄은 그에게 다가갈 수 없었다."[49] 여기에서 우리는 이상화된 로렌스의 자화상을 보고 있을 뿐만 아니라 신적이면서도 냉담한 후기 로렌스 특유의 남성상을 예감한다.

폴은 바위처럼 스스로 충만하다는 면에서 실로 부러워할 만하다. 그는 주변 여성들의 존경을 한 몸에 받는다. 이들은 언제라도 그에게 봉사하고 그를 쓰다듬고 싶어한다. 폴은 때가 되면 이들을 이용하고 버린다. 메러디스의 《이기주의자》는 이러한 인물을 희극적으로 묘사했다. 반면 로렌스의 작품은 영웅적 연애 소설이다. 폴이 처음으로 남자들의 세계에 과감히 발을 들여놓을 때 그의 성공을 위해 길을 트는 인물 또한 여성들이다. 단 며칠 만에 폴은 "조던 외과 의료 기구 공장"에서 일하는 모든 "소녀들"이 제일 좋아하는 인물이 된다. "소녀들은 모두 그의 이야기를 듣

47 같은 책, p.55. (필립 로스Philip Roth의 《포트노이의 불평Portnoy's Complaint》은 이런 종류의 일에 대한 건강한 해독제다.)

48 같은 책, p.223.

49 같은 곳.

3부 문학적 고찰

기 좋아했다. 그가 벤치에 앉아서 웃으면서 이야기할 때 그들은 종종 그를 에워싸고 이야기를 들었다."[50] 우리는 "그들은 모두 폴을 좋아했고, 그 또한 그들을 매우 좋아했다"[51]라는 말을 듣게 된다. 그러나 폴이 공장에서 인정받게 되면서 숭배하는 쪽은 여공들이 된다. 여공들은 폴의 생일에 지나치게 비싼 유화물감을 선물하고, 폴은 점차 그들에게 조용히 하라고 명령하거나 속도를 높이라고 강요하면서 상사를 닮아간다. 그리고 폴은 (성적 자본주의의 유서 깊은 방식을 체화하여) 한 여공과 잠자리를 하지만 계속해서 섹스와 일을 엄격하게 분리해야 한다고 주장한다.[52]

이 작품에서 갈등의 핵심은 어머니와 애인에 대한 폴의 분리된 애정에 있다고들 이야기한다. 프로이트와 논쟁을 벌인 두 편의 정신 분석학 에세이 중 하나인 《무의식의 환상곡》에서 로렌스는 어머니의 맹목적 애정이 가져오는 효과에 대해 분명하게 말한다.

아들은 남들과 순조롭게 지낸다. (…) 그는 어머니가 지지해주고 사랑해주는 사춘기와 세상 모두를 즐겁게 받아들인다. 모든 것은 아들에게 황홀하게 다가오며 어머니의 격려를 받는 아들은 자신

---

50 같은 책, p.110.
51 같은 곳. 지금도 그러하지만 로렌스가 살던 시대에도 낮은 지위를 가진 여공들, 즉 수 많은 여성 노동자들을 나이와 관계없이 '소녀들'이라고 부르는 게 일종의 관습이었다. 폴의 동료 중에는 심지어 그보다 두 배나 세 배 정도 나이가 많은 노동자들도 있다. 이 러한 관습은 나이 많은 흑인 남성에게 '소년'이라고 부르는 관습과 묘하게 닮았다.
52 Julian Moynahan, "Sons and Lovers: the Search for Form," *Viking Critical Edition Sons and Lovers*, p.569. 이 작품의 다른 부분들도 그렇지만 여공들에 대한 폴의 놀랄 만한 성공은 소원 성취의 한 사례로 보인다. 로렌스는 폴과 비슷하게 공장 일을 몇 주 하다가 그만두었는데, "여공들이 그를 놀리고, 어느 날 저장실의 어두운 구석에서 그의 바지를 벗겼기 때문이다."

이 많은 것을 보고 온 우주를 이해하고 느낀다. 성숙한 여인이 아들에게 불어넣는 힘을 생각해보라. 아들은 산소로 타는 불길처럼 맹렬히 타오르게 된다.

로렌스는 "천재는 대부분 위대한 어머니를 두고 있다는 말은 당연하다"[53]라고 말한다. 그리고 "그들은 대부분 슬픈 운명을 가진다"라고 즉시 덧붙이는데, 여기에는 《아들과 연인》에 대한 편지의 요약에서 감지할 수 있는 자기 연민이 있다.[54] 어머니의 애정이 아들에게 부정적 효과를 미친다는 사실에 대해서도 로렌스는 솔직하게 인정한다. 어머니가 걸림돌이 되는 때가 언젠가는 오기 때문이다. "섹스의 필요성이라는 현실적 사실에 직면하게 된" 젊은이는 최초로 곤란함을 겪는다.

실제로 아들이 자신의 관능적이고 성적인 자아를 어떻게 할 수 있겠는가? 그것을 묻어버릴까? 아니면 낯선 사람과 어떻게 해보려고 노력할까? 아들은 심지어 어머니에게서조차도 섹스 없이 지내는 것이 남자답지 않다고 배우기 때문이다. 하지만 아들은 이미 이상적 사랑과 연결되어 있다. 그가 아는 최선의 사랑 말이다. (…) 아들이 아내에게 느끼는 육체적 사랑이 그가 어머니나 자매에게 느끼는 사랑만큼 고귀하다는 것을 남자에게 납득시키는 일은 쉽지 않다.[55]

53 D. H. Lawrence, *Fantasia of the Unconscious*(1922)(New York: Viking, 1960), p.159.
54 같은 곳.
55 같은 책, pp.169~170.

프로이트가 〈성생활에 가장 만연해 있는 타락의 형태에 대하여〉라는 논문에서 간결하게 정리해놓았듯 이러한 회의론자가 대신하게 되는 일은 섹스를 감성에서, 육체를 영혼에서 엄격하게 분리하는 것이다. 그는 또한 이러한 정신 분열적 경험에서 자신을 지탱해줄 정당화 논리도 만들 것이다. 빅토리아 시대 사람들은 백합·장미 이분법을 사용했다. 로렌스는 어머니를 비난함으로써 새로운 논리를 만들어낸 것처럼 보인다. 로렌스는 실제로 토마스 하디에 대해 백합·장미 이분법을 사용하고 있다고 호되게 비난한 바 있는데,[56] 이 이분법은 실상 《아들과 연인》에서 두드러지게 드러나는 특징이기도 하다. 미리엄은 폴의 정신적 애인이며, 클라라는 성적 애인이다. 그러나 이야기는 정교하게 구성되어 있어서, 둘 다 폴이 궁극적으로 어머니의 지배를 벗어나게 할 만큼 강하지는 않다. 결국 폴에게 어머니 또한 필요 없는 사람이 된다. 폴은 두 애인 중 하나와 완전한 관계를 맺고 자유로워지기 위해서가 아니라, 자신을 기다리는 거대한 남성적 세계로 과감하게 나아가 자신의 몫을 받기 위해 여성 지지자 무리를 완전히 없애버리고 싶어서 어머니를 버린다. 따라서 소설은 비탄에 잠긴 "백야", 폴의 "타락", "죽음을 향한 표류"로가 아니라 정복자를 기다리고 있는 멋진 신세계로 나아가며 끝난다.

폴이 앞뒤가 맞지 않게 큰소리로 외칠 때("나한테 뭔가 문제가 있어서 (…) 결혼에 나 자신을 바칠 수 없어, 할 수 없어. (…) 내 안의 무언가가 그녀를 지독하게 피해") 그리고 미리엄이 "넌 언제나 날

---

56 D. H. Lawrence, "A Study of Thomas Hardy," 이 글은 로렌스의 유고집 *Phoenix* (New York: Viking, 1936)에 재수록되어 있다.

물리치려고 싸웠어"라며 그를 책망할 때, 독자는 로렌스의 요약과 비평가의 해석을 따라 이것이 폴의 불행한 오이디푸스적 곤경임을 이해하게 된다. 로렌스 자신도 폴의 고착에 더 나은 실마리를 제공하려 한다.

> 그가 아는 상당히 좋은 사람들이 (…) 사랑하는 여자들에게 너무 예민해서 상처를 주느니 차라리 그들 없이 영원히 살고자 했다. 그 남자들의 어머니는 남편 때문에 여성의 존엄성에 잔인하게 상처를 입은 여인들이었다. 따라서 그들 자신도 수줍고 기가 죽어 있었다. 그들은 여자에게 비난을 받기보다는 오히려 욕망을 자제하려 했다. 여자는 그들의 어머니와 같은 존재였고, 그들은 어머니에 대한 애정으로 가득 차 있었기 때문이었다. (…)[57]

그러나 폴이 미리엄과 클라라를 미숙하게 대하는 모습에서 이러한 청교도적 선의는 몽땅 사라져버린다. 미리엄은 폴 자신과 마찬가지로 계급적 제한 때문에 불안해하는 똑똑한 젊은 여성이며, 폴이 자유로워졌듯이 자신도 배움을 통해 계급을 탈출하고자 애쓴다. 미리엄은 폴보다 특권을 갖지 못했으며, 오빠들은 그녀를 못살게 굴고 어머니는 치명적인 기독교적 체념을 가르친다. 가정에서 미리엄은 전혀 지지를 얻지 못한다. 이러한 척박한 환경에서도 미리엄은 반항적 희망을 품고 산다. 의지할 사람이라고는 아무도 없는 상황에서 자신보다 뛰어난 사람으로 숭배한 폴에게 공부를 마칠 수 있게 도와달라고 부탁한다. 폴이 미리엄에게

---

[57] Lawrence, *Sons and Lovers*, p.279

생색내는 장면은 외젠 이오네스코Eugsène Ionesco의 인상적인 작품
《수업Lessons》이 나오기 전까지 문학에서 남성적 교육으로 위장된
성적 사디즘을 보여주는 가장 훌륭한 사례였다.

훌륭하게도 폴은 미리엄에게 프랑스어와 수학을 가르쳐주겠
다고 제안한다. 미리엄의 "눈은 휘둥그레졌다. 그녀는 폴을 선생
으로서 신용할 수 없었다."[58] 이후 이어지는 장면을 볼 때 그럴 만
도 하다. 폴은 그녀에게 간단한 방정식을 설명한다.

> "알겠어?" 미리엄은 두려워서 반쯤 웃으며 눈을 크게 뜨고 폴을
> 쳐다보았다. "알겠냐고!" 폴이 소리를 질렀다. (…) 미리엄이 입을
> 벌리고 눈은 휘둥그레 뜬 채 겁먹고 미안하고 수치스러워서 어
> 설픈 웃음을 짓고는 자기의 처분만 기다리고 있는 모습을 보자 폴
> 은 피가 거꾸로 솟았다. 그때 에드가가 우유 두 통을 들고 왔다.
> "안녕!" 에드가가 말했다. "뭐 하고 있어?"
> "대수代數." 폴이 대답했다.
> "대수라고!" 에드가는 이상한 듯 그 말을 반복했다. 그러고 나서
> 웃으면서 지나갔다.[59]

폴은 눈물과 아름다움이 섞인 미리엄의 모습에 자극받는다. 미리
엄은 고통받고 움츠려 있을 때 아름답게 느껴지기 때문이다. "미
리엄은 혈색이 좋고 아름다웠다. 그렇지만 그녀의 영혼은 격렬하
게 애원하는 것처럼 보였다. 그녀는 폴이 화가 났음을 알고 움츠

---

58 같은 책, p.155.
59 같은 책, p.156.

러들면서 대수 교과서를 덮었다."[60]

미리엄은 자의식적이고 자신감이 없으므로(열등감은 그녀의 성격을 이해하는 핵심이다) 제대로 배우지도 못한다. "미리엄은 이해가 느렸다. 그리고 그녀가 긴장하고 배울 때나 너무나 완벽하게 겸손을 떨 때 폴은 피가 거꾸로 솟았다."[61] 피가 거꾸로 솟는다는 표현은 물론 성적 흥분과 발기에 대한 로렌스식 상투어다. 대수 수업은 둘의 관계를 보여주는 일종의 상징이다. 고통이나 굴욕을 느끼는 미리엄의 모습(그녀는 나중에 이 두 감정이 솟아오른 상태에서 폴에게 처녀성을 바친다)은 폴이 느끼는 매력의 정수다. 폴의 반응에는 늘 적개심과 사디즘이 공존한다. 여기에서 폴의 반응은 전형적이다. "자신도 모르게 그녀 때문에 피가 끓기 시작했다. 이상하게도 다른 어느 누구도 폴을 그렇게 화나게 하지 않았다. 폴은 미리엄에게 격렬하게 화를 냈다. 한번은 폴이 미리엄의 얼굴에 연필을 던졌다. 침묵이 흘렀다. 미리엄은 얼굴을 약간 옆으로 돌렸다."[62] 물론 미리엄은 화를 내지 않는다. 신에게 화를 낼 수는 없기 때문이다. "미리엄의 진지하고 말 없는, 말하자면 표정 없는 얼굴을 보면 폴은 다시 그 얼굴에 연필을 던지고 싶은 욕망을 느꼈다. (…) 그리고 미리엄이 그에게 불러일으키는 격렬한 감정 때문에 그는 그녀를 찾았다."[63] 어원상 (그리고 아마 저자의 심리 속에도) '연필pencil'과 '남근penis'이 결부되어 둘은 모두 배움이자 처벌의 도구라는 사실을 독자는 불편하게 깨닫게 된다.

---

60 같은 곳.
61 같은 곳.
62 같은 책, p.157.
63 같은 곳.

미리엄의 열망은 존중받지 못한다. 그녀의 실패는 열등한 능력 때문이라고 생각된다. 또한 미리엄의 불감증을 암시하는 설명이 수없이 나오는데 그녀의 상황은 이를 확인해주는 것 같다. 굳이 미리엄이 나약하고 불안한 인물임을 알지 못한다 하더라도 그녀의 어머니가 보여주는 섹슈얼리티에 대한 빅토리아 시대 특유의 반감은 충분히 그럴듯한 설명이 된다. 미리엄은 폴에게 처녀성을 주겠다고 생각하면서 "그는 실망하고 만족을 얻지 못해 결국 떠나버릴 것"이라고 앞서 예감한다. 폴이 마침내 미리엄을 침대로 데리고 가는 장後의 제목은 "미리엄의 시련"이다. 말할 필요도 없이 미리엄은 폴이 요구하는 시험에 부응하지 못하며 통과하지 못한다. 따라서 미리엄의 예감은 사실이 되고 폴은 미리엄을 버리고 클라라를 선택한다. 하지만 상황은 단순하지 않다. 로렌스의 혼란스러운 설명 안에서 미리엄처럼 폴도 수없이 스스로를 억누른다는 것이 명백하기 때문이다.[64] 미리엄의 유명한 불감증은 폴에게 핑곗거리가 되는 것처럼 보인다. 고전적인 백합·장미 딜레마에서 폴은 어머니에게 책임을 떠넘기는 알리바이를 확보한다.

《아들과 연인》의 전반은 완벽하게 서술되어 있으나 후반은 로렌스의 지나친 개입으로 치명적 손상을 입는다. 즉 폴이 자신을 도와준 사람들에게서 해방되려고 끝없이 계획을 꾸미는 과정에 작가가 지나치게 개입하는 것이다. 여기에서 매우 양가적인 감정을 갖는 로렌스는 명확하지도 않고 정직하지도 않다. 그리고 폴이 미리엄을 거부하는 데에 로렌스는 두 가지 상반된 이유를 제시한다. 하나는 미리엄이 "폴을 자신의 호주머니에 넣어버릴

---

64 같은 책, p.284.

것"이기 때문이고, 다른 하나는 이와 완전히 모순되는 이유로 미리엄이 폴을 사로잡아 자신의 배필이자 소유물이라고 주장하지 않았기 때문이다. 참으로 종잡을 수 없는 구실이다.

　로렌스는 자신만의 이유로 민감하고 지적인 젊은 여성 제시 체임버스[65]를 한때 다른 시대의 문학적 관습인 지긋지긋한 늙은 백합과 혼동한다. 클라라에 대한 묘사에서도 이와 동일한 불일치가 발견된다.[66] 실상 클라라는 두 사람이다. 즉 남근 선망을 가지고 있으며 심지어 남자를 증오하기까지 한다고 폴이 비난하는 반항적 페미니스트이자 정치적 운동가인 동시에 정복하기 힘들어서 더욱 유혹적으로 느껴지는, 이후 소설의 말미에는 다시 한번 (이번에는 알아볼 수 없을 정도로) '헤픈 여자'로 바뀌는 관능적 장미다. 폴은 그녀를 성적으로 이용해먹은 다음 냉담하게 버린다. 폴은 그녀를 남편에게 되돌려 보내면서 백스터 도스와 피를 나눈 형제애Blutsbrüderschaft를 갖는 게 더 편하다고 깨닫기까지 한다. 그래서 양처럼 온순해진 클라라와 만날 약속을 하고 그녀가 증오하면서 오랫동안 떠나 있었던 그 남자에게 그녀를 양도한다. 도스가 아내를 구타하고 속였다는 사실은 소설에도 분명히 드러나 있다. 그러나 감정적으로 조작하여 폴은 클라라에게 그녀의 결혼에 대한 자신의 해석을 정당화하고 결국 결혼의 실패는 클라라 탓이었다고 말하게 만든다. 한때 섹슈얼리티의 측면에서 클라라

65　Jessie Chambers, *D. H. Lawrence, A Personal Record*, by "E.T." 2nd revised edition(New York: Barnes and Noble, 1965) 참조.

66　실제로 클라라는 아무도 아니다. 로렌스의 첫 경험 상대자는 닥스Dax 부인이었다고 한다. 그녀는 단지 어린 로렌스를 동정했을 뿐이었다. "어느 날 오후 닥스 부인은 로렌스를 위층으로 데리고 갔다. 그에게 그것이 필요하다고 생각했기 때문이었다." Julian Moynahan, "Sons and Lovers; the Search for Form," 앞의 책, p.569.

의 제자였던 폴은 이제 그녀에게서 "남편으로부터 이해받지 못하는 아내"라는 특징(이는 그녀를 페미니즘이라는 오류로 몰아갔다고 한다)을 자신이 제거해주었다고 생각한다. 이 풋내기에 대한 성교육을 통해 클라라는 여성적 '실현'을 할 수 있었다고 독자는 이해한다. 이제 그녀의 전前 주인이 병과 가난(폴은 도스를 해고했다)으로 타락했으므로, 폴은 형제애의 마음으로 클라라를 그에게 선사함으로써 그 버려진 자를 구원하게 되어 기쁘다고 생각한다.

폴은 클라라를 통해 성적 만족을 얻기 전에도 종종 그녀를 못살게 구는 데서 쾌감을 얻는다.

> "자, 내가 당신의 상사라는 사실을 잊은 모양이군요. 방금 그 생각이 떠올랐어요."
> "그런데 그게 무슨 의미죠?" 클라라가 차갑게 물었다.
> "내가 당신을 감독할 권리를 가지고 있다는 의미죠."
> "뭐 불평할 게 있나 보죠?"
> "아, 말하자면 당신이 심술궂게 행동할 필요가 없다는 것이지요." 폴이 화를 내며 말했다.
> "대체 무엇을 원하는지 알 수 없군요." 클라라가 일을 계속하면서 말했다.
> "존경심을 가지고 나를 친절하게 대해주면 좋겠어요."
> "그러면 '나리'라고 부를까요?" 클라라가 조용히 물었다.
> "그래요, '나리'라고 불러요. 그거 듣기 좋군요."[67]

---

67 Lawrence, *Sons and Lovers*, p.266.

클라라가 폴에게 제공하는 성적 치료는 그의 악성 오이디푸스 증후군을 진정시키는 의미가 있지만 더욱 명백하게는 자아를 달래주는 의미가 있다. 이 이기주의자는 오르가슴을 느끼는 짧은 순간에만 자신의 이기주의에서 도망친다. 하지만 로렌스의 설명은 이를 제대로 확증해주지 않는다.

> 그녀는 그가 홀로 얼마나 완전한 존재인지를 알고 있었고 그가 그녀에게 왔다는 것을 대단한 일로 느꼈다. 그리고 그녀는 그의 욕구가 그녀나 그 자신보다 더 컸기 때문에 받아들였고 그녀의 영혼은 여전히 자신의 내면에 머물러 있었다. 그가 그녀를 떠난다 해도 그녀는 그를 사랑했으므로 그를 위하여 그의 욕구를 받아들인 것이었다.[68]

이는 여자가 어떻게 생각해야 하는지에 대한 남자의 생각을 현란하게 보여주는 사례이다. 이 소설은 이러한 설명으로 가득 차 있다. 폴은 자신이 "어둠 속이 이방인"이라는 범주로 엄격하게 제한하고 있는 어느 여성에 대한 '욕구'를 해소함으로써, 로렌스 특유의 위대한 성적 수수께끼를 건드린다. 그리고 이를 통해 "물떼새의 외침"과 "별들의 선회"를 발견한다.[69]

클라라를 통해 이러한 초월을 성취한 폴은 그녀를 버리는 편이 낫다고 깨닫는다. 휴일에 함께 놀러간 바닷가에서 클라라가 멀리서 수영하는 모습을 바라보면서 폴은 스스로를 우주의 신과

---

68 같은 책, p.353.
69 같은 곳.

같은 존재로 바꾼다. 그 앞에서 클라라는 미세한 생명체의 비율로 작아진다.

"어쩌면 저렇게도 작을까!" 폴은 중얼거렸다. "저 여자는 바닷가에 있는 한 알의 모래처럼 사라졌구나. 그저 바람에 이리저리 떠다니는 작은 덩어리고 조그만 흰 거품이고 아침에는 거의 아무 것도 아닌 존재지. (…) 거품 방울이 바다를 의미하듯이 저 여자도 무언가를 의미하겠지. 하지만 저 여자는 과연 무엇일까. 내가 좋아하는 것은 저 여자가 아니야."[70]

주체가 어떻게 객체를 축소하는지를 인상적으로 보여주는 장면이다. 성적 자력磁力을 통해 한때 강하고 독자적이었던 여성을 열정에 흔들리는 나약한 인간 수준으로 축소하고 나니 폴은 그녀를 이제 귀찮은 존재로 느낄 수밖에 없다. 만약 그들의 정사가 직장에서 발각되었다면 어떠했을까? "그녀는 저녁 시간이면 퇴근하기 전에 그가 와서 안아주기를 언제나 기다렸다"[71]라는 이야기를 우리는 듣게 된다. 이에 폴은 오만한 사무원 같은 태도로 반응한다.

"확실히 모든 일에는 때가 있죠. (…) 일할 때는 사랑이 개입되기를 바라지 않아. 일은 일이에요."
"그러면 사랑은 뭔가요? 사랑에 특별한 시간이 있나요?" 클라라가 물었다.

---

70   같은 책, pp.357~358.
71   같은 책, p.355.

"그렇죠, 일하는 시간 말고."

(…)

"사랑은 그저 남는 시간에만 가능하겠군요?"

"그렇죠, 그것도 언제나 가능한 건 아니죠."[72]

애인에게 설교를 늘어놓는 것은 폴의 습관이다. 폴은 여성이 어떤 일에 전력을 다해 집중할 수 없으며 그런 것은 남성의 영역이라고 주장한다. 그 때문에 남성이 우월하다는 것이다.

> 남자에게는 일이 전부가 될 수 있어 (…) 하지만 여자는 자신의 일부분만 가지고 일할 뿐이야. 중요하고 진정한 부분은 은폐되어 있지.[73]

이는 곧 (여성의 "진정한 본성"이라고 온화하게 표현된) 여성의 비천한 본성은 객관적 활동을 할 수 없으며, 여성은 남자와 아이에게 봉사하는 인간관계에서만 만족을 얻을 수 있다고 생각하는 것과 같다. 후기 로렌스 소설에서 아론 같은 남성들은 끊임없이 예술이나 사유의 영역에서 여성의 노력을 시시하다고 비웃는다.

이러한 생각을 지닌 폴이 클라라를 포함한 여자들을 훌륭하게 이용하고 유용성이 사라지면 즉각 버린다는 사실은 결코 놀랍지 않다. 클라라는 도덕성에 대한 이중 잣대의 산물(장미 혹은 육욕의 여성)이므로 폴은 그녀를 버리기 위해 그 이중 잣대를 환기

---

72 같은 곳.
73 같은 책, p.416.

하며 독선적으로 말한다. "어차피 그녀는 결혼한 여자였기 때문에 내가 그녀에게 준 것을 받을 권리조차 없었다."[74] 폴은 마침내 변하지 않는 결혼의 유대를 과장하면서 클라라가 완전히 도스의 소유물임을 선언하고, 더 나빠지지 않았고 실상 훨씬 더 좋아진 그녀를 정의감 있게 되돌려 보낸다.

시간을 낭비하는 성적 대상이던 두 젊은 여성(이들은 그에게 더욱 위협이 될 수 있었는데 그중 하나는 아마도 지적인 경쟁이라는 위협이었을 것이다)을 제거한 폴은 자유롭게 어머니의 시신 앞에서 고통스럽게 신음하고 마지막으로 미리엄을 매정하게 거절하고는 도시를 향해 떠나간다. 아무리 어머니를 상실했다는 깊은 슬픔에서 비롯되었다 할지라도 그의 자포자기 상태에 대한 정교한 묘사는 다소 사족으로 보인다. 폴의 냉정함은 어머니가 끼친 나쁜 영향 때문이라는 프로이트적 설명이 사족인 것과도 마찬가지다. 폴은 여자들에게 온갖 봉사를 뽑아내고는 깔끔하게 관계를 정리했으므로 실제로 소설이 끝날 즈음 아주 좋은 상태에서 이제 더 원대한 모험을 시작할 수 있게 되었다. 여기에서조차도 로렌스에게 끝없이 솟아나는 신성한 원천인 어머니의 힘이 그를 지지해줄 것이다. "어머니는 이 모든 것들 가운데 자신을 지탱해준 유일한 존재였다. 그리고 어머니는 가버렸고 이 어둠 속에 뒤섞여버렸다."[75] 그러나 폴은 어머니에게서 자신이 필요로 하는 모든 것을 먹어치웠다. 이는 평생 지속될 삶의 자양분이다. 그리고 성공이라는 위대한 모험은 이제 자신의 것이 될 것이다. "갑자기 몸을 돌리면서

74 같은 책, p.352.
75 같은 책, p.420.

폴은 도시의 황금빛 인광을 향해 나아갔다. 폴은 주먹을 꼭 쥐고 입을 굳게 다물었다."[76] 폴은 자신감을 가지고 어머니의 그늘을 쫓아버릴 수 있다. 하지만 어머니가 그에게 제공한 모든 것은 여전히 존재한다.

3 과도기적 작품

《무지개》와《사랑에 빠진 여인들》은 로렌스의 성적 기호가 어머니에서 연인으로 넘어가는 과도기를 보여준다. 이러한 변화가 완수되면 마침내 자신에게 갈수록 위협이 되는 동시대 여성들을 향한 강한 적대감과 부정적 태도가 만들어진다. 로렌스 특유의 해법은 그들과 결혼하여 그들을 질식시키는 것(이는 기이하게도 서로 관련되어 있다)이다. 그리고 더 나아가 '여성을 넘어서' 다른 남성들과 성 정치적 동맹을 형성하면서 동성애적 애착 관계에 빠진다.

《무지개》는 첫 번째로 주요한 로렌스의 **픽션**이다. 이 소설은 로렌스의 작품 중에서 가장 아름답고 시적이지만, 가장 전형적이지 않은 작품이기도 하다. 이 작품은《아들과 연인》의 자연주의와 결별하여 로렌스의 주요한 기법적 성취인 독창적 심리 서술로 나아간 소설이다. 그뿐만 아니라 이 작품은 이후 로렌스가 보이는 성적 태도의 핵심을 품고 있다. 소설에는 이에 대한 설명과 '남근의식'에 대한 궁극적 전념의 원천도 있으며, 광신적 남성 우월주

---

76 같은 곳.

의 윤리로의 개종도 설명되어 있다. 이제 고전이 된 이 작품은 삼대에 걸친 이야기다. 그리고 생식력의 측면에서 전원생활을 찬양한다. 하지만 이때의 생식력이란 후기 로렌스에게서 보이는 남근의 생식력이 아닌 자궁의 생식력이다. 사랑에 빠지든 성숙을 이루든 간에 이 소설에서 모든 사건은 생식력, 임신, 분만, 출산으로 묘사된다. 이 작품에서 여성들은 처녀 생식으로 출산하는 것처럼 보인다. 로렌스는 자궁의 힘을 어렴풋이 인식하고 있었던 것 같다. 로렌스에게 자궁은 매우 압도적인 힘인 동시에 스스로 충분하다는 점에서 몹시 무시무시한 기관으로 인식된다. 따라서 이후 소설에서 자궁을 거부하면서, 남성만이 생명력을 가지고 있다는 식으로의 **완전한 역전**은 필연적임을 쉽게 이해할 수 있다. 프로이트의 남근 선망 이론에 정신 분석학자 카렌 호나이가 심술궂게 답변한 '자궁 선망' 개념은 순전히 꾸며낸 이야기처럼 보일지도 모른다. 하지만 우리는 로렌스에게서 자궁 선망이라는 정신 장애의 진정한 사례를 발견할 수 있다. 그런 이유로 로렌스는 《무지개》 초반부에서 영원한 여성성, 어머니 대지 등의 신화에 기묘하게 몰입하며 여성적 신비를 진정으로 찬양한다.

이 소설의 1부와 2부에 나오는 여주인공인 어머니 리디아 브랑원과 딸 안나는 위엄 있고 비범한 가모장이다. 3부의 여주인공 어슐라 브랑원은 리디아나 안나처럼 과거에 뿌리를 두고 있지 않으며 전형적인 농부의 아내이자 어머니로 살아가지도 않는다. 대신 어슐라는 로렌스와 동시대 여성이며 아마도 나이가 비슷할 것이다. 로렌스는 리디아와 안나 같은 전통적 여성들을 묘사하는 데 아무런 어려움을 느끼지 못하며 그들에게 굉장한 권력을 기꺼이 허용해주기도 한다. 과거의 아내는 러스킨의 '여왕'처럼 윤리적 규범의 중재자였다. "남자들은 자신의 양심을 여자의 손에 맡기면서 '내 양심의 수호자가 되어주시오. 내가 드나드는 문을 지키는 천사가 되어주시오' 하고 말했다. 그리고 여자는 자신이 맡은 일을 수행했다."[77] 이 시기 묘사에 등장하는 여성들은 로렌스의 견해에 따르면 '지배적' 인물들이다. 로렌스 또한 이에 동의하며 심지어 이를 인정하기까지 한다. 리디아는 냉담하고도 불가해한 무관심으로 톰 브랑원을 정복하며, 안나는 비범한 출산 능력을 가진 인물이 되어 아이 아홉을 낳아 윌 브랑원의 희망과 재능을 소진하고 그의 삶을 망친다. 그러나 로렌스는 이 여성들을 칭찬하는 것처럼 보이는데, 그녀들이 여전히 단순한 원시적 '핏줄 인식' 속에서 살고 있기 때문이다. 이는 현재와 대조되어 호의적으로 평가된다. 이들 삼대는 황금시대에서부터 오늘날 우울한 곤경의 시대인 산업주의 시대로의 이행을 보여준다.

기이하게도 후기 빅토리아 시대에 속하는 두 여성은 성적으로는 억제되지 않는다. 리디아는 남편에게 사랑의 기술을 가르친다. 그리고 리디아와 안나 모두 자신만의 방식으로 자신이 원하는 때에 성행위를 주도한다. 후기 로렌스라면 분명 개탄했을 일이다.《무지개》에서 과거의 섹슈얼리티는 건강한 자유로 이상화된다. 분명 당시에는 그렇지 않았을 것이다. 또한 여성들은 우월한 권위를 소유하고 있는데, 실제 당시 여성들은 이를 소유하고 있지도 않았을 것이며 어떤 경우에라도 행사하지 않는 편이 더 낫다고 생각했을 것이다.

이 소설을 완전히 지배하는 자궁은 링컨 성당의 아치나 달처

---

77 D. H. Lawrence, *The Rainbow*(1915)(New York: Viking, 1967), p.13.

럼 정신적이고 초자연적인 상징이다. 자궁은 경이롭고도 부러운 기관으로 그려져 소설 속 남성들은 그 경이로운 기관에 자신도 참여하기 위해 노력한다. 어슐라가 안톤 스크레벤스키의 감정을 상하게 하자 그 청년은 "자기 자궁의 엄청난 무게"[78]를 느낀다. 리디아가 출산할 때는 남편도 함께 진통의 고통을 겪는다. 리디아가 해산하는 동안 남편 톰은 "해산하는 아내와 함께 있었고 아이가 그들의 하나 된 몸에서 나오고 있었다. (…) 찢어진 몸은 자신의 몸이 아니었지만 그에게는 그것도 자기 몸이었다. (…) 진통이 그의 몸을 꿰뚫었다."[79] 여성들이 이 소설을 압도적으로 지배하고 있으므로 부모와 자식 간의 오이디푸스 관계는 아버지와 딸 사이의 로맨스가 된다. 주인 행세를 하고 지배하며 가부장제의 특권에 기대려는 모든 남성적 시도(이는 후기 로렌스 작품의 소재 자체다)는 《무지개》에서 조롱의 대상이 된다. 로렌스는 "가정의 주인이라는 낡은 지위"를 되찾으려 하는 윌 브랑윈이 "수치스럽고 비열하다"고 말한다. 안나는 그를 바보라고 부른다. 윌 자신도 "자신이 얼마나 바보스러웠는지" 알게 되고 "그것을 깨달음으로써 비난받았다." 로렌스는 아직은 남성의 권위를 남성성과 분리할 줄 알며 윌에게 그의 장인이 "그 어떤 권위도 사칭하지 않는 남자였다"는 것을 깨닫게 한다.[80] 젊은 어슐라가 종교적 예술의 도상학을 보면서 아버지 신이 몹시 뻔뻔스럽고 역겨운 개념임을 깨닫는 장면에서 가부장제의 편견은 다시 한번 전복된다. "높고 놀라우신 주의 형상은 그녀를 지루하게 했고 불쾌감을 불러일으켰다.

78 같은 책, p.325.
79 같은 책, p.70.
80 같은 책, p.170.

이 축 늘어진 무의미한 형상이 이 모든 것의 절정이란 말인가? (⋯) 이토록 진부하기 짝이 없는 신을 에워싸기 위한 것이란 말인가?"[81]

《무지개》에서 로렌스는 어슐라라는 인물을 통해 새로운 여성을 다루고 있다. 어슐라 브랑윈은 조상의 야망을 성취하려 한다. 브랑윈가의 첫 세대 남자들은 들판과 비옥한 대지를 뒤돌아보았던 데 반해 여자들은 배움과 도시를 향해 밖을 내다보았기 때문이다. 어슐라의 어머니 안나는 "저 너머에 있는 무엇인가를 향해 눈을 혹사했고", "비스가산에서부터" "저 멀리 희미하게 빛나는 수평선"을 볼 수 있었다.[82] 그곳은 안나가 결코 도달할 수 없는 약속된 땅이었다. 대신 안나는 어리석은 매춘부로 타락한다. 하지만 어슐라는 브랑윈 여자들의 약속된 땅에 닿는다. 그녀는 제한된 전통적 세계를 뛰어넘어 일도 하고 대학에도 간다.

어머니라는 인물에 대한 로렌스의 압도된 경외심에도 불구하고(아마 그 때문에) 그는 어슐라로 구현된 새로운 여성을 견디지 못한다. 어슐라에 이르자 로렌스는 인물들과의 관계를 잃어버리기 시작하며 소설 초반에 그토록 두드러졌던 열렬한 공감대를 비튼다. 어슐라는 로렌스와 너무 가깝다. 그녀는 그의 경쟁자다. 마침내 어슐라는 위협적인 존재가 되고 그녀에 대한 작가의 양가감정은 공감과 혐오, 심지어 공포가 매혹적으로 뒤섞인 모습으로 나타난다. 로렌스에게는 과거 가모장적 인물 앞에서 모든 것을 버리려는 무한하고도 거의 유아적이기까지 한 욕망이 있다. 로렌

---

81 같은 책, p.277.
82 같은 책, p.192.

스는 여성의 생식력과 차분함을 비롯해 대지와 달과 신비롭게 교 감하는 능력에 압도된 듯 보인다. 하지만 이 모든 가공할 만한 마력을 소유한 인물이 지성과 사회적 행위라는 남성의 뒤떨어진 영역으로 들어오게 되자, 로렌스는 무시무시한 공포에 사로잡힌다. 리디아와 안나에게 고귀함, 생명에 대한 지배력, (로렌스가 깊이 감동받은) 출산 능력 그리고 "남성의 세계"(이는 어슐라가 스스로 생계를 꾸려가는 장章의 제목이다)에서 살 능력을 준 여성의 신비한 힘을 어슐라 또한 소유하게 되자, 로렌스는 남성에게 더 이상 남아 있는 영역이 없다고 느끼는 듯하다. 로렌스는 자신만의 영역에서 출세했지만 여성의 영역에서는 패배했다. 로렌스의 성 정치학은 대부분 이러한 여성 해방의 이해에서 나오는 듯하다. 후기 작품에서 로렌스는 여성 해방에 대한 응답에 몰두한다.

로렌스는 페미니즘 운동이 일어나던 한가운데에서 글을 쓰기 시작했고 처음부터 수세적이었다는 점을 기억해야 한다. 어슐라가 "공동체에서 매일 일하고 임무를 수행하는, 노동하는 구성원의 세계"인 "남성의 세계"에 "불가사의하게" 침입하는 것에 대한 묘사에는 로렌스의 신랄한 증오심이 가득하다. 실제로 어슐라의 침입은 자연스럽지도 필연적이지도 않다고 독자에게 상기시키고 있기 때문이다. 결국 통속적 표현으로 말하자면 그녀는 "자신의 몸값, 즉 여성성"을 치르고 돈방석에 앉은 것이다. 로렌스는 이를 불공평한 경쟁이라고 냉소적으로 시샘하고 있음을 감지할 수 있다. "인간이기 때문에, 인류의 동류이기 때문에 얻지 못한 것을 그녀는 여자이기 때문에 얻을 수 있었다."[83] 어슐라는 자신

83　같은 책, p.333.

을 팔 수 있으므로 생계비를 번다는 행위는 단지 남성의 희생을 대가로 한 방종에 불과하다. 로렌스 또한 슬럼가의 학교 선생이 었다가 대학에 진학했으므로 어슐라와 똑같이 어렵게 신분 상승 을 했다고 알 수 있다. 그래서 어슐라의 고통에 대한 서사에는 동 정심(자신의 기억에 빠져 어슐라와 동일시할 때)과 신랄한 반감(여성 이 그렇게 많이 성취한 것에 대한)이 기이하게 뒤섞여 있다. 나이 많 고 훌륭한 어머니들은 그에게 위협이 되지도 못하고 경쟁 상대도 되지 못한다. 하지만 신여성 어슐라는 분명 위협적이다. 어슐라 가 부모에게 복종하는 하녀로 살기를 거부하고 자신만의 삶을 위 해 싸울 때, 로렌스는 어슐라의 입장을 존중하려는 마음과 그녀 윗세대 여성들의 편을 들려는 마음 사이에서 갈등한다. 로렌스는 독립적 여성의 운명을 혐오스럽게 만들기 위해 온갖 수단을 동원 한다. 어슐라의 고통스러운 투쟁은 거의 실물 교육에 가깝다. 마 침내 로렌스는 반대편 입장에 선다. "그게 어떤지 스스로 깨닫게 내버려둬. 그 아이는 이제 곧 충분히 알게 될 거니까."[84]

　(디킨스가 아이들의 지옥이라고 묘사한) 감화원에서 아이들을 가르치려고 도착한 어슐라는 일하는 여성이 청소부와 다름없는 비참한 사람임을 즉각 깨닫게 된다. 설상가상으로 일하는 여성은 남성에게 매력적이지도 않다. 남성은 일하는 여성에 반대하기 위 하여 여성을 억누르기 때문이다. 기이하게도 일하는 여성은 본성 상 학교 교사가 되기에도 적합하지 않다. 교육에 대한 로렌스의 이론은 대체로 교장 하비의 이론과 일치한다고 보면 된다. 그는 순전히 자기 의지로 학생들을 지배하고 잔인한 짓을 하는 엄격한

84　같은 책, p.359

교장이다. 학생들 또한 교장과 마찬가지로 온화하고 인간적인 교육 방식을 택한 교사들을 경멸한다.

로렌스는 하비가 여자들이나 하는 비천한 일을 하고 있어서 비열하다고 설명한다. 하지만 실제로는 학교를 운영하기 위해 학생들에게 자신의 의지를 관철하는 일이 여성의 능력을 넘어서는 것이라고 생각한다. 어슐라가 성공하려 한다면 말라빠진 노처녀인 불쌍한 바이올렛 하비처럼 '여성성'을 잃어버리게 되거나 학생을 때릴 때처럼 선한 심성을 잃어버리게 될 것이다. 이는 계속해서 강조된다. 남자들은 그 어떤 손상도 입지 않고 살아남을 수 있을 만큼 거칠다. 로렌스는 어슐라가 '자신을 증명하는' 순간(로렌스는 어슐라의 생존은 허락하지만 성공은 허락하지 않는다), 즉 바다를 건너려는 하찮고 비뚤어진 욕망을 만족시키는 순간 바로 남성의 영역에서 물러나야 한다고 규정한다. 따라서 그는 어슐라에게 일시적으로만 공감했을 뿐이다.

물론 어슐라의 노력 뒤에 있는 추진력은 《무지개》가 쓰인 당시 고조되고 있던 페미니즘 운동이다. 그것은 로렌스 시대에 일어난 거대한 힘이었으므로 그 또한 어쩔 수 없이 페미니즘 운동을 다룰 수밖에 없었다. 여기에서 로렌스가 취하는 태도는 경멸과 허무다.

> 매기에게 여성 해방은 진정하고 심오한 무언가를 의미했다. 그녀는 자유롭지 못함을 어딘가에서, 무언가에서 느꼈다. 그리고 매기는 진정 자유로워지고 싶었다. 그녀는 반항하고 있었다. 자유로워지기만 한다면 어디든 갈 수 있을 것이다. 아, 놀랍고도 진실한 어딘가를 (…) 그녀는 가슴 깊이, 깊이 느끼고 있었다. 매기는

고향을 나와 돈을 벌면서 스스로 자유로워지기 위해 강력하고도 모진 첫걸음을 내디뎠다. 하지만 더 많은 자유를 가질수록 거대한 결핍을 더욱 깊이 느끼게 되었다. (…) 그녀가 무어라 이름 붙일 수 없는 결핍이 항상 남아 있었다.[85]

물론 주의 깊은 독자라면 그러한 거대한 결핍은 바로 남편이라고 눈치챘을 것이다. 나중에 이는 로렌스의 화신인 버킨이라는 인물로 나타난다. 그러나 작가는 "어슐라의 근원적인 유기체적 인식은 아직 구체적 형태를 취하지 못했고 말로 표현되지 못했다"라고 우리에게 친절하게 이야기해준다. 이는 곧 어슐라가 여성성을 실현하지 못했다는 말이다. 설상가상으로 그녀는 동료인 위니프레드 잉거와 짧게 동성애 관계를 즐긴다. 이는 페미니즘의 위험성을 더욱 분명하게 보여주는 장면이다. 로렌스는 이를 "타락"으로 설명하며 심지어 이 장章의 제목도 "수치"다.[86] 어슐라는 자유를 쟁취하고 대학에 간다. 그러나 로렌스는 그녀의 야심을 비웃는다. "어슐라는 학위를 받을 수 있을 것이며 우두머리가 되어 페미니즘을 이끌지도 모른다."[87] 과거의 어머니 같은 인물이 아니라면 우두머리란 로렌스에게 위험한 항목이다. 따라서 어슐라를 기다리고 있는 운명은 우두머리와는 매우 다른 것이다. 로렌스는 어슐라가 시험에 합격하지 못해 그토록 열망한 학사 학위를 따지

---

85 같은 책, pp.406~407.
86 같은 책, p.412. 로렌스는 자신의 경멸을 드러내기 위해 위니프레드를 산업 자본가와 결혼시킨다. 그리고 둘 다 단순히 기계 숭배자일 뿐이라고 선언한다. 위니프레드와 산업 자본가의 결합은 지나치게 현실성이 없어서 단순히 처벌로만 기능할 뿐이다. 또 다른 페미니스트 친구는 "깊은 슬픔을 느끼며 생각에 잠겨" 학교에서 학생들을 가르친다.
87 같은 책, p.407.

못하고 자기만족적 아내로 인생을 끝내게 한다.

어슐라에게는 마지막 임무가 남아 있었다. 그녀의 첫 애인인 안톤 스크레벤스키를 '살인'(실제 이는 남자를 차버린다는 의미다. 로렌스는 여자가 남자를 차는 것을 늘 남자의 자존심에 대한 살인이라고 표현한다.)하는 것이다. 로렌스는 몇 가지 이유에서 안톤을 처형하려 안달이 나 있다. 즉 계급의 적이라는 이유가 있다. 안톤은 귀족이고 식민주의자이며 속물이다. 게다가 그는 기계처럼 인습을 고수하고 민주주의와 진보(로렌스가 특히나 혐오했던 두 가지)에 대한 믿음을 가지고 있다는 더 증오할 만한 이유도 있다. 게다가 안톤은 신여성이 얼마나 괴물 같은지를 보여주는 실물 교육의 일환으로 희생양이 되어야 한다. 어슐라는 남자가 여자를 대하듯 안톤을 도구나 성적 대상으로 다루었고 결혼이라는 종속을 거부했으며, 마침내 극도로 빈약하고 모호한 마술을 써서 그를 '거세'했으므로 실로 괴물 같은 신여성의 생생한 증거가 된다. 어슐라가 안톤을 파괴하는 수단은 달빛이다. 로렌스는 달이 여성의 상징이라는 관념에 사로잡혀 있었기 때문이다. 달은 한때 다정하지만 나중에는 사악하고 공공연한 위험이 된다. 그 불행한 청년을 죽인 어슐라는 무지개의 환각을 보며 신세계의 약속을 본다. 오래된 것은 홍수에 휩쓸려 죽었다. 그녀 혼자 살아남았다. 그리고 신여성은 새로운 남자를 기다린다. 어슐라는 "신의 아들과 남자의 딸"[88]이 짝을 맺을 것이라는 에로틱한 기대를 하고 살았다. 안톤은 신의 아들이 아니라 홍수의 한가운데를 떠다니는 텅 빈 껍데기일 뿐이었다.

---

88 같은 책, p.493 등.

《사랑에 빠진 여인들》은 새로운 남자가 적절한 시기에 등장하여 어슐라에게 벌을 내리고 그녀를 종속적 아내의 위치로 강등하는 과정을 보여준다. 로렌스가 이를 얼마나 시급한 임무로 생각했는지 이해해야 한다. 로렌스 자신이 같은 임무를 수행하기 때문이다. 서문의 서술대로 이 소설은 자전적이다.[89] 주인공 루버트 버킨은 로렌스 자신이다. 버킨에 대한 묘사는 대부분 그와 사랑에 빠진 어슐라의 시선을 통해 표현되어 온통 찬사 일색이다. 버킨의 눈썹은 "기묘하게 숨겨진 풍요로움"을 가지고 있다. "풍부하고 훌륭하며 아름다운 곡선을 그리고 있고 삶의 강인한 아름다움 그 자체이며 풍부함과 자유의 감각을 보여준다."[90] 또한 우리는 자신에 대해 할 말이 많은 "아주 멋진 남자의 희귀한 특성"[91]을 보도록 요구받는다. 버킨은 예지자이며 궁극적으로 신의 아들이다.

《사랑에 빠진 여인들》은 성 정치학에 직접 말을 거는 최초의 작품이다. 이 작품은 허마이오니와 구드룬으로 대표되는 현대 여성에 대항하여 전투를 재개한다. 어슐라는 버킨의 아내이자 추종자가 되어 구원될 것이다. 다른 두 여성은 저주받았을 뿐만 아니라 불구대천의 원수이기도 하다. 허마이오니는 로렌스의 작품 중 가장 잔인하게 개인적 공격을 당한다. 허마이오니는 지식인 신여성이고 버킨과 화자가 거의 히스테리에 가까운 증오심으로 반응하는 인물이다. 화자는 "소름 끼치는 무언가 역겨운", "끔찍하게

---

89   D. H. Lawrence, "Preface," *Women in the Love*(1920)(New York: Viking, 1960), p.viii. "이 소설은 작가 자신의 욕망과 야심, 투쟁의 기록일 뿐이다. 즉 간단히 말해 자아의 심오한 경험을 기록했을 뿐이다."

90   같은 책, p.37.

91   같은 책, p.122.

텅 비어 있고 결핍되어 있으며 내면의 무언가가 부족한" 등의 표현으로 허마이오니를 공격한다.[92]

어슐라는 버킨과 결합하게 되고 둘은 버킨이 주장하는 공식적 견해와 규칙에 따라 양극성 사이의 완벽한 균형을 이룬다. 둘의 결합은 이렇게 표현된다. "독신인 두 존재가 순수하게 평형을 이루는 것이오, 별들이 서로 균형을 이루듯이."[93] 이러한 표면적 주장은 설교와 실천 사이의 명백한 부조화 때문에 거듭해서 뒤집힌다. 이 작품에서 가장 역동적인 장면 중 하나는 제럴드 크리치가 아랍산阿 암말을 학대하는 장면이다. 제럴드는 암말에게 강제로 철길을 건너게 하며 이러한 의지가 남성적인 것이라고 주장한다. 버킨 또한 그 과정에서 끔찍하게 절단되는 암말을 보면서 즐거워한다. 정복된 암말을 정복된 여자에 비유하는 버킨의 설교에 따라 이 사건은 상징적 힘을 갖는다. "이것은 더 높은 존재에게 자신의 의지를 복종시키는 최후의 그리고 아마도 가장 고귀한 사랑의 충동이야. (⋯) 여자도 말과 똑같아. 여자 안에서는 두 의지가 서로 충돌하지. 하나의 의지에 따르면 여자는 자신을 완전히 복종시키길 원하네. 다른 의지는 여자에게 도망치라고, 자신에게 올라탄 남자를 파멸시키라고 말하지."[94] 제럴드는 돈과 육체적 힘이라는 낡고 지긋지긋한 엉터리 약으로 여자를 지배하려고 하는

---

92 같은 책, pp.10~11. 허마이오니가 풍자하는 실제 인물은 오토라인 모렐Ottoline Morrell 부인이다. 그녀는 로렌스의 좋은 친구이자 한때 연인이기도 했다. 오토라인 부인과의 연애에 관한 로렌스의 묘사에는 무자비한 면이 있다. 그녀는 그의 발 앞에 엎드려 기었다고 한다. 여기에는 분명 계급적 복수심이 있지만 그래도 그렇게까지 심술궂게 묘사한 궁극적 동기는 알 수 없다. 로렌스는 이 작품을 쓰면서 오토라인 부인과 편지를 주고받는데, 작품이 잘 되어가고 있으며 아주 훌륭하다고 말했다.

93 같은 책, p.139.

94 같은 책, pp.132~133.

극심하게 상상력이 부족한 인물이다. 버킨은 심리전에 열중하는 훨씬 더 세련된 남성이다.

함께 차를 마시던 어느 날 버킨은 어슐라에게 자신의 최후의 카드인 별들의 균형이라는 계획에 함께하자고 제안한다. 버킨은 자신의 의도에 대한 상징적 설명으로서 고양이를 내세워 실물교육을 하려고 한다. 버킨은 사랑을 넘어서 "훨씬 더 비인격적이고 지난한 무엇"[95]을 향해 가는 데 관심이 있으므로 어슐라를 사랑하지 않을 것이라고 말한다. 버킨은 더 나아가 이렇게 말한다. "나는 수많은 여자를 보았소. 이제는 그 여자들을 보는 게 지긋지긋하오. 나는 내가 보지 못한 여자를 원하오."[96] "(…) 나는 당신의 아름다운 외모를 원하지 않소. 당신의 여성스러운 감정도 원하지 않소. 당신의 생각, 당신의 견해, 당신의 아이디어 같은 것도 원하지 않소."[97] 여성은 원래 무의식적으로 성적 존재라는 주장을 담고 있는 이러한 '새로운' 관계는 실상 로렌스의 맥락에서는 여성의 인격을 전면적으로 부인하는 관계다. 수많은 견해와 관념으로 똘똘 뭉친 버킨은 작품 전체를 통해 장황한 설교를 늘어놓는다. 어슐라는 그에게 고분고분하게 질문할 뿐이다. 길들이는 데 어느 정도 노력이 필요하기는 하지만 어슐라는 결국 그를 사도처럼 믿으며 따르게 된다. 별개 영역의 원칙은 새롭고도 영리하게 계속 표현되지만 훨씬 가혹한 문제인 실제 '계약 조건'은 수고양이 미노가 보여준다. 미노는 열등한 암고양이에게 권위를 행사한다.

95   같은 책, p.136.
96   같은 책, p.138.
97   같은 책, p.139.

미노는 날씬한 두 다리로 당당하게 암고양이를 뒤따라 걷다가 갑자기 난폭하게 발톱으로 암고양이의 얼굴을 가볍게 때렸다. 암고양이는 땅 위에 날리는 나뭇잎처럼 몇 걸음 잽싸게 도망쳤다가 가만히 순종적으로 인내하면서 자리에 웅크렸다. 미노는 암고양이를 못 본 척했다. 미노는 풍경을 보면서 당당하게 눈을 깜빡였다. 암고양이는 곧바로 일어나서 푹신푹신한 회갈색 그림자를 만들며 몇 걸음 앞으로 부드럽게 움직여 갔다. 그러자 어린 회색 주인은 암고양이 앞으로 팔짝 뛰어 가볍고 멋있게 다시 암고양이를 때렸다. 암고양이는 일순간 유순하게 있었다. (…) 그리고 멋진 도약으로 미노는 바람처럼 암고양이 위에 올라앉아서 희고 우아한 주먹으로 단호하게 암고양이를 두 번 쳤다. 암고양이는 망설임 없이 주저앉아 뒤로 빠졌다. 미노는 암고양이를 따라 걸으면서 느긋하게 두어 번 더 쥐어박았다.[98]

독자가 요점을 놓치지 않도록 어슐라는 이 장면을 인간과 비교한다. "저건 제럴드 크리치와 말의 관계와 같군요. 못살게 굴려는 욕망, 진정한 권력 의지죠."[99] 그러나 버킨은 수고양이의 행위를 옹호하면서 여기에 담긴 교훈을 명확히 한다. "미노에게 이는 암고양이를 순수하고 안정된 평형 상태로 유지하려는 욕망이오. (…) 과거의 아담이지요. (…) 아담은 제 궤도를 따라 돌고 있는 별처럼 이브를 혼자 있게 하여 불멸의 천국 안에서 보호해주었소."[100] 물론 버킨의 궤도 속에 있는 별은 어슐라의 위치일 것이다. 버킨

98   같은 책, p.140.
99   같은 책, p.142.
100   같은 곳.

은 신의 아들 행세를 하고 어슐라는 위성처럼 조용히 그 곁을 맴돌 것이다.

로렌스가 점차 선호하게 된 공식에 따라 노처녀 여선생인 어슐라는 지루하고도 몽롱한 생활을 하는 불완전한 존재로 그려진다. 그리고 남자가 여자를 낳는다는 로렌스 특유의 관습에 따라 버킨이 어슐라를 잠에서 깨울 것이다. 특히 놀라운 점은 로렌스식의 결혼이 실상 또 다른 잠 속으로, 심지어 죽음 속으로 뛰어드는 것과 다름없다는 사실이다. 어슐라는 버킨이 불러주는 사직서를 받아쓰고 직장을 그만둔다. 우리는 이 결혼이 어슐라에게 새로운 삶을 가져다줄 것이라는 이야기를 지겹게 듣게 된다. 하지만 실상은 아무것도 실현되지 않고 어슐라는 자신의 전공인 식물학에서조차 남편의 가르침을 받으면서 점점 더 남편을 위한 존재가 되어간다. 버킨은 어슐라의 교실을 넘겨받으면서 식물학을 처음 접하게 되었는데, 결국 데이지종에 대한 그녀의 잘못을 정정할 정도로 식물학에 정통하게 된다. 로렌스가 전해주는 바에 따르면 어슐라는 "그녀 자신이 아니었다. 그녀는 아무것도 아니었다. 그녀는 곧, 곧, 이제 곧 무언가가 될 존재였다. (…) 마치 그녀는 잠든 것 같았다."[101] 어슐라가 "될" 무언가란 아무런 실체가 없는 것, 완전히 버킨에게 흡수되는 것, 그에게로 개종하여 구호를 외쳐대는 유일한 추종자가 되는 것에 지나지 않는다. "온 세상이 단지 그이기만 하다면! 그가 세상을 창조한다면."[102]

어슐라는 성적 수동성의 본보기가 된다. "그녀는 순종하려

---

101 같은 책, pp.377~378
102 같은 책, p.382.

했고 알고자 했다. 그가 그녀에게 무엇을 해줄 것인가? (…) 그녀는 그녀 자신이 될 수 없었다. (…) 그녀는 그에게 자신을 내맡겼다."[103] 이제부터 결혼은 여성을 길들일 뿐만 아니라 한 여성의 사라짐을 의미하게 된다.

로렌스의 단편 소설 〈여우〉를 보면 신부를 마비시키는 과정이 훨씬 더 분명하게 드러난다. 남성적 영혼이자 제목의 여우인 헨리는 레즈비언 경쟁자인 질 밴포드를 권력 의지로 살해하여 제거한다. 헨리가 질을 덮치기 위해 쓰러뜨리는 나무가 그 권력 의지를 도와준다. 그러고 나서 헨리는 신부에게 일어날 사후 경직을 기다리며 앉아 있다. 신부의 마비된 자아 상실은 그녀에 대한 총체적 지배를 가능하게 할 것이다. 그럼으로써 헨리는 질을 초월하여 성취라는 남성의 세계로 들어간다.

아니, 그는 그녀가 사랑을 쏟도록 허락하지 않을 것이다. 아니, 그녀는 수동적이어야 하고 순종해야 하고 사랑이라는 표면 아래 가라앉아야 한다. 그녀는 배에서 내려다본 해초처럼 물밑에서 영원히 섬세하게 흔들리며 있어야 한다. (…) 그들이 함께 사는 동안에는 절대, 절대로 물 위로 솟아올라 멀리 내다봐서는 안 된다. 절대로. 절대로 함께 사는 동안에는 물 위로 올라와 멀리 내다봐서는 안 되는 것이다. 죽을 때까지, 절대로 물 위로 올라와 멀리 내다봐서는 안 된다. 죽은 다음에는 시체가 되어 표면에 떠올라도 된다. (…) 그녀는 늘 물밑에, 늘 물밑에 있어야 한다. 그리고 그녀는 여자이므로 그렇게 되는 것이 당연하다. (…) 그는 그녀

---

103 같은 책, p.402, 406.

가 더 많은 것을 보고 주시하고 이해하기를 원하지 않았다. 그는 여자의 얼굴을 가리는 동양의 베일처럼 그녀의 여성적 영혼을 가리려 했다. 그는 그녀가 자신에게만 전념하도록 그녀의 독립적 정신은 잠에 빠지게 하려고 했다. (…) 그는 그녀를 복종시키고 포기시키고 그녀가 열정적 자의식으로부터 눈먼 채 빠져나오기를 원했다. 그는 그녀의 의식을 없애버리고 자신의 여자로 만들고 싶었다. (…) 그러고 나면 그는 그녀를 가질 것이고 마침내 자신만의 인생을 가질 것이다. (…) 그렇게 되면 그는 청년이자 남자로서 자신만의 삶을 가질 수 있을 것이다.[104]

《사랑에 빠진 여인들》은 버킨(로렌스)의 결혼을 다룬 작품이라고들 한다. 하지만 사실 이 작품은 제럴드를 향한 버킨의 짝사랑 이야기다. 이것이 작품의 진정한 관능적 핵심이다. 어슐라(프리다)는 이제 닳고 닳아 관심 영역 밖으로 밀려났다. 따라서 또 다른 한 쌍의 연인인 제럴드와 구드룬이 활기를 되찾아줘야 한다.[105] 이제 이 이야기는 삼각관계로 이어진다. 실제로 삼각관계란 성 정치학의 권력 도식이므로 로렌스가 삼각관계를 어떻게 혁신했는지 살펴보기 전에 잠시 고전적 삼각관계가 어떠했는지를 돌이켜볼 필요가 있다. 기사도적 삼각관계는 부인을 삼각형의 정점에

---

104 D. H. Lawrence, "The Fox"(1923), *Four Short Novels of D. H. Lawrence*(New York: Viking, 1965), pp.175~176, 178, 179.

105 구드룬과 제럴드는 작가 캐서린 매스필드Katherine Mansfield와 존 미들턴 머리 John Middleton Murry다. 로렌스가 죽은 후 머리가 프리다에게 보낸 편지를 보면 그들 사이의 우정을 알 수 있다. 머리는 프리다에게 빠져 있었고 로렌스는 머리에게 빠져 있었다. 로렌스는 아내의 연인과 '거래'를 해서 머리와의 관계를 유지하려 했을 것이다. Frieda Lawrence, *The Memoirs and Correspondence*, ed. E. W. Tedlock(New York: Knopf, 1964), p.340, 360.

놓고 두 경쟁자, 즉 남편이자 법적 소유권자와 애인이자 진정한 소유권자를 양 꼭짓점에 놓는다. 부인은 남편으로부터 감내해야 하는 위험에도 여전히 후자를 선택할 수 있다. 유럽의 삼각관계는 프랑스와 이탈리아의 부르주아 문학에 늘 등장하는 레퍼토리다. 이 삼각관계에서는 자아 혹은 관심의 중심을 나타내는 한 '남자'가 정점에 있다. 이러한 문학에서 아내나 부인은 결코 정점에 서지 못한다.[106] 그리고 삼각형의 양 꼭짓점에는 남자의 사랑을 놓고 싸우는 '아내'와 '애인'이 있다. 남자는 사회적으로나 경제적으로나 상당한 권력을 소유한 위치에 있으며 이중 잣대를 완벽하게 구현한다.

로렌스는 새로운 삼각관계를 만들어냈는데 자아 혹은 남성적 의식(이는 대체로 로렌스 자신이다)이 정점에 위치한다. 그리고 한쪽에는 일반적으로 아내가 있다. 아내는 그의 생색내는 관심을 애원한다. 다른 쪽에는 자아가 구애하는 다른 남성이 있다. 이 삼각관계는 이전의 삼각관계보다 훨씬 큰 권력을 제공한다. 정점에 있는 자아는 두 여성 사이에서가 아니라 남자와 여자 사이에서 선택하기 때문이다. 남자는 종종 매력적이거나 공적으로 유명한 인물이다. 자아가 호의를 베푸는 여자는 이제 주인공의 시간과 관심을 끌기 위해 다른 남자와 싸워야 한다. 여기에 강력하고도 새로운 이중 잣대가 세워진다. 아내는 다른 방식의 위안, 즉 이성애적이거나 동성애적인 위안을 허락받지 못하는 반면, 정점에 있는 자아는 이성애와 동성애 모두를 만끽하기 때문이다. 로렌스

---

106 서정시와 마찬가지로, 의식의 중심(이런 것이 있다고 한다면)은 거의 항상 남자 애인이다.

는 결혼에서 부정不貞을 개탄하면서도 남자들 사이의 사랑이 부정하다고는 생각하지 않았다.

아내와 연인 사이의 오랜 경쟁 관계는 페미니즘의 압력하에서 모종의 협상을 맺게 되었으므로, 로렌스는 여성들 간의 모든 종류의 유대에 관해 극심한 공포심을 가지고 있다. 로렌스가 여성의 동성애나 심지어 우정까지도 철저하게 증오했던 가장 그럴듯한 이유는 정치적 불신 때문일 것이다. 이 또한 이중 잣대인데 남성의 동성애와 우정은 로렌스의 삶에서 커다란 관심사 중 하나였기 때문이다. 삼각관계 바깥에서 여성들은 주인공을 놓고 싸우느라 에너지를 소모한다. 버킨의 전前 애인이었던 허마이오니와 새로운 애인 어슐라는 그 어떤 위험한 유대 관계도 형성하지 못한다. 로렌스는 여자들이 본래 서로를 싫어한다고 확신하기 때문이다.

하지만 남자들은 유대 관계를 형성하도록 장려된다. 로렌스의 설명은 이에 초점을 맞춘다. "살아 있는 모든 남성은 예민하게 자신의 영혼과 싸워야 한다. (…) 남성들은 서로 이야기를 나누어야 한다."[107] 로렌스는 이러한 의사소통의 보조 수단으로 피를 나눈 형제애에 대한 숭배에 기댄다. 작품 내내 버킨은 형언할 수 없이 아름다운 지배 계급의 백인 남성이자, 버킨과 로렌스가 증오해 마지않는 전형(산업 자본가이자 탄광 소유자)인 제럴드에게 구애한다. 제럴드는 변함없이 그의 구애를 거절하고 모든 제안에 저항한다. 이러한 거절은 독자에게 죽음 소망과 사랑할 수 없는 냉담함으로 전달된다. 시기적절하게도 제럴드는 알프스산맥에서 동사하는데, 작품은 이러한 앙심 품은 복수를 정당화하기 위해

---

107 Lawrence, "Preface," *Women in the Love*, p.viii.

슈펭글러Spengler의 이론과 같은 이데올로기적 구조를 제시한다. 구드룬은 이 작품에서 악역으로 설정되어 제럴드의 죽음에 책임이 있다고 비난받는다. 제럴드를 가지려는 로렌스의 강렬한 욕망이 구드룬을 혐오스러운 신여성이자 금발 머리 짐승의 사랑을 얻으려는 경쟁자로 처형할 뿐인데도 말이다. 이 아름다운 지배 계급 유형의 남성성은 로렌스에게 결코 혐오감을 주지 않는다. 이러한 유형은 심지어 매우 유혹적이기까지 하며 그에 대한 로렌스의 비난은 실제로는 짝사랑의 원한에서 나오는 것으로 보인다. 작품 전체를 통틀어 단 한 문장이 크게 울려 퍼진다. 이는 버킨이 얼어붙은 제럴드의 시신에 오싹한 시체 애호증적 장면을 연출한 다음 그의 관 앞에서 미친 듯이 울부짖는 문장이다. "그는 나를 사랑했어야 했어. (…) 나는 그렇게 하자고 했는데."[108]

버킨은 실제로 제럴드의 처녀성을 원했다. 제럴드처럼 부유한 탕아에게 '처녀성'이라는 표현을 쓰는 것이 가능하다고 한다면 말이다. 제럴드는 하층 계급 여성들을 사냥하듯 착취하면서 섹스를 했다. 그는 자신의 지위와 돈을 이용하여, 예를 들어 미네트 같은 여성을 비천한 희생물처럼 손쉽게 지배했다. 제럴드가 죽은 것은 버킨과 불가사의한 관계를 맺지 않고 구드룬처럼 위험한 여성과 정을 통한 잘못 때문임을 우리는 이해하게 된다. 그러나 제럴드는 질색한다. "나는 자네가 그런 걸 믿는다는 걸 알고 있어. 알겠지만, 나는 그걸 느낄 수 없을 뿐이야."[109]

거절에 복수하듯 화자는 제럴드에 대한 모욕을 길게 늘어놓

---

108 같은 책, p.471.
109 같은 책, p.345.

는다. 기이한 것은 로렌스의 자화상인 버킨이, 로렌스 자신이기도 한 화자가 그토록 경멸하는 것들을 대변하는 인물인 제럴드를 욕망한다는 점이다. 제럴드는 단지 조금 더 잘생긴 안톤에 불과하다.《무지개》에서 안톤은 기계를 대변하는 인물이자 산업적 사고방식을 구현한 인물로 저자의 열렬한 지지하에 처형된 바 있다.

"검투사"라는 제목이 붙은 장에서 버킨과 제럴드는 크리치 가문의 사치스러운 도서관에서 벌거벗고 격투를 벌이는데, 이는 남색에 최대한 가까워진 부분이다. 남색 문제에 대한 청교도적 거리낌 때문에 로렌스는 차라리 남자와 장난하듯 시시덕거리는 편이 더 안전하다고 느낀다. 그의 분별에 따르면 계집애 같다고 낙인찍히는 게 훨씬 더 위험하기 때문이다. 그 결과 로렌스의 동성애 성향에는 항상 무언가 외설적인 데가 있다. 로렌스의 산문은 주네처럼 남성의 육체를 애무하듯 사랑하지만, 주네만큼 정직하지는 못하다. 게다가 투사된 남성적 유대 관계인 피를 나눈 형제애는 여자들에 반대하여 결속하려는 노골적인 정치적 목적이 있다. 따라서 이 또한 섹슈얼리티든 우정이든 건강하고 사심 없는 성격을 가졌다기보다는 비뚤어진 성격이 된다.

허마이오니가 지적 경쟁자로서 적수라면 구드룬은 사랑의 경쟁자로서 적수다. 구드룬은 조각가인데 로렌스가 여성을 예술가로 묘사한 유일한 예다. 그러한 문제에 거의 선지자에 가까운 교육감 버킨은 구드룬이 실패하고 말 것이며, 그의 작품은 "나약함의 징후"를 보여주는 "하찮은 조각물", "하찮은 것", 시시하고 불쾌한 것으로 취급될 것이라고 예상한다.[110] 제럴드가 조상의 소유

110 같은 책, pp.32~33.

지인 호수에서 수영하는 모습을 본 구드룬이 그의 부유함과 자유로움, 기동성, 남성적 특권을 시샘할 때 우리는 그녀가 남근 선망의 사례임을 확신하게 된다. 어슐라 또한 가난과 부적절한 고용, 아버지 집에서의 세심한 감시에 체념하면서 구드룬에 필적한다. 어슐라는 버킨을 남편이자 지도자로 받아들여 이 모든 것에서 벗어난다. 자신은 돈을 많이 벌지 못하는 교사일 뿐인데 버킨은 교육감이며 집을 세 채나 소유하고 있고, 개인 수입도 있으며 하인과 자동차도 소유하고 있기 때문이다. 결혼하지 않은 구드룬은 계속해서 창작 활동을 하고 프리랜서이자 "행운을 찾는 사람"으로 살아간다. 그리고 로렌스는 그녀가 잘못된 선택을 했음을 독자에게 납득시키려 한다.

　로렌스는 신여성 구드룬이 개인적이고 예술적인 야심을 위험하게 추구하는 삶을 질책하기 위해 불길한 상징을 도입한다. 그것은 해산하는 여성을 조각한 작은 아프리카 조상인데, 여기에서 여성은 고통받는 동물로 축소되어 있고 얼굴은 "미숙하고 공포에 질려 있다." 이 해산하는 여자는 "정신적 의식의 한계를 넘어선 육체적 감각의 극단"을 표상한다고 이야기된다. 그리고 버킨은 그 "야만인 여성"에게서 여성의 기능이 완성되고 있다고 설교한다. 물론 구드룬은 원초적인 여성적 운명을 회피한 동시대 질병의 한 사례다. 버킨이 예수 행세를 한다고 조롱받을 때 구드룬은 충실하게 버킨을 옹호한다. 하지만 우리는 구드룬이 결코 버킨을 숭배하는 제자가 될 수 없음을 안다. 따라서 그녀는 파괴적 여성의 힘과 사악한 달의 표면으로 간주된다. 버킨은 연못에 비치는 달에 돌을 던져 어슐라의 불길한 여성적 마력을 파괴하여 그러한 마법에서 스스로를 보호한다. 반면 적절한 준비를 하지 못한 제럴드는 눈 속에서 얼어 죽고 그의 몸이 식을 무렵 막 달이 떠오른다. 달은 구드룬의 사악함을 표상한다. 버킨과 어슐라 부부는 신세계의 새로운 한 쌍이며, 제럴드와 구드룬은 낡고 부패한 쌍이라고 이야기된다. 구드룬이 신여성이라는 사실은 너무나 명백한데도 말이다.

이 작품의 말미에 이르면 버킨은 애인이 자신을 얕본다고 아내에게 불평을 늘어놓는 나약하고 우스꽝스러운 인물이 된다. 어슐라는 "내가 있잖아요" 하고 순박하게 상기해준다. 버킨의 모범적 아내인 어슐라는 자신이 그에게 충분하다고 선언하면서 "나로는 충분하지 않아요?" 하고 묻는다. "아니오" 하고 그가 대답한다. "당신은 여성인 한에서 나에게 충분하오. 하지만 나는 남자 친구를 원하오. (…) 나는 남자와도 영원한 결합을 이루고 싶소. 그건 또 다른 종류의 사랑이라오."[111] 사실상 버킨은 삼각관계에 대한 야심을 품고 있는 것이다. 다음에 나오는 소설들은 이러한 남성적 유대라는 주제를 탐구하다. 이 주제는 갈수록 정치적 성격을 띠게 된다. 여성을 배제하고 로렌스적 남성이 종속시키는 데 어려움을 겪은 여성에게 복수하면서, 자신을 인정하고 인격을 존중하라는 여성의 요구를 외면한다. 갈수록 공식 정치학과 예술, 사회적 행동에서 남성 특권을 수호하는 데 급급하게 되는 것이다. 로렌스는 사랑을 등진다. 이제부터는 권력을 열망한다. 처음에는 여성에 대한 권력을 그리고 나서는 더 뒤떨어진 남성에 대한 권력을 갈망하는 것이다.

---

111 같은 책, pp.472~473.

4 형제애적 작품

《아론의 지팡이》는 로렌스가 권력을 위해 형식적으로 사랑을 단념한 전환점 같은 작품이다. 로렌스는 이러한 결심을 《채털리 부인의 연인》에 이르기까지 고수했다. 그러나 로렌스에게 권력과 사랑은 별개가 아니다. 가부장제 문화에서 양성의 관계는 본질상 정치적이라는 우리의 전제와도 크게 다르지 않은 지점이다. 로렌스에게 사랑은 다른 사람을 지배하는 요령 같은 것이었다. 권력 또한 같은 의미다. 처음에 로렌스는 여성을 지배하는 능력이 권력이라고 규정했다. 이후 로렌스는 이러한 생각을 다른 정치적 상황에도 적용하여 우월한 남성이 열등한 남성을 지배한다는 **지배** 관념으로 확장했다. 뒤떨어진 남성은 엘리트 남성의 노예로 여성과 동일하게 신하가 되어야만 한다. 물론 이는 가부장제의 정치 구조 그 자체다. 그리고 어둠의 신이라는 새로운 이야기나 자발적 복종이라는 로렌스 특유의 용어는 단순히 약자를 못살게 구는 케케묵은 형식을 새로 쓴 것일 뿐이다. 우리는 이를 다른 맥락에서 파시즘적이라고 부르는 데 익숙하다. 뛰어난 남성이 뒤떨어진 남성을 지배한다는 것은 특히나 불쾌한 동성애적 울림을 가진다. 양성에 대한 로렌스의 관념을 가진 어느 남자가 더 인상적인 권력의 장(공식 정치학의 장과 같은)을 찾기 시작한다면, 그 남자는 필연적으로 자신이 지배하고자 하는 남자들을 에로틱한 측면에서 보기 시작해야 하기 때문이다. 로렌스에게 **지배**의 본성은 곧 에로틱한 것이니 말이다.

《아론의 지팡이》는 로렌스의 두 자화상 사이에 오랫동안 주저하며 계속되는 연애 이야기다. 즉 프롤레타리아에서 탈출하여 자신의 계급에 등을 돌린 예술가 아론 시슨과 아론처럼 중산 계급에서 탈출하여 이제 성공적인 작가이자 사회적 선지자가 된 로든 릴리를 말한다. 이들을 거의 신인神人으로 보는 여자들의 찬미가 이들에 대한 묘사를 대체한다. 아론은 힘이 세고 잘생겼으며 심지어 '매혹적'이기까지 하고, 릴리는 로렌스가 그랬듯이 호리호리하고 신경질적이지만 동양의 우상처럼 현명하고도 음울하다.

아론의 삶은 로렌스가 제때 도망치지 못했다면 그렇게 살았을 게 분명한 악몽이다. 아론은 노동 계급 아내와 혐오스러운 세 아이들(의미심장하게도 모두 딸이다)에 매여 살다가 크리스마스이브에 냉담하게 그들을 버리고 떠난다. 영국 최초의 주요 노동 계급 소설가이자 개인의 구원을 통한 계급의 구원에 깊은 관심을 가졌던 토마스 하디와는 정반대로 로렌스는 19세기 관념인 개인의 구원이라는 문제에 천착한다. 예외적 남자는 자신의 계급을 탈출해 신분 상승하겠지만 그래도 계급은 여전히 그대로 남아 있다. 로렌스는 두 세계 모두를 이겨내려 한다. 즉 그는 노동 계급보다 더 나은 계급이 되기를 원했고, 노동 계급을 뛰어넘는 교육을 받았으며, 노동 계급의 친밀함에서 벗어나려 했다. 하지만 이와 동시에 그는 중산 계급과 상류 계급까지도 뛰어넘으려 한다. 이 때문에 로렌스는 노동 계급의 동물적 에너지와 따뜻함, 저속함을 상세히 묘사했으며 자신의 대리인들을 친구 부르주아지들보다 더 우월하게 만들려고 했다. 그리고 로렌스가 민주주의를 그토록 증오한 이유도 재능 있는 개인이 계급을 뛰어넘을 수 있다고 믿었기 때문이다. 민주주의는 모든 계급을 함께 상승시키려고 한다. 반면 로렌스가 선호하는 고립된 개인의 상승은 봉건주의적 혹은 칼뱅주의적이라 할 수 있다.

　　　　　　　　　　　　　　3부 문학적 고찰

이 작품에서 말쑥하지만 허술하기 그지없는 중산 계급 사람들은 아론을 굉장히 좋아하면서 즉시 받아들인다. 자유로워진 첫날밤 아론은 술에 취해 고용주의 집에서 열리는 파티에 비틀거리며 들어간다. 한눈에 광부임을 알아볼 수 있음에도 그는 즉시 탄광 소유주의 아들과 한 침대를 쓰라는 말을 듣는다. 게다가 귀족 부인들이 아론을 보고 한눈에 반한다. 아론이 아무리 오만하고 무례하게 행동해도, 그가 거짓으로 구사하는 방언이 아무리 싫증 나더라도 말이다. 모든 사람들은 아론이 본성적으로 귀족임을 알아본다. 아론이 야회복을 입으면 나머지 사람들과 마찬가지로 그에게 신사 대우를 해준다.

아론은 로렌스의 초기작에서 발견할 수 있는 특이한 질병인 '남성 불감증'의 희생자다. 이 질병은 여기에서부터 주요한 모티프가 되기 시작한다. 여성과 마찬가지로 불감증은 성 정치학의 전술적 무기가 된다. 여성에게는 지배에 저항하는 무기가 될 수 있고 남성에게는 지배를 획득하는 무기가 된다.[112] 아론은 여성이 자신에게 충분히 굴종하지 않는 데 대한 처벌로 성적으로 냉담해졌다. 이러한 전략은 실제로 폴 모렐에게서부터 시작되었으며 버킨 또한 이를 수차례 써먹었다. 하지만 아론에게 이르러 이 전략

---

[112] 남성 불감증이 로렌스에게는 순전히 정치적 문제인 데 반해 여성에게 이러한 불행한 일이 닥치는 경우는 엄밀한 의미에서 정치적이지 않다. '빅토리아 시대'의 조건하에서 살고 있는 여성들이 섹슈얼리티를 거부하고 자신의 성적 쾌락도 거부하는 것은 아마도 그것이 경제적으로나 사회적으로나 남성에게 종속된 문화에서 여성에게 허용된 유일한 저항이기 때문일지도 모른다. 불감증(오늘날에도 이는 높은 비율로 발생하고 있다)은 수많은 원인이 결합된 것이다. 즉 여성이 섹슈얼리티를 무서워하고 질색하게 되는 엄격한 조건화와 섹슈얼리티가 여성들에게 굴욕적이고 착취적인 모습으로 제시된다는 점, 그리고 가부장제 문화에서 여성의 지위에 대한 무의식적 분노 등의 원인이 결합되어 있다.

은 삶의 방식이 된다.

결혼 생활에서 이러한 아론의 징후는 소모적인 "스스로를 억누르는 것", "굴복하지 않는 무언가"로 나타난다.[113] 아내는 이러한 증상을 확인해준다. "그 사람은 억제했죠. 항상 자신을 억제하기 때문에 완전히 자신을 바치지 못했어요."[114] 아론은 섹슈얼리티가 여자에게 가장 중요할 뿐만 아니라 유일하게 의미 있는 경험이라고 냉정하게 생각하므로, 아내에게서 섹슈얼리티를 박탈하는 데에서 커다란 즐거움을 느낀다. "열정적 사랑도 그에게는 단지 노력에 불과했다. 이후 그는 악마처럼 결코 굴복하지 않았다."[115] 물론 이 모두를 견디는 것은 여자에게 "고통이자 공포"[116]였다. "아내에게 삶과 존재의 정점이었던 최고의 신성한 순간에도, 말할 수 없을 만큼 정욕으로 결합된 황홀의 순간에도 그는 사실 아내의 것이 아니었다. 아론은 억누르고 있었다."[117] 이렇게 의도적으로 일을 어렵게 만든다 해도 아론은 여자에게 더욱더 소중한 존재가 될 뿐이다. "아내의 신성한 정욕"은 "그 모든 것 중에서도 가장 신성하기" 때문이다.[118] 아론은 "남자를 가지고 노는 여자cock-teaser"의 남성판이 된다.

아론은 런던에서 어느 젊은 여자와 저녁 식사를 한다. 둘의 대화는 이런 식이다.

---

113 D. H. Lawrence, *Aron's Rod*(1922)(New York: Viking, 1961), p.18.
114 같은 책, p.39.
115 같은 책, p.155.
116 같은 책, p.156.
117 같은 곳.
118 같은 곳.

3부 문학적 고찰

조세핀: "제게 키스해주지 않겠어요?" (…)

아론: "싫소."

아론이 대답했다.

조세핀: "왜죠?"

아론: "하기 싫으니까."[119]

이후 독감에 걸린 아론은 술에 취해 릴리의 독신자 아파트를 찾는다. 독감에 걸린 이유는 그 외로운 젊은 여성이 자신을 유혹하도록 그냥 내버려두었기 때문이라고 한다. "그 여자에게 넘어가지 않았더라면 아프지 않았을 텐데", "내 안에서 뭔가가 느껴지는 순간에 그 여자한테 넘어갔어. 아마 그것 때문에 이렇게 아픈 걸 거야" 하고 그는 푸념을 늘어놓는다.[120] 아론은 여성과의 관계에서 완전히 좌절하는 단계에 이르렀다. 남자로서 당연히 받아야 한다고 생각하는 비굴한 굴종을 여자들이 계속 거부하기 때문이다. 여자에게서 마지막으로 굴욕적인 경험을 하고 무덤 직전까지 갔던 아론은 남자들과의 관계만을 받아들이기로 한다. 그래서 아론과 릴리는 특이한 가정적 행복을 느끼며 살아가기 시작한다. 시몬느 드 보부아르는 다른 맥락에서 이를 '사랑의 코미디'라고 불렀다. 즉 이는 소망 성취의 장면인데, 이 장면의 대본에 따라 아론은 어머니의 손길이 필요한 무뚝뚝한 청년을 연기한다는 것이다.

한 남자가 침대에 누워 있고 다른 남자가 그를 간호하는 장면을 로렌스가 묘사할 때면 둘 중 하나는 아파서 점잖게 있고 다

119 같은 책, p.66.
120 같은 책, p.84.

른 남자가 그를 극진히 보살핀다는 특징이 있다. 따라서 아론은 배가 아파 초췌해져 누워 있고(참으로 유치한 상징이다) 이 병은 오직 릴리만이 고칠 수 있다. 릴리는 몹시 훌륭한 방식인 전신 마사지로 아론의 병을 낫게 한다. 이 장면은 유사 남색 행위에 가깝다. 그리고 이어 또 다른 로렌스의 장기인 남자산욕男子産褥, couvade 장면이 이어진다.

"오일 마사지를 해줄게." (…) "아픈 아기를 마사지하듯이 배를 마사지해줄게." (…) 릴리는 재빨리 환자의 흰 아랫도리를 벗기고는 오일로 복부를 문지르기 시작했다. 릴리는 천천히 강약에 따라 둥글게 원을 그리면서 일종의 마사지를 했다. 오랫동안 릴리는 천천히 섬세하게 복부를 문질렀다. 그러고 나서 전혀 개의치 않고 마치 마술을 행하는 듯 아랫도리 전체를 문질렀다. 릴리는 아론의 아랫도리를 남김없이 문질렀다. 복부, 엉덩이, 허벅지, 무릎, 발까지 모든 부분을, 발가락을 가볍게 가지고 놀면서 완전히 지칠 때까지 장뇌유로 따뜻하고도 열정적으로 문질렀다. 그러고 나서 아론에게 다시 이불을 덮어주었다. 그리고 릴리는 피곤한 몸으로 앉아서 환자를 쳐다보았다. 환자에게 어떤 변화가 보였다. 병든 눈에 다시 생기가 돌았고 얼굴에는 희미하게 빛나는 미소가 떠올랐다. 아론의 몸이 회복되고 있는 것이었다.[121]

새로 태어난 환자 아론과 그에게 새 생명을 준 남자 릴리는 이제 동거를 시작한다. 릴리는 아론의 양말을 빨고 꿰매기도 한

---

121 같은 책, pp.90~91.

다. "그 어떤 외부인도 릴리가 이런 일을 하는 것을 보아서는 안
되었다. 하지만 그는 혼자서 이런 일을 하는 것을 좋아했다."[122]
아론이 거만하게 앉아서 빈둥거리는 동안 릴리는 요리까지 한다.
"집안일은 아론의 본성에 맞지 않았다. 하지만 릴리는 혼자서 멋
지게 해냈다."[123] 이 두 사람이 공유하는 것이 있다면 여성에 대한
불타는 증오심이다. 둘의 대화는 이 주제를 늘 맴돈다. 아내와 별
거 중인 릴리는 다루기 힘든 아내에 대해 개탄한다.

> 그 여자는 나한테 반항하기만 해. 내 권위나 영향력, 아니 그냥
> 나라는 사람 자체에 반항하는 거지. 그 여자는 마음 깊은 곳에서
> 그저 맹목적으로 끈질기게 반대하고 있어. (…) 내가 자기를 복
> 종시키려 한다고 생각하지. 실제로 나는 그렇게 했어, 우리의 자
> 아에 자연스러운 한에서. 여자는 나에게 복종해야만 해. 하지만
> 여자들은 헛되게 저항하는 걸 더 좋아하지.[124]

강박적 권력욕을 가진 릴리는 여자들과 남자 제자들 또한 자신을
좌절시킨다고 개탄한다. "왜 그자들은 건강한 개인의 권위에 조
금이라도 복종하지 못하는 거지?"[125] 아론과 릴리는 오랫동안 여
성을 혐오하는 혹평 늘어놓기를 좋아한다. 그들은 여성에게 부자
연스러운 권력과 지위를 준 자식을 경쟁자 혹은 짐으로 생각한
다. "온 세상이 아이들과 그 신성한 어머니들 앞에 꼬리를 흔들어

---

122 같은 책, p.93.
123 같은 책, p.100.
124 같은 책, p.91.
125 같은 곳.

대고 있지.""신성한 아이들, 신성한 모성, 나는 이런 것에 완전히 진절머리가 나"하고 릴리가 불평한다.[126] "여자가 아이를 낳게 되면 꼭 여물통 앞의 암캐가 되지." 아론이 장단을 맞춘다. "여자들은 남자를 아이를 낳고 기르는 수단으로 생각할 뿐이야. 내가 여자와 관계를 맺더라도 내가 아이를 낳고 싶어서 그런다고 생각할 걸. 난 죽어도 그렇지 않아. 난 단지 쾌락을 원할 뿐이야", "여자들에게, 여자의 중요성이니 뭐니 하는 것들에 지독한 저주를!" 하고 아론은 남성 우월주의 감상이 발작하듯 고함을 질러댄다.[127]

둘은 모두 현대 여성의 끔찍한 지위 상승에 분개한다. 이것이 그들이 생각하는 성 혁명이다. 남성 연대는 그 앞에서 수포가 된다. 남성 연대라는 대의 앞에서 그들이 가장 슬퍼하는 것은 정작 남자들이 그러한 대의를 지지하지 않는다는 사실이다. "그 썩어 빠진 푸념장이들, 그자들은 모두 기저귀와 여자 속치마 앞에 엎드려 기고 있어."[128] 그들에게 이 시대의 문제는 남성의 지위(남성성)가 하락하고 남성적 삶이 무시당한다는 점이다. "남자들은 마지막에 가서 구차하게 설설 기지 않고는 앞으로 조금도 나아가지 못해." "남자의 영혼은 세상에서 사라져버렸어." 그들은 남성의 특권을 다시 주장하는 것이 신성한 희망이라고 생각한다.[129]

여성을 새로운 사이비 평등에서 끌어내리려는 기획은 피렌체의 높은 탑에서 만난 다른 남자들과의 회담에서 더욱 깊이 있게 논의된다. 로렌스는 이 장의 제목을 "천국에서"라고 했다. 아론

---

126 같은 책, p.94.
127 같은 책, p.95.
128 같은 곳.
129 같은 곳.

3부 문학적 고찰

은 피렌체로 입성하는 순간부터 남성의 아름다움을 찬양하기 위한 남성의 성지가 여전히 존재하고 있다는 사실에 기뻐한다. "그곳은 남자들의 도시였고 광장에는 남자들, 모두 다 남자들로 가득 차 있었다."[130] "이곳 남자들은 최고로 강렬하고 솔직했다."[131] 아론은 다비드상과 심지어 추하기 그지없는 반디넬리Baandinelli의 조각조차 남성성의 표현이라며 찬미한다. 하지만 이는 취향이라기보다는 편견에 따른 것이다. 아론은 훌륭한 페르세우스상은 경멸하는데 그것이 "여자처럼 (…) 보이는 데다 여자처럼 시시하게 우아하지만 저속하게"[132] 보이기 때문이다. 탑에서 회담을 가지면서 만나게 된 노골적 동성애자 아가일은 릴리, 아론 그리고 격식 차린 이탈리아 육군 소령과 함께 반혁명 전략에 대해 논의한다. 소령은 여성에게 성적 자유를 점차 허용하는 것에 문제가 있다고 주장하면서 논의를 이끌어간다.

그 욕망은 남자에게서 시작되고 여자가 응답하는 것이 일반적이었소. 이탈리아에서는 오랫동안 그랬지요. 이 때문에 여자들은 남자들에게서 떨어져 있었소. 그래서 우리 가톨릭교는 어린 소녀들을 결혼하기 전까지 순결하게 수녀원에서 보호하려 했던 것이오. 여자들 머리로는 이 끔찍한 일, 남자를 넘어서려는 욕망을 미리 알지도 못하고 시작하지도 못하게 말이오.[133]

---

130 같은 책, p.208.
131 같은 곳.
132 같은 곳.
133 같은 책, p.236.

양성의 관계는 지배하거나 지배받는 문제라는 데 모두가 동의한다. 즉 최근에 여성의 성적 욕망이 해방된 것과 특히 여성이 성적 주도권을 가지게 된 새로운 권리 때문에 여성은 이제 지배자의 위치에 있게 되었다고 모두 동의한다. 구체제를 옹호하는 사람들과 마찬가지로 억압받는 자가 권리를 획득하는 것은 남성의 자연적 우월성에 대한 용서할 수 없는 침해로 해석된다. 아가일은 나머지 남자들을 위해 이렇게 주장한다.

여보게, 누군가가 위로 올라가면 다른 누군가는 아래로 내려오는 게 바로 균형이라네. 누군가가 행동하면 다른 누군가는 받는 거지. 유일한 사랑의 방식이야. 요즘에는 여자가 행동하는 쪽이지. 그래, 여기에는 한 점 의심할 것이 없네. 여자들이 주도권을 쥐고 있는데 남자들은 더 센 척을 하지. 남자답게 잘들 하고 있는 거지![134]

여기까지는 이들 중 누구도 여성을 복종시키는 데 절실하게 필요한 해법을 찾지 못한다. 이들은 그사이 동성애나 불감증에서 **최후 수단**을 찾아야 할지도 모른다고 인정한다. 이탈리아인의 **최후 수단**은 어린 소녀와 매춘부들이다. 하지만 이 또한 적절한 대안이 아니라고 아가일은 말한다. 매춘부는 탐욕 때문에 복종하는 것이므로 전혀 복종이라 할 수 없고, 어린 여자아이는 벌써 '신여성'과 다를 바 없기 때문이다. "신여성이란 끔찍한 거야."[135] 아

---

134 같은 책, p.237.
135 같은 책, p.239.

가일은 요약한다. 릴리는 버킨의 레퍼토리였던 별들의 양극성과 "싸우고 있는 두 마리 독수리" 원칙을 들면서 내내 고의로 반대 입장을 취하는 역할을 한다. 하지만 릴리 또한 마지막에 가서는 다른 사람들이 옳다고 '인정'하므로 그러한 이의 제기는 동지들을 자극하기 위한 독창적인 전략에 불과하다는 것을 우리는 깨닫게 된다.

이 작품에는 신여성이 딱 한 명 등장한다. 후작 부인이다. 하지만 진정한 악녀는 아론의 아내 로티다. 로티는 실상 페미니스트도 아니고 신여성도 아니다. 단지 로티는 세 아이와 함께 버려진 가난하고 절망적인 여성일 뿐이다. 아론의 환상적 모험은 그가 즐겨 거부하는 부인들의 찬미를 불러일으키지만 그의 진정한 적은 노동 계급 아내다. 로티에 대한 로렌스의 묘사는 자신이 도망쳐온 계급의 여성을 다루는 전형적 방식인 경멸과 원한으로 점철되어 있다. 아론은 가난뱅이들의 갑갑하고 누추한 세계에 머무르는 것은 물에 빠져 죽는 것을 의미할 뿐이라고 확신하고는, 아내와 딸들이 죽든 말든 개의치 않고 유럽을 누비며 후원자를 찾아나서는 신나는 여행을 시작한다. 아론은 가족을 버린 것이 단지 "자연스러운 사건"[136]일 뿐이며 따라서 하등 변명할 필요도 없다고 생각한다. "지금까지 남자는 여자들에게 권력을 양보했다. 이제 나는 권력을 되찾기 위해 싸우고 있다. 하지만 너무 늦었다. 여자는 절대 양보하지 않을 것이기 때문이다."[137] 아론은 처음에 아내를 구타하고 이후에는 계획적으로 바람을 피우며 마침내는

136 같은 책, p.141.
137 같은 책, p.123.

그녀의 존재를 완전히 무시했다. 하지만 이를 인정하면서도 부끄러워하지는 않는다. 로티는 그렇게 당해도 싸다고 이야기하는데 그 역겨운 "여성적 의지"를 가지고 있기 때문이다. 그것은 "철판처럼 뻣뻣하고 둔탁"하지만 "배신의 노래를 부르는 뱀처럼 사악한" 무시무시한 마술적 힘이라고 한다.[138] 그것은 로티에게 비인간적 대우에 반항할 수 있는 위엄을 지니게 했으며, 아론에게 아내를 부당하게 대우했다고 인정하게 만드는 죄를 저질렀다.

아론은 로티가 아이들을 지키는 것(여자의 운명이다)이 자연스러운 일이라고 간주하면서도 아내가 어머니가 되는 것을 증오한다는 점에서 전형적으로 독단적인 모습을 보인다. 릴리와 아론의 대화에서 이 작품은 어머니 중심주의에 대한 소논문으로 변한다. 로티는 이제 어느 쪽으로든 저주받는다. 여성의 자율성 혹은 개인적 운명은 완전히 거부되므로 로티는 자신의 희망을 추구할 수 없을뿐더러 어린 딸들을 먹여 살려야 하지만 돈을 벌 처지도 못 된다. 하지만 놀라운 행운으로 아론은 어머니에게서 얼마간의 연금을 물려받았다. 그것으로 로티는 당분간 먹고살 수 있지만 연금이 바닥나면 홀로 서야 한다. 로렌스의 작품에서 오이디푸스적 어머니가 이 지경까지 되었다는 것은 아이러니하다. 그리고 로렌스가 모성을 격렬히 거부하는 것 또한 놀랍기 그지없다. 로티의 모성성은 그녀에게 허락된 유일한 생활 방식이지만 작가의 부당한 대우 때문에 모성성은 범죄가 되기도 한다. 소설 곳곳에서 그러하듯 여기에서 로렌스는 남성의 지배와 굴종하는 여성적 '실현'을 낭만화하고 쇄신하려는 반혁명의 표적을 넘어서, 놀라운

---

138 같은 책, p.154.

증오심을 품고 남성의 집단 '반발'을 불러일으키려 한다.

로렌스는 생명을 주는 힘을 전적으로 남성의 것이라고 사칭한다. 릴리는 아론을 새로 태어나게 하는 위업을 달성했다. 그리고 아론의 '지팡이' 혹은 남근인 플루트(아론은 플루트 연주자다)라는 상징에 자가 생식이라는 독특한 힘을 부여하려는 기이한 시도를 한다. 한창때 아론의 플루트는 꽃을 피우게 했다고 이야기된다. 즉 그것은 꽃을 피우는 예술계의 남근이다. 플루트는 이제 로렌스가 처음에 경외해 마지않았던 자궁의 창조적 기능과 경쟁하여 자궁을 뛰어넘은 것이다. 그리고 여성의 자궁을 증오하고 비웃고 남성을 위해 자궁의 창조력을 몰수한다.

수없이 약속했지만 아론과 릴리의 헌신적 관계는 짧은 기간만 지속된다. 그 최초의 시도에서부터 그들은 긴장된 적대적 분위기에서 버둥거렸다. 둘은 고귀한 임무를 부여받았음에도 함께 동거하면서 여성을 거부해 탈출하려 한 동일한 불화의 씨, 즉 지배권 다툼을 시작하게 된다. 한 남성을 다른 남성 앞에서 낮춰야 하는 것이 상상도 할 수 없는 일인 것과 마찬가지로, 권력에 굶주린 인간들이 서로를 종속시키지 않고 산다는 것은 어려운 일이다. 그 결과 이들은 계속해서 말다툼을 벌이는데, 이들이 싸우는 방식은 이성애적 신분 체제에 이들이 얼마나 가망 없이 얽매여 있는지를 상기시켜준다. 아론이 릴리에게 이의를 제기하면 릴리는 "아론, 너는 여자처럼 말하고 있어"[139]라고 비난한다. 아론은 당연히 그 지독한 모욕에 분개하여 항변한다. 그리고 말다툼이 벌어진다. 아마도 아론은 집안일을 도맡아 하는 릴리가 주인 노릇을

---

139 같은 책, p.100.

하려고 한다는 사실이 가장 두려울 터다. "무엇보다 가장 화나는 것은 저 녀석이 무의식적으로 자기가 우선이라고 생각한다는 것이었다."[140] 그들은 동성애적 매혹과 억압된 성적 욕망의 적개심 사이에서 동요한다. "우리를 묶어주는 무언가가 있었으면 정말 좋겠어."[141] 릴리는 이렇게 애처롭게 제안하지만, 2주일이 지나자 그들이 함께 보낸 시간은 "짧은 영원"[142]처럼 둘을 짓누른다.

이상하게도 둘을 함께 있게 한 원인이 둘을 또한 갈라서게 한다. 원인은 다름 아닌 남성 우월주의다. 둘은 남성적 유대 관계로 결속된다. 그러나 로렌스의 권력 심리학이 보여주는 피할 수 없는 논리에 따르면 둘의 관계가 에로틱한 성격을 띠려면 둘 중 하나가 다른 하나에 종속되어야만 한다. 둘은 모두 상류 계급 남성이므로 이는 불가능해 보인다. "네가 다른 남자를 경멸할 권리가 있어?" 아론은 항의한다. "그게 왜 권리의 문제야? (…) 아론, 너는 여자처럼 대답하는구나."[143] 릴리는 냉담하게 대답한다. 이는 아론의 최종 역할을 보여주는 것이자 관심과 공평함과 인정에 대해 불평하는 타고난 열등 인물의 행동을 암시하는 것이기도 하다. 아론이 자기 분수에 맞게 살도록 만들려는 릴리의 노력은 남자로서 그렇게 할 수도 없고 하지도 않을 것이라는 아론의 격렬한 항변에 부딪힌다. 곧 아론은 릴리의 우월성을 인정하게 되고 둘의 딜레마는 해결된 듯 보인다. 하지만 최초의 시도가 실패했으므로 아론은 유럽을 좌충우돌하면서 돌아다니게 되고, 그를 마음

---

140 같은 곳.
141 같은 책, p.103.
142 같은 책, p.101.
143 같은 책, pp.103~104.

에 들어하는 멋진 두 동성애자의 눈에 띄어 후원을 받게 된다. 아론은 이들의 돈을 좋아할 뿐 이들의 찬미에는 신경 쓰지 않는다.

혼자 돌아다니는 동안 여성에 대한 아론의 성적 불감증은 더욱 커져 결국 성격 전체를 지배하는 일종의 편집증이 된다. 이탈리아 군인들에게 돈을 도둑맞은 아론은 그것을 방금 헤어진 여자 탓으로 돌린다. 그녀와의 대화나 그녀를 만난 파티장 분위기가 몹시 좋았기 때문에 자신이 나약해지고 말았다는 것이다.

그 후작 부인과 노닥거리지만 않았더라면, 그래서 흥분해서 조심성 없이 거리를 돌아다니지 않았더라면 이런 일은 결코 일어나지 않았을 거야. 나는 무너졌고 그래서 내가 무너진 걸 낚아채려는 누군가가 있었던 거야. (…) 내가 조심했어야 하는데 (…) 항상, 늘, 신과 악마 모두와 함께, 조심해야만 해.[144]

이러한 완고한 반응이 후작 부인과의 관계도 망친다. 처음에는 공포에 찬 반감으로("그는 자신이 그녀에게 빠지고 있다는 것을 느꼈다"),[145] 이후에는 어리석은 이기주의로 발전하면서("갑자기 그는 자신의 남성적 강대한 힘에 의기양양해하면서 보상받으려 했다. 저 여자는 그 보상이었다")[146] 둘의 관계는 엉망이 된다. 이와 같은 인식 뒤에는 남성 잡지에나 나오는 환상이 뒤따른다. 이 환상 속에서 아론은 불감증이자 성적 무능력에서 회복된다. 아론은 이렇게 자랑한다.

144 같은 책, p.226.
145 같은 책, p.243.
146 같은 책, p.250

아론은 뽐낼 수 있는 무언가를, 우쭐댈 수 있는 무언가를, 강력한 남성적 열정을, 오만하고 당당한 주피터의 번개를 가지고 있다. 붉은 피렌체의 백합과 거친 가시와 함께 다시 피어오르는 아론의 검은 권력의 지팡이. 아론은 남성의 열정인 권력의 천둥소리와 함께 웅장하게 번쩍이는 남성적 번갯불 속에서 여기저기를 돌아다녔다. 아론은 그것을, 남성의 신성함을, 남성의 신격을 되찾았다.[147]

하지만 아론은 이 사건에 부응하지 못한다. 후작 부인이 "그의 남성적인 강대한 힘"에 고집스럽게 "저항하기" 때문이다. 그리고 "잿빛 둥지에서 활활 타오르며 새로이 솟아오른 그의 불사조에 찬물을 끼얹은" 듯이 보이기 때문이다.[148] 다시 한번 아론은 자신이 바라는 노예적 종속을 이루지 못했고 릴리에게만 헌신하기로 한다. 아론은 후작 부인과의 관계가 끝났다는 사실에 기뻐하며 호텔로 돌아가 "자신만의 차가운 침대에 홀로, 너무나 다행스럽게도 홀로"[149] 있는 것을 즐긴다. 소설의 마지막 장에서 릴리는 호텔에 있는 아론을 발견하고, 아론이 릴리의 우월한 남성성과 '예언적 마사지'를 받아들이면서 모두 해결된다.

이러한 교리는 그 자체로 정치적 파시즘과 남성 우월주의의 결합이다. 이 소설이 명확하게 보여주는 파시즘과 남성 우월주의의 일치는 우리가 발견한 그 어떤 분석보다 더 뛰어나다. 아가일

---

147 같은 곳.
148 같은 책, p.252.
149 같은 책, p.256. 며칠 후 아론은 후작 부인과 마지막으로 잘해볼 기회를 맞는다. 하지만 이는 아론의 설명에 따르면 단지 "요청에 응한 것"일 뿐이다.

은 사회주의자의 시위를 "수많은 어린 촌놈들의 짓"이라고 조소하며 "세상을 구원하는 유일한 희망은 노예제를 다시 제도화하는 데 있다"라고 설교한다.[150] 그리고 모든 사람들이 "이 민주주의라는 세탁소 아줌마의 일을 더 해보면"[151] 반드시 자신이 옳다는 사실을 깨달을 것이라고 예언한다. 이는 계급이라는 새를 성 계급이라는 돌로 떨어뜨리는 발언이다. 기독교에 대한 공격("나는 사랑이니 예수니 하는 것들을 혐오해")과 마찬가지로 로렌스에게 민주주의와 사회주의에 대한 공격은 동일한 욕구에서 나온다. 즉 성적이든 사회적이든 간에 평등주의의 가능성을 가진 모든 체계의 정체를 폭로해야 한다는 욕구를 말한다. 그는 이것이 서로 관계가 있음을 깨닫는다. "결국 모든 인간 사회는 시간이 흐를수록 간헐적이기는 하지만 불가피하게 주어진 사상을 논리적으로 발전시키게 되어 있기 때문이야."[152] 그러므로 사회주의가 기독교와 동일한 충동에서 비롯되었으며, 마르크스나 예수나 페미니스트는 모두 추악한 평등주의자라는 릴리의 주장은 당연하다고 할 수 있다.

내가 보기에 그런 사상이나 이상은 이미 죽어버렸어. 썩은 고기처럼 죽어버렸어. (…) 사랑이라는 이상, 받는 것보다 주는 것이 더 좋다는 이상, 해방이라는 이상, 남자의 형제애라는 이상, 인간의 생명이 존엄하다는 이상 (…) 이런 이상들은 모두 현대의 벌

150 같은 책, p.269.
151 같은 책, p.270.
152 같은 책, p.271.

떼 같은 질병이고 지독한 냄새를 풍기면서 썩어버렸어.[153]

그러고 나서 릴리는 저자가 생각하는 정치 체제에 대해 털어놓는다.

우리는 노예제 같은 것을 다시 복원시켜야 해. 사람들은 **남자**가 아니야. 단지 벌레나 도구일 뿐이고 그들의 운명은 노예제야. (…) 그들은 충분히 검토한 뒤 결국에 동의하게 될 거야. 그러고 나면 스스로를 위해 바람직하고 건강하며 에너지가 넘치는 노예제를 선택하겠지. (…) 내 말은 열등한 존재의 삶이라는 문제를 우월한 존재에게 진정으로 위탁해야 한다는 거야.[154]

릴리의 인종 차별주의와 반유대주의[155]는 토머스 칼라일의 최악의 수사를 연상시키듯 빛나고 있다. 릴리는 민주주의적 인식을 획득한 빈곤층이 스스로 노예제를 선택하게 될 것이라는 기이한 환상을 가지고 있는데 이는 여성도 그렇게 될 것이라는 생각만큼이나 어리석기 짝이 없다. 여기에서 릴리는 "열등한 자들이 자발적으로 스스로를 바칠 것"[156]이라는 완곡어법으로 말한다.

---

153 같은 곳.

154 같은 책, p.272.

155 인종에 대한 릴리의 태도를 보여주는 실례는 다음과 같다. "몇십억 명씩 우글거리는 인간들을 견딜 수가 없어. 중국인이나 일본인 같은 동양인 모두 말이야. 해충들이나 몇십억씩 우글거리는 거지. 고귀한 종족은 천천히 번식해 (…) 초라한 동양인들과는 달라. 깜둥이들도 서로 뒤엉키기는 매한가지지만 그래도 동양인들보다는 낫지." 같은 책, p.92. "그는 유대인들도 신속히 처리해버린다. '질투하는 하나님이여! 그런 전력을 가진 인종이라면 어찌 비열하지 않겠습니까?'" 같은 책, p.105.

156 같은 책, p.272.

이 현자를 다시 만난 아론은 릴리의 가르침이 계속될수록 깊은 감명을 받아 다음과 같이 결심한다.

만일 무언가에 자신을 바쳐야 한다면, 진정 굴복해야 한다면, (그리고 실제로 이미 굴복한 것처럼 보였는데) 자신은 세상의 짐승 같은 사람들보다는 악마 같은 릴리에게 굴복할 것이다. 내가 굴복해야 한다면 그것은 여자여서도 안 되고 사회 제도여서도 안 된다. 절대로! 고집스러운 독립성을 양보해야 한다면, 그리고 자신을 바쳐야 한다면, 나는 나머지 인간들보다는 저 작은 남자에게나 자신을 바칠 것이다. 솔직히 말하자면 저 남자에게는 불가해한 무언가가 있기 때문이다. 그러니 자신을 지배하도록 허락한다면 저 남자의 불가해한 면이 지배하도록 할 것이다.[157]

이제 주인은 마지막 피치를 올리기 시작한다. "삶에는 두 가지 위대한 역동적 충동이 존재해. 사랑과 권력이지."[158] 릴리는 아론에게 여자와 사랑이란 "어처구니없는 소리"이며 "잃어버린 환상"임을 인정하라고 설득하고, 현대사와 로렌스의 초기 작품을 간략하게 섭렵한다. 그러고 나서 릴리는 "두 가지 위대한 생명 충동"인 사랑과 권력에 관해 우리가 "권력 충동을 증오하고 억압하면서 사랑 충동으로 행동하려 했다"는 점에서 실수를 저질렀다고 설명한다. "이제 나는 우리가 증오해왔던 것을 받아들여야 한다고 생각해."[159] 로렌스는 이로써 초기 작품에서 보여준 사랑과 인

---

157 같은 책, p.280.
158 같은 책, p.284.
159 같은 책, p.288.

간관계에 대한 관심을 거부하고 후기 작품에 이르러 지배적인 권력 충동에 헌신하게 된다.

권력 충동에 사로잡힌 사람들에게 다행스러운 것은 지배받으려는 다른 사람들("기꺼이 지배받으려는 충동을 가진")이 존재한다는 점이다. 최소한 인류의 절반은 그런 존재다.

> 이제 권력 충동에서 (…) 여자가 복종해야 해. 깊이, 깊이 복종해야 하는 거야. 어리석고 고정된 권위가 아니고 바보 같고 제멋대로인 의지가 아니야. 더 철저하고 깊은 무엇에 복종해야 해. 권력과 자존감을 가진 영혼의 어두운 움직임에 복종해야 하는 거야. 우리는 양극을 뒤집어야 해. 여자가 복종해야 해. 깊이, 깊이, 그리고 충분히. (…) 깊이를 헤아릴 수 없는 자유로운 복종 말이야.[160]

낡은 가부장제가 노골적 노예제라는 지금으로서는 다소 당황스러운 방식을 써왔으며 그래서 여성들에게 체념하는 복종을 충분히 강요하는 데 실패했다는 점을 릴리가 명확하게 밝히지 않았더라면, 위 인용문의 마지막 문장은 훨씬 더 어리석은 말이 되었을 것이다. 강요당한 사람은 원래부터 비천한 게 아니라 그렇게 되도록 강제되었기 때문이다. 로렌스의 임무는 성 혁명하에서 지금까지 여성이 누려온 최소한의 자유를 파기하는 것일 뿐만 아니라 더욱 완전한 가부장제를 복원하는 것이다. 로렌스는 과거에 결점이 많았던 가부장제의 오랜 억압, 특히 가부장제의 심리적 수법을 더욱 개선하려 할 만큼 야심에 차 있다.

---

160 같은 책, pp.288~289.

아론은 자신의 작전에 회의적이므로 실패자라 할 만하다. 그리고 에로틱한 느낌이 가득한 이 장면에서 아론은 수줍기까지 하다. "우리는 결코 그것을 이룰 수 없을 거야"라고 아론이 항변한다. 릴리는 "아니, 할 수 있어. 사랑이라는 생각과 사랑의 동기를 포기한다면 말이야"[161] 하고 주장한다. 그리고 이 지점에서부터 《채털리 부인의 연인》에 이르기까지 로렌스의 소설은 낭만적 관심을 성적 괴롭힘과 말없는 사디즘적 강압으로 대체하는 데 열중한다. 그리고 릴리에 따르면 인류의 절반이 지배를 받고 있으므로("여자들은 저항할 수도 없어") 더 뒤떨어진 남자들에게 이러한 힘을 확장하는 일도 그다지 어려운 문제가 아니라고 한다.

> 여자도 남자와 똑같아. 독자적인 남자가 가진 깊은 영혼의 힘에 항복하고 절대적으로 복종해야 해. (…) 그리고 남자들도 위대한 영혼을 가진 남자가 자기들을 지도하도록 복종해야 하고, 여자들도 긍정적인 영혼의 힘을 가진 남자에게 복종해야 해.[162]

표현의 미세한 차이 속에서 우리는 이들이 말하는 신세계가 어떤 것인지 즉각 파악할 수 있다. 즉 모든 비천한 여성이 모든 남성 앞에 복종하고, 모든 비천한 남성들이 뛰어난 남성 앞에 복종하는 세계다.

그리고 나서 이 작품의 중대한 순간이라 할 수 있는 곳에서 릴리는 아론에게 프러포즈를 한다. 릴리는 사랑을 경멸하므로 이

---

161 같은 책, p.289.
162 같은 곳.

는 사랑의 프러포즈가 아니라 지배의 프러포즈다. 이는 육체적 동성애를 면밀하게 피하고 있지만 로렌스의 맥락에서는 사실 에로틱하다.

"아론, 너도 복종하려는 욕구를 가지고 있어. 너 또한 더 영웅적인 영혼 앞에 생기 있게 복종하고 너 스스로를 바치려는 욕구를 가지고 있다고. (…) 그건 생명의 복종이야. 너도 알지? 하지만 너는 헛되게 저항하고 있어. 너는 복종하느니 차라리 죽으려 하겠지." 오랜 침묵이 흘렀다. 그러고 나서 아론은 릴리의 얼굴을 올려다 보았다. 그 얼굴은 어둡고도 초연해 보였다. 그 순간 릴리의 얼굴은 비잔틴 성상聖像처럼 보였다.[163]

"그러면 누구에게 복종해야 하지?" 아론은 순진한 척하면서 묻는다. "네 영혼이 알려줄 거야"[164]라며 아론의 앞에 있는 영웅적 영혼이 대답한다. 로렌스가 어둡고 신비롭다고 생각한 그리고 비평가들이 확실하지 않은 결말이라고 종종 변명한 점강법(긴장이 고조되다가 작가가 정도를 지나쳐 표현이 하찮아지거나 우스꽝스럽게 되는 경우를 일컫는 말로 의도치 않게 하락하는 흐름을 의미한다.—옮긴이)이다.

《캥거루》는 동일한 주제를 좀 더 밀고 나간다. 하지만 아내와 함께 호주를 방문한 유명 작가인 주인공 리처드 로바트 소머스는

---

163 같은 책, pp.289~290.
164 같은 책, p.290.

로렌스 자신이라는 사실이 너무 뻔하므로, 이 작품의 훨씬 더 노골적인 환상이 완전히 우스꽝스러운 것이 되지 않기 위해 주의 깊게 관찰해야 한다. 다행히 약간의 유머도 필요하다. 여기에서의 환상은 《아론의 지팡이》와 동일한 패턴을 따른다. 즉 여자를 거부하고 다른 남자들과 에로틱한 관계로 권력을 추구하며, 이는 많은 남성들에 대한 더 큰 규모의 권력관계로 이어지고, 특히 위대한 지도자이자 영웅으로 찬양되는 영광을 얻는 것으로 나아간다. 사실상 그는 독재자이자 가부장제의 가부장이다.

여기에서 로렌스가 (면밀하게 기록된) 오이디푸스 콤플렉스에서부터 저명한 인물로 나아가는 과정을 살펴보는 방식이 적절할 것이다. 《사랑에 빠진 여인들》에서 로렌스는 아들에서 점점 연인으로 변하며 이성애적 관계를 동성애적 관계로 바꾼다. 그리고 어머니의 사랑을 받는 아들의 평생 목표라고 프로이트가 주장한 어머니다운 영원한 여성성에서 벗어났다. 로렌스는 아버지가 아니라 남편이 되는 데서 가부장제 사회의 성인 남성이라는 지위를 획득한 것이다. 실제로 그는 오이디푸스적 관심사의 한 측면인 사회적 특권을 이어받았다. 오이디푸스 콤플렉스의 성적 내용은 지나치게 과장되면서 그 성 정치적 측면이 무시되기까지 한다. 하지만 로렌스의 후기 작품에 관련해서 우리의 관심을 끄는 것은 분명 후자의 측면이다. 《아론의 지팡이》에서 로렌스의 주인공은 남편이 되는 것과 여자들의 연인이 되는 것에 싫증이 났고, 대신 권력과 그것을 소유한 사람들(즉 남성)을 좇기로 작정한다. 《캥거루》에서 로렌스는 아직 아이가 없고 라이어스와 오이디푸스가 향유한 가부장제 왕권을 여전히 열망하는 싫증내는 남편이다. 남편에게 이제 어머니나 아내는 지겹다. 그는 권리상 자신의 것이라고 생각하는 것을 욕망한다. 즉 남성의 세계에서 남성의 권력을 갖는 것 말이다. 로렌스는 예술가이자 보헤미안이며 방랑자이므로 이런 것들을 손에 넣기는 쉽지 않다. 그는 완고한 여성과 결혼했다. 아내는 그에게 인생을 바치기는 했지만 갈수록 자신의 존엄성을 단념하려 하지 않는다. 따라서 그에게 지배라는 과업은 소모적으로 느껴졌다. 이러한 일들은 전혀 드물지 않지만(우리 문화에서 남자의 경험은 일반적으로 이렇게 진행된다) 로렌스는 이를 매우 예민하게 느꼈고, 이에 대하여 아주 인상적인 기록을 남겼다는 점에서 예외적인 인물이다. 로렌스는 이 문제에 대한 관심사를 강조하기는 했으나 《아들과 연인》에서 아버지상(像)을 거부하고 어머니와 자신을 열렬히 동일시했다. 이런 점에서 보면 로렌스가 후기에 어머니상을 거부하고 남성적 특권을 탐욕스럽고 오만하게 추구하는 모습은 독자에게 낯설게 느껴진다. 그는 결국 도가 지나친 나머지 극단으로 향하게 되어 남근을 토템으로 숭배하는 종교를 창시하기까지 한다. 물론 이 남근이란 자신의 남근이다.

《아론의 지팡이》, 《캥거루》, 《날개 돋친 뱀》은 그간 소홀히 다루어진 작품들이며 어찌 보면 이는 당연하다고도 할 수 있다. 이 작품들은 많은 이유에서 몹시 불쾌하고도 혐오스럽다. 특히 공격적인 파시즘적 어조나 점차 폭력을 선호하는 경향이나 개인적 오만함, 그리고 셀 수 없이 등장하는 인종 차별적이고 계급적이며 종교적인 편협성 때문이다. 이 소설들에서 우리는 로렌스가 공식 정치와 전쟁, 성직계, 예술계, 재계 등 '남자의 세계'에서 승리를 거두기 위해 얼마나 끔찍하게 애썼는지 알 수 있다. 《채털리 부인의 연인》이나 초기 소설을 생각해보면 독자는 로렌스를 남녀 관계에 관련된 소설 속 사생활과 일치하는 인물로 생각한다. 로렌

3부 문학적 고찰

스가 여자의 남자였든 남자의 남자였든 그는 대체로 여성 청중 앞에서 이야기했고, 여성 청중은 그를 남성적 권위라는 공적 생활과 연결 짓는 것이 힘들다고 생각했다. 여성을 지배하는 문제를 해결한 (혹은 해결하는 데 실패한)《사랑에 빠진 여인들》이후 로렌스는 더욱 야심에 가득 차게 된다. 그러면서 그는 자신의 성 정치학을 놀라울 만큼 일관된 동기로 받아들여 다른 사회적이고 정치적인 신념의 기초로 만들었다.

로바트 소머스의 설명에 따르면 그는 단순히 일하면서 혼자 있고 싶어서 호주로 갔다. 하지만 곧바로 그가 만나는 모든 남자는 그에게 나라를 맡아달라고 애원한다. '군인들'이라는 불만에 찬 재향 군인들의 파시즘적 모임은 그에게 쿠데타의 수뇌가 되어달라고 한다. 통치라는 '남성적 영역'에 참여한다는 생각에 흥분한 소머스를 더욱 부추기는 것은 다른 남성들과 맺게 되는 동료애적 유대 관계뿐만 아니라 여성들, 특히 쓸모는 있지만 다소 몽롱한 아내인 해리엇을 고의로 배제할 수 있다는 점이다. 참정권이 획득된 지 얼마 되지 않은 시점에서 쓰인 이 작품은 여성을 정치 논의에서 완전히 배제하려는 목적을 분명히 한다. 이 빛나는 새로운 질서에서 여성들은 다시 권리를 박탈당하여 시민 계급 이하로 강등될 것이다. 그러나 남근 우월주의라는 '어두운 신'을 숭배하는 남성이 정작 자기 집에서 군주권을 제대로 확립하지 못했다는 오점은 당혹스러운 지점으로 남는다. 로렌스는 오랜 부부싸움을 묘사하여 호주의 풍경에 대한 장황한 서술을 상쇄하는 재미를 선사해준다. 로렌스는 분투할수록 지치게 되고 남성 우월주의 신념 안에서 더욱 절대주의적이고 전체주의적으로 변한다. 그리고 마침내 그는 남근 숭배 종교의 마법에 의존하게 된다. 로렌스의 후기 작품들은 가정에서의 실패를 상쇄하려는 소원 성취와 도 같은 보상의 꿈을 향해 가는 경향이 있다. 로렌스가 사망한 지 몇 해가 지나 아내 프리다는 별다른 양심의 가책 없이 다음의 이 야기를 기록한다. 어느 날 둘은 지독한 말다툼을 벌였는데 로렌 스가 프리다를 벽에 몰아세우고는 목을 조르면서, "내가 주인이 야. 내가 주인이라고!" 하고 윽박질렀다고 한다. 프리다는 그렇게 하고 싶다면 그렇게 하라고 그게 무슨 상관이냐며 응수했다. 로 렌스는 깜짝 놀라며 목을 조르던 손을 풀었다. 프리다는 즉각 말 로만 이렇게 동의했다. "그게 다야? 당신은 원하는 대로 주인이 될 수 있어. 난 아무 상관없어." 프리다는 확실히 로렌스보다 한 수 위였다.[165]

남성의 특권과 정치, 공적 생활(여성은 시민이든 아니든 여기에 서부터 배제된다)을 강조하는《캥거루》에서 우리는 20세기에 나타 는 특히 위험하고도 불쾌한 태도들, 즉 인종 차별주의, 폭력과 전 체주의적 지배에 대한 갈망, 민주주의에 대한 증오, 기독교적 인 본주의를 '유대인다운' 나약함이라고 경멸하는 태도 등을 발견할 수 있다. 그리고 이와 함께《캥거루》또한 (민주주의에 대한 로렌스 의 증오에도 불구하고) 야비하고 저속하며 싸구려 같은 어조를 띤 다. 그래서 이 작품은 평단의 관심조차 얻지 못했다. 재향 군인들 이 빚어내는 분위기는 이탈리아의 파시즘 결사 단체와 히틀러의 초기 간부회를 연상시킨다. 그것은 또한 자비로운 순찰 경관 협 회Patrolmen's Benevolent Association, 대외 전쟁 재향 군인회Veterans of Foreign Wars, 미국 재향 군인회American Legion가 조성하는 분위기이

---

165 Frieda Lawrence, 앞의 책, 341.

기도 하다. 남성성을 과시하고 특권을 선망하며, 몰상식한 애국
주의를 외치고 전쟁하고 싶어 안달하며, 백인의 깃발을 휘날리며
신성한 지도자를 숭배할 권리를 주장하는 자들의 어조인 것이다.
여기에는 '남성에 한함'이라는 배타성이 있고, 다른 남성들과의
깊고도 가까우며 넌더리나는 감상적 관계에 대한 지대한 관심이
있다. 호주 사람들은 소머스에게 존경 섞인 끈적끈적한 친근감으
로 접근하지만 이는 그의 마음에 흡족하지 않다. 소머스는 훌륭
하게 변한 프롤레타리아 소년인 척, 프롤레타리아로 태어났으나
이미 신사인 척 행세하면서 그 기회를 충분히 활용한다.

소머스는 식민지에 있는 사촌들을 후원하지만 사실상 그는
사랑받기를 좋아하고 쉽게 설득되지 않는 인물이 되고 싶어한다.
버킨과 달리 소머스는 거부당하기보다는 사랑받는 인물이다. 그
는 모든 면에서 사람들의 주목을 받으며 만나는 모든 남자들이
그를 찬양하려 든다. 이번에는 소머스가 그들을 거부할 차례다.
소머스는 기괴한 이기심에서 다수당의 지도자가 임종 때 작가인
자신에게 애무해달라고, '사랑한다'고 말해달라며 애원하는 모습
을 상상한다. 소머스는 자신에게 구애하는 사람들을 잘 다룬다.
그는 남자다운 남자이고 이성애자이며 오랫동안 고통받는 아내
에게 진실하게 대하지만, 잭 콜코트와 벤 쿨리라는 두 남자의 구
애를 즐기기도 하는 것이다. 이 두 남자는 그가 보기에 모두 인상
적일 뿐만 아니라 매력적이다. 소머스에 대한 그들의 애정은 그
의 허영심에 경이로운 진상물이 된다. 소머스가 마침내 그들의
접근을 내키지 않는 듯 거절하면서 세상에 기댈 사람이라고는 자
신밖에 없는 다루기 힘든 아내에게 매이게 되는 것 또한 이와 똑
같은 허영심에서 나온다. 제럴드가 버킨을 거부했듯이 이번에도

로렌스의 주인공은 다른 남자들을 거부한다. 그의 태도는 자신에게 구애하는 사람들에게 다소 '수동적'이고 '여성적'이며 심지어 수줍기까지 하다. 동시에 그는 기이하게 권위주의적이며 '남성적'이기도 하다. '남성적'이라는 단어가 여성들에게 이해되는 의미에서 말이다.

바람직한 남성들에게 여왕벌 같은 존재인 소머스는 자신에게 충실하지만 이미 시들어버린 아내를 못살게 굴 만큼 '충분히 남자답다.'《캥거루》는 불륜에 대한 로렌스의 환상을 기괴하게 설명한 작품이다. 이 환상을 비난할 수는 없다. 이 환상은 그러한 꿈에서 비롯된 허영심을 만족시키면서도 결코 완전히 달성되지는 않기 때문이다. 이 환상의 사랑 대상은 남성이며, 로렌스의 시각에서 보면 이 대상은 이미 손아귀에 쥐고 있는 아내보다 확실히 우월한 존재다. 하지만 그 모든 희롱과 시시덕거림에도 로렌스는 결국 몹시 청교도적이고 소심해서 '부자연스러움' 혹은 더 결정적으로는 '남자답지 못함'이라는 비난을 감수하지 못한다. 그는 자신만의 규준을 가지고 있으므로 캥거루의 키스는 이미 지나갔다는 점에서 더욱 달콤하게 느껴지는 것이다. 독창적이고 환상적인 해결을 통해 그는 케이크를 자신의 것으로 만들지만 그것을 먹는 죄까지 저지르지는 못한다.

그러나 이러한 상상적이고 대리적인 관계는 적극적이거나 강력한 동성애 충동이라기보다는 결국 압도적으로 성 정치적 성격을 가지고 있음을 우리에게 확신시켜준다. 남자들 사이의 사랑 또한 진정한 문제가 될 수 없다. 로렌스가 사랑이라는 말로 의미하는 것은 권력일 뿐이며, 후기에는 실제로 올바른 용어를 채택할 만큼 충분히 솔직했기 때문이다.

5 제의적祭儀的 작품

《날개 돋친 뱀》은 궁극적으로 로렌스가 남성 우월주의라는 종교, 아니 성찬식을 독창적으로 창시하게 된 순간을 기록하고 있다. 정치 체계를 신학적으로 뒷받침하는 것은 항상 존재해온 오래된 욕구이고 로렌스에게도 현실적으로 필요한 것이었다. 종교는 낡은 가부장제를 떠받쳐온 기둥 중 하나다. 로렌스는 평등주의의 가능성을 가진 기독교에 싫증이 났고 기존의 다른 종교에는 전혀 관심이 없었으므로 자신만의 종교를 창시할 수밖에 없었다. 그러나 그는 단 하나의 초자연적인 것만을 섬기려 했기 때문에 그것이 남근 숭배라는 우둔한 형태를 띠는 데 만족했다. 그의 토테미즘적 남근은 처음이자 끝이었으며 남근이라는 단어는 육체로 육화되고 있다.

이 충동은 시작부터 명백히 나르시시즘의 요소를 가지고 있다. 이는 초기 작품들에서 묘사된 피를 나눈 형제애라는 관계에서도 관찰되는 요소다. 로렌스의 남근 숭배는 또한 다른 목표를 성취할 수 있게 해준다. 로렌스는 남근에 마술적 힘(이는 종교적 분위기가 없다면 실현하기가 더 힘들었을 것이다)을 부여하여 생물학적 사실을 다시 정리해낼 수 있었다. 새로운 체제하에서 생명은 (자궁을 무시한) 남근의 자가 생식에 의해서만 발생할 수 있기 때문이다. 이제 남근만이 세상의 모든 생명력을 발생시키는 책임을 진다. 《무지개》에서 로렌스가 자궁의 힘을 인정했다는 사실을 기억한다면 그가 '생명의 현실'에 급격한 변화를 주고 싶어했다는 것도 놀랍지는 않을 것이다.

《날개 돋친 뱀》은 개종을 다룬 이야기다. 어느 현명한 아일랜드 여성이 멕시코에 가서 야심에 찬 두 모략가와 어울리게 된다. 이들은 스스로가 고대 멕시코 신의 화신이라고 주장하며, 멕시코를 탈취하여 반동 정부를 세우려고 한다. 이 정부는 파시즘적이며 어색하게도 신新원시주의적 강령이 있다. 여주인공 레슬리 부인은 이들의 이야기가 모두 "허풍에 찬 허튼소리"라는 것을 깨닫지만 돈 라몬과 돈 시프리아노의 남성성이라는 최면에 걸리고 만다. 마침내 레슬리 부인은 이들의 남성성에 항복하고, 이들과 함께 머무르면서 둘 중 하나와 결혼하게 되고, 여신이라는 부차적 지위로 신들의 대열에 합류하라는 꾐을 받는다.

작품의 시점은 여주인공이며, 관심의 초점은 매력적인 두 남성이다. 작품은 남근의 우월성을 끊임없이 찬양한다. 시프리아노의 마술에 걸려든 레슬리 부인은 "살아 있는 남성의 힘"을, "고대 남근의 신비"를, "영원히 굽히지 않는" "고대의 신이자 악마인 목신"을 목도하게 된다. 신은 "어둡고 만질 수 없으며 불쑥 높이 솟아오르면서 하늘을 뒤덮는, 그 자신이자 온통 그 자신일 뿐인 어둠을 드리우는" 남자다.[166] 지적인 라몬과 세속적인 시프리아노는 전형적인 로렌스식 남성들이자 대변인이기도 하다. 이들은 여주인공과 함께 로렌스 특유의 삼각관계를 형성한다. 시프리아노와 케이트 레슬리는 모두 라몬에게 반했지만 라몬은 자기 자신에게만 반한 듯하다. 매우 우월한 존재, 신神 중의 신, "살아 있는 케찰코아틀Quetzalcoatl(고대 아스텍과 톨텍 등지의 신으로 날개 달린 뱀의 모습을 하고 있다.—옮긴이)", 예수의 형제이자 후계자인 라몬이 얼마나 자족적일지는 충분히 이해할 수 있다. 하지만 라몬은 긴장

---

166 Lawrence, *The Plumed Serpent*, p.342.

　　　　　　　　　　　　3부 문학적 고찰

을 풀고 있을 때 시프리아노와 에로틱한 관계를 즐기고 케이트에 대해서는 욕망을 억제하며 쾌락을 누리기도 한다. 케이트는 그의 사랑을 받기에 너무도 불완전한 존재이기 때문이다.

프랭크 리비스를 비롯한 비평가들은 이 소설에서 의식의 중심을 여주인공으로 둔 것이 부적당하다고 언급한 바 있다.[167] 이러한 주장에는 어느 정도 진실이 있다. 케이트 레슬리는 여자로 위장한 인물에 불과하기 때문이다. 하지만 그녀가 모범적 복종의 사례로 유용하게 쓰이고 있다는 사실을 간과해서는 안 된다. 또한 그녀가 표상하는 모범적 여성성은 확실히 그녀의 가치로 받아들여진다. "지고의 오랜 남근의 신비"를 접한 그녀의 행동은 그다지 다르지 않다. "복종"하고 "굴복"한 후 그녀는 자아를 완전히 버리고 "아래로 누워서, 완전히 누워서 황홀감에 빠졌다."[168]

아! 엎드려 굴복하는 것, 이 거대한 발기는 그녀에게 얼마나 놀라운 신비인가! 하늘 아래 있는 땅처럼 완벽한 복종이다. 아치로 구부러진 절대자 아래에서 복종하는 것. 아, 이 얼마나 놀라운 결혼인가! 얼마나 끔찍한가! 그리고 얼마나 완벽한가! 최종적인 죽음, 하지만 죽음보다 더한 무엇. 어슴푸레한 목신의 팔. 그리고 구름 너머에서 불가해하게 들려오는 거룩한 목소리. 그녀는 이제 시프리아노와의 결혼을 상상할 수 있었다. 황혼 녘 아래에 있는 대지와 같은 살아 있는 무생물성 속에서 완성되는 지고의 수동성, 진정 견고한 수동성의 신비. 아, 이 얼마나 놀라운 탐닉인가,

---

167 F. R. Leavis, *D. H. Lawrence, Novelist*(New York: Knopf, 1956), p.70.
168 Lawrence, *The Plumed Serpent*, p.341.

이 얼마나 놀랍고도 놀라운 탐닉인가![169]

무기력한 미래의 전망에 압도된 여주인공은 "나의 사악한 연인이여!"[170] 하고 절규한다. 이 표현은 콜리지Coleridge가 진부한 잡지의 연재소설 수준으로 타락해버린 슬픈 사례다.

케이트 레슬리는 "여자의 영혼이 침묵하고 영원히 말을 하지 않는 곳인 고대 목신 세계의 황혼 속으로 여성을 되돌리기"[171] 위해 설정된 본보기이자 실물 교육이다. 케이트 레슬리의 현기증 나는 수동성은 여성에 대한 훈계이며 저자 또한 스스로 그렇게 되는 것을 즐기는 듯 보인다. 이 여주인공은 어둡고 도도한 시프리아노라는 남성에게 로렌스 스스로 항복하는 공상 수단이다.

이 작품을 통틀어 케이트 레슬리는 원시적 진리에 대한 로렌스의 관념을 학습한다. 여주인공은 세계의 구원이 남자다움을 재확인하는 데 있다는 것, 그리고 이를 통해 여성 또한 남성의 법칙에 수동적으로 굴복하는 대상이자 피지배자로서 자신의 진정한 본성을 실현할 수 있다는 것을 깨닫고 이 새로운 종교에 따라 결혼을 하게 된다. 종교 의식이 명령하는 대로 새로운 주인의 발에 열렬하게 입맞춤을 한다. 여성의 의지는 사악하며 남성의 의지는 축복이라고 매우 꼼꼼하게 일러주는 로렌스의 가르침에 따라 그녀는 열심히 자신의 의지와 개별적 자아를 단념하는 법을 배운다. 그럼에도 우리는 그녀가 결코 오래 가지 못할 것이라고 확신할 수 있다. 작품 안에서조차도 그녀가 인간 제물로 죽게 된다는

---

169 같은 책, p.342.
170 같은 곳.
171 같은 곳.

사실이 예견되어 있다. 그것은 새로운 질서에서 행해지는 혐오스러운 제의를 통해서다. 충격적으로 자세히 묘사된 제의는 야만주의와 연루되어 있어 독자는 과연 로렌스의 정신이 온전한 것인지 걱정스러워진다. 라몬은 그녀에게 "당신이 여기에서 혼자 살면서 (…) 얼마 동안 여왕처럼 군다면 당신은 당신을 숭배했던 사람에게 살해를 혹은 그보다 더한 일을 당하게 될 것이오."[172] 새로운 체제의 구성원임에도 레슬리의 지위는 몹시 하찮으므로 그녀의 불길한 예감은 매우 설득력 있게 느껴진다. "결국 그녀는 백인 여자일 뿐이며 그녀 또한 그것을 느꼈다. 제물? 그녀는 제물이었나? (…) 이제 그녀는 희생양처럼 기이한 시련을 겪게 되었다."[173]

로렌스는 《날개 돋친 뱀》과 같은 시기에 속편이라 할 수 있는 〈말을 타고 달아난 여인〉이라는 단편을 썼다. 이 단편은 로렌스의 남근 숭배 교파에서 여성을 인간 제물로 바치는 이야기로 《날개 돋친 뱀》보다 더 노골적으로 사건들을 묘사한다. 주인공은 불행한 결혼 생활에 매여 있는 여성이다. 로렌스는 이 결혼 생활을 그녀의 "의식적 발전을 (…) 완전히 저지한" "지독한 예속"[174]이라고 묘사한다. 의미심장하게도 이름이 밝혀지지 않는 이 여자는 말을 타고 멕시코 인디언들이 사는 사막으로 도망가는 모험을 한다. 그녀는 분명 도망쳐야 하는 여자다. 어디가 되었든 말이다. 그런데 이상한 것은 로렌스가 그녀를 죽음으로 도망가게 한다는 점이다. 그리고 이 죽음은 특히 가학적이고 악의적이라 몹시 충격적이다.

172 같은 책, p.478.

173 같은 책, p.369.

174 D. H. Lawrence, *The Woman Who Rode Away*(1928)(New York: Knopf, 1928), Berkeley Medallion Edition, p.8.

로렌스에게 그토록 심미적 만족감을 제공한 원시주의 숭배는 정치적 측면도 가지고 있다. 페미니즘 운동이 오랫동안 남성의 향유물이었던 문명화된 조건을 향해 돌진하고 있음을 본 로렌스는 여성(최소한 그의 표적이었던 신여성)을 다소 세련된 적으로 간주하게 된다. 이는 로렌스의 동시대 작가들이 취한 임기응변과는 정반대다. 로렌스의 동시대 작가 중에서 특히 포크너와 제임스 조이스 James Joyce는 여성을 '손상되지 않은 원시적 지혜'를 가진 '자연'으로, '영원한 여성성'으로 묘사하기를 좋아했다. 여성의 성격을 수동성과 마조히즘이라고 제시하여 로렌스의 동의를 얻은 프로이트조차도 여성은 매우 천진한 미개인이라고 생각했다. 로렌스는 문명이 남성의 소유물임을 인정하면서도, 다른 사람들이 여성의 본성이라고 가정한 그 원시적 조건에서 여성이 실제로 탈출을 감행했다는 것(신여성이 도래했으므로)을 인정할 만큼 현실적이기도 했다. 그러므로 여성을 과거로 억지로 되돌리기 위해서는 과감한 수단이 필요하다. 즉 여성의 의지를 꺾어야 하고, 여성이 새로이 발견한 자아를 파괴해야 하는 것이다. 이 때문에 로렌스의 소설에서 여주인공들은 매번 여성적 부분을 새로 학습하는 데 시간을 보낸다. 실제로 이러한 문제에서 자연을 믿을 수 없으므로 때로는 몹시 혹독한 조치를 취할 필요가 있다. 〈말을 타고 달아난 여인〉이 이러한 경우다. 비평가들은 이 이야기가 알레고리적이며 상징적이라고 모호하게 얼버무려 그 의미를 둘러대려 했다.[175] 물론 아는 사실이다. 런던교 위에 매달려 있는 참수당한 머리처럼 노골적으로 상징적이다.

---

175 리비스와 틴달이 이러한 노선을 취한다. Leavis, *D. H. Lawrence, Novelist*; William York Tindall, *The Later D. H. Lawrence*(New York: Knopf, 1952) 참조.

　　　　　　　　　　　　　　　3부 문학적 고찰

해방된 여성을 '야만인'의 손에 죽게 하고 학살되도록 한다는 아이디어는 로렌스에게 대단한 영감이었던 것으로 보인다. 따라서 성차별주의는 자유주의적이고 반反식민주의적으로 보일 수 있다. 이를 통해 로렌스는 검은 피부를 가진 남자들의 아름다움을 음미할 수 있으며, 아리안이 아닌 종족에 까다로운 혐오감을 가졌음에도 그들이 별들의 미덕(즉 "여자들을 제자리에 두는" 미덕)을 가지고 있다고 찬양할 수 있다. 이것은 백인 세계에서 흔히 찾아볼 수 있는 환상으로 아시아와 아프리카에 대한 호화 쇼나 서부 영화가 선호하는 아이템이기도 하다. 이러한 웅장한 서사에는 수많은 백인 남성의 기대를 충족시키는 잘 만들어진 줄거리가 있다. 즉 백인 여성이 '야만인'에게 사로잡히는데, 이 야만인들은 '백인 여자들을 어떻게 다루어야 할지 잘 알고 있지' 하고 입을 모아 말한다. 그리고 백인 여성은 끔찍한 굴욕을 당한 뒤에 비천한 상태에서 살아가야 하며 강간당하고, 매 맞고, 고문당하고, 결국은 벌거벗겨져 살해당한다.[176] 그러한 저속한 희극은 백인 남성

---

[176] 로렌스는 이런 소설을 수도 없이 썼다. 〈그런 건 아니다None of That〉는 어느 미국 여성에 대한 증오심으로 쓴 불쾌한 단편 소설이다. 이 여자는 자신의 유산을 번지르르한 투우사 중 하나에게 남기는데 그에 대한 보답으로 이 투우사들은 그녀를 집단 강간한다. 〈공주The Princess〉는 어느 미국인을 강간하고 산에 가두어버리는 멕시코 안내원에 관해 이야기한다. 이 단편은 헤아릴 수 없는 악의와 성적 적개심으로 쓰인 이야기다. 〈말을 타고 달아난 여인〉을 쓴 로렌스의 모습을 우리는 《아들과 연인》 같은 초기 작품에서도 예감할 수 있다. 여기에는 어린 폴 모렐이 누나 애니의 인형을 가지고 기이한 제의를 올리는 장면이 있다. 애니의 인형을 "뜻하지 않게" 망가뜨린 폴은 "아라벨라를 제물로 바치자. 그 인형을 태워버리자"라고 제안한다. 폴은 인형이 불타는 동안 "멍하게" 보고 있는 애니의 얼굴을 보고 기뻐하며, 그리고 나서 새카맣게 타버린 인형의 잔해를 찾아내서는 돌멩이로 박살을 낸다. 애니는 자신의 장난감이 이렇게 된 것을 보면서 무기력하고 혼란스럽게 서 있을 뿐이다. 폴은 "이게 아라벨라의 희생제야. (…) 이 인형에서 아무것도 남지 않게 되어 기분이 좋아" 하고 외친다. Lawrence, *Sons and Lovers*, pp.57~58.

을 자극하고 '그의 여자'를 겁먹게 하며, 백인 남성이 야만인들에게 자신의 외설적 사디즘이라는 짐을 떠넘길 수 있도록 일조한다.

로렌스는 이야기를 무미건조하게 하여 강간이라는 환상을 더욱 다듬어나간다. 즉 노골적인 성행위의 흔적을 없애고 미숙한 신화(여자가 태양에 희생된다는 신화)로 대체한다. 그러나 이 이야기에 나오는 어리석은 가짜 인디언 전설을 별도로 하고도 여기에는 진지한 '종교적 충동'이 있다. 이 이야기는 남성 우월주의라는 교리와 신격화된 남근에 대한 독실한 발언이기 때문이다. 사기꾼 같은 신화는 이 작품이 포르노그래피 같은 꿈이 되는 것을 막아준다. 의도라는 측면에서 〈말을 타고 달아난 여인〉을 《O 이야기》와 주의 깊게 비교해서 읽어볼 만하다. 곳곳에서 〈말을 타고 달아난 여인〉은 상업적 하드코어 포르노그래피를 닮아 있다.

성적 보복이라는 임무는 물론 검은 피부의 남성에게 맡겨져 있다. 프롤레타리아 여성과 마찬가지로 아리안이 아닌 여자는 전혀 로렌스의 관심을 끌지 못하고 이야기에 등장하지도 않는다. 심리적으로 보면 이 소설의 패턴 자체는 유색인종 사람들과 '원시인들'을 착취했다는 죄의식에 대하여 일종의 보상을 제공한다. 백인 남성은 자신의 여자를 학살자에게 던져버리고 그 과정에서 그녀에 대한 지배를 강화하며, 제국주의적 난폭함 대신에 자신의 경쟁자를 희생양으로 대체하여 속죄할 것이다. 그리고 자유주의자와 인도주의자, 선의를 가진 사람들은 표면적 층위에서 이 이야기에 만족할 것이다. 반면 공격적인 사람, 악의에 차 있는 사람, 사디스트들은 이 표면 아래에서 충분히 자양분을 섭취할 것이다.

백인 남성의 죄악을 '백인 남성의 여자'에게 돌리는 방식은 얼마간 유행하던 일이기도 하다. 리로이 존스LeRoi Jones조차도 《네

덜란드인The Dutchman》에서 이러한 공격 노선을 따르면서 룰루라는 인물을 통해 모든 백인들을 처벌하고 그로써 '남자'와의 폭발적인 싸움을 회피하고 있다. 더 날카로운 감각을 보여주는 장 주네는 백인 여성을 강간하는 것이 실제로는 백인의 이기적인 환상에 불과하다고 깨닫는다. 이러한 광적인 신화는 (과거 미국에서 수많은 잔학 행위를 낳은) '백인 남성의 여자'의 죽음 혹은 파괴에 대하여 백인 주인이 보여주는 반응의 원인이자 구실이 되어왔다. 그리하여 주네의 희곡《흑인들》에서 흑인 '배우들'은 백인 관객들 앞에서 '백인 여성을 살인하는 장면'을 재연한다. 그것이 관객들의 관심을 끌기 위해 제공할 수 있는 최고의 접대임을 알고 있기 때문이다. 덧붙여 말하자면 이 관객들은 심판의 법정이기도 하다. 그 '살인'이 가짜라는 것이 밝혀지면('영구차' 안에는 아무것도 없으므로), 즉 흑인들이 죽인 것은 아무것도 아니고 단지 백인성이라는 개념 자체라는 것이 밝혀지면 백인들의 법정은 터무니없이 격분한다. "너는 우리를 죽이지 않고도 우리를 살인하고 있다"라고 그들은 아우성친다.[177] 주네가 탐구한 것은 인종 폭력이나 성폭력이 아니라 인종적이고 성적인 신념이 토대로 하는 심리적 기초였다. 그는 이것을 정치 체제의 신화라고 폭로한다.

백인 여성들에 대한 로렌스의 교훈적 이야기는 백인의 정신에 공통으로 존재하는 기이한 전제를 가지고 있다. 즉 전 세계 유색인종이 금발 머리에 매혹될 것이라는 전제 말이다. 이는《로드 짐Lord Jim》같은 백인 동화에서 공리처럼 나오는 전제다. 금발 머

---

177 Jean Genet, *The Blacks, A Clown Show*(1958), trans. Bernard Frechtman (New York: Grove Press, 1960), p.98.

리의 인종 중 한 사람이 유색인종의 세상으로 가면 유색인종들은 그에게 압도된 나머지 그를 신이나 왕으로 만든다(백인의 허영심을 만족시키는 사건이다)는 일반 백인의 공상이다. 로렌스는 이러한 흔해 빠진 이야기를 다시 한번 사용하며 그 과정에서 백인 여성을 처벌한다. 이어지는 인용은 이러한 전제에서 작동하며 여성에게 굴욕을 주면서도 동시에 백인의 자기중심주의에 아첨하고 있다.

> 이제 완전한 정적이 흘렀다. 그녀는 마실 것을 조금 받았고 두 사제가 들어와 망토와 웃옷을 벗겼다. 그녀는 이상하게 창백해진 채 사제들의 붉은 옷 사이에, 얼음 기둥 너머에, 검은 얼굴을 한 사람들 너머에 그리고 위에 서 있었다. 아래의 군중들은 낮고도 거칠게 무언가를 외쳤다. 그리고 나서 사제들은 그녀를 뒤돌아서게 했다. 그녀는 열린 세상에 등을 대고 아래에 있는 사람들에게 긴 금발 머리를 늘어뜨리면서 섰다. 그러자 그들은 다시 무언가를 외치기 시작했다.[178]

이 장면은 메트로 골드윈 메이어MGM의 총천연색 영화풍으로 묘사되고, 이야기 전체도 할리우드 영화의 분위기를 보여준다. 하지만 이 장면은 관음증과 가학적 남색도 만족시키며, 여기에서 백인의 꿈은 한껏 고양되고 공공연히 찬양된다.

로렌스의 성적 모호함은 언제 봐도 놀랍다. 이야기의 여주인공은 뱀의 눈빛에 무력해진 새처럼 죽음을 향해 다가가고 있다.

178 Lawrence, *The Woman Who Rode Away*, p.39.

그러나 그녀를 죽이려는 로렌스의 강박적 소망을 제외하고는 그녀의 운명에 대해서는 전혀 설명되는 것이 없다. 이러한 운명에는 기이한 특징이 있다. 즉 이 여성의 운명은 서구의 몰락 등의 추상적 관념을 표상한다고 생각되지만, 서사는 로렌스 자신의 본성 깊이 자리한 비뚤어진 욕구에서부터 비롯된 부분으로부터 그 추진력을 이끌어내고 있다. 저자는 사디즘뿐만 아니라 마조히즘에도 관심을 쏟으며 특히 후자에 기이한 관심이 있음을 우리는 인식할 수 있다. 즉 인디언 남자의 힘과 아름다움, 냉담함, 잔인함은 희생자인 멍청한 여성뿐만 아니라 로렌스 자신에게도 행사된다. 이러한 음울하게 아름다운 말 없는 살인자 앞에서 매혹되고 사로잡히며 흥분해 희생제의적 강간을 기다리고 있는 사람은 바로 저자 자신인 것이다.

그러나 이 이야기의 진정한 관심사는 여성의 의지를 파괴하는 것이다. 살인은 단지 이러한 파괴의 정점일 뿐이다.《O 이야기》나 '이국적인' 포르노그래피(예를 들면 서아시아나 동아시아 혹은 원시 문화를 배경으로 하는 포르노그래피를 말한다. 여기에서 여성에 대한 진정한 혹은 가장된 경멸은 어마어마한 성적 사디즘을 합리화한다. 저자는 이 사디즘 때문에 그러한 배경에서 시작하기를 선택한 것이다)에서처럼 여기에서의 관심사는 육체적으로 가해진 고통이 아니라 의지와 정신에 가해진 손상, 희생자의 존엄성이나 인간의 권리에 가해진 굴욕이다. 사건의 추이는 다음과 같은 무수한 표현들에서 나타난다. "그녀는 몹시 피곤했다. 그녀는 가죽 소파에 누웠다. (…) 그리고 모든 것을 포기한 채 잠들었다."[179] "그녀는 기분이 몹

---

179 같은 책, p.24.

시 이상했다. 마치 자신의 몸이 자기 것이 아닌 것 같았다."[180] 작은 오두막에 갇힌 그녀는 계속 고문당하면서 매일 약을 받아먹고 계속해서 구토를 했다. 그러고는 "자신을 전혀 통제할 수 없는 것처럼"[181] 극심한 자포자기와 수동성에 빠진다. 로렌스는 그녀가 자아를 서서히 포기하는 과정을 음미한다. "그녀는 자신의 힘으로 있는 것이 아니라 어떤 다른 지배의 주술에 걸려 있었다. 그리고 때때로 그녀는 공포와 전율을 느꼈다. (…) 인디언들이 와서 그녀 옆에 앉아 그 말 없는 존재 자체로 그녀에게 어느새 주문을 걸었다. (…) 그들이 앉아 있으면 그녀는 의지를 빼앗기는 것 같았다. 그녀에게는 아무런 의지도 없었고 스스로 무관심의 희생자가 되었다."[182]

저자가 신여성에게 진부한 설교를 늘어놓는 핵심 문단에서 마침내 이 소설의 메시지(이 작품은 분명 메시지를 가지고 있다)가 드러난다.

부동자세로 열중하고 있는 여자들의 머리 위에 기이하게 높이 솟아 있는 상징들을 보며 그녀는 다시 한번 메네 메네 데겔 우르바신(구약 다니엘서 5장에 나오는 이야기다. 바빌론의 벨샤자르왕이 호화로운 연회를 여는 도중 사람의 손가락이 나와 벽에 히브리어로 'Mene Mene Tekel Urpharsin'이라고 쓴다. 놀란 왕은 예언자다니엘을 불러 이를 해독하게 한다. 다니엘은 이 말을 '세고 또 세어 보아도 부족하여 나뉘어졌다'라는 뜻으로 풀이한다. 즉 벨샤자르왕

180 같은 곳.
181 같은 책, p.25.
182 같은 책, p.27.

의 남은 치세를 세어보아도^{Mene} 그 남은 날이 부족하므로^{Tekel}, 왕국은 둘로 분열될 것^{Urpharsin}이라는 것이었다. 그 해석대로 벨샤자르 왕은 그날 밤 살해당했고 왕국은 몰락하여 분열되었다.—옮긴이)을 읽고 있는 듯했다. 그녀는 지극히 개인적이고 개별적인 여성성 또한 말소될 것이었고, 거대한 원시적 상징들은 다시 한번 여성의 몰락한 개인적 독립 위로 솟아오를 것이었다. 귀하게 자란 백인 여성의 날카로움과 초조하게 떨리는 의식은 다시 파괴될 것이고, 여성성은 다시 한번 비인격적 섹스와 열정의 거대한 흐름 속으로 던져질 것이다. 기이하게도 그녀는 마치 천리안을 가진 듯 거대한 제의가 준비되는 것을 보았고 황홀한 고통을 느끼면서 자신의 작은 집으로 돌아갔다.[183]

그럴 만도 하다. 우리는 시민권을 얻기 위해 유엔에 로비를 하는 아프리카와 아시아, 남아메리카 여성들을 곤혹스러운 연민을 가지고 떠올리게 된다. 슬프게도 이 여성들은 잘못 인도된 나머지 성 혁명이라는 희망(그리고 나머지 여성들에게 모범이 되는 중요성)이 부적절한 것일 뿐이라는 로렌스의 현명한 지혜를 파악하지 못하고 있다.

　이제 설교는 끝났으므로 절차만이 남았다. "그녀는 편안하고도 혼란스러우며 희생을 당하는 상태에 있다는 것을 계속 느꼈다. (…) 이것은 마침내 그녀가 실제로 인식하는 유일한 의식 상태가 되었다. 사물들의 더 고귀한 아름다움과 조화를 위해 피를

183　같은 책, p.29. 당연히 여성의 몰락한 자유 위로 솟아오를 "상징"이란 다름 아닌 남근이다.

흘린다는 강렬한 느낌이었다."[184] 이 마지막 표현은 순전히 허풍에 불과하다. 하지만 그 의도는 명백하다. 물론 여성의 마조히즘적 본성에 대해서는 충분히 이야기되고 있으며 그녀에게 저질러진 무시무시한 짓 역시 정당화되고 있다. "그녀는 자신이 희생자라는 것을, 자신에게 가해진 이 모든 정교한 작업은 자신을 희생자로 만드는 작업이라는 것을 알고 있었다. 하지만 그녀는 신경쓰지 않았다. 그녀는 오히려 그것을 원했다."[185] 이는 남성적 환상 중에서도 아마 가장 공경받는 환상일 것이다. 이는 잔인한 행위를 합리화할 뿐만 아니라 더 적절하게는 도덕의 한계를 넘어선다. 이 모든 극악무도함은 단지 그녀의 '타고난 본성'을 만족시킬 뿐이다. 프로이트는 사디즘에 대한 과학적 정당화를 제공했고 로렌스는 그 상품을 재빨리 구매한 것이다.

그녀에게 굴욕을 주기 위한 온갖 노력이 행해진다. 로렌스가 말하는 **교만**이란, 자신감을 가진 여성을 의미하므로 그러한 여성은 인디언들에게 말을 거는 것으로, 그리고 그녀가 타고 있는 말에 상처를 줘서 그녀를 사로잡은 인디언들이 안장 위에 있는 그녀를 고통스럽게 하는 것으로 보답을 받는다. 이후 로렌스는 그녀를 말에서 내려 기어가게 만든다. 그리고 로렌스는 그녀와 함께 갇힌 "작은 암캐"를 까닭 없이 괴롭히는 세부 묘사를 즐기며 그녀를 죽음으로 몰고 가는 겁먹은 공포심을 묘사하는 것도 음미한다. "그녀는 공포에 질려 푸른 눈을 크게 뜨고 갇혀 있는 곳의 바깥을 내다보며 앉아 있었다. (…) 약을 먹어 노곤하고 파리해졌

---

184 같은 책, p.31.
185 같은 책, p.36.

다는 표시였다."[186]

그녀를 사로잡은 사람들은 그 어떤 인종과도 닮지 않은 단지 관념의 구현일 뿐이다. 이들은 초자연적 남성들로 남성 우월주의를 경건하고도 열렬히 숭배하는 '성을 넘어선' 사람들이다. 이들의 남성 우월주의는 칼로 여자를 다루는 것을 제외하고는 여성과 어떤 성교도 경멸하기 때문이다. 이들은 로렌스식 남근주의의 최후의 사제들이다. "표정에는 어떤 관능도 성적인 것도 없었다. 그 표정은 무시무시하게 빛나는 순수함을 담고 있었다."[187] "그들의 눈에는 심지어 비웃음조차 없었다. 강렬하지만 냉담하고 비인간적인 번득임만 있었다. 그녀는 그것이 무서웠다. 그들은 접근할 수 없는 사람들이었다. 그들은 그녀를 여자로 보지도 않았다."[188] 우리는 끊임없이 그들이 "어둡고도 강렬한 남자"[189]라는 이야기를 듣는다. 하지만 역설적이게도 그들이 "조용하고 **성적 욕망이 없는** 강인한 육체적 존재"[190]라는 이야기도 듣게 된다. 이러한 청교도적 포르노그래피의 이상화를 통해 섹슈얼리티를 섹스와 분리하고 있다는 점에서 로렌스에게는 전혀 모순이 없다 할 것이다. 이 가짜 인디언들은 궁극적 남성성이며 따라서 여성과는 그 어떤 관계도 없다. 그래서 그들은 그녀와 거래도 하지 않는다. 로렌스가 '남성'이라는 말로 의미하는 바는 단순히 억압적인 힘, 비범한 지배력, "원초적으로 남성적이며 잔인한 무엇",[191] "태곳적부터 거친

---

186 같은 책, pp.37~38.
187 같은 책, p.20.
188 같은 책, p.18.
189 같은 책, p.27.
190 같은 곳. 강조는 필자.
191 같은 책, p.35.

남성"[192]일 뿐이다. 당연한 일이지만 이는 성행위와 양립할 수 없다. 그러한 행위는 여성과 의사소통하거나 심지어 여성을 기쁘게 할 위험을 가져올 수 있기 때문이다. 그들이 여성 희생자와 맺는 관계는 청결하며 섹스와 관계가 없다는 특징이 있다. 하지만 의도적으로 비인간적이며 오만하다는 점에서 놀랄 만큼 외설적이다.

"옷을 벗고 이것을 입어야 합니다."
"남자들이 모두 나가면요." 그녀가 말했다.
"누구도 당신을 해치지 않을 것이오." 그가 조용히 말했다.
"당신네 남자들이 여기 있는 동안은 안 돼요." 그녀가 말했다.
그는 문가에 있는 두 남자를 쳐다보았다. 그들은 재빨리 앞으로 나와 갑자기 그녀의 팔을 움켜쥐었다. 아프지는 않았지만 단호했다. 그러고 나서 나이 든 남자 두 명이 와서 날카로운 칼로 부츠와 옷을 기묘한 수법으로 벗겨버렸다. 순식간에 그녀는 아무것도 가린 것 없이 벌거벗고 서 있었다. 침대에 누워 있는 늙은 남자가 무언가 말을 했고 다른 남자들이 그녀의 몸을 돌려 그가 볼 수 있게 했다. 그는 다시 무어라고 말을 했다. 그리고 젊은 인디언 남자는 솜씨 좋게 그녀의 금발 머리에서 핀을 빼고 머리를 내렸다. 그녀의 머리가 엉킨 채로 어깨에 흘러내렸다.
그러고 나서 그 남자는 다시 무어라고 말을 했다. 인디언 남자들이 그녀를 침대로 데리고 갔다. 백발의 어두운 남자가 무표정하게 손가락에 침을 묻혀 그녀의 가슴과 몸 그리고 등을 섬세하게 만졌다. 그리고 그의 손가락 끝이 피부를 따라 내려갈 때마다 그녀는

192 같은 책, p.29.

　　　　　　　　　　　　　3부 문학적 고찰

이상하게 몸을 움츠렸다. 마치 죽음이 그녀를 만지는 듯했다.[193]

이 희생자가 죽음의 감촉을, 섹슈얼리티와 생명과 생식을 완전히 거부하는 치명적인 감촉을 느끼는 것은 전혀 모순적이지 않다. 로렌스의 남성 우월주의가 마침내 이런 방식으로 드러난다. 그 누구도 이보다 더 보잘것없을 수는 없을 것이다. 마지막 제의는 얼음으로 된 남근 토템 앞에서 행해진다. 이 남근이 고드름이라는 점은 놀랄 만큼 적절하다.

정면에는 움푹 들어간 거대한 바위벽이 있었고 앞쪽 아래에는 거대한 송곳니 같은 고드름이 매달려 있었다. 고드름은 위에 있는 절벽에서부터 바위로 흘러내리면서 높은 하늘에서부터 움푹 파인 바위 아래까지 떨어지다가 멈춰 있었다. 그 아래에는 연못이 있어야 했지만 말라 있었다. (…) 그들은 그녀를 무지갯빛 얼음 기둥을 바라보고 서 있게 했다. 불가사의하게도 이 얼음 기둥은 내려오다 멈춰 있었다.[194]

생식기 해부학과 같은 이러한 이미지 속에서 독자는 남근의 초자연적 기원(높은 하늘에서부터 떨어지는)과 발기라는 기적(불가사의하게도 멈춰 있는)을, 그리고 자궁에 대한 거부(말라 버린 연못)를 감지할 수 있다. 얼음송곳은 로렌스의 신이자 우상이며 그가 생각하는 신성함의 이미지다. 이것이 남근 의식이 성취할 수 있는

193 같은 책, pp.23~24.
194 같은 책, pp.38~39.

전부다.

죽음이 희생자를 꿰뚫기 전, 희생자는 정화되고 "연기에 그을리며" 난폭하게 다루어지고 문질러진다. 그리고 독자는 포르노그래피 문학 중에서도 가장 노골적으로 자가 성애적이거나 아마도 반성애적인 이러한 방식에 흥분을 느낄 것이다. 이 장면들은 대체로 값싼 페이퍼백의 앞뒷면에 성적인 미끼로 인용된다. 명백히 사람들의 눈길을 끌기 때문이다.

어두운 정적 속에서 그녀는 자신에게 일어나는 모든 일을 정확하게 알고 있었다. 그들이 옷을 벗기고는 벽에 있는 파랗고 하얗고 검게 칠해진 거대하고 불가사의한 장치 앞에 자신을 세워놓고 자신의 몸을 물로 구석구석 씻는 것도 알고 있었다. (…) 그러고 나서 그들은 또 다른 알아볼 수 없는 빨갛고 검고 노란 거대한 이미지 아래에 있는 소파에 그녀를 눕히고 달콤한 향기가 나는 오일로 그녀의 몸을 문질렀고 팔다리와 등, 옆구리를 마취하듯 오랫동안 이상하게 마사지했다. 그들의 검은 손은 믿을 수 없을 만큼 강인했지만 불가해할 정도로 물처럼 부드러웠다. 그녀의 하얀 몸 가까이에 숙이고 있는 그들의 검은 얼굴은 붉은 물감으로 칠해져 있었으며 뺨에는 노랗고 둥근 선이 그려져 있었다. 그리고 그들의 손이 여자의 부드럽고 흰 몸 위에서 작업하는 동안 검은 눈은 열중하여 반짝거렸다.

그녀가 연기에 그을리자 그들은 그녀를 커다랗고 평평한 돌 위에 눕혔다. 네 명의 힘센 남자들이 그녀의 쭉 뻗은 팔과 다리를 잡고 있었다. 그녀 뒤에는 그 늙은 남자가 어두운 유리에 싸여 있는 해골처럼 손에 칼을 쥐고 꼼짝 않고 태양을 보면서 서 있었다.

그 남자 뒤에는 또 다른 벌거벗은 사제가 칼을 들고 있었다.[195]

모든 가학적 포르노그래피는 살인을 통해 완성된다. 로렌스의 영화 같은 사제들은 제의의 목적을 이해하고 있는 듯이 "벌거벗은 채 원시적 황홀경 상태로"[196] 서 있다. 이들은 남근 자체라 할 수 있는 태양이 남근인 고드름을 비추면서 남근인 사제에게 남근인 칼을 쑤셔 박으라는, 곧 죽음의 성교death fuck[197]를 하라는 신호를 보내는 순간을 기다린다.

로렌스는 정교하고도 조심스럽게 성적 풍경을 성적 시나리오와 일치하도록 했다. 희생자가 각오하고 누워서 기다리는 장면에서 그는 서서히 긴장감을 높여간다.

하늘을 향해 몸을 돌리면서 그녀는 노란 태양을 바라보았다. 태양은 지고 있었다. 날카로운 얼음 창은 태양과 그녀 사이에 드리운 그림자 같았다. 그리고 노란 햇빛이 깔때기 모양의 동굴 끝에 불타고 있는 제단까지 이르지는 못했지만 동굴을 반쯤 채우고 있다는 것을 그녀는 알았다. 그랬다. 햇빛은 서서히 기어오고 있었다. 햇빛은 붉게 변하면서 갈수록 동굴 속으로 스며들었다. 붉은 태양은 완전히 지기 직전에 움푹 팬 동굴의 가장 깊숙한 곳에 있는 얼음 창을 환히 비춰줄 것이다. 그녀는 남자들이 기다리던

---

195 같은 책, p.36, 39.
196 같은 곳.
197 기이하게도 로렌스는 비속어에서 우리가 발견할 수 있는 섹슈얼리티와 폭력의 동일화를 실현한다. 예를 들어 우리의 강박적 문화 습관은 성적 혐오를 보이는 '성교fuck'를 살인이나 타격, 파괴와 동의어로 만든다.

게 바로 이것이라는 것을 이제 깨달았다. (…) 그들의 포악함은 영묘한 승리의 의기양양함으로 확 타오를 준비가 되어 있었다. (…) 그러고 나서 그 늙은 남자는 급소를 찌를 것이고 제의를 완성하고 힘을 얻을 것이다.[198]

이것은 성적 카니발리즘의 공식이다. 즉 남근과 관통(삽입.-옮긴이)을 칼로, 자궁을 동굴로, 침실을 처형장으로 대체한다. 그리고 살인을 통해 희생자의 힘을 얻는다. 치매에 걸린 듯한 로렌스의 환상은 여성의 마력을 훔치기 위해 남성이 죽음의 도구로 여성을 꿰뚫을 수 있게 한다. 로렌스의 하찮은 전설에 따르면 유색 인종은 '자신의 태양을 훔친' 백인을 시샘한다고 가정하는데, 실상 시샘하고 두려워하고 있는 흉악한 인간은 바로 로렌스 자신이다.

로렌스식 성적 종교의 핵심적 행위는 살해 행위로서의 섹스이며, 그 핵심 장면은 위대한 남성의 영광과 성적 능력을 위해 여성을 인간 제물로 바치는 것이다. 하지만 성적인 능력을 시체에 발휘할 수는 없으므로 이 우화의 의도가 순전히 정치적임은 유감스럽게도 끔찍이 명백하다. 로렌스는 인간의 생식기를 무기로 바꿔 섹스를 전쟁으로 바꾸었다. 아마도 이 작품의 소름 끼치는 미치광이 같은 분위기는 바로 섹슈얼리티를 잔인한 살인으로 왜곡하고, 억지스럽게 희화화하고, 거부하는 것으로 설명될 것이다.

---

[198] 같은 책, pp.39~40.

헨리
밀러

줄곧 자신의 진가를 인정받지 못하는 작가들이 있다. 헨리 밀러 (1891~1980)는 오늘날 미국 문학계에서 분명 주요한 생존 작가지만, 학계의 현학자들은 여전히 그를 학문적 관심 대상에 미치지 못한다고 하여 거들떠보지도 않는다. 그는 우리 시대의 글쓰기에 지대한 영향을 미친 사람임이 틀림없으나 공식 비평은 계속해서 그의 작품을 계획적으로 지독하게 무시하고 있다.[1] 밀러가 지난 2, 30년 동안에 찬양된 '성적 자유'를 대변하는 작가라는 점이 문제를 더욱 악화시키고 있다. 우리는 칼 샤피로의 열정적 논

---

[1] 인용을 허락해주지 않는 밀러 괴팍함도 일조하는 것으로 보인다. 밀러는 인용을 허락하는 것이 그 비평가의 견해를 개인적으로 시인하는 것이라고 간주하기 때문이다. 불행히도 여기에서는 에세이스트이자 자서전 작가이며 초현실주의자로서의 헨리 밀러의 주목할 만한 성취에 경의를 표할 지면이 충분하지 않으므로 그의 성적 풍조를 검토하는 데만 논의를 한정하려고 한다.

문에서 이러한 관점이 웅변적으로 표현된 것을 볼 수 있다. "밀러의 성취는 참으로 놀랍다. 그의 작품은 섹스를 웃음거리로 만들지 않으면서도 굉장히 우스우며 (…) 고도로 시적이고 용의주도하다. 그의 글에서는 아니꼬운 웃음을 전혀 발견할 수 없다."[2] 밀러는 "철저한 사회 혁명" 이상으로 국민 생활에서 "음탕한 행위들"을 파괴하는 데 많은 역할을 하고 있다고 샤피로는 확신한다.[3] 로렌스 더럴Lawrence Durrell(1912~1990. 아일랜드계 영국 소설가로 대표작으로는 《알렉산드리아 사중주The Alexandria Quartet》가 있다. 헨리 밀러의 작품을 높이 평가했고 개인적으로도 그와 오랫동안 친분을 유지했다.-옮긴이)은 밀러의 작품들이 동시대 작가들과는 달리 "청교도적 충격에 기인하고 있지 않기" 때문에 "한 번쯤 청교도와 이교도에서 완전히 벗어난다는 것이 얼마나 멋진 일인가!" 하고 경탄한다.[4] 밀러는 "주로 소설가들이 저녁 식탁이나 전쟁터를 묘사하듯 자연스럽게 섹스에 대해 방대한 글을 쓰는 데 성공한 동양권 밖의 첫 번째 작가"[5]라고 샤피로는 단언한다. 의미심장한 유추다. 샤피로는 밀러의 《북회귀선》을 조이스의 《율리시스》와 비교하면서 밀러를 더 우위에 놓는다. 조이스는 종교적 배경의 제약 때문에 다소 비뚤어져 외설적이거나 "최음적催淫的" 작품을 썼으나, 밀러에게는 "종교적이거나 소위 도덕적 긴장이라는 것이 전혀 존재하지 않으므로" 그의 작품은 "전혀 최음적이지 않다"는 것이

2   Karl Shapiro, "The Greatest Living Author," reprinted as an introduction to the Grove Press of *Tropic Cancer*(New York: Grove Press, 1961), p.xvi.

3   같은 책, p.xviii.

4   Bern Porter, *The Happy Rock*(Berkeley: Packard Press, 1945), pp.2~4.

5   Shapiro, 앞의 책, pp.xvi~xvii.

다.[6] "조이스는 실제로 섹스나 정욕의 아름다움을 경험하지 못했지만, 밀러는 처음부터 사랑과 섹스의 강력한 신비와 영광을 자유자재로 다루었다"[7]라고 샤피로는 확신한다.

하지만 해방된 남성 헨리 밀러라는 대중적인 이미지가 아무리 매력적이라 할지라도 이는 애석하게도 전혀 사실이 아니다. 실제로 밀러의 작품은 미국인의 성적 신경증을 보여주는 해석서라 할 수 있고, 밀러의 가치는 우리를 그러한 고통에서 자유롭게 해준 데 있는 것이 아니라 오히려 그 고통을 정직하게 표현하고 극화했다는 데 있다. 밀러의 글에는 분명 일종의 문화적 카타르시스 같은 해방감이 있다. 하지만 이는 말할 수 없는 것에 처음으로 목소리를 부여한 결과다. 이는 결코 외설적 말을 내뱉는 식의 쉬운 문제가 아니다. 외설적 글은 이미 여러 곳에서 출판되고 있기 때문이다. 밀러가 실제로 표현해낸 것은 섹슈얼리티에 대해 우리의 문화와 특히 남성적 감수성이 느끼는 역겨움, 경멸, 적대감, 폭력성, 불결함이다. 여성 또한 마찬가지다. 섹슈얼리티가 성가신 짐을 지우는 대상은 여성이기 때문이다. 밀러 자신도 이러한 문제를 잠시나마 의식했다는 증거가 많이 있으며, 어느 비평가가 암시했듯이 그는 자신의 "순박한 성적 영웅시"를 "자신에 대한 패러디"까지 밀고 나아가는 편이 훨씬 더 나았을 것이다.[8] 그러나 그의 작품이 지닌 주요한 결점(즉 "헨리 밀러"라는 등장인물과 너무 동일시가 잘 된다는 점) 때문에, 밀러라는 남자가 밀러라는

---

6   같은 책, p.xvii.
7   같은 책, pp.xvii~xviii.
8   Ihab Hassan, *The Literature of Silence, Henry Miller and Samuel Beckett*(New York: Knopf, 1967), p.10.

등장인물보다 더 현명하다고 생각될 가능성은 어느새 희박해져 버린다.[9]

후자인 밀러가 중요하다. 밀러가 고심하여 일인칭으로 표현한 성적 착취의 엄밀한 진실성을 의심할 이유가 충분함에도, 그리고 이러한 '성교fucking'의 많은 부분이 단순한 환상이라고 의심할 이유도 충분함에도 서술에 할애된 감정의 진실성과 착취적 성격, 유치한 자기 과시적 분위기에 대해서는 전혀 의심할 이유가 없다. 밀러의 진정한 독창성은 상호 연관된 성적 태도를 폭로하고 기록했다는 점에 있다. 이러한 태도들은 막대한 지배력과 권력을 가지고 있음에도 결코(혹은 그토록 노골적으로) 문학적으로 표현된 적은 없었다. 물론 그러한 태도는 기사도적 사랑이나 궁정풍 연애, 낭만적 사랑만큼이나 전혀 진실성이 없다. 그러나 밀러의 태도는 이전까지 전통적 신성함이라는 가면 아래 조심스럽게 은폐되어 있었던 문화적 전제를 보여준다. 밀러의 생각이 대변하는 유형은 사회학적으로 볼 때 잔인한 사춘기 소년의 유형이라는 사실도 타당하다. 그러나 밀러가 이끌어내는 공감대는 그러한 유형의 집단에 한정되지 않고 모든 계급과 연령대의 남자들에게 적용된다. 이는 섹슈얼리티와 여성에 대한 비공식적인 남성의 시각이다. 이러한 시각에서 여성은 (아무리 남성들과 불화하는 것처럼 보인다 하더라도) 여전히 사랑에 대한 공식적 신앙에 기초한다. 즉 어머니, 아내, 처녀, 주부 등의 모습을 하고 있는 것이다. 여성에 대한 밀러의 불안과 경멸은 최소한 관습적 글에서 제시되는 능란하고 '공손한' 태도만큼이나 중대하며 그만큼 일반

9　기쁘게도 이 지점에서 이합 하산과 나의 의견이 일치한다.

적으로 느껴지기도 하다.[10] 실제로 밀러가 '섹스 한판 했다'고 뽐내는 말을 들으면 이스트랜드 상원 의원(제임스 이스트랜드James Eastland(1904~1986). 미국 상원 의원이었던 이스트랜드는 인종 차별주의를 강력하게 주장했고, 공산주의에 맞서 노사 간의 가족주의를 주장했다.—옮긴이)의 간사한 가족주의에 속아 백인 노동자들이 편협하게 목소리를 높이는 모습을 보는 것만큼이나 생생한 느낌을 받게 된다.

밀러는 스스로를 로렌스의 제자라고 생각했는데, 그 선생이 살아서 이 이야기를 들었다면 몹시 모욕감을 느꼈을 것이 분명하다. 섹슈얼리티를 둘러싼 로렌스의 웅장한 종교적 분위기는 밀러의 단호한 신성 모독의 분위기와 전혀 닮지 않았다. 로렌스의 주인공은 악명 높은 엄숙함으로 자신의 임무에 착수하며 정교한 정치적 조약으로서 '성행위를 한다.' 그리고 그 과정에서 신중한 홍정술과 전문가적 심리 조작으로 문제의 여성을 예속시킨다. 그러나 밀러와 그의 공범자들(밀러는 깡패이므로)은 그저 여성과 '성교fuck'한 뒤 그녀를 크리넥스 티슈나 화장실의 휴지 버리듯 가뿐하게 내다버릴 뿐이다. '성교'라는 밀러의 주인공은 어떤 겉치레도 없는 단순한 행상이나 사기꾼에 불과할 뿐 전혀 성직자 같은 역할을 하지 않는 것이다. 실로 로렌스는 낭만적 사랑이라는 전통적 태도를 없애는 데 일조했다. 언뜻 보기에 밀러는 그러한 태도에 전혀 무지한 듯 이야기를 시작한다. 실제로 피도 눈물도 없는 밀러의 방식은 낭만적 사랑의 다정함(로렌스가 결코 버리려 하지 않

---

10 나는 전통적 궁정풍 연애나 낭만적 사랑, 빅토리아 시대의 감상뿐만 아니라 다른 현대 작가들에게서도 발견되는 감상을 염두에 두고 있다. 콘래드, 조이스 심지어 포크너조차도 밀러만큼 성적 적개심이라는 문제에 철저하게 접근하지 않는다.

왔던 다정함)에 대한 신성 모독으로 의도된 것이다. 밀러는 냉정한 방식을 통해 '사랑이라는 사기'(에로티시즘이라는 가면을 쓴 일종의 권력 놀음)가 강도질만큼이나 단순한 과정이라는 것을 보여준다. 밀러의 수법은 매우 단순하다. 여자를 만나고 속여서 '그 섹시한 궁둥이'와 성교하고 그런 다음 그녀를 떠난다. 밀러의 사냥은 원시적 방식인 사냥감의 발견, 성교, 망각의 과정으로 진행된다.

밀러가 로렌스를 찬미하면서 긴 에세이를 쓰게 된 것은 성혁명에 대한 공통된 혐오감 때문이었다.

> 로렌스가 온 힘을 다해 여성을 정당한 자리로 되돌려놓으려고 노력했다는 점이 중요하다. (…) 수치스럽게도 철저히 여성화되어버린 (…) 남성적 세계는 (…) 로렌스의 생각을 불신하고 경멸하려는 경향이 있다. (…) 그가 불평하고 온 힘을 다해 싸웠던 것 말이다. (…) 평등해진 남녀라는 메스껍기 그지없는 이상적 사랑이라니! 양성의 반목이 아니라 양성의 융합에 기초한 세상이라니! (…) 여성과의 영원한 투쟁은 우리의 저항을 날카롭게 하고, 우리의 힘을 발전시키며, 우리의 문화적 성취를 확장시킨다. 여성을 통해 (…) 우리는 (…) 우리만의 종교와 철학, 과학을 세우는 것이다.[11]

여기에서 둘의 목적은 유사할지 모르나 방법은 완전히 상이하다는 사실을 밀러는 인식하지 못하거나 아니면 언급하지 않는다.

---

11 Henry Miller, "Shadowy Monomania," *Sunday After the War*(New York: New Direction, 1944), pp.259~261

로렌스는 인간적으로 인정받고 사회적으로 참여하려는 페미니스트의 요구를 (여성의 실현이라고 불리는) 식물적 수동성으로 왜곡하면서 외면해버렸다. 로렌스의 이러한 성공 덕에 밀러는 점차 노골적으로 페미니즘을 멸시할 수 있었다. 로렌스는 여전히 사람들을 다루어야 했다. 하지만 밀러는 이미 자유롭게 사물에 대해 이야기한다. 밀러는 여성을 단순한 '음부cunt', 즉 물건, 상품, 물질로 바꾸어놓았다. 밀러에게는 인정해야 하거나 마주쳐야 할 인격이란 없으므로 로렌스처럼 심리적이면서 미묘하게 프로이트적 지혜로 길들이거나 파괴해야 할 사람도 없다.

로렌스와 밀러 모두 환상성을 성 정치학에 이바지하게 했다. 그러나 로렌스의 방식은 실리적이고 정치적이었으며 그는 실제 여성(일반적으로 상당한 힘과 지성을 소유한 여성)을 감정적으로 굴복시키는 것을 목표로 했다. 밀러에게 (수음의 환상 속에 존재하는) 미분화된 생식기만큼 도전적인 것은 없다. 밀러의 희화화된 매춘부들의 세계에는 모드Maude와 마라Mara라는 두 실제 여성이 등장하는데, 이들이 등장하는 섹스 에피소드에서 이들의 인격과 성행위는 완전히 분리되어 있어 이들을 굳이 다른 이름으로 부른다 해도 전혀 상관없을 것 같다. 모든 성교의 목적은 동일하다. 즉 비열한 계급이 드러나면 주인공의 자의식은 그 계급에 대해 초연하다는 것을 보여주고 싶은 것이다. 밀러가 사랑한 유일한 여자인 마라와 만나는 서사시를 보아도 그는 아이다에게만큼이나 그녀에게 냉정하다. 그에게 마라는 기괴해 보인다.

이 반짝거리고 미끄러운 기계 장치 위에서 마라는 뱀장어처럼 몸을 뒤틀었다. 마라는 더 이상 흥분한 여자가 아니었다. 심지어 여자도 아니었다. 마라는 그저 거친 바다에서 볼록 거울을 통해 뒤집혀 보이는 신선한 미끼처럼, 꿈틀거리고 버둥거리는 형체 없는 덩어리일 뿐이었다.

나는 마라의 뒤틀린 모습에 흥미를 잃은 지 오래였다. 마라의 몸속에 있는 내 거시기를 제외하고는 나는 시리우스 별자리처럼 초연하고도 냉정했다. (…)

동부 표준시로 새벽이 다가올 즈음 나는 턱 언저리에 냉동된 농축 우유 같은 얼굴을 보고 흥분이 일어나는 것을 느꼈다. 그녀의 얼굴은 자궁에 있을 때처럼 변태하고 있었다. 단지 거꾸로일 뿐이었다. 마지막 불꽃과 함께 내 거기는 구멍 뚫린 자루처럼 무너졌고, 주름진 호수 같은 창백한 피부의 눈과 콧구멍에서는 구운 옥수수처럼 연기가 새 나왔다.[12]

빅토리아 시대 사람들(혹은 그중 일부)은 오르가슴에 대한 속어로 '소비하다to spend'는 단어를 사용했는데, 이는 경제 불안과 제한된 자원을 의미했다. 아마도 정액은 돈(혹은 시간이나 에너지)과 같으므로 아껴야 한다는 자본주의적 절약 정신이 반영된 말일 것이다.[13] 밀러는 구두쇠는 아니었다. 그러나 그의 마음속에서도 섹스는 기이한 방식으로 돈과 연결되어 있었다. 미국의 경제적 도덕성이라는 풍조에서 보면 밀러는 40세까지 완전히 '실패자'였다. 즉 돈을 벌지 못하고 버림받아 초라하게 살아가는 사람, 직장도 없이 신문에 기고하는 일에 생계를 의존하면서 살아가는 작

---

12   Henry Miller, *Sexus*(New York: Grove Press, 1965), p.143.

13   Steven Marcus, *The Other Victorians*(New York: Basic Books, 1966) 참조.

가였다. 파리에서 망명 생활을 하며 어느 정도 돈 걱정에서 해방되기 전까지 밀러는 자신이 예술적이고 지적인 작업을 경멸하는 속물적 환경에 구속되어 있다고 생각했다. 이 환경에서 유일하게 인정받는 남성적 성취는 돈이나 섹스에 한정되었다. 물론 밀러는 이단아이자 반항아였다. 하지만 그는 돈을 중시하는 사고방식을 그토록 증오하는 만큼 그것에 뿌리 깊게 물들어 있기도 했다. 그래서 밀러는 돈을 섹스와 바꿀 수 있었다. 이는 물욕 본능의 전이 轉移이다. 여성을 상품으로 바꿈으로써 그는 또한 '성공'이라는 평판을 누릴 수도 있었다. 돈은 벌 수 없다 해도 여자는 벌 수는 있었다. 필요하다면 현찰을 빌려서라도 여자를 공짜로 얻어 성공을 거두려 했다. 그리고 자신보다 더 나은 '순응하는' 동시대 사람들이 돈거래로 남의 돈을 빼앗았지만, 밀러는 여성의 '음부'를 빼앗아 '남성성'을 유지하려 했다. 밀러는 부적절한 탐욕의 두 평행 체계에서 몹시 두드러진 능력을 보였다. 이러한 성적 탐욕의 진정한 보상은 실제 욕구와는 거의 무관하며, 강력한 자기중심주의를 위해 늘어난 더 거대한 이득이 그 보상을 뛰어넘기도 한다. 이 때문에 그의 남성적 평판은 여전히 친구들 사이에서 확실히 보증되고 있다.

밀러는 프랑스인의 섹스가 더 문명화된 우월성을 가지고 있다고 말하면서 프랑스의 더 나은 상술을 증거로 내세운다. 프랑스에서 창녀의 고객은 "구매 전에 상품을 검토하고 확인해볼 수 있도록 허락을 받는다"라고 하는데, 밀러는 이를 "공평하고도 공명정대한" 관행이라고 찬양한다.[14] "상품 주인"과 굳이 말다툼하

---

14 Henry Miller, *The World of Sex*(New York: Grove Press, 1965), p.101.

지 않아도 될뿐더러 "비누나 수건에 대해 별도로 돈을 내는 것을 가지고 소란을 피우지만 않는다면, 호텔에 여자 여섯을 데리고 간다고 하더라도 아무도 말리지" 않을 만큼 그곳의 거래는 자비롭기 그지없다.[15] 달러 문화에 대한 만족감으로 가득한 이곳은 돈만 지불할 수만 있다면 하등의 인간적 고려를 할 필요가 없는 곳이다. "호텔에서 나는 벨을 눌러 위스키와 소다를 갖다달라고 하듯이 여자를 불렀다"[16]라고 허황한 이야기를 자랑한다. 밀러는 외국인이 이런 일에 더 뛰어나다고 확신하는 양키 플레이보이처럼 돈의 힘에 취해 있는 것이다.

웨스턴 유니언 전신電信 회사의 인사과에서 일하던 시기에 밀러는 직장을 구하는 여성들에게 성적이고도 경제적인 권력을 행사했다. "여기에서의 게임은 그들을 마음대로 조종할 수 있도록, 취업을 약속해줄 테니까 일단 섹스를 먼저 하도록 만드는 것이었다. 그들에게는 일단 먹이를 던져줘야 한다. 그래서 밤에 다시 내 사무실로 불러들여 탈의실에 있는 아연 입힌 탁자에 때려눕히는 것이다."[17] 미국인이라면 누구나 알 듯 돈벌이 세상은 전쟁터다. 경영진은 회사에 "강간당하고", 이들은 비서를 "강간함"으로써 보복한다. 밀러의 비서는 "검둥이 피가 섞인 튀기"라서 "얼굴을 붉히지 않고도 강간당하는 것을 지독하게 즐거워하기" 때문에 밀러는 그 여자를 상사의 친구인 컬리와 공유한다.[18] 그녀는 결국 자

---

15 같은 책, pp.101~102.

16 Henry Miller, *Tropic of Capricorn*(New York: Grove Press, 1961), p.202.

17 같은 책, p.29.

18 같은 책, p.57, 180.

살한다. 하지만 돈 버는 일이란 "강간하든지 강간당하든지"[19] 둘 중 하나라고 밀러는 말한다. 이로써 그 외설적 단어 성교에 많은 의미를 부여할 수 있는 뛰어난 통찰을 제공한다.

밀러는 친구 반 노든과 15프랑을 주고 파리 어느 창녀를 데려오는 에피소드에서 섹스를 경제적 이유에서 행해지는 소모전이라고 인상적으로 표현한다. 이들은 배가 부르지만 창녀는 굶주려 탈진하기 직전이다. 하지만 둘은 그녀에게 지불한 돈을 우려내려고 한다.[20] 섹스, 아니 '음부'는 상품일 뿐만 아니라 화폐이기도 하므로 밀러의 체험담은 무수한 사기 행각 성공담으로 읽힐 뿐만 아니라 빼곡히 채워진 금전 출납부에 대한 기쁨을 담고 있고, 양이 곧 질이라는 노골적인 전제에서 작동하고 있다. 이윤에만 관심을 두는 상인들이 그러하듯 '상품' 자체는 갈수록 단조로워지고 경멸스러워지며, 자본 축적마저 그것이 가져다주는 권력을 제외하고는 재미가 없어진다. 밀러와 친구들은 섹스에 너무 중독되어 온통 기력을 빼앗기자 심지어 종종 섹스를 단념하기도 한다. 맥그리거는 "그냥 늙어빠진 여자의 음부일 뿐이야. (…) 그저 음부일 뿐"[21]이라며 한숨을 내쉰다. 반 노든은 자신의 강박적 허약함을 수치스러워하면서 가끔은 속을 파낸 사과에 콜드크림을 넣어 그 짓을 하기도 한다.[22] 관능의 면에서나 감정의 면에서나 그러한 대용물은 특별히 그를 고생시키지도 않는다. 성교에

---

19 같은 책, p.30. 이 표현이 그 문단 전체의 의미다.

20 Henry Miller, *Tropic of Cancer*(New York: Grove Press, 1961), pp. 141~142 참조.

21 Henry Miller, *Plexus*(New York: Grove Press, 1965), p.475.

22 Miller, *Tropic of Cancer*, pp.291~292.

관한 밀러의 설명에는 실제 여성에 대한 느낌이 거의 없기 때문이다. 하지만 사과는 저항하지 않으므로 정복의 과업이나 "여자를 무너뜨리는"[23] 재미도 없다.

열렬한 '성교'가 부지기수로 묘사됨에도 실제로 섹슈얼리티의 많은 부분이 빠져 있다는 사실은 몹시 놀랍다. 예를 들면 육체적 친밀함도 없고 알몸의 심미적 쾌락도 없다. '거대한 젖꼭지'나 '궁둥이' 같은 부분은 여성의 잃어버린 에로틱한 형태를 대체하는 빈약하고 희귀한 예비품으로 설정되어 있다. 생식기(남근과 불알이라는 스타 연기자)를 제외하고는 남자의 육체를 묘사하는 데 그 어떤 단어도 소모되지 않는다. 여기에서 성교를 하는 것은 육체가 아니며 사람은 더욱 아니다. 밀러의 환상적 드라마는 음부와 남근이라는 모험에만 엄밀하게 제한되어 있다. 밀러는 "몸이 따로 놀도록" 생명이 남녀를 갈라놓았다는 것을 보여준 뒤 "몸은 여자의 것이지만 음부는 네 것이야. 음부와 남근이 결혼한 거지"라고 설교한다.[24] 우발적이고 순간적인 결합을 이런 식으로 규정하는 밀러는 소름끼칠 정도로 섹슈얼리티를 삶의 나머지 부분으로부터 격리하는 데 성공했다. 여기에 가담하는 사람들은 기계에 대한 어리석은 동역학, 즉 피스톤와 밸브의 역학을 떠들어댄다.

완벽한 밀러의 '성교'는 기관들 사이에서 일어나는 생물학적 사건이며 그 품질은 바로 성교의 완전한 비인격성이 보증해준다. 물론 그는 완벽한 타인을 가장 선호한다. 예를 들어 말이나 몸짓 한 번 주고받지 않고 범할 수 있는 지하철에서 우연히 마주친 여

23   Henry Miller, *Nexus*(New York: Grove Press, 1965), p.275를 비롯한 여러 곳. 이 표현은 이 책에서뿐만 아니라 다른 책에서도 종종 사용된다.

24   Miller, *Sexus*, p.83.

자 승객이 가장 좋은 대상인 것이다. 역설적으로 이렇게 섹스를 고립시키려는 시도는 그 행위에 가장 부정적인 의미를 부여하는 것이 된다. 밀러는 전문적 포르노그래피나 도색 영화 등에서 종종 볼 수 있는 공허한 상황 설정까지도 생략하여 섹스에 잔인함과 경멸을 부과한다. 밀러는 섹슈얼리티를 모든 사회적이고 개인적인 맥락으로부터 떼어내어 '기관들의 마찰'[25]이라는 특징 없는 추상화로 이동시키는 것처럼 보이지만, 여기에 희생자의 행위를 굴욕적이고 모욕적으로 만드는 정보를 포함시켜 자신이 얼마나 사디즘적 의지를 가졌는지를 주장하기도 한다.

밀러는 자신이 "지금까지 해본" "최고의 성교"가 아무 감각도 느끼지 못하는 생물인 위층▣ "얼간이"와의 성교였다고 자랑한다 (아마도 자랑이 아니라 고백이라고 해야 할 것이다).[26] "모든 것이 이름 없고 불명확했다. (…) 내가 말했듯이 그녀는 허리띠 위로는 완전히 미치광이였다. 그렇다. 여전히 올라타서 둥둥 떠 있기는 했지만 완전히 얼간이였다. 아마 그 때문에 그녀의 음부가 그토록 놀라울 만큼 비개인적이었는지도 모르겠다. 그것은 100만 개 중에 하나 있을까 말까 한 음부였다. (…) 그녀를 대낮에 만나서 서서히 미쳐가는 모습을 보면 마치 저녁이 와서 족제비를 잡기 위해 덫을 놓는 것과 같았다. 내가 할 일이란 어두운 곳에 누워 바지 앞섶을 열어놓고 기다리는 것이었다."[27] 이러한 묘사를 통틀어 밀러는 '피의 의식'을 얻기 위해 마음을 비우는 로렌스의 주문을 통

---

25 스티븐 마커스에 따르면 이러한 멋들어진 표현을 한 사람은 비평가 필립 라브Philip Rahv다.

26 Miller, *Tropic of Capricorn*, pp.181~182

27 같은 책, p.183.

속적이고도 기회주의적으로 사용하고 있음을 알 수 있다. 그뿐만
아니라 밀러와 로렌스가 자신과는 다른 완전한 인간의 인격을 다
루는 데 얼마나 병적인 공포심을 가졌는지도 직관할 수 있다. 다
행히 밀러의 '남근'은 어둠 속에서 먹이에 '최면을 거는' 능력이
충분하다. "'이리 와, 화냥년아.' 나는 계속 중얼거렸다. '이리 와서
내 위에 가랑이를 벌려봐.' (…) 나는 아무 말도 하지 않았고, 꼼짝
도 하지 않았다. 그저 어둠 속에서 게처럼 조용하게 움직이는 그
녀의 음부에 정신을 집중하고 있었다."[28] 이로부터 저자의 기획
속에서 남자는 텔레파시의 도구이자 정신으로 대변되고 있음을
알 수 있다. 반면 완벽한 여성이란 인간의 사고방식으로 더럽혀
지지 않은 둥둥 떠다니는 환유, 순수한 음부다.

    하지만 사태가 항상 이렇게 순조로운 것은 아니다. 그가 경
멸하는 아내 모드와 '비개인적 성교'(모든 남편의 '냉담한 성교'라는
현명한 취향에 반대하여 어리석기 짝이 없는 '육체적 사랑'을 고집한다)
를 적절히 행하기 위해, 번거롭게도 밀러는 아내가 잠이 들 때까
지 기다려야만 한다. "그녀를 반쯤 잠들게 해서 방해물이 사라지
게 하고"[29] "그녀에게 몰래 다가가서 그녀가 꿈을 꾸고 있는 동안
그것을 그녀에게 슬쩍 집어넣기."[30] 여기에서 권장되고 있는 방식
은 "뒤로 서둘러 집어넣기"다. 이는 모든 불필요한 접촉을 제거해
주고 아내의 얼굴을 보지 않아도 되게 해준다는 점에서 바람직하
다. 아내는 배신과 그가 급하게 몸을 빼는 것에 대한 슬픔과 공포
로 격노하지만, 결국에는 자신을 인간으로 인정해달라는 그 귀찮

28　같은 책, p.182

29　Miller, *Sexus*, p.83.

30　같은 곳.

3부 문학적 고찰

은 습관(불화의 원인인)을 포기하고 단지 '의식 없는 성교'에 만족하게 된다. 그 전에 아내는 "당신은 나를 전혀 존중하지 않았어. 인간으로서 말이야"[31] 하고 증오에 차서 항변했다. 하지만 결국 이러한 성교가 되풀이되면서 밀러는 아내의 히스테리를 가지고 놀고 "성교를 중단하는 것"으로 아내를 조롱하고 "냉혹한 분노"로 성교하게 한다.[32] 그리고 나면 "도끼"가 떨어질 때까지 모든 것이 "재빠르고 깔끔하게 처리된다. (…) 눈물도 없고 사랑도 없다." 도끼란 남편의 오르가슴과 아내의 처형을 표현하는 기이한 비유법이다.

정말 바쁜 시절(모드, 발레스카, 발레스카의 사촌과 놀아난 시절) 어느 날 밀러는 웨스트사이드 부두에서 낮잠을 자다 깨어나 발기가 된 것을 깨닫는다. 그러한 신의 섭리를 낭비할 수는 없는 노릇이므로 그는 서둘러 점심때 소개받았던 어느 젊은 여자의 아파트로 간다. 그녀는 잠이 덜 깬 상태로 문을 열고 밀러는 이 기회를 놓치지 않는다. "나는 바지 단추를 끌러 내 물건을 꺼내 거기에 쑤셔넣었다. 그녀는 잠에 취해 거의 자동으로 움직이는 것 같았다."[33] 더욱 잘된 일이다. 더 매력적인 것은 이국적인 설명과 몇 가지 금기에 대한 침해다. 그녀는 이집트계 유대인이기 때문이다. "나는 속으로 중얼거렸다. '이집트 계집년, 이집트 계집년이랑 하는 거야.' (…) 그것은 내 평생 가장 근사한 성교였다."[34] 무엇보다 가장 좋은 점은 여자와 의사소통하는 대가를 치르지 않고 재빨리

---

31 같은 책, p.97.

32 같은 책, p.100

33 Miller, *Tropic of Capricorn*, p.82.

34 같은 책, p.83.

아파트에서 빠져나올 수 있었다는 것이다. 이것이 진정으로 공짜로 얻는 성교다. "나는 그녀에게 할 말이 없었다. 머릿속에는 나가야 한다는 생각만 떠올랐다. 아무런 말도 필요 없이."[35] 옛 친구인 크론스키가 문 앞에 왔다가 말없이 서서 전부 엿들은 사실은 밀러의 만족감을 완벽하게 해주었다. 그는 밀러의 정복을 목격한 풀 죽은 증인이었다.

밀러가 생각하는 이상적 여성이란 창녀다. 로렌스는 매춘을 신전에 대한 신성 모독으로 간주했지만, 밀러에게 섹슈얼리티의 상업화는 남자에게 만족을 주는 편리한 일(설득하는 것보다 돈을 지불하는 게 더 쉬우므로)일 뿐만 아니라 여성의 존재를 완성시켜주기도 했다. 즉 여성을 절대적 음부라는 기능으로 효과적으로 한정시켜주는 일이다. 밀러가 제르멘을 부르는 장면은 이를 잘 보여준다. 제르멘은 미국 관광객에게 전형적 매춘부로 보이는 프랑스 여자다. "그녀는 타고난 창녀였다. 그리고 자신의 역할에 완전히 만족했고 실상 즐기기도 했다."[36] 밀러는 제르멘에 대해 설명한 뒤 "음부"가 그녀의 "영광"이자 "결합된 느낌", "생명의 느낌"이라고 한다. "그것은 그녀가 삶을 경험하는 유일한 곳이었기 때문이다. (…) 여자라면 그래야만 하는, 다리 사이에 있는 그곳인 것이다."[37] "제르멘은 제대로 된 생각을 하고 있었다. 그녀는 무지했고 음란했으며 그 일에만 온 정신을 쏟았다. 그녀는 존재 전체

---

35 같은 책, pp.83~84
36 Miller, *Tropic of Cancer*, p.45.
37 같은 책, p.45, 47.

가 창녀였다. 그리고 그것이 그녀의 미덕이었다."[38] 밀러는 "거미에게 반할 수 없는 것처럼 제르멘에게 반하는 일은 생각도 할 수 없었다" 하고 단정하지만, 다른 매춘부인 클로드에 비해 제르멘이 더 우월하다고 주장한다. 클로드는 "섬세하고" "세련되었다"라고 비난받으며 "영혼과 양심"을 가지고 있어서 자신을 불쾌하게 한다.[39] 무엇보다도 가장 쓸모없는 측면은 클로드가 분명하지만 무언의 슬픔을 가지고 있어 스스로의 삶을 제대로 누리지 못한다는 점이다. 게다가 남자가 기운차게 밀고 들어오는 것을 싫어하기까지 한다. 그러한 태도는 부적절할 뿐만 아니라 도덕적으로나 심미적으로나 말이 안 되었다. "창녀는 귀부인처럼 저런 곳에 앉아 (…) 누군가가 다가오기를 기다릴 권리가 없는 것처럼 보였다."[40]

"창녀는 창녀일 뿐"이기 때문에 밀러는 창녀를 "탐욕스러운 인간"이자 "비열한 인간", "강탈하는 악마", "화냥년"이라고 욕을 퍼부을 수 있다. 이는 밀러의 진부한 감상주의만큼이나 마땅한 경멸이다. 그러나 밀러는 창녀의 기능을 '사상'으로까지, 즉 생명력이라는 사상으로까지 향상시키려고 안달한다. 마치 전기 도체처럼 창녀에게 플러그를 꽂으면 남자는 "양다리 밑에서 다시 대지를 느끼게 하는 전기 회로"[41]를 발견하게 되는 것이다. 매춘부들은 자신의 일을 '봉사하는 것'이라고 이야기한다. 그리고 밀러의 흡족한 이기주의는 자기 자신을 신비화하여 재충전할 뿐만 아

38   같은 책, p.47.
39   같은 책, p.44, 46.
40   같은 책, p.46.
41   같은 책, p.47

니라 창녀를 남자들 사이의 기묘한 의사소통(열광적 낭송) 도구로 바꾼다. "그녀가 함께했던 모든 남자들 그리고 이제 너 (…) 생명의 모든 물결이 너를 통해, 그녀를 통해, 너 이전과 이후의 모든 남자들을 통해 흐르고 있다."[42] 여기에서 놀라운 것은 섹슈얼리티를 완전히 추상화하는 생각(전기電氣만큼 단단하지도 않고 조형적이지도 않은 것이 있겠는가?)뿐만 아니라, 특이하게도(하지만 흔하게) 창녀의 질 속에 있는 다른 남자들의 정액을 사냥한다는 생각과 창녀의 질은 형제애적 생명력이 임의로 흐르고 있는 도관導管이라는 생각이다.

밀러의 작품에는 남성 공동체의 분위기가 있다. 그와 유년기를 함께 보낸 패거리들은 청년기와 장년기, 심지어 노년기에도 여전히 친구로 남아 있었다. 사춘기에 영웅시했던 조니 폴Johnny Paul과 거리 깡패들은 성인이 된 후에도 여전히 우상이었으며, 슈펭글러, 니체, 도스토옙스키 등 밀러의 문학적 신들과도 기이한 동반 관계로 남아 있었다. 여섯 권에 달하는 자서전과 에세이들에서 우리는 청년기의 잃어버린 천국에 대한 끝없는 자기 연민에 찬 비가悲歌를 볼 수 있다.

그 결과 (자칭) "성교의 땅"을 거느리는 이 "무적의 군주"[43]가 보여주는 성적 태도는 섹스를 은밀하고도 얻기 힘든 것으로 여기는 발육이 정지된 사춘기 소년과 같다.[44] 그가 경험하는 모든 것

---

42 같은 책, p.46.

43 Miller, *The World of Sex*, p.114.

44 밀러가 《섹서스》를 출간했을 때가 58세였다는 것을 기억해야 한다. 풋내기 남자아이들이 가지고 있는 빈곤한 가치 체계라는 윤리("개랑 1단계는 갔어?", "개랑 끝까지 갔어?")는 밀러의 넌더리나는 철없는 장난을 설명해주는 듯하다.

은 남성적 성실함의 승리이자 멍청하고 비굴하거나 점잔 빼면서 비협조적인 여자들에 대한 기지의 승리가 된다. 소년들의 패거리에서 인기를 얻는 소녀가 한 명 있지만, 소녀들 대부분은 열등하므로 거칠게 길들여야 한다. 이 소녀들은 부모나 종교 때문에 오염되었으므로 거칠게 때려눕혀야만 하는 '착한 여자아이들'이다. 전자의 소녀는 우월하다는 환희와 전적이고 절대적인 경멸감을 손쉽게 안겨주지만, 후자의 소녀들은 다루기가 어려워서 늘 완고한 사람의 적개심을 자극한다. 공격이 어려울수록 기쁨은 더욱더 크다. 그러나 승리란 자랑할 수 있고 의기양양해할 수 있어야만 의미가 있다. 크론스키가 문 뒤에서 망설이고 있었듯 도처에 있는 동류 집단 배심원에게 충분히 관찰되고 환호받지 않는다면 섹스도 그다지 좋은 것이 아니다. 따라서 밀러의 산문은 늘 또래 소년들에게 이야기해주는 말투와 억양이다. "그러고 나서 다시 그 여자를 타고 올라가 내 그걸 자루 끝까지 밀어넣었어. 그 여자는 뱀장어처럼 요동을 쳤지. 신이여, 굽어살피소서."[45] 밀러의 정력적 이성애는 상당 부분 동성애적 공유에 기초한다. 밀러의 연애 소설 《장밋빛 십자가The Rosy Crucifixion》는 "나는 사랑할 힘을 잃어버렸다"[46]라는 단순한 고백을 길게 해설한 것이라고 볼 수 있다. '음부'에서 초라하게 물러선 존재가 느끼는 모든 감상은 밀러가 결코 벗어나지도 버리지도 못한 깡패 집단을 구성하고 있는 매력 없는 영혼들에 아낌없이 할애된다. 우리는 밀러의 작품에서 문화적 동성애와 날카롭게 구별되는 (하지만 대립하는 것은 아닌) 강박

45 Miller, *Tropic of Capricorn*, p.214.

46 Miller, *Nexus*, p.37.

적 이성애 행위를 목격한다. 이러한 동성애는 사랑이나 우정, 애정 등 감정적이든 지적이든 모든 형태의 동반자 관계를 남성에게만 배타적으로 한정할 정도로 지배적이다.

밀러의 성적 유머는 남성 공동체의 유머이자 더욱 정확하게는 남자 공중변소의 유머다. 내집단의 유머가 그러하듯 밀러의 유머는 자신들을 결속하게 해주는 공유된 전제와 태도, 반응에 근거하고 있다. 그에게 섹스는 잘 속아 넘어가는 사람을 전략적으로 기만하고 조종하면서 쾌락을 느끼는 일종의 게임이다. 섹스의 목적은 리비도보다는 자아를 만족시키는 것이다. 희생자를 조롱하면서 재미를 느끼는 과정에서 감각적 즐거움은 잊히기 때문이다. 하지만 섹스가 어렵고 우스꽝스러우며 비밀스럽지 않다면, 그리고 '음부'가 뻔하게 어리석고 경멸스럽지 않다면 그러한 농담은 허공에서 사라져버릴 것이다. 인종 차별적 유머나 편견이 주는 재미가 그러하듯이 추정된 원칙에 동의하지 못한다면 코미디는 유치한 권태로 바뀐다. 게임의 요점은 아무것도 주지 않으면서 최대한 많은 것을 얻자는 것이다. 여기에서 문제가 되는 '많은 것'이란 성적 경험이 아니다. 그것은 감정의 깊이를 암시할 수 있기 때문이다. 그에 대한 대답은 될 수 있는 한 많은 '음부' 혹은 '음부들'을 얻자로 보인다. 표준 영어에서 이에 가장 가까운 표현은 아마도 킨제이 보고서에 나오는 '성적 배출의 횟수'라는 무미건조한 문구일 것이다.

사랑한다는 것은 상실하는 것이다. 밀러의 정직한 책 《넥서스》는 그가 형편없이 상실당했음을 보여준다. 밀러가 사랑한 마라는 알고 보니 레즈비언이었다. 마라는 자신의 애인과 삼각관계를 형성하여 밀러에게 극심한 고통을 주었다. 이러한 삼각관계는 로렌스가 열망했으나 결코 성취하지 못한 삼각관계의 여성판이다. '음부'에 대한 밀러의 오만함이 이러한 상처받은 경험의 산물이라는 점은 매우 흥미진진하다.

섹스라는 게임의 장점을 확신한 사람들은 주어진 기회를 절대 놓치지 않으려 한다. 가공할 만한 헨리 밀러는 한때 바보처럼 존경하고 찬미했던 어느 부인의 남편이 죽자 조문하기 위해 그녀의 집에 방문한다. 그리고 그녀 앞에서 말을 더듬고 얼굴을 붉히면서도 그녀를 '가질' 수 없을 거라고 얼빠지게 상상한다. 그는 용의주도하게 장면을 준비하고는 그 승리의 장면에 동지들을 맞이한다. "낮은 소파"가 있고 "은은한 불빛"이 비추고 있다. 밀러는 술의 종류를 나열하고 부인의 옷을 묘사한다. 부인은 "깊이 파인 아름다운 모닝 가운"을 입고 있다.[47] 고인이 된 그녀의 남편을 추도하는 도중에 밀러는 갑자기 흥분한다. "아무런 말도 없이 나는 그녀의 옷을 걷어 올리고 그 안으로 미끄러지듯 들어갔다."[48] 최후의 순간이 눈앞에 있다. 미망인은 과연 그를 거부할 것인가? 마치 꿈을 꾸는 것처럼 이 놀라운 공격은 즉각 성공을 거둔다. "내가 그녀 안으로 들어가 그것을 돌려대기 시작하자 그녀는 (…) 광란에 빠진 듯 (…) 신음 소리를 내기 시작했고 (…) 기쁨과 고통으로 숨을 헐떡이면서 숨죽여 비명을 질렀다."[49] 마지막으로 교훈이 나온다. "그렇게 오래 기다리다니 정말 멍청했다고 나는 속으로 생각했다. 그녀의 아래쪽은 몹시 축축하게 젖어 있었다. (…) 그러니 누구나 와서 가질 수 있었던 것이다. 그 여자는 식은

---

47 Henry Miller, *Black Spring*(New York: Grove Press, 1963), p.96.
48 같은 곳.
49 같은 곳.

죽 먹기였다."[50] 여자들은 모두 이러하므로 기회를 놓치는 것은 단지 정력 부족이거나 잘못된 이상에 집착하기 때문이라는 농담이 나온다.

여자들은 단지 식은 죽 먹기일 뿐만 아니라 꼭두각시이기도 하다. 다른 '성교'에 대해 소년들끼리 이야기를 하면서 밀러는 "나는 그녀를 여기저기 옮겨다니게 했다. 중력의 법칙을 보여주는 다리 없는 장난감처럼 말이다"[51]라고 말한다. 최종적으로 승리하기 위해서는 불필요한 모욕을 주어야 한다. 성적 대상에게 굴욕을 주면서 쾌감을 느끼는 것은 섹스 자체보다 훨씬 더 흥분되는 일이다. 밀러의 제자 컬리는 학대 전문가다. 컬리는 어느 여자에게 모욕을 가하는데, 그 이유는 자신이 단지 음부에 지나지 않는다는 것을 수치스럽게도 인식하지 못하고 부당하게 야심에 차 있기 때문이었다.

그는 그녀를 모욕하는 데서 즐거움을 느꼈다. 나는 그를 탓할 수도 없었다. 그녀는 외출복을 입고 새침하게 점잔 빼는 년이었기 때문이다. 거리에서의 몸가짐을 보면 흡사 음부가 없는 것처럼 보일 정도였다. 그러니 당연히 그녀와 단둘이 있게 되면 그는 그녀의 높은 콧대에 톡톡히 대가를 치르게 했던 것이다. 그는 냉혹하게 명령했다. "꺼내봐!" 그는 바지 앞섶을 약간 열고 말하고는 했다. "네 혀로 꺼내란 말이야!" (…) 그녀가 일단 입으로 그 맛을 보게 되면 그때는 아무 짓이나 할 수 있었다. 때로 손으로 땅을

---

50 같은 곳.
51 Miller, *Sexus*, p.94. 문제의 다리 없는 장난감이란 바로 마라다.

짚게 하고는 수레처럼 그녀를 방 여기저기로 밀고 다녔다. 아니면 개처럼 부리기도 했고, 그녀가 신음하고 몸을 뒤틀면 냉담하게 담배를 피워 물고는 다리 사이에 연기를 내뿜었다. 한번은 그녀에게 그런 식으로 더러운 장난을 친 적이 있었다. 그녀가 정신이 나갈 때까지 그 짓을 했다. 그녀의 엉덩이 뒤로 실컷 집어넣었다가 그것을 식혀야겠다는 듯 잠깐 뽑고는 (…) 커다랗고 긴 당근을 음부에 쑤셔박았다.[52]

여기에서 "사랑과 섹스의 강력한 신비"라는 샤피로의 열정적 표현이 떠오를 것이다.

미국적 청교도주의와 완전히 동떨어진 자유롭고 행복한 관능성이라는 교훈을 제시하는 밀러의 난교 파티마저도 실제로는 남성의 의지에 절대적 자유를 부여하는 권위주의적 장치일 뿐이다. 이러한 사건이 울릭의 스튜디오에서 벌어진다. 울릭은 자신의 여자 마라에게서 미친 듯이 떠나고 싶어하지만 두 여자를 동시에 향유하려는 울릭의 색욕 때문에 사건의 반짝이는 표면은 훼손되고 만다. 유명한 교외 거주자의 생활 양식이 그러하듯 여자들은 스와핑을 당하면서도 전혀 능동적 역할을 하지 못한다. 대게 밀러와 친구들은 배포가 크다. 즉 그들은 서로 할 수 있을 때마다 '음부'를 교환하자고 제안하는데, 이는 소유물인 여자 앞에서 행해지는 제안이다. 몇몇 뜻밖의 사건이 그 평온한 순간을 훼방한다. 울릭의 "소개팅"은 "최소한 준비 단계에서는 다루기 어려

---

52 Miller, *Tropic of Capricorn*, pp.180~181.

웠다." 여자가 흑백 혼혈아였기 때문이다.[53] 게다가 그녀는 생리를 하기 시작한다. "한바탕 해서 나오는 피인가?" 하고 울릭은 키득거리는 척하지만 실상은 욕실로 달려가 "꼼꼼하게" 몸을 문질러댈 정도로 대경실색한다. 깡패 모두에게 감염시킬 수도 있다는 원시적 공포를 숨기지 못하는 것이다. 밀러 자신도 월경 혈과 접촉해서 '매독'에 걸릴까 봐 20페이지에 걸쳐 안달복달한다. 밀러와 공범자들은 여자에게 무슨 짓이든 할 수 있는 반면에 여자가 할 수 있는 유일한 보복은 성병이다. 그래서 성병은 지속해서 남성의 불안을 야기하는 주요 원인이 된다.

또 다른 집단적 사건은 밀러와 소원해진 아내 모드와 술 한 잔하기 위해 잠깐 들렀던 어느 이웃 여자 사이에서 벌어진다. 여기에서 사태는 매우 호의적으로 시작된다. 밀러는 질투와 사악한 의지, 죄의식에서 해방되어야 한다고 황홀경에 차서 술술 설명을 늘어놓고 두 여자 로봇들은 그에 맞춰 훌륭하게 행동한다. 마침내 연속 다섯 번의 오르가슴에 지친 주인공은 마지막 힘을 다해 이웃 여자 엘시와 성교를 한다. "'계속해봐, 그걸 해, 그걸 해보라고' 하고 그녀는 소리를 질렀다" 등,[54] 엘시는 어떤 여자들보다 열광적으로 반응했다. 이 유쾌한 분위기가 갑자기 엉망진창이 되면서 엘시가 괴로워한다. 밀러의 활기찬 산문은 이를 "'아, 아! 하지 마. 제발 하지 마. 아파!' 하고 그녀가 비명을 질렀다"라고 표

---

53 Miller, *Sexus*, p.91. 밀러는 흑인에게 주저하는 동정심을 가지고 있었다. 하지만 이러한 동정심은 흑인 여성에게까지는 확장되지 않는다. 그는 흑인 여성에게 몹시 노골적인 인종 차별적 발언(이는 저자 자신의 감정 표현이다)을 일삼는데, 이는 흑인 여성이 자신의 진지한 글과 어울리지 않는다는 이유에서다. 예를 들어 "가끔은 검은 고기를 먹어보라. 더 맛있고 값도 싸다"(Miller, *Nexus*, p.261) 등의 발언이 있다.

54 Miller, *Sexus*, p.384.

현한다.[55] 주인공은 격분한다. 밀러는 그녀가 모든 권리를 포기했으므로 어찌 되었든 자신과 계속 성교해야 한다고 추론하는 것 같다.

"입 다물지 못해, 이 망할 년!" 내가 말했다. "아프지, 그렇지? 그걸 원한 거지, 아냐?" 나는 그녀를 꽉 붙들고는 몸을 더 일으켜 세워 자궁이 완전히 망가질 정도까지 밀어넣었다. 그리고 나서 크게 벌어져 있는 그 고둥 같은 입으로 바로 들어갔다. 그녀는 기쁨과 고통으로 광란 상태가 되어 발작을 일으켰다. 그다음 그녀의 다리가 내 어깨 아래로 힘없이 미끄러지면서 쿵, 하고 바닥에 떨어졌다. 그녀는 죽은 사람처럼 완전히 뻗었다.[56]

공포, 수치심, 하지 말지어다의 율법 등과 같은 관습적 도덕의 힘(밀러는 이에 반대해서 글을 썼지만 이에 기생적으로 의존하고 있기도 하다)을 고려하지 않는다면 이러한 저녁 모임은 그 발작적 광기와 폭력성이라는 부분에서 참으로 이해할 수 없는 분위기다. 거부하고, 저항하고, 극복하고, 욕되게 할 게 없다면 여자 기계들과 기계 조작자는 그토록 힘들여 난교를 벌일 필요도, 주인공 또한 그토록 잔인한 행동을 할 필요도 없을 것이다.

사실 밀러는 청교도라는 근원에서 도피한 것과는 완전히 거리가 멀다. 실상 청교도적 근원은 친구들의 음란한 행동과 파트너의 광란 발작, '성교'가 보여주는 폭력성과 경멸감에 엄연히 존

---

55   같은 곳.
56   같은 곳.

재하고 있다. 금지되었으므로 더욱 달콤하다는 사실을 잊어서
는 안 된다. 그러한 욕정은 사랑보다 훨씬 더 흥분을 불러일으킨
다. 그리고 그러한 여자들은 섹슈얼리티에 참여하여 모욕을 당
하고 있으며 '순수한' 몇몇을 제외하고 모두는 음부에 지나지 않
으므로, 이 사실을 망각한 여자는 괘씸하기 짝이 없는 여자가 된
다. "더러운 년들, 그년들은 그걸 좋아해"라고 밀러는 우리에게 알
려준다. 여자가 어떻게 "돼지처럼 꽥꽥거리는지" 기록하는 것은
밀러에게 분석적이고 까다로우며 충격적인 동시에 즐겁기 그지
없는 일이다. 어느 여자는 "횡설수설"하고 다른 여자는 "덜덜 떨
고 히힝 울면서 암컷 짐승처럼 네발로 기어다닌다." 반면 다른 표
본은 "너무 흥분에 빠진" 나머지 "즐겁게 걸어다니는 코끼리처럼
(…) 걸신들린 듯이 번쩍거리는 동물" 같다.[57]

밀러가 섹스를 표현할 때의 잔학함, 즉 수 세기 동안 외설과
수치로 더럽혀진 도상학적인 외설적 단어들은 이 모든 것이 얼마
나 추잡한지 밀러가 확신하고 있음을 나타낸다. 검열에 대한 그
의 항변에 대해서는 논박할 수 없다. 자신이 전달하고 싶었던 "음
란함"을 표현하는 데 "그보다 더 적절한 관용 어법은 없었다"는
것이다.[58] 그러한 어법은 밀러의 주장대로 "기술적 장치"[59]다. 이
는 더러움과 폭력성, 경멸을 연상시키는 장치다. 성적으로 억압된
문화는 이 장치를 통해 성 기관이나 성행위를 나타내는 단어들

---

57 생각나는 대로 인용했다. Miller, *Sexus*, p.227; *Tropic of Capricorn*, p.213; *Sexus*, p.101, 377, 378 참조.

58 Henry Miller, *Remember to Remember*(New York: New Directions, 1947), p.280

59 같은 책, p.287.

에 이름 붙이는 일에 몰입한다. 밀러는 그러한 어법에 내재한 성을 초월한 함의를 없애는 데는 반대하지만, 마나mana와 금기가 지닌 특성에 내재한 "마법적 용어들"[60]의 힘을 보존하고자 한다. 그러한 성찬용 의복 아래에서는 다른 인간에 대한 음탕한 잔학함이 용인되기도 하고 심지어 옹호되기까지 한다. "외설"이란 "주인이 자신의 초자연적 힘을 사용하는 것"과 유사하다고 밀러는 우쭐거리며 공언한다.[61] 밀러와 검열관은 언어와 성에 대한 공통적 태도를 보인다. 물론 '외설적' 단어의 종교적 사용은 성적인 것이 사실상 외설적인 것이라는 합의가 존재하지 않는다면 무의미하다.[62] 게다가 밀러가 반복적으로 상기시키듯 외설은 폭력의 한 형태이자 (섹스에 불과한) 여성과 (여성의 잘못인) 섹슈얼리티 자체에 대한 남성의 적대감을 전달하는 방식이다. 그러나 그러한 역겨움에도, 아니 실로 역겨움 때문에 밀러는 계속해서 그 더러운 행위로 되돌아와야 한다. 그리고 자신의 상상력(문화적 유산과 경험이 강력하게 뒷받침하는) 때문에 무시무시한 것이 되어버린 그것과 대면하여 자신을 단련해야만 한다. 남성성이라고 불리는 이기주의는 용기에 대한 증거가 있어야 한다. 이것이 현실이라고 밀러는 우리를 설득하고 있다. 즉 컬리가 말하듯 음부에서는 지독한 냄새가 나며 음부는 곧 섹스일 뿐이다.

---

60 같은 책, p.288.

61 같은 책, p.287.

62 불행하게도 밀러에서부터 교회 검열관에 이르는 종교적으로 편향된 설득 때문에 성교 fuck라는 단어는 그 발칙한 분위기를 잃어가고 있다. 곧 아무에게나 적용되는 것으로서 성교만을 의미할 뿐 상처나 초라함, 착취와 동의어로 기능하는 것을 멈추게 될지도 모른다. 웨일랜드 영Wayland Young은 《거부당한 에로스Eros Denied》에서 'fuck'이라는 단어야말로 '성교'나 '교접' 그리고 설명적 산문이 여전히 제한하는 여타의 가식적 표현들을 효과적으로 전달하는 최고의 단어임을 보여주었다.

남성의 자율성에 관한 한 사태는 사뭇 다르다. '남근'은 곧 권력이기 때문이다. 밀러는 공중변소에서 소변을 누거나 쓰레기통을 비우면서 자신의 고귀한 운명을 자각하고 괴로워할 것이다. "성교의 땅"에서는 "정자만이 지고하게 군림한다." 하나님은 "모든 정자의 총액"이다. 밀러 자신은 하나님과 다름없다. "내 이름이 뭐냐고? 그냥 하나님이라고 부르지 그래."[63] 실제로 그는 하나님보다 약간 더 뛰어나다. "나는 전지전능하신 하나님을 넘어서는 무엇이다. (…) **나는 남자인 것이다.** 내게는 그것만으로 충분하다."[64] 대개는 (하지만 때에 따라서만) 신학을 발전시키고 교리 문답을 하는 것이 더 안전하다. "내 앞에는 늘 육체의 이미지가, 음경과 고환이라는 삼위일체의 신이 있다. 오른쪽은 아버지 하나님이며 왼쪽에 조금 낮게 매달려 있는 것은 아들 예수다! 그리고 둘 사이 조금 위쪽에 바로 성령이 있다. 이 신성한 삼위일체는 남자가 만든 것이라는 사실을 나는 결코 잊을 수 없다."[65]

음부는 이렇게 감동적이지 않다. 그것은 '갈라진 틈', '깊은 상처', '외상', '질척한 구멍'이지만 실제로는 단지 텅 빈 것, 무無, 아무것도 없음에 불과하다. 이것은 마라든 흔해 빠진 여성(밀러가 "절대적 공허"의 "마이너스 기호"라며 물리치는 직업 댄서)[66]이든 모두에게 적용된다. 이 이기주의자는 자신의 사랑을 응시하면서 "바닥 모를 우물에서 흔들리고 있는 자신의 이미지를 제외하고는 아무것도, 아무것도 찾을 수 없다"라고 말한다. 그리고 결국 그는

63 Miller, *Tropic of Capricorn*, pp.203~204.
64 Miller, *Black Spring*, p.24. 강조는 밀러.
65 같은 책, pp.24~25.
66 Miller, *Tropic of Capricorn*, pp.120~121.

"그녀의 존재에 대해 최소한의 이미지도 만들어낼 수 없다"라고 시인한다.[67]《북회귀선》에서 밀러와 반 노든은 '음부'의 소름 끼치는 수수께끼를 탐구한 바 있다. "죽은 조개"를 보고 시작도 하기 전부터 역겨워하는 반 노든은 대신 기술로 무장한다. "나는 그녀에게 거기를 벌리고 있으라고 하고는 회중전등을 비추었다. (…) 그렇게까지 음부를 진지하게 쳐다본 것은 평생 처음이었다. (…) 쳐다볼수록 흥미가 떨어졌다. 거기에는 결국 아무것도 없음을 보여줄 뿐이었다."[68] 그 광경에 동요하는 그는 그 쓰라린 속임수에 절규한다.

> 옷을 입은 여자들을 보면 오만 가지를 상상하게 된다. 그들이 전혀 가지고 있지도 않은 일종의 개성을 부여하게 되는 것이다. 가랑이 사이 그곳에는 단지 갈라진 틈만 있을 뿐이다. (…) 그건 환상인 것이다! (…) 아무 의미 없는 것에 불과하다. (…) 섹스에 대한 모든 신비에 대해 그것이 아무것도 아니라는 것을 발견하게 된다. 단지 빈 공간만 있을 뿐 (…) 거기에는 아무것도 없다. (…) 정말 아무것도. 구역질이 난다.[69]

이후 작품에서 밀러는 헤아릴 수 없는 공허에서 무엇인가 의미를 끌어내기 위해 창녀를 고용한다. 하지만 친구와 마찬가지로 "무無의 거대한 심연"과 "추한 틈", "결코 치유되지 않을 상처"만을

67 같은 책, p.343
68 Miller, *Tropic of Cancer*, pp.139~140.
69 같은 책, p.140.

발견할 뿐이다.[70] 그러나 밀러는 친구보다 더 잘하려고 굳게 결심한다. 밀러는 또한 신화와 환영이라는 영역에서 예술가의 고귀한 역할을 의식하고 있는 인물이다. 그것과 '신비' 사이의 거리는 그다지 멀지 않다. 따라서 최선을 다하는 밀러는 "성교한 뒤 창녀의 음부"를 거대한 "수수께끼"로 바꾸며 이를 통해 지구라는 행성은 "보라색 별빛 속에서 빛나는 (…) 대자로 드러누운 거대한 여자에 불과하다"라고 확신한다. 결국 그는 "솔기를 여미지 않은 상처에서, 저 혐오스러운 하수구에서" 남자가 태어났다고 추론한다. 반은 광대고 반은 천사인 그것을 보며 그는 자신이 "절대자와 대면하고 있다"라고 생각한다. 그리고 이러한 무가치한 "무"에서부터 남성적 문명의 "끝없이 수학적인 세계들"이, 심지어 도스토옙스키의 성서가 나온 것이다. 따라서 결국 "곪아터진 외설적 공포"에는 무언가가 있어야만 한다.[71] 무모하게 나병 환자를 만진 사비에르Xavier처럼 밀러는 자신의 역겨움을 없애는 것이 불가능함을 깨닫는다. 아마도 밀러의 영원하고 신비로운 '여성 원칙'의 이상형이었던 마라 역시 병적인 거짓말쟁이였다는 사실에는 의도하지 않은 아이러니가 존재할 것이다.

밀러는 배설물에 병적인 공포를 느꼈다. 그가 '성교'하지 못한 유일한 여자는 불결한 화장실이 딸린 아파트에 사는 여자였다. (밀러의 흥미로운 표현을 따르자면) 자신이 '가장 당혹감을 느꼈던 순간'은 변기가 넘쳐 자신의 대소변 찌꺼기가 바닥에 흘러넘쳤을 때였다. 밀러는 여자를 포위하려는 시도를 포기하고 자기

---

70 같은 책, P.249.
71 같은 책, pp.248~250.

찌꺼기를 여자 혼자 처리하게 남겨두고는 그곳을 황급히 빠져나온다. 그는 확실하게 섹슈얼리티를 배설물과 배설 행위에 연결시켰다. 배설에 대한 밀러의 반응은 몹시 부정적이어서 그가 특별히 모욕을 주고 싶을 때는 '변소'에서 일을 벌인다는 사실도 의미심장하다. 한번은 밀러가 프랑스 화장실에서 "미국 여자의 음부"와 일을 벌인 적이 있다. 그녀를 "벽에 세차게 몰아붙여 세워놓았지만 안으로 들어갈 수 없었다." 꾸준한 창의력으로 밀러는 여자를 변기 위에 앉히려 한다. 하지만 이 또한 잘되지 않는다. 욕정을 가장한 적개심이 폭발하고 그는 이렇게 말한다. "나는 그녀의 아름다운 가운에 사정해서 그녀를 몹시 화나게 했다."[72] 《남회귀선》에서도 밀러는 아슬아슬한 곡예를 반복하며 《섹서스》에서도 마찬가지다. 이는 배변을 오르가슴과 멋들어지게 결합시키고, 섹슈얼리티에 대한 불결한 느낌을 명확하게 하는 일종의 퍼포먼스다. 이 불결한 느낌이 바로 여성에 대한 밀러의 청교도적 근저다. 섹스는 여성을 불결하게 하므로 섹슈얼리티에 응하는 여자들은 최대한 완전히 더럽혀질 만한 가치가 있다는 것이 밀러의 무의식적 논리다.[73] 밀러가 진정으로 하고 싶은 일은 여자에게 똥을 싸는 것이다.

남자 공중변소는 밀러에게 섹스는 회피할 수 없을 만큼 더럽다는 믿음을 가르쳤다. "익살맞고 외설적인 그림과 욕설로 가득한 벽"의 낙서를 감상하면서 그는 "저것이 그 일류 여성들에게 어

---

72 같은 책, p.18.
73 예를 들면 여성은 섹스이므로 더럽고, '순수한' 여성은 섹스를 거부하는 여성이라는 것이다. 여성 중 일부(어머니나 아기를 잘 보는 사람 등)는 훌륭하지만 대부분은 처벌받고 폭로되어야 할 위선자들일 뿐이다.

떤 인상을 줄지" 생각한다. "나는 여기에서 자신들이 단순한 성기로 생각되고 있는 것을 본다면 과연 그렇게 계속 꼬리를 높이 치켜들 수 있을지 궁금했다."[74] 그의 임무는 '음부'가 남성 공동체에서 얼마나 조롱받고 경멸받는지를 알려주는 것이므로 여성들은 그것만으로도 밀러에게 감지덕지해야 하겠다.

수많은 면에서 밀러는 아방가르드 작가이자 고도로 창의적인 예술가이다. 그러나 그가 성적 태도에 독창적으로 공헌한 바는, 성에 대한 케케묵은 경멸감을 최초로 충실하게 표현했다는데 제한된다. 그리고 나머지 성적 에토스는 대단히 관습적이다. 밀러는 다시 한번 화장실에서 책을 읽으며 자신의 성벽性癖을 "위대한 전통"으로 바꾸어놓는다. 자신은 "똥을 똥으로, 천사를 천사로 제대로 알아보았던 훌륭하고 진실하며 호색적이었던 영혼들"인 라블레Rabelais와 보카치오, 페트로니우스Petronius와 어깨를 나란히 하는 걸출한 동반자라고 공상한다. 그리고 이들과 더불어 선과 악, 창녀와 귀부인에 대한 고색창연한 구분을 늘어놓으며, "질膣을 '갈라진 틈'으로 조잡하고도 정직하게 표현한 세계"의 미덕에 대해 단호하게 주장한다.[75] 노골적이고 색다른 이 미국 소설의 이면에는 그러한 낡아 빠진 이야기가 있는 것이다. 즉 여성에 대한 죄의식과 공포, '순수한 여성'에 대한 숭배가 있는 반면, 여성 안에 있는 '음탕한 화냥년'의 기질이 드러날 때의 지독한 도덕적 격분이 있다. 밀러는 돈 후안Don Juan이 여성들에게 그렇게 잘

---

74 Miller, *Tropic of Cancer*, pp.174~175.
75 Miller, *Black Spring*, p.48, 50.

3부 문학적 고찰

먹혀들었던 이유는 "여자들이 모두 그 짓을 좋아한다는 것과 여자들의 더러운 화냥년 기질"을 입증할 수 있었기 때문이라고 말한다. 그렇지만 밀러는 또한 그러한 발견 때문에 매번 좌절하고 충격을 받으며 불안해한다. 밀러는 여자들이 그렇지 않기를 바라며 그래서는 안 된다고 확신하기도 한다. 하지만 밀러가 보기에 대부분 여자들은 그러하다. 따라서 밀러는 여성들의 위선 자체를 까발리는 일이 정당하다고 생각하여 그토록 수많은 전투를 치른 것으로 보인다. 밀러는 일찍부터 여자에 대한 환상에서 깨어났다. 피아노를 가르치던 애송이 헨리 밀러는 자신에게 배우는 여자아이의 어머니가 "타락한 여자에다 매춘부, 방종하기 그지없는 여자"라는 것을 알게 된다. 설상가상으로 어머니는 "검둥이와 함께" 살고 있어서, "자신을 충분히 만족시킬 만큼 커다란 남근을 맛보지 못한 듯 보인다." 이제 그의 규칙 제1조는 저절로 굴러들어온 호박을 절대 놓치지 않는다는 것이다. "그렇게 화끈 달은 계집년이 음부를 나한테 찰싹 붙여대는데 어쩔 것인가."[76] 그럼에도 밀러는 다소 충격을 받은 듯하다. 위생 측면에서 밀러는 피아노 교습을 받는 딸을 선호한다. 딸은 "갓 베어낸 건초"처럼 "신선한 음부"를 가지고 있기 때문이다. 그러나 딸이 "임신을 하자" 그는 어느 "유대인 녀석"을 동원해 낙태 비용을 깎은 다음 애디론댁산맥으로 도망을 친다. 밀러는 캐츠킬산맥으로 짧은 여행을 떠났을 때 두 소녀를 만나는데 이들을 중세의 '유형' 묘사처럼 불성실과 성실로 묘사한다. 아그네스는 "꽉 막힌 아일랜드 가톨릭계" 새침데기다. 그녀는 "그걸 좋아하지만" 인정하기는 두려워한다. 다른

76　Miller, *Tropic of Capricorn*, pp.255~256.

소녀 프랜시는 그녀와 완전히 반대다. 그녀는 "성교하기 위해 태어난 여자였다. 아무런 목적도, 대단한 욕망도 없었고 (…) 불평불만도 없었으며 내내 유쾌했다."[77] 프랜시는 몹시 전형적인 여자여서 심지어 구타당하는 것을 좋아할 정도다. 그녀는 "맞으면 거기가 기분이 좋아져요. (…) 아마 여자는 가끔 두들겨 맞아야 하나 봐요"라고 말할 정도다. 그래서 밀러는 이렇게 놀라워한다. "이런 것들을 용납해주는 음부를 만나기란 흔치 않다. 얼간이 말고 정상 음부 중에서 말이다."[78]

이 미국 남자아이의 경험에는 섹스와 폭력, 착취와 감상이 기묘하게, 심지어 경이롭게 뒤섞여 있다. 밀러는 어린 시절 패싸움을 하다 어느 남자아이를 죽인 이야기를 해준다. 그 아이를 죽이고 난 뒤 밀러는 그의 머리를 가지런하게 정리해서 아무 의심도 하지 않는 캐롤라인 아줌마의 두 팔에 안겨주었다고 한다. 집에서 빵을 굽는 어머니의 근심을 흠뻑 받을 수 있게 말이다. "그당시 어머니들은 집에서 직접 빵을 만들었고, 지금도 여전히 어머니라는 역할이 여자에게 요구하는 무수히 많은 일들 해내고 있다."[79] 그날 오후 섹스가 시작된다. "조이는 너무 기뻐하면서 나중에 우리를 지하실로 데리고 내려가 자기 여동생에게 치마를 걷어올리게 하고 그 밑에 있는 것을 보여주었다. (…) 다른 개구쟁이

---

77 같은 책, p.261.

78 같은 책, p.263.

79 Miller, *Remember to Remember*, p.40. 대중 잡지나 연속극 등에서 반복되는 (그리고 반복하는) 진지한 설교는 미국 매체의 다양한 층위가 어떻게 서로 연결될 수 있는지를 보여주는 구체적 사례다.

3부 문학적 고찰

들은 위지가 치마를 걷어 올리는 것을 보기 위해 돈을 냈지만 우리에게는 사랑으로 그냥 보게 해주었다. 얼마 후 우리는 그녀에게 다른 아이들에게는 보여주지 말라고 타일렀다. 우리는 그 아이를 사랑했기 때문에 정절을 지켜주기를 원했던 것이다."[80] 이미 이 소년의 흥분에는 성인 세계의 표본이 빛나고 있다. 즉 폭력과 남성의 특권이, 섹슈얼리티와 여성의 은밀하고 수치스러운 곳이 현찰 거래로 통제되고 있는 것이다. 그리고 여기에는 경건함도 말끔하게 정리되어 있다. 위지는 '사랑'을 통해 구원되어 혼자 '고상해'질 수 있으며, 때가 되면 캐롤라인 아줌마만큼 능숙하고도 무식하게 양육할 수 있도록 잘 익어갈 것이다.

밀러는 열광적인 '계집년들'과 기진맥진할 만큼 경험을 쌓으면서도 어린 시절의 '순수한' 사랑의 우상을 포기하지 않는다. 자신이 "결코 불순한 생각을 한 적이 없었던" 그 순수한 여성들 말이다. 40년 후에도 우나 기퍼드에 대한 밀러의 기사도적 열정은 마치 대중가요 가사처럼 쏟아져 나온다. "천 번이나 내 손이 미치지 않는 그녀. '키스해줘요, **다시 한번** 키스해줘요!' 이 말이 내게 어찌나 사무쳤는지! 그 야단법석 떠드는 사람들 중에 어느 한 사람도 나의 고통을 알지 못했다. (…) 흥청대는 소리가 텅 빈 거리를 가득 채웠다. (…) 파티를 열고 있는 것 같았다. 그리고 그녀가 거기 있다. 내 사랑, 눈 같은 금발에 별 같은 눈망울을 가진, 영원히 가질 수 없는 북극의 여왕."[81] 사랑에 빠진 밀러는 빅토리아 시대 구혼자에게나 볼 수 있는 '경외심'이라는 감상으로 복귀하

---

80 Miller, *Tropic of Capricorn*, p.125.

81 Miller, *Nexus*, p.303.

고 있다. 밀러는 대체로 나르시시즘적인 감상에 허우적거리면서
자신의 냉소주의를 보완해주는 질척거리는 '이상주의'로 가득 찬
그녀에게 꽃을 보내고 퇴행적 몽상으로 채운 긴 편지를 쓴다. 마라
에 대한 파토스로 가득 찬 오래고 헛된 집착은 사랑 이야기라기
보다는 오히려 신경증적 의존 상태의 사례라 할 수 있는 것이다.

밀러의 인습은 부분적으로 육체와 정신, 감각과 영혼 사이의
엄격한 분리를 주장하는 데서 나온다. 반 노든은 이렇게 표현한
다. "책에서는 뭔가 얻을 수 있어. 심지어 나쁜 책에서도 말이야.
하지만 음부라니, 그건 순전히 시간 낭비야."[82] 밀러는 물론 많은
시간을 낭비하지만 그래도 섹스를 책과 관념이라는 '더 고귀한'
삶과 엄격하게 구별할 만큼 용의주도하다. 그러한 더 고귀한 삶
은 혼자서, 혹은 남성들과의 관계에서만 경험할 수 있다. 별개 영
역에 대한 밀러의 해석에 따르면 여성은 가끔 아이를 가져 구원
되기는 하나 대부분은 '음부'일 뿐이며, 남성은 책을 쓰는 대단한
존재다. 그러나 자궁이라는 신비조차도 추상적으로만 유용할 뿐
이다. 그는 부성성에 전혀 관심이 없으며 모성성에 대한 찬사 또
한 빈약할 뿐만 아니라 아무런 감동도 없는 것이기 때문이다.
돈에 양면적 감정이 있는 밀러는 극단적 남성성이나 전쟁,
군국주의의 주장에 흔들리지 않는다. 그렇다고 밀러가 평생 남
성 헤게모니를 유지하는 것을 망설인 것도 아니다. 로렌스를 비
롯한 선각자들이 우리에게 가르쳤듯 남성 헤게모니는 성에 대한
전통적 양극성을 유지해야만 가능하다. 그리고 이는 서구의 몰락

---

[82] Miller, *Tropic of Cancer*, p.140

을 막고 20세기의 참사에서 구원되기 위한 유일한 방식이라고 한다. 밀러는 인류의 재앙이 성적 양극성의 상실(예를 들면 페미니즘 운동) 때문이라고 추적하는데, 이는 제1차 세계 대전에 대한 가장 기묘한 분석임이 틀림없다. "성적 양극성의 상실은 더 거대한 붕괴를 초래한 본질적 원인이자 영혼의 죽음을 반영하며 위대한 남자, 위대한 대의, 위대한 전쟁의 소멸과 일치한다."[83]

성적 양극성이라는 밀러의 기획은 여성을 '음부'이자 완전히 성적이고 유치한 생물학적 존재로 강등시킨다. 남자 또한 이러한 비천한 본성을 공유하고 있지만 문화와 지성 또한 소유하고 있다. 양성은 각각 전쟁 중인 야영지와 같아서 서로를 이해하는 것은 불가능하다. 한쪽은 인간이자 동물(밀러의 인식에 따르면 지적인 동시에 성적인)이지만 다른 한쪽은 순전히 동물에 불과하기 때문이다. 정신과 물질, 남자와 여자인 양성은 경험의 범위를 구획 짓는다. 일부는 천사이고 일부는 동물인 남성은 자신의 분리된 본성을 향유하지만 또한 그 때문에 고통스러워하기도 한다. '음부'에 대한 남성의 욕망은 반복적으로 일어나는 수치스러운 현상이지만 그럼에도 남성의 동물적 기원과 계속해서 접촉을 유지하는 방식이기도 하다. 그것은 남성을 '실재'에 잡아둔다. 밀러는 여성이 음부에 불과함을 선포하고 '성교'에 대한 유토피아적 환상 속에서만 여성과 교섭하려 함으로써 현실적 성 혁명이라는 위협(그가 여성에게 부과한 영혼 없는 물질로서의 성격을 초월하려는 시도)을 쫓아버리려 한다. 그러나 밀러가 마라와의 관계에서 계속 실패하

---

83 Henry Miller, *The Cosmological Eye*(New York: New Directions, 1939), p.120.

는 것을 보면 이는 단지 배짱을 부리는 데 지나지 않음을 알 수 있다. 이를 더 설득력 있게 보여주는 것은, 여성은 물건에 불과하다고 젠체할 만큼(그래야 여성을 다룰 수 있으니까) 밀러가 온몸이 움츠러들 정도로 여성에 공포심을 가지고 있었다는 사실이다.[84]

《섹스의 세계》에서 밀러는 섹스에 대한 자신의 글 대부분이 단순히 "자기 해방"을 위한 시도였다고 설명한다.[85] 밀러는 이 책을 통해 자신의 지하 감옥으로 우리를 훌륭하게 안내하고 있으나, 자신이 해방되었다는 바로 그 세계에 대해서는 어떤 실마리도 제공하지 않는다. 노년에 떨치게 된 명성에 기대어 그는 다음과 같이 한심하고도 수상쩍게 선언한다. "악취는 좀 나지만 어쨌든 음부야말로 모든 것의 결합을 표현하는 탁월한 상징일 것이다."[86] 상징일 가능성은 있으나 그 악취 또한 확실하다. 밀러는 어느 순간에는 잔인한 성 윤리를 표현하여 인간의 삶을 구성하는 혼돈을 통찰하는 것처럼 보이기도 했다. 하지만 어느 순간부터 밀러는 무의식적으로 생색내듯이 다음과 같은 놀라운 천진난만함을 보여주기 시작한다. "아무리 '음부'에 집착해도 나는 음부를 가지고 있는 사람에게 더 흥미가 있었다. 음부는 분리되어 독립적으로 존재하지 않는다."[87]

여성을 인간으로 보려는 충동(덧없는 욕망)이 잠깐 일어날 수는 있겠지만 그보다 더 거대한 것은 청소년 같은 나르시시즘의

---

84 여류 소설가 아나이스 닌Anais Nin에 대한 밀러의 존경심은 유일한 예외로 보인다. 아마도 이 때문에 그녀의 작품을 그토록 숭배했을 것이다.

85 Miller, *The World of Sex*, p.16. 이 짧은 에세이는 섹스라는 주제에 대한 '진지한 메시지'를 전달하려는 야심과 책을 팔아야 한다는 절박한 요구 사이에서 동요한다.

86 같은 책, p.44.

87 같은 곳.

끔찍한 욕구다. 비인격적 물질이자 영혼 없는 세포 조직에 불과한 것과 끝없이 성교하고 싶다는 비열한 꿈이 훨씬 더 매력적이다. 거기에는 늘 이기주의의 전율이 존재한다. 즉 비열하게 사기치는 황홀감, 거짓말하고 꼬드기고 속이고 고의로 모욕을 주고 그리고 나서 명령을 내려 얼간이를 부추기는 흥분이 존재한다. 이 얼간이의 '동물성'은 밀러의 초연한 우월성을 확증해준다. 이 모든 위안거리는 섹스 자체의 역겨움을 보상해준다.

마지막으로 배출의 만족감이 있다. 이는 긴장과 적대, 좌절, 심지어 생각마저도 방출하는 것을 말한다. "섹스하는 동안 그들은 나에게서 사라져갔다. 마치 하수구에 쓰레기를 버리는 것 같았다."[88] 미국인이라면 실내에 배관을 설치하는 것이 얼마나 좋은지 안다. 밀러는 초현실적 꿈속에서 여성을 "다리 사이에 가면을 쓴 매듭"이라고 보며, "하나의 틈은 다른 것만큼 좋다는 것을, 무릇 모든 하수구에는 창살 뚜껑이 있기 마련이라는 것"을 깨닫는다.[89] '음부'는 전두엽을 절제당한 그릇 같은 것이다. 하지만 "모든 틈 뒤에는"[90] 위험과 죽음, 알 수 없는 것이 도사리고 있으며 추격의 즐거움도 있다. 그리고 밀러의 "비뇨 생식기"[91] 체계에서 성적 공중변소는 유료 화장실과 같다. 그 화장실은 충분히 비용을 치를 가치가 있다.

밀러는 남성 문화가 오랫동안 경험했으나 항상 조심스럽게 억눌러왔던 특정한 감상에 목소리를 부여했다. 즉 여성을 음부로

---

88   같은 책, p.51.

89   Miller, *Black Spring*, p.164.

90   같은 곳.

91   밀러는 이 단어를 무척 좋아해서 곧잘 사용했다.

완전히 탈인격화하려는 열망, 값싸게 착취하는 게임과 같은 섹슈얼리티, 실제 인간이라는 현실성이나 동료 인간을 다루는 복잡함에 전혀 구애받지 않는 권력에 대한 유치한 환상, 그리고 마지막으로 성격상 항문 배설보다 전혀 나을 것이 없는 유치한 배출에 대한 열망 등의 감상을 말한다.

아무리 해롭다 하더라도 그러한 금지된 감정의 해방은 의심의 여지없이 편리한 것도 사실이다. 하지만 밀러가 폭발시키고 유행시켰던 그 수많은 경멸과 역겨움의 표현은 결국 해로운 것으로, 심지어 악의적인 것으로 끝날 수도 있다. 남성의 공격성에 무한한 시야를 제공하는 일은 그 상황을 백일하에 드러낼 수는 있겠지만 성 정치학의 해묵은 딜레마를 해결해주지는 못한다. 밀러는 우리에게 몹시 중요한 사실을 말해준다. 그의 독살스러운 성차별주의는 쉽게 무시할 수 없는 사회적이고 심리적인 지식을 우리에게 전달하는 데 기여한다. 그러나 이러한 신경증적 적개심과 노골적 욕지거리를 건전함과 혼동하는 점은 참으로 측은할 따름이다. 그것을 자유와 혼동하는 것 또한 그다지 슬프지는 않다 하더라도 매우 고약하기 그지없는 일이다.

07 ⌾⌾—

노먼
메일러

1 섹스는 전쟁이다

메일러(1923~2007)는 역설적이고 양가적인 인물이며 분리된 양
심과 상충하는 충성심을 가지고 있다. 메일러만큼 현재 "미국인
이 평일에 느끼는 일상적 정신 분열증"을 잘 묘사할 수 있는 작가
는 없을 것이다.[1] 오늘날 메일러는 문학 저술가인 동시에 일종의
문화적 현상이라고 할 수 있다. 따라서 시대 의식에 직접 영향을
끼치겠다는 자신의 원대한 야심을 성취하고 있는 것이다. 메일러
는 우리를 교화시키기 위해 자신의 딜레마를 펼쳐 보인다. 오직
병적인 것에 집착해야만 남성적 감수성에서 가장 위험한 것을 뛰

---

1   Norman Mailer, *The Armies of the Night*(New York: New American Library, 1968), Signet reprint, p.125.

어넘을 수 있음을 강하게 이해하고 있는 어느 지적인 남자가 처한 딜레마를 보여준다. 어느 누구도 메일러만큼 폭력을 잘 설명하면서도 동시에 정당화하지는 못했다. 메일러는 자신의 이름을 달고 (겉보기에만) 평화주의적인 책을 출판한 군국주의자이며, 반전 집회에 유명 인사로 초청받았을 때는 스스로를 강박적으로 '군대'를 이끄는 '장군' 역할로 포장하는 실로 정체를 알 수 없는 인물이다.[2]

메일러는 남자다움이라는 종교에 사로잡혀 있지만 그렇다고 하여 이를 분석하지 못하는 것은 아니다. 그는 심지어 이러한 심리적 배경에 일반적 관심을 가지라고 설득력 있게 요구하기까지 한다. 성 정치학이 현실 정치학과 교차하는 지점이 바로 이 지점이기 때문이다. 여기에서 집단으로서의 여성 억압은 가부장제 전쟁을 위한 정서적 모델이자 자양분을 제공한다. 억압적 체제를 지나치게 밀고 나가면 악질적으로 변하는 경향이 있다. 메일러의 작품은 반동적 태도 뒤에 숨은 성적 증오심을 노골적 적개심으로 분출시킨다. 군대라는 남성 공동체 문화에서 성인으로서 중요한 경험을 한 남자라면 누구나 성적 투쟁을 실제 전투로 간주하려 한다는 사실은 그다지 놀랍지 않다.

특징적 행위에 사로잡힌 소설가는 작품마다 일정한 인물을 반복해서 등장시키는 경향이 있다. 메일러의 작품에는 서로 다른 가면을 쓰고 있으나 계속해서 등장하는 인물이 있다. 이 인물은 작가의 양가적 반응에 따라 악당이나 주인공으로 혹은 (십중팔

---

2 Norman Mailer, *Miami and the Siege of Chicago*(New York: World, 1968)와 *The Armies of the Nigh*의 곳곳을 참조하라.

구는) 악당인 동시에 주인공으로 등장한다. 그 최초의 인물은《벌거벗은 자와 죽은 자》의 크로프트 중사다. 이 인물에 대한 묘사는 비우호적이며 신랄하기까지 하다.《왜 우리는 베트남에 있는가?》의 천재 디제이("내 남근에는 핏자국이 있다")[3]처럼 크로프트도 한때 사냥꾼이었다.《사슴 동산》의 세르기우스 오쇼네시처럼 크로프트도 "남자가 되기 위한 잔인함"[4]을 지녔다.

크로프트는 살인적 분노에 가득 차 인생을 보낸다. 최초의 살인은 어느 당번병을 "개"라고 폄하하면서 냉담하게 처형한 사건으로, 이 사건은 그에게 인상적인 "흥분감"을 남긴다.[5] 그는 평생 이 사건을 성적인 측면에서("너희들은 모두 음탕한 창녀들이야. (…) 개 같은 녀석들이라고. (…) 너희들은 모두 뒤를 밟아야 할 사슴들이야")[6] 그리고 조직적인 전쟁 학살이라는 측면에서("저 나쁜 놈들은 정말 싫어. (…) 난 진짜 일본놈을 잡을 거야")[7] 회상하면서 즐거워한다.《벌거벗은 자와 죽은 자》는 미군이 필리핀 군도에 있는 '아노포페이'를 침공한 이야기다. 이 섬을 점령한 일본군은 양식이 떨어져 굶어 죽기 직전이었으므로 미군의 침공은 크로프트의 축제라 할 수 있을 '일본군 사냥'으로 끝난다. 크로프트는 포로를 총살할 준비를 하면서 "총알이 포로의 몸을 박살낼 때 포로의 몸이 순식간에 요동치며 발작할 것"[8]이라고 예상한다. 그가 기대하

---

3   Norman Mailer, *Why Are We in Vietnam?*(New York: Putnam, 1967), p.7.

4   Norman Mailer, *The Deer Park*(novel)(New York: Putman, 1955), Berkeley reprint, p.198.

5   Norman Mailer, *The Naked and the Dead*(New York: Holt, Rinehart and Winston, 1948), Signet reprint, p.127.

6   같은 책, p.130.

7   같은 책, p.123.

8   같은 책, p.153.

는 이 **떨림**은 성적 경험의 정확한 대응물이다.

메일러는 크로프트를 더 이상 갈 곳이 없는 극한에 대한 과대망상증적 야심을 가진 인물로 묘사한다. "그의 조상들은 황소를 몰고 여자를 혹사하면서 온 힘을 다해 계속 밀고 나아가 1600킬로미터를 이동했다."[9] 그러나 크로프트에게 이러한 힘은 오로지 파괴적인 에너지로 바뀐다. "그는 자신을 계속 밀고 나아갔고", 자신의 "주요한 기질"인 "끝없는 증오심"과 "우월한 경멸감"으로 "이글거리고 있었다."[10] "그는 나약한 것을 증오했으며 실제로는 아무것도 사랑하지 않았다."[11] 우리를 가장 움츠러들게 하는 크로프트의 욕설은 자신의 부하를 "지옥에나 떨어질 여자들"[12]이라고 혹평하는 부분이다. 사냥감(그는 이 먹이를 여자라고 생각한다)을 뒤쫓는 방법을 처음 배웠던 젊은 시절에도 그는 자기 자신에게 욕설을 퍼붓는데, 이는 총이 발사되기 직전 몸이 흔들릴 때 분노하면서 내뱉는 말과 같다. "이 하찮은 늙은 년."[13]

크로프트의 광적 분노에는 또 다른 요인이 있다. 그것은 아내의 간통이었다. "결국 크로프트는 혼자 시내에 가서 술에 취하면 창녀 하나를 붙잡았고 때로는 분노에 차서 말 한마디 없이 창녀를 구타하기도 했다."[14] 메일러에 따르면 크로프트가 군대에 가서 이방인들에게 울분을 풀며 세계 곳곳을 돌아다니게 된 이유도 이러한 성적 분노 때문이었다.

---

9 같은 책, p.130.
10 같은 책, p.124.
11 같은 곳.
12 같은 책, p.405
13 같은 책, p.125.
14 같은 책, p.129.

3부 문학적 고찰

이 소설에서 크로프트가 진부한 파시즘을 대변한다면 커밍스 장군은 더 고귀한 전체주의자를 대변한다. 커밍스는 군대라는 위계질서가 표상하는 계급 구조의 정점에 있는 세련된 사디스트다. 커밍스 또한 살인을 성적인 것으로 생각하고 섹슈얼리티는 살인적인 것으로 생각한다. 연인 커밍스의 전형적 모습은 다음과 같다.

그는 그녀를 정복하고 흡수하고 갈기갈기 찢고 모조리 먹어치워야 한다. "나는 너를 갈가리 찢어 먹을 거야. 아, 그래서 너를 내 것으로 만들 거야, 이 계집년아."[15]

다음은 장군 커밍스의 모습이다.

남자의 깊고도 어두운 충동, 언덕 위 희생 제의, 밤과 꿈을 마구 휘젓는 정욕, 이 모든 것이 포탄이 터져 산산조각이 나고 비명 소리가 들리는 와중에 있었다. (…) 빛나는 강철의 질膣을 통해 달려 나오는 남근-포탄. (…) 성적 흥분과 배출의 굴곡, 이는 결국 삶의 육체적 핵심이다.[16]

섹스는 전쟁이므로 전쟁은 성적이다. '삶의 육체적 핵심'을 거부할 수 있겠는가? 섹스와 폭력의 연결은 단순한 은유가 아니라 두 현상의 본질에 대한 메일러의 확신을 표현하고 있는 것이다.

---

15 같은 책, pp.325~326.
16 같은 책, pp.440~443.

메일러의 소설을 피상적으로만 읽는다면 두 악질적 인물에 대한 뛰어난 해부에는 그들에 대한 찬미나 적극적 동일시의 흔적이 없어 보일 수 있다. 그러나 이 소설의 마지막 장에서 크로프트를 다루는 태도에 미묘한 변화가 감지된다. 즉 그의 태도는 미친 것이 아니라 영웅적인 것이라고 독자에게 설득하는 이상한 시도가 감지된다. 이 소설은 천박한 애국주의로 미군을 찬양하면서 엉망진창이 된다.[17] 몇 년 뒤 메일러는 첫 번째 작품 이후 폭력에 대한 생각이 "정반대로 변했다"라고 시인했을 뿐만 아니라, "《벌거벗은 자와 죽은 자》의 이데올로기 이면에는 폭력에 대한 강박이 있었다. 내가 은밀하게 찬양했던 크로프트 같은 인물들은 폭력적 인간이었다"라고 태연자약하게 털어놓는다.[18]

《바르바리 해변》에서도 다시 모호함이 끼어든다. 《벌거벗은 자와 죽은 자》 다음에 발표된 이 소설은 다소 정치적인데 그 기저에는 전투와 잔학함을 섹슈얼리티와 연결하고 동일시하려는 적대감이 흐른다. 20세기의 잔학 행위인 나치와 소련의 학살 수용소를 노골적으로 비판하려는 이 책에서 주인공과 도덕적 중개자는 적의 영토에서 어떻게 "엉덩이에서부터 섹스를 했는지" 만족스럽게 회상한다.

나는 여자를 본 적이 없었다. 기관총이 머리 위에서 나를 확대하

---

17 예를 들어 일본군이 학살되는 마지막 장면처럼 메일러는 마지막에 가서 적절한 순간에 멈추지 못하고 책을 망쳐버려 우리에게 비통한 느낌을 준다. 대신 그는 참호에서 던지는 거드름 피우는 농담을 마지막 페이지에 덧붙이는데, 이 때문에 소설은 일종의 영화 대본이 되고 만다.

18 Norman Mailer, *The Presidential Papers*(New York: Putnam, 1963), p.136.

면서 나무를 사격하고 있었다. (…) 나는 건초더미로 되돌아가 대자로 뻗어 불안한 선잠을 잤다. 꿈에서 나는 포탄과 사랑을 나누고 광택 나는 강철과 섹스를 했다.[19]

나치의 대량 학살에 대한 메일러의 비판은 결국 방식의 문제가 되어버린다. 단지 가스실이라는 기술적 측면만을 비난하고 있기 때문이다. 히틀러는 독일에 "야만적 시대의 원시적 비밀"[20]을 보여주겠다고 약속하고, "모든 것을 **짓밟고** 소리를 지르고 갈가리 찢어 **죽이는**"[21] 전율을 느낄 기회를 제공하면서도 한낱 과학적으로 단조로운 가스라는 수단을 사용했을 뿐이라는 것이다.

〈백인 검둥이The White Negro〉와 《나 자신을 위한 광고》를 쓴 힙스터Hipster 시기에 메일러는 모든 망설임을 내던져버린 듯 보인다. 그리고 집단적 규모의 폭력이 가진 미덕을 여전히 은폐하고 유보하고는 있지만 개인적이고 성적인 폭력은 열정적으로 지지하는 것 같다. 힙이라는 인물의 우월한 인식에 따르면 강간은 "꽉 막힌 사람"에게나 그렇게 보일 뿐 실제로는 "삶의 일부"다. 또한 강간 행위는 "예술성"이 있는지 "진짜 욕망"이 있는지를 기준으로 세심하게 평가해야 한다고 주장한다.[22] 메일러는 단순한 반사회성과 혁명성을 혼동하는 가운데 힙의 미학을 발전시킨다. 힙

---

19 Norman Mailer, *Barbary Shore*(New York: Holt, Rinehart and Winston, 1951), Signet reprint, pp.114~115.

20 Mailer, *The Presidential Papers*, p.182.

21 같은 책, p.134.

22 Norman Mailer, *Advertisements for Myself*(New York: Putnam, 1959), Berkeley reprint, p.292.

의 주요한 기질적 특성은 악질적 **남자다움**이다. 그리고 그는 여전히 신좌파에 충실하다. 신좌파는 일찌감치 메일러의 마법에 넘어갔거나, 시끄럽고 진부한 서구인과 체 게바라를 계속해서 혼동하고 있다. 힙의 방자한 개인주의(길들여진 니체)가 더욱 강화되는 것에 맞추어 매리언 페이라는 인물도《사슴 동산》의 '동성애자 악당'에서부터 〈해결책에 대한 나 자신을 위한 광고Advertisements for Myself On the Way Out〉에 나오는 평범한 영화의 악마로 변해간다. 이러한 변화를 관찰해보면 흥미롭다. 메일러가《사슴 동산》을 희화화하여 제작한 연극에서 매리언 페이는 최종적으로 이상화된다. 처음에 페이는 단지 "손을 닦을 수 있는 여자아이"[23]를 얻으려고 돌아다니는 가학적 포주에 지나지 않는다. 그러나 메일러가 섹스를 조작의 힘으로 사용하는 페이의 능력에 갈수록 몰두함에 따라 나중에 악마가 되는 이 인물에게 야심에 찬 신학적 이야기를 늘어놓게 하고, 영화에 나오는 파우스트와 도회적 카우보이라는 현란한 특징을 부여한다. 크로프트가 말쑥해진 것이다.

처음에《사슴 동산》은 타락한 상업 예술가인 찰스 프랜시스 아이텔 감독이 자신보다 열등하다고 속물적으로 생각하는 어느 여자를 낚고 착취하고 헤어지고 버리는 과정을 동정적이면서도 꽤 훌륭하게 탐구한다. 이 소설을 구조와 도덕 논리와 미학적 통일성의 측면에서 보면 여주인공 엘레나 에스포지토가 자살하고, 페이가 자신의 가학적 암시력(엘레나 자신이 매춘 때문에 자기 파멸적으로 타락할 것이라는 암시)을 마침내 현실화하면서 끝나는 편이 적절해 보인다. 그러나 메일러는 엘레나가 아이텔과 공허한 결

---

23 Mailer, *The Deer Park*(novel), p.159.

혼 생활을 하는 점강법적 결말로 끝내 여기에는 어느 정도 비애감도 있다. 하지만 희곡에서는 이와 완전히 다르게 아이텔이 자기 본위적으로 슬프게 죽는 것으로 끝난다. 이로써 페이를 죄악에 광적 관념을 가진 싸구려 깡패에서 힙한 성적 파우스트로 변화시키고 그럴싸한 할리우드 언덕의 사랑의 영웅으로 격상시킨다. 이로써 이 작품은 훨씬 더 급격하게 그 가치가 떨어진다.[24]

《벌거벗은 자와 죽은 자》에서 메일러는 크로프트에게 허언이라는 이름의 중사를 붙여주어 크로프트를 돋보이게 했다. 나약한 자유주의자이자 대학 출신인 허언은 자신도 모르게 (자신의 계급적 기원으로 결국 법정 상속인이 될) 부유하고 권세 있는 사람들 사이에서 커밍스처럼 생활하는 데에 매력을 느낀다. 하지만 허언은 이러한 생활 방식이 주는 매력에 대항하여 싸우며 동시에 크로프트의 잔인함에 대항해서도 외롭게 싸운다. 그러나 동시에 허언은 크로프트의 상관이자 그와 대등한 군인이 되려고 열망하기도 한다. 결국 이 때문에 허언은 크로프트의 총에 맞아 죽는다. 그러나 《미국의 꿈》의 주인공 스티븐 로잭에 이르러 지적인 허언은 결국 민간인 크로프트가 되고 만다. 로잭에게 가장 소중한 기억은 자신이 소속된 소대가 독일군의 은신처를 습격하여 자신의 젊은 중위에게 마치 연극 같은 승리를 안겨주었던 밤이다. 로잭은 이후 살인만이 해소해줄 분노를 품게 되고 소설에서 32시간 만에 두 명의 백인 여성을 죽이고 한 명의 흑인 남성을 죽이게 된다. 로잭 부인은 남성 우월주의에 구타당해 죽고 애인 체리는 로잭의 감상벽 때문에 죽는다. 그리고 흑인 샤고 마틴은 백인 남성

---

24 Norman Mailer, *The Deer Park, A Play*(New York: Dial, 1967).

로잭이 흑인의 침입에 아랑곳하지 않고 '자신의 여자'를 지키게 할 수 있도록 죽는다. 그러는 동안 작가는 우리에게 "살인은 거대한 안도감을 약속한다. 그것은 단연코 성적이다"[25]라고 확신해준다. 《미국의 꿈》을 통틀어 섹스라는 전쟁에서 이혼은 '후퇴'이며 별거는 냉전의 일종이고 섹스는 '총성', 더 과격하게 말해 '폭격'이며 남성 동지는 '총검'의 전우들이다. 그리고 입에 거품을 무는 크로프트주의 속에서 승리가 선언된다.

> 나는 발밑에서 비열한 분노가 끓어오르는 것을 느꼈다. 그녀를 죽일 때의 행동이 너무 신사적이었으므로 증오를 제대로 간파하지 못했던 것 같았다. (…) 나는 다시 위로 올라가 갈비뼈를 걷어차고, 뒤축으로 코를 으스러뜨리고, 구두 끝을 관자놀이에 박아 넣어 다시 그녀를 죽여버리고 싶었다. 이번에는 멋있게 제대로 죽이고 싶었다. 나는 이 욕망으로 몸서리를 치면서 거기 서 있었다.[26]

"욕망"이란 어휘는 멋들어진 선택이다. 메일러는 남자다움이라는 환상을 기묘하지만 능숙한 방식으로 분석하는 동시에 자신과 동일시하고 있는데, 여기에서 섹슈얼리티와 폭력은 서로 복잡하게 얽혀 있어 "죽이려는 욕망"이라는 표현은 진실로 성욕을 불러일으킨다. 로잭에게 희생당하는 사람이 여성과 흑인이라는 사실도, 세 번의 전쟁에서 메일러의 군인들에게 희생당한 사람들이 (로잭

---

25 Norman Mailer, *An American Dream*(New York: Dial, 1964), p.8.
26 같은 책, p.50.

을 제외하고) 모두 동양인이라는 사실도 그다지 놀랍지 않다. 바로 이들이야말로 백인 남성의 피지배자이자 백인 남성의 분노를 분출하는 대상인 것이다.

와스프(앵글로색슨계 백인 신교도.—옮긴이)의 정신병에 관한 메일러의 연구라 할 수 있는《왜 우리는 베트남에 있는가?》는 아마도 가장 흥미진진한 작품일 것이다. 이 작품은 열여덟 살짜리 소년의 상상으로 이루어져 있는데, 이 소년은 최근에 치른 통과 의례에 대해 숙고한다. 그 통과 의례란 살인을 하라는 또래 친구들의 명령을 실행하는 것이다. 학살로서의 섹슈얼리티라는 개념을 처음 도입한 사람은《바르바리 해변》의 사악한 천재 홀링스워스다.

> 그는 그녀의 몸 각 부분에 이름을 붙이면서 자신이 어떻게 할지를 설명했다. 이 부분은 잡아 찢고 저 부분은 꽉 쥐어짜며 여기는 먹고 저기에는 침을 뱉고, 거칠게 각을 뜨고 능숙하게 베어내고 난도질하고 분해하고 강탈할 것이다. 나는 그가 식욕을 완전히 채울 때까지 시체 옆에 몸을 구부리고 앉아서 꽉 다문 이빨 사이로 알아들을 수 없는 목소리를 내뱉으며 손등으로 조심스럽게 입을 훔치는 것을 보았다. 그런 다음 그는 마치 "화끈한 계집이었어!" 하고 말하는 듯 한숨을 내쉬었다.[27]

이제 매력적인 젊은이 디제이 제트로가 우리에게 알래스카 곰 사냥에 대해 이야기해준다. 디제이에 따르면 곰 사냥은 그에

---

27 Mailer, *Barbary Shore*, p.146.

게 "동물을 죽이는 것에 대해 (…) 그리고 최고로 군인다운 살해에 대해"[28] 알려 주었다. 이는 남자들의 세계에 입문하는 의식으로 그는 이를 힙합식 말투로 이야기한다. 여기에서 사용되는 은유는 성적이자 군사적이다. "이제, 기억하라!"라고 그는 사냥이 시작되기 전에 독자에게 말한다. "음부와 궁둥이만 생각하라. 그러면 모든 것이 명확해질 것이다."[29] 디제이를 성인으로 환영하는 문화에서 섹스와 폭력이 서로 긴밀하게 결합되어 있다는 것을 보여주기 위해 디제이는 감각적 증거를 제공한다. "피 냄새란 음부와 궁둥이 냄새를 한데 뒤섞어놓은 듯한 냄새라는 것을 알아챈 적이 있는가?"[30] 그는 "정력이 넘치는 남자들의 성적 특성"에 친밀감을 느끼고, "사격 조준기로 바라보지 않으면 갈 수도 없는" 주인공과 함께 있으면서 편안함을 느낀다. 그리고 부모의 섹스 장면을 "폭발"이라는 단어로 표현한다. 아버지는 "남근이라는 다이너마이트"를 이용하고("아버지는 가지 않고 폭발했어. 아버지는 섹스와 뜨거운 소변과 대변이 용솟음치는 온천이야. (…) 아버지는 텍사스의 의지력이지"), 어머니 앨리스는 남부 여러 주에 흩뿌려져 있다. "그들은 어머니의 질膣을 노스캐롤라이나에서, 항문일부를 고향에서 찾았다."[31] 디제이는 자신의 남근을 "운 좋게 자신에게 관통당한 댈러스의 사교계 처녀들과 평범하고 흔한 성교 상대"[32]를 겨눈 권총이라고 상상하므로, 숲에 죽음의 피를 흩뿌리고 있는 상

28 Mailer, *Why Are We in Vietnam?*, p.7.
29 같은 책, p.9.
30 같은 곳.
31 같은 책, pp.12~13.
32 같은 책, p.42.

처 입은 거대한 곰을 발견했을 때 온몸이 사냥 열기로 달아오른다. 사냥과 섹스에서 전쟁으로의 이행이 이 소설의 주된 관심사다. 디제이는 "발기하는" 수단으로 동물을 살해하려 하는 그 "고급 개자식"인 인정머리 없는 경영자 아버지처럼 부패했으므로,[33] 이제 "시뻘겋게 흥분해 근질근질한 남근의 기억"[34]에 자극받아 학살을 열망하게 된다.

이는 와스프나 텍사스주 사람들도 마찬가지다. 메일러는 와스프도, 텍사스주 사람도 아니다. 《벌거벗은 자와 죽은 자》에는 골드스타인이라는 이름의 남자가 등장한다. 그는 대단한 군인도 아니고 아마 한 번도 살인해본 적이 없을 것이다. 하지만 골드스타인은 불굴의 용기를 가지고 있으며, 극심한 열기와 갈증과 피로의 상태에서 정글을 뚫고 전우의 시체를 메고 와 스스로를 증명해내는 인물이기도 하다. 기이하게도 이 인물은 메일러의 소설에 두 번 다시 등장하지 않는다.[35] 메일러의 주인공들은 모두 크로프트처럼 와스프의 사악함을 체현하고 미화하는 인물이거나 혹은 아일랜드인처럼 어리석고 잔인한 인물이기 때문이다. 반면 메일러는 점점 더 미국 재향 군인회의 지도자를 닮아가게 되어 호전적 행복감에 겨워 "스포츠"와 "전투의 감각적 기쁨", "부드러운 감정의 고양과 경외심과 즐거움"[36]에 대해 열광적으로 찬양

---

33 같은 책, p.106.

34 같은 책, p.122.

35 〈요가를 연구한 남자The Man Who Studied Yoga〉《나 자신을 위한 광고》라는 메일러의 단편 소설에 등장하는 중심인물인 샘 슬로보다를 제외하면 유일한 예외일 것이다.

36 Norman Mailer, *Cannibals and Christians*(New York: Dial, 1966), p.112.

하거나 전쟁의 "달콤함"을 장황하게 늘어놓는다.[37] 그는 지도자의 둔감한 군가를 흉내 내느라 바쁜 와중에 헤밍웨이에게 매혹되어 향수에 잠긴 퇴역 군인처럼 "네 감각의 권위를 신봉하라"라고 훈계한다. "그것이 널 기분 좋게 만들었다면 그건 좋은 것이다."[38] 이러한 열정을 해독해주는 다른 글을 인용해도 좋을 것이다.

그대들
흐느껴도 눈물이 나올 길 없고
외쳐도 말이 나올 입술이 없고
고통에 몸부림쳐도 무언가를 붙잡을 손가락 피부가 없는
그대들

그대들의 몸부림치는 사지는 피로 온통 얼룩져 있고 땀과 림프
액으로 번들거리고 있고
닫힌 눈꺼풀 사이로 번득이는 눈알의 흰자위만 보인다
(…)

검게 타 쓰라린 히로시마의
어둡게 흔들리는 불꽃에서 나온
그대들은 더 이상 인간의 모습이 아니다
풀밭에서 서로 얽혀 뒤범벅이 되어 기어다니고
서로를 질질 끌면서

---

37 Mailer, *The Armies of the Night*, p.107.
38 같은 곳.

3부 문학적 고찰

머리 가죽 위 머리칼은 부처의 눈썹처럼 벗겨져
고통의 먼지 속에 파묻혀가는 그대들[39]

메일러는 자신의 소설과 에세이에 만연한 폭력성이 사실상
인간의 고유한 폭력성이라고 우리에게 확신시키려 한다. 혹은 최
소한 자신이 주목하는 폭력성은 그러하다는 사실을 확신시키려
한다. 어린아이나 동성애자, 여자들은 자격 미달의 인간들이고,
평화주의자들은 "사내답지 못하기"[40] 때문이다. 따라서 남자는 정
의상 폭력적이며 이러한 더 고귀한 조건을 타고난 축복받은 사
람들에게 "유전자의 미로에서 전해지는 메시지에 따르면 폭력성
은 창조성과 맞물려 있다."[41] 폭력성은 "근절 불가능"하므로 이를
근절하려면 "목숨을 걸어야" 한다. 폭력성은 이를 소유한 자에게
"자신이 남자라고 주장할 수 있는 충분한 지위"를 부여해주기 때
문이다.[42]

더욱이 디제이와 그보다 훨씬 더 미치광이인 친구 텍스가 알
래스카에서 마주치게 되는 자연의 세계("북극의 힘", "허튼짓하지 마
라"는 지혜를 주는 사실적 분위기, 생명 그 자체의 본질적 환경)는 큰놈
이 작은놈에게, 수컷이 암컷에게 폭력을 행사한다는 교훈을 준
다.[43] 텍스와 디제이는 포크너의 《곰Bear》을 패러디하면서 기술 사

39 Sankichi Toge, "At a First-Aid Post," *The Hiroshima Poems*, trans. James Kirkup and Fumiko Miura. 메일러는 평화에 대해 시를 쓰는 시인들을 견딜 수 없어 한다. 그 시인들은 메일러로 하여금 자리를 박차고 뛰쳐나가고 싶게 만든다. 이 시를 쓴 토게는 이미 백혈병으로 사망했다.

40 Mailer, *The Presidential Papers*, p.128.

41 같은 책, p.40.

42 같은 책, p.21, 22, 23.

43 Mailer, *Why Are We in Vietnam?*, p.57.

용을 거부하고 알래스카를 헤매다닌다. 그러면서 거대한 수컷 곰이 암컷 순록을 먹고 여우가 쥐를 먹듯 모든 생물이 죽음을 향해 질주하고 있다고 깨닫는다. 반면 암컷 떼는 "성교 1"과 "성교 2"라고 불리는 수컷들에게 지배당한다.[44] 디제이의 우스꽝스러운 묘사 속에서도 제의는 제법 진지하게 치러진다. 메일러가 북극에서 관찰한 케케묵은 '다원주의'는 마치 진정한 원시적 신비인 양 제시된다. 로렌스와 의견을 같이하는 메일러는 문명이 "원시적인 것을 망각"하지나 않을까 불안해한다. 그리고 "20세기의 관건"은 "우리 안의 동물성을 절멸시키는 위험"에 달려 있다고 주장한다.[45] 사춘기 디제이의 종교 의식은 이러한 기준에서 볼 때 필연적일 뿐만 아니라 훌륭하고도 위험한 후광을 달고 있다. 메일러는 그러한 종교 의식을 태곳적부터 존재해온 지혜라고 사기를 치면서 자신이 마치 고전 작품을 모방하는 양 이야기를 진행하기 때문이다. 디제이는 능글맞은 웃음을 지으며 시험이 요구하는 것을 달성하고 헤밍웨이를 숭배하는 군대에 입대하게 된다. 무엇보다 가장 중요한 것은 그가 동성애, 동정심, 사내답지 못함 등의 덫을 피했다는 점과 크로프트는 자격이 없어 오르지 못했던 그 산의 "권력"[46]을 통해 눈 덮인 추운 정상에 올라섰다는 점이다. 팝 아트가 대부분 그러하듯 이 소설 또한 매우 모호하고 불확실하므로 처음에 패러디로 보이는 것을 그 주제라고 오인하기 쉽다.

또한 이 어린 살인자의 매력과 재치, 그가 자칭하는 재능("천

---

44 같은 책, p.191.

45 Mailer, *The Presidential Papers*, p.200.

46 Mailer, *Why Are We in Vietnam?*, p.157.

재의 음부에 집어넣은 손가락")[47] 때문에 그는 지나치게 뛰어난 자의식을 가지고 있을 뿐만 아니라, 톰 소여와 홀든 콜필드를 유쾌하게 합쳐놓은 듯하므로 독자에게 친근하게 느껴지기까지 한다. 디제이는 정교한 냉소주의와 오만한 '소외감'을 가지고 있음에도 로잭이 그러했듯 미국인의 남자다움을 옹호하는 것으로 끝나고 마는 희화화된 인물이다. 그러나 남성성은 폭력을 전제할 뿐만 아니라 요구하기까지 하며 그것은 부인할 수 없는 사실이라고 메일러는 종종 주장해왔으므로, 결론적으로 "우리가 베트남에 있는 이유"는 단지 "우리"가 거기 있어야만 하기 때문일 것이다.[48] 그것이야말로 만물의 본성이다. 송별회 자리에서 텍스와 디제이는 "베트남에 있는 마술사"[49]를 보게 될 것이라며 즐거워한다. 메일러는 정신 분석학을 상당히 연구했음에도 정신 분석학은 인간 동기의 신비와 자연스러움을 없앤다며 반대했다. 하지만 우리는 여기에서 대중적인 프로이트적 공식, 즉 관찰하고, 정리하고, 인정하고, 처방하라는 공식을 떠올리게 된다. "베트남, 그 뜨거운 지옥."[50]

---

47 같은 책, p.81.
48 메일러는 냉전 시기를 국가적 질병의 시기로 간주했고 "생기 없는 질병은 폭력적이고 도 광범위한 설사제를 요구한다"라고 수도 없이 협박한다. Mailer, *The Presidential Papers*, p.134. 거의 10년간 그는 정말로 전쟁을 해야 한다고 부르짖었다. 하지만 문제는 어떤 전쟁인가 하는 것이다.
49 Mailer, *Why Are We in Vietnam?*, p.208.
50 같은 곳.

2 반동적 성 정치학

빌헬름 라이히[51]의 영향을 받은 젊은 메일러는 한때 스스로를 성
혁명의 영웅이라고 자처했으며 언제나 그랬듯이 성 혁명은 자신
을 흥분시키는 전투라고 생각했다. 그러나 메일러는 자신의 정치
적 입장을 "보수적 좌파"[52]라고 설명한다. 이는 다소 당혹스러운
합성어인데 실제 메일러는 갈수록 중풍 걸린 사람처럼 보수라는
말에 더 강조점을 둔다. 그리고 "더욱 위대한 성 해방을 위한" 웅
장한 "전쟁"[53]이라는 말 또한 성행위를 더욱 노골적으로 묘사하여
외설적 금기어를 그대로 출판하려는 특권을 얻기 위한 구호에 지
나지 않는다. 여기까지는 어느 정도 괜찮다. 하지만 1960년대 성
적 자유 지상주의는 멋진 역사적 아이러니 때문에 단 몇 년 만에
메일러가 원했던 것을 모두 뛰어넘어버렸고, 그 사이 그의 태도
는 교구 목사에 걸맞을 만큼 완고하게 변해버렸다. 그는 "순결"[54]
에 열광하고 낙태에 격분하며 피임을 무턱대고 반대한다. "나는
피임을 싫어한다. (…) 피임은 몹시 혐오스러운 것이다. 이 문제에
서는 차라리 막돼먹은 공산주의자가 낫다."[55] 메일러는 또한 젊은
이들에게 금욕을 권장하며 섹슈얼리티를 금지하는데, 특히 빅토
리아 시대의 의사처럼 자위행위를 계몽적으로 비난한다. "자위행

---

51   Wilhelm Reich, *The Sexual Revolution*(1945)(New York: Noonday, 1967)
참조. 메일러는 말년의 라이히의 저서들, 즉 오르가슴을 만병통치약으로 간주했던 그
의 저서들에 더 영향을 받은 것으로 보인다. 그러나 이후 메일러는 라이히가 개탄해 마
지않았던 태도들을 오히려 지지했다.

52   Mailer, *The Armies of the Night*, p.143.

53   Mailer, *The Presidential Papers*, p.139.

54   같은 책, p.142.

55   같은 책, p.131

위는 나쁜 것"이며, "사람들을 불구로 만들고", 결국 "정신이상"으로 몰고 갈 것이라는 논리다.[56] 마지막으로 메일러의 주장은 빅토리아인들과 교회를 모두 능가하면서 거의 나치 선동가를 방불케 한다. "사실 여자의 가장 중요한 책임은 스스로 최고의 짝을 찾아 나서고 종족을 개선할 아이들을 낳을 수 있을 동안만 지상에 살아 있는 것이다."[57]

성 혁명의 진정한 의미를 깨닫게 된 메일러는 성 혁명의 무시무시한 가능성에 등을 돌리고 새로운 전투에 나서기로 한다. 메일러는 양성의 전쟁에 관심을 기울이고 남성 우월주의를 옹호하면서 결국 극단적 보수주의자로 발전한다. '성 해방'은 급기야 여성들에게도 적용될 것이고 성에 대한 이중 잣대를 위협하게 될 것이며, '수치심'으로 여성을 통제하는 기존 방식도 위협하게 될 것이다. 따라서 연극 〈사슴 동산〉에서 엘레나는 여자들이 "자유롭기 위해 태어난 것이 아니라 아이를 가지기 위해 태어났다"라고 설교한다.[58] 메일러는 라이히처럼 왜곡된 죄의식이 일소되는 "성에 대한 긍정적인 태도"[59]를 희망했으나 이는 결국 그의 남성 우월주의 성향과 모순되는 것으로 드러난다. 메일러의 성 정치학은 죄의식에 강압적 기능을 부여하기 때문이다. 그는 심지어 남자들

56　반면 라이히는 여러 번 이러한 태도를 비판했다. 그의 저서 《성 혁명The Sexual Revolution》을 보면 이와 유사한 입장을 표명한 과학 분야의 권위자들의 견해를 인용하면서 그들의 오류와 비인간성을 비난하는 긴 장章이 나온다. 스티븐 마커스가 《다른 빅토리아인들The Other Victorians》에서 지적하듯 이러한 믿음은 지난 세기 의학 분야에 만연해 있었다.

57　Mailer, *The Presidential Papers*, p.130.

58　Mailer, *The Deer Park, A Play*, p.165.

59　라이히는 수많은 사회적이고 심리적인 병폐가 섹슈얼리티에 대한 우리 문화의 몹시 부정적인 태도에 기인한다고 추적해냈다.

의 죄의식도 소중하게 여기는 듯 보인다. 이는 성행위 자체와 연관되는 일반화된 죄의식인데, 이를 통해 청교도적 감수성은 그 얼얼함을 최고로 음미하게 된다.[60] 메일러는 채털리 부인의 "신화"와 특히 "섹스는 아름다울 수 있다"는 관념을 조성하는 방식은 정당하게 평가하지만, 슬프게도 그 작품은 "섹스의 일부인 폭력성"을 소홀히 한다고 생각한다. 그리고 이후 그는 로렌스보다는 밀러 식의 불결한 맥락을 더욱 선호하게 되는데, 실제 "사람들은 대부분 섹스를 그렇게 순수하고 깊이 있고 유기체적이라고 생각하지 않기"[61] 때문이다. 대신 섹스가 "불공평하고 호색적이며 추하다"[62]라고 생각한다. 이것이 최선의 방식인데 섹스는 정말로 "청결하고 죄의식 없는 것보다는 더럽고 지독하며 비굴한 것이 훨씬 낫기"[63] 때문이다. 죄의식은 "섹스의 실존적 한계"이며 죄의식이 없다면 성행위는 "무의미하다"고 그는 우리를 설득시키려 한다.[64]

로렌스는 솜씨 있게 조종하는 데 만족했고, 밀러는 경멸로 뒤덮는 데 만족했다. 하지만 메일러는 씨름해야 한다. 여성의 반항적 정신이라는 유령을 욕설만으로 쫓아버릴 수는 없는 노릇이므로 메일러는 성적 적대감을 더욱 강도 높게 확대한다. 이러한

---

60 조건화된 죄의식은 여성들에게 섹슈얼리티에 대한 공포를 낳는다. 이러한 죄의식은 여성들이 선택한 게 아니라 여성들에게 부과된 것이 되거나 혹은 불명예의 징후가 된다. 남성들에게 죄의식은 오히려 성욕을 불러일으키는 경향이 있다. 메일러의 사고에 존재하는 가혹한 이중성은 섹슈얼리티에 대한 본질적인 부정적 태도에 기인한다.

61 Mailer, *Cannibals and Christians*, pp.197~198.

62 같은 곳.

63 Mailer, *The Armies of the Night*, p.36.

64 같은 곳.

측면에서 단편 소설 〈그녀의 시간의 시간The Time of Her Time〉[65]은 가장 주목할 만한 시도다. 여기에서 본질적인 극적 갈등은 유대인 여대생이 능숙한 '난봉꾼'인 세르기우스 오쇼네시를 통해 처음으로 오르가슴을 즐기는 부분에서 드러난다. "마을의 순찰 경찰관"인 오쇼네시는 "자신의 의지로 신성한 그것(남근에 대한 메일러식 표현법이다)을 고무시켜" 시간에 모호한 기적을 행할 수 있는 남자다.[66] 저자는 시간을 '실존적'으로 인식한다. 시간에 기적을 행한다는 이러한 고귀한 목적은 실상 세르기우스의 진정한 재능인 성적 혐오감의 표현에 비한다면 부차적이다. "드러누운" 여자는 정복된 여자라는 원칙을 가진 주인공은 자신의 마술 무기인 남근으로 여자를 공격한다. 그는 신문의 연재만화에 나오는 인물처럼 허풍을 떨면서 남근을 "보복자"라고 지칭한다.[67] 희생자가 감히 엘리엇을 언급하는 것을 엿듣는 순간 세르기우스의 공격은 시작된다. 여자가 그렇게 지적인 체하는 것은 부적절하므로 그는 그 순간 "확 타올랐고", 이제 보복자는 그에게 "즉시 그곳 파티장 바닥 위에서 그녀를 찌르라"라고 재촉한다. 그래서 그는 흥분하여 그녀를 집으로 데려가 "그것을 그녀에게 세게 밀어붙이고" "그녀의 사소한 독립심을 파괴하고" 모든 것을 바로 세우려고 한다.[68]

일은 처음부터 잘못되었다. 세르기우스가 투우 학교를 운영하는 장소인(이는 참으로 개연성이 없다) 다락방에서 여자아이는 수동적으로 굴복하기를 거부한다. 이 수동성이라는 신화는 여성이

---

65 Mailer, *Advertisements for Myself*, p.440 이후 참조.

66 같은 책, p.458.

67 같은 책, p.450을 비롯하여 여러 곳.

68 같은 책, pp.450~451.

오르가슴의 약속된 땅으로 가는 유일한 길이라고 메일러가 미리 정해놓은 것이다. 화자는 엄숙하고 문학적인 어조로 여자아이의 실수를 개탄한다. "그녀는 자신이 마음대로 할 수 있는 영토에서 달아났다."[69] 자연은 성적 만족을 억제하려는 아니꼬운 인간을 질 책한다. 세르기우스는 그녀의 뺨을 때려 이 교훈을 강조한다. 그녀는 존엄성을 마지막까지 바닥에 내동댕이치지 않고 불굴의 정신으로 그의 교만함에 말대꾸를 한다. 그러자 세르기우스는 그녀의 도전에 불끈하여 사무적인 성적 경제의 측면에서 볼 때 분명 소모적임에도(통상 성적 경제는 같은 점수를 두 번 '매기는 것'을 싫어하므로) 다시 한번 한판을 시도한다.

마지막 시합에서 세르기우스는 서둘러 사정하여 일시적으로 패배한다. 이는 인플레이션 같은 오럴 섹스 서비스를 요구하는 그의 입지적 명성에 타격을 주며 따라서 세르기우스는 열등한 (즉 수동적인, 의존적인) 위치로 스스로 축소된다. 그러나 매우 신속하게 다시 탄력을 회복한 그는 상대에게 항문 성교를 강요해 "보복자가 완전히 그녀를 짓밟게 하면서" 고통과 굴욕의 격분을 천천히 음미한다. 그리고 독자에게 얼굴을 찡그리면서 "그녀는 덫에 걸린 작은 짐승처럼 내 밑에서 망가지고", "사로잡히고", "폭력을 당하고", "상처를 입었다"라고 지껄인다.[70] 여기에서 메일러의 논리는 (프로이트식의 역설을 통해)[71] 여자에게 굴욕을 주는 것을 필연적으로 요구한다. 이는 남성의 승리에도, 여성 자신의 행복에도

---

69 같은 책, p.452.
70 같은 책, pp.462~463.
71 프로이트의 이론은 마조히즘이 여성의 진정한 본성이므로 여성에게는 고통이 곧 만족이라고 규정한다.

필수적이다. 따라서 세르기우스가 귀에 거슬리는 인종 차별적 발언("이 더러운 작은 유대인")을 속삭이면서 그녀를 마조히즘적 여성성으로 몰고 가서 허구적 질 오르가슴으로 들어가게 하려고 "섹스의 첫 번째 구멍"을 재빨리 바꾸는 데도 별다른 대단한 자극이 필요하지 않다.[72] 만약 그녀가 "당신 인생은 온통 거짓말투성이야. 당신은 동성애에서 도망치는 것 말고는 아무것도 못하지. 실제로는 동성애자면서 말이지"[73]라고 멋지게 독설의 화살을 쏘면서 떠나지 않았다면 세르기우스는 실로 전면적 승리를 주장할 수 있었을 것이다. 하지만 시합은 무승부로 끝났다.

〈그녀의 시간의 시간〉은 인종적 성 정치학이다. 이러한 측면에서 메일러를 필립 로스와 비교해보면 흥미로울 것이다.[74] 포트노이의 긴 **불평**이 유쾌하게 보여주는 것은 정교한 문화적 남근 숭배가 어떻게 지적이고 감성적인 남자에게 엄청난 유치증을 낳았는가 하는 점이다. 포트노이는 자위행위를 스스로 비난하면서 여성을 성적으로 착취하여 오랫동안 소수자로 살아온 여성에게 보복하는 데서 천박한 기쁨을 맛보는 유치증 환자다.[75] 그러나 금발 야수 세르기우스에게는 그런 감수성마저 없다. 메일러의 동정심은 일말의 망설임도 없이 **이교도적** 남자다움에 영합한다. 즉

---

72 Mailer, *Advertisements for Myself*, p.464.

73 같은 책, p.465.

74 Philip Roth, *Portnoy's Complaint*(New York: Random House, 1967, 1968, 1969).

75 인종적 원한을 성적으로 바꿔 억압하는 남자의 '여자'에게 그것을 대갚음하려는 유치한 방식은 강간범 엘드리지 클리버에게 영감을 주었다. 우울한 인종 차별적 논리에 따라 클리버는 처음에 자기 종족의 여자들을 강간하는 수습 기간을 거친다. 그리고 백인 가부장제가 습관적으로 흑인 여성에게 보이는 엄청난 경멸감을 흉내 내는 데 기쁨을 느낀다. Eldridge Cleaver, *Soul on Ice*(New York: McGraw-Hill, 1968) 참조.

아일랜드인의 잔학함이 힙이라는 인물로 미화된다. 따라서 데니스 곤들먼(〈그녀의 시간의 시간〉의 여주인공인 유대계 여대생의 이름이다.—옮긴이) 또한 타도당하게 되고, 남성의 자존심은 몹시 필사적으로 변해서 반反유대주의와의 연대도 환영하게 되는 것이다. "해리 골든Harry Golden(1902~1981. 유대계 출신의 미국 작가로 우크라이나에서 출생하여 가족과 함께 미국으로 이주했으며 인종 차별주의에 반대하는 많은 글을 썼다.—옮긴이)이 이교도 유대인이라면 나는 뛰어난 이교도가 될 수 있을까?"[76] 하고 메일러는 생각에 잠긴 듯한 시에서 비유대계 남성다움과 연애하는 것에 대해 골똘히 생각한다. 이러한 점은 도처에 편재한 메일러의 자기모순적 특징 가운데에서도 가장 당혹스러운 면이다. 메일러 자신은 자칭 아일랜드인 익살꾼으로 행세하기를 지나치게 좋아하므로,[77] 오쇼네시라는 성은 자신이 지었고 실제로는 세르기우스가 고아라는 사실과 아마도 슬라브 민족 출신일 것이라는 사실을 기억할 필요가 있다. 메일러 역시 우아하면서도 불성실하게 이러한 모순을 인정한다. "아일랜드 사람인 척하는 것만큼 세상에 좋은 것은 없다."[78]

메일러의 주인공들은 늘 성적 자만심을 탐구하는 반면, 주인공에 대한 메일러의 태도는 가벼운 아이러니와 흡족한 참여 사이에서 동요하고 있는 것처럼 보인다. 메일러는 섹슈얼리티를 일종의 권력 게임으로 실천하는 데 주목할 만한 통찰력을 보여주지만 이러한 통찰력은 싸움에 대한 메일러 자신의 개인적 열광에 영

---

76 Norman Mailer, *Deaths for the Ladies and Other Disasters*(New York: Putnam, 1964). 이 책에는 페이지가 없다.

77 Mailer, *Miami and the Siege of Chicago*와 *The Armies of the Night* 참조.

78 Mailer, *The Deer Park*(novel), p.22.

향을 미치지 못하는 듯하다. 그리고 섹스는 죽이거나 죽임을 당하는 것이라는 자신의 견고한 확신(무엇보다 이는 기이하게도 20년 전 군비 확장 정책을 떠올리게 한다)에도 그다지 영향을 끼치지 못하는 것으로 보인다.[79] 때로 그는 적을 훌륭한 상대이자 뛰어난 계집이라고 칭하며 용감하게 경의를 표한다. 그러나 자기편을 선전 선동하면서 가혹해진 군인처럼 그는 성적 애국자가 보여주는 호전적 강경주의로 빠지기도 한다. "여자들을 잘 이해하고 있는 남자들은 대부분 적개심을 느낀다. 최악의 경우 여자들은 비천하고 헤픈 짐승이다."[80]

메일러의 시는 보복자의 선전 선동이며 변덕스러운 음모陰毛의 나르시시즘이다. 메일러는 독자에게 음모를 "짧은 털"이라고 표현한다. 시 〈어느 귀부인에게 바치는 송가〉는 남자와 여자 사이에 오가는 희롱대는 대화로 구성되어 있다. "귀부인"은 자신의 의존성과 열등함을 의식하면서 자신을 낮추어 말한다. "나를 창조해줘요/남자다운 하프의 노래하는 아랫도리여/내가 서 있는 곳은 질식할 것 같으니 나를 창조해줘요." 물론 시인은 이러한 종류의 말에 속아 넘어가지 않을 만큼 약삭빠르므로 여성의 사악함을 인식하면서 이렇게 대답한다. "뱀같이 역겹고 더러운 계집, 지독한 돼지 같으니라고." 그의 이러한 의심은 그녀의 대답 속에 훌륭하게 입증된다. "상냥하신 주인님, 친절하기도 하세요/그래요 꿀

---

79 "여자들은 모두 살인자들이다", "우리가 여자들을 완전히 소유할 수 없다면 여자들이 살인하고 말 것이다" 등의 발언을 참조하라. Mailer, *An American Dream*, p.82, 100.

80 Mailer, *The Presidential Papers*, p.131.

벌처럼 제게 오세요/그러면 죽여드리지요."[81]

메일러의 성 정치학에서 사랑이란 철저하게 양가적인 감정이다. 혹은 디제이가 말하듯 "사랑은 변증법이라네, 친구. 앞으로 갔다 뒤로 갔다, 증오했다 사랑했다 하는 거지."[82] 메일러에게 사랑은 스포츠일 뿐이며 전투적 욕망이나 권투 연습 상대자를 구하려는 열정은 미국 여성을 일종의 에로틱한 화폐로 만드는 무척 애석한 '음탕한 짓거리'를 유발한다. 메일러에게 바람직한 여성은 《사슴 동산》의 패배자 엘레나 에스포지토(소설에서는 "수렁에 점차 빠져들어가는 코커스패니얼"[83]이지만 연극에서는 뻔뻔스럽고 상스러워 더 원기 왕성한 품종으로 개량되는 인물)가 아니라, 〈그녀의 시간의 시간〉에 등장하는 다부진 전투 의지를 가진 여주인공이거나 《바르바리 해변》의 멍청하지만 탐욕스러운 귀네비어다.

메일러는 적수를 무장시키기는 하지만 자신은 전쟁에서 패배할 의사가 전혀 없다. 그는 단지 싸움을 좋아할 뿐이며 싸움에 대한 관심을 계속 유지하고 관람객을 확보하는 데 관심이 있다. 그로써 헤게모니를 다시 쥐려는 남성의 투쟁은 모험의 정취를 풍기게 된다. 선수들이 이데올로기를 요구하지 않게 하려고 그는 창의력을 발휘하여 실존주의적 풍미가 깃든 맛있는 술을 제조한다. 이는 남자 생식기를 위해 특별한 맛을 가미하여 향후 '성 실존주의'라고 불리게 된다. 이 종파는 프랑스의 실존주의와는 전혀 상관이 없으며 미국 군대와 길거리에 큰 빚을 지고 있다.

메일러는 죽음 뒤에도 삶이 지속된다고 주장한다. 하지만 이

81 Mailer, "Ode to a Lady," *Cannibals and Christians*, pp.142~144.

82 Mailer, *Why Are We in Vietnam?*, p.126.

83 이는 마릴린 먼로에 대한 비유다. 하지만 엘레나에게 훨씬 더 잘 어울린다.

는 디제이가 장난스럽게 말하듯 오르가슴의 "신호음"(여기에서 오르가슴은 성배 탐험 여행이자[84] 개인적 성취의 기록으로 받아들여진다) 이 삶 너머 어딘가에서 계속 기록되고 보상받을 수 있는 한에서다. 따라서 성 실존주의는 철학적이 아니라 종교적이다. 여성이 이를 실천한다면 그것은 단지 생식력을 위한 사냥일 뿐이며 시시한 일에 불과한 것이 된다. 그러나 남성이 이를 실천한다면 그것은 스릴 넘치는 자아의 시험대이자 엄격한 수행 윤리에 따라 행해지는 경기가 된다. 여기에서 말하는 수행 윤리란 동성애와 자위행위, 성적 무능력, 여성에 대한 항복 등의 지뢰밭을 지나 운동선수 같은 "사냥꾼―싸움꾼―강간자"[85]로 나아가게 하는 윤리다. 용기 있는 자는 여성과 성적으로 교섭하는 위험을 통해 "스스로를 시험하고" "선한 싸움이나 악한 싸움을 수행하여" "질문들을 잠잠하게 하고" "몇 가지 대답을 발판으로 삼을" 수 있다. 그렇게 해서 그는 남자다움을 증명하고 강화하여 "더욱 거칠고 영웅적인 삶을 살 수 있다."[86] 메일러의 성적 저널리즘이 전쟁 속보에 딸린 스포츠 뉴스처럼 읽히는 것도 무리가 아니다. '성교는 정복이다'라는 공식이 유효한 한, 그러한 정복은 여성에 대한 정복일 뿐만 아니라 남성성과 용기, 지배력, 발기 능력에 대해 남성이 느끼는 불안함에 대한 정복이기도 하다. 이러한 기획에 실패하는 것

84　〈백인 검둥이〉에서 힙스터의 엘리트적 성격은 부분적으로는 우월한 오르가슴 능력에서 온다. 여기에서 오르가슴은 실존주의적 **값어치**와 동일시된다. 메일러가 (볼드윈Baldwin과 핸스베리Hansberry가 새로운 부권주의라고 지적했던) 흑인 섹슈얼리티를 미화하는 이론에 찬성하고 있음은 말할 필요도 없다. 〈백인 검둥이〉는 많은 측면에서 흑인의 소외를 '이용'하려는 시도다.

85　Mailer, *Why Are We in Vietnam?*, p.157.

86　Mailer, *The Presidential Papers*, p.141.

은 곧 여성이 되는 것이며 프로이트의 양성성 이론에 숨어 있는 기만, 즉 (육상 대회에서 무릎이 굳어져 경기를 포기하는 것처럼) 남자 안의 여성성에 패배하는 것이다.[87] 이 모든 것은 몹시 힘든 일이기 때문에 메일러에 따르면 남자들은 "자신의 실존적 주장"인 승리를 얻을 자격이 있다. 메일러는 "어느 누구도 남자로 태어나지 않았다"라고 팀원에게 자신의 법칙을 단언한다. "네가 충분히 훌륭하고 대담하다면 남자다움을 획득할 것이다."[88]

그토록 놀랄 만큼 독선적이고 그토록 확실하게 인간 조건을 독점하고 있으므로 그 웅장한 노력에 유쾌한 연민을 느끼지 않을 수 없을 것이다. 돈을 벌고 싶은 열정에 가득 찬 듯 보이는 메일러의 성 정치학은 남자들이 더 많은 특권과 "더 많은 권리, 더 많은 권력"을 가져야 한다고 추론한다. 삶이 남자들에게서 더 많은 것을 앗아가고 남자들을 "더 소모된 상태"로 남겨두기 때문이다.[89] 여자들은 살아가면서 중요한 순간에 무기력해지고 말지만, 남자는 평생 무기력해지지 않도록 진력해야 한다고 한다. 그리고 성적 노력도 남자에게는 몹시 부담스러워 보인다. 메일러의 주인공들은 삶이라는 물통에 정액이 가득 담겨 있는 것처럼 행동하지만 신중한 사람이라면 섹스 탐닉을 자제하는 것이 최선이다. 이는 정액을 '소비'하지 말라는 빅토리아 시대의 경고와 놀랄 만큼 닮았다.[90] 메일러는 폴 크라스너Paul Krassner와의 서면 인터뷰에서 이

---

87 이러한 생각들은 〈백인 검둥이〉에 길고 정교하게 나와 있다. 여기에서 여성성은 계속 나약함과 패배와 동일시되고 있으며 남성성은 힘과 성공과 동일시된다.

88 Mailer, *The Armies of the Night*, p.36.

89 Mailer, *The Presidential Papers*, p.144.

90 Steven Marcus, *The Other Victorians*(New York: Basic Books, 1966) 6장에 나오는 언급을 참조.

렇게 경고한다. "당신들은 말 그대로 성교하다 머리통을 날릴 수 있고", "계속" "머리가 텅 비고" "몸이 망가질 수 있습니다."[91] 교훈적이고 전기적인 메일러의 산문을 보면 에너지를 파괴하고 시간을 낭비한다는 이유로 섹슈얼리티를 문화적 성취에 해로운 것으로 처방하는 프로이트식 발언이 가득하다. 크라스너는 섹슈얼리티가 즐거운 것이고 그러한 측면에서 향유되어야 한다고 반박한다. 이에 대해 메일러는 마치 붕괴 직전의 정액 댐처럼 혹은 출산에 핏대를 세우는 예수회처럼 거의 광분하면서 그렇게 하다가는 씨앗을 헛되게 낭비할 수 있다고 대답한다. "나이가 들수록 출산에 점점 더 강박 관념을 가지게 됩니다. 소모되어버렸다는 느낌이 들기 시작하는 거지요. 자신의 일부분이 급속하게 감소하고 있습니다. 자신에게 남는 것이 많지 않아요."[92] 에릭 에릭슨은 난자가 수정되지 못하는 것에 고통스러워했다. 반면 메일러는 소중한 씨가 피임 도구나 이부자리에, 자위행위하는 손수건에, 동성애자의 직장直腸에 낭비되고 있다는 걱정에 휩싸인다.

메일러의 전사·사냥꾼은 '네가 죽인 것을 먹으라'라는 오랜 속담을 지키지 못할 만큼 성미가 까다롭지 않다. "이기기 위한 성교"라는 전략은 승리한 사람이 자리에 앉아 "몸에 들어온 새로운 영혼을 소화하듯"[93] 섹스를 다른 사람의 정기를 흡수하는 과정으로 바꾼다. 이는 노력을 들이는 것을 정당화하며 섹슈얼리티를 "자양분",[94] 즉 몸을 위한 식단으로 만든다. 이데올로그인 메일러

---

91 Mailer, *The Presidential Papers*, p.144.
92 같은 책, pp.143~144.
93 같은 책, p.141.
94 같은 곳.

는 소설 속 주인공들의 과장된 진수성찬에서뿐만 아니라 자신의 교훈적 에세이에서도 이러한 식단을 권장한다. 실제로 그의 글을 다루는 데 가장 매력적인 문제는 소설과 산문 사이에 연결고리를 만드는 일이다. 소설에서는 풍자되고 있음이 분명한 생각들이 산문에서는 개인적이고도 솔직하게 주장되고 있기 때문이다. 세르기우스는 데니스와의 관계를 통해 유대계의 지적 능력과 접촉하여 이득을 보려고 한다. 로잭은 심지어 더 나아간다. 아내의 시신을 응시하면서 그는 식인 만찬을 상상한다. "루타와 나는 만찬을 먹기 위해 자리에 앉을 것이다. 우리 둘은 데보라의 살점을 먹을 것이다. 아마 며칠 걸리겠지. 우리 몸 깊숙이 있는 독이 빠져나갈 것이고 아내의 저주가 입 밖으로 나오기도 전에 소화할 수 있을 것이다. 이러한 생각은 꽝장히 스릴 있었다."[95] 그리고 나서 그는 더 좋은 생각을 떠올린다. 루타도 죽여서 둘 다 먹어치우는 것이 어떨까? 행동에 착수하기 전에 식욕이 사라진다. 그러나 로잭은 아내를 학살한 즉시 아내의 힘을 섭취했음을 깨닫는다. 그것은 분명 효과가 있다. 교육자 메일러의 교훈을 실천하는 로잭은 자신이 경찰이나 마피아에게도 이기는 원인은 여자를 먹어치워서 얻게 된 힘 때문이라고 확신에 차서 설명한다. 루타는 그의 교활함에 일조하고 데보라는 그의 비열함에 일조하며, 로잭에게 맞아 죽은 멋진 마음씨를 가진 창녀 체리는 행운의 부적처럼 라스베이거스에서 그에게 큰돈을 벌어준다.

동일한 식인주의 논리가 메일러의 에세이에도 작동한다. 그는 작가가 "건강을 유지하는" 방법을 설명한다. 프로 권투 선수

---

95 Mailer, *An American Dream*, p.50.

의 우화를 통해 전달하는데, 그는 "침대에 매춘부 하나가 아니라 둘을 데리고 들어감으로써"[96] 그들의 분노를 빨아들여 링에서 남성의 적개심에 응전할 준비를 한다. "사악함"이든 억압된 분노인 "비열함"이든 관계없이 배불리 먹어치움으로써 말이다. "남성성"은 우유와 닭고기처럼 "고분고분하고 부드러우며 포획에 수동적이라서" "완전히 정복될" 수 있는 "여성적" 음식으로 자양분을 섭취하며,[97] "황소 불알"처럼 남성적인 성찬으로 훨씬 강화될 수 있다고 메일러는 설교한다. 메일러는 후자를 "진미珍味"일 뿐만 아니라 "남자다움과 동등한 것"이라고 열정적으로 권장한다.[98] 그것은 물론 메일러의 체계 안에서 은총과도 동일하다. 그것은 "섹스에 강한 남자에게는 정력 이상이며 (…) 권력이자 힘, 명령할 수 있는 능력, 인생을 바꾸려는 욕망"[99]이다. 도덕적 절대자 '선'은 남자의 것이다.

다이아나 트릴링이 지적했듯이 메일러는 적대적 사회를 (용기와 정직, 모험을 파괴하려고 안달하는) 여자로 표현하는 미국 미디어의 기이한 패턴을 따르고 있을 뿐만 아니라,[100] 남성성을 끝없이 보충되어야 하고 모든 측면에서 위협당하는 위기의 정신 자본으로 규정하기에까지 이른다. 메일러는 남성적 허영심에 대한 인식과 그에 대한 충성심 사이에서 갈등하면서 그것을 종종 패러디

---

96 Mailer, *Cannibals and Christians*, p.127.

97 Mailer, *The Presidential Papers*, p.298.

98 같은 책, p.297.

99 같은 곳.

100 Diana Trilling, "The Image of Woman in Contemporary Literature," *The Woman in America*, ed. Jay Lifton(Boston: Beacon, 1964). 주장을 처음으로 정식화한 저서는 Leslie Fiedler, *Love and Death in the American Novel*(New York: Stein and Day, 1960).

했다. 즉《벌거벗은 자와 죽은 자》에 나오는 군인들의 순진함(예를 들면 미네타는 열네 번의 '성교'를 했다고 기록하고 있는데 자기 또래 중에 그다지 나쁘지 않은 기록이라고 혼자 생각한다)이나, "흥분된 남근 경쟁 시합"[101]에 대한 디제이의 뒤틀린 암시가 그러하다. 작가는 오쇼네시가 불량배이자 멍청이라는 것을 잘 알고 있음을 보여주기도 한다. 그러나 어리석음을 이해한다고 해서 그것을 단념하리라고 보증할 수는 없다. 메일러의 비평적이고 정치적인 산문은 새로운 미학을 구성할 정도로 뻔뻔스럽고 코믹한 남성 우월주의 가치들에 기초하고 있다. 메리 엘만은 재기 넘치는 글에서 이를 "남근적 비평"[102]이라고 칭한다. 남근적 비평은 지성을 "정신의 남성성"[103]이라고 평가하며 이류 작가를 "죽은 막대기 같은 산문"이라고 비난하고, 훌륭한 작가는 "남자다운 표본"을 세웠다고 칭송하며 "문체는 뿌리"(남근)이므로 훌륭한 글은 당연히 "거대한 아랫도리"를 요구한다고 말한다.[104] 메일러는 여성적이라고 비난받을 수 있는 모든 것(그는 실상 이를 실컷 즐기고 있다), 혹은 장 주네처럼 "수치심을 모르는 호모"[105]라고 놀려댈 수 있는 모든 것에 진실로 부정적인 판단을 내린다. 메일러가 중세 시대의 가부장제에 정착하게 됨에 따라 남자다움에 대한 강박은 코니아일랜드에서 팔리는 피터 미터Peter Meter라는 이름의 특정 골동품을 떠오르게 한다. 그것은 별스러운 민속품으로 인치가 새겨진 자 모양을 하

---

101 Mailer, *Why Are We in Vietnam?*, p.176.

102 Mary Ellmann, *Thinking About Women*(New York: Harcourt Brace, 1968). 엘만은 내가 아는 한 최근 남성의 반동에 대해 폭넓게 언급한 최초의 문학 평론가다.

103 Mailer, *The Deer Park*(novel), p.31.

104 Mailer, *Cannibals and Christians*, p.57, 128, 194, 250.

105 Mailer, *The Presidential Papers*, p.206.

고 있으며 남근의 사이즈와 출중한 성적 능력을 동일시하는 표현이 새겨져 있다. 메일러는 추상적이고 은유적인 차원에서 이러한 측정기로 작동한다. 그의 남성 인물과 여성 인물은 사소한 망상으로 고생할 뿐이다. 귀네비어는 애인의 '남근'이라는 주제에 지칠 줄 모른다. 디제이는 다른 사람이 더 큰 남근을 가지고 있을지 모른다는 공포로 움츠러들어 있다.

3 동성애에 대한 양가감정

메일러는 사회학적 유행에 직감이 뛰어났다. 그는 "남자들도 일조한" "미국의 여성화" 때문에 "여자들은 더 이기적이고 탐욕스러워지고, 덜 낭만적이고 덜 따뜻해지고 있으며, 더 음란해지고 증오심으로 가득하게 되었다"라고 주장한다. 메일러의 글은 《리더스 다이제스트》에나 나오는 듯한 어조다. "이 나라는 역사상 가장 절망적이고 악몽 같은 시대로 진입하고 있다. 미국 사람 모두가 훨씬 더 용감해지지 않는다면 사태는 갈수록 악화할 것이다. 미국의 여성화를 포함해서 말이다."[106] 메일러 같은 문필가가 "미국 남성의 여성화"니, "양성의 소멸"이니, "여성으로부터의 도피"니[107] 하는 넋두리로 대중을 오도하고 있는 수많은 돌팔이 심리학자

---

106 Mailer, *Cannibals and Christians*, p.199, 201.

107 Patricia Sexton, *The Feminized Male*(New York: Random House, 1969); Robert P. Oldenwald, M. D., *The Disappearing Sexes*(New York: Random House, 1965); Karl Stern, *The Flight From Woman*(New York: Noonday, 1965) 참조.

들과 똑같은 쓰레기를 내뱉는 것을 지켜보면 기분이 우울해진다. 이와 같은 제목의 책들은 (케케묵은 표현인) 거만한 신여성을 흠씬 두들겨 패려고 안달이 난 팸플릿이라 할 수 있다. 이들은 점증하는 동성애의 위협을 개탄하고 우둔한 남성 우월주의 스타일(중산 계급이 프롤레타리아에게 생색냈던 혹은 좋았던 시절이라고 미화했던 것)을 찬양한다. 이러한 '사상가'들은 '남성성'을 본성이자 타고난 미덕으로, '여성성'을 자양분이자 후천적으로 습득된 미덕으로 제멋대로 정의 내리며, 이 규범에서 벗어나면 도덕적 기준에서 볼 때 개탄스러운 타락이자 이 나라의 사회적 성격을 약화시키는 것이라고 공언한다. 그리고 이렇게 규범에서 벗어나게 되면 여성들이 이득을 얻는 참을 수 없는 사태가 벌어질 것이고, '동성애가 밀려들고' '중성화라는 소름 끼치는 바이러스가 밀려드는' 물길이 열리게 되고 말 것이라고 한다. 그럼으로써 공산주의가 진정한 우파 신봉자들을 위협했던 것처럼 끔찍한 사태가 벌어지게 될 것이라고 한다.

그러나 메일러는 미국 남성이 충분히 사악하고 남성적이며 폭력적임을 잘 알고 있다.《벌거벗은 자와 죽은 자》의 '일본군 사냥'이 그랬듯《우리는 왜 베트남에 있는가?》에도 그 증거가 많다. 그러나 복잡하고도 제멋대로인 '자의식 전략'을 끊임없이 추구하는 메일러는 남성적 감수성의 성격을 극화하고 예시할 수만 있을 뿐 그에 대해 합당한 비판은 전혀 하지 못한다. 왜 그런가 하니, 남자다움이라는 논리 혹은 '남성적 공격성'에 대해 추론하거나 심각한 이의를 제기하는 것은 무의미하기 때문이다. 이는 본성 자체를 망치는 일이며 역설적으로 문화를 풍기 문란하게 만들기 때문이라고 한다. 메일러가 '남자답지 못하다'고 폄하하는 평화주의로 빠지지 않기 위해 혹은 사내답지 못하고 동성애에 빠져드는 수준으로 타락하지 않기 위해 군대라는 남성 공동체는 전쟁을 찾아 나서야 하고 희생자들로 자양분을 섭취해야 한다. 남자다움을 포기하는 것은 남성성을 포기하는 것과 같으며, 따라서 자신의 정체성과 심지어 자아 자체를 포기하는 것과도 같다.

내가 보기에는 지금 동성애자들이 50년 전보다 훨씬 많다. 만일 그렇다면 근본 원인은 국가에 대한 믿음 상실과 일의 의미에 대한 믿음 상실, 남자로서의 자아에 대한 믿음 상실과 관계있을 것이다. 남자가 자기 일에서 신성함을 찾지 못한다면 남자다움을 잃게 된다. 남성성은 그대에게 주어진 것도 아니고 그대가 가지고 태어난 것도 아니다. 그것은 그대가 획득해야 하는 것이다. 그대는 작은 전투에서 승리하여 명예롭게 그것을 획득한다. 이제 미국인의 삶에는 명예라고 할 만한 게 거의 남아 있지 않기 때문이다.[108]

메일러는 이렇게 불길한 공갈 협박을 하면서 사실상 남자와 남성성이 동일한 상태가 아님을 시인하고 있다. 남성성이란 보이 스카우트 배지를 얻거나 죄를 사면받는 것처럼 끝없는 노력을 통해 서서히 얻을 수 있으며 한순간이라도 지체하면 성적 수렁에 빠지게 된다. 이러한 상태는 미국인의 생활 방식에서 자존심 혹은 믿음 상실로 애매하게 규정된다.

'실존적 공포'와 같은 불길한 표현이 실제 은폐하려 하는 진

---

108 Mailer, *Cannibals and Christians*, pp.200~201.

정한 심연은 비존재에 대한 공포다. 혹은 동성애라는 은밀한 공포다. 메일러는 동성애에 죄의식과 매혹, 공포가 뒤섞인 감정을 느껴 이를 거부하기 위해 이성애적 자세를 취한다. 이는 호모가 되거나 저주받거나 나병에 걸리는 공포(남자답지 못함은 존재하지 못한다는 것이므로) 혹은 여성적 열등함 중 가장 무시무시한 형태인 여자 역할 동성애자가 된다는 공포다.

메일러는 폭력이 남자에게 타고난 심리적 특성이라는 믿음을 가지고 있으며 그에 대한 억압은 더 큰 위험을 야기할 뿐이라고 주장한다. 그는 심기증心氣症과 사이비 의학을 기이하게 뒤섞으면서 암 발생은 폭력성을 억압했기 때문이라고 주장한다. 치료법은 오로지 표현하고 '행동하는 것'뿐이다. 시를 통해 개인적인 괴로운 경험을 토로하는 메일러는 "그의 존재를 질식시킬/손을 쓸 수 없는 최초의 암세포"가 나타난 때는 "극도의 의지력으로/어머니를 구타하지 않기로 결정한/바로 그날 아침"이라고 진단한다. 그리고 이는 "그가 아내를 찌른 지 36시간이 지난" 때다. 따라서 건강은 폭력의 영속화로 보장되며 폭력을 억제하면 건강도 훼손된다고 우리는 확신하게 된다. 이러한 느낌이 부정되는 때만 의학적 위험이 존재한다. 혹은 메일러가 설명하듯 "폭력에 대한/그의 단념은/계속 반항하고 있는 세포에 비해/지나치게 세련된 것이었다."[109]

그러나 메일러의 소설을 주의 깊게 읽은 독자라면 그가 얼마나 노골적으로 등장인물의 폭력성을 억눌린 동성애에서부터 직

---

[109] Mailer, "A Wandering in Prose for Hemingway, November 1960," *Deaths for the Ladies and Other Disasters*. 이 책에는 페이지가 없다.

접 나오는 것처럼 묘사하는지를 잘 알 것이다. 로잭과 세르기우스가 저지르는 항문 강간은 단순히 정교한 남성성이 은폐하고자 하는 동성애적 충동이 전이된 것(사디즘을 동반하는)일 뿐이다. 《벌거벗은 자와 죽은 자》에서 커밍스는 젊은 허언을 당황하게 하려고 일부러 동성애적 추태를 보이는데, 이는 필연적으로 잔인한 몸짓을 수반한다는 점이 매우 분명하게 드러나 있다. 커밍스는 노골적인 욕망에 휩싸여 허언을 자신의 막사에 부르고, 모든 장교들이 지켜보는 가운데 바닥에 담배꽁초를 던지고는 허언에게 주우라고 명령해 그에 대한 자신의 굴욕적 의존성에 복수한다. 크로프트의 폭력성 또한 억압된 동성애적 충동에서 나오는 것이다. 텍스와 디제이 또한 타락한 늙은이들에게서 도피하여 무방비 상태로 황야를 헤매던 바로 그날 아름다움을 경험한다. 그러나 그 사춘기적 애정이 동성애에 대한 금기 앞에서 증오로 비틀어지는 순간 아름다움은 잔혹함으로 바뀌어버린다. 미식축구에 관한 에세이에서 메일러는 바닥을 치는 선수들의 습관적 몸짓(그는 이를 동성애적 희롱에 근원이 있다고 독창적으로 추적한다)과 "남색을 하는 고전적 자세로" 공을 중간에 위치시키는 행위를 분석한다. 그에 따르면 억압된 섹슈얼리티가 선수들에게 "남성 호르몬을 해방시키고", "뿌리" "부분에서 찌르는 행위와 남색"으로 인해 "흥겨운 소동" 속에서 소란을 피우면서 서로를 세차게 칠 수 있게 해준다고 한다.[110]

메일러의 작품을 보면, 잔인함과 폭력성은 남성 공동체 문화의 억압된 동성애에서 나온다고 해석할 수밖에 없다. 잔인함과

---

110 Mailer, "The T Formation," *Advertisements for Myself*, pp.394~395.

폭력성은 피할 수 없으며 유익하기도 한데, 그러한 감정들은 동성애에 대항하는 유일한 방어 수단이기 때문이다. 메일러의 독실한 성적 독단론은 동성애를 살인보다 훨씬 더 사악하다고 간주한다. 이는《대통령 백서》에 나오는 악명 높은 베니 패럿Benny Paret과 에밀 그리피스Emile Griffit의 권투 시합 장면에 생생하게 표현되어 있다. "그날 아침 체중을 측정하면서 패럿은 그리피스에게 지독한 모욕을 주었다. 그리피스의 엉덩이를 건드리면서 남자다움에 대해 몇 마디를 한 것이었다. 그들은 체중계 위에서 싸울 뻔했다."[111] 그날의 싸움은 섹슈얼리티를 대체한 살인 행위의 사례였다. 그리피스는 벨 소리도, 심판도 무시하면서 링 밧줄에 패럿을 몰아세우고는 3초 만에 열여덟 번의 강타를 날렸다. "그는 공격하면서 울분에 찬 신음 소리를 냈고 오른손은 마치 피스톤 막대처럼 패럿을 두들기고 있었다."[112] 링 옆 맨 앞줄에 앉아서 지켜보던 메일러는 그 장면에 매료되었다고 전하는데 "한 남자가 다른 남자를 그토록 세게, 그토록 많이 때리는 것을 본 적이 없었기" 때문이다.[113] "완전히 열중한" 그리피스는 통제할 수 없는 상태였다. "그는 트레이너와 심판에게서 벗어나기만 하면 패럿에게 달려들어 바닥에 눕혀놓고 마구 때렸다."[114] "마구 때렸다"는 표현은 여기에서 '남색하다'와 '살인하다'와 동의어로 쓰인다. 패럿은 혼수상태에 빠져 결국 3일 후 사망했고 이 고약한 사건 때문에 권투 경기는 사람들에게 심하게 비난받았다. 이 사건에 대한 메일러의

---

111 Mailer, *The Presidential Papers*, p.243.
112 같은 책, p.243.
113 같은 책, p.244.
114 같은 곳.

분석은 훌륭하고도 정확하며 명쾌하다. 하지만 이를 옹호하는 것은 다른 문제다. 첫째, 그는 우리에게 "폭력은 삶에서 필수불가결한 요소일 수 있다"라고 알려준다. 둘째, 경기 관리자들은 뜻밖에도 "삶에 대한 종교적인 무언의 견해"를 옹호하는 사람들이다. 마지막으로 그는 살인자가 "모두를 무뎌지지 않도록 어느 정도 인간적 살인 방식을 취했기 때문에 주변 공기를 구역질나지 않게 했다"[115]라고 공언하여 모든 것을 합리화한다. '모두를 무디게 하는' 공포는 분명 비폭력이라는 역병에 걸리는 공포이거나 동성애자라고 치명적인 비방을 당하는 공포다.

동성애에 대한 비난은 많은 남자들에게 거대한 격정을 불러일으킨다. 남자들은 평생 생물학적 힘을 다해 동성애에 저항한다. 매일 밤 술집에 앉아 술에 취해 세월을 보내는 남자가 있는데, 그는 고래고래 고함을 지르고 말다툼을 하다가 결국 길거리에서 다른 사람들과 시비가 붙게 된다. 여자들은 "맙소사, 저 사람은 동성애자야. 그냥 호모가 되어서 저 고통을 끝내지 그래?" 하고 말한다. 하지만 남자들은 그를 보호한다. 그는 동성애자가 되지 않으려고 그렇게 하는 것이기 때문이다. 동성애자는 동성애를 하는 사람이라고 사르트르가 정의한 바 있다. 그러므로 동성애를 하지 않는 사람은 동성애자가 아닌 것이다. 그에게는 존엄하게 선택할 자격이 있다. 그가 동성애자가 되지 않기로 선택하여 그 대가를 치르고 있는 것이다.[116]

115 같은 책, pp.245~247.
116 같은 책, p.243.

성적 자기 결단의 권리에 대해서 반박하고 싶지는 않다. 하지만 그 대가를 치르는 사람은 누구인가? 패럿은 죽었다. 그 선택이 수반하는 폭력성은 모든 사람에게, 심지어 겁먹은 사람에게까지도 당연히 행해질 수 있다는 것인가? 아니면 메일러와 그의 대변자들의 솔직하지 못한 기만적 광신주의를 합리화하는 것인가? 그들의 그릇된 논리에 따르면 동성애 행위는 사람을 '동성애자'로, 존엄한 남성성 밑에 있는 이상하고 열등한 존재로 만든다. 성적 반혁명의 분위기에서 동성애는 이성애적 신념에 대한 치명적 공격인 동시에 남자다움을 저주하는 광막한 회색 지대로 사람들을 유인하는 용서할 수 없는 죄악이 되었다.[117] 동성애와 비폭력을 사내답지 못함과 동일시하는 것은 물론 메일러 자신의 생각이고, 어느 특정 시공간(지난 20년 동안의 미국)에서 발생한 생각이다. 주네의 깡패들은 다른 부분에서도 그러하듯 성적으로도 잔인하다(메일러의 기준에서 보면 남자답다). 그러나 남성성에 대한 메일러의 정의는 과격한 이성애적 행동주의와 남성의 본성에 본질적이라고 주장되는 폭력성에 기초한다. 어느 한 부분을 소홀히 한다면 살아남을 수 없다.

신분 계급과 계급 신학은 기이한 문제다. 디킨스 작품은 은총을 상류 계급과 동일시하는 측면이 있다. 한 가지 예만 들자면 이는 올리버 트위스트가 부르주아 출신으로 증명되면서 구원을 표상하는 계급적 보증을 얻게 될 때까지 그가 경험하는 악몽을 설명해준다. 포크너의 《8월의 빛》, 싱클레어 루이스Sinclair Lewis

---

117 최근 '가죽 클럽' 등의 사디즘을 통해 동성애의 '남자다운 이미지'를 향상하려는 추세가 있기는 하지만 그럼에도 이는 사실이다.

의 《피의 선언Kingsblood Royal》 등 토착적 인종 차별주의를 검토하는 작품들을 보면, 검둥이의 피 한 방울에 대한 공포만으로도 백인은 몹시 불안해져서 파스칼이 말하는 심연으로 추락할 듯한 긴장감을 느낀다. 메일러 역시 이와 유사한 방식으로 작동하는 성적 신학을 구축했다. 메일러가 건성으로 사과를 표하는 글인 〈동성애 악당〉[118]에서는 "동성애자도 사람이다"[119]라며 생색을 내고는 있지만 실제로는 "동성애와 사악함 사이에 본질적 관계가 있다"[120]라는 믿음을 결코 버리지 않았다. 그러한 사악함은 바로 항문의 힘이다. 그리고 그러한 유혹에 기분이 들뜬 메일러는 선과 악 사이에서 마니교도처럼 줄타기를 한다.

동성애자는 소외된 집단이다. 특히 남색 행위가 이질적이고 열등한 여성적 본성으로의 타락을 의미한다는 점에서 그러하다. 디 제이를 "똥에 사로잡힌 청소년"으로 만들고 "'항문을 가리키는 은유'라는 온화한 열대의 섬에 가두어놓은"[121] 자칭 항문 강박은, 분변학을 애지중지하고 배변에 대해 몇 페이지에 걸쳐 질질 끄는[122] 메일러 자신의 항문 강박과 일치한다. 그러나 남색이 '남성적' 파트너에게는 자신과 동등해질 수 있는 한 사람을 정복하는 특별한 명예를 주는 반면("똥구멍은 음부보다 더 들어가기 힘들어서 특별한 연장에만 가능한 것이므로"),[123] 남색을 당하는 것은 구제할 길 없는

---

118 Mailer, "The Homosexual Villain," *Advertisements for Myself*.
119 같은 책, p.209.
120 같은 책, p.207.
121 Mailer, *Why Are We in Vietnam?*, p.50.
122 배설물에 대해서는 다음을 참조하라. Mailer, *The Presidential Papers*; "The Metaphysics of the Belly," *Cannibals and Christians*.
123 Mailer, *Why Are We in Vietnam?*, p.203.

모욕적 일이 된다. 메일러의 정신에서 섹슈얼리티란 분명 피해자를 만드는 일(여기에서 승자는 패자를 "찌르고" "낙인을 찍으며" 다른 사람을 정복하여 그의 힘을 먹어치운다)이므로 친구 텍스가 "자신의 엉덩이에 낙인을 찍을"지도 모른다는 공포와 "텍스의 엉덩이에서 인두를 훔쳐내어 자신의 것에 찍고 싶은" 욕망 사이에서 디제이가 불확실한 자세를 취하면서 얼버무리는 것은 당연하다.[124] 세르기우스와 로잭은 괴롭히기 쉬운 여성에게 낙인을 찍었다. 이는 합리적인 타협이며 성 정치학의 에토스 안에서도 더 안전한 것이다. 로렌스와는 달리 메일러는 남성 커플이 가부장제 위계질서를 해칠 수 있다고 두려워했기 때문이다. 섹스라는 전쟁에서 호모는 탈영병일 뿐이다. 동성애 혹은 사내답지 못한 성격은 신성한 황소 불알의 재생력을 부정하는 것이다. "다른 남자들과 싸우는 방법도 모르고 그 방법을 배울 준비도 되어 있지 않은 상태에서 이전에 명령하지 못했던 여자들에게 명령하는 게 무슨 소용인가?" 하고 메일러는 묻는다. 그리고 "동성애자를 얼어붙게 하는 것은 여성에 대한 공포가 아니라 남성 세계에 대한 공포이며 그가 여자를 지키고 싶다면 남성 세계와 전쟁을 해야 한다."[125] 혹은 거꾸로 말하면 남자에 대한 자칭 동성애자의 공포는 정복하지 못하면 '여성화되어야' 한다는 공포다.

욕망의 막다른 골목과 인간 사회의 서열에서 위험에 직면한 디제이와 텍스는 "결코 다시 연인처럼 가까워져서는 안 되고 살

---

124 같은 책, pp.202~203.
125 Mailer, *The Presidential Papers*, p.278. 남자다움과 황소 불알에 대한 논의는 배설물에 대한 부분에서 나온다는 점을 주목하라.

인자 형제로서 쌍둥이가 되어야 한다"[126]라는 피의 맹세를 하며 끝난다. 그들은 "모든 우정 아래에는 서로에 대한 살인이 있다. 신은 남자가 아니라 짐승이었고 그래서 '나가서 죽여라. 그래서 내 의지를 실현하라. 어서 가서 죽여라' 하고 말했기 때문이다"[127]라는 점을 이해했기 때문이다. 메일러는 신과 악마 사이, 남자와 여자 사이, 남자다움과 사내답지 못함 사이의 이원론적 대립과 가치와 신념에 쫓기며 남성적 지배의 쇠퇴와 동성애의 위험한 매혹이라는 이중 위협에 직면한다. 그래서 '화형당하느니 살인하는 편이 낫다'는 원칙은 반혁명적 감수성을 호전적 불안감의 극한까지 밀고 나간다. (그리고 남자다움을 실천하는 행위들이 점차 지구 위의 생명과 반목하고 있으므로 우리는 다른 영역에서도 이러한 호전적 불안감을 경험하고 있는지도 모른다.) **남자다움**은 제2의 성 혁명이라는 위협을 받으며 궁지에 몰려 있다. 제2의 성 혁명은 동성애에 대한 공포를 제거하면서 가부장제 문화의 기질적 범주들(남성성과 여성성) 전체에 도전할 것이다. 이 지점에 바로 장 주네의 존재 의의가 있다.

---

126 Mailer, *Why Are We in Vietnam?*, p.204.
127 같은 책, p.203.

08 ✦

장
주네

1 성애 사회에 대한 모방과 패러디

사랑은 죽어버린 것 같다. 혹은 몹시 나쁜 상태에 있는 것 같다. 아직도 낭만적 사랑에 머물고 있는 사람들에게 (열렬히 사랑을 희구하는 두 작가인) 주네(1910~1986)와 블라디미르 나보코프 Vladimir Nabokov는 수상한 정통론자로 보일 것이다. 《롤리타Lolita》는 어린 아내에 대한 문화적 감언이설을 문학적 결론까지 밀고 간 어느 매혹된 영혼의 끔찍한 열정을 다룬 이야기다. 그러나 이에 못지않게 유괴와 강간 그리고 강압을 다룬 이야기이기도 하다. 나머지 부분에서는 양성 간의 적개심이 로맨스를 월등히 뛰어넘는다. 이는 낭만적 신화의 본질적 오류(감상적 이상주의와 전통적으로 억압된 섹슈얼리티)에 기인하기보다는 20세기 여성들이 이루어낸 업적을 시샘하는 가부장제의 감상에서 나온 적개심에 기인한다. 애인 혹은 연인은 이제 권좌에서 물러났으며 심지어 비난을 당하기까지 한다. 그녀는 악당, 골칫덩이 혹은 희생당해 마땅한 인간이 되었다. 모두가 주지하듯이 지난 20년 동안에는 심지어 어머니 이미지까지 거침없이 공격당하기도 했다. 한눈에 반한 사람에게 계속 낭만적인 열정을 쏟는 사람은 험버트 험버트(《롤리타》의 남자 주인공 이름.-옮긴이)나 주네처럼 '성 소수자'로 취급되는 경향이 있다.

현재 동성애자는 사랑의 '검둥이'로 생각된다. 그리고 동성애자¹의 성생활은 메일러가 '백인 검둥이'라고 놀려대는 위협보다도 더 큰 사회적 위험으로 간주되고 있으며 언제든지 조롱과 비난을 받을 수 있는 적대적인 환경에 둘러싸여 있다. 많은 곳에서 동성애 행위는 여전히 법적으로 금지된 범죄이지만 사회를 공격하려고 안달이 난 메일러의 주인공들은 이를 살인으로까지 밀고 나아간다. 디빈느는 거의 모든 술집에서 궁지에 몰리고, "그녀"를

---

1   여기에서 '동성애자'라는 단어는 관습에 따라 남성 동성애자를 지칭한다. '여성 동성애'는 현재로서는 아무런 위협도 되지 않으므로 언급조차 되지 않는다. 여성 동성애자는 한때 자유주의적 동정심의 대상(래드클리프 홀Radclyffe Hall의 《고독의 우물The Well of Loneliness》에 실린 해브록 엘리스Havelock Ellis의 서문과 주나 반스Djuna Barnes의 《나이트우드Nightwood》에 실린 T. S. 엘리엇의 서문)이거나 남성 동성애의 은폐막(마르셀 프루스트Marcel Proust의 《잃어버린 시간을 찾아서》의 알베르틴)이었다. 그러나 오늘날에는 다른 여성들과 마찬가지로 명확하게 성적 대상으로 받아들여지고 있다. 영화 〈42번가Forty-Second Street〉(1933)에서 목욕하면서 흥분한 두 여자는 실제로는 영웅적으로 나타나 두 여자를 한꺼번에 취하는 남성의 환상에 영합하는 존재들이다. 할리우드 영화 〈더 폭스The Fox〉(1968)를 비롯한 대중 영화 또한 남성 관객을 겨냥하고 있는 반면에 언더그라운드 영화 혹은 예술 영화는 남성 동성애라는 더욱 폭발적인(현실적으로 더 상상할 수 있으므로) 주제를 위해 여성 동성애자들을 무시하고 있다. 여성 동성애가 성 정치학에서 어떤 잠재력이 있든 간에 여성 동성애는 현재 거의 거론되지 않는 이슈다. 따라서 남성 동성애는 마지못해 수용되는 반면 여성 동성애는 경멸이나 침묵으로 일관되고 있을 뿐이다.

심판하려는 이야기를 듣는다.

그녀는 미소를 지으며 주변을 둘러보았다. 사람들은 모두 외면으로 그 미소에 답했다. 그것 또한 대답의 한 방식이었다. 카페에 있던 사람들은 모두 그녀의 웃음이 비천하다고 생각했다. (대령에게는 성도착자로, 상점 주인에게는 남창으로, 은행원과 웨이터에게는 호모로, 기둥서방들에게는 **저것** 등으로 비친 것이다.) 디빈느는 그 점을 강요하지는 않았다. 그녀는 다만 작고 까만 공단 지갑에서 동전을 몇 개 꺼내 조용히 대리석 탁자 위에 놓았다. 카페는 사라지고 디빈느는 벽에 그려져 있는 몇 개의 괴물(키메라나 그리핀) 중 하나로 변했다. 어느 손님이 자신도 모르게 그녀에게 마법에 걸린 말을 중얼거렸기 때문이다. "호모 자식."[2]

추방된 상태에서도 마법은 여전히 존재한다. 그리고 낭만적 사랑의 신화는 늘 불운한 연인, 간통한 사람 혹은 신분과 계급의 경계를 위반한 사람들에 대한 사회적 적대감을 통해 번성해왔다. 그러한 은밀하고 금지된 성격만이 이성애 문학에서 약화하는 매력을 동성애에 부여하고 있으며, 반면에 이성애 문학은 신중한 금지와 (애석하게도) 다정함마저 잃어가고 있다.

주네의 소설은 한숨과 장미라는 낭만적 장식으로 치장되어 있음에도 그 사랑의 윤리는 낭만적 사랑의 변종보다 훨씬 더 격세 유전적이다. 사실상 궁정풍 연애에 가까운 주네의 윤리는 충

---

2 Jean Genet, *Our Lady of the Flowers*, trans. Bernard Frechtman(New York: Grove Press, 1963), p.73.

3부 문학적 고찰

성심과 은밀함, 겸손, 맹목적 심취 등의 전통적 미덕을 지키고 있기 때문이다. 성 정치학이라는 관점에서 볼 때 유럽의 궁정풍 연애는 잔인한 농담이거나 아니면 가부장제의 일관성에 처음으로 끼어든 방해물이다. 사회사가 설명할 수 없는 변칙적 형태인 궁중 연인(실상은 지배자이지만)은 귀부인을 위해 기꺼이 하인 역할을 자청하기 때문이다. 주네는 정치적 사실주의를 통해 이러한 상황을 역전시켜 충성 맹세를 받는 사람을 남자 파트너로 바꾸어놓았다. 이는 (구체제 귀족이 건설했으며 여전히 중세적 정신의 향취에 사로잡혀 있는 프랑스 수도원을 개조한) 감옥의 봉건적 위계질서를 통해서다. 주네의 연애 소설에 등장하는 주인공들은 특대 사이즈를 가진 깡패들이며 그들을 받드는 궁중의 연인들은 남자가 아닌 여자들, 즉 창녀와 여자 역할 동성애자들이다.

사르트르가 지적하듯이 주네는 "과거 지상주의자"[3] 혹은 다른 시대를 살고 있는 사람이라 할 수 있겠지만, 주네의 봉건제는 권력을 노골적으로 인정하고 서아시아나 동양 같은 남성 문화(시종이 나이 많은 전사에게, 수행자가 사제에게, 기분에 따라 고른 성적 대상이 전제군주에게 시중드는 문화)와 매우 유사한 문화를 보여준다는 점에서 다른 작가들보다 더 정직하다. 주네의 첫 번째 희곡이자 그의 소설과 가장 가까운 상황을 보여주는 작품인《사형수 감시인》에서, 사형수(따라서 가장 남자답고 고귀한 인물)인 초록 눈은 당당한 가장家長처럼 부하들 앞에서 허풍을 떤다. "여기 감방에서는 내가 정면으로 타격을 받는 사람이지. (…) 나도 든든한 배후

---

3   Jean-Paul Sartre, *Saint Genet, Actor and Martyr*, trans. Bernard Frechtman (New York: Braziller, 1963), Mentor reprint, p.9.

가 필요하다는 걸 알고 있어. 눈덩이처럼 말이지. 그자도 같은 무게를 짊어지고 있어. 이 감옥 전체를 위해서 말이야. 아마 다른 누군가도 있겠지. 전 세계를 위해 무게를 짊어지는 최고의 거물 말이야!"[4] 가장은 이러한 구조를 통해 생존에 직면하여 부양가족을 **위해서** 살아간다. 이름 없는 아가씨들, 자식들, 몸종들, 노예들 등 모든 소수자들을 위해서 말이다. 주네의 메트레이 소년원에서 죄수들은 '가장'이 지배하고 그 밑에는 우두머리 신하가 있으며, 가장의 첩이거나 '계집애'인 어린아이들과 약한 아이들을 관리하는 공갈배 '장남'이 일종의 '가족' 구조 안에서 살아간다. 주네의 감옥 서열은 성性으로 구축된다. 완전히 남자다운 살인범이 제일 꼭대기에 있고 그보다 조금 떨어지는 거물인 포주[5]가 그 아래 위치하며 그다음에는 강도(쇠지레를 사용하여 문을 부수고 들어가는 도둑)가, 맨 밑에는 여자 역할 동성애자와 그들을 받드는 계집애들이 있다. 계집애들은 매매될 수 있고 '훈육'될 수도 있으며 심지어 살해당할 수도 있다. 여기에서 가장 비천한 서열의 죄수들은 멍청이이자 인간쓰레기이며 첩을 선택할 수도 없고 수시로 강간을 당한다. 이러한 인간쓰레기의 삶은 지옥과 같다.

---

4   Jean Genet, *Deathwatch*, trans. Bernard Frechtman(New York: Grove, 1954, 1961), pp.147~148.

5   포주mac와 **강도범**casseur의 서열을 주목하라. 'mac'은 일반적으로 '포주pimp'라고 번역되며 실제로도 이를 의미하지만 주로 이 단어는 '거칠다'는 의미와 여성에 대한 노골적 경멸을 담고 있다. 필립 도디가 지적하듯 포주와 강도범을 구별하는 것은 마지막 의미에 기인한다. Philip Thody, *Jean Genet*(London: Hamish Hamilton, 1968), p.94. 메트레이 소년원에서는 여자를 알지 못하는 아이들조차 포주라고 불리기 때문에 '포주'는 직업과 연관되어 있으나 때로는 직업과는 상관없는 속성을 의미한다는 것이 명백하다. 하지만 영어의 'pimp'는 이를 제대로 반영하지 못한다. 나는 두 단어(mac, pimp)를 번갈아 사용할 것이다.

모든 것은 서열이고 계층이므로 상호 관계는 아예 불가능하다. 주네에게 보답받는 사랑이란 덧없고 희귀한 것이다. 동성애는 계속해서 거부당하는 삶이다. 주인에게는 늘 강간할 수 있는 더 잘생긴 여자 역할 동성애자가 있기 마련이다. '계집애'에게도 늘 사랑에 빠질 수 있는 더 당당하고 남자다운 인물이 있기 마련이다. 그러나 정절의 의무는 전적으로 여자 역할 파트너에게만 해당된다. 남자는 상대를 가리지 않아도 되고 또한 그렇게 기대되기도 하기 때문이다. 간수의 통제와 처벌 때문에 죄수들은 항상 음모를 꾸며야 한다. 사랑이 그러하듯 동성애를 억누르지 못하면서 비난하는 이 세상에서 은밀함이란 모두의 경멸을 피할 수 있는 필수품이다. 맹목적 숭배 또한 여성의 역할이다. 포주는 '위험하고' 차지하기 힘들며 설사 관대한 몸짓을 하더라도 이는 소유욕에서 나온 일시적인 것이다. 다정함이나 애정은 포주와 어울리지 않는다. 남자가 사랑에 빠진다는 것은 곧 자신의 지위를 잃는 것이기 때문이다. 평등은 금기 사항이다. 주네는 다른 소년에게 자신을 소개했다가 실망 어린 비난만 받는다. "흥, 나이가 같잖아. 재미없겠네."[6]

사르트르는 주네를 설명하면서 편견으로 가득 찬 완고한 마르크시즘 이론을 구성한다. 즉 사르트르에 따르면 주네는 어린 시절 양부모에게 물건을 훔치다 들켜 메트레이 "아이들의 지옥"에 15년간 수감되면서 낙인찍히게 된 것에 대한 죄의식 때문에 동성애에 빠진다고 한다. 그러나 이러한 가설은 동성애가 강도짓

---

6 Jean Genet, *The Thief's Journal*, trans. Bernard Frechtman(New York: Grove Press, 1964), p.140.

에 앞섰다는 주네의 주장과 상반된다.[7] 실제로 완고한 저항과 불복종(세상에 대한 주네의 저항)을 낳은 그러한 수치심은 성과 함께 시작되었고 심지어 출생의 '원죄', 즉 사생아이자 버림받은 아이라는 원죄와 함께 시작되었다. 가족과 소유권에 기초한 사회에서 이미 '부자연스러운' 현상인 죄의식에 짓눌린 주네에게는 동성애라는 '부자연스러운' 생활 방식으로 나아가 자신의 운명을 완결 지으려는 것이 어느 정도는 논리적이기도 하다. 동성애를 통해 그는 여성적 혹은 수동적 파트너가 되어, 그리고 가장 모욕적인 역할을 받아들이고 "가장 지독한 모욕"인 남근 빠는 사람이라는 모욕을 받아들여 "본성"이라는 것을 훨씬 더 강하게 위반할 수 있는 것이다.[8]

사람들이 그에게 도둑이라는 이름을 붙이자 이를 받아들이기로 했듯이 주네는 감옥에 갇히면서 강간과 그것이 자극한 부드러움에 의해 부과된 성적 죄의식을 고집스럽게 견뎌낸다. 다른 소년들이 "더 강하고 사악하다vicious"는 것(이는 불행하게도 다른 이들에게 그러하듯 이들에게도 더욱더 남성적이라는 의미다)을 발견한 주네는, 그들이 부과한 성적 혹은 여성적 수치심을 견디기로

---

7 Sartre, 앞의 책. 사르트르는 주네의 주장을 인정하지만 결국 폐기해버린다. p.91 참조.

8 Jean Genet, *The Miracle of the Rose*, trans. Bernard Frechtman(New York: Grove, 1966), p.76. 주네는 우리에게 이렇게 말해준다. "불량배 중에 그것(남근을 빠는 사람을 의미하는 말)은 종종 죽음으로 처벌받았다." 같은 곳. 주네에게 에로티시즘과 수치심이 분리될 수 없다는 사실은 성적인 것에 대한 우리의 이해에 죄의식이 얼마나 깊이 침투해 있는지를 보여주는 훌륭한 실례다. 이는 유쾌하지 못한 성 정치학의 사실이며 이성애 사회에도 똑같이 적용된다. "정의할 수 없고 감지할 수 없는 변화 때문에 나는 그것이 사랑의 떨림임을 알았다. 뼈에 사무치면서도 기분 좋은 것. 아마도 처음부터 그것에 수반되는 수치라는 말의 기억 때문일 것이다." 같은 곳. 이러한 감정은 필시 보편적인 것이다.

3부 문학적 고찰

한다. 그리고 주네는 "그들이 내게서 그 기질을 발견했던 호모"가 되기로 한다.[9] 이러한 복종은 신앙이자 이단을 의미하며 동성애와 도둑질을 행위가 아니라 본성이자 불변의 존재 상태로 보는 사회의 지배적 신조에 암묵적으로 동의하겠다는 의미다. '도둑'이니 '호모'니 하는 말들은 그렇게 되는 것을 거부하게 만드는 말이어서, 주네가 이를 전적으로 받아들인다는 것은 체념을 의미할 뿐만 아니라 은밀한 반항을 의미하기도 한다.

메트레이 소년원의 기괴한 성 역할은 (다른 곳에서도 그러하듯) 운명이며 심지어 숙명이라고 받아들여진다. 잠시나마 주네는 강도가 되어 퐁트브로 수도원을 회피하려 한다. 쇠지레의 "강철 남근"을 통해 "명확하고 단순한 남성성"을 얻으려는 불가능한 희망을 품은 것이다. 쇠지레는 "나를 남자로 만들어주는 권위를 발산하는 것이며", 동성애라는 "보잘것없는 방식"을 넘어서게 해주는 도구다.[10] 그러나 쇠지레가 아무리 탄원한다 하더라도 예정된 운명은 벗어날 수 없다. 주네가 기꺼이 계집이 되겠다고 구애했던 벌케인은 인상적이고 남자다운 보차코를 위해 그를 버린다. 결국 열여섯 살의 주네가 메트레이에서 '신부가 되는 날'에 그러했듯이 자신이 시작했던 곳, 즉 거물인 다이버스의 애인이자 여자 역할 동성애자가 되는 것으로 끝난다. 그는 여전히 하찮은 존재이며 인간쓰레기보다 별반 나을 게 없다.

---

9 Genet, *The Thief's Journal*, p.175. 영역자 프레츠먼은 프랑스어 'méchant'를 'malicious'라고 번역하고 있지만 'vicious'라는 단어가 그에 더 가깝다. 이 글에서 "주네"는 장 주네라는 이름으로 출판된 자서전적 소설에 나오는 '주네의 전설'을 둘러싼 "주네"라는 등장인물을 의미한다. 장 주네 개인의 삶에 대해서는 우리는 거의 알지 못한다.

10 Genet, *The Miracle of the Rose*, p.27.

주네에게 성 역할은 개인적 운명에 의한 서열의 한 사례이므로 열등성과 우월성이라는 양극단으로 영원히 확립된다. 명백한 일탈이라 할 수 있는 아워 레이디나 벌케인처럼 젊고 거친 아이들은 단순히 더 나은 운명으로 가려고 안간힘을 쓰는 올챙이 같은 존재에 불과하다. 남성성과 여성성에 대한 주네의 정의보다 더 잔인하고 불미스러운 정의는 찾아보기 힘들다. 주네의 정의는 현재 사용되고 있는 의미를 극도로 과장한 것이기 때문이다. 남성성은 우월한 힘이고 여성성은 열등한 나약함이다. 하지만 예외가 하나 있다. 주네는 여성 역할 동성애자인 자신에게 지성과 도덕적 용기를 부여하려고 노력한다. 거친 아이들의 거친 성격은 그들의 지위와 장식에 불과한 근육 조직(그들은 노동을 경멸한다)과 비열함에 근거한다. 보차코처럼 그들은 신랄한 표현을 통해 성적 지배력을 주장한다. "이 계집년아, 그걸 한입 가득 삼켜." "그걸 네 구멍에 끝까지 쏘아주마, 이 호모년아!"[11] 그들의 지위는 복종하는 이들, 즉 여자 혹은 여성화되어 복종하는 남자에게서 나온다. 그러므로 단순한 여자는 자신의 특권에 도움이 안 된다는 신념을 떠벌리고 다니는 달링 같은 포주는 디빈느에게 남색 행위를 하면서 "남자를 강간하는 남자는 보통 남자 갑절쯤 센 남자지" 하고 뻐길 수 있는 것이다.[12]

주네의 반反도덕성은 (소유권에 대한 생각이나 신학적 추상 관념, 즉 은총, 원죄 등을 말 그대로 받아들이는) 농민들의 민속적 가톨릭 신앙을 뒤집은 것에 불과하듯, 성 역할과 서열에 대한 그의 관

---

11 같은 책, p.21.

12 Genet, *Our Lady of the Flowers*, p.253(여기에서 페이지는 다른 곳과 마찬가지로, 밴텀Bantam 출판사의 재판본이 아니라 양장본을 가리킨다).

념도 문화에서 노골적으로 표명되어온 관념이자 (로렌스식의 교묘함도 없이) 권력과 복종을 직접적으로 제시하는 케케묵은 관념에 불과하다. 사악하고 전지전능한 초超남성성은 동요하는 무기력과 비굴과 대조된다. 매춘과 범죄의 세상에서 여성 혹은 여성 역할 동성애자는 힘과 폭력과 허세에 찬 남성적 멸시에 지배당한다. 그녀의 여성성이란 순전한 비굴이며, 이는 프로이트주의가 추상적이고 조심스럽게 집대성한 처방 너머까지 생생하게 확장된다. 프로이트주의에서 '마조히즘'은 노골적 자기혐오를 의미하며 '나르시시즘'은 자신을 대상화하는 현실적 감각(허영심은 남성의 특권이다)이고, '수동성'은 솔직히 말해 공포이자 절망, 체념에 지나지 않는다. 주네가 습관적으로 쓰는 아이러니한 과장법은 일상적·사회적 위선의 가면을 벗기는 효과가 있다. 따라서 여성성에 대한 주네의 모호한 비난은 그의 작품에서 숨김없는 반감으로 확장된다. 죄수인 주네가 어떻게 대중적 프로이트주의(그 자체로 널리 퍼진 오랜 가부장제의 전제를 편집한 것에 불과한 이론)를 알게 되었는지 고심할 필요는 없다. 그보다 더 오래된 문학 작품들도 수두룩하기 때문이다. 그중에는 프랑스 시인들에 관한 세련된 암시도 있다. 디킨스가 이미 지대한 영향을 끼쳤음도 명백하다.《꽃의 성모 마리아》의 재판 장면은《올리버 트위스트》의 페긴이 선고받는 장면을 바탕으로 했기 때문이다.

여성인 주네는 성적 죄의식과 열등감을 가지고 있는데, 실상 성 윤리는 이러한 죄의식과 열등감 위에 굳게 세워져 있다. 이러한 성 윤리에서 섹슈얼리티 자체가 지위에 대한 확인이자 처벌로 작동하는 것은 당연하다. 그리고 섹슈얼리티를 실행하는 순간, 굴욕적이며 흥분된 비난을 받고 무시무시한 치욕을 당하게 된다.

사르트르는 주네의 소설에 나오는 남색을 이렇게 묘사한다. "성행위는 복종의 축제이자 가신이 주인의 종복이 되는 봉건적 계약이 의례적으로 갱신되는 것이기도 하다."[13] 마리 보나파르트가 말하는 적절한 마조히즘적 여성과도 같이 여성 역할 동성애자인 주네는 남자에게 찔리고 고문당하고 관통당하고 예속당한다. 남자의 남근은 "구름을 찔러 구멍을 내는 뾰족탑처럼 잔인하고도 기습적인 날카로움을 가진 도구"[14]다. 남근 영웅주의는 대포, 단검, 말뚝 박는 기계, 쇠막대기 등의 용어로 다양하게 제시된다. 포주의 몸은 그 자체로 발기된 성기이며 퀘렐같이 거친 남자는 어릴 때부터 주변 건물을 바라보며 "저렇게 높은 탑은 자신의 남자다움의 상징이라는 것을 깨닫고"[15] 천진하게 기뻐하고 뿌듯해한다. 레인워터의 연구에 등장하는 많은 부부들처럼 섹슈얼리티는 남성의 기관을 향하며 이 기관은 섹슈얼리티의 진정한 행위자이자 성교의 목적이라 생각된다.[16] 남성이 여성의 쾌락에 관심이 없듯이 여성 역할 동성애자의 쾌락에도 전혀 관심이 없으므로, 여성 혹은 여성 역할 동성애자는 오르가슴을 제대로 누리지도 못한다. 포주들은 여자 역할 동성애자를 찔러주는 생색도 내려 하지 않아서 디빈느는 배설과 수치의 장소인 화장실에서 일을 끝내도록 강요받는다. 그러나 연극하는 창녀나 충실한 아내처럼 여성 역할 동성애자도 자신의 고통을 환희로 보이게 하려고 일부러 신음하

13 Sartre, 앞의 책, p.123.
14 같은 책, p.121.
15 Jean Genet, *Querelle de Brest*(*Oeuvres Completes*, Tome III)(Paris: Gallimard, 1953), p.197.
16 Lee Rainwater, *And the Poor Get Children*(Chicago: Quadrangle, 1960).

고 까무러치는 척한다.

동성애 예술은 이성애의 삶에서 통찰력을 얻지 않고는 결코 존재하지 못한다. 물론 '동성애가 아닌 정상적' 사회는 이러한 주장에 모욕을 느낄 것이다. 그러나 동성애 예술은 이성애 환경에서 자라나므로 부득이하게 이성애의 관념을 모방하고 반복하며 심지어 패러디하기도 한다. 인간적 견지에서 판단하자면 둘 중 하나는 다른 하나만큼이나 비뚤어져 있고, 둘의 과거는 거의 똑같으며, 둘의 정치학은 명백히 동일한 모방이다. 벤자민 드 모트가 지적하듯이[17] 윌리엄스와 앨비는 가족생활의 끔찍함에 대해, 결혼 생활의 지루함에 대해, 서로의 인격을 착취하는 연인에 대해, 난교 속에서 개성이 서서히 지워지는 것에 대해 다른 사람들만큼 (혹은 그 이상으로) 솔직하게 말할 수 있다.

동성애 남성이 대학생과 깡패 무리들에게 불러일으키는 적개심과 조소, 때려눕히고 싶은 욕망, 어리석은 분노는 어느 비평가가 말했듯이[18] 자신의 잠재적인 '잘못된 자아'에 대한 두려움을 은폐하기 위해 폭력으로 분출되는 불안한 남자다움의 반응이다. 프로이트의 양성성 이론에 따르면 이러한 '잘못된 자아'는 가차 없이 억압된 증오스러운 여성성이다. 그러나 이는 실상 '남성성에 대한 단언' 자체가 아닐까? 다시 말해 그러한 기물 파손자가 열광하는 이성애주의와 '정상적' 성행위에 대한 열정적 충성 행위를 노골적으로 표현한 것이 아닐까? 또한 여성성 자체에 대한 경멸의 표현이 아닐까?

17 Benjamin De Mott, "But He's a Homosexual…," *The New American Review*, Number I(New York: New American Library), September 1967.

18 George Dennison, "The Moral Effect of the Legend of Genet," 같은 책.

주네의 포주들에게 여성 역할 동성애자는 자신의 동성애 충동의 희생자다. 그뿐만 아니라 열등하고 기괴하며 여성적인 것 때문에 자신의 본성이 더럽혀질지도 모른다는 두려운 예감에 보복하기 위해 상처를 입히는 대상으로 이용된다. 교도소 정원에서 보차코가 어느 쓰레기를 조롱하는 장면을 보면 억압된 동성애의 파괴 행위가 잘 드러난다. "나는 보차코가 그 불쌍한 자식을 때려 눕힐 거라고 기대했어. 그 자식은 무서워서 꼼짝도 못 하고 있었지. 공포에 질린 짐승처럼 본능적으로 교활하고 신중하게 가만히 있는 척한 거야. 보차코가 조금이라도 때리려고 했다면 아마 그 자식을 죽였을 거야. 화를 참지 못했을 테니까."[19] 보차코는 강도일 따름이다. 보차코의 우두머리인 포주 루 데이브레이크는 이 상황을 몹시 재미있어한다. "계속해. 저 녀석과 결혼해! 저 녀석한테 반했군. 눈에 훤히 보여!"[20] 《브레스트의 쿼렐》의 주인공 쿼렐은 처음부터 호전적인 이성애자인데 호모가 유혹하자 방으로 데리고 가서 목 졸라 죽인다.

결국 동성애자가 이렇다면, 이렇게 가볍고 유약하고 활기차고 투명하고 섬세하고 쇠약하고 환하고 수다스럽고 듣기 좋은 목소리를 가졌고 다정하다면, 누구나 동성애자를 죽일 수 있을 것이다. 그것은 죽임을 당하게끔 되어 있기 때문이다. 베니스의 유리처럼 거대하고 거친 주먹만을 기다리고 있을 뿐이니까. (피부 아래 찢어져서 남아 있는 교활하고 날카로우며 위선적인 자국을 제외

---

19 Genet, *The Miracle of Rose*, p.20. 주네는 보차코의 이마가 "너무 좁아서 한번 화가 나면 멈추지 못할 것"이라고 설명한다. 같은 곳.

20 같은 책, p.22.

하고는) 아무 상처도 내지 않고 그걸 박살낼 수 있는 주먹을 말이다. 이런 게 동성애자라면 이건 남자가 아니다. 동성애자는 무게 자체도 나가지 않으니 말이다. 그것은 작은 고양이, 멋쟁이, 새, 새끼 사슴, 도마뱀, 잠자리다. 그 나약함 자체가 도발적이며 결국 죽음을 자초하는 것은 이러한 과장된 나약함 때문이다.[21]

퀘렐이 무찌르고 있는 것은 나약하고 경멸할 만한 사람, 즉 추상화된 여성이다. 주네는 속죄하는 듯한 퀘렐의 살인을 처벌하기 위해 그를 매춘굴 우두머리의 상대 소년이 되도록 만든다.

　여장한 동성애자가 빌리지 거리를 뽐내며 걸어가면 격노의 폭풍이 몰아친다. 하지만 이러한 분노는 그가 남자인 동시에 여자라는 사실 혹은 남자지만 여성적이라는 사실에 기인한다. 동성애자는 섬뜩하게도 성별 정체성을 상실하기 쉬운 것으로 만들었다. 그리고 성별 정체성이 도덕적 절대성이자 사회적 명령의 위치를 얻게 되는 순간 그 현실성에 문제를 제기했다. 동성애자는 성별 정체성을 받아들이지 않았으며 실제로 그것을 거부하고 있음을 암시했다. 동성애자는 감히 명예를 잃기를 자청했으며 그렇게 해서 동성애에 대한 금기에 도전했다. 그럼으로써 그 경멸의 근원이 함축하는 의미, 즉 성 역할은 성의 서열이라는 사실을 드러냈다.

　《도둑 일기》에서 주네는 스틸리타노의 추종자로 살아간다. 스틸리타노는 "만화책에 나오는 승리하는 주인공"[22]이 되는 것을

---

21 Genet, *Querelle de Brest*. 그로브 출판사 판본이 아직 출간되지 않았으며 브리티시 스트레팀의 번역본은 구할 수가 없어 1947년 파리에서 출판된 원서를 직접 번역했다.

22 Genet, *The Thief's Journal*, p.125.

일생의 야망으로 삼고 살아가는 멍청하지만 남자다운 외팔이 도둑이다. 주네는 스틸리타노에게 봉사하기 위해 아편 꾸러미를 소지하고 국경을 넘는 위험하고 부담스러운 여행을 자처한다. 그러면서 주네는 자신이 "최고 권력에 대한 복종의 마음에서"[23] 행동했다고 말한다. "'이건 정말 당연한 거야.' 나는 혼잣말을 했다. '스틸리타노는 남근이고 나는 음부니까.'"[24] 포주인 스틸리타노는 실비아라는 매춘부도 데리고 있다. 따라서 스틸리타노는 두 개의 '음부'를 시중들게 하고 있는 셈이며 여기에서 주네는 두 번째 음부다. 생물학적 남성이 '음부'로 묘사될 때 이 단어의 의미는 더 잘 드러난다. 주네는 지위 혹은 힘의 정의를 폭로하여 성 역할이 완전히 자의적이고 불공평한 본질을 가지고 있다는 것을 증명했다. 남성성과 여성성이라는 용어는 거짓된 생물학적 조화를 일상적으로 합리화하는 데서 벗어나 이제 칭찬과 비난으로, 권위와 예속으로, 고귀함과 비천함으로, 주인과 노예로 드러나게 된 것이다.

2 "적대적 에로티시즘"

물론 주네가 이러한 용어를 쓰는 데는 무한한 아이러니가 내재되어 있다. 주네가 말하는 남성성과 여성성이 가리키는 집단은 실제로는 남성 집단이므로 이제 성 역할은 단순히 자의적인 차원을

---

23 같은 책, p.127.
24 같은 책, p.128.

넘어서 억압적 사회 체제의 범주이자 기능으로 노출되기 때문이다. 성적 지위를 가리키는 특징들은 마치 종족 집단에서처럼 몹시 열정적이고도 엄격하게 관철되고 있어서 우리는 그러한 특성들이 우스꽝스럽다는 최종 인상을 받게 된다. 주네 자신은 비굴한 수용과 비꼬는 듯한 조롱 사이에서 왔다 갔다 하고 있으며 이는 전체적으로 풍자 효과를 만들어낸다. 주네의 산문 소설에서 발견할 수 있는 비뚤어진 패러디는 희곡으로 가면 직접적인 진술로 발전하면서 풍자 효과가 더욱 강력해진다. 주네의 희곡은 여성적이고 억압된 사고방식을 인종과 계급, 식민지 등의 다른 정치적 맥락으로 확장한다.

소설에서 주네는 여성으로 끝나는 최후를 최초의 상황으로 설정하고 비록 절망과 순교의 승리라 할지라도 결국 여성이 승리하도록 사건을 배치한다. 여자 역할 동성애자들은 자신의 비천함을 열정적으로 끌어안아 결국 그 비천함을 위대함으로 바꾸어놓는다. 이들은 여장하고 바르셀로나 거리를 행진하는 무리인 "수치의 딸들"로 불리는 카롤린가로 이들의 "화려한 몸짓"은 "세상의 경멸이라는 단단한 껍질을 깨부수는" 방식이다.[25] 주네의 산문이 보여주는 기적("나의 승리는 언어의 승리다")[26]을 통해 노예 역할의 마조히즘은 성인聖人과 같은 아우라로 바뀐다. 전통적으로 착한 여자에게는 고난이 아니라면 남보다 우월해질 방법이 없다. 실제로 교회는 미친 듯한 서열로 이루어진 세상에 극단주의적 해결책을 제시한다.

25   같은 책, p.65.
26   같은 책, p.59.

거룩한 것이 우리를 둘러싸고 우리를 예속하고 있다. (…) 교회
는 거룩하다. 스페인 함선처럼 금으로 가득 차 무거워진 케케묵
은 의미에다 영성과는 관계가 먼 교회의 느린 의식(儀式)은 교회를
아름다움과 고귀의 제국만큼이나 세속적인 제국으로 만들었다.
퀼라프로아도 (…) 이러한 권세를 이길 수 없어 음탕하게 교회
에 빠졌다. 아마 그가 예술을 먼저 알았다면 예술에 빠졌을 것이
다![27]

주네에게는 예술이 있었으므로 예술로 퀼라프로아가 욕망한 고
귀를 이룰 수 있었다. 동성애가 불가사의하게 변화하여 디빈느
의 모습으로 변신하면서 이제 루이에게도 기적은 가능한 것이 된
다. 예술 또한 마찬가지다. 연인들에게 배반당하고 깡패들에게 사
로잡힌 디빈느는 손톱에 작은 그림을 그리는 방법을 생각해낸다.
비극적 여배우인 그녀는 모욕을 무시하고 스스로를 음탕한 늙은
창녀라[28] 부르면서(자신에게는 더 이상 나빠질 것도 없음을 그녀는 알
고 있다) 사람들의 비판에 선수를 친다. 디빈느는 나이 들고 타락
한 여자 역할 동성애자이자 호모의 은신처에서조차 비웃음거리
가 되며 그녀의 진주 왕관은 산산조각이 나서 바닥에 흩어진다.
하지만 디빈느는 용기를 내서 이렇게 외친다. "빌어먹을 년들아,
그래도 나는 여왕이 될 거다!"[29] 그리고 영리하게도 자신의 가시
면류관인 가공 의치로 왕관을 대체한다. "눈물로 난도질당한"[30]

27 Genet, *Our Lady of the Flowers*, p.194.
28 같은 책, p.116 참조.
29 같은 책, p.193.
30 같은 책, p.194.

냉혹한 익살극 같은 디빈느의 삶은 세상의 멸시에 대항하여 스스로를 방어하는 과정이 되었다. 주네는 자신의 소설 중에서 가장 훌륭하다 할 수 있는 이 인물을 위하여 '선택된 자들 가운데' 그녀의 자리를 마련해준다.

주네는 특히 순교당한 성자에 매혹되었다. 과학자나 장군, 산업가와 달리 이 주인공은 여주인공이기도 하기 때문이며, 프랑스적 상상력에서도 이 인물은 마녀라고 화장당했던 국민적 영웅이자 프랑스의 수호자였던 어느 '남장' 여성과 특히 비슷하기 때문이다. "범죄자와 성인의 영원한 결합"[31] 혹은 포주와 여성 역할 동성애자의 결합을 보여주는 주네에게 성인은 당연히 여성형인 '라 상트 la sainte'다. 포주는 육체만을 제공할 뿐이지만 여성 역할 동성애자에게는 영혼이 있기 때문이다. 주네의 여성은 영혼의 기적으로 서열을 극복한다. 여기에서 주네는 단지 서민적 기독교의 역설적 논리를 따르고 있을 뿐이다. 이 논리에 따르면 하나님의 눈에는 말라삐진 노파가 왕보다 더 밝게 빛난다고 한다. 주네는 스페인에서 가장 불쾌한 슬럼 지구인 바리오치노에 있는 슬픔의 장소에 대해 이렇게 설명한다.

거지인 나의 삶은 비굴한 당당함에 익숙해지게 되었다. 그런 불결하고 경멸적인 인간들을 미화하기 위해서는 엄청난 자존심(다시 말해 사랑)이 필요했기 때문이다. 나에게는 엄청난 재능이 필요했다. (…) 나는 그것을 다른 무엇인 양 꾸미려 노력하지 않

---

31 Jean Genet, *The Maids*, trans. Bernard Frechtman(New York: Grove, 1954, 1961), p.63.

왔고 장식하려 하지도 않았으며 감추려고도 하지 않았다. 반대로 나는 더러운 그대로를 긍정하고 싶었다. 그리고 내게 가장 더러운 것은 위대함의 표식이 되었다.[32]

주네가 부랑자로 체포되었을 때 소지품에서 바셀린 로션이 발견되었다고 하는데 이는 주네에게 또 다른 치욕이 되었다. 세속적 세상의 판단을 대표하는 경찰 눈에 바셀린 로션은 그를 더욱 여자처럼 보이게 하고 더욱 타락한 사람으로 느껴지게 하기 때문이다. 이 때문에 주네는 바셀린 로션을 진부한 대상인 동시에 의기양양한 낙인으로 더욱 소중하게 여긴다. 그것을 매춘부인 어머니와 연관시키고 수치심과 다정함을 극복하면서 주네는 이렇게 주장한다. "나는 그 이상한 물건을 버리느니 차라리 피를 흘리겠다." "그것을 가지고 있다는 것만으로도 세상 모든 경찰들을 격분하게 할 수 있을 것이다."[33] 열등감 콤플렉스(겸손함)를 불가촉천민으로까지 확장하는 종교인 기독교는 이를 아름다움으로 바꾼다. 기독교의 핵심 윤리를 무심코 내던지고 있는 주네는 기독교의 신화를 표절하면서 성인됨은 단지 "고통을 훌륭하게 설명하는 것"[34]을 의미할 뿐임을 기꺼이 증명하고 있다.

그러나 주네의 믿음은 아이러니한 분석 때문에 불완전해지고 훼손된다. 주네는 성체를 받을 때 "구역질나는" 경험을 하며 "내가 사로잡혀 있는 웅장한 법칙의 구조"를 맛본다.[35] 주네는 경

---

32 Genet, *The Thief's Journal*, p.19.
33 같은 책, p.22.
34 같은 책, p.205.
35 같은 책, p.173.

찰서에서 자신의 훌륭하고도 비뚤어진 눈으로 성모 마리아 형상을 본다. 부르주아의 세계에서 완전히 추방당한 주네는 그 세계의 전체주의적 성격을 통찰하고 범죄와 법률이 서로의 그림자일 뿐이라는 것을 깨달았다. "출생과 성벽으로 사회 질서로부터 배제된" 주네는 "사회 질서를 만든 사람들을 모욕함"으로써 감히 사회 질서를 "건드리는" 데까지 나아간다.[36] 주네처럼 프랑스의 어느 마을에서 태어난 루이 퀼라프로아는 거룩한 모든 것을 시험해 보고 모두 텅 비어 있을 뿐이라고 깨닫는다. 루이는 어느 황폐한 교회의 제단에 올라가 성찬식의 빵을 모독하면서 초자연적인 것이 스스로를 드러내기를 기다린다.

> 그러자 기적이 일어났다. 기적이란 없다는 기적 말이다. 하나님의 정체는 폭로되었다. 하나님은 공허한 것일 뿐이다. 낡은 것으로 둘러싸인 빈 구멍이다. 얇은 납 조각으로 둘러싸인, 회반죽을 바른 마리 앙투아네트와 작은 군인들처럼 단지 어여쁜 형상일 뿐이다.[37]

주네는 이 믿을 수 없는 하나님을 범죄와 남자다움으로 대체하면서 하나님이 텅 비어 있다는 것을 발견한다. 하나님을 죽인 지체 높은 살인자들의 얼굴, 단두대의 영웅들은 "마치 하늘이 내다보이는 공사 중인 건물의 창문처럼" 실제로는 "멍한 눈빛"을 하고 있었다.[38] 소설과 환상 속에서 하나님 같은 인물인 주네는 어

---

36 같은 책, p.182.
37 Genet, *Our Lady of the Flowers*, p.174.
38 같은 책, pp.52~53.

떻게 해서든 포주를 기이하고 어리석은 존재로 그리려 한다. 주
인들에게 모욕을 가하여 그들을 훼손시키는 진정 여성적인 복수
를 꾀하기 때문이다. 이는 전통적으로 여성이 주인을 바보라고
부름으로써 모욕하는 방식이었다. 디빈느 또한 여성성을 익살스
럽게 모방한다. 일례로 프랑스가 빨강, 하양, 파랑의 삼색으로 뒤
덮인 7월 14일에 "무시당했으므로 전혀 고려되지 않는 모든 다른
색깔들"로 화려하게 자신을 치장하여 자신만의 방식으로 기념일
을 축하하는 장면이다. 그러나 디빈느가 받들고 주네가 칭송하는
그 잔인한 남자들은 진짜 남자라기보다는 단지 겉만 번지르르한
멍청이들이자 남성성의 페티쉬일 뿐이다.[39]

　　동성애와 범죄라는 주네의 사이비 종교 혹은 반反종교는 삼
위일체의 세 번째 요소로 배신을 놓는다. 주네는 역할상 완전한
충성을 바쳐야 하지만 자기 영역에서 배신하는 사람[40]과 전복하
는 사람에게 즐거움을 느낀다. 이들은 여성적 간계에 가득 차 죄
수를 꽃과 연관시키고, 살인자 아르카몽의 문장紋章 같은 수갑과
쇠사슬을 장미꽃으로 된 그물망으로 바꿔 초인의 남자다움을 빼
앗는 등, 손에 닿는 모든 것을 타락시키고 여성화한다. "갑절쯤 센
남자"가 되려는 달링의 기대는 불행히도 실수였다. 디빈느와 몇
년을 보낸 후 그 거대한 포주는 자신의 애인만큼이나 유약해지기
때문이다. 전도유망한 젊은 깡패였던 아드리앵 바용은 디빈느와

39　같은 책, p.105. 필립 토디 역시 주네의 남성들의 '페티쉬' 특징에 대해 언급한다.

40　《장례식Funeral Rites》(New York: Grove, 1969) 참조. 프랑스를 배반하는 것에
　　대해 느끼는 주네의 기쁨은 전쟁 시기에 여성들이 보여준 일반적 반응을 연상시킨다.
　　일본의 게이샤나 점령된 베를린과 파리의 여성을 **보라**. 그러나 여기에서 주네가 탐닉
　　하고 있는 배반은 다소 용서하기 힘든 종류의 것이므로 소설은 실망스럽게도 유치한
　　수준으로 전락해버린다.

잠깐 동거를 하면서 그녀에게 물들어 "꽃의 성모 마리아"가 되어 여장하고 파티에 참석하여 소녀 여왕(여자 역할 동성애자)이 되기로 한다.

디빈느의 영향력하에서는 그 거대한 남자, 세크 고르기조차 부드러워진다. 세 사람(세크, 아워 레이디, 디빈느)이 이른 아침 거리에서 축제를 벌이다 꼴사나운 모습으로 돌아오는 길을 묘사한 뛰어난 장면에서 세크는 아워 레이디와 사랑에 빠지게 된다. 영원히 거부당하는 여성 디빈느는 택시를 잡을 때쯤 이미 세크를 잊어버렸다. 이 보기 드문 사건을 강조하면서 주네는 처음에 "포주는 여자 앞에서 자신을 낮추는 일이 결코 없으며 남창 앞에서는 더욱 그러하다"라고 알려준다. 그러고 나서 서열에 따라 택시에 가장 먼저 타야 할 세크가 아워 레이디에게 양보하는 장면을 묘사한다.[41] 이러한 기사도적 행동은 세크의 사내답지 못함을 보여줄 뿐이다. 자신이 좋아하게 된 사람을 존중해주는 표시로 양보하는 세크의 태도는 자신의 서열과 전혀 어울리지 않는 것이다.

《꽃의 성모 마리아》는 주네가 수감되어 재판을 기다리고 있을 때 쓴 소설이다. 이 작품은 기나긴 소원 성취다. 주네가 마르케티라는 환상적 인물을 만들어낸 것은 순전히 원한 때문이었다고 생각할 수도 있다. 즉 이 잘생긴 남자에게 사형 선고를 내림으로써 복수하려 했다고 말이다. 주네의 "꼼짝하지 못하게 하는 매력, 벨벳 장갑을 낀 철의 손", 절대적 "아름다움"은 주네에게 "나는 그 아름다움을 생각하는 것만으로도 감동하며 그 멋진 근육에 부드러운 눈물을 흘리리라"라고 거침없이 말하게 한다. 이렇게 처음

41   Genet, *Our Lady of the Flowers*, p.224.

에 과장스럽게 표현되는 이유는 놀랍게도 주네를 매섭게 없애버리기 위해서다.

> 마르케티는 끝까지 하얀 벽으로 둘러싸여 있을 것이다. (…) 그것은 희망이 사라지는 것이 될 것이다. (…) 나는 몹시 기쁘다. 이 거만하고 잘난 포주가 이제 약자에게 마련된 고통을 알게 될 테니.[42]

주네는 이 "포주, 색마, 마음의 사형 집행인"에게 자신이 부여한 운명에 흡족해하면서 독살스럽게 말한다. "이제 네 차례야, 마르케티. (…) 네 세포 깊숙이 할 수 있는 한 즐겨봐. 나는 너를 너무 사랑해서 증오하니까."[43]

여성성 안에는 양심이 잠재해 있다. 여기에서 양심은 "치마 두른 여자"의 특징이 아니라 "고압적인 남자에게 복종하는" 문제라고 정의된다.[44] 주네가 보여주는 악의는 아첨하고 있다고 스스로 공언하면서도 완고한 이단과 고집을 마음에 품고 있는 것을 말한다. 이는 노예처럼 배신하고 심술궂은 행동을 하는 등의 비열한 행위로 드러난다. 주네는 보차코가 건네주는 담배를 빼는 명예를 거부하면서 남자다운 강도범을 무시하는 호모가 되는 "의기양양한 순간"을 경험한다.[45] 이 호모는 포주의 등 뒤에서 포주를 비웃는다. 주네는 범죄를 감싸 안아 도둑에 대한 사회의 판단에 저항

---

42 같은 책, pp.184~185.
43 같은 책, p.186.
44 같은 책, p.235.
45 Genet, *The Miracle of the Rose*, p.220.

3부 문학적 고찰

하고 "허구적 미학의 특정 법칙"⁴⁶에 기초하여 악을 선으로 바꿔 놓는다. 마찬가지로 그는 거만한 남자들을 월등히 능가하는 **비역쟁이**tantes를 창조하여 굴욕적인 '음부'의 지위에 반항하려 한다.

주네는 친구에게 책을 보내면서 "가장 약한 자이자 가장 강한 자, 장 주네"⁴⁷라고 서명했다고 한다. 주네는 자신이 늘 고귀한 인물들의 서기 같은 존재였고, 자신의 일부분은 몹시 거만하고 초연하며 자신이 창작한 주인공들보다 더 우월하다고 말한다. 주네는 자기 주인공들이 지나치게 덩치 큰 공갈배, 얼간이, 바보 같은 청소년일 뿐임을 잘 알고 있으면서도 그들에게 "그들 자체가 **절대로** 소유하지 못한 미덕"⁴⁸을 공짜로 부여해주었다고 한다. 주네는 당대 어느 프랑스 지식인들보다 더 쓰라리고 가혹한 증오심으로 (그리고 더 큰 이유를 가지고) 부르주아를 혐오했으며 이들을 놀라게 하려고 주인공들의 무법성을 찬양한다. 하지만 이들의 무법성은 계급과 교육의 숙명 앞에서 결국 깡패의 어설픈 패배에 지나지 않는 것이 된다. 그러나 거물들은 잔인하다. 그뿐만 아니라 세상에 퍼져 있는 잔인함을 인습적으로 정교화한 거물들의 남성적 가혹함은 동지뿐만 아니라 적을, 애인뿐만 아니라 압제자를 만든다.

미모사 2세가 아워 레이디의 사진을 "성체처럼" 삼키듯이 여성 역할 동성애자는 애인의 우월성을 자신의 것으로 만들기 위해 계속 애인에게 흡수되고 애인처럼 되려고 한다. 주네는 이 희극

---

46   Genet, *The Thief's Journal*.

47   Sartre, 앞의 책. 사르트르는 주네가 《장례식》의 한 부에 이렇게 헌사를 쓴 것을 봤다고 한다.

48   Genet, *The Thief's Journal*, p.23. 강조는 필자.

적 오류를 남근 선망으로 드러낸다. 남근 선망에 물들었다고 말하는 것은 남근을 가지고 있으므로 권력을 선망한다는 말과 같다. 여성 역할 동성애자가 해야 하는 역할인 펠라티오와 노예라는 훈장은 포주의 단단함("고르기에게 모든 것은 단단하다")이 부드러움("디빈느는 부드러운 여자다") 앞에 무릎을 꿇는 일종의 거세 의식으로 바뀐다.[49]

기이하게 주관적인 성 권력의 성격에 대한 통찰은 다음의 짧은 묘사에서 드러난다.

> 달링의 말투, 담뱃불을 켜고 담배를 피우는 방식을 보고 디빈느는 그가 포주라는 것을 알게 되었다. 처음에 디빈느는 특정한 공포심을 품었다. 구타를 당하고 돈을 빼앗기고 욕을 먹는 공포 말이다. 그리고 나서 그녀는 포주가 **자신에게 오도록 만들었다**는 자랑스러운 만족감을 느꼈다.[50]

전형적인 노예 심리학을 보여주는 어느 대화를 통해 디빈느는 자신이 상황을 통제하고 있다고 인식하게 된다. 마찬가지로 달링 또한 자신이 지배권을 쥐고 있다고 생각한다. 달링은 자신이 디빈느에게 펠라티오를 하게 만들었다고 믿는다. 반면 디빈느는 자신이 달링을 오도록 만들었다고 고집스럽게 생각한다. 권력의 덫에 사로잡힌 이들은 각각 자신이 그(그녀)를 장악하고 있다

---

49 Genet, *Our Lady of the Flowers*, p.180.

50 같은 책, p.79. 강조는 필자. 이 문단의 모호성을 지적해주고(나의 언급은 그의 말을 다시 쓴 것에 불과하다) 밀러와 메일러, 주네에 대한 대화에서 내게 수많은 통찰력을 안겨주었던 리처드 구스타프슨Richard Gustafson 교수에게 고마움을 표한다.

고 믿는다. 주인을 조작하는 노예는 둘 사이의 차이를 왜곡하고 없앨 수 있다(하지만 무효로 만들지는 못한다). 하지만 노예제라는 제도를 폐지하지는 못한다.

주네는 남자다움이라는 돌투성이 절벽에서 일말의 인간적 애정을 이끌어내 전복적 여성성이 최종적으로 승리하게 한다. 주네가 아르망의 털북숭이 팔에 입을 맞추자 그는 "무슨 짓이지? 너 미친 거 아냐?"[51] 하며 투덜거린다. 사실 이 포주는 겁을 먹은 것이다. 상냥함이란 여성적인 것이며 사람을 나약하게 만들 수 있다는 것을 알고 있기 때문이다. 하지만 아르망은 서서히 평등한 상호 관계를 허용하고 그다음에는 욕망을, 마침내는 종속을 허용한다. 은밀하게 반항하는 디빈느는 달링에게 "예쁘다"라고 되풀이해서 말해준다. 급기야 달링은 그녀의 몸짓을 받아들이게 되고 심지어 스스로 일을 하러 나갈 만큼 무력해진다. 가게 물건을 슬쩍하다 잡힌 달링은 법에 희생되어 자유를 잃어버린다. 달링은 이제 여성이 되어 구타당한다.

사르트르가 말하고 있듯이 주네의 여성성은 봉사하는 척하는 남자다움의 신화 자체를 조롱하고 배반하는 것에 기쁨을 느끼는 "적대적 에로티시즘"[52]이다. 남자다움은 비겁하고 억압적 측면에서 그것이 모방하는 공식적 성인 세계와 적대적 사회와 다를 바 없다고 폭로하여, 주네의 예술은 자신을 여성적이라고 처음에 낙인을 찍었던 "메트레이 소년원의 잘생긴 거물들에게 모욕당한 소년들의 사랑에 찬 증오"에서부터 솟아 나오는 복수가 된다.[53]

---

51   Genet, *The Thief's Journal*, p.134.
52   Sartre, 앞의 책, p.153.
53   같은 책, p.149.

주네는 비굴한 위치에 있는 불안한 사람들이나 비난을 당해 원망하는 마음을 가진 사람들처럼 보잘것없는 사람이 하는 방식인 조롱과 영리한 악담으로 보복하고 있는 것이다.

그러나 반항한다는 것이 곧 혁명가가 된다는 것을 뜻하지는 않는다. 오히려 상황을 더 나쁘게 만드는 경우가 많다. 단두대에서 순교의 왕관을 획득하는 주네의 범죄자 주인공들은 해가 되지 않는 사람들을 살인하여 다시 심판을 받고 죽임을 당한다. 이로써 제도는 변하지 않으며 오히려 실제로 더 강해질 뿐이다. 그러한 최하층 프롤레타리아는 무의미한 반사회적 행동에 참여하는 것으로 스스로를 상징적으로 표현하며 또한 그러한 처형을 즐기기도 하고, 그리고 다시 한번 온순해질 만반의 준비를 하게 되기 때문이다. 디빈느의 성인됨과 순교는 단지 그녀의 역할을 자기희생으로 실현되도록 몰고 가는 파괴적 충동이자 마조히즘에 불과하다. 디빈느의 승리는 진정한 믿음의 도덕적 승리일 수는 있지만 진정한 자유라고 볼 수는 없다.

3 반역에서 혁명으로

주네가 마지막에 쓴 세 편의 희곡이 포함되지 않은 사르트르의 전기는 주네를 여전히 반역자로 남겨놓아 혁명가로서 주네의 최후 변신은 기록되지 못했다. 《발코니》,《흑인들》,《병풍》과 함께 우리는 《사형수 감시인》과 《하녀들》에서 사르트르가 보았던 불완전하지만 전복적인 인간 군상을 넘어선 새로운 주네의 모습을 목도하게 된다. 원래 주관적이었던 주네의 반사회성은 연극 무대에서 점차 객관적 형태를 띠게 되고 그가 후기 에세이에서 궁극적 야망이라고 말한 목표로 나아간다. 그가 말하는 궁극적 야망이란 곧 자신의 작품 뒤에 숨는 것을 말한다.[54] 아이러니가 강력해지면서 낭만적 신화는 떨어져나가고 그와 함께 초기작(특히 놀랄 만큼 세련되고 자의식적인 《도둑 일기》)에서 발견할 수 있었던 이분법 또한 사라진다. 이분법은 또한 《장미의 기적》의 특징이기도 하다. 이 작품은 감옥 세계에 대한 과장된 찬양과 주네가 갈수록 '환멸'과 지루함을 느끼면서 싫증난 어조 사이를 오락가락한다. 아이러니한 태도는 《소년범》(라디오 대담)에서 최고조에 달한다. 여기에서 주네는 온건파인 척하면서 소년원에서 비인간적 행동이 더 많아져야 한다고 촉구한다. 그럼으로써 어린 소년범들은 "그들을 매우 아름답게 만들어줄 폭동과의 접촉을 계속 유지할 수 있다"는 것이다.[55]

과거의 반항에서 더 나아가기 위해 주네는 자신의 아이러니하고 역설적인 믿음의 잔재를 버려야 했다. 반항에서 혁명으로 가는 발걸음은 향수를 넘어서 새로운 대안적 가치를 창조하는 데로 나아가는 발걸음이기 때문이다. 반역자는 '억제되어야' 한다. 감정적인 반역자라면 특히 그러하다.

주네의 소설 속에서 '여성성'의 관념은 이면의 선동 때문에 낙담하여 비굴하게 단념하고 순교하는 태도로 제시된다. 그러나

---

54 Jean Genet, "The Funambulists," trans. Bernard Fretchman, *Evergreen Review*, No.32, April-May 1964, pp.45~49.

55 이 대담은 실제로는 이루어지지 않았다. 초대받은 다른 자유주의적 교도소 개혁주의자들이 출연을 거부했기 때문이었다. 나는 토디의 번역을 인용한다. 이 대담의 내용은 주네의 발레 작품인 《아담 거울Adame Miroir》에 실기도 했다. Jean Genet, *L'Enfant Criminel*(Paris: Paul Morihien, 1949).

이러한 관념은 후기 희곡 작품에서는 새로운 방향, 즉 타협하지 않는 반항적 태도를 보이게 된다. 정치적 관심이 증대되고 동정심과 인간애가 확장되면서 주네는 하녀나 흑인, 알제리인, 프롤레타리아를 비롯해 자본과 인종 차별주의 혹은 제국에 여성적이고 종속적 역할을 하는 모든 억압된 집단과 스스로를 동일시하게 된 것이다.[56] 노예적 사고방식이라는 여성성의 부정적 측면은 이제 그 희생자들이 투쟁하는 대상이 된다. 이들은 갈수록 분노하면서 처음에는 《하녀들》에서처럼 헛되고 자기 파괴적으로 투쟁하다가 이후 작품에서는 갈수록 지적이고 성공적으로 투쟁하게 된다.

억압은 억압된 자의 심리를 만들어낸다. 마르크시즘은 그러한 사람들의 경제적이고 정치적인 상황을 분석하는 데는 능숙했을지 모르겠으나, 억압된 자들이 얼마나 철저하게 자신의 상황 때문에 타락하게 되는지, 주인을 얼마나 격렬히 시샘하고 찬양하게 되는지, 주인의 생각과 가치에 얼마나 철저히 오염되는지, 자신을 소유한 사람들에 의해 어떻게 자신에 대한 태도마저 특정 방식으로 강요당하는지는 소홀히 했다(아마 불안하고 낙담해서일 것이다). 주네는 하인이었다. 주네에 따르면 하인들은 "주인의 이면"이고 "해로운 날숨"[57]이다. 그리고 자기 경멸에 깊이 빠진 하녀

---

56 《장 주네의 비전》의 저자 리차드 코에 따르면 주네는 "남성화"의 과정을 겪고 있으며 자신을 자유와 자기실현, 예술 등 모든 좋은 것과 동일시하고 있다고 한다. 이러한 주장은 허튼소리에 불과하다. 만일 그러하다면 주네의 희곡들은 평생 남성적이라고 간주했던 권력의 편을 들었어야 한다. 이와 유사하게 "검둥이화niggerization"에서 흑인 군대로 무대를 옮기는 것을 백인이 되려는 과정이라고 보기 힘들다. 코의 주장은 자신의 전제를 설명해줄 뿐이다. Richard N. Coe, *The Vision of Jean Genet*(New York: Grove, 1968) 참조.

57 Genet, *The Miracle of the Rose*, p.106.

들은 서로에게서 "나쁜 냄새"[58]가 난다고 한다. 이는 실제로 사회적이고 심리적인 현상을 설명한 것이다. 그의 성숙한 희곡은 억압을 내면화한 식민적 혹은 여성적 사고방식에 대한 연구라 할 수 있다. 억압된 자가 해방되려면 우선 사고방식부터 극복해야 한다.

그러나 하녀들은 실패한다. 자기혐오의 무게에 짓눌린 그들이 가장 좋아하는 게임은 안주인을 살인하는 것이 아니라 안주인 역할을 하는 것이다. 후자가 훨씬 더 신나는 게임이므로 하녀들은 전자를 실행하는 데까지 나아가지도 못한다. 결국 하녀 중 더 온화한 디빈느 같은 인물인 클레어는 독약을 마시고, 비겁하고 '남성적인' 하녀 솔랑주는 살인 놀이와 단두대를 즐기며 선정적 악평을 향유한다. 이 희곡의 소재가 된 실제 사건은 1933년 프랑스 르망에서 안주인과 딸을 죽인 레아 파팽과 크리스틴 파팽 자매 사건이었다. 이 잔인한 사건은 대중의 상상력을 자극했다. 주네는 반항이 소용없음을 강조하는 방향으로 매우 다르게 해석한다. 주네는 주인들을 그대로 두고 살해된 딸을 안주인의 애인으로 바꾼다. 이 남자는 위계질서의 정점에 있는 인물로 계속해서 언급되지만 결코 등장하지 않으며, 그럼에도 무대 밖에서 세 여자에게 막대한 권위를 행사한다. 안주인은 스스로 그의 노예라고 주장하며, 하녀들이 경찰에 투서를 보내 그를 체포하도록 할 때 시베리아로 그를 따라갈 것이라고 낭만적으로 상상하면서 혼자 전율한다.

《하녀들》은 비굴한 지위에 있는 여성의 질투심과 원한에 관

58 Genet, *The Maids*, p.61.

한 연구다. 솔랑주는 하녀들이 저항하거나 함께 행동하지 않는 이유에 대해 "오물은 오물을 사랑하지 않거든"[59]이라고 설명한다. "노예들이 서로를 사랑한다면 그건 사랑이 아니야."[60] 그들은 스스로를 혐오하고 서로를 경멸한다. 하녀들에게는 연대가 있을 수 없다. 잘 훈련받은 여자들처럼 하녀들은 서로를 동일시하지 않고 자신을 남자나 안주인처럼 부유한 여자와 동일시하기 때문이다. 이런 이유에서 주네는 여성이자 프롤레타리아인 하녀들을 강조하며 그들이 눈앞에 둔 적수는 부르주아 안주인이라고 강조하는 것이다. 《병풍》에 이르러서야 순수하게 여성적인 상황과의 동일시가 명백하고도 단호하게 나타나기 시작한다.

안주인은 친절한 인물이다. 좋은 몸가짐을 할 여유가 있는 편안한 중산 계급 여성의 친절함이 몸에 배어 있기 때문이다. (하녀에게 쓸모없는 옷을 주고 기뻐하는 어느 귀부인에게 주네는 차분하게 대꾸한다. "친절하시군요. 그 하녀도 당신께 자기 옷을 주던가요?")[61] 그러나 안주인 행세를 하는 하녀들은 착하지 않다. 지배 질서와 감정적으로 공모하는 하층민인 그들은 모욕을 고안해낸다("하인들이 땀을 질질 흘리는구나." "저것들은 인간도 아니야").[62] 그럼으로써 그들이 노골적으로 내뱉는 열등함(다른 사람들이 동의한 그리고 그들 스스로가 동의한 열등함)이 자신에게 가해졌을 때의 해로운 영향을 몸소 드러낸다. 그들은 자신보다 우월한 사람들처럼 살기를 바라므로 스스로에게 상처 주는 것 말고는 예속에서 벗어날 수 없다.

---

59 같은 책, p.52.
60 같은 책, p.61.
61 Sartre, 앞의 책, p.18. 사르트르가 이 일화를 전해준다.
62 Genet, *The Maids*, p.86.

그리고 그들의 반항은 불가피하게 자신에게 되돌아오는 범죄자의 어리석음일 뿐이다. 그러나 소설과는 정반대로 여기에서는 이러한 태도가 처음으로 낭만적 감상 없이 명확하게 제시되어 있다. 하녀들의 고통은 극심하지만 그들에 대한 억압은 너무나 효과적이다. 자신의 곤경을 다른 사람의 정의에 의존한다면 아직은 빠져나갈 출구가 없다.

《발코니》는 성 역할이라는 권력의 정치적 함의에 집중하는 작품으로 또 다른 실패한 반역을 이야기한다. 그러나 **구체제**를 대신하여 내세울 대안적 가치가 있다면 혁명이란 현실적으로 가능하다고 본다는 점에서 이 작품은 하녀들의 옹졸한 딜레마로부터 상당히 진전되었다고 할 수 있다. 아르망은 이 문제에 대해 이렇게 말한다. "나는 개인적으로 그자들의 겉치레를 믿지 않아, 조금도. 하지만 그자들을 대신할 수 있는 더 강력한 힘이 있어?"[63] 믿음과 협력의 역사는 우리를 무기력하게 한다. 남성의 환상에 참여하는 매춘부 카르멘은 자기 역할과 너무 동일시한 나머지 역할을 현실과 혼동하기에 이른다. 몸짓 놀이에서 면제받은 그녀는 한때 은행원에게 루르드의 성모 마리아 역할을 했던 그 황홀한 순간을 갈망한다. 이와 똑같이 '호칭' 구성원들이 시가지를 행진하면서 교회와 법률, 군대의 오랜 신화를 재현하자 군중들은 모두 이에 참여하지만 곧 항복하고 만다. 묶여서 매를 맞기를 원하는 네 번째 방의 마조히스트처럼 인간성은 다소 유치한 상태가

---

63   Jean Genet, *The Balcony*, trans. Bernard Frechtman(New York: Grove, 1958), p.67.

된다. 낡은 의식儀式에서 그렇게 훈련되어왔듯 말이다.

혁명은 반혁명으로 타락한다. 창조적 대안이 부재한 상태에서 새로운 질서는 과거의 질서를 흉내 낼 수밖에 없기 때문이다. "우리가 반대편 사람들처럼 행동한다면 우리는 바로 반대편 **사람인 거야**" 하고 반역자 중에서 가장 헌신적이고 지적인 로저가 말한다. "세상을 바꾸는 대신 우리가 이루어야 할 일은 파괴하고 싶었던 것에 대해 깊이 생각해보는 것"임을 그는 잘 안다.[64] 의식의 변화가 없는 대중의 반란 또한 단순한 **쿠데타**일 뿐이고, 대부분 **쿠데타**가 그러하듯 파시즘적 임시정부로 끝날 뿐이다. 반역자들의 근본적 인습성을 실제로 증명한 주네는 다시 한번 샹탈과 조제트를 연결한다. 그러면서 성 역할을 통해 반역자의 인습성을 보여준다. 샹탈은 투사이며 조제트는 혁명적 지식인임에도 둘은 부상자를 간호하는 틀에 박힌 역할만 할 수 있을 뿐이다. 어느 부상자는 "그게 여자 역할인 거야"[65]라고 오만하게 말한다. 샹탈의 대안이란 가수나 창녀가 되는 것뿐이다. 즉 남자를 즐겁게 하거나 흥분시키는 역할밖에 없는 것이다. 혁명 주동자들이 소를 경매하듯 자신을 팔아넘기자(샹탈과 평범한 여자 스무 명) 샹탈은 자신에게 허락된 역할을 완수하며, 그러는 과정에서 혁명을 타락시키는 데 일조한다. 라 파쇼나라는 로맨스로 가득한 인물이지만 여자 하나가 혁명을 일으키지는 않는다. 실제 혁명(반항, 폭동, 내전, 민족주의 전쟁 등과 반대되는)을 시험해보는 더 나은 방식은 여성 대중이 얼마나 참여하는가 하는 정도다.

64 같은 책, p.56.
65 같은 책, p.60.

남성 반역자들은 이전의 남성들이 했던 것과 똑같은 방식으로 성을 권력과 혼동하며 그 이상에 대해서는 생각하려 하지 않는다. 따라서 반란은 "한쪽 손은 방아쇠에, 다른 한 손은 바지 앞섶에" 두고 "총질하고 성교하는" 난장 파티로 변한다.[66] 물론 그들은 실패한다. "축제가 극한까지 가면 자살이 되니까."[67] 새로운 이야기라고는 할 것이 없는 반역자들은 성과 권력, 성과 폭력에 대한 전통적인 허튼소리를 지껄여댄다. 여자들은 예전부터 그러했듯 여신이거나 하녀다. 혹은 간호사거나 계집 혹은 창녀다. 남자들은 자유가 아니라 성적 망상에 자극을 받은 생각 없는 학살자 패거리일 뿐이다. 이런 남자들은 우리에게 친숙하다. 패싸움에서 살아남은 우익 정치가인 칙사는 이를 깔끔하게 표현한다. "처음에 사람들은 허황되게 빛나는 독재자에 대항해서 싸우고 그다음은 자유를 위해 싸우지. 내일이면 샹탈 하나만으로도 언제든 죽을 준비가 되어 있을걸."[68] 휘파람을 불면 죄의식과 혼란은 그들이 제자리에 있음을 발견하게 된다. 그들은 레이스와 끈으로 장식한 기성 권력 조직의 정의, 경건, 용맹의 세 인형으로 표현되는 관습적 법질서의 관념 앞에 절을 한다. 생각을 바꾸지 못하는 그들은 실패를 자초한 것이며 경찰국가는 그들을 감금한다. 말 그대로 자신을 거세하는 자살적 행위(천진한 마술의 모방으로)를 하는 로저와 독이 든 하녀의 찻잔으로 자살행위를 하는 마조히스트 앞에서 냉혹해진 것이다. 이러한 행위가 경찰서장에게는 아무런 영향도 주지 못한다. 경찰서장은 성적으로 무능하지만 자신의 무

66   같은 책, p.59.
67   같은 곳.
68   같은 책, p.77.

덤 안에서는 진정한 권력을 가진 신화적 공포의 남근으로 지배할
수 있다. 성적 권력 게임의 전투에 빠진 반역자들의 희망은 다시
한번 '엉망이 된다.'

주네는 《하녀들》의 인물들을 젊은 남자가 연기할 것을 요구
했다고 한다. 이는 남성 동성애자를 조롱하려는 의도가 아니라
사르트르가 말했듯이 "여성 없는 여성상"[69]을 보여주려 했기 때문
이다. 즉 여성성이라는 추상 관념과 마음의 상태를 보여주려 했
던 것이다. '음부'처럼 '검둥이' 또한 주네에게는 지위를 나타내
는 말이어서, 그는 《흑인들》[70]에 등장하는 흑인과 백인에 대해서
도 유사 장치를 사용한다. 《흑인들》에서는 흑인 집단의 배우들이
백인성을 제의적으로 살인하는데, 주네는 이러한 살인을 판단하
는 백인 법정을 흑인 배우들이 연기하도록 했다("구석에 있는 백인
가면 뒤에는 불쌍하게 떨고 있는 검둥이가 있다").[71] 백인 문화에서 흑
인은 백인 관념에 상대적 존재이자 거울이 되기 때문에 흑인들은
실제 돈을 내고 들어온 백인 관객[72]이기도 한 백인 법정의 관객
을 '즐겁게 해주려' 한다. 특히 어느 흑인 배우가 백인에게 큰 관
심을 가지고 '그의 여자'를 잔인하게 강간하고 살인한다. 이 소극

69　Sartre, 앞의 책, p.656.

70　Jean Genet, *The Blacks*, trans. Bernard Frechtman(New York: Grove, 1960).
　　프랑스어 제목인 "Les Nègres"는 '흑인'보다는 '검둥이'에 더 가깝다.

71　같은 책, p.58.

72　"반복해서 말하건대 어느 백인 남성이 쓴 이 희곡은 백인 관객을 위해 쓴 것이다. 있을
　　법하지는 않지만 만일 이 작품이 흑인 관객 앞에서 공연된다면, 남자든 여자든 백인 한
　　사람이 매일 저녁 초대를 받아야 한다. 연극 주최자는 그를 정식으로 환영해주어야 하
　　며 제의 복장을 입혀 자리에 앉혀야 한다. 되도록 오케스트라가 있는 제일 앞줄에 앉혀
　　야 한다. 그리고 배우들은 그 사람들을 위해 공연하게 된다."《흑인들》의 머리말에 나
　　오는 주석.

笑劇은 흑인의 적개심을 해소하고 백인을 괴롭히는 것을 희화화해 백인을 교화시키려 하며 백인의 권력 기구(백인 법정)를 패러디해 백인에게 모욕을 준다. 실상 이 작품은 실제 행동에서, 즉 엉클 톰의 추방에서 시작된 조직화된 흑인 혁명의 발단으로부터 주의를 돌리려는 것일 뿐이다.[73] 현실에 충분히 있을 법한 배반자인 삼바 그레이엄 디우프 신부는 "백인의 친절함" 때문에 "범죄적으로 유순해지고"[74] 희망에 가득 차게 되어 회색 성체나 생강 빵 성체를 흑인에게 제안하는 타협자다. 흑인들 자신의 유머러스한 해법은 그를 제의의 희생자로 만들어 백인성이라는 "검둥이의 천국"으로 보내버리는 것이다. 관객석의 높은 층에 자리 잡은 백인 법정에서 그는 아래를 내려다보면서 "저자들은 거짓말을 하고 있거나 잘못 알고 있다"라고 말한다. 즉 백인들은 실제로 "분홍이거나 노르스름하다"는 것이다.[75]

흑인들은《발코니》의 반역자들과 동일한 실수를 저지르지 않는다. 그들은 대안적 가치를 만들어냈기 때문이다. 서구 문화에서 백인의 절대적 가치(신께서 보내주신 것은 모두 청결하다는 가치)에 대항하여 그들은 흑인의 힘을 주장한다. 주네는 머리말의 주석에서 "흑인이란 정확히 무엇인가? 무엇보다도 흑인의 색깔이라는 것이 대체 무엇인가?" 하고 묻는다. 이는 피부색은 공통의 인간성과는 무관함을 의미하는 질문인 동시에 흑인성이란 백인 우월주

---

73 이 지점에서 이 작품은 뛰어난 성공을 거둔다. 초기 공연에서 이 작품의 진정한 플롯을 감지한 유일한 (프랑스 혹은 영국의) 비평가는《뤼마니테》의 기 르클레르Guy Leclerc 뿐이었다.

74 Genet, *The Blacks*, p.33.

75 같은 책, p.89.

의 사회에서 혁명으로 가는 길이라고 암시하는 수수께끼다. 여기에서 극복할 수 없는 모순이란 존재하지 않는다. 인종적 피부색, 즉 검음에 대한 억압에 기초하여 백인이 흑인에게 행사하는 정당화가 없다면 혁명은 굳이 흑인에게 흑인인 것을 절대적으로 요구하지 않을 것이기 때문이다. 주인이 부여한 정체성에서 탈주하기 위해서 흑인들은 우선 그러한 정체성을 객관화해야 한다. 흑인들은 조롱과 과장을 통해 숯검정같이 시커먼 분장과 두 가지 색 구두, 화려한 옷 등의 '검둥이스러움niggerishness'⁷⁶을 통해 이러한 객관화를 성취한다. 다음으로 그들은 스스로 선택한 정체성을 발전시켜야 한다. 주네는 긍정적인 집단 정체성의 출현은 혁명 의식에 선행하며 그 집단 정체성이 혁명을 의미 없는 폭동(이는 강도 높은 반동으로 되돌아갈 뿐이다)과 구별해준다는 것을 올바르게 인식하고 있기 때문이다.

《흑인들》은 억압의 정치학과 심리학에 대한 주네의 해석에서 하나의 전환점이 되는 작품이다. 또한 패배주의적 자기혐오에서 벗어나 존엄성과 자기 정의로 한걸음 더 나아간 작품이다. 그리고 마침내 분노로 나아간 작품이다. 흑인, 피식민지인, 여성은 모두 다른 사람들이 자신들에게 부과한 정의에 갇혀 있는 수인들과 같다. (하녀들처럼) 자기혐오의 희생자가 되지 않으려면 혹은 (《발코니》에 등장하는 사람들처럼) 자신에 대한 전통적 환상의 희생자

---

76 이 맥락에서는 이 단어가 '검둥이됨negritude'이라는 말보다 더 나을 것이다. 나는 이러한 설명을 흑인 화가인 리처드 리처드Richard Richard에게서 들은 바 있다. 그는 자신의 미학이 검둥이스러움에 근거하고 있으며 이를 할렘가 주택의 내부와 분홍색 셔닐 침대보, 장식이 화려한 탁자 조명, 줄무늬 소파 덮개 등으로 묘사한다. 주네 또한 작품을 통해 '나쁜 취향', 즉 빈곤층의 장식에서 미학을 만들어냈다.

가 되지 않으려면 반드시 자아를 확신하고 단결을 주장하여 자유를 찾아야 한다. 주네는 성 정치학과 인종 정치학이라는 복잡하고도 논란이 분분한 문제를 탐구한다. 그리고 알제리의 농장주가 알제리인들에게 그러했듯이 백인들은 그들의 목적에 특정한 이득을 주는 성적 적개심을 도입하고 이용하여 흑인 내부를 분열시켰다고 주네는 주장한다. 흑인들은 백인 주인의 심미안이 '주인의 여자'에 구현되어 있다고 생각한다. '주인의 여자'는 백인이 선전하는 소유물로 백인은 이를 통해 흑인들이 자신의 여자를 탐내도록 만든다. 그럼으로써 그 탐내는 행위 자체를 처벌할 수 있게 한다. 반면 흑인 여성은 주인의 창녀로 한정된다. "유곽마다 검둥이 여자가 있지,"[77] "매주 토요일마다 내 군대가 한 마리씩 잡아 뜯게 해주지"[78]라고 백인 총독은 킬킬거린다.

백인은 피지배자의 사랑과 섹슈얼리티를 왜곡하고 흑인 남성에게 백인 여성의 아름다움과 흑인 여성에 대한 경멸을 받아들이도록 강요한다. 빌리지는 비르투스에게 "나는 널 증오해"라고 고백한다. "네 모든 것이 내게 사랑을 느끼게 할 때마다 나는 너를 증오하기 시작해."[79] 그는 "온 세상의 비난의 무게를 참기" 어려워서 그러한 경멸을 공유한다. 자신을 황홀하게 만든 마법을 쫓아내려면 흑인 연인들은 우선 여자는 심미적 대상이고 여자의 아름다움은 하얀 것이라는 백인의 궤변을 거부해야 한다. 이 거짓이 계속된다면 빌리지는 경멸당하는 찰리의 매춘부인 비르투스를 사랑할 수 없다. 비르투스는 흑인 중에서도 "최후까지 수치

---

77 Genet, *The Blacks*, p.38.
78 같은 책, p.78.
79 같은 책, p.36.

심을 경험하는 유일한 흑인"[80]이다. 빌리지가 마침내 그녀를 받아들이는 데 이 작품의 승리가 있다.

피식민지인의 태도를 밑바닥까지 드러내 보이는 주네는 흑인 여성을 받아들일 수 없다는 것이 흑인 전체를 감염시키는 자기혐오와 같다는 것을 보여준다. 빌리지는 "내 인종의 당당한 어머니 (…) 너는 아프리카야, 아, 그 거대한 밤. 그래서 나는 너를 증오해"[81]라고 퍼붓는다. 백인 여왕의 우두머리에 도전하여 승리하는 흑인 여왕인 펠리시티는 실상 흑인의 어머니다. 흑인의 미래는 자신의 근원과 화해하는 능력과 검둥이임과 동일시하는 능력, 백인의 파괴적 기준에서 자신을 구원해줄 대안적 가치를 성취하는 능력에 달려 있다. 웅장하게 아프리카를 회고하는 펠리시티의 말 속에 아프리카 대륙 전체의 힘과 마법이 담겨 있다.

다호메이! 다호메이! 지구 곳곳에 있는 검둥이를 구원하라! 오라! 내게 들어오라! (…) 그대의 폭동으로 나를 넘쳐나게 하라! (…) 어디든지 그대들이 좋은 곳, 내 입, 내 귀 아니면 내 콧구멍을 관통하라. (…) 거인인 나는 머리를 뒤로 젖히고 그대들 모두를 기다리고 있노라. 내게로 들어오라, 그대 군중들이여, 그리고 오늘 저녁만 나의 힘이자 이성이 되어라. (…)
황금과 진흙으로 뒤덮인 부족들이여, 내 몸을 딛고 일어서라! 비와 바람의 부족들이여, 앞으로 나오라! 고대 왕국의 왕자들이여, 맨발과 나무 등자鐙子의 공주들이여, 화려하게 치장한 말을 타고

---

80 같은 책, p.38.
81 같은 책, pp.36~37.

들어오라! (…) 아프리카여, 그대는 거기 있는가? 부풀어 오른 가슴과 길게 늘어진 넓적다리를 가진 아프리카여. 화가 난 아프리카여, 불에 달구어진 쇠로 만든 아프리카여, 수백만 왕실의 노예들인 아프리카여, 추방당한 아프리카여, 떠도는 대륙이여, 그대는 거기 있는가? 그대는 천천히 과거로, 버림받은 자들의 이야기 속으로, 식민지의 박물관으로, 학자들의 책으로 사라지고 있도다. 하지만 나는 오늘 밤 그대를 은밀한 축제에 초대하고 있노라.[82]

세계를 하얀색의 이미지로 만들어버린 백인은 흑인을 지배하면서 흑인과 반대되는 절대자로서 자신의 나르시시즘을 세웠다. 여기에 순응하지 못하는 흑인은 단지 일탈한 사람이자 열등한 사람으로 정의될 뿐이다. 이러한 신화에 대항하는 흑인 여성들의 분노는 몹시 격렬하다. "우리 검둥이 여자들은 분노와 격분만 하고 있을 뿐이다"[83]라고 그들은 들끓어 오른다. 흑인 여성은 억압된 사람들 중에서도 가장 억압된 사람이며 같은 인종의 남자들에게서조차 "길든 포로"[84]로 취급당한다. 흑인 남성은 실제로 존재하지 않는 장식적 여성이라는 백인의 이상을 욕망한다고 간주된다. 보보나 스노 같은 흑인 여성들의 분노는 통제가 불가능하다. "머나먼 곳에서, 우방기나 탕가니카에서 온 거대한 사랑이 여기에서 백인의 발목을 핥으며 죽어가고 있다"[85]라고 스노는

82 같은 책, p.46, 76.
83 같은 책, p.17.
84 같은 책, p.69.
85 같은 책, p.49.

빌리지를 비난한다. 그녀의 불신과 원한은 사이코드라마라는 흑인 대중의 제의적 표면을 관통한다. 증오의 진정한 힘과 최소한의 결심은 흑인 여성에게 있다. 흑인 여성은 디우프처럼 관청의 '대변인'으로 자신을 팔아먹는 데 현혹되지 않으며, 빌리지처럼 백인과의 사랑이라는 허튼소리에 유혹당하지 않는다. 인종적·성적 토템의 밑바닥에서 가야 할 곳은 한 군데뿐이다. 제의를 주관하는 아치볼드는 공연자들에게 이렇게 훈계한다. "검둥이들아, 그들이 우리를 대하는 태도가 변한다면 좋아서 그러는 게 아니라 공포심에서 그러는 것이란다." 하지만 그는 여성을 격려할 필요를 느끼지 못하며 단지 여성을 억누르려고만 한다. 그들은 계속해서 역할이 요구하는 제의적 비난을 초월하며 현실적 격렬함을 폭발시키려 한다. 스노는 눈물을 흘리면서 영구차를 장식한 꽃을 물어뜯는다. 이는 제의에 필요한 행동이 아니므로 누군가가 "쓸데없이 잔인한 짓"이라고 비난한다.[86] 《병풍》에서도 그러하듯 《흑인들》에서도 주네는 가장 두려운 혁명적 열정을 여성에게 설정한다.

현대 작가 중 유일하게 주네만이 여성을 억압당하는 집단이자 혁명적 힘으로 간주했고 스스로를 여성과 동일시하기를 선택했다. 그 자신의 특이한 내력과 빼앗긴 자들에 대한 분석은 그를 불가피하게 경멸당하고 예속되는 상대적인 존재들에게 감정 이입하게 이끌었다. 그의 후기 작품은 성적인 상황을 정치적 상황에 융합시키고 있다. 《발코니》에서는 권력과 성을, 《흑인들》에서는 인종과 성을, 《병풍》에서는 식민적 사고방식과 성적 서열을 융

---

86 같은 책, p.52.

합한다. 로렌스와 밀러, 메일러는 여성을 깔아뭉개야 할 불쾌할 소수 세력으로 간주하고 여성을 완전히 지배할 수 있는 사회 질서에 관심을 가졌다. 그러나 주네는 여성을 급진적 사회 격변에 포함시키며 그 속에서 여성의 오랜 종속은 폭발적 힘을 낳을 수 있다고 본다. 그리고《병풍》에서 여성들은 혁명 그 자체다.

《병풍》은 시작과 함께 위계질서 체제에 파묻혀 있는 아랍인들을 보여준다. 유럽 농장주들은 아랍 남성에게 큰소리를 치고 아랍 남성은 자신의 낙담을 아랍 여성에게 분출한다. 그리고 아랍 여성은 운이 좋으면 며느리에게 화풀이한다. 농장주는 마치 블루 미니Blue Meanie(비틀스의 음악을 소재로 만든 애니메이션 〈노란 잠수함Yellow Submarine〉에 나오는 음악을 싫어하는 악당들. 이들의 가장 강력한 무기는 날아다니는 커다란 장갑이다.—옮긴이)의 장갑처럼 공중에 매달린 기계 장갑으로 **농장**을 지킨다. 그리고 아랍인 남편은 집을 비울 때 자신의 텅 빈 바지로 아내를 지배한다.[87]

1막에서《병풍》의 반反영웅인 사이드는 "옆 마을에서 그리고 마을을 통틀어서 가장 못생긴 여자"[88]와 결혼을 할 참이다. 그는 그 여자에게 완전히 잡혔다고 화를 내고 있다. 자본과 결혼 가치라는 기준에서 보면 그는 가난하므로 추한 아내를 맞이할 수밖에 없기 때문이다. 아내의 얼굴이 실제로 그렇게 못생겼는지 아니면 상상으로 그러한 것인지는 알 수 없다. 신부 레일라는 작품에서 내내 검은 자루를 뒤집어쓰고 나오기 때문이다. 이는 레일라의 비실재성과 노예 상태, 인간 경험으로부터 배제된 상태를

---

87 이는 실제로 일어났던 일이다. 3막과 4막을 참조하라. Jean Genet, *The Screens*(New York: Grove, 1962).

88 같은 책, p.12.

황량하게 보여준다. 사이드의 어머니는 전통적 아랍 여성으로 결혼 선물로 꾸민 가방을 지고 그를 뒤따른다. 독실한 남성 우월주의자인 어머니는 아들이 자신의 도움을 받으려 한다면 "남자답지 못한"[89] 행동이라고 생각한다. 레일라는 사이드의 운명이자 구원자다. 레일라를 향한 증오는 그 자체가 아랍 식민 상황의 축약판이다. 사이드는 맹렬하게 그녀를 경멸하고 위험할 정도까지 불만을 품은 피식민지인이 된다. 인물이라기보다는 알레고리에 가까운 혐오스러운 여성 레일라는 아랍 세계가 겪고 있는 모욕의 징후다. 아랍인 사이드가 레일라를 혐오한다면 이는 곧 자기 자신을 혐오하는 것이 된다. 자기 종족의 절반을 그토록 맹렬하게 경멸하는 것은 스스로에 자존감을 느끼지 못하는 것과 같기 때문이다.

작품이 시작될 때 나오는 못생긴 아내에 대한 민중 해학은 작품의 상황을 핵심적으로 담고 있다. 사이드는 아내에게 불만을 느껴 처음에는 유곽으로 간다. 그곳에는 천민이자 주로 장식적 기능만을 하는 매춘부들이 서구의 태도를 흉내 내고 서구의 장식을 보여주면서 그의 불만을 누그러뜨려준다. 그러나 그러한 환상의 집 또한 충분하지 않다. 그리고 유곽의 식민주의적인 성격은 남녀 모두에게 명백하게 드러난다.

무스타파: 프랑스 사람들은 우리가 자기네 창녀들하고 성교한다고 굉장히 화를 냈어.
와르다: 그럼 그자들이 자네한테 다른 걸 하게 해줬어? 아니지.

---

89 같은 책, p.13.

　　　　　　　　　　　　　　3부 문학적 고찰

그래서 어쨌다는 거야? 여기에서 당신이 누구하고 성교하는데? 바로 우리들이잖아.[90]

혁명의 도화선은 바로 자신의 상황에 대한 사이드의 증오심 자체다. 그의 증오심은 악화되었다기보다는 아내라는 인물(아내는 가혹한 재난이자 사이드에게 고유한 불행이며, 그를 감옥에 보내어 완전히 격리된 삶을 살게 하는 그림자처럼 그를 따라다니는 경멸스러운 악취다)에 축약되어 있다. 사이드의 기이한 불만은 잠재적인 정치적 다이너마이트라 할 수 있다.

그러나 사이드가 다소 기적적으로(그는 단호하게 정치에 무관심하므로) 혁명 모델일 뿐만 아니라 '깃발'이 된다 하더라도 그의 정신과 행위는 더욱 비천한 마을 노파들에게서 온다. 이는 주네의 기획에서 볼 때도 적절하다. 즉 맨 밑에 있는 개가 가장 크게 짖는다는 주네의 혁명적 정치학에도 적절한 것이다. 타국의 점령으로 고통받는 아랍 남성에게 이 여성들은 더 오래되고 완전한 식민지의 원한의 역사를 제공해준다.

> 오무: 1000년 동안 우리 여자들은 너희들의 행주로 사는 걸 감수했지. (…) 그리고 100년 동안은 **너희들이** 행주였어. 너희들 덕분에 저 신사들의 신발은 10만 개로 번쩍이는 태양이 되었지.[91]

여자는 공식적으로 참석하지 못하는 조용한 회교도 집회에서 처

---

90 같은 책, p.20.
91 같은 책, p.134.

음으로 반역의 말을 외치는 사람은 늙은 카디자다.

> 고위 성직자들: (터키식 모자와 서구 스타일의 장식이 많이 된 파란 옷을 입고 있다. 좌우로 들어온다.) 조용히들 해라. 모두 위엄을 지켜라. 아이들은 들어와선 안 된다. 여자들도 안 된다.
> 카디자: 여자들 없이 당신들이 뭐가 될 수 있을 것 같아? 당신들 아버지 바지에 묻은 얼룩을 파리 세 마리가 빨아먹고나 있겠지.
> 고위 성직자들: 나가라, 카디자. 네가 있을 자리가 아니다.
> 카디자: (분개하며) 왜 아니야! 저들이 우리를 비난하고 위협해. 그런데도 당신들은 신중하게 있으라고 말하지. 고분고분하게. 비굴비굴하게. 온순하게. 여자처럼. 아첨이나 하고. 달콤한 파이처럼 다정하게. 비단 베일처럼 부드럽게. 고급 담배처럼. 그리고 멋지게 키스하고 조용조용 말하라고 하지. 저들의 빨간 구두에 묻은 고운 먼지처럼 말이지! (…) 나는 싫어! (발을 구른다.)
> 여기는 **내** 마을이야. 내가 잠잘 곳은 여기라고. 난 여기에서 열네 번 강간당해서 아랍 아이 열넷을 낳았어. 나는 절대 안 가.[92]

해럴드 경의 오만하고 어리석은 행위에 처음으로 대항하며 외치는 사람도 카디자다. "내가 말해두겠는데 우리들의 증오 앞에서 당신의 힘 따위는 아무것도 아니야."[93] 해럴드에 대한 보복으로 카디자는 쥐도 새도 모르게 백인들의 총에 맞아 죽는다. 그리고 카디자의 유령(《병풍》은 초현실적 환상극이므로 등장인물들은 당황스

---

92 같은 책, pp.90~91.
93 같은 책, p.96.

3부 문학적 고찰

럽게도 죽었다 살아났다 한다)이 혁명을 개시한다.

《병풍》이 프랑스와 알제리에서 굉장한 논란을 일으켰다는 사실은 그다지 놀랍지 않다. 정부가 지원하는 극장에서 장 루이 바로Jean-Louis Barrault 극단에 의해 훌륭하게 공연된 《병풍》은 필립 토디가 언급했듯이 프랑스 군대를 "무능하고 점잔 빼는 (잠재적) 동성애자" 집단으로, "프랑스의 알제리 점령 130년을 완전히 우스꽝스러운 경험으로" 풍자한다.[94] 처음부터 끝까지 상스럽고 통속적인 소극으로 일관하는 이 작품은 병사들이 장교의 시신에 경건하게 조의를 표하면서 "프랑스의 공기"라고 애국적으로 방귀를 뀔 때 폭동으로 발전한다. 알제리에서도 《병풍》은 프랑스와 마찬가지로 인기를 끌지 못했다. 이 작품은 혁명이 식민주의자 조상들의 패턴을 그대로 반복했다고 비난하기 때문이다. 그 과정에서 사이드와 여자들을 포함한 대중은 이전처럼 여전히 비참한 상태로 남는다. 마지막 장에서는 선지자적 가모장 집단(이들의 시적 분노와 계속되는 혁명에 대한 비전은 웅장하기 그지없다)과 창백하고 자동 기계 같은 새로운 질서의 남성들(이들은 프랑스 적들과 다를 바 없는 복사물들이며 나르시시즘과 **영광**이라는 군사적 규율을 쏟아내고 용맹이라는 이름하에 조직적으로 학살을 한다) 사이에 결투가 벌어진다.

프란츠 파농Frantz O. Fanon의 영향을 받았음에 틀림없는(아마도 사르트르를 통해서일 것이다)[95] 주네는 놀랍게도 테러리즘 봉기 단

---

94 Thody, 앞의 책, p.206.

95 그렇다고 파농과 주네가 늘 같은 견해를 보였던 것은 아니다. 《사라져가는 식민주의에 대한 노트Notes on a Dying Colonialism》에서 회교도 여성에 대한 파농의 견해를 특징짓는 생색내는 남성 우월주의적 태도(이는 알제리 민족주의가 여성이라는 억압당한 집단을 어떻게 착취하고 흡수했는지 보여주는 징후다)는 그들의 해방을 지지하는 주네의 급진주의와 매우 거리가 멀다.

계에서 저질러지는 남녀 반역자들의 폭력에는 관대하다. 이 작품에서 가장 인상적이고도 무시무시한 장면은 계속 병풍을 치는 것으로 게릴라들이 저지르는 잔학 행위를 묘사하는 부분이다. 병풍이 피와 총성으로 채워질 때마다 반역의 최초 순교자이자 혁명을 설명하는 인물인 카디자는 인간의 희생에 가차 없는 증오와 만족을 공언한다. 억압은 곧바로 보복을 꾀한다는 것이 주네의 정당화임은 분명하나 이는 아무리 현대적이라 할지라도 어리석은 주장이다. 폭력 그 자체로는 혁명이 성취해야 하는 그 어떤 것도 성취해주지 않는다. 사실상 폭력은 주네 자신이 《발코니》에서 보여주었듯이 주요한 반혁명적 징후가 될 가능성이 크다. 혁명이 사회 정의라는 목표의 수단으로 범죄를 저지른다면 그것은 과거의 억압과 불평등을 새로운 억압과 불평등으로 대체할 뿐이며 따라서 자멸적이다.

그러나 군대의 살인에 대한 주네의 경멸은 이와는 매우 다른 문제다. 프랑스 재향 군인회의 어느 중위를 통해 주네는 직업 군인을 뛰어나게 희화화했다. 그는 어리석은 군인 나르시시스트("모든 남자가 다른 남자의 거울이 되게 하라")[96]이자 잔인하고 에로틱한 폭력을 배출구로 삼는 메일러식의 억압된 동성애(여기에서 사랑은 증오이고 죽음은 삶이며 전쟁은 섹스다)의 사례다. 여기에 그 '전통주의자', 광적인 청결주의자가 군대에 명령을 내린다.

중위: 피와 심지어 정액으로 덕지덕지 발린 손목시계와 훈장을 너희 가족에게 보내기를 바란다. (…) 프레스턴! (…) 권총을 가

---

96 Genet, *The Screens*, p.118.

져와! (…) 전쟁이다, 비틀어라. (…) 벌거벗은 아이들과 처녀들의 사진을 군복 안감에다 꿰매 붙여라. (…) 머리에는 포마드 기름을 바르고 궁둥이 털에는 리본을 달아라. (…) 그리고 두 눈은 총검같이 부릅뜨고 있어야 한다. 그리고 비틀어라. 알아들었나. 전쟁은 떠들썩한 난장 파티다. 승리의 각성이다! 내 구두를 좀 더 번쩍거리게 해봐, 프레스턴! 나는 태양 아래에서 전쟁하고 비틀어 넣고 싶다! 창자가 햇빛 아래 질질 새어 나오게! 알겠나?

중사: 알겠습니다.[97]

유곽은 혁명적 진보와 반혁명적 진보를 구별해주는 일종의 지표다. 피식민지인의 무감각한 자포자기 상태에서 유곽은 꿈과 희망의 피난처였다. 그곳은 최초로 순교한 운동가인 시 슬리먼에게 경의를 표하는 곳이기도 했다. 실제로 반란이 일어나자 창녀들은 천한 지위를 막론하고 마을 여성들과 단결하며 민족적 대의와 함께 모두 하나가 된다. 얼마 동안 그들은 공짜 서비스를 베풀기도 한다. 나중에는 심지어 가게를 닫는 것도 고려한다. 하지만 반란이 원주민의 효과적인 가부장제 권위에 흡수되자(새로운 군인들은 "우리는 더 강해지고 싶다"[98]라고 마을 사람들에게 설교한다), 매춘부들은 다시 버림받는 처지가 된다. 한 사람은 마을 아내들에게 살해당하고 나머지도 분리된 여성 수용소로, 인플레이션 가격으로, 자신을 이용하는 남자들의 은폐되지 않은 적개심으로 되돌아간다.

카디자와 오무는 대중의 분노를 의인화한 인물들이다. 새로

---

97 같은 책, pp.78~80.

98 같은 책, p.137.

운 아랍 군대는 프랑스 군대와 마찬가지로 국가의 장려를 받으며 케케묵은 억압적 남자다움을 숭배한다. 이들은 새로운 질서를 통해 권력을 잡은 공갈배들의 또 다른 무리다. 그리고 이제 공무원이 된 그들은 개별적으로 범죄를 저지르는 사람들이나 메트레이 소년원의 거물들보다 훨씬 더 해로운 인물이 된다. 혁명 정신을 나타내는 가모장 삼위일체 중 카디자와 사이드의 어머니(이 여성은 관습에서 벗어나 남자에게 손찌검하고 프랑스 군인을 목 졸라 죽인다)는 너무 오랫동안 유령으로 있었기 때문에 정치에서 벗어나 있다. 이제 오무만 남았다. 그녀가 가야 할 유일한 길은 부패한 정신적 상황의 표본이 되어 처음으로 폭동을 일으킨 인물, 파괴적 치욕의 상징이 된 인물인 사이드를 "병에 보존하는" 것이다. 사이드는 식민주의 체제와 생활 방식의 산물이며 혁명을 일으켰으므로 결코 잊혀서는 안 되는 인물이다. 과거의 수치스러움이 사라진다면 알제리인들은 또한 아무런 목표도 없이 남겨지게 될 것이다. 그러므로 사이드는 예술로 보존되어야 한다. 혹은 오무가 말하듯 사이드는 "노래가 되어야" 한다.

새로운 군대의 군인을 오무는 새로운 우두머리 패거리일 뿐이라고 비난한다. "이 비열하고 저질스러운 것들, 이 염치없는 건방진 것들아. (…) 상대편에 가서 가담해라. 거기에는 위풍당당한 아름다움이 있지. (…) 아니, 이미 너희들은 그렇게 했는지도 모르지. 거기에 가담해서 그자들을 따라하는 척하면서 한껏 흥분해 있으니까 말이야. 저들과 비슷한 사람이 된다는 건 이미 저들 중 하나가 된다는 게지."[99] "기대했던 일"이 일어났고 오무는 아들이

---

99 같은 책, p.135.

"군복 차림으로 훈련을 받고 경쾌하게 행군하고 소매를 걷어 올리고 (…) 열병식을 하고 영웅적으로 죽는 단계에 이르렀음"[100]을 보게 된다. 오무가 지적하듯 "군사적 아름다움"은 프랑스 군대가 그러했듯이 섹스와 살인을 동일시한다는 점은 말할 것도 없다.[101]

새로운 독재 체제의 군인들이 "전투의 효율성"을 떠들어대고 있을 때 오랜 지혜를 가진 오무는 그것이 "죽음의 미학"[102]일 뿐이라고 맞선다. 선동에서 자신을 능가할 만큼 정직한 사람은 아무도 없다는 사실에 이미 불안을 느끼는 오무는 오만한 군국주의 젊은이들에게 설교한다. "우리 군인들, 이 젊은 녀석들아. 절대 적용되어서는 안 되는 진실이 있고 노래를 통해서만 커질 수 있는 진실이 있다. 가서 적들에 맞서면서 죽어라. 네 죽음은 내 허튼소리만큼이나 진실하지 않아. 너희들과 너희 친구들은 우리가 사이드를 필요로 한다는 증거가 될 뿐이야."[103] 오무가 사이드에게서 찾고 있는 것은 구멍 뚫린 영웅주의보다 더 위대한 인간성이 있다는 사실의 증거다.

마지막까지 독립적 이단아였던 사이드는 어느 쪽에도 가담하기를 거부한다. "늙은 여자, 군인, 너희 모두 웃기지 마라."[104] 레일라처럼 사이드 또한 마지막 단계에서 종이로 된 병풍이라는 주

---

100 같은 곳.

101 알제리 혁명에 대한 주네의 시각이 역사적으로 정확하다는 것이 입증되었다. 토디가 이를 잘 정리해준다. "반란이 통제되지 않고 범죄적으로 발전해나갔다는 것을 보여주는 여성들 사이의 불화와 규율과 청결한 생활을 숭배하는 의기양양한 혁명군의 모습은 실제 알제리에서 일어났던 일을 반영한다. 따라서 이 작품은 역사극이라고 불릴 만한 자격이 있다." Thody, 앞의 책, p.209.

102 Genet, *The Screens*, p.195.

103 같은 곳.

104 같은 책, p.197.

네의 천국에 도달하지 못하고 민족적 분위기의 완전히 낡은 남자로 변한다. 군사 정부가 그를 넘어뜨릴 때 총을 쏘는 군대에게조차 영향을 받지 않는 그는 굴욕과 누추한 과거가 섞인 퇴비로 남는다. "그 작은 쓰레기더미를 남겨둬. 그게 우리를 고무시키니까"[105] 하고 오무는 충고했다.

사이드와 레일라는 전설이자 기억이 되는 반면에 오무를 비롯한 선지자 여성들은 계속해서 선동하면서 저항의 의미를 보존할 것이다. 까다로운 민중을 대변하는 오무는 자신이 바라듯이 "죽어버리지" 않고 계속해서 "여기에 묻고 저기에 대고는 소리를 지르면서 100살까지 살 것"을 바란다.[106] 여성의 상징인 오무는 끈질긴 오만이 다시 한번 그녀의 자유를 옥죄고 인간성을 매수하는 것을 볼 때까지 산다. 1000년 동안 '행주'로 살았던 오무에게는 시간과 인내심과 경험이 있다. 오무는 세상에서 결코 사라지지 않을 저항이며 새로운 영혼이므로 아직도 우리에게 희망은 있다 할 것이다. 그리고 사이드와 오무를 해방시키는 혁명은 우리에게 마지막 혁명일뿐만 아니라 최초의 혁명이 될 것이다.

---

105 같은 책, p.185. 이 문장이 주네가 자신에 대해 생각하는 방식과 일치한다는 점을 주목해야 한다.
106 같은 책, p.200.

후기

주네의 동성애 성 정치학 분석을 선택한 이유는 그의 분석이 단지 성 역할의 지위가 담고 있는 내용을 통찰하고 있을 뿐만 아니라, (메일러의 반혁명적 열정이 마지막 힘을 다해 비난했던) 동성애라는 금기에 저항하고 있기 때문이다. 하지만 페미니즘의 주장에 대한 로렌스의 교활한 방해 행위와 밀러의 현란한 경멸에서 시작된 반동적 성 윤리는 지난 몇 년 동안 거의 모두 소진된 듯하다. 이를 증명해주는 증거들이 있다.

다양한 진보 세력들이 스스로 자기 주장을 하기 시작했고, 특히 전쟁과 남자다움이라는 남성적 전통에 반대하는 청년들의 저항이 있었다. 물론 최근 들어 가장 타당하다고 할 수 있는 발전은 새로운 페미니즘 운동의 출현이다. 그러한 발전이 왜 일어났는지에 대해 여기에서 설명하기는 어렵다.* 성 혁명에 관계된 거대한 사회 변화는 근본적으로 의식의 변화라는 문제이고, 정치적이고 문화적인 구조에 깔린 사회적이고 심리적인 현실을 폭로하고 제거하는 문제다. 그러므로 지금 우리는 문화 혁명을 이야기하고 있는 것이다. 문화 혁명으로서 성 혁명은 전통적으로 혁명이라는 용어에 함축된 정치적·경제적 개혁을 수반해야 하지만 필연적으로 그러한 개혁을 훨씬 더 뛰어넘어야 한다. 그 개혁이 내포하고 있는 심오한 변화란 과장된 무장 투쟁에서 얻어지는 것이라기보다는 인간의 성숙과 진정한 재교육으로 완수되는 것이다. 사람들을 많이 끌어들여 헌신하게 하고 창조적 지성을 발휘하도록 이끈다면 일상적으로 폭력적 전략에 의존하는 자기 파괴적 수단은 불필요해질 것이다. 이렇게 믿는 데는 충분한 이유가 있다. 하지만 이러한 진화 과정에 오랜 시간이 걸린다고 말하는 것은 아니다. 반대로, 예를 들어 2년 안에 학생들을 전국적으로 조직할 수 있는 이 시대의 현대적 의사소통은 계획적으로 그 속도를 촉진할 수 있을 것이다.

전 세계적으로 일어나고 있는 자발적인 대중 운동을 검토해보면 인간의 이해력이 변화를 향해 성숙해가고 있다는 희망을 품게 된다. 미국에서 새로운 여성 운동은 흑인 운동 및 학생 운동과 점차 급진적으로 연대하여 그들과 동등하게 제휴할 수 있을 것이라 기대된다. 또한 진보적 대안과 정치적 억압 사이에 있는 이 순간에, 여성은 국가의 분위기를 의미심장하게 변화시키는 매우 중대한 요인이 될 수 있다. 여성은 우리 사회에서 가장 소외됐던 집단이며, 수적으로나 열정의 측면에서나 오랜 억압의 역사에서나

---

* 분명 민권 운동도 하나의 동력이 되었을 것이다. 2세대 페미니스트들도 1세대가 그러했듯이 흑인들의 저항 사례에 큰 감명을 받았기 때문이다. 신좌파 운동의 성차별적 성격을 본 여성들의 환멸도 상당한 동기를 제공했다.

가장 거대한 혁명의 토대가 될 수 있다. 따라서 여성이 사회 혁명에서 주도적 역할을 할 수 있을 것이다. 이는 이전 역사에서는 찾아볼 수 없는 일이었다. 억압당한 집단들(흑인, 학생, 여성, 빈곤층)의 연대를 통해 사회의 근본 가치를 변화시키는 것은 비단 성 혁명의 실현에서뿐만 아니라, (성적이든 아니든) 서열이나 규범적 역할에서 자유를 획득하기 위해 추진력을 모으는 데 특히 적절하다. 삶의 질을 실질적으로 변화시키는 일은 인격을 변화시키는 것이다. 이는 인류를 성적·사회적 범주와 횡포와 성적 고정 관념에의 순응에서 해방하지 않고서는 이루어질 수 없다. 인종적 신분 계급caste과 경제 계급class을 폐지하는 일 역시 마찬가지다.

제2의 성 혁명 물결은 마침내 인류의 절반을 태곳적부터 계속되어온 예속에서 해방하려는 목적을 이룰 수 있을 것이다. 그리고 그 과정에서 우리를 인간애로 훨씬 더 가깝게 갈 수 있도록 인도할 것이다. 심지어 가혹한 현실 정치에서 성의 범주를 제거할 수 있을지도 모른다. 하지만 이는 우리가 지금 사는 사막에서 새로운 세계를 창조해낼 때만 가능하다.

참고문헌

1 인류학

Bachofen, J. J. *Myth Religion and Mother Right*, a translation of *Mutterrecht und Urreligion*, a selection of the writings of J. J. Bachofen, edited by Rudolf Marx, 1926; translated from the German by Ralph Mannheim(Princeton, Bolingen Series, 1967).

Bettelheim, Bruno. *Symbolic Wounds: Puberty Rites and the Envious Male*(New York, Collier, 1962).

Briffault, Robert. *The Mothers: A Study of the Origins of Sentiments and Institutions*, translated from the French, three volumes(New York, Macmillan, 1927).

―――. *The Mothers*(1927), abridged by Gordon Battray Taylor(London, George Allen & Unwin, 1959).

Crawley, Ernest. *The Mystic Rose, A Study of Primitive Marriage and of Primitive Thought on Its Bearing on Marriage*, revised edition, two volumes, prepared by Theodore Besterman(London, Methuen, 1927).

Durkheim, Emile. *The Elementary Forms of Religious Life*(1915), translated from the French by Joseph Ward Swain(New York, Free Press, 1965).

Ford, Clellan S. and Beach, Frank A. *Patterns of Sexual Behavior*(New York, Harper, 1951).

Fried, Morton H. *The Evolution of Political Society, An Essay in Political Anthropology* (New York, Random House, 1967).

Harris, Marvin. *The Origins of Anthropological Theory*(New York, Columbia University, 1969).

Harrison, Jane. *Prolegomena to the Study of Greek Religion*(1903). Cambridge, England, Cambridge University Press, 1922, 2nd Edition.

Hays, H. R. *The Dangerous Sex, The Myth of Feminine Evil*(New York, Putnam, 1964).

Lévi-Strauss, Claude. *Structural Anthropology*, translated from the French by Claire

Jacobson and Brooke Grundfest Schoepf(New York, Basic Books, 1963).

————. *The Savage Mind*, translated from the French(Chicago, University of Chicago, 1966).

————. *Totemism*, translated from the French by Rodney Needham(Boston, Beacon, 1963). (클로드 레비 스트로스,《오늘날의 토테미즘》)

Maine, Sir Henry. *Ancient Law*(London, Murray, 1861). (헨리 섬너 메인,《고대법》)

————. *The Early History of Institutions*(London, 1875).

Malinowski, Bronislaw. *Sex and Repression in Savage Society*(New York, Humanities Press, 1927).

————. *Sex, Culture and Myth*(New York, Harcourt, Brace, 1962).

McLennon, John. *The Patriarchal Theory*(London, Macmillan, 1885).

Mead Margaret. *Sex and Temperament*(New York, Morrow, 1935). (마가렛 미드,《세 부족사회에서의 성과 기질》)

————. *Male and Female*(New York, Morrow, 1949).

Morgan, Lewis Henry. *Ancient Society*(1877)(New York, World, 1963). (루이스 헨리 모건,《고대 사회》)

Murdock, George Peter. *Social Structure*(New York, Macmillan, 1949). (조지 피터 머독,《사회 구조》)

Schurtz, Heinrich. *Alterklassen und Männerbünde*(Berlin, Georg Reimer, 1902).

Tiger, Lionel. *Men in Groups*(New York, Random House, 1969).

Vaertung, Mathias and Matilde. *The Dominant Sex, A Study in the Sociology of Sex Differentiation*(London, George Allen & Unwin, 1932).

Westermarck, Edward. *A Short History of Marriage*(New York, Macmillan, 1926).

————. *The History of Human Marriage*, fifth edition, three volumes(London, Macmillan, 1922).

————. *The Future of Marriage in Western Civilization*(London, Macmillan, 1936).

2 생물학

Brecher, Ruth and Edward. *An Analysis of Human Sexual Response*(New York, New American Library, 1966).

Glass, David C., editor. *Biology and Behavior*(New York, Rockefeller University and the Russel Sage Foundation, 1967).

Kinsey, Alfred C. *Sexual Behavior in the Human Male: In the Human Female* (Philadelphia, Saunders, 1949, 1953).

Masters, W. H. and Johnson, V. E. *Human Sexual Response*(Boston, Little, Brown, 1966).

Money, John, editor. *Sex Research, New Developments*(New York, Holt, 1965).

Sherfey, Mary Jane. "The Evolution and Nature of Female Sexuality in Relation to Psychoanalytic Theory," *Journal of the American Psychoanalytic Association*, Volume 14, January 1966, No.1(New York, International Universities Press, 1966).

Stoller, Robert J. *Sex and Gender*(New York, Science House, 1968).

3 여성의 역사와 지위

개괄적 논서

McGregor, O. "The Social Position of Women in England 1850~1914; A Bibliography," *British Journal of Sociology*, March 1955.

Banks, J. A. and Olive. "List of Relevant Books and Pamphlets to the Woman Question Published in Britain in the Period 1792~1880," An Appendix to *Feminism and Family Planning*(New York, Schocken, 1964).

Cisler, Lucinda. *Women: a Bibliography*. New York: Lucinda Cisler, 1968, 1969, 1970. 6th edition(1970). $2.50 plus s.a.s.e. from Lucinda Cisler, 165W. 91St., N.Y., NY 10024.

Sinclair, Klein, Neff의 저서에도 유용한 참고문헌들이 나와 있다.

저서

Adams, Mildred. *The Right to Be People*(New York, Lippincott, 1967).

Banks, J. A. and Olive. *Feminism and Family Planning in Victorian England*(New York, Schocekn, 1964).

Bardèche, Maurice. *Histoire des Femmes*, in two volumes(Paris, Stock, 1968).

Bebel, August. *Woman and Socialism*(1885), translated from the German(New York, Socialist Literature Company, 1910).

Bird Caroline. *Born Female*(New York, McKay, 1968).

Chernyshevsky, N. G. *What Is to Be Done?*(Russia, 1863).

Dangerfield, George. *The Strange Death of Liberal England, 1910~1914*(New York, Capricorn, 1935, 1961).

De Beauvoir, Simone. *The Second Sex*(1949), translated from the French by H. M.

Parshley(New York, Knopf, 1953). (시몬느 드 보부아르, 《제2의 성》)

De Rham, Edith. *The Love Fraud*(New York, Clarkson Potter, 1965).

Ditzion, Sidney. *Marriage, Morals and Sex in America—A History of Ideas*(New York, Bookman Associates, 1953).

Ellmann, Mary. *Thinking About Women*(New York, Harcourt, Brace, 1968).

Engels, Friedrich. *The Origins of the Family, Private Property and the State*(1884), translated from the German by Ernest Untermann(Chicago, Charles Kerr, 1902).

Farber, Seymour, and Wilson, Roger H. L., editors. *The Potential of Woman*(New York, McGraw-Hill, 1963).

Fawcett, Millicent Garrett. *Woman's Suffrage*(London, The People's Books, 1912).

Flexner, Eleanor. *Century of Straggle: The Woman's Rights Movement in the United States*(Cambridge, Massachusetts, Belknap Press, Harvard University, 1966).

Friedan, Betty. *The Feminine Mystique*(New York, Norton, 1963). (베티 프리단, 《여성 성의 신화》)

Fulford, Roger. *Votes for Women*(London, Faber and Faber, 1957).

Furness, C. F. *The Genteel Female, An Anthology*(New York, Knopf, 1931).

Gilman, Charlotte Perkins. *The Man-Made World: Our Androcentric Culture*(New York, Charlton, 1914).

———. *Women and Economics*(New York, Charlton, 1898).

Graham, Abbie. *Ladies in Revolt*(New York, The Woman's Press, 1934).

Grimes, Alan P. *The Puritan Ethic and Woman Suffrage*(New York, Oxford, 1967).

Herschberger, Ruth. *Adam's Rib*(New York, Pellegrini and Cudahy, 1948).

History of Women's Suffrage in six volumes, edited by Susan B. Anthony, Elizabeth Cady Stanton, Matilda Joclyn Gage, and Ida Husted Harper, Rochester, New York, 1881, 1886, 1902, 1922.

Kanowitz, Leo. *Women and the Law, The Unfinished Revolution*(Albuquerque, University of New Mexico, 1969).

Klein, Viola. *The Feminine Character, History of on Ideology*(London, Kegan Paul, 1946).

Kraditor, Aileen. *The Ideas of the Woman Suffrage Movement*(New York, Columbia University, 1965).

———. *Up from the Pedestal, Landmark Writings in the American Woman's Struggle for Equality*(Chicago, Quadrangle, 1968).

Lifton, Robert Jay, editor. *The Woman in America*(Boston, Beacon, 1964).

Mill, John Stuart. *The Subjection of Women*(1869)(London, Oxford, 1966). (존 스튜어 트 밀, 《여성의 종속》)

Neff, Wanda Fraiken. *Victorian Working Women*(New York, Columbia University, 1929).

Newcomer, Mabel. *A Century of Higher Education for American Women*(New York, 1959).

O'Neill, William L. *Everyone Was Brave: The Rise and Fall of Feminism in American* (Chicago, Quadrangle, 1969).

———. "Feminism as a Radical Ideology," in *Dissent: Explorations in the History of American Radicalism*, edited by Alfred E. Young, Northern Illinois University Press, 1968.

Pankhurst, Emmeline. *My Own Story*(London, Everleigh Nash, 1914). (에멀린 팽크허스트, 《싸우는 여자가 이긴다》)

Pankhurst, Sylvia. *The Suffragette Movement*(New York, Longmans Green, 1931).

Patai, Raphael, editor. *Women in the Modem World*(New York, Free Press, 1967).

Rogers, Katherine M. *The Troublesome Helpmate, A History of Misogyny in Literature* (Seattle, University of Washington, 1966).

Rubin, Theodore Isaac. *In The Life*(New York, Macmillan, 1961).

Ruskin, John. "Of Queen s Gardens," *Sesame and Lilies*(1865)(Chicago, Homewood, 1902).

Sinclair, Andrew. *The Emancipation of the American Woman*(New York, Harper, 1965).

Strachey, Ray, editor. *Our Freedom and Its Results*(London, Hogarth, 1936).

Strachey, Ray. *The Cause: A Short History of the Woman's Movement In Great Britain* (London, G. Bell, 1928).

Thomas, W. I. *The Unadjusted Girl*(1923)(New York, Harper, 1967).

Thompson, William. *Appeal of One Half of the Human Race, Women, Against the Pretensions of the Other Half, Men, to Retain them in Political and Thence in Civil and Domestic Slavery*; in *Reply to a Paragraph of Mr. (James) Mill's Celebrated "Article of Government"*(London, 1825).

Walsh, Correa Moylan. *Feminism*(New York, Sturgis and Watton, 1917).

White, Lynn. *Educating Our Daughters*(New York, Harper, 1950).

Wollstonecraft, Mary. *A Vindication of the Rights of Woman*(1791)(London, Dent, Everyman Edition). (메리 울스턴크래프트, 《여권의 옹호》)

Woolf, Virginia. *A Room of One's Own*(New York, Harcourt, Brace, 1929). (버지니아 울프, 《자기만의 방》)

———. *Three Guineas*(New York, Harcourt, Brace, 1938). (버지니아 울프, 《3기니》)

정기 간행물과 소책자

Handbook on Women Workers, United States Department of Labor, Women's Division.

미국 여성부에서 발간한 여성 노동 조건에 대한 많은 소책자들도 참고.

Report of the President's Commission on the Status of Women—American Women, 교육
과 고용 등의 문제를 다루고 있는 대통령 위원회의 다른 보고서도 참고. U. S. Government
Printing Office, Washington, D.C.

Sweden Today: The Status of Women in Sweden Report to the United Nations
(Stockholm, The Swedish Institute, 1968).

"The Sexual Renaissance in American," special issue of the *Journal of Social Issues*
XXII: 2(April 1966).

"Sex and the Contemporary American Scene," special issue of the *Annals of the
American Academy of Political and Social Science*, Volume 376, March 1968.

4 여성의 역사와 신분에 관한 특별한 언급

나치 독일과 관련한 저서

Abrahamson, David. *Men, Mind and Power*(New York, Columbia University, 1945).

Brady, Robert A. *The Spirit and Structure of German Fascism*(New York, Viking,
1937).

Hitler, Adolf. *Mein Kampf*, translated from the German and edited by Chamberlain, et
al.(New York, Reynal and Hitchcock, 1940). (아돌프 히틀러,《나의 투쟁》)

_____. *My New Order, A Selection of the Speeches of Hitler*, edited by Raoul de
Roussy de Sales(New York, Reynal and Hitchcock, 1941).

Kirkpatrick, Clifford. *Nazi Germany, Its Women and Family Life*(Indianapolis,
Bobbs-Merrill, 1938).

Laquer, Walter. *Young Germany*(London, Routledge, Kegan Paul, 1962).

Lowrie, Robert H. *Toward Understanding Germany*(Chicago, University of Chicago,
1954).

Reich, Wilhelm. *The Mass Psychology of Fascism*, translated by Theodore P. Wolfe
(New York, Orgone Institute, 1946).

_____. *The Sexual Revolution*(New York, Farrar, Straus, 1945).

Seydewitz, Max. *Civil Life in Wartime Germany*(New York, Viking, 1945).

Thomas, Catherine. *Women in Nazi Germany*(London, Gollancz, 1943).

소련과 관련한 저서

Brown, Donald R., editor. *Women in the Soviet Union*(New York, Teachers College, 1968).

Fischer, Louis. *Soviet Journey*(New York, Harrison Smith and Robert Haas, 1935).

Geiger, H. Kent. *The Family in Soviet Russia*(Cambridge, Massachusetts, Harvard, 1968).

Halle, Fanina. *Women in Soviet Russia*(London, Routledge, 1933).

Kingsbury, Susan M. and Fairchild, Mildred. *Factory, Family and Women in the Soviet Union*(New York, Putnam, 1935).

Mace, David and Vera. *The Soviet Family*(New York, Doubleday, 1963).

Makarenko, A. S. *The Collective Family*(1937), translated from the Russian by Robert Daglish(New York, Doubleday, 1967).

Schlesinger, Rudolf. *The Family in the U.S.S.R.*(Documents and Readings)(London, Routledge, 1949).

Trotsky, Leon. *The Revolution Betrayed*, translated by Max Eastman(New York, Doubleday, 1937). (레온 트로츠키,《배반당한 혁명》)

5 심리학

Abraham, Karl. "Manifestations of the Female Castration Complex," *International Journal of Psychoanalysis*, Vol.3, March 1922.

Bonaparte, Marie. *Female Sexuality*(1953)(New York, Grove, 1965).

Brown, Norman O. *Life Against Death*(New York, Random House, 1959).

Deutsch, Helene. *The Psychology of Women, A Psychoanalytic Interpretation*(New York, Grune and Stratton, 1945) Two Volumes.

Erikson, Erik. *Childhood and Society*(New York, Norton, 1950). (에릭 에릭슨,《유년기와 사회》)

──────. "Identity and the Life Cycle, Selected Papers," published by *Psychological Issues*, Vol.I, No.1, 1959(New York, International Universities, 1959).

──────. *Insight and Responsibility*(New York, Norton, 1964).

──────. *Identity, Youth and Crisis*(New York, Norton, 1968). (《현대의 신화/아이덴티티》)

Freud, Sigmund. *The Standard Edition of the Complete Psychological Works of Sigmund Freud* in twenty four volumes, edited by James Strachey(London, Hogarth Press and the Institute of Psychoanalysis, 1953).

———. *Collected Papers*, edited by Joan Riviere, in five volumes(New York, Basic Books, 1959).

———. *Dora, An Analysis of a Case of Hysteria*(1905, 1908, 1909)(New York, Collier, 1963). (지그문트 프로이트, 《꼬마 한스와 도라》)

———. *Three Contributions to the Theory of Sex*, translated from the German by A. A. Brill(New York, Dutton, 1962). (《성 이론에 대한 세 가지 기여》)

———. *Totem and Taboo*, translated from the German by James Strachey(New York, Norton, 1950). (《종교의 기원》)

———. *Civilization and Its Discontents*(1930), translated from the German by James Strachey(New York, Norton, 1961). (《문명 속의 불만》)

———. *New Introductory Lectures on Psychoanalysis*(1933), translated from the German by James Strachey(New York, Norton, 1964). (《새로운 정신분석 강의》)

———. *Letters of Sigmund Freud*, edited by Ernst L. Freud(New York, Basic Books, 1960)

———. *Letters, The Origins of Psychoanalysis*, edited by Marie Bonaparte, Anna Freud and Ernst Kris, translated from the German by Eric Mosbacher and James Strachey(New York, Basic Books, 1954).

지그문트 프로이트와 관련한 저서

Jones, Ernest. *The Life and Work of Sigmund Freud i*n two volumes(New York, Basic Books, 1953).

Fromm, Erich. *Sigmund Freud's Mission*(New York, Grove, 1959).

La Pibre, Richard. *The Freudian Ethic*(New York, 1959).

Rieff, Philip. *Freud: The Mind of the Moralist*(New York, Doubleday, 1961).

Kagan, Jerome. "The Acquisition and Significance of Sex-Typing," in *Review of Child Development Research*, edited by M. Hoffman(New York, Russell Sage, 1964).

Krich, Aron, editor. *The Sexual Revolution, Pioneer Writing on Sex* in two volumes (New York, Dell, 1963, 1965).

Lundberg, Ferdinand and Famham, Marynia. *Modern Woman: The Lost Sex*(New York, Grosset and Dunlap, 1947).

Money, John. *The Psychologic Study of Man*(Springfield, Illinois, Charles C. Thomas, 1957).

Neumann, Erich. *The Origins and History of Consciousness*(New York, Harper, 1962). (에리히 노이만, 《문명 속의 불만》)

Reich, Wilhelm. *The Sexual Revolution, Toward a Self-Governing Character Structure*, translated from the German by Theodore P. Wolfe(New York, Farrar, Straus, 1945).

Reik, Theodor. *Ritual: Psychoanalytic Studies; The Psychological Problems of Religion*, No.1(New York, Farrar, Straus, 1946).

――――. *Of Love and Lust*(New York, Farrar, Straus, 1957).

――――. *Myth and Guilt*(New York, George Braziller, 1957).

――――. *The Creation of Woman*(New York, George Braziller, 1960).

――――. *The Temptation*(New York, George Braziller, 1961).

Robinson, Marie. *The Power of Sexual Surrender*(New York, Doubleday, 1959).

Róheim, Géza. "Eden," *Psychoanalytic Review*, Vol.XXVII, New York, 1940.

――――. "Psychoanalysis of Primitive Cultural Types," *International Journal of Psychoanalysis*, Vol.XVIII, London, 1932.

Sampson, Ronald V. *The Psychology of Power*(New York, Random House, 1968).

Sherfey, Mary Jane. "The Evolution and Nature of Female Sexuality in Relation to Psychoanalytic Theory," *Journal of the American Psychoanalytic Association*, Vol.14, January 1966, No.1(New York, International Universities Press, 1966).

6 사회학

Adorno, T. W.; Frendel-Brunswik, Else; Levinson, Daniel and Sanford, R. Nevitt. *The Authoritarian Personality*(New York, Norton, 1969).

Bendix, Teinhard and Lipset, Seymour Martin. *Class, Status and Power: Social Stratification in Comparative Perspective*(New York, Free Press, 1966).

Berger, Peter L. and Luckmann, Thomas. *The Social Construction of Reality: A Treatise on the Sociology of Knowledge*(New York, Doubleday, 1966). (피터 L. 버거·토마스 루크만,《실재의 사회적 구성》)

Bernard, Jesse. *The Sex Game*(Englewood Cliffs, New Jersey, Prentice-Hall, 1968).

Calverton, V. F. and Schmalhausen, S. D. *Sex in Civilization*(New York, MacCauley, 1929).

Deutsch, Karl W. *The Nerves of Government*(Glencoe, Illinois, Free Press, 1963).

Hacker, Helen Mayer. "Women as a Minority Group," *Social Forces*, Vol.XXX, October 1951.

Herkheimer, Max, editor. *Studien über Autoritat und Familie*, Forschungsberichte aus dem Institut für Sozialforschung(Paris, Librairie Felix Alcan, 1936).

Hernton, Calvin C. *Sex and Racism in America*(New York, Grove, 1965).

Hughes, Everett C. "Social Change and Status Protest," *Pylon*(Vol.X, 1st Quarter, 1949).

Komarovsky, Mirra. "Functional Analysis of Sex Roles," *American Sociological Review* (Vol.XV, No.4, August 1950).

Mead, George H. *Mind, Self and Society*(Chicago, University of Chicago, 1934). (조지 허버트 미드, 《정신·자아·사회》)

Merton, Robert K. *Social Theory and Social Structure*(Glencoe, Illinois, Free Press, 1957).

Mills, C. Wright. *Power Politics and People: Collected Essays of C. Wright Mills* (London, Oxford, 1963).

Myrdal, Gunnar. *An American Dilemma*(New York, Harper, 1944, 1962).

Parsons, Talcott. *Essays in Sociological Theory*, revised edition(New York, Free Press, 1954).

Rainwater, Lee. *And the Poor Get Children: Sex, Contraception and Family Planning in the Working Class*(Chicago, Quadrangle, 1960).

Simmel, Georg. *The Sociology of Georg Simmel*, translated from the German by Kurt Wolff (New York, Free Press, 1950).

Smelser, Neil J. *Social Change in the Industrial Revolution*(Chicago, University of Chicago, 1959).

Taylor, Gordon Rattray. *Sex in History*(London, Thames and Hudson, 1953).

Thomas, William I. *Sex and Society*(Boston, Richard G. Badger, 1907).

Veblen, Thorstein. *The Theory of the Leisure Class*(1899). (소스타인 베블런, 《유한계급론》)

Watson, Godwin. *Social Psychology: Issues and Insights*(New York, Lippincott, 1966).

Weber, Max. *From Max Weber: Essays in Sociology*, translated from the German and edited by H. H. Garth and C. Wright Mills(New York, Oxford, 1964).

———. *The Theory of Social and Economic Organization*, translated from the German and edited by H. M. Henderson and Talcott Parsons(New York, Free Press, 1964).

———. *On Law in Economy and Society*, translated from the German and edited by Edward Shills and Max Rheinstein(New York, Simon and Schuster, 1967).

Wirth, Louis, editor and Linton, Ralph. *The Science of Man in the World Crisis*(New York, Appleton, 1945).

7 가족 사회학

Aries, Philippe. *Centuries of Childhood, A Social History of Family Life*, translated from the French by Robert Balick (New York, Random House, 1962). (필립 아리에 스, 《아동의 탄생》)

Bell, Norman W. and Vogel, Ezra F. *A Modern Introduction to the Family*, revised edition(New York, Free Press, 1968).

Folsom, Joseph K. *The Family and Democratic Society*(New York, John Wiley, 1934, 1943).

Goode, William J. *The Family*(Englewood Cliffs, New Jersey, Prentice-Hall, 1964).

Parsons, Talcott and Bales, Robert. *Family, Socialization and Interaction Process* (New York, Free Press, 1955)

Schur, Edwin M., editor. *The Family and the Sexual Revolution*(Bloomington, University of Indiana, 1964).

Winch, Robert F., McGinnis, Robert, and Barringer, Herbert R., editors. *Selected Studies in Marriage and the Family*(New York, Holt, 1962).

D. H. 로렌스

소설

The White Peacock(1911)(Carbondale, Southern Illinois University, 1966).

The Trespasser(1912)(London, Heineman, 1950).

Sons and Lovers(1913)(New York, Viking, 1966). (데이비드 허버트 로렌스,《아들과 연인》)

Sons and Lovers(1913) *A Critical Edition*, edited by Julian Moynahan(New York, Viking, 1968).

The Rainbow(1915)(New York, Viking, 1967). (《무지개》)

Women in Love(1920)(New York, Viking, 1960). (《사랑에 빠진 여인들》)

The Lost Girl(1920)(New York, Viking, 1968).

Aaron's Rod(1922)(New York, Viking, 1961).

Kangaroo(1923)(New York, Viking, 1960). (《캥거루》)

The Plumed Serpent(1926)(New York, Random House, 1951).

Lady Chatterley's Lover(1928)(New York, Grove, 1957). (《채털리 부인의 연인》)

시집, 단편 소설, 선집

Selected Poems(1916)(New York, Viking, 1959).

Pansies(Poems)(1929)(London, Martin Seeker, 1929).

St Mawr(1925) and *The Man Who Died*(1929)(New York, Random House, 1953).

Four Short Novels of D. H. Lawrence(1923)(New York, Viking, 1965).

The Complete Short Stories of D. H. Lawrence, in three volumes(New York, Viking, 1961).

The Woman Who Rode Away and Other Stories(New York, Berkeley Medallion Reprint, 1962).

The Late D. H. Lawrence, 1925~1930, edited by William York Tindall(New York,

Knopf, 1952).

The Portable D. H. Lawrence, edited by Diana Trilling(New York, Viking, 1946).

Phoenix, The Posthumous Papers of D. H. Lawrence, edited by Edward McDonald (London, William Heinemann, 1936).

Sex, Literature and Censorship, edited by Harry T. Moore(New York, Viking, 1959).

Selected Literary Criticism, edited by Anthony Beal(New York, Viking, 1966).

에세이

Twilight in Italy(1916).

Sea and Sardinia(1921)(reprinted together, New York, Doubleday, 1954). (《바다와 사르디니아》)

Psychoanalysis and the Unconscious(1921).

Fantasia of the Unconscious(1922)(reprinted together, New York, Viking, 1960).

Studies in Classic American Literature(1923)(New York, Doubleday, 1953). (《미국 고전문학 연구》)

Reflections on the Death of a Porcupine(1925)(Bloomington, Indiana University, 1963).

Apocalypse(1931)(New York, Viking, 1966). (《로렌스의 묵시록》)

Etruscan Places(1932)(New York, Viking, 1957).

전기적 자료

The Letters of D. H. Lawrence, edited by Aldous Huxley(New York, Viking, 1932).

Lawrence, Frieda. *The Memoirs and Correspondence*, edited by E. W. Tedlock, Jr.(New York, Knopf, 1964).

Cambers, Jesse. *D. H. Lawrence: A Personal Record* by "E. T." Revised Edition(New York, Barnes and Noble, 1965).

Moore, Harry T. *The Intelligent Heart, The Story of D. H. Lawrence*(New York, Farrar, Straus, 1954).

D. H. 로렌스에 대한 문학 비평서

Bentley, Eric. *A Century of Hero Worship*(Philadelphia, Lippincott, 1944).

Clark, L. D. *Dark Night of the Body*(Austin, University of Texas, 1964).

Freeman, Mary. *D. H. Lawrence, A Basic Study of His Ideas*(New York, Grosset and Dunlap, 1955).

Gregory, Horace. *D. H. Lawrence, Pilgrim of the Apocalypse, A Critical Study*(New York, Viking, 1933).

Hoffman, Frederick J. *Freudianism and the Literary Mind*(Louisiana State University, 1945).

Hough, Graham. *Dark Sun, A Study of D. H. Lawrence*(New York, Putnam, 1956).

Leavis, F. R. *D. H. Lawrence, Novelist*(Knopf, 1956).

Spilka, Mark. *The Love Ethic of D. H. Lawrence*(Bloomington, Indiana University, 1955).

_____. editor. *D. H. Lawrence, A Collection of Critical Essays*(Englewood Cliffs, New Jersey, Prentice-Hall, 1963).

헨리 밀러

자전 소설

Tropic of Cancer(1934)(New York, Grove, 1961). (헨리 밀러,《북회귀선》)

Black Spring(1936, 1938, 1939)(New York, Grove, 1963).

Tropic of Capricorn(1939)(New York, Grove, 1961). (《남회귀선》)

The Rosy Crucifixion, Book One, Sexus(1949)(New York, Grove, 1965).

The Rosy Crucifixion, Book Two, Plexus(1953)(New York, Grove, 1965).

The Rosy Crucifixion, Book Three, Nexus(1949)(New York, Grove, 1965).

에세이

The Cosmological Eye(1939)(New York, New Directions, 1939).

The World of Sex(1940, 1959)(revised edition, New York, Grove, 1965).

The Wisdom of the Heart(1941)(New York, New Directions, 1941).

The Colossus of Maroussi(1941)(Harmondsworth, England, Penguin, 1950). (《그리스 기행》)

Sunday After the War(1944)(New York, New Directions, 1944).

The Air-conditioned Nightmare(1945)(New York, New Directions, 1945).

Remember to Remember(1947)(New York, New Directions, 1947).

The Books in My Life(1952)(New York, New Directions, 1952).

The Smile at the Foot of the Ladder(1955)(San Francisco, California, Greenwood Press, 1955). (《신의 광대 어거스트》)

The Time of the Assassins, A Study of Rimbaud(New York, New Directions, 1956).

A Devil in Paradise(1956)(New York, New American Library, 1956).

Big Sur and the Oranges of Hieronymus Bosch(1957)(New York, New Directions, 1957).

Stand Still Like a Hummingbird(1962)(New York, New Directions, 1962).

선집

Henry Miller on Writing, edited by Thomas H. Moore(New York, New Directions, 1964).

The Intimate Henry Miller, edited by Lawrence Clark Powell(New York, New American Library, 1959).

서간집
Letters to Anaïs Nin, edited by Gunther Stuhlmann(New York, Putnam, 1965).
Lawrence Durrell and Henry Miller, A Private Correspondence, edited by George Wickes(New York, Dutton, 1964).

헨리 밀러에 대한 문학 비평서
Baxter, Annette Kar. *Henry Miller, Expatriate*(Pittsburgh, University of Pittsburgh, 1961).

Hassan, Ihab. *The Literature of Silence: Henry Miller and Samuel Beckett*(New York, Knopf, 1967).

Orwell, George. "Inside the Whale," *Collected Essays*(London, Martin Secker, 1961).

Porter, Bern. *The Happy Rock, A Book About Henry Miller*(Berkeley, California, Packard Press, 1945).

Wickes, George. *Henry Miller*(pamphlet, University of Minnesota Pamphlets on American Writers)(Minneapolis, University of Minnesota, 1966).

————. *Henry Miller and The Critics*(Carbondale, Southern Illinois, University Press, 1963).

Widmer, Kingsley. *Henry Miller*(New York, Twayne, 1963).

Wilson, Edmund. *The Shores of Light*(New York, 1952).

노먼 메일러

소설
The Naked and The Dead(New York, Rinehart, 1948). (노먼 메일러,《벌거벗은 자와 죽은 자》)
Barbary Shore(New York, Rinehart, 1951).
The Deer Park(New York, Putnam, 1955).
An American Dream(New York, Dial, 1965).
Why Are We in Vietnam?(New York, Putnam, 1967).

단편 소설, 시 등
Advertisements for Myself(New York, Putnam, 1959).
The Short Fiction of Norman Mailer(New York, Dell, 1967).
The Deer Park, A Play(New York, Dial, 1967).
Deaths for the Ladies and Other Disasters(New York, Putnam, 1962).

에세이, 르포르타주

The Presidential Papers(New York, Putnam, 1963).

Cannibals and Christians(New York, Dial, 1966).

Miami and the Siege of Chicago(New York, World, 1968).

The Armies of the Night(New York, New American Library, 1968). (《밤의 군대들》)

장 주네

소설

Our Lady of the Flowers(*Notre-Dame des Fleurs*)(1943 limited edition; 1951, trade edition), translated from the French by Bernard Frechtman(New York, Grove, 1963).

Querelle of Brest(*Querelle de Brest*)(1947), translated from the French by Roger Senhouse(New York, Grove, 1967).

The Thief's Journal(*Journal du Voleur*)(1949), translated from the French by Bernard Frechtman(New York, Grove, 1949). (장 주네,《도둑 일기》)

Miracle of the Rose(*Miracle de la Rose*)(1951), translated from the French by Bernard Frechtman(New York, Grove, 1966). (《장미의 기적》)

Pompes Funèbres, Le Pecheur du Suquet, Querelle de Brest. Tome III Oeuvres Completes (Paris, Gallimard, 1953).

희곡

Les Bonnes(1948) *et Comment Jouer les Bonnes*(revised edition, 1963)(Décines Isère, France, L'Arbalète, Marc Barbezat, 1963). (《하녀들》)

The Maids and Deathwatch, translated from the French by Bernard Frechtman(New York, Grove, 1954; revised edition, 1962).

Le Balcon(1956)(Décines Isère, L'Arbalète, Marc Barbezat, 1956).

The Balcony, translated from the French by Bernard Frechtman(New York, Grove, 1958, revised edition, 1966).

Les Nègres, Clownerie(1958) *Pour Jouer les Negres*(Décines Isère, L'Arbalète, Marc Barbezat, 1963).

The Blacks: A Clown Show, translated from the French by Bernard Fretchman(New York, Grove, 1960).

Les Paravents(Décines Isère, L'Arbalète, Marc Barbezat, 1961).

The Screens, translated from the French by Bernard Frechtman(New York, Grove, 1962).

시

Chants Secrets(limited edition)(Lyons, Marc Barbezat, 1945).

Poèmes(Décines Isère, L'Arbalète, Marc Barbezat, 1962).

에세이

L'Atelier d'Alberto Giacometti(including *Les Bonnes, L'Enfant Criminel, La Funambule*) (Décines Isère, L'Arbalète, Marc Barbezat, 1958). (《자코메티의 아틀리에》)

Lettres à Roger Blin(Paris, Gallimard, 1966).

Letters to Roger Blin, Reflections on the Theatre, translated from the French by Richard Seaver(New York, Grove, 1969).

"The Funambulists," translated from the French by Bernard Frechtman, *Evergreen Review*,(No.32, April-May 1964).

장 주네에 대한 문학 비평서

Artaud, Antonin. *The Theatre and Its Double*, translated from the French by Mary Caroline Richards(New York, Grove, 1958). (앙토넹 아르토,《잔혹연극론》)

Coe, Richard N. *The Vision of Jean Genet*(New York, Grove, 1968).

De Mott, Benjamin. "But He's a Homosexual…," *The New American Review*, No.7, 1967(New York, New American Library, 1967).

Dennison, George. "The Moral Effect of the Legend of Genet," *The New American Review*, No.7, 1967(New York, New American Library, 1967).

Driver, Tom. *Jean Genet*(Pamphlet, Columbia Essays on Modern Writers Series)(New York, Columbia University, 1966).

Esslin, Martin. *The Theatre of the Absurd*(New York, Doubleday, 1961). (마틴 에슬린, 《부조리극》)

Guicharnaud, Jacques. *Modem French Theatre From Giraudoux to Beckett*(New Haven, Yale University, 1961).

McMahon, Joseph H. *The Imagination of Jean Genet*(New Haven, Yale University, 1963).

Sartre, Jean-Paul. *Saint Genet, Actor and Martyr*, translated from the French by Bernard Frechtman(New York, George Braziller, 1964).

Pronko, Leon Cabell. *Avant-Garde, The Experimental Theatre in France*(Berkeley, University of California, 1964).

Thody, Phillip. *Jean Genet, A Study of His Novels*(London, Hamish Hamilton, 1968).

기타 참고문헌

Burn, W. L. *The Age of Equipoise*(New York, Norton, 1965).

De Rougemont, Denis. *Love in the Western World*, translated from the French by
Montgomery Belgion, Revised and Augmented Edition(New York, Pantheon,
1956). (드니 드 루즈몽,《사랑과 서구 문명》)

Houghton, Walter. *The Victorian Frame of Mind*(New Haven, Yale University, 1957).

La Fourcade, George. *Swinburne*(London, Bell, 1923).

———. *La Jeunesse de Swinburne*(Paris, Les Belles Lettres, 1928).

Legman, G. *The Rationale of the Dirty Joke: An Analysis of Sexual Humor*, First
Series(New York, Grove, 1968).

Marcus, Steven. *The Other Victorians: A Study of Sexuality and Pornography in Mid-
Nineteenth-Century England*(New York, Basic Books, 1966).

Packe, Michael St. John. *The Life of John Stuart Mill*(New York, Macmillan, 1954).

Praz, Mario. *The Romantic Agony*(Oxford, 1933).

Ratchford, Fanny. *The Brontës' Web of Childhood*(New York, Columbia University,
1941).

Wilson, Edmund. "Swinburne of Caheaton and Eton," Introduction to the *Novels of A.
C. Swinburne*(New York, Noonday; Farrar, Straus, 1963).

———. "Dickens: The Two Scrooges," in *The Wound and The Bow*(New York, Oxford,
1965, corrected edition).

Young, Wayland. *Eros Denied*(New York, Grove, 1964).

찾아보기

옮긴이 **김유경**

연세대학교 영어영문학과를 졸업하고, 동대학교 비교문학협동과정 석사 과정을 졸업했다.

성 정치학

2020년 9월 29일 초판 1쇄

지은이·케이트 밀렛 | 옮긴이·김유경
펴낸이·김상현, 최세현 | 경영고문·박시형

책임편집·김선도 | 교정교열·신상미 | 디자인·박진범
마케팅·임지윤, 양근모, 권금숙, 양봉호, 조히라, 유미정 | 디지털콘텐츠·김명래
경영지원·김현우, 문경국 | 해외기획·우정민, 배혜림 | 국내기획·박현조

펴낸곳·(주)쌤앤파커스 | 출판신고·2006년 9월 25일 제406-2006-000210호
주소·서울시 마포구 월드컵북로 396 누리꿈스퀘어 비즈니스타워 18층
전화·02-6712-9800 | 팩스·02-6712-9810 | 이메일·info@smpk.kr

ISBN 979-11-6534-229-6 (03330)

쌤앤파커스(Sam&Parkers)는 독자 여러분의 책에 관한 아이디어와 원고 투고를 설레는
마음으로 기다리고 있습니다. 책으로 엮기를 원하는 아이디어가 있으신 분은 이메일
book@smpk.kr로 간단한 개요와 취지, 연락처 등을 보내주세요. 머뭇거리지 말고 문을
두드리세요. 길이 열립니다.